마이크로서비스 API 디자인 패턴

KOREAN language edition published by aCORN Publishing Co., Copyright © 2025

Authorized translation from the English language edition,
entitled PATTERNS FOR API DESIGN: SIMPLIFYING INTEGRATION WITH LOOSELY COUPLED MESSAGE
EXCHANGES, 1st Edition by OLAF ZIMMERMANN, MIRKO STOCKER, DANIEL LUBKE, UWE ZDUN,
CESARE PAUTASSO,
published by Pearson Education, Inc, Copyright © 2023 Pearson Education.

All rights reserved. No part of this book may be reproduced or transmitted in any form or by any means,
electronic or mechanical, including photocopying, recording or by any information storage retrieval system,
without permission from Pearson Education, Inc.

이 책은 Pearson Education, Inc.과 에이콘출판(주)가 정식 계약하여 번역한 책이므로
이 책의 일부나 전체 내용을 무단으로 복사, 복제, 전재하는 것은 저작권법에 저촉됩니다.

PATTERNS FOR API DESIGN

마이크로서비스 API 디자인 패턴
쉬운 통합을 위한 결합도 최적화 전략

올라프 짐머만 · 미르코 스토커 · 다니엘 뤼브케
우베 즈둔 · 세자레 파우타소 지음

이승범 옮김

 에이콘출판의 기틀을 마련하신 故 정완재 선생님 (1935-2004)

| 이 책에 쏟아진 찬사 |

"API가 세상을 집어 삼키고 있다. 조직 내부 그리고 외부와의 협업에서도 API에 더 많이 의존하게 된다. 이러한 API를 설계할 때 패턴을 사용하는 것은 설계에서 요구되는 도전적 과제를 해결하는데 큰 도움이 된다. 이 책은 실무자가 API를 좀 더 효과적으로 설계할 수 있게 돕는다. 즉, 표준 설계 문제는 패턴으로 해결해서 실무자는 애플리케이션 도메인 설계에 집중할 수 있게 된다. API 분야에서 일하고 있다면 이 책을 통해 API를 설계하는 방법과 API를 바라보는 시각이 달라질 것이다."

— 에릭 와일드 Erik Wilde / Axway의 카탈리스트[1]

"저자들은 정의부터 설계에 이르기까지 API 수명주기 전반에 걸쳐 접근하기 쉬운 방식으로 설계 패턴을 포착했다. 수십 개의 웹 API를 설계한 경험이 있든 이제 막 시작한 초보이더라도 이 책은 일관성을 유지하고 직면할 수 있는 모든 설계 과제를 극복하게 가이드한다. 이 책을 강력히 추천한다!"

— 제임스 히긴보텀 James Higginbotham
『웹 API 설계 원칙』(에이콘, 2023)의 저자이자
LaunchAny의 수석 API 컨설턴트

"API는 오늘날 모든 소프트웨어 개발 환경에 존재한다. API 설계는 쉬워 보이지만 제대로 설계되지 않은 API를 사용해 본 사람이라면 누구나 알 수 있듯이 숙달하기 어려운 기술이며 처음에 보이는 것보다 훨씬 더 미묘하고 복잡하다. 저자들은 오

---

1. 카탈리시스트(Catalyst) 소프트웨어 설계 방식에 따라 소프트웨어 설계하는 사람 – 옮긴이

랜 경험과 다년간의 연구 작업을 통해 API 설계에 대한 체계적인 지식을 제공한다. 이 책은 훌륭한 API를 만드는 데 필요한 기본 개념과 실용적인 패턴을 제공해 이를 이해하는 데 도움이 될 것이다. 최신 소프트웨어 시스템의 설계, 구축 또는 테스트에 관여하는 모든 사람에게 추천한다."

— 오언 우즈 Eoin Woods / Endava의 CTO

"애플리케이션 프로그래밍 인터페이스 API는 시스템 설계, 특히 소프트웨어 에코시스템을 점점 더 지배하고 있는 분산 시스템과 관련된 많은 트레이드오프를 관리하는데 도움이 되는 최우선 요소 중 하나다. 이 책은 실무 엔지니어와 소프트웨어 엔지니어링 및 아키텍처 설계를 처음 시작하는 사람 모두가 이해할 수 있게 설명하고 있어 API를 이해하고 설계하는 데 따르는 복잡성을 제거해준다. 시스템 설계에서 핵심적인 역할을 하고자 하는 모든 사람은 이 책에 제시된 API 설계 개념과 패턴을 이해해야 한다."

— 이펙 오즈카야 Ipek Ozkaya

카네기 멜론 대학교 소프트웨어 공학 연구소
엔지니어링 인텔리전스 소프트웨어 시스템 소프트웨어 솔루션 부서 기술 이사
2019–2023 IEEE Software Magazine 편집장

"나는 API 우선 설계가 대규모의 복잡한 시스템에서 지배적인 설계 형태가 되는 시대로 접어들고 있다고 믿는다. 이러한 이유로 이 책은 시의적절하며 모든 아키텍트가 반드시 읽어야 할 필독서다."

— 릭 카즈만 Rick Kazman / 하와이 대학교

"드디어 API 설계라는 중요한 주제를 체계적으로 다루고 있다. 이 훌륭한 패턴 모음이 몇 년 만 더 일찍 있었으면 좋았을 텐데 하는 아쉬움이 남는다."

— 게르노트 스타크 박사 Dr. Gernot Starke / INNOQ 펠로우

"나는 프로그래머들이 미들웨어의 숨겨진 분산 시스템의 특성을 가볍게 보고 실패하는 소프트웨어 프로젝트들을 봐왔다. 원격에서 실행되지만 문제가 많은 비분산형 시스템에 적절한 API를 설계했기 때문이다. 이 책은 상호 의존적인 세상에서 소프트웨어의 필수적인 분산을 수용하고, 분리된 부분 간의 인터페이스 설계에 대한 시대를 초월한 조언을 제공한다. 패턴은 특정 미들웨어 기술을 넘어 현재와 미래에 성장하는 상호 연결된 소프트웨어 시스템의 생성 및 이해뿐만 아니라 필요한 진화에도 도움이 될 것이다. 이러한 시스템은 글로벌 시장을 목표로 하는 비즈니스를 위해 전 세계에 배포돼 있을 뿐만 아니라 자동차, 주택 그리고 우리 일상에 적용되는 거의 모든 기술에서도 작동한다."

— 피터 소메라드 Peter Sommerlad / 독립 컨설턴트, 『패턴 지향 소프트웨어 아키텍처』(지앤선, 2008)의 저자

"소프트웨어 엔지니어와 아키텍트가 API를 설계, 발전, 문서화할 때 사용하는 스위스 군용 칼과 같은 책이다. 이 책에서 특히 마음에 드는 점은 독자에게 패턴을 던져주는 것이 아니라 저자가 현실적인 예제를 사용하고, 실질적인 아키텍처 결정을 지원하며, 사례 연구를 통해 패턴과 결정의 예를 갖고 설명한다는 점이다. 그 결과, 패턴 언어에 대한 접근성이 매우 뛰어나다. 이 책을 사용해 특정 문제에 대한 해결책을 찾거나 전체 장을 탐색해 API 설계와 관련된 문제 및 솔루션 공간에 대한 개요를 얻을 수 있다. 모든 패턴은 잘 만들어지고, 이름이 잘 지어졌으며, 실무자 커뮤니티에서 피어 리뷰를 거쳤다. 정말 즐거운 일이었다."

— 우베 반 히쉬 박사 Dr. Uwe van Heesch / 소프트웨어 아키텍트 및 전 힐사이드 유럽 부사장

"이 포괄적인 API 패턴 모음은 상호 운용 가능한 소프트웨어 시스템을 설계하는 소프트웨어 엔지니어와 아키텍트를 위한 귀중한 리소스다. API 기초에 대한 소개와 수많은 사례 연구 예제는 미래의 소프트웨어 엔지니어를 위한 훌륭한 교재가 될 것이다. 이 책에서 설명하는 많은 패턴은 실제로 매우 유용하며, 미션 크리티컬한 통합 철도 운영 센터 시스템의 API를 설계하는 데 적용됐다."

— 안드레이 푸르다 Andrei Furda / 히타치 레일 STS 오스트레일리아 Hitachi Rail STS Australia의 선임 소프트웨어 엔지니어

| 시리즈 편집자의 추천의 글 |

나의 시그니처 시리즈는 유기적인 성장과 구체화$^{organic\ growth\ and\ refinement}$[2]를 강조하며, 이에 대한 자세한 내용은 아래에서 설명한다. 이 책의 첫 번째 저자인 올라프 짐머만$^{Olaf\ Zimmermann}$ 교수와 내가 경험한 유기적인 커뮤니케이션에 대해 설명하는 것으로 시작하는 것이 타당할 것이다.

내가 시스템 설계에 관한 콘웨이의 법칙을 자주 언급하듯이 커뮤니케이션은 소프트웨어 개발에서 매우 중요한 요소다. 시스템 설계는 설계자의 커뮤니케이션 구조뿐만 아니라 커뮤니케이터로서 개인의 구조와 조립도 마찬가지로 중요하다. 흥미로운 대화에서 자극적인 생각으로 이어지고 혁신적인 제품을 지속적으로 제공할 수 있다. 올라프와 나는 2019년 11월, 스위스 베른에서 열린 자바 사용자 그룹 회의에서 만났다. 나는 반응형 아키텍처와 프로그래밍 그리고 이를 도메인 중심 설계와 함께 사용하는 방법에 대해 강연했다. 그 후 올라프가 자신을 소개했다. 나는 그의 대학원생이자 나중에 동료가 된 스테판 카퍼러$^{Stefan\ Kapferer}$도 만났다. 두 사람은 함께 도메인 중심 설계를 위한 도메인 전용 언어 및 도구이며 오픈소스 제품인 콘텍스트 매퍼$^{Context\ Mapper}$를 유기적으로 설계하고 구축했다. 우연한 만남이 결국 이 책의 출판으로 이어졌다. 이 얘기는 내 책 시리즈의 동기와 목적을 설명한 후에 더 자세히 얘기하겠다.

이 시그니처 시리즈[3]는 독자들이 소프트웨어 개발의 성숙도를 높이고 비즈니스 중심 실천법을 통해 더 큰 성공을 거둘 수 있도록 안내하기 위해 기획됐다. 이 시리즈는 반응형, 객체, 기능 아키텍처 및 프로그래밍, 도메인 모델링, 적절한 크기

---

[2] refinement는 더 좋게 만든다는 의미다. 시리즈 편집자는 무기체인 소프트웨어를 유기체에 비유하므로, 성장하면서 분화하는 유기체의 측면에서 구체화라고 번역했다. 본문의 프로세스에서는 정제로 사용했다. – 옮긴이

[3] https://www.informit.com/imprint/series_detail.aspx?ser=7937178 – 옮긴이

의 서비스, 패턴, API 등 다양한 접근 방식을 통한 유기적인 개선을 강조하고 관련 기반 기술에 대한 최상의 활용법을 다룬다.

여기서는 유기적 구체화$^{organic\ refinement}$라는 두 단어에만 초점을 맞추고자 한다.

첫 번째 단어인 유기적이라는 단어는 최근 친구와 동료가 소프트웨어 아키텍처를 설명하는 데 사용했을 때 내 눈에 띄었다. 소프트웨어 개발과 관련해 유기적이라는 단어를 들어본 적은 있지만, 개인적으로 이 두 단어를 함께 사용하는 유기적 아키텍처라는 단어에 대해서는 그때만큼 신중하게 생각하지 못했다.

유기적^{organic}이라는 단어와 유기체^{organism}라는 단어에 대해 생각해보자. 대부분의 경우 생물을 지칭할 때 사용되지만 생명체와 유사한 특징을 가진 무생물을 설명하는 데에도 사용된다. 유기적이라는 단어는 그리스어에서 유래했다. 그 어원은 신체의 기능 기관^{organ}과 관련이 있으며, 더 광범위하게 사용된다. 실제로 유기적은 신체 기관, 구현하다, 만들어낸 도구, 악기 등의 의미를 갖고 있다.

우리는 아주 큰 것에서부터 아주 작은 단세포 생명체에 이르기까지 수많은 유기체, 즉 살아있는 유기체를 쉽게 떠올릴 수 있다. 하지만 유기체의 두 번째 용도로는 예가 쉽게 떠오르지 않을 수 있다. 한 가지 예로 유기적^{organic}과 유기체^{organism}라는 접두사가 모두 포함된 조직^{organization}을 들 수 있다. 여기서 유기체를 사용할 때는 양방향 의존성으로 구조화된 것으로 설명한다. 조직은 조직화된 부분을 갖고 있기 때문에 유기체다. 이런 종류의 유기체는 부분 없이는 생존할 수 없고, 부분도 유기체 없이는 생존할 수 없다.

이러한 관점에서 볼 때 생명을 가진 유기체의 특성을 보이는 무생물에도 이러한 사고를 적용할 수 있다. 원자를 생각해보자. 모든 원자는 그 자체로 하나의 시스템이며, 모든 생명체는 원자로 구성돼 있다. 하지만 원자는 무기물이며 번식하지 않는다. 그럼에도 원자는 끝없이 움직이며 기능한다는 점에서 원자를 생명체라고 생각하는 것은 어렵지 않다. 원자는 다른 원자와 결합하기도 한다. 이렇게 되면 각 원자는 그 자체로 하나의 시스템일 뿐만 아니라 다른 원자와 함께 하위 시스템으로서 하위 시스템이 되고, 이들의 행동이 결합돼 더 큰 전체 시스템을 만들어낸다.

따라서 소프트웨어와 관련된 모든 종류의 개념은 무생물이 생물체의 측면을 '특성화characterized'한다는 점에서 매우 유기적이다. 구체적인 시나리오를 사용해 소프트웨어 모델 개념을 논의하거나, 아키텍처 다이어그램을 그리거나, 단위 테스트와 그에 해당하는 도메인 모델 단위를 작성할 때 소프트웨어는 살아 움직이기 시작한다. 한 시나리오가 다른 시나리오로 이어지고 아키텍처와 도메인 모델에 영향을 미치는 개선 방법에 대해 계속 논의하면서 세분화하기 때문에 정적이지 않다. 계속 반복하면서 개선의 가치가 높아지면 유기체의 점진적인 성장으로 이어진다. 시간이 지남에 따라 소프트웨어도 발전한다. 우리는 유용한 추상화를 통해 복잡성과 씨름하고 해결하며, 소프트웨어는 글로벌 규모의 실제 살아있는 유기체를 위해 더 나은 작업을 수행한다는 분명한 목적을 갖고 성장하고 모양을 바꿔간다.

안타깝게도 소프트웨어 유기체는 잘 성장하는 것보다 제대로 성장하지 못하는 경우가 더 많다. 건강하게 시작하더라도 질병에 걸리거나 기형이 생기거나 부자연스러운 부속물이 자라거나 위축되고 악화되는 경향이 있다. 더 나쁜 것은 이러한 증상이 더 나은 방향으로 개선되지 않고 소프트웨어를 개선하려는 노력이 잘못된 방향으로 진행돼 발생한다는 것이다. 최악의 부분은 개선에 실패할 때마다 이 복잡하게 병든 신체에 문제가 생겨도 죽지 않는다는 것이다. 그냥 죽을 수만 있다면 차라리 더 나을 수도 있을 것이다. 대신, 우리가 그들을 죽여야 하고, 그들을 죽이려면 신경과 기술 그리고 드래곤 슬레이어의 배짱이 필요하다. 아니 한 명이 아니라 수십 명의 용맹한 드래곤 슬레이어가 필요하다. 사실 정말 좋은 두뇌를 가진 수십 명의 드래곤 슬레이이기 필요히디.

따라서 이 시리즈가 시작됐다. 반응형, 객체형, 함수형 아키텍처 및 프로그래밍, 도메인 모델링, 적절한 크기의 서비스, 패턴, API 등 다양한 접근 방식을 통해 여러분이 성숙하고 더 큰 성공을 거둘 수 있도록 이 시리즈를 기획하고 있다. 이와 함께 이 시리즈 에서는 관련 기반 기술을 가장 잘 활용하는 방법도 다룬다. 이러한 작업은 한 번에 이뤄지지 않는다. 목적과 기술을 갖고 유기적으로 개선해 나가야 한다. 나와 다른 저자들이 도와드리겠다. 우리는 이 목표를 달성하기 위해 최선을 다했다.

이제 내 얘기로 돌아가 보겠다. 올라프와 내가 처음 만났을 때 나는 몇 주 후 독일

뮌헨에서 열리는 도메인 주도 설계 구현[IDDD, Implementing Domain-Driven Design] 워크숍에 올라프와 스테판에게 참석할 것을 제안했다. 두 사람 모두 3일 내내 자리를 비울 수는 없었으나, 마지막 날인 셋째 날에는 참석하겠다고 했다. 내가 두 번째로 제안한 것은 워크숍이 끝난 후 시간을 활용해 올라프와 스테판에게 콘텍스트 매퍼 도구를 시연해 달라는 것이었다. 워크숍 참석자들은 나와 마찬가지로 깊은 인상을 받았고, 이를 계기로 2020년에도 계속 협력하기로 했다. 그 누구도 그 해에 어떤 일이 일어날지 예상하지 못했다. 그럼에도 올라프와 나는 어느 정도 자주 만나 콘텍스트 매퍼에 대한 설계 논의를 계속할 수 있었다. 이러한 회의 중 한 번은 올라프가 공개적으로 제공한 API 패턴에 대한 자신의 작업을 언급했다. 올라프는 자신과 다른 사람들이 구축한 여러 패턴과 추가 도구를 보여줬다. 나는 올라프에게 시리즈에 저자로 참여할 기회를 제안했다. 그 결과물이 지금 여러분 앞에 있다.

나중에 올라프와 다니엘 뤼브케[Daniel Lübke]와 화상 통화로 만나 제품 개발을 시작했다. 다른 저자들인 미르코 스토커, 우베 즈둔, 세자레 파우타소와 함께 시간을 보낼 기회는 없었지만, 그들의 명성을 고려할 때 팀의 퀄리티를 확신할 수 있었다. 특히 올라프와 제임스 히긴보텀은 이 책과 이 시리즈의 웹 API 설계 원칙이 상호 보완적으로 완성될 수 있게 협력해줬다. 전반적으로 나는 이 다섯 분이 업계 문헌에 기여한 바가 매우 인상적이다. API 설계는 매우 중요한 주제다. 이 책이 출판되는 것에 대한 열기는 이 책이 주제의 핵심을 정확히 짚고 있다는 것을 증명한다. 여러분도 동의할 것이라 확신한다.

— 반 버논[Vaughn Vernon] / 시리즈 편집자

| 프랭크 레이먼의 추천의 글 |

API는 어디에나 있다. API 경제는 클라우드 컴퓨팅과 사물인터넷IoT을 비롯한 기술 분야의 혁신을 가능하게 하며, 많은 기업의 디지털화를 가능하게 하는 핵심 원동력이기도 하다. 고객, 프로바이더 및 기타 비즈니스 파트너를 통합하기 위한 외부 인터페이스가 없는 엔터프라이즈 애플리케이션은 거의 없으며, 솔루션 내부 인터페이스는 이러한 애플리케이션을 느슨하게 결합된 마이크로서비스와 같이 관리하기 쉬운 부분으로 분해한다. 웹 기반 API는 이러한 분산 환경에서 중요한 역할을 하지만 원격 당사자를 통합하는 방법은 여러 가지가 있다. 대기열 기반 메시징 채널과 게시/구독 기반 채널이 백엔드 통합에 널리 사용돼 메시지 생산자와 소비자에게 API를 노출하며, gRPC와 GraphQL도 많은 탄력을 받고 있다. 따라서 '좋은' API를 설계하기 위한 모범 사례를 따르는 것이 바람직하다. 이상적으로는 API 설계가 여러 기술에 걸쳐 지속되고 기술이 바뀌어도 살아남는 것이 좋다.

패턴은 문제 해결 영역에 대한 어휘를 확립하고 추상적인 것과 구체적인 것 사이의 균형을 찾아내 시대를 초월하고 오늘날에도 관련성을 유지한다. 애디슨 웨슬리 시그니처 시리즈의 그레고르 호프Gregor Hohpe와 바비 울프Bobby Woolf가 쓴 『기업 통합 패턴』(에이콘, 2014)을 예로 들어보자. 나는 IBM MQ 제품군의 수석 아키텍트로 일할 때부터 교육 및 업계 과제에서 이 책을 사용해 왔다. 메시징 기술은 왔다가 사라지기도 하지만 서비스 액티베이터Service Activator와 멱등성을 갖는 수신기Idempotent Receiver와 같은 메시징 개념은 계속 유지될 것이다. 나는 클라우드 컴퓨팅 패턴, IoT 패턴, 양자 컴퓨팅 패턴, 심지어 디지털 인문학의 패턴에 대한 패턴까지 직접 작성했다. 그리고 애디슨 웨슬리 시그니처 시리즈의 마틴 파울러의 『엔터프라이즈 애플리케이션 아키텍처 패턴』(위키북스, 2015)에서도 원격 파사드와 서비스 계층을 다루고 있다. 따라서 분산 애플리케이션의 전체 설계 공간의 많은 부분을 이 책에서 잘 다루고 있지만 전부는 아니다. 따라서 API 설계 공간, 특히 API 클라이언트와 API 프로바이더 간에 오가는 요청 및 응답 메시지도 패턴으로 지원된다는 점이 매우 반갑다.

이 책을 쓴 훌륭한 팀은 풍부한 경험을 가진 업계 전문가, 패턴 커뮤니티의 리더, 학계 연구자 및 강사로 구성된 아키텍트와 개발자로 구성돼 있다. 나는 이 책의 저자 중 3명과 수년 동안 함께 일해 왔으며, 2016년에 시작된 마이크로서비스 API 패턴MAP, Microservice API Patterns 프로젝트를 처음부터 지켜봐 왔다. 그들은 패턴 개념을 충실히 적용한다. 각 패턴 텍스트는 설계에 고려해야 하는 주요한 요구 사항 포스force를 포함한 문제 맥락에서 개념적 솔루션으로 안내하는 공통 템플릿을 따른다. 또한 구체적인 예제(주로 RESTful HTTP)도 함께 제공된다. 장단점에 대한 비판적인 토론을 통해 초기 설계의 주요한 요구 사항인 포스와 관련된 충돌을 해결하고 관련 패턴을 어떻게 찾을 수 있는지 설명하는 것으로 마무리한다. 많은 패턴이 패턴 콘퍼런스에서 셰퍼딩shepherding[4]과 저자 워크숍을 거치며 수년에 걸쳐 점진적이고 반복적으로 개선되고 강화됐으며, 이 과정에서 집단적 지식이 축적됐다.

이 책은 시스템의 범위scoping와 아키텍처부터 메시지 표현 구조와 품질 속성 중심 설계, API 진화에 이르기까지 API 설계 공간에 대한 다양한 관점을 제공한다. 패턴 언어는 프로젝트 단계와 API 엔드포인트 및 운영과 같은 구조적 엘리먼트를 포함한 다양한 경로를 통해 탐색할 수 있다. 『Cloud Computing Patterns』[Springer, 2016] 책에서와 마찬가지로 각 패턴에 대한 그래픽 아이콘이 그 본질을 전달한다. 이러한 아이콘은 니모닉 역할을 하며 API와 그 엘리먼트를 스케치하는 데 사용할 수 있다. 이 책은 패턴 적용과 관련해 반복되는 질문, 옵션 및 기준을 수집하는 의사 결정 모델을 제공하는 독특하고 새로운 단계를 밟고 있다. API 설계에 내재된 복잡성을 지나치게 단순화하지 않으면서도 단계적이고 따라 하기 쉬운 설계 지침을 제공한다. 샘플 사례에 단계적으로 적용해보면 모델과 그 조언을 실감할 수 있다.

2부에서는 패턴 참조, 애플리케이션 및 통합 설계자가 처리 리소스와 같은 엔드포

---

4. 학술 대회나 특정 학술 커뮤니티에서 사용되는 한 연구자의 작업을 발표할 준비가 될 때까지 개인적인 지도와 지원을 제공하는 과정 – 옮긴이

인트 역할과 상태 전이 동작과 같은 운영 책임에 대한 범위가 API의 크기를 적절하게 조정하고 (클라우드) 배포 결정을 내리는 데 유용하다는 것을 알게 될 것이다. 결국 상태는 중요하며, 몇 가지 패턴을 통해 API 커튼 뒤의 상태 관리를 명확히 할 수 있다. API 개발자는 식별자(API 키 및 ID 엘리먼트와 같은 패턴), 응답 형성을 위한 여러 옵션(예: 위시 리스트 및 GraphQL에서 추상화하는 위시 템플릿), 다양한 종류의 메타데이터를 노출하는 방법에 대한 실용적인 조언을 신중하게 고려하는 것이 도움이 될 것이다.

지금까지 다른 책에서 수명 관리 및 버전 관리 전략을 패턴 형식으로 정리한 것을 본 적이 없다. 이 책에서는 엔터프라이즈 애플리케이션에서 매우 일반적인 2가지 패턴인 제한적 수명 보장과 2개의 상용 버전에 대해 배울 수 있다. 이러한 진화 패턴은 API 제품 책임자와 유지 관리자에게 유용할 것이다.

요약하자면 이 책은 이론과 실무를 적절히 혼합해 심도 있는 조언을 많이 담고 있으면서도 큰 그림을 놓치지 않는다. 5개의 카테고리와 장으로 구성된 44개의 패턴은 실제 경험을 바탕으로 학문적 엄격함을 적용하고 실무자 커뮤니티의 피드백을 통합해 문서화했다. 나는 패턴이 현재와 미래의 커뮤니티에 도움이 될 것이라고 확신한다. API 설계 및 발전과 관련된 연구, 개발 및 교육 분야뿐만 아니라 업계의 API 설계자들도 이 책을 통해 혜택을 받을 수 있다.

— 프랭크 레이만[Frank Leymann] 박사
슈투트가르트 대학교[University of Stuttgart] 교수, 애플리케이션 시스템 아키텍처 연구소 소장

| 지은이 소개 |

올라프 짐머만 Olaf Zimmermann

아키텍처 의사 결정 모델링으로 박사 학위를 받은 오랜 경력의 서비스 오리엔티드 기반 설계자다. 이스턴 스위스 응용과학대학교 Eastern Switzerland University of Applied Sciences 소프트웨어 연구소의 컨설턴트 겸 소프트웨어 아키텍처 교수로서 애자일 아키텍처, 애플리케이션 통합, 클라우드 네이티브, 도메인 중심 설계, 서비스 지향 시스템을 중점적으로 연구하고 있다. 이전에는 ABB와 IBM에서 소프트웨어 설계자로 일하면서 전 세계의 e-비즈니스 및 엔터프라이즈 애플리케이션 개발 고객을 확보했으며, 그 이전에는 시스템 및 네트워크 관리 미들웨어를 개발했다. The Open Group의 저명한(수석/리더) IT 아키텍트이며 IEEE Software의 <Insights> 칼럼을 공동 편집하고 있다. 웹 서비스에 대한 관점 및 최초의 IBM 레드북인 『Eclipse』의 저자이기도 하다. ozimmer.ch와 medium.com/olzzio에서 블로그를 운영한다.

미르코 스토커 Mirko Stocker

프론트엔드 개발과 백엔드 개발 중 어느 쪽을 더 좋아하는지 결정하지 못해 중간에 머물다가 API에도 흥미로운 도전 과제가 많다는 것을 알게 된 프로그래머다. 법률 기술 분야에서 2개의 스타트업을 공동 창업했으며, 그중 한 곳에서는 여전히 대표를 맡고 있다. 이러한 과정을 통해 이스턴 스위스 응용과학대학교의 소프트웨어 공학 교수가 돼 프로그래밍 언어, 소프트웨어 아키텍처, 웹 엔지니어링 분야를 연구하고 가르치고 있다.

다니엘 뤼브케 Daniel Lübke

비즈니스 프로세스 자동화 및 디지털화 프로젝트에 중점을 둔 독립 코딩 및 컨설팅 소프트웨어 아키텍트다. 관심 분야는 솔루션 개발을 위해 API가 필요한 소프트웨어 아키텍처, 비즈니스 프로세스 설계 및 시스템 통합이다. 2007년, 독일 하노버 라이프니츠 대학교에서 박사 학위를 받았으며, 이후 다양한 분야의 산업 프로젝트에 참여했다. 여러 권의 책, 기사, 연구 논문의 저자이자 편집자이며, 교육을 제공하고, API 및 소프트웨어 아키텍처를 주제로 한 콘퍼런스에서 정기적으로 발표하고 있다.

우베 즈둔 Uwe Zdun

비엔나 대학교 컴퓨터 과학 학부의 소프트웨어 아키텍처 정교수다. 소프트웨어 설계 및 아키텍처, 경험적 소프트웨어 엔지니어링, 분산 시스템 엔지니어링(마이크로서비스, 서비스 기반, 클라우드, API 및 블록체인 기반 시스템), 데브옵스 및 지속적인 배포, 소프트웨어 패턴, 소프트웨어 모델링 및 모델 중심 개발에 중점을 두고 연구하고 있다. 이 분야에서 많은 연구 및 산업 프로젝트에 참여했으며, 전문 저서인 『Remoting Patterns - Foundations of Enterprise, Internet, and Realtime Distributed Object Middleware』(Wiley, 2004), 『Process-Driven SOA - Proven Patterns for Business-IT Alignment』(Auerbach Publications, 2011), 『Software-Architektur』(Spektrum Akademischer Verlag, 2008)의 공동 저자이기도 하다.

세자레 파우타소 Cesare Pautasso

스위스 루가노에 위치한 USI 정보학부 소프트웨어 연구소의 정교수로서 아키텍처, 설계 및 웹 정보 시스템 엔지니어링 연구 그룹을 이끌고 있다. 제25회 유럽 프로그램 패턴 언어 콘퍼런스(EuroPLoP 2022)의 의장을 맡았다. 2004년 취리히공과대학교 ETH Zurich에서 박사 학위를 받은 후 2007년 IBM 취리히 연구소에서 잠시 근무하던 중 운 좋게 올라프를 만났다. 『SOA with REST』(Prentice Hall, 2013)를 공동 집필했으며, 『Beautiful APIs』 시리즈, 『RESTful Dictionary』, 『Just Send an Email: Anti-patterns for Email-centric Organizations on LeanPub』을 자체 출판했다.

| 감사의 말 |

책 프로젝트 기간 동안 모든 피드백과 격려를 보내주신 반 버논에게 감사드린다. 그의 Addison-Wesley 시그니처 시리즈에 참여하게 돼 영광이다. 또한 탁월한 지원을 아끼지 않은 피어슨의 헤이즈 험버트, 멘카 마타 메리 로스, 카르틱 오루카이마니 산드라 슈레더와 작업에 대한 서문과 소중한 피드백을 제공해 준 프랭크 레이만에게도 특별한 감사를 표한다. 카피 에디터인 클래리티 에디팅의 캐롤 랄리어는 늦은 작업을 보람차고 즐거운 경험으로 만들어줬다.

이 책에 실린 실제 패턴 사례는 개발 프로젝트의 협조 없이는 불가능했을 것이다. 따라서 이 사례에 대해 의견을 제시하고 작업해 준 테라비스의 월터 베를리와 워너 뫼클리, innoQ의 필립 가디르와 윌렘 반 커크호프에게 감사를 전한다. 니콜라스 디프너와 세브넴 카슬랙은 학기 및 학사 논문 프로젝트에서 패턴 아이콘의 초기 버전을 만들었다. 토니 수터는 호반 상호 보험 사례 연구 애플리케이션의 많은 부분을 구현했다. 콘텍스트 매퍼의 개발자인 스테판 카퍼러도 MDSL 도구에 기여했다.

이 책의 내용에 대한 피드백을 제공해주신 모든 분께 감사드린다. 특히 입문 자료에 대한 의견을 제공하고 많은 패턴을 검토해 준 안드레이 후르다, 패턴을 적용하고 피드백을 제공하거나 동료들과 여러 비공식 워크숍을 주최한 올리버 코프와 한스피터 호이든, 책 원고를 검토해 준 제임스 히긴보텀과 한스피터 호이든에게 감사의 마음을 전한다.

또한 많은 동료가 유용한 피드백을 제공했으며, 특히 2017, 2018, 2019, 2020 EuroPLoP 셰퍼딩과 저자 워크숍 참가자들이 큰 도움을 줬다. 귀중한 통찰력을 제공해주신 리누스 베이식, 루크 블레저, 토마스 브랜드, 조셉 코넬리, 필리페 코레이

아, 도미닉 가브리엘, 안토니오 가메즈 디아즈, 레토 팽크하우저, 휴고 세레노 페레이라, 실반 게리그, 알렉스 그펠러, 그레고르 호페, 스테판 홀텔, 아나 이반치크, 스테판 캘러, 마이클 크리스퍼, 조헨 쿠스터, 파브리지오 라자레티, 자코모 드 리베리, 파브리지오 몬테시, 프랑크 뮐러, 파달라타 니스타라, 필립 오세르, 이펙 오즈카야, 보리스 포코니, 스테판 리히터, 토마스 론존, 안드레아스 살바흐, 닐스 세이델, 수하일라 세르부트, 아피차카 싱자이, 스테판 소버니그, 피터 소메라드, 마커스 스톨제, 다비데 타이비, 도미닉 울만, 마틴(Uto869), 우베 반 히치, 티모 베르호븐 스티진 베르미렌, 탐모 반 레슨, 로버트 바이저, 에릭 빌더, 에릭 위터, 오인 우즈, 레베가 워프스브록, 베이스 자크에게 감사드린다. 또한 '고급 패턴과 프레임워크' 및 '애플리케이션 아키텍처' 강의와 '소프트웨어 아키텍처' 강의의 여러 버전에 참여한 수강생들에게도 감사의 말을 전하고 싶다. 패턴에 대한 그들의 토론과 추가 피드백에 감사드린다.

| 옮긴이 소개 |

이승범(blcktgr73@gmail.com)

아일랜드에 있는 더블린시티 대학교$^{\text{Dublin City University}}$에서 박사 학위를 받고, 2010년부터 안드로이드 기반 휴대폰 소프트웨어의 멀티미디어 기능 및 서비스 개발 업무를 리드하며 소프트웨어 아키텍트로 활동하고 있다. 소프트웨어 아키텍처, 애자일 방법론(특히 애자일 매니지먼트)에 관심이 많고, 최근에는 ChatGPT와 같은 LLM$^{\text{Large Language Model}}$과 연계해 업무 효율화, 전문성 훈련과 같은 개인적 관심뿐 아니라 다른 사람들의 문제 해결, 서비스와 연계 및 아키텍처 설계에 대해 분야를 확대해 가고 있다.

| **옮긴이의 말** |

이 책은 Addison-Wesley 시그니처 시리즈의 여러 책 중 한 권이다. 특히, 아키텍처 설계와 관련해서 관심을 갖다가 알게 됐고 번역 제안을 받아 진행하게 됐다. 쉽지 않은 과정이었지만 몇 가지 알게 된 것, 느낀 것 그리고 번역에 대한 나의 짧은 생각을 적어보려 한다.

반 버논은 도메인 주도 설계(DDD, Domain Driven Design)가 도입되는 데 큰 기여를 했다. 특히, 도메인 주도 설계 구현(IDDD)으로 유명하다. 나는 DDD가 요구 사항과 구현 사이의 간극을 줄여주는 실천법이라고 생각한다. 이를 통해 확보한 요구 사항의 명확한 이해를 기반으로 효과적인 소프트웨어 설계를 수행할 수 있다. 흥미롭게도 비즈니스 전문가와 개발자들이 함께 일하는 애자일 원칙과도 맞닿아 있다. 또한 이 책은 반 버논 시리즈의 세 번째 번역서다. 하나는 『웹 API 설계 원칙』이다. 반 버논의 추천사를 봐도 두 책의 저자들이 상호 보완적으로 글을 썼다고 한다. 이 책에서는 『웹 API 설계 원칙』의 ADDR(Align - Define - Design - Refine) 단계 개념을 패턴에 적용하기도 했다.

반버논의 추천사에서 보면 유기적 구체화(organic refinement)는 소프트웨어와 관련된 모든 개념이 무생물이 생물체의 측면을 '특성화'한다는 아이디어를 언급한다. 소프트웨어는 구체적인 시나리오를 통해 모델을 논의하거나 아키텍처를 설계하고 도메인 모델을 작성함으로써 살아 움직이기 시작한다. 마찬가지로 건축가이자 패턴 개념을 만든 크리스토퍼 알렉산더는 『Nature of Order』(Center for Environmental Structure, 2002)에서 인간 배아(Embryo)의 예를 들며, 분화(Differentiation)에 대해 얘기한다. 이는 유기적 구체와 매우 유사하며, 유기적이며 발전하고 성장하는 프로세스를 강조한다. 이러한 관점에서 소프트웨어의 진화는 생물의 발전에 대한 이해와 유사한 맥락에서 이해할 수 있다. 생명체가 환경과 상호작용하면서 성장하고 변화하는 것처럼 소프트웨어도 사용자와 시스템 사이의 상호작용 속에서 점진적으로 발전하는 것이라 이해할 수 있다.

여기에서 언급하는 패턴의 경우도 이러한 유기적 구체 혹은 분화 과정에서 발견되는 반복적인 내용들을 잡아내 패턴의 커뮤니티에서 키워내고 리뷰해 만들어내는 과정을 거친다. 그러므로 패턴, 유기적 구체, 분화와 같은 것을 이해하고 소프트웨어 구조를 설계할 때 분화의 관점 그리고 소프트웨어가 발전 성장하는 과정에서 패턴을 적용해가는 것이 필요하다는 관점에서 이 책에 접근하는 것을 권한다.

개별 언어는 독특한 여러 특징을 가진다. 이로 인해 각 언어에 내재한 작은 뉘앙스 차이를 다른 언어로 옮기는 일은 매우 어렵다고 생각한다. 이 책에서는 'force'라는 어찌 보면 '힘'이라고 단순하게 번역할 수 있는 단어의 번역을 오래 고민했다. 소프트웨어 설계에서 'force'는 설계 결정에 영향을 미치는 다양한 요인을 의미한다. 특히 이 책에서는 패턴의 문제-해결 쌍과 이후에 상세 설명에서 패턴과 관련된 여러 '주요한 요구 사항'을 가리키는 용어로 등장한다. 이는 서로 상충되는 경우가 많다.

이 책에서는 한글과 원어를 여러 번 병기했는데, 소프트웨어 개발이나 소프트웨어 개발과 관련된 도메인의 중심이 여전히 미국에 있기 때문이다. 따라서 영어로 쓴 원서나 관련 논문, 인터넷 글을 읽을 기회가 많으므로 원어 용어에 익숙해져야 한다. 그에 따라 이 책에서도 병기를 충분히 했다. 여러분도 책을 보면서 소프트웨어 아키텍처와 소프트웨어 개발에 관련된 원어 용어에 익숙해졌으면 한다.

번역 중 저자들과의 몇 번의 소통이 있었다. 올라프 짐머만과의 몇 차례 이메일을 통해 사소한 오탈자뿐 아니라 그들이 생각하는 용어 정의와 같은 부분에 대해서도 의견을 나눌 수 있었다. 이러한 과정은 나에게 새로운 경험이었고, 책에 담긴 내용을 좀 더 깊게 이해하는 데 도움이 됐다.

책의 번역을 마무리하면서 소프트웨어 개발, 설계에 대해 다시금 돌아보는 좋은 학습의 기회였다. 번역이라는 작업에 대해서도 내 생각을 정리하는 것은 나름 의미가 있었다. 여러 사정으로 번역 기간이 길어져도 참을성 있게 기다려준 에이콘 출판사 담당자들께 감사의 말을 전한다. 마지막으로 바쁜 시간을 쪼개 베타리딩을 흔쾌히 해준 류지환 님, 오종윤 님, 김예나 님께도 감사 말씀을 전한다.

| 차례 |

이 책에 쏟아진 찬사 5
시리즈 편집자의 추천의 글 9
프랭크 레이먼의 추천의 글 13
지은이 소개 16
감사의 말 19
옮긴이 소개 21
옮긴이의 말 22
들어가며 32

1부 – 기초와 내러티브

01장　애플리케이션 프로그래밍 인터페이스(API) 기초　　47

로컬 API에서 원격 API로 47
　　분산과 원격에 대한 간략한 역사 50
　　원격 API: 통합을 위한 프로토콜 기반 서비스 액세스 51
　　API의 중요성 54
API 설계의 의사 결정 드라이버 62
　　API를 성공하게 하는 것 62
　　여러 API 설계 방법 64
　　API 설계가 어려운 이유 65
　　아키텍처적으로 중요한 요구 사항 68
　　개발자 경험 70
원격 API의 도메인 모델 72

커뮤니케이션 참가자	72
엔드포인트 제공 동작을 설명하는 계약	74
대화의 빌딩 블록으로서의 메시지	74
메시지 구조 및 표현	76
API 계약	77
책 전반에서 사용되는 도메인 모델	78
요약 79

02장   호반 상호 보험 사례 연구   83

비즈니스 콘텍스트 및 요구 사항 83
| 사용자 스토리 및 요구되는 품질 | 84 |
| 분석 수준 도메인 모델 | 85 |

아키텍처 개요 88
| 시스템 콘텍스트 | 88 |
| 애플리케이션 아키텍처 | 89 |

API 설계 활동 92
목표 API 사양 93
요약 95

03장   API 의사 결정 관련 사항   97

들어가기: 의사 결정 옵션으로서의 패턴, 의사 결정 기준으로서의 포스 97
기본적인 API 의사 결정과 패턴 100
API 가시성	102
API 통합 타입	108
API 문서화	111

API 역할과 책임에 대한 의사 결정 114
엔드포인트의 아키텍처 역할	116
정보 보유자 역할 정제	119
동작 책임 정의	125

메시지 표현 패턴 선택하기 ... 130
    표현 엘리먼트의 평면 구조와 중첩 구조 ... 131
    엘리먼트 스테레오타입 ... 140
중간 짚어보기: 호반 상호 보험 사례의 책임과 구조 패턴 ... 145
API 품질 거버닝 ... 146
    API 클라이언트의 식별 및 인증 ... 148
    API 사용량에 대한 미터링 및 과금 ... 151
    API 클라이언트의 과도한 API 사용 방지 ... 154
    품질 목표 및 페널티의 명시적 지정 ... 156
    오류에 대한 커뮤니케이션 ... 158
    명시적 콘텍스트 표현 ... 160
API 품질 개선을 위한 의사 결정 ... 163
    페이지네이션 ... 163
    불필요한 데이터 전송을 피하는 다른 방법 ... 168
    메시지에서 참조된 데이터 처리 ... 173
API 진화에 대한 의사 결정 ... 177
    버전 및 호환성 관리 ... 178
    버전의 도입 및 폐기를 위한 전략 ... 182
중간 짚어보기: 호반 상호 보험 사례의 품질 및 진화 패턴 ... 187
요약 ... 190

2부 – 패턴

04장 패턴 언어 개요   195

위치와 범위 ... 196
패턴: 왜 그리고 어떻게? ... 198
패턴 탐색 ... 200
    구조의 구성: 범위별 패턴 찾기 ... 200
    테마별 분류: 주제별 패턴 찾기 ... 201
    시간 차원: 설계 개선 단계 따르기 ... 204

탐색 방법 205
기초 패턴: API 가시성 및 통합 타입 206
패턴: 프론트엔드 통합 207
패턴: 백엔드 통합 209
패턴: 퍼블릭 API 211
패턴: 커뮤니티 API 213
패턴: 솔루션 내부 API 214
기초 패턴 요약 216
기본 구조 패턴 217
패턴: 아토믹 파라미터 218
패턴: 아토믹 파라미터 리스트 221
패턴: 파라미터 트리 224
패턴: 파라미터 포리스트 227
기본 구조 패턴 요약 230
요약 231

05장 엔드포인트 타입과 동작 정의   233

API 역할 및 책임의 소개 233
도전 과제와 요구되는 품질 235
패턴 설명 237
엔드포인트 역할: 서비스 세분성 240
패턴: 처리 리소스 241
패턴: 정보 보유자 리소스 251
패턴: 운용 데이터 보유자 260
패턴: 마스터 데이터 보유자 267
패턴: 참조 데이터 보유자 274
패턴: 링크 조회 리소스 280
패턴: 데이터 전송 리소스 287
동작 책임 298
패턴: 상태 생성 동작 299

	패턴: 인출 동작	306
	패턴: 상태 전이 동작	313
	패턴: 계산 함수	328
요약		337

06장 요청 및 응답 메시지 표현 설계 … 341

메시지 표현 설계 소개 … 341
- 메시지 표현을 설계할 때의 과제 … 342
- 6장의 패턴 … 343

엘리먼트 스테레오타입 … 345
- 패턴: 데이터 엘리먼트 … 345
- 패턴: 메타데이터 엘리먼트 … 354
- 패턴: ID 엘리먼트 … 364
- 패턴: 링크 엘리먼트 … 371

특수 목적 표현 … 378
- 패턴: API 키 … 379
- 패턴: 오류 보고 … 386
- 패턴: 콘텍스트 표현 … 392

요약 … 408

07장 품질을 위한 메시지 설계 개선 … 411

API 품질 개요 … 411
- API 품질의 개선 관련 도전 과제 … 412
- 7장의 패턴 … 414

메시지 세분성 … 416
- 패턴: 임베디드 엔티티 … 418
- 패턴: 링크된 정보 보유자 … 424

클라이언트 주도 메시지 콘텐츠 또는 응답 셰이핑 … 431
- 패턴: 페이지네이션 … 433

패턴: 위시 리스트	444
패턴: 위시 템플릿	450
메시지 교환 최적화(대화 효율성)	**456**
패턴: 조건부 요청	457
패턴: 요청 번들	464
요약	**470**

08장　API 진화　473

API 진화 소개	**473**
API를 진화시킬 때의 도전 과제	474
8장의 패턴	478
버전 관리 및 호환성 관리	**479**
패턴: 버전 식별자	479
패턴: 시맨틱 버전 관리	488
수명주기 관리 보장	**495**
패턴: 실험적 미리 보기	496
패턴: 공격적 폐기	501
패턴: 제한적 수명 보장	508
패턴: 2개의 상용 버전	513
요약	**518**

09장　API 계약 문서화 및 커뮤니케이션　523

API 문서화 개요	**523**
API 문서화의 도전 과제	524
9장의 패턴	526
문서화 패턴	**527**
패턴: API 설명	527
패턴: 요금 책정 플랜	535
패턴: 사용 비율 제한	542

　　　　패턴: 서비스 수준 계약 548
　요약 554

3부 – 패턴 사용의 현재와 미래

10장　실제 패턴 사례　559

스위스 모기지 분야의 대규모 비즈니스 프로세스 통합 560
　　비즈니스 콘텍스트 및 도메인 560
　　기술적 과제 562
　　API의 역할과 현황 563
　　패턴 사용 및 구현 564
　　회고 및 전망 573

건설 영역의 제안 및 주문 프로세스 575
　　비즈니스 콘텍스트 및 도메인 575
　　기술적 과제 577
　　API의 역할 및 현황 578
　　패턴 사용 및 구현 581
　　회고 및 전망 583

요약 584

11장　결론　587

짧은 회고 588
API 관련 연구: 패턴, MDSL 등으로 리팩토링 589
API의 미래 590
추가 참고 내용 592
최종 코멘트 592

부록 A 엔드포인트 식별 및 패턴 선택 가이드	593
부록 B 호반 상호 보험 사례의 구현	605
부록 C 마이크로서비스 도메인 특화 언어(MDSL)	615
참고 문헌	629
찾아보기	646

| 들어가며 |

여기에서는 다음과 같은 내용을 다룬다.

- **이 책의 배경과 목적:** 집필 동기, 목표, 범위
- **이 책을 읽어야 하는 대상:** 사용 사례와 정보 요구 사항을 필요로 하는 대상 독자
- **책의 구성 방식:** 지식 전달 수단으로 사용되는 패턴

집필 동기

인간은 다양한 언어로 의사소통을 한다. 소프트웨어도 마찬가지다. 소프트웨어는 다양한 프로그래밍 언어로 작성될 뿐만 아니라 수많은 프로토콜(예: HTTP)과 메시지 교환 형식(예: JSON)을 통해 통신한다. 누군가가 소셜 네트워크 프로필을 업데이트하고, 웹 상점에서 물건을 주문하고, 신용카드를 긁어 물건을 구매하는 등의 모든 과정에서 HTTP, JSON 및 기타 기술이 작동한다.

- 스마트폰의 모바일 앱과 같은 애플리케이션 프론트엔드는 온라인 상점의 구매 주문과 같은 백엔드에 트랜잭션 처리를 요청한다.
- 애플리케이션 파트는 고객 프로필이나 제품 카탈로그와 같이 수명이 긴 데이터를 서로, 그리고 비즈니스 파트너, 고객, 프로바이더의 시스템과 교환한다.
- 애플리케이션 백엔드는 결제 게이트웨이나 클라우드 스토리지와 같은 외부 서비스에 데이터와 메타데이터를 제공한다.

이러한 시나리오에 관련된 크고 작은 소프트웨어 컴포넌트는 최종 사용자에게 공동으로 서비스를 제공하면서 각자의 목표를 달성하기 위해 다른 컴포넌트와 대화한다. 이러한 배포 문제에 대한 소프트웨어 엔지니어의 대응책은 애플리케이션 프로그래밍 인터페이스^{API}를 통한 애플리케이션 통합이다. 모든 통합 시나리오에는 최소한 2명의 커뮤니케이션 당사자, API 클라이언트와 API 프로바이더가 포함된다. API 클라이언트는 API 프로바이더가 노출한 서비스를 소비한다. API 문서는 클라이언트-프로바이더 상호작용을 관리한다.

인간과 마찬가지로 소프트웨어 컴포넌트도 의사소통할 때 서로를 이해하는 데 어려움을 겪는 경우가 많으며, 설계자가 메시지 콘텐츠의 적절한 크기와 구조를 결정하고 가장 적합한 대화 스타일에 합의하기가 어렵다. 어느 쪽도 자신의 필요를 표현하거나 요청에 응답할 때 너무 조용하거나 지나치게 말이 많은 것을 원하지 않는다. 일부 애플리케이션 통합 및 API 설계는 매우 잘 작동하며, 관련 당사자들이 서로를 이해하고 목표를 달성한다. 이들은 효과적이고 효율적으로 상호 연동한다. 반면에 명확성이 부족해 참여자에게 혼란을 주거나 스트레스를 주는 경우도 있고, 장황한 메시지와 수다스러운 대화는 커뮤니케이션 채널에 과부하를 일으키고 불필요한 기술적 위험을 초래하며 개발과 운영에 추가적인 작업을 유발할 수 있다.

그렇다면 좋은 통합 API 설계와 그렇지 않은 통합 API 설계는 어떻게 구분할까? API 설계자는 어떻게 하면 긍정적인 클라이언트 개발자 경험을 촉진할 수 있을까? 좋은 통합 아키텍처와 API 설계를 위한 가이드라인은 특정 기술이나 제품에 의존하지 않는 것이 이상적이다. 기술과 제품은 왔다가 사라지지만 관련 설계 조언은 오랫동안 관련성을 유지해야 한다. 현실 세계로 비유하자면 키케로의 수사학과 웅변, 로젠버그의 '비폭력대화: 일상에서 쓰는 평화의 언어, 삶의 언어'[Rosenberg 2002]와 같은 원칙을 들 수 있다. 이러한 원칙은 영어나 일부 언어에만 국한된 것이 아니며, 언어가 진화하더라도 사라지지 않을 것이다. 이 책은 통합 전문가와 API 설계자를 위한 유사한 툴박스와 어휘를 구축하는 것을 목표로 한다. 이 책은 다양한 통신 패러다임과 기술에 적합한 API 설계 및 진화를 위한 패턴으로 지식을 제시한다. HTTP 및 JSON 기반 웹 API를 주요 예제로 사용한다.

목표와 범위

우리의 임무는 입증되고 재사용 가능한 솔루션 엘리먼트를 통해 API 설계 및 발전의 복잡성을 극복하는 데 도움을 주는 것이다.

이해관계자의 목표, 아키텍처적으로 중요한 요구 사항, 이미 검증된 설계 엘리먼트에서 출발해 어떻게 하면 API를 이해하기 쉽고 지속 가능하게 설계할 수 있을까?

HTTP, 웹 API, 서비스 지향 아키텍처를 포함한 일반적인 통합 아키텍처에 대해서는 일반적으로 많이 언급되고 책으로 써졌지만, 개별 API 엔드포인트와 메시지 교환의 설계는 지금까지 덜 주목 받아왔다.

- 얼마나 많은 API 동작을 원격으로 노출해야 하는가? 요청 및 응답 메시지에서 어떤 데이터를 교환해야 할까?
- API 동작과 클라이언트-프로바이더 상호작용의 느슨한 결합도를 어떻게 보장할 것인가?
- 플랫 메시지와 계층적으로 중첩된 메시지 중 적합한 메시지 표현은 무엇인가? 이러한 엘리먼트들이 정확하고 효율적으로 처리될 수 있도록 표현 엘리먼트의 의미에 대한 합의는 어떻게 이뤄지는가?
- API 프로바이더는 클라이언트가 제공한 데이터를 처리하고, 프로바이더 측 상태를 변경하고, 백엔드 시스템에 연결할 책임을 져야 하는가? 아니면 단순히 클라이언트에게 공유 데이터 저장소만 제공해야 할까?
- 확장성과 호환성의 균형을 맞추면서 통제된 방식으로 API 변경을 도입하는 방법은 무엇인가?

이 책의 패턴은 특정 요구 사항 상황에서 반복되는 특정 설계 문제에 대한 검증된 솔루션을 스케치함으로써 이러한 질문에 답하는 데 도움이 된다. 프로그램 내부 API가 아닌 원격 API$^{\text{remote API}}$에 초점을 맞춰 클라이언트 측과 프로바이더 측 모두에서 개발자 경험을 개선하는 것을 목표로 한다.

대상 독자

기술과 설계를 개선하기 위해 노력하는 중급 수준의 소프트웨어 전문가를 대상으로 하는 책이다. 주로 플랫폼 독립적인 아키텍처 지식에 관심이 있는 통합 아키텍트, API 설계자, 웹 개발자를 대상으로 패턴을 제시한다. 백엔드-투-백엔드 통합 전문가와 프론트엔드 애플리케이션을 지원하는 API 개발자 모두 이 패턴에 담긴 지식을 활용할 수 있다. API 엔드포인트의 세분성과 메시지에서 교환되는 데이터에 초점을 맞추기 때문에 API 제품 책임자, API 검토자, 클라우드 테넌트 및 프로바이더도 도움을 받을 수 있다.

API 기본 사항에 이미 익숙하고 메시지 데이터 계약 설계 및 API 진화를 포함한 API 설계 능력을 향상시키고자 하는 중급 소프트웨어 엔지니어(개발자, 아키텍트 또는 제품 책임자 등)를 위한 책이다.

학생, 강사, 소프트웨어 엔지니어링 연구원도 이 책에 소개된 패턴과 프레젠테이션을 유용하게 활용할 수 있다. 초보자를 위한 책을 먼저 읽지 않고도 이 책과 패턴을 이해할 수 있도록 API 기본 사항과 API 설계를 위한 도메인 모델을 소개한다.

사용 가능한 패턴과 그 장단점을 알면 API 설계와 발전에 관한 숙련도가 향상된다. 특정 요구 사항의 상황에 맞는 이 책의 패턴을 적용하면 API와 API가 제공하는 서비스를 더 쉽게 개발, 사용, 발전시킬 수 있다.

사용 시나리오

우리의 목표는 API 설계와 사용을 즐거운 경험으로 만드는 것이다. 이를 위해 이 책과 패턴의 3가지 주요 사용 사례는 다음과 같다.

1. 공통 어휘를 정립하고, 필요한 설계 결정이 무엇인지 알아내고, 사용 가능

한 옵션과 관련 장단점을 공유함으로써 API 설계 토론 및 워크숍을 촉진한다. 이러한 지식을 바탕으로 API 프로바이더는 단기적으로나 장기적으로 고객의 요구를 충족하는 품질과 스타일의 API를 노출할 수 있다.

2. API 설계 검토를 간소화하고 객관적인 API 비교 속도를 높여 API의 품질을 보장하고 이전 버전과 호환되면서도 확장 가능한 방식으로 발전시킬 수 있다.

3. API 클라이언트 개발자가 제공된 API의 기능과 제약 조건을 쉽게 파악할 수 있도록 플랫폼 중립적인 설계 정보로 API 문서를 개선한다. 패턴은 API 계약에 포함될 수 있고 기존 설계에서 관찰할 수 있도록 설계됐다.

가상의 사례 연구와 2가지 실제 패턴 채택 사례를 통해 이 패턴 사용을 시연하고 패턴을 사용할 수 있다.

독자들이 특정 모델링 접근 방식, 설계 기법 또는 아키텍처 스타일을 이미 알고 있을 것으로 기대하지는 않는다. 하지만 ADDR 프로세스, 도메인 주도 설계[DDD, Domain-Driven Design], 책임 주도 설계[RDD, Responsibility-Driven Design]와 같은 개념은 각자의 역할이 있다. 부록 A에서 간략하게 살펴본다.

기존의 설계 휴리스틱 및 지식 격차

특정 API 기술 및 개념에 대한 심도 있는 조언을 제공하는 훌륭한 서적을 많이 찾을 수 있다. 예를 들어 『RESTful Web Services Cookbook』(O'Reilly, 2010)[Allamaraju 2010]은 HTTP 리소스 API를 구축하는 방법(예: POST 또는 PUT 등 어떤 HTTP 메서드를 선택할지)을 설명한다. 다른 책에서는 라우팅, 변환, 배달 보장 측면에서 비동기 메시징이 어떻게 작동하는지 설명한다[Hohpe 2003]. 전략적 DDD[Evans 2003, Vernon 2013]는 API 엔드포인트 및 서비스 식별을 시작하는 데 도움이 될 수 있다. 서비스 지향 아키텍처, 클라우드 컴퓨팅, 마이크로서비스 인프라 패턴이 발표됐다. 데이터 저장소 구조화(관계형, NoSQL)도 포괄적으로 문서화돼 있으며, 분산 시스템 설계를 위한 전체 패턴 언어도 제공된다[Buschmann 2007]. 마지막으로 『Release의 모든 것』은 운영 및 상용화 배포를 위한 설계를 광범위하게 다룬다[Nygard 2018a].

목표 중심의 엔드포인트 식별과 운영 설계를 포함한 API 설계 프로세스는 기존 서적에서도 잘 다루고 있다. 예를 들어 『웹 API 설계 원칙』[Higginbotham 2021]을 참고하자. API 및 마이크로서비스로 가치 제공에서는 7단계로 구성된 4가지 프로세스 단계를 제안한다. 『웹 API 설계』[Lauret 2019]에서는 API 목표 캔버스를 제안하고, 훌륭한 웹 API를 설계하고 구축할 것을 제안한다. 『Design and Build Great Web APIs』 (Pragmatic Bookshelf, 2020)[Amundsen 2020]은 API 스토리와 함께 작동한다.

이러한 귀중한 설계 조언의 출처에도 원격 API 설계 영역은 여전히 충분히 다뤄지지 않고 있다. 특히 API 클라이언트와 프로바이더 간에 오가는 요청 및 응답 메시지의 구조는 어떤가? 『기업 통합 패턴』[Hohpe 2003]은 메시지 유형(이벤트, 명령, 문서 메시지)을 나타내는 3가지 패턴을 제시하지만, 그 내부 작동에 대한 자세한 내용은 제공하지 않는다. 그러나 시스템 간에 교환되는 '외부의 데이터'는 프로그램 내부에서 처리되는 '내부의 데이터'와는 다르다[Helland 2005]. 이 2가지 유형의 데이터는 변경 가능성, 수명, 정확성, 일관성, 보호 필요성 측면에서 상당한 차이가 있다. 예를 들어 재고 시스템 내부의 로컬 재고 품목 카운터를 늘리는 것은 원격 API와 메시징 채널을 통해 공급망을 공동으로 관리하는 제조업체와 물류 회사 간에 교환되는 제품 가격 및 배송 정보보다 아키텍처 설계가 다소 덜 필요할 수 있다.

메시지 표현 설계, 즉 외부에 있는 데이터[Helland 2005] 또는 API의 '공표된 언어Published Language' 패턴[Evans 2003]은 이 책의 주요 초점 영역이다. API 엔드포인트, 운영 및 메시지 설계에 관한 지식 격차를 해소한다.

지식 공유 수단으로서의 패턴

소프트웨어 패턴은 25년 이상의 역사를 가진 정교한 지식 공유 수단이다. 우리가 패턴 형식을 API 설계 조언을 공유하는 것으로 결정한 이유는 패턴 이름이 '보편 언어Ubiquitous Language'[Evans 2003]라는 도메인 어휘를 형성하는 것을 목표로 하기 때문이다. 예를 들어 기업 통합 패턴enterprise integration pattern은 대기열 기반 메시징의 언어가 됐으며, 이러한 패턴은 메시징 프레임워크와 도구에 구현되기도 했다.

패턴은 발명된 것이 아니라 실제 경험에서 채굴된 후 동료들의 피드백을 통해 강화된다. 패턴 커뮤니티는 피드백 프로세스를 체계화하기 위해 일련의 관행을 개발했으며, 셰퍼딩shepherding과 저자 워크숍writers workshop은 특히 중요한 2가지 실천법이다[Coplien 1997].

각 패턴의 중심에는 문제-해결 쌍이 있다. 그 주요한 요구 사항인 포스와 결과에 대한 논의는 예를 들어 원하는 품질 특성과 달성한 품질 특성뿐만 아니라 특정 설계의 단점에 대해서도 정보에 입각한 의사 결정을 지원한다. 대체 솔루션이 논의되고 관련 패턴과 가능한 구현 기술에 대해 설명이 제공되며 완성된 패턴이 된다.

패턴은 완전한 솔루션을 제공하는 것이 목적이 아니라 특정 상황에 맞는 API 설계를 위해 채택하고 맞춤화하기 위한 스케치 역할을 한다는 점에 유의하자. 즉, 패턴은 가능한 솔루션의 윤곽을 제시하지만 무턱대고 복사할 수 있는 청사진을 제공하지는 않는다. 프로젝트 또는 제품 요구 사항을 충족하기 위해 패턴을 채택하고 실현하는 방법은 API 설계자와 제품 책임자의 책임이다.

우리는 오랫동안 업계와 학계에서 패턴을 적용하고 가르쳐 왔다. 우리 중 일부는 분산 애플리케이션 시스템과 그 부품을 프로그래밍, 설계 및 통합하기 위한 패턴을 작성했다[Voelter 2004, Zimmermann 2009, Pautasso 2016].

우리는 패턴 개념이 앞서 '목표 및 범위'와 '대상 고객'에서 언급한 사용 시나리오에 매우 적합하다는 것을 발견했다.

마이크로서비스 API 패턴

마이크로서비스 API 패턴MAP, Microservice API Patterns이라는 패턴 언어는 API가 노출되고 소비될 때 교환되는 메시지의 관점에서 API 설계와 진화에 대한 포괄적인 관점을 제공한다. 이러한 메시지와 페이로드는 표현 엘리먼트로 구조화된다. API 엔드포인트와 그 운영은 서로 다른 아키텍처적 책임을 갖고 있기 때문에 표현 엘리먼트의 구조와 의미는 서로 다르다. 메시지 구조는 API와 그 기본 구현의 설계 시간 및 런타임 품질에 큰 영향을 미치며, 예를 들어 몇 개의 큰 메시지는 많은 작은 메시지로 인해 발생하는 것과는 다른 네트워크 및 엔드포인트 워크로드(CPU 소비 및 네트워크 대역폭 사용량 등)를 발생시킨다. 마지막으로 성공적인 API는 시간이 지남에 따라 진화하므로 시간에 따른 변경 사항을 관리해야 한다.

MAP이라는 은유와 약어를 선택한 이유는 맵이 패턴 언어와 마찬가지로 방향과 지침을 제공하고 추상적인 솔루션 공간에서 사용 가능한 옵션을 독자에게 교육하기 때문이다. API 자체도 들어오는 요청을 기본 서비스 구현으로 라우팅하기 때문에 매핑의 성격을 갖고 있다.

MAP이 클릭을 유도하는 미끼로 보일 수 있다는 점을 인정한다. 이 책이 출간된 후 마이크로서비스가 더 이상 유행하지 않을 경우 우리는 언어의 이름을 바꾸고 약어의 용도를 변경할 수 있는 권리를 보유한다. 예를 들어 '메시지 API 패턴'은 언어의 범위도 잘 설명해준다. 이 책에서는 대부분의 경우 MAP를 '패턴 언어' 또는 '우리의 패턴'이라고 지칭한다.

이 책에서 다루는 패턴의 범위

이 책은 엔드포인트 및 메시지 책임, 구조, 품질 문제와 서비스 API의 진화를 다루는 웹 API 및 기타 원격 API의 설계와 진화에 초점을 맞춘 자원 봉사 프로젝트의 최종 결과물이다. 이 프로젝트는 2016년 가을에 시작됐다. 이 책에 제시된 결과물인 패턴 언어는 다음과 같은 질문에 답하는 데 도움이 된다.

- 각 API 엔드포인트가 수행하는 아키텍처 역할은 무엇인가? 엔드포인트 역할과 운영 책임이 서비스 규모와 세분성에 어떤 영향을 미치는가?
- 요청 및 응답 메시지에서 적절한 표현 엘리먼트의 수는 얼마인가? 이러한 엘리먼트는 어떻게 구조화돼 있는가? 이러한 엘리먼트들을 어떻게 그룹화하고 보충 정보로 애너테이션을 달 수 있는가?

- API 프로바이더가 비용 효율적인 방식으로 리소스를 사용하면서 동시에 특정 수준의 API 품질을 달성하려면 어떻게 해야 할까? 품질 트레이드오프는 어떻게 전달하고 설명할 수 있는가?
- API 전문가는 지원 기간 및 버전 관리와 같은 수명주기 관리 문제를 어떻게 처리할 수 있는가? 이전 버전과의 호환성을 촉진하고 피할 수 없는 변경 사항을 어떻게 전달할 수 있는가?

우리는 패턴을 작성하기 전에 수많은 웹 API와 API 관련 사양을 연구하고 우리 자신의 전문적인 경험을 반영해 패턴을 수집했다. 공개 웹 API와 업계의 애플리케이션 개발 및 소프트웨어 통합 프로젝트에서 패턴이 많이 사용되는 것을 관찰했다. 많은 패턴의 중간 버전은 2017년부터 2020년까지 EuroPLoP[5]에서 셰퍼딩및 저자 워크숍 과정을 거쳤으며, 나중에 각 콘퍼런스 자료집에 발표됐다.[6]

진입점, 읽기 순서 및 콘텐츠 구성

복잡한 설계 공간을 조작해 난제$^{wicked\ problem}$[Wikipedia 2022a]를 해결할 때(그리고 API 설계는 확실히 때때로 어려운 문제로 간주된다) 나무만 보고 숲을 보기 어려운 경우가 많다. 문제 해결 활동을 직렬화하거나 표준화하는 것은 가능하지도 않고 바람직하지도 않다. 따라서 우리 패턴 언어에는 여러 진입점이 있다. 이 책의 각 부가 출발점이 될 수 있으며 부록 A는 더 많은 것을 제안한다.

이 책은 3개의 부로 구성돼 있다. '1부, 기초와 내러티브', '2부, 패턴', '3부, 패턴 실제 사용의 현재와 미래'다. 그림 P.1은 각 부의 장과 논리적 종속성을 보여준다.

---

5. https://europlop.net/content/conference
6. 이러한 정보는 2016년부터 2020년까지의 EuroPLoP 콘퍼런스 자료집과 온라인에서 확인할 수 있으므로, 이 책에는 이미 알려진 활용 사례는 포함하지 않기로 결정했다. 일부 보충 자료에서는 추가적인 구현 힌트도 찾아볼 수 있다.

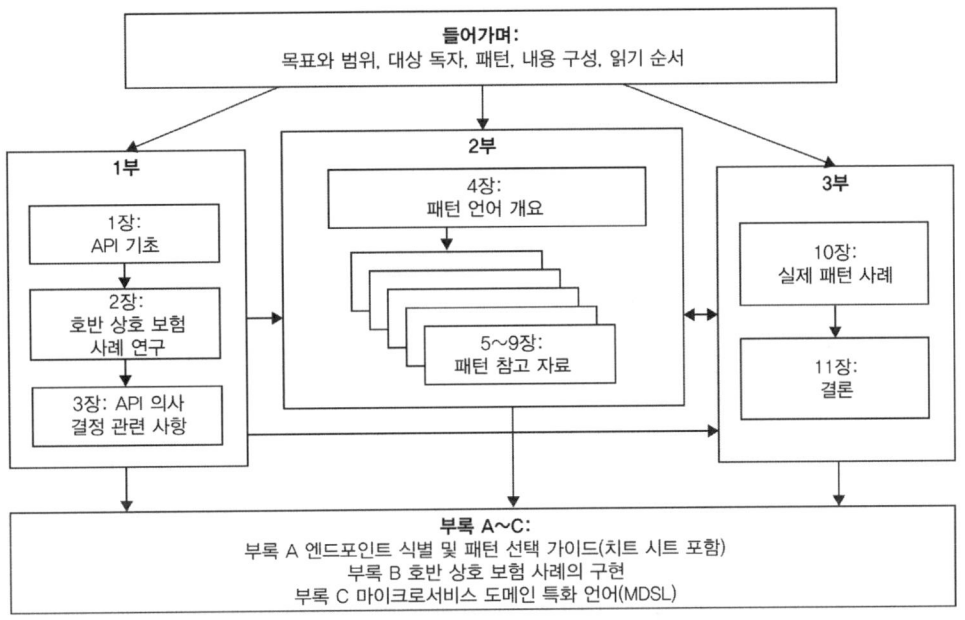

그림 P.1 각 부 및 해당 종속성

1부는 1장부터 시작해 API 설계의 영역을 개념적으로 소개한다. 사례 연구이자 주요 예제의 출처인 호반 상호 보험은 2장에서 비즈니스 맥락, 요구 사항, 기존 시스템, 초기 API 설계와 함께 처음으로 등장한다. 3장에서는 언어의 패턴이 서로 어떻게 연관돼 있는지를 보여주는 의사 결정 모델을 제공한다. 또한 3장에서는 패턴 선택 기준을 제공하고 호반 상호 보험 사례에서 주요 의사 결정이 어떻게 이뤄졌는지 보여준다. 이러한 의사 결정 모델은 책을 읽을 때나 실제로 패턴을 적용할 때 참고할 수 있다.

2부는 패턴 참조 부분으로, 4장으로 시작해 5개의 장으로 구성된 패턴으로 구성돼 있다. 5장, 6장, 7장, 8장, 9장이 그것이다. 그림 P.2는 이러한 장과 2부의 읽는 순서를 보여준다. 예를 들어 4장에서 **아토믹 파라미터**와 **파라미터 트리** 같은 기본 구조 패턴을 배운 다음 6장에서 ID 엘리먼트와 메타데이터 엘리먼트 같은 엘리먼트 스테레오타입으로 넘어갈 수 있다.

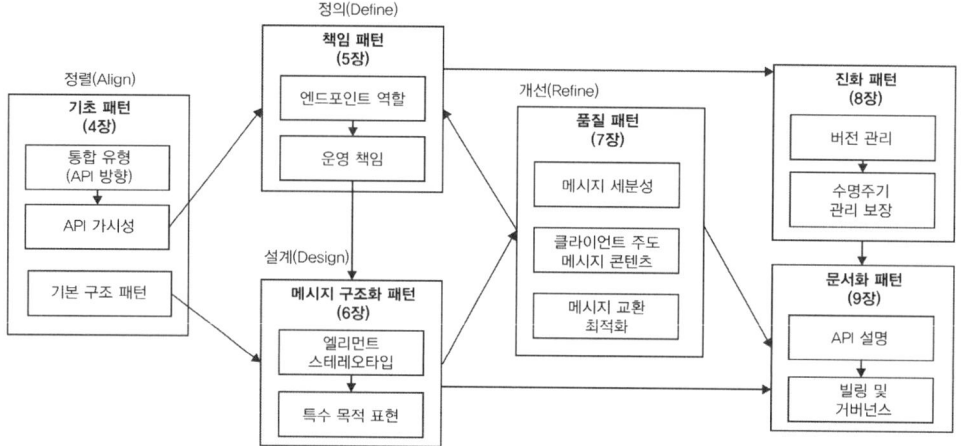

그림 P.2 패턴 맵: 2부의 장 흐름

각 패턴 설명은 일반적으로 몇 페이지 길이의 작은 전문 문서로 볼 수 있다. 이러한 설명은 동일한 구조로 구성돼 있다. 먼저 패턴을 적용해야 하는 시기와 이유를 소개한다. 그런 다음 패턴이 어떻게 작동하는지 설명하고 구체적인 예를 하나 이상 제시한다. 그런 다음 패턴 적용의 결과에 대해 논의하고 특정 패턴이 적용되면 적용 가능한 다른 패턴으로 독자를 안내한다. 패턴의 이름은 작은 대문자[7]로 설정돼 있다. 처리 리소스(PROCESSING RESOURCE)가 그 예다. 4장에서 자세히 소개한 이 패턴 템플릿은 EuroPLoP 콘퍼런스 템플릿[Harrison 2003]에서 파생됐다. 검토 의견과 조언을 고려해 약간 리팩토링했다(그레고어와 피터에게 감사 인사를 전한다). 특히 품질 속성Quality Attribute과 그 충돌에 중점을 뒀는데, 이는 패턴이 아키텍처적으로 중요한 요구 사항architecturally significant requirement을 다루기 때문에 API 설계 및 발전 결정을 내릴 때 절충이 필요하기 때문이다.

3부에서는 전자 정부와 건설업계의 제안/주문 관리라는 다소 다른 영역의 2가지 실제 프로젝트에 패턴을 적용하는 방법을 소개한다. 또한 이를 반영해 몇 가지 결론을 도출하고 전망을 제시한다.

---

7. 대문자를 닮았으나 높이와 너비가 소문자 느낌을 주는 글자다. - 옮긴이

부록 A에서는 문제 중심의 치트 시트를 제공해 시작을 위한 또 다른 옵션을 제공한다. 또한 패턴이 책임 주도 설계(RDD, Responsibility-Driven Design), 도메인 주도 설계(DDD, Domain-Driven Design) 및 ADDR과 어떻게 관련돼 있는지도 설명한다. 부록 B에서는 이 책의 사례 연구에서 나온 더 많은 API 설계 산출물을 공유한다. 부록 C에서는 <<Pagination>>과 같은 데코레이터를 통해 패턴 지원이 내장된 마이크로서비스 계약용 언어인 마이크로서비스 도메인 특화 언어(MDSL, Microservice Domain Specific Language)에 대한 실무 지식을 제공한다. MDSL은 OpenAPI, gRPC 프로토콜 버퍼, GraphQL 및 기타 인터페이스 설명 및 서비스 프로그래밍 언어에 대한 바인딩과 생성기를 지원한다.

책을 읽다 보면 일부의 자바와 상당량의 JSON 및 HTTP(예: curl 명령과 그에 대한 응답 형태)를 보게 될 것이다. gRPC, GraphQL, SOAP/WSDL도 거의 나오지 않을 수도 있지만, 이러한 기술에 대한 전문 지식이 없어도 이해할 수 있을 정도로 간단하게 설계됐다. 또 다른 인터페이스 설명 언어를 만든 이유가 궁금하다면 일부 예제는 MDSL로 설명돼 있다. 'HelloWorld' 식 예제를 넘어서는 내용의 YAML 또는 JSON 렌더링의 OpenAPI는 책 한 권에 다 담을 수 없기 때문이다.

추가 정보는 이 책과 함께 제공되는 웹 사이트(https://api-patterns.org)를 통해 확인할 수 있다.

저자들의 노력의 결과가 전 세계 통합 설계자 및 API 개발자 커뮤니티의 지식 체계에 도움이 되기를 바란다. 여러분의 피드백과 건설적인 비판을 기꺼이 기다리겠다.

올라프, 미르코, 다니엘, 우베, 세자레

2022년 6월 30일

문의

한국어판에 관한 질문은 에이콘출판사 편집 팀(editor@acornpub.co.kr)이나 옮긴이의 이메일로 문의하길 바란다.

한국어판 정오표는 에이콘출판사 도서정보 페이지(http://www.acornpub.co.kr/book/patterns-api-design)에서 찾을 수 있다.

1부
기초와 내러티브

1부의 3개 장은 API 설계에 패턴을 최대한 활용하기 위한 준비 단계다.

1장, 애플리케이션 프로그래밍 인터페이스(API) 기초에서는 기본 API 개념을 살펴보고 원격 API가 중요하지만 제대로 설계하기 어려운 이유를 살펴본다.

2장, 호반 상호 보험 사례 연구에서는 API의 사용 사례로서 가상의 보험 회사 서비스를 살펴본다.

3장, API 의사 결정 관련 사항에서는 결정이 필요한 형태의 패턴에 대해 간략하게 설명한다(실제 패턴은 2부에서 자세히 다룬다). 개별 결정은 API 설계와 관련된 질문에 대한 답이다. 패턴은 해결 방안으로 몇 가지 대안(옵션)을 제공한다. 호반 상호 보험에 필요한 결정의 결과물 예제도 제공된다. 3장에 제시된 결정 모델은 API 설계 작업을 수행하는 데 도움이 될 수 있으며, API 설계 검토에서 체크리스트로 사용할 수 있다.

1장
애플리케이션 프로그래밍 인터페이스(API) 기초

먼저 원격 애플리케이션 프로그래밍 인터페이스^{API, Application Programming Interface}가 무엇인지 살펴보자. 다음으로 오늘날 API가 중요한 이유를 설명한다. 또한 결합도^{coupling}와 세분성^{granularity} 문제를 포함해서 API의 주요 설계 과제를 얘기해보자. 마지막으로 이 책 전반에 걸쳐 사용되는 용어와 개념을 설명하기 위해 API 도메인 모델을 소개한다.

로컬 API에서 원격 API로

오늘날 외부와 완전히 분리된 애플리케이션은 거의 존재하지 않는다. 독립 실행형 애플리케이션도 일반적으로 일종의 외부 인터페이스를 제공한다. 간단한 예로 파일 내보내기 및 가져오기와 같은 것이 있고, 보통은 텍스트 기반의 인터페이스다. 운영체제의 클립보드를 활용하는 복사-붙여넣기 기능도 인터페이스로 볼 수 있다. 애플리케이션의 내부를 살펴보면 포함돼 있는 모든 소프트웨어 컴포넌트는 인터페이스를 제공한다[Szyperski 2002]. 이러한 인터페이스는 컴포넌트가 외부에 노출하는 작업, 속성, 이벤트지만 컴포넌트의 내부에 숨겨져 있는 데이터 구조 또는 구현 논리는 공개하지 않는다. 이러한 컴포넌트를 사용하려면 개발자가 제공하는 인터페이스를 배우고 이해해야 한다. 하나의 컴포넌트는 다른 컴포넌트의 서비스를 사용할 수 있다. 이러한 경우 하나 이상의 요구 인터페이스^{required interface}에 대한 아웃바운드 종속성$^{\text{outbound dependency}}$이 있다.

일부 인터페이스는 다른 인터페이스보다 더 많이 노출된다. 예를 들어 미들웨어 플랫폼과 프레임워크는 일반적으로 API를 제공한다. 플랫폼 특성이 있는 API는 원래 운영체제 구현에서 사용자 애플리케이션 소프트웨어를 분리하고자 운영체제에 포함되기 시작했다. POSIX 및 Win32 API는 이러한 플랫폼 API의 2가지 예다. 이러한 API는 개발자가 다양한 종류의 애플리케이션을 구축할 수 있도록 충분히 일반적이고 표현력^{expressive}이 있어야 한다. 또한 운영체제 업그레이드 후에도 이전 애플리케이션이 변경되지 않고 계속 작동하도록 이후에 공개되는 여러 운영체제의 릴리스에서 안정적으로 동작해야 한다. 운영체제 컴포넌트의 내부 인터페이스를 외부에 공개된 API의 일부가 되게 만들려면 관련된 문서의 높은 품질과 시간이 지나더라도 관련된 변경에 대해 엄격한 제약이 필요하다.

API는 운영체제에서 여러 프로세스의 경계를 넘을 수 있을 뿐만 아니라 네트워크를 통해 접근 가능할 수도 있다. 즉, 서로 다른 물리적 노드 또는 가상 하드웨어 노드에서 실행되는 애플리케이션이 서로 통신할 수 있다. 기업은 오랫동안 애플리케이션을 통합하기 위해 이러한 원격 API를 사용해 왔다[Hohpe 2003]. 오늘날 이러한 API는 일반적으로 모바일 앱 또는 웹 애플리케이션의 프론트엔드와 이러한 애플리케이션의 서버 측 백엔드 사이의 경계에서 흔히 볼 수 있으며, 클라우드에 배포되는 경우가 많다.

애플리케이션 프론트엔드는 백엔드에서 관리하는 공유 데이터를 갖고 작업한다. 따라서 여러 종류의 클라이언트(예: 모바일 앱 및 데스크톱 클라이언트)가 동시에 실행돼 여러 개의 클라이언트 인스턴스가 생성돼 동일한 API를 사용할 수 있다. 시스템의 일부 API는 다른 조직에서 개발하고 운영하는 외부 클라이언트에 개방하기도 한다. 이러한 개방성은 예를 들어 API에 액세스하는 애플리케이션 클라이언트 또는 최종 사용자와 관련해 보안 문제가 발생할 수 있다. 전략적으로 고민해야 하는 부분도 있다. 예를 들어 서비스를 통해 발생되는 데이터 소유권과 서비스를 어느 수준에서 제공해야 하는지에 대한 계약 관련 사항도 있을 수 있다.

애플리케이션을 연결하는 로컬 컴포넌트 인터페이스와 원격 API는 모두 지식을 공유한다고 가정한다. 이 지식은 둘 이상의 당사자가 상호 운용 가능한 소프트웨어를 작성하기 위해 필요한 것이다. 서로 호환되는 전기 소켓과 케이블이 매끄럽게 연결되고 동작하는 것이 가능한 것처럼 API 호환 가능한 시스템의 통합을 하기 위한 것이다. 여기서 얘기하는 공유 지식은 다음과 같은 내용을 포함한다.

- 외부에 노출돼 제공되는 동작^{operation}, 계산^{computation} 또는 데이터 조작$^{data\ manipulation}$ 서비스
- 동작이 호출될 때 교환되는 데이터의 표현^{representation} 및 의미^{meaning}
- 컴포넌트^{component} 상태^{state} 및 유효한 상태 전이$^{state\ transition}$에 대한 정보와 같은 관찰 가능한 속성^{property}
- 컴포넌트 오류와 같은 이벤트 알림 및 오류 조건 처리

또한 원격 API는 다음 사항을 정의해야 한다.

- 네트워크를 통해 메시지를 전송하기 위한 통신 프로토콜
- 위치 및 기타 액세스 정보(주소, 보안 자격증명)를 포함한 네트워크 엔드포인트^{endpoint}[1]
- 기반이 되는 통신 인프라로 인해 발생하는 실패를 포함한 배포 관련 실패(예: 시간 초과, 전송 오류, 네트워크 및 서버 중단)에 관한 정책

API 계약은 상호작용하는 당사자 사이의 기대치를 표현한다. 기본적인 정보 은닉$^{information\text{-}hiding}$ 원칙에 따라 내부 구현은 비밀로 유지된다. API에 접속하는 방법과 서비스를 이용하는 방법에 대한 최소한의 정보만 공개된다. 예를 들어 깃허브^{GitHub}와 연동하는 소프트웨어 엔지니어링 도구의 개발자를 생각해보자. 그는 소프트웨어와 관련된 이슈를 만들고 검색하고 이슈에 포함된 속성(또는 필드)에 대한 정보를 받는 방법을 알아야 한다. GitHub API는 이슈 관리 애플리케이션의 기능을 퍼블릭 API로 제공한다. 하지만 이 이슈 관리 애플리케이션 내의 프로그래밍 언어, 데이터

---

[1] 통신에서는 연결의 마지막 종단. API 측면에서는 서버의 URL에 해당한다. – 옮긴이

베이스 기술, 컴포넌트 구조 또는 데이터베이스 스키마를 공개하지 않는다.

모든 시스템과 서비스가 처음부터 API를 제공하는 것은 아니다. API는 시간이 지나면 사라질 수도 있다. 예를 들어 트위터는 인지도를 높이고자 타사 클라이언트 개발자에게 Web API를 공개했다. 곧 많은 사용자가 사용하는 클라이언트 에코시스템이 등장했다. 트위터는 사용자 생성 콘텐츠로 수익을 창출하기 위해 나중에 API를 폐쇄하고 일부 클라이언트 애플리케이션을 인수해 내부에서 계속 유지 관리했다. 결론적으로 이와 같이 시간 경과에 따라 API의 진화를 관리해야 한다.

분산과 원격에 대한 간략한 역사

원격 API는 다양한 형태로 제공된다. 지난 50년 동안 시스템의 여러 구성 요소가 서로 통신하게 해서 애플리케이션을 분산 시스템으로 분해할 수 있게 하는 많은 개념과 기술이 등장했다.

- 인터넷의 백본인 소켓 API와 함께 전송 및 네트워킹 프로토콜인 TCP/IP는 1970년대에 개발됐다. 공유 드라이브 또는 마운트된 네트워크 파일 시스템에서부터 다른 반대쪽의 공유 드라이브 또는 네트워크 파일 시스템에서 사용 가능한 FTP 및 기본 파일 입/출력과 같은 파일 전송 프로토콜은 지금까지의 모든 프로그래밍 언어에서 지원한다.
- 분산 컴퓨팅 환경DCE, Distributed Computing Environment과 같은 원격 프로시저 호출RPC, Remote Procedure Call과 CORBA 및 자바 RMI와 같은 객체지향 요청 브로커object oriented request broker는 1980년대와 1990년대에 추상화 계층abstraction layer 및 편의 계층convenience layer을 추가했다. 최근에는 gRPC와 같은 새로운 RPC 변형이 많이 사용된다.
- IBM MQSeries 및 아파치 액티브MQ와 같은 큐 기반 메시지 지향 애플리케이션queue-based message-oriented application은 시간에 크게 구애받지 않고 통신하는 컴포넌트 사이에서 사용된다. 2000년대에 등장해서 RPC만큼 오래된 역사를 가진다. 예를 들어 주요 클라우드 서비스 프로바이더는 자체 메시징 서비스를

제공한다. 클라우드 사용자는 다른 메시징 미들웨어를 자신의 클라우드 인프라에 배포할 수도 있다. RabbitMQ는 실제로 자주 선택되는 예다.
- WWW^{World Wide Web}의 인기로 인해 지난 20년 동안 HTTP와 같은 하이퍼미디어 지향 프로토콜^{hypermedia oriented protocol}의 사용이 증가했다. RESTful로 인정받으려면 REST^{REpresentational State Transfer} 스타일의 모든 아키텍처 제약 조건^{architectural constraint}을 준수해야 한다. 모든 HTTP API가 RESTful을 만족하는 것은 아니지만 현재 HTTP가 많은 애플리케이션 통합에서 주로 사용돼 지배적이다.
- 아파치 카프카^{Apache Kafka}로 구축된 파이프라인과 같이 연속 데이터 스트림^{data stream} 위에 구축된 데이터 처리 파이프라인은 기존 유닉스 파이프 및 필터^{pipe and filter} 아키텍처에 뿌리를 두고 있다. 특히 데이터 분석 시나리오(예: 웹 트래픽 및 온라인 쇼핑 행동 분석)에서 많이 사용된다.

TCP/IP, HTTP 및 비동기 큐 기반 메시징은 현재 매우 중요하고 일반적이지만 분산 객체^{distributed object}는 이제 시대에 뒤떨어졌다. 일부 레거시 시스템은 여전히 분산 객체를 사용한다. 프로토콜이나 공유 드라이브를 통한 파일 전송은 여전히 많이 사용된다. 현재 사용 가능한 옵션이 지금 당장 여기에 있는 것인지 아니면 더 적절한 새로운 것이 나타날 가능성이 높은지는 시간이 지나봐야 알 수 있을 것이다.

모든 원격^{remote} 및 통합^{integration} 기술은 원격 처리^{remote processing}를 실행하거나 원격 데이터^{remote data}를 가져오거나 조작할 수 있게 분산 애플리케이션 또는 애플리케이션의 구성 요소를 연결하기 위한 것이다. API가 제공되지 않고 제공되는 API에 대한 상세한 설명 없이는 애플리케이션이 원격 파트너 시스템을 연결하고 대화하거나 시스템에서 응답을 수신하고 처리하는 방법을 알 수 없다.

원격 API: 통합을 위한 프로토콜 기반 서비스 액세스

이 장 뒷부분의 '원격 API용 도메인 모델'에서는 책에서 사용되는 API 용어를 소개한다. 이에 앞서 지금까지 관찰했던 내용을 살펴보면서 먼저 간단히 정리해보자. 프로그램을 내부 분해^{internal decomposition}해 애플리케이션이 로컬 API를 사용한다는 측면에서 API는 애플리케이션 프로그래밍 인터페이스^{Application Programming Interface}를 의미한다. API는 연결^{connect}하는 동시에 분리^{separate}하는 이중적인 특성이 있다. 따라서 우리의 원격 콘텍스트에서 API는 애플리케이션 통합을 위한 통신 프로토콜을 통해 데이터 또는 소프트웨어 서비스와 같은 서버 측 리소스에 접근^{access}할 수 있다는 것을 의미한다.

그림 1.1은 지금까지의 원격 메시징 개념을 보여준다.

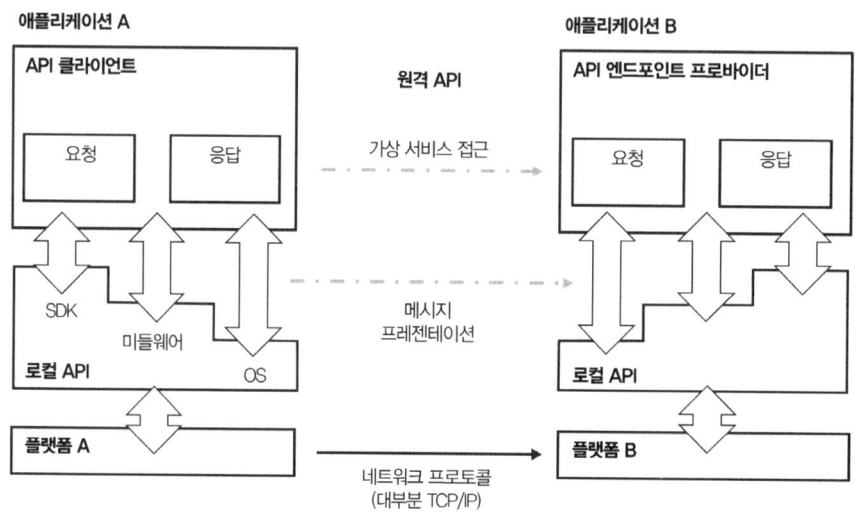

그림 1.1 원격 API의 메시지 기반 통합 및 개념(OS, SDK)

원격 API는 통합된 애플리케이션 내부의 여러 구성 요소 간에 추상화된 가상의 연결을 제공한다. 각 원격 API는 적어도 3개의 다른 API로 구성된다. 클라이언트와 프로바이더의 양쪽 모두에 있는 로컬 인터페이스와 통신 스택의 다음 하위 계층에 있는 원격 인터페이스다. 2개의 로컬 인터페이스는 운영체제, 미들웨어 또는 프로그래밍 언어 라이브러리 및 소프트웨어 개발 키트^{SDK, Software Development Kit}에서 제공된다. API 클라이언트와 API 프로바이더 양쪽에 있는 애플리케이션이 이 인터페이스를 사용한다. TCP/IP 소켓 기반의 HTTP를 활용하는 네트워킹/전송 프로토콜 서비스의 경우는 통합이 필요한 애플리케이션 컴포넌트, 하위 시스템 또는 전체 애플리케이션이 로컬 인터페이스를 통해 사용할 수 있다.

상호 운용 가능한 통신의 공통 목표에 도달하려면 통신 참여자 간의 공유된 이해가 API 계약contract으로 설정돼야 한다. API 계약을 동전에 비유한다면 API 계약을 지원하는 프로토콜protocol과 엔드포인트endpoint는 동전의 한 면이고, 노출된 데이터exposed data는 다른 한 면이다. 요청 및 응답 메시지는 항상 구조화된 메시지 표현message representation을 따른다.[2] 파일 가져오기/내보내기 또는 파일 전송의 경우도 메시지 설계를 신중하게 수행해야 한다. 이 경우 이러한 메시지는 파일로 전달된다. 클립보드 기반 통합Clipboard-based integration도 유사한 속성을 가진다. API 계약은 떨어져 분리돼 있는 두 당사자를 연결하기 위한 메시지의 구문syntax, 구조structure 및 의미 체계semantic에 대해 공유돼야 하는 지식을 설명한다.

이 책에서는 원격 API를 다음과 같이 정의한다.

> 원격 API는 내부 및 외부 애플리케이션의 컴포넌트가 서로에게 서비스를 제공할 수 있게 잘 문서화된 네트워크 엔드포인트의 집합이다. 예를 들어 이러한 서비스는 비즈니스 프로세스를 완전히 또는 부분적으로 자동화하는 것과 같은 도메인별 목표를 달성하는 데 도움이 된다. 이를 통해 클라이언트client는 프로바이더provider 측에서 제공되는 처리 로직processing logic을 실행하거나 프로바이더와 데이터를 상호 교환하거나 프로바이더의 이벤트 알림을 수신할 수 있다.

이 정의는 이 책에서 다루는 범위를 한정한다. 즉, 이 책은 원격 API에 관한 것이다. 따라서 이제부터 API라는 용어는 지금부터 원격 API를 의미한다. 로컬 API의 경우는 로컬을 붙여 명시적으로 표시하기로 한다.

API 설계는 매우 어렵다. 설계를 수행할 때 주요한 요구 사항인 포스force 혹은 품질 속성quality attribute이라고도 하는 많은 의사 결정 드라이버decision driver는 중요한 역할을 한다. 이 장의 뒷부분에 나오는 'API 설계 의사 결정 드라이버' 절에서는 바람직한 속성을 설명한다.

---

2. 응답 메시지의 존재 여부는 사용 중인 메시지 교환 패턴에 따라 다르다(이 장의 뒷부분에서 소개하는 'API 도메인 모델'에서 이 주제를 다룬다.

API의 중요성

현재 많은 API가 사용되는 비즈니스 도메인과 기술 영역의 일부를 살펴보자.

API 실제 사용의 처음과 끝

오늘날 API는 광고, 은행, 클라우드 컴퓨팅, 디렉터리, 엔터테인먼트, 금융, 정부, 건강, 보험, 일자리, 물류, 메시징, 뉴스, 개방형 데이터, 결제, QR 코드, 부동산, 소셜 미디어, 여행, URL 단축, 시각화, 일기예보, 우편번호, 웹에는 서비스로 제공되는 재사용 가능한 컴포넌트에 접근할 수 있는 수천 개의 API가 있다. 다음은 앞에서 언급한 도메인에서 살펴볼 수 있는 예다.

- 광고 캠페인을 만들고 관리한다. 키워드 및 광고의 상태를 가져온다. 키워드 견적을 생성한다. 캠페인 실적에 대한 보고서를 생성한다.
- 고객 신원 확인을 통해 은행 계좌를 개설한다.
- 가상 머신에서 애플리케이션을 관리 및 배포하고 리소스 소비량을 추적한다.
- 지정된 한 사람을 검색해서 그 사람의 전화번호, 이메일 주소, 위치 및 인구통계학적 특징을 제공한다.
- 좋아하는 인용문을 수집, 발견하도록 제공하고, 이를 공유할 수 있게 한다.
- 외환, 주식 및 금융 상품에 대한 정보를 검색한다. 시장에서 실시간 가격을 확인할 수 있다.
- 대기의 질 감시, 주차 시설, 전기 및 물 소비량, 하루 COVID 확진자 수, 긴급 서비스 요청과 같은 공개 데이터에 접근한다.
- 사용자의 개인정보 보호 및 제어를 유지하면서 건강 및 피트니스 데이터를 공유할 수 있게 제공한다.
- 여행, 주택, 자동차 보험 정책의 견적을 제공한다. 고객에게 즉각적인 보험의 보장 범위를 제공한다.
- 직업 데이터베이스를 소프트웨어 또는 웹 사이트와 통합해서 직업의 기본

적인 검색, 특정 작업에 대한 상세 데이터 검색 및 실제 포지션에 지원할 수 있는 방법까지 제공한다.
- 여러 화물 운송업체의 정보를 모아서 화물 등급 책정, 운송비용 견적, 선적 예약 및 추적 기능과 픽업 및 배송 준비 기능을 제공한다.
- 전 세계 어느 곳에나 문자 메시지를 보낸다.
- 뉴스, 비디오, 사진 뿐 아니라 이들을 포함하는 멀티미디어 콘텐츠를 게시할 수 있게 한다.
- 송장 관리, 거래 처리 및 계정 관리 기능을 갖춘 온라인 결제 솔루션을 사용할 수 있게 한다.
- 주택 평가 서비스, 부동산 세부 정보(과거 판매 가격, 도시 및 인근 시장 통계 포함), 모기지 금리 및 월별 지불 추정액에 대한 정보를 제공한다.
- 가짜 뉴스 기사, 사기, 소문, 음모론, 풍자 또는 정확한 보고서일 수 있는 주장이 소셜 미디어에 어떻게 확산되는지 모니터링할 수 있다.
- 종류별, 국가별, 지역 또는 가까운 위치별로 웹캠을 목록화한다. 모든 웹캠 영상의 목록을 수신한다. 사용자의 웹캠을 추가한다.
- 현재의 기상 관측, 예보, 기상 경보 및 태풍 주의보와 같은 정보를 DWML(Digital Weather Markup Language)을 사용해 프로그램이 접근할 수 있도록 제공한다.

이 모든 예에서 API 계약은 API를 호출하는 위치와 방법, 보낼 데이터, 수신된 응답의 모양을 정의한다. 이러한 도메인과 서비스 중 일부는 실제 API로 제공된다. 이에 대해 더 자세히 살펴보자.

모바일 앱과 클라우드 네이티브 애플리케이션에서 사용하고 제공하는 많은 API

아이폰 같은 스마트폰과 아마존 웹 서비스(AWS, Amazon Web Services) 같은 퍼블릭 클라우드가 약 15년 전에 등장한 이후로 소프트웨어를 구축하고 최종 사용자에게 제공하는 방식은 크게 바뀌었다. 웹 브라우저 및 **XMLHttpRequest** 사양[3]에서 자바스크립트가

---

3. AJAX(Asynchronous JavaScript And XML): 요즘에는 XML보다 JSON이 선호되며 XMLHttpRequest 객체 대신 Fetch API가 좀 더 강력하고 유연하다(https://developer.mozilla.org/en-US/docs/Web/Guide/AJAX/).

채용돼 단일 페이지 애플리케이션 및 스마트폰 애플리케이션이 동작할 수 있는 성능이 좋은 클라이언트인 리치 클라이언트가 사용됐다.

요즘에는 모바일 앱 또는 기타 최종 사용자 프론트엔드를 제공하는 애플리케이션의 백엔드가 퍼블릭 또는 프라이빗 클라우드에 배포되는 경우가 많다. 오늘날 독립적으로 배포, 임대, 확장, 청구할 수 있는 다양한 XaaS$^{\text{X-as-a-Service}}$ 형태를 갖는 수많은 클라우드 서비스가 있다. 이 클라우드 서비스의 대규모 모듈화와 지역별 배포에 따라 클라우드 내부에서 제공하는 API 및 클라우드 테넌트$^{\text{cloud tenant}}$[4]가 사용하는 API가 제공된다. 2021년 기준으로 AWS는 200개[5] 이상의 서비스로 구성돼 있으며 마이크로소프트 애저^{Azure}와 구글 클라우드$^{\text{Google Cloud}}$가 그 뒤를 바짝 따르고 있다.

클라우드 프로바이더가 테넌트에게 API를 제공하면 클라우드에 배포된 애플리케이션은 이러한 클라우드 API에 대해 의존성을 갖기 시작한다. 하지만 자체적으로는 애플리케이션 수준에서 API를 노출하고 이 API를 소비한다. 이러한 애플리케이션 수준 API는 클라우드 외부 애플리케이션 프론트엔드가 클라우드 호스팅 애플리케이션 백엔드에 연결하게 할 수 있다. 또한 애플리케이션 백엔드를 컴포넌트화해서 이러한 백엔드가 종량제 결제$^{\text{pay-per-use}}$ 및 탄력적 확장$^{\text{elastic scaling}}$과 같은 클라우드가 갖는 이점을 활용하고 진정한 클라우드 네이티브 애플리케이션$^{\text{CNA, Cloud Native Application}}$이 될 수 있다. 그림 1.2는 일반적인 CNA 아키텍처를 보여준다.

아키텍처 관점에서 IDEAL(격리 상태$^{\text{Isolated state}}$, 분포^{Distribution}, 탄력성^{Elasticity}, 자동화^{Automation}, 느슨한 결합$^{\text{Loose coupling}}$)은 CNA가 가져야 하는 속성이다[Fehling 2014]. IDEAL은 클라우드 애플리케이션의 특징을 설명하는 문헌에서 설명하는 여러 원칙 중 하나다. IDEAL를 포함하는 상위 집합으로서 다음 7가지 특성은 CNA가 성공적으로 작동하고 클라우드 컴퓨팅의 이점을 활용할 수 있게 하는 특성을 설명한다[Zimmermann 2021a].

1. 목적에 적절
2. 적정 규모 및 모듈성

---

4. 테넌트는 세입자를 의미하는데, 클라우드 서비스 이용자가 갖게 되는 자신만의 환경을 나타낸다. – 옮긴이
5. 정확한 숫자는 파악하기 어렵고 서비스를 서로 어떻게 구별하는지에 따라 달라질 수 있다.

3. 주도^{sovereign}와 내성^{tolerant}
4. 회복력^{resilient}과 보호^{protected}
5. 제어와 적응
6. 워크로드 인식과 리소스 효율성
7. 기민과 도구 지원

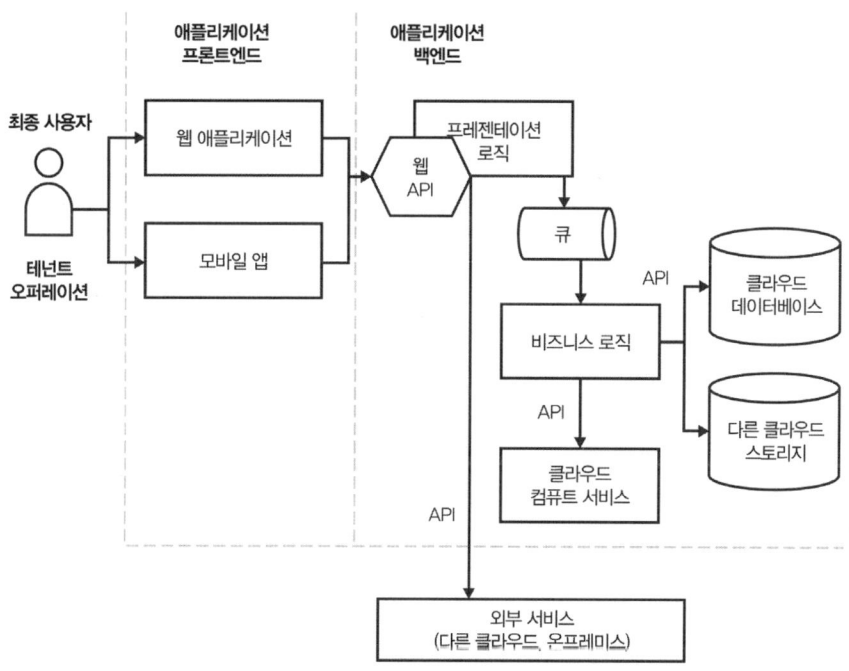

그림 1.2 클라우드 네이티브 애플리케이션 아키텍처

특성 2번의 적정 규모와 모듈성은 API의 도입을 요구한다. 클라우드 애플리케이션 관리(특성 5)에도 API가 필요하며 데브옵스^{DevOps} 도구 체인(특성 7)도 API 사용 시 이점이 있다.

예를 들어 클러스터 관리 소프트웨어인 쿠버네티스^{Kubernetes}는 온프레미스$^{on-premise}$ 및 클라우드 모두에서 애플리케이션을 실행하고 기본 컴퓨팅 자원을 오케스트레이션하는 데 널리 사용된다. 많은 개별 애플리케이션과 서비스를 반복적으로 배포해야 하는 문제를 해결한다. 이러한 모든 애플리케이션 서비스는 API를 통해 서로 통신하고 클라이언트와 통신한다. 쿠버네티스 플랫폼 자체에서 제공하는 커맨드 라인 인터페이스[CLI, Command-Line Interface]뿐만 아니라 관리 API도 제공된다[Kubernetes 2022]. API 및 SDK가 제공하는 연산자 개념을 이용하면 시스템의 기능을 쉽게 확장하는 것이 가능하다. 애플리케이션 API도 쿠버네티스로 관리할 수 있다.

또 다른 예로 서비스형 소프트웨어[SaaS, Software-as-a-Service] 프로바이더는 일반적으로 사용자가 원하는 대로 변경 가능하고, 다중 테넌트를 지원하는 최종 사용자 애플리케이션을 제공할 뿐만 아니라 협력하는 다른 회사에서 HTTP 통신을 이용해 애플리케이션 기능을 사용할 수 있게 한다. Salesforce가 좋은 예다. Salesforce는 데이터 액세스 및 통합을 수행하는 HTTP API를 제공한다. 책을 쓰고 있는 시점에 마케팅, B2C 상거래 및 고객 데이터 관리와 같은 다양한 도메인을 다루는 28개의 API를 제공하고 있다.

API로 통신하는 마이크로서비스

최근 몇 년 동안 마이크로서비스[microservice]라는 용어를 사용하지 않는 것이 더 힘들었다. 2014년 4월, 제임스 루이스[James Lewis]와 마틴 파울러[Martin Fowler]가 온라인으로 공개한 글[Lewis 2014]의 발표 이후 시스템 분해에 대한 발전된 접근 방식에 대해 많은 얘기가 있었다. 소프트웨어의 지속적인 배포[continuous delivery] 및 클라우드 컴퓨팅의 시대에 접어들면서 서비스 지향 아키텍처[SOA, Service Oriented Architecture]가 등장했다. 마이크로서비스는 SOA에 대한 하위 스타일 또는 구현 접근 방식으로 설명되는데, 이것도 과장된 것이 아니다. 그러면서 서비스의 독립적인 배포 가능성[deployability], 규모 확장성[scalability], 변경 가능성[changeability]은 물론 분산되고 자율적인 의사 결정과 컨테이너 오케스트레이션[container orchestration]이 관련된 주제로 얘기된다[Pautasso 2017a].

각 마이크로서비스에는 단일 책임[single responsibility]이 있다. 이러한 단일 책임은 개별 도메인에 특화된 비즈니스 기능[business capability]을 나타내야 한다. 마이크로서비스는 대부분 경량 가상화 컨테이너(예: 쿠버네티스 및 도커에 배포되고 자체 상태를 캡슐화[encapsulation]하며 원격 API를 사용해 통신한다. 종종 HTTP를 사용하지만 다른 프로토콜도 사용한다. 이러한 서비스 API는 서로 느슨한 결합[loose coupling]을 보장해 아키텍처의 나머지 부분에 영향을 주지 않고 진화하거나 대체할 수 있게 한다 [Zimmermann 2017].

마이크로서비스는 개별 비즈니스 기능 구현에 중점을 두어 담당하는 범위를 제한하기 때문에 소프트웨어 재사용을 용이하게 한다. 지속적인 배포를 통해 애자일 소프트웨어 개발agile software development 방식을 지원한다. 예를 들어 각 마이크로서비스는 일반적으로 단일 팀이 소유하므로 이 팀이 마이크로서비스를 독립적으로 개발, 배포, 운영할 수 있다. 또한 마이크로서비스는 앞에서 다룬 IDEAL CNA를 구현하는 데 매우 적합하다. 독립적으로 배포할 경우 컨테이너 가상화 및 탄력적 로드 밸런싱elastic load balancing을 통해 수평적 온디맨드 규모 확장성을 달성할 수 있다. 기존 서비스 API를 변경하지 않고 유지함으로써 모놀리식 애플리케이션monolithic application이 지속적으로 기능을 추가하는 증분 마이그레이션incremental migration이 가능하게 해서 소프트웨어가 좀 더 최신의 기능을 제공하려는 노력이 실패에 이르지 않도록 리스크를 줄여준다.

마이크로서비스도 새로운 문제를 만들기도 한다. 분산되고 느슨하게 결합된 특성을 갖게 하려면 신중하게 설계된 API와 포괄적인 시스템 관리가 필요하다. 열악하게 설계된 API와 높은 결합도 때문에 발생하는 분산 아키텍처 내의 통신 오버헤드는 마이크로서비스 아키텍처의 성능에 영향을 미칠 수 있다. 모노리틱이며 스테이트를 갖는 애플리케이션을 분해해 독립되고 자율적인 마이크로서비스로 만들 때 데이터 일관성data consistency과 스테이트 관리state management가 도전적인 문제로 드러난다[Furda 2018]. 다르게 말하면 단일 장애 지점single points of failure[6] 또는 계단식 장애 확산 효과cascading failure proliferation effect를 피해야 한다. 전통적인 백업backup 및 재해 복구 전략disaster recovery strategy을 채택할 때 전체 마이크로서비스 아키텍처에 대한 자율성autonomy과 일관성consistency을 동시에 보장할 수 없다[Pardon 2018]. 수많은 마이크로서비스를 포함하는 아키텍처로 확장하려면 수명주기 관리life cycle management, 모니터링monitoring, 디버깅debugging에 대한 체계적인 접근 방식이 필요하다.

---

6. 시스템 컴포넌트 중 동작하지 않으면 전체 시스템이 중단되는 요소 – 옮긴이

이러한 문제 중 일부는 적절한 인프라로 극복할 수 있다. 예를 들어 로드 밸런서는 관리된 중복성redundancy을 도입하고 서킷 브레이커circuit breaker[Nygard 2018a]는 다운스트림 마이크로서비스 인스턴스가 실패할 때 관련된 업스트림 인스턴스에서 시작해서 결국 전체 시스템까지 중단시키는 리스크를 줄인다. 이때 서비스 API는 여전히 적절한 크기로 조정되고 시간이 지남에 따라 적절하게 발전해야 한다.

이 책에서는 마이크로서비스 인프라가 아니라 API 수준에서 (엔드포인트 세분성 및 운영/데이터 결합 측면에서) 서비스 규모 조정에 대해 다룬다. 그러나 API 서비스의 크기가 적절하면 인프라 설계가 쉬워진다. 따라서 간접적으로 인프라 설계에 대해서도 다룬다.

제품으로서의 API와 에코시스템을 형성하는 API

소프트웨어 제품은 구매(또는 라이선스)할 수 있는 물리적 또는 가상 자산이다. 돈을 지불한 고객은 구매한 제품의 수명, 품질, 유용성에 대해 특정한 기대치를 갖고 있다. 이미 그 자체로 제품인 API의 예를 봤다. 다른 예로는 다른 소프트웨어 제품과 함께 제공되는 소프트웨어 제품이 있다. 구체적으로 예를 살펴보면 마스터 데이터master data와 함께 이러한 제품이 로드되거나 특정 사용자 그룹에 맞게 제품이 구성되거나 커스터마이즈된다. 소프트웨어 제품은 전담 사업주, 거버넌스 조직, 고객 지원 시스템, 로드맵이 있어야 한다. 하지만 자체 비즈니스 모델이 없거나 비즈니스 전략에 직접 기여하려 하지 않는 API도 '제품으로 취급'해야 한다[Thoughtworks 2017].

예를 들어 딥러닝 알고리듬으로 구동되는 데이터 레이크data lake는 어딘가에서 가져와야 하는 데이터가 필요하다. 데이터가 디지털 시대의 새로운 석유라면 메시지 채널과 이벤트 스트림이 파이프라인을 형성하고 미들웨어/도구/애플리케이션이 정제소refinery가 된다. 그런 다음 API는 이 은유에서 파이프라인, 생산자, 소비자 사이에 위치한 밸브다. 데이터 레이크는 API를 노출하는 마케팅 제품일 수도 있지만 마케팅 제품처럼 관리되는 회사 내부 자산일 수도 있다.

소프트웨어 에코시스템은 '수많은 소프트웨어 솔루션 또는 서비스를 갖고 있는 공통 기술 플랫폼common technological platform 위에 있는 액터actor 사이의 상호작용"으로 정의될 수 있다[Manikas 2013]. 유기적으로 성장하고 독립적이지만 관련된 구성 요소로 구성된다. 에코시스템은 완전히 분산decentralized되거나 시장의 중심center으로 동작한다. 클라우드 파운드리Cloud Foundry 에코시스템[7]과 같은 오픈소스 마켓플레이스는 소프트웨어 에코시스템으로 인정된다. 또 다른 형태는 애플의 앱스토어App Store와 같은 재판매 소프트웨어 에코시스템resale software ecosystem이다. API는 2가지 타입의 성공에 핵심적인 역할을 한다. 즉, 애플리케이션이 에코시스템에 참여하거나 에코시스템을 떠날 수 있게 하고, 구성원이 소통하고 협업할 수 있게 하고, 에코시스템의 상태를 분석하는 등의 작업을 수행할 수 있다[Evans 2016].

여행 관리 에코시스템을 예로 들어 보자. 방을 예약하려는 사용자 또는 교통편을 제공하는 사용자와 같은 에코시스템의 구성원이 참여하기 위한 절차인 온보딩onboarding에는 하나의 API가 필요하다. 다른 API는 여행 계획, 보고 및 분석 앱(목적지 순위, 숙박 시설 리뷰 등 포함)의 개발을 지원할 수 있다. 이러한 에코시스템 구성 요소는 API를 통해 서로 통신할 뿐만 아니라 기차 여행 및 항공편을 예약하거나 호텔 객실을 예약할 때 마켓/에코시스템 제작자와도 통신한다.

에코시스템의 성공은 API 설계와 진화를 제대로 하느냐에 달려 있다. 소프트웨어 에코시스템이 더 복잡하고 역동적일수록 API 설계가 더 어려워진다. 여러 액터 사이에서 여러 메시지를 주고받는데, 이러한 관계에 대한 내용을 'API 계약' 절에서 설명한다. 또한 메시지는 더 오래 지속되는 대화를 형성한다. 에코시스템의 구성원은 포맷, 프로토콜, 대화 패턴 등에 대해 동의해야 한다.

마무리

이 절에서 살펴본 모든 예제, 시나리오, 도메인에는 원격 API 및 해당 계약이 포함돼 있으며, 이에 따라 각각 다르다. API는 최근 몇 년간 전부는 아니더라도 대부분의 주요 트렌드와 관련된 기술을 가능하게 했다. API는 앞서 언급한 모바일/웹

---

7. 클라우드 파운드리 파운데이션(Cloud Foundry Foundation)이 관리하는 오픈소스, 멀티클라우드 애플리케이션 PaaS - 옮긴이

및 클라우드뿐만 아니라 인공지능 및 머신러닝, 사물인터넷, 스마트시티, 스마트그리드, 클라우드의 양자 컴퓨팅에서도 사용된다. 예를 들어 구글 퀀텀$^{Google\ Quantum}$ AI에서 제공하는 퀀텀 엔진$^{Quantum\ Engine}$ API를 참고하자.

API 설계의 의사 결정 드라이버

그림 1.1에 표시된 것과 같은 아키텍처에서 API의 고유한 연결/분리$^{connect-and-separate}$ 역할은 많은 경우 도전적이고, 때로는 충돌하는 설계 문제를 만들어낸다. 예를 들어 클라이언트가 데이터를 잘 활용할 수 있게 하기 위한 데이터 노출과 API가 발전함에 따라 내부 변경이 가능하게 하는 구현 세부 정보 숨기기 사이의 균형을 찾아야 한다. API에 의해 노출되는 데이터 표현은 클라이언트의 정보 및 처리 요구사항을 충족해야 할 뿐만 아니라 이해하기 쉽고 유지 관리할 수 있는 방식으로 설계 및 문서화돼야 한다. 이전 버전과의 호환성^{compatibility} 및 상호 운용성^{interoperability}은 중요한 품질 속성이다.

이 절에서는 이 책 전번에 걸쳐 계속 다룰 특히 중요한 드라이버^{driver}를 살펴본다. 주요 성공 요인$^{critical\ success\ factor}$부터 시작하자.

API를 성공하게 하는 것

성공은 상대적이고 다소 주관적인 척도다. API 성공에 대한 한 가지 입장은 다음과 같다.

> 몇 년 전에 설계돼 출시된 API는 짧은 대기 시간과 가동 중지 시간 없이 매일 수십억 명의 유료 클라이언트 요청을 처리하기 때문에 성공적인 API로 인정받을 수 있다.

이에 대한 반대 입장은 다음과 같을 수 있다.

> 새로 출시된 API는 이를 구현한 팀의 도움이나 상호작용 없이 완전히 문서를 기반으로 구축된 외부 클라이언트의 첫 번째 요청을 수신하고 응답했으므로 이미 성공했다고 볼 수 있다.

API가 상업적인 환경에서 사용되는 경우 API의 성공 여부는 각 API 클라이언트에서 직간접적으로 발생하는 수익 대비 서비스 운영비용의 경제적 지속 가능성에 초점을 맞춘 비즈니스 가치business value에 따라 평가할 수 있다. API 위에 구축된 애플리케이션 사용자가 제공하는 데이터 마이닝에 관심이 있는 광고주가 자금을 지원하는 무료 API부터 다양한 가격 조건이 존재하는 구독 기반 API 및 사용량 기반 과금pay-per-use에 이르기까지 다양한 비즈니스 모델이 가능하다. 예를 들어 구글 맵Google Maps은 독립형 웹 애플리케이션이었다. 구글 맵 API는 사용자가 자신의 웹 사이트에 지도(맵map) 관련 기능을 삽입하고자 리버스 엔지니어링하기 시작한 후에 등장했다. 여기에서 초기에 닫혀 있던 아키텍처가 사용자 요구에 따라 열렸다. 처음에 자유롭게 액세스할 수 있던 API는 나중에 수익성 있는 유료 서비스로 전환됐다. 구글 맵의 오픈소스 대안인 OpenStreetMap도 몇 가지 API를 제공한다.

두 번째 성공 요인은 가시성visibility이다. 잠재 고객이 API의 존재를 모르면 최고의 API 설계라고 할 수 없다. 예를 들어 퍼블릭 API는 회사 제품 및 제품 문서에서 제공된 API에 대한 링크를 통해 또는 개발자 커뮤니티 내에서 API의 존재를 광고해 사용자들이 알 수 있다. 또한 ProgrammableWeb 및 APIs.guru와 같은 API 디렉터리를 통해 알릴 수 있다. 어느 쪽이든 API를 알리기 위한 투자는 결국 성과를 거둘 것이다.

API의 개발 시작에서 시장 출시까지의 시간time to market은 API에 새로운 기능이나 버그 수정을 배포하는 데 걸리는 시간과 API용으로 완전히 작동하는 클라이언트를 개발하는 데 걸리는 시간으로 측정할 수 있다. 개발 시작 후 첫 호출 시간time to first call은 API 문서의 품질과 클라이언트 개발자의 온보딩 경험을 나타내는 좋은 지표다. 이 지표의 수치를 낮게 유지하려면 API를 사용하는 데 필요한 학습 노력도 낮아야 한다. 또 다른 메트릭은 첫 번째 레벨 n 티켓까지 걸리는 시간일 수 있다. API 클라이언트 개발자가 버그를 찾고 이를 해결하고자 레벨 1, 2 또는 3의 기술 지원이 필요한 데 걸리는 시간이다.

또 다른 성공 척도는 API 수명lifetime이다. API의 수명은 원래 설계보다 더 길 수 있다. 성공적인 API는 일반적으로 시간이 지남에 따라 변화하는 요구 사항에 적응해 클라이언트가 계속해서 사용하기 때문에 살아남는다. 표준화되고 느리게 움직이는 전자 정부 API와 같이 규제 준수 요구 사항을 충족하는 경우와 같이 오랜 시간 동안 변경되지 않는 안정적인 API의 경우도 고객이 여전히 API를 적극적으로 사용할 수 있다.

요약하면 API는 단기적으로 시스템과 해당 부분의 신속한 통합을 가능하게 하고 장기적으로 이러한 시스템의 자율성과 독립적인 진화를 지원해야 한다. 신속한 통합의 목표는 두 시스템을 결합하는 비용을 줄이는 것이다. 독립적인 진화는 시스템이 너무 얽히고 결합돼 더 이상 분리(또는 대체)될 수 없는 것을 방지해야 한다. 이 두 목표는 서로 충돌하므로 책 전반에 걸쳐 계속 고민하는 부분이다.

여러 API 설계 방법

API 설계는 모든 소프트웨어 설계 및 아키텍처에 영향을 미친다. '로컬 API에서 원격 API로' 절에서 살펴본 것처럼 우리는 API가 독립적으로 개발되고 운영되는 클라이언트와 서비스 프로바이더가 서로에 대해 만드는 가정에 의존한다. 관련 당사자들이 합의에 도달하고 오랜 시간의 협상이 있어야 클라이언트와 서비스 프로바이더 모두 성공할 수 있다. 이러한 가정 및 계약은 다음과 같은 문제 및 트레이드오프trade-off에 관한 것이다.

- **하나의 일반 엔드포인트 대 다수의 특정/특수 엔드포인트:** 모든 클라이언트가 동일한 인터페이스를 사용해야 하는가, 아니면 일부 또는 전부에 자체 API를 제공해야 하는가? 다음 중 API를 더 쉽게 사용할 수 있는 옵션은 무엇인가? 예를 들어 범용 API는 재사용이 더 가능하지만 특정한 경우에 적용하기 더 어려운가?
- **세밀한fine-grained 혹은 대략적인coarse-grained 엔드포인트 및 작업 범위:** API 기능의 폭과 깊이 사이의 균형은 어떻게 이뤄지는가? API는 기본 시스템 기능에 일치match하거나, 여러 기능을 통합aggregate하거나, 기능을 분할split해 제공해야 하는가?

- 많은 데이터를 전달하는 적은 수의 작업 혹은 적은 데이터를 전달하는 많은 수의 **상호작용:** 요청 및 응답 메시지는 작고 정교해야 하는가, 아니면 데이터 콘텐츠에 집중해야 하는가? 이 2가지 대안 중 어느 것이 더 나은 이해 가능성 understandability, 성능 performance, 규모 확장성 scalability, 대역폭 소비 bandwidth consumption, 진화 가능성 evolvability을 제공하는가?
- **데이터 최신성** currentness **대 정확성** correctness: 오래된 데이터를 전혀 공유하지 않는 것보다 공유하는 것이 더 나은가? 신뢰할 수 있는 API 프로바이더 내에서의 데이터 일관성 data consistency과 API 클라이언트가 인식하는 빠른 응답 시간 response time 사이의 충돌을 어떻게 해결하는가? 폴링 polling을 통해 상태 변경을 파악해야 하는가, 아니면 이벤트 알림 또는 스트리밍을 통해 푸시 push 받아 처리하는가? 명령과 쿼리를 분리하는가?
- **안정적인 계약 대 빠르게 변화하는 계약:** API는 확장성을 희생하지 않고 어떻게 호환성을 유지하는가? 풍부하고 수명이 긴 API에서 이전 버전과 호환되는 변경 사항을 어떻게 도입하는가?

이러한 질문, 옵션, 기준은 API 설계자에게 주어진 도전이다. 서로 다른 콘텍스트에서의 요구 사항에 따라 다른 선택이 이뤄진다. 이후에 논의할 패턴은 이에 대응하는 가능한 답과 그 결과에 대해 논의할 것이다.

API 설계가 어려운 이유

최종 사용자 인터페이스의 설계가 사용하기 편하거나 사용하기 어려운 사용자 경험을 제공하는 것처럼 API 설계는 개발자 경험 DX, Developer eXperience에 영향을 미친다. 무엇보다도 API를 사용해 빌드하는 방법을 배우는 클라이언트 측 개발자의 분산 애플리케이션뿐만 아니라 프로바이더 측 API 구현에서 작업하는 개발자도 마찬가지다. API가 처음 릴리스되고 상용 환경에서 실행되면 그 설계는 결과 통합 시스템의 성능, 규모 확장성, 안정성, 보안, 관리 용이성 manageability에 큰 영향을 미친다. 상충되는 이해관계자의 우려 사항은 균형을 이뤄야 한다. 운영자 및 유지 보수 경험 또한 개발자 경험에 포함된다.

API 프로바이더와 클라이언트의 목표 및 요구 사항은 중복될 수 있고 충돌할 수도 있다. 항상 윈-윈 모델을 달성할 수 있는 것은 아니다. 다음은 API 설계가 어려운 몇 가지 비기술적 이유의 예다.

- **클라이언트 다양성:** API 클라이언트의 필요와 요구 사항은 클라이언트마다 다르며 계속 변화한다. API 프로바이더는 단일 통합 API에서 충분한 절충안을 제공할지 아니면 특정하고 다양한 클라이언트 요구 사항을 개별적으로 충족시킬지 결정해야 한다.
- **시장 역학**market dynamic**:** 서로의 혁신을 따라잡으려는 API 프로바이더 사이의 경쟁은 고객이 수용할 수 있거나 수용하려는 것보다 더 많은 변화 및 기존과 호환되지 않는 혁신 전략을 만들 수 있다. 또한 클라이언트는 특정 프로바이더로부터 독립성을 유지하기 위한 수단으로 표준화된 API를 찾는 반면 일부 프로바이더는 매혹적인 확장 기능을 제공해 클라이언트를 잡아두려 할 수 있다. 구글 맵과 OpenStreetMap API가 동일한 API 세트를 구현한다면 좋지 않을까? 이 질문에 대한 클라이언트 혹은 API 프로바이더의 개발자의 대답은 서로 다를 수 있다.
- **배포 오류:** 때때로 원격 API에 접근할 때 네트워크 연결이 불안할 수 있다. 이러한 상황에서는 결국 문제가 발생할 수 있다. 예를 들어 서비스가 실행 중이더라도 클라이언트가 일시적으로 서비스를 연결하지 못할 수 있다. 이로 인해 예를 들어 API의 가용성 및 응답 시간response time과 관련해 높은 서비스 품질QoS, Quality of Service을 보장하기가 특히 어렵다.
- **제어의 환상:** API에서 노출된 모든 데이터는 클라이언트에서 때로는 예상치 못한 방식으로 사용될 수 있다. API를 게시한다는 것은 일부 제어를 포기하고 외부 및 때로는 알려지지 않은 클라이언트에 시스템을 개방하는 것을 의미한다. API를 통해 어떤 내부 시스템 부분과 데이터 소스에 액세스할 수 있는지에 대한 결정은 신중하게 이뤄져야 한다. 통제력을 잃으면 되찾는 것이 불가능하지는 않지만 매우 어렵다.

- **진화의 함정:** 예를 들어 마이크로서비스는 지속적인 배포와 같은 데브옵스DevOps 실천법의 맥락에서 빈번한 변경을 가능하게 하지만 API 설계를 올바르게 할 수 있는 기회는 전체를 통틀어 단 한 번뿐이다. API가 출시되고 이에 따라 점점 더 많은 클라이언트가 성공하면 수정 및 개선 사항을 적용하는 데 비용이 많이 들고, 일부 클라이언트를 손상시키지 않고 기능을 제거하는 것이 불가능해진다. 그래도 API는 시간이 지남에 따라 진화한다. 이를 변경하려면 적절한 버전 관리 방법을 채택해 설계 안정성에 대한 필요성과 유연성flexibility에 대한 필요성 사이의 긴장을 해결해야 한다. 때때로 프로바이더는 진화 전략과 리듬을 강제하기에 충분한 시장 지배력을 갖고 있다. 그렇더라도 클라이언트의 커뮤니티는 API 사용 측면에서 큰 힘을 발휘하기도 한다.
- **설계 불일치:** 백엔드 시스템이 수행할 수 있는 기능(기능 범위 및 품질 측면)과 구조(엔드포인트 및 데이터 정의 측면)는 클라이언트가 기대하는 것과 다를 수 있다. 이러한 차이는 일치하지 않는 구성 요소 사이에 필요한 변환을 수행하는 어댑터를 도입해 극복해야 한다. 때로는 백엔드 시스템을 리팩토링하거나 리엔지니어링해 외부 클라이언트 요구 사항을 충족할 수 있어야 한다.
- **기술의 발전과 표류:** 사용자 인터페이스 기술은 예를 들어 키보드와 마우스에서 터치스크린, 음성 인식, 가상 및 증강 현실의 동작 센서(및 그 이상)로 계속 발전하고 있다. 이러한 발전을 위해서는 사용자가 애플리케이션과 상호작용하는 방식을 다시 고려해야 한다. API 기술도 계속해서 변화하고 있다. 새로운 데이터 표현 형식, 개선된 통신 프로토콜, 미들웨어 및 도구 환경의 변화에 대해 시스템은 최신의 통합과 통신 인프라를 유지하는 데 지속적으로 투자해야 한다.[8]

요약하면 API 설계는 소프트웨어 프로젝트, 제품 및 에코시스템을 만들거나 망가뜨릴 수 있다. API는 단순한 구현의 산출물이 아니라 통합 자산이라 할 수 있다. API는 양쪽을 연결하는 커넥터와 분리기의 역할을 하고 일반적으로 긴 수명을 갖

---

8. 현재 XML 기반의 개발자와 도구가 얼마나 많이 있는가?

기 때문에 잘 설계돼야 한다. 기술이 등장하고 사라지는 동안에도 통합 설계자의 근본적인 설계 문제와 이에 대한 솔루션은 많은 부분을 그대로 유지된다.

다음에 다룰 아키텍처적으로 중요한 요구 사항 architecturally significant requirement 은 다소 변경될 여지가 있지만 일반적으로 공통인 부분은 오랫동안 유의미하게 사용되고 있다.

아키텍처적으로 중요한 요구 사항

아키텍처적으로 중요한 요구 사항은 주로 API의 품질 목표로 설명되는데, 개발development, 운영operation, 관리managing의 3가지 형태로 나눌 수 있다. 다음에서 대략적인 설명을 찾을 수 있다. 이러한 목표에 대한 자세한 내용은 이후 장에서 다룬다.

- **이해 가능성**: API 설계에서 중요한 개발 문제 중 하나는 요청 및 응답 메시지의 표현 엘리먼트 구조다. 이해하기 쉽고 불필요한 복잡성을 피하려면 API 구현 코드와 API 모두에서 도메인 모델을 밀접하게 따르는 것이 좋다. 여기서 "따른다."라는 것은 도메인을 완전히 반영하거나 또는 정확하게 복제한다는 것을 의미하지 않는다. 가능한 한 많은 정보를 숨기는 것이 맞다.
- **정보 공유하기**information sharing**와 정보 숨기기**information hiding: API는 클라이언트에서 필요할 것으로 예상하는 것을 정의하고 추상화를 이용해 프로바이더로서 클라이언트의 기대를 충족한다. 소프트웨어 컴포넌트의 구현에서 사양을 분리해 내는 것은 상당한 노력이 필요하다. API를 설계하는 빠른 방법은 이미 존재하는 것을 단순히 노출하는 것일 수 있지만, 구현 세부 정보가 인터페이스로 누출되면 나중에 클라이언트에 영향을 주지 않고 구현을 변경할 수 있는 방법이 심하게 제한된다.
- **결합도**coupling: 느슨한 결합loose coupling은 분산 시스템에서 컴포넌트의 구조 설계와 관련된 품질이다. 아키텍처 설계의 원칙으로서 요구 사항(문제)과 설계 요소(솔루션) 사이의 중간에 있는 것으로 볼 수 있다. 통신 당사자의 느슨한 결합은 다음과 같은 다른 차원을 가진다. 첫 번째로 이름 붙이기와 주소 지정 규칙을 다루는 참조 자율성reference autonomy, 두 번째로 기술 선택을 숨기

는 플랫폼 자율성platform autonomy, 세 번째로 동기식synchronous 또는 비동기식 asynchronous 통신을 지원할 때 시간 자율성time autonomy 그리고 마지막으로 데이터 계약 설계를 따르는 포맷 자율성format autonomy이 있다[Fehling 2014]. 정의에 따라 API 호출은 클라이언트와 프로바이더를 연결한다. 그러나 결합이 느슨할수록 클라이언트와 프로바이더를 서로 독립적으로 발전시키기가 더 쉽다. 한 가지 이유는 프로바이더와 클라이언트가 공유해야 하는 지식의 변경 가능성에 영향을 미치기 때문이다. 예를 들어 노출된 데이터 구조의 크기 조정은 어느 정도의 형식 자율성을 가져온다. 또한 동일한 프로바이더의 두 API는 예를 들어 숨겨진 종속성을 통해 불필요하게 결합돼서는 안 된다.

- **수정 가능성**modifiability: 수정 가능성은 지원 가능성supportability과 유지 관리 가능성maintainability의 중요한 하위 관심사다. API 설계 및 진화의 맥락에서 병렬 개발 및 배포 유연성을 촉진하기 위한 이전 버전과의 호환성이 포함된다.

- **성능 및 규모 확장성**: 대역폭 및 낮은 수준의 지연 시간과 같은 네트워크 동작의 영향을 받는 API 클라이언트 관점의 지연 시간과 페이로드의 마샬링marshaling 및 언마샬링unmarshaling을 포함한 엔드포인트의 추가 처리는 운영상의 중요한 문제다. 처리량throughput과 규모 확장성은 주로 API 프로바이더의 관심사다. 즉, 더 많은 클라이언트가 API를 사용하거나 기존 클라이언트가 더 많은 부하를 만들어 프로바이더 측 부하가 증가하더라도 응답 시간이 저하되지 않는다.

- **데이터 간결성**data parsimony: 이는 성능 및 보안이 중요한 분산 시스템에서 중요한 일반 설계 원칙이다. 그러나 요청 및 응답 메시지를 지정해 API를 반복적이고 점진적으로 정의할 때 이 원칙이 항상 적용되는 것은 아니다. 일반적으로 항목(이 경우 정보 항목 또는 값 객체의 속성)을 제거하는 것보다 추가하는 것이 더 쉽다.[9] 따라서 전반적으로 인지 부하cognitive load 및 처리 노력processing effort은 API 설계 및 진화가 진행되는 중에는 계속 증가한다.

---

9. 작성해야 하는 비즈니스 프로세스 및 해당 양식과 대기업에서 필요한 결재 절차를 생각해보자. 일반적으로 많은 절차와 데이터가 좋은 의도로 추가되지만 기존 항목을 다시 사용할 수 있는 경우는 거의 없다.

API에 무언가 추가되면 많은 클라이언트가 이에 의존할 수 있기 때문에 안전하게 제거할 수 있는지 여부를 결정하기 어려운 경우가 많다. 결과적으로 API에 의해 노출된 API 계약에는 복잡한 데이터 엘리먼트(예: 고객 속성 또는 제품 마스터 데이터)가 많이 포함될 수 있다. 소프트웨어가 발전함에 따라 이러한 복잡성이 증가할 가능성이 크다. 가변성^{variability}의 관리 및 '옵션 제어$^{option\ control}$'가 필요하다.

- **보안 및 개인정보 보호**^{privacy}: 보안 및 개인정보는 액세스 제어, 민감한 정보의 기밀성^{confidentiality} 및 무결성^{integrity}을 포함해 API를 설계할 때 자주 고려되는 중요한 고려 사항이다. 예를 들어 API는 백엔드 서비스의 기밀 요소 노출을 방지하고자 보안 및 개인정보 보호를 요구할 수 있다. 관찰 가능성^{observability}과 감사 가능성^{auditability}을 지원하려면 API 트래픽과 런타임 동작을 모니터링해야 한다.

때때로 상충되는(그리고 끊임없이 변화하는) 요구 사항을 충족하기 위해 아키텍처 의사 결정$^{architectural\ decision}$은 알려진 특정 옵션 또는 새로운 옵션 중에서 선택하며, 요구 사항은 의사 결정 드라이버$^{decision\ driver}$ 또는 기준 중 하나다. 절충안이 존재하거나 발견/해결돼야 한다. 우리의 패턴은 요구 사항 중에서 디자인 포스$^{design\ force}$를 선택하고 이러한 요구 사항 중 충돌하는 것들의 트레이드오프를 고려해 해결 방법을 검토해야 한다.

개발자 경험

사용자 경험$^{UX,\ User\ eXperience}$에 대응해 개발자 경험^{DX}의 비유는 최근 몇 년 동안 상당히 인기를 끌었다. 알버트 카발칸테$^{Albert\ Cavalcante}$의 블로그 게시물 <What Is DX?> [Cavalcante 2019]에 따르면 UX의 인풋과 소프트웨어 설계 원칙을 결합한 즐거운 DX의 4가지 기둥은 다음과 같다고 한다.

DX = 기능^{function}, 안정성^{stability}, 사용 용이성$^{ease\ of\ use}$, 명확성^{clarity}

DX는 도구, 라이브러리, 프레임워크, 문서 등 개발자가 작업할 때 사용하는 모든 것과 관련이 있다. DX 기능의 주된 축은 일부 소프트웨어에 의해 노출된 처리 내용과 데이터 관리 기능이 클라이언트 개발자가 당면한 API에 관심을 갖는 이유이기 때문에 중요하다고 할 수 있다. API 기능은 클라이언트의 목표를 충족해야 한다. 안정성은 성능, 신뢰성^{reliability}, 가용성^{availability}과 같이 원하는 합의된 런타임 품질을 만족시키는 것을 의미한다. 개발자를 위한 소프트웨어의 사용 용이성$^{ease\,of\,use}$은 자습서, 예제, 참조 자료와 같은 문서, 커뮤니티 지식 포럼 및 도구 기능 및 다른 여러 가지 방법을 통해 달성할 수 있다. 명확성의 축은 단순함^{simplicity}과 동시에 관찰 가능성에 관한 것이다. 도구에서 버튼 누르기, 커맨드라인 인터페이스, SDK에서 제공하는 명령 호출 또는 코드 생성과 같은 특정 작업의 결과는 항상 명확해야 한다. 일이 잘못되면 클라이언트 개발자는 잘못된 입력 또는 프로바이더 측의 문제인지 이유를 알고 싶어 하고, API를 다시 호출하거나 입력을 수정하는 것과 같은 문제 해결책에 대해 알고 싶어 한다.

이러한 맥락에서 우리 자신을 위해 API를 설계하는 것이 아니라 클라이언트와 소프트웨어를 위해 설계한다는 점을 기억하는 것이 좋다. 즉, 기계 간 통신은 근본적으로 인간과 컴퓨터의 상호작용과 다르다. 단순히 인간과 컴퓨터가 다르게 작동하고 행동하기 때문이다. 프로그램은 생각할 수 있지만 느끼지 않고 자신과 환경에 대한 인식이 없다.[10] 따라서 UX에 해당되는 도움이 되는 말들은, 전부는 아니지만 일부는 바로 DX에도 적용할 수 있다.

당연하게도 DX가 많은 관심을 받고 있다. 여기에는 유지 관리 경험과 컨설턴트/교육자/학습자 경험을 포함한다. 하지만, 운영자 경험에 대해서는 충분히 다루고 있을까?

결론적으로 API 성공은 단기적으로는 '긍정성'과 장기적으로는 오랫동안 '사용'이라는 2가지 측면이 있다.

---

10. 이미지 인식과 같은 일부 제한된 영역에서 머신러닝을 적용할 수는 있지만 가치 체계를 구축하고 인간이 바라는 것처럼 도덕적/윤리적으로 행동할 것이라고 기대할 수는 없다.

첫인상이 끝 인상이라는 말이 있다. API를 이용한 첫 번째 호출을 성공적으로 수행하고 응답을 수신해 작업을 의미 있게 마무리하는 것이 더 쉽고 명확할수록 더 많은 클라이언트 개발자가 API를 사용하고 API를 이용한 API의 기능, 안정성, 사용 용이성, 명확성과 같은 개발자 경험(DX)을 즐길 것이다. 성능, 신뢰성, 관리 용이성manageability과 같은 런타임 품질은 긍정적인 초기 경험을 한 사용자가 지속해서 API를 사용할지 말지의 여부에 큰 영향을 미친다.

다음 절에서는 API 도메인 모델을 소개한다. 다음 절은 용어집으로 활용 가능하다.

원격 API의 도메인 모델

이 책에서 다루는 API의 패턴 언어는 API 설계와 개발을 위한 도메인 모델을 형성하는 기본 추상화 및 개념[Zimmermann 2021b]을 사용한다. 이 도메인 모델에서는 패턴에서 사용되는 모든 빌딩 블록을 소개하기는 하지만 존재하는 모든 통신 개념 및 통합 아키텍처의 모습을 그리는 것이 목표가 아니다. HTTP 및 기타 원격 기술의 개념에 대한 도메인 모델 요소의 관계를 설명한다.

커뮤니케이션 참가자

추상적인 수준에서 API, API 프로바이더, API 클라이언트를 통해 두 커뮤니케이션 참여자communication participant, 줄여서 참여자는 서로 통신한다. API 클라이언트는 여러 API 엔드포인트endpoint를 사용하고 소비할 수 있다. API 계약은 커뮤니케이션을 관리한다. API 프로바이더는 API 계약을 노출expose한다. 그리고 해당 클라이언트가 API 계약을 소비consume한다. 이 API 계약에는 계약에서 지정한 기능을 제공하는 사용 가능한 엔드포인트에 대한 정보가 포함돼 있다. 그림 1.3은 이러한 기본 개념과 관계를 시각화한 것이다.

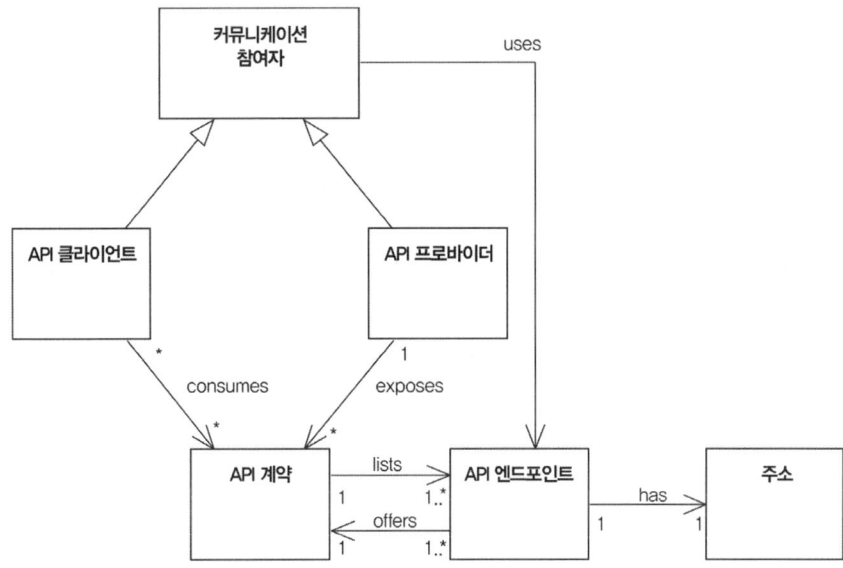

그림 1.3 API 설계 및 진화를 위한 도메인 모델: 커뮤니케이션 참여자, API 계약, API 엔드포인트

전체로서의 API는 그림에 표시돼 있지 않다. API는 엔드포인트가 제공하는 계약이 포함된 엔드포인트의 모음이다. API 엔드포인트는 커뮤니케이션 채널의 프로바이더 측 끝 부분을 나타낸다. API에는 이러한 엔드포인트가 하나 이상 포함돼 있다. 각 API 엔드포인트에는 WWW^{World Wide Web}, RESTful HTTP, HTTP 기반 SOAP에서 일반적으로 사용되는 URL^{Uniform Resource Locator}과 같은 고유한 주소가 있다. 클라이언트 역할에서 통신 참여자는 이러한 엔드포인트를 통해 API에 접근한다. 커뮤니케이션 참여자는 클라이언트 역할과 프로바이더 역할을 모두 수행할 수 있다. 이 경우 통신 참여자는 특정 서비스를 API 프로바이더로서 제공하지만 구현 시 다른 API에서 제공하는 서비스도 소비한다.[11]

서비스 지향 아키텍처^{SOA}의 용어에서 서비스 소비자^{service consumer}라는 용어는 API 클라이언트^{client}와 동의어다. API 프로바이더를 서비스 프로바이더^{service provider}라고 한다 [Zimmermann 2009]. HTTP에서 API 엔드포인트는 관련 리소스 집합에 해당한다. 미리

---

11. 통신 채널의 클라이언트 측에는 통신 채널이나 네트워킹이 아닌 API에 중점을 두기 때문에 여기에 설명되지 않은 네트워크 엔드포인트도 필요하다.

퍼블리시된 URI가 있는 홈 리소스home resource는 하나 이상의 관련 리소스를 찾고 액세스하기 위한 엔트리 레벨 URL이다.

엔드포인트 제공 동작을 설명하는 계약

그림 1.4에서 볼 수 있듯 API 계약은 동작을 설명한다. 엔드포인트 주소 외에도 동작 식별자operation identifier는 동작을 구분한다. 예를 들어 SOAP 메시지 바디message body의 최상위 XML 태그는 이러한 의무를 가진다. RESTful HTTP에서 HTTP 메서드(영어 동사에 해당)의 이름은 단일 리소스 내에서 고유하다.[12]

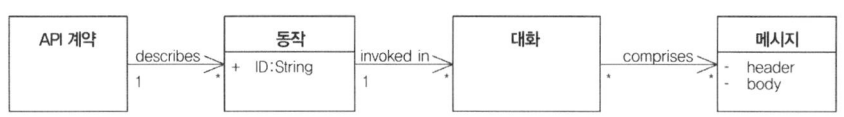

그림 1.4 도메인 모델: 동작, 대화, 메시지

대화의 빌딩 블록으로서의 메시지

API 계약에서 설명하고 엔드포인트에서 제공하는 API 동작을 이용해 대화에 참여할 수 있다. 여러 대화는 메시지를 결합하고 구성하는 방식에 따라 다르다. 각 대화는 관련된 통신 참가자 간에 교환되는 일련의 메시지를 이용해 설명이 가능하다. 그림 1.5는 4가지 주요 대화 타입을 보여준다. 요청-응답 메시지 교환request-reply message exchange은 하나의 요청 메시지와 하나의 응답 메시지로 구성된다. 응답이 없는 경우의 대화는 일방적 교환one-way exchange 특성을 갖는다. 대화의 세 번째 형식은 발생한 이벤트를 포함하는 단일 메시지를 전달하는 이벤트 알림event notification이다. 마지막으로 대화가 오래 지속되는 경우다. 그런 다음 초기 단일 요청에 이어 여러 응답이 이어진다. 이 요청 다중 응답request-multiple replies 사례에서 클라이언트에서 프로바이더로 전송된 하나의 메시지는 콜백callback을 등록하고 프로바이더에서 클라이언트로 전송된 하나 이상의 메시지는 매번 콜백 작업을 수행하게 한다.

---

12. OpenAPI 사양에서 오퍼레이션은 HTTP 메서드와 해당 URI 경로로 식별되며 추가 속성인 operationId[OpenAPI 2022]도 있다.

3가지 타입의 메시지는 명령 메시지[command message], 문서 메시지[document message], 이벤트 메시지[event message]다[Hohpe 2003]. 이 3가지 타입은 자연스럽게 대화 타입과 일치한다. 예를 들어 문서 메시지는 단방향 교환으로 전송할 수 있다. 명령 메시지는 클라이언트가 명령 실행 결과에 관심이 있는 경우 요청-응답 대화[request-response conversation]가 필요하다. 메시지는 JSON 또는 XML과 같은 다양한 형식으로 전달될 수 있다. 이 책에서는 3가지 타입의 메시지 내용과 구조를 다룬다.

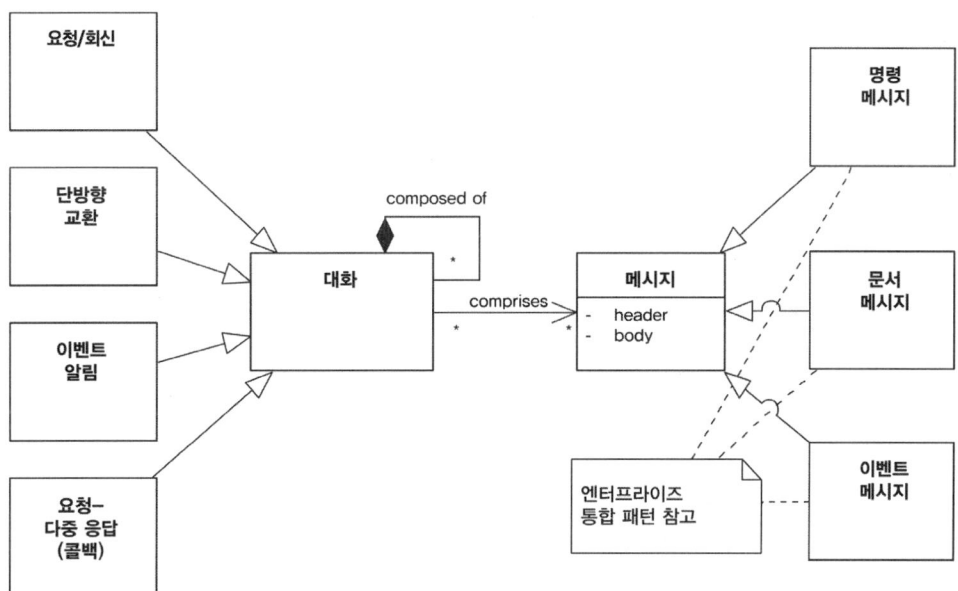

그림 1.5 도메인 모델: 대화 타입 및 메시지 타입

게시-구독 메커니즘[publish-subscribe mechanism]과 같은 더 복잡한 대화를 포함해 다른 많은 종류의 대화가 있다. 여러 기본 대화가 모여 여러 API 클라이언트와 프로바이더 간의 메시지 교환을 포함하면서 며칠, 몇 달 또는 몇 년 동안 실행되는 관리되는 비즈니스 프로세스를 만드는 더 큰 양쪽 종단[end-to-end] 간 대화 시나리오를 구성할 수 있다[Pautasso 2016, Hohpe 2017]. 이러한 고급 대화는 일반적으로 소프트웨어 에코시스템, 엔터프라이즈 애플리케이션, 기타 API 사용 시나리오에서 찾을 수 있지만 이 책에서 다루는 주요 초점은 아니다.

메시지 구조 및 표현

그림 1.6은 파라미터^{parameter}라고도 하는 하나 이상의 **표현 엘리먼트**$^{representation\ element}$가 네트워크를 통해 전송된 메시지를 표현하는 것을 보여준다. 일부에서는 **동작 시그니처**$^{operation\ signature}$라는 용어를 사용해 파라미터와 그 타입을 나타낸다. 메시지는 메시지의 헤더^{header}와 바디^{body}에서 찾을 수 있는 데이터와 메타데이터를 전달한다. 주소, 헤더, 바디의 표현 엘리먼트는 정렬되거나 계층 구조로 추가 구조화될 수도 있고 그렇지 않을 수도 있다. 표현 엘리먼트는 종종 이름을 갖고 정적으로 또는 동적으로 타입을 설정할 수 있다. 메시지는 송신 주소(예: 해당 주소로 회신을 보낼 수 있게 하기 위해) 또는 수신 주소를 포함할 수 있다. 예를 들어 반환 주소 및 **상관관계 식별자**$^{correlation\ identifier}$와 같은 개념을 통해 메시지는 콘텐츠 기반 메시지 라우팅 및 복잡하고 오래 지속되는 대화에 참여할 수 있다[Hohpe 2003]. HTTP 리소스 API에서 하이퍼미디어 컨트롤(링크)에는 이러한 주소 정보가 포함돼 있다. 메시지에 주소가 표시되지 않으면 통신 채널이 단독으로 메시지 라우팅을 처리한다.

또한 메시지 표현을 **데이터 전송 표현**$^{DTR,\ Data\ Transfer\ Representation}$이라고 한다. 이러한 DTR은 클라이언트 및 서버 측 프로그래밍 패러다임(예: 객체 지향, 명령형 또는 기능적 프로그래밍)에 대해 가정해서는 안 된다. 클라이언트-서버 상호작용은 일반 메시지를 사용한다. 예를 들어 원격 객체 스텁 또는 핸들러를 포함하지 않는다.[13] 프로그래밍 언어의 표현을 네트워크로 보낼 수 있는 DTR로 변환하는 프로세스를 **직렬화**^{serialization} 또는 **마샬링**^{marshalling}이라고 한다. 이와 반대 작업을 **역직렬화**^{deserielaization} 또는 **언마샬링**^{unmarshalling}이라고 한다. 이러한 용어는 분산 컴퓨팅 기술 및 미들웨어 플랫폼에서 일반적으로 사용된다[Voelter 2004]. 일반 텍스트와 이진 형식은 DTR을 송수신하는 데 자주 사용된다. 이미 언급했듯 JSON과 XML 형식이 일반적이다.

---

13. DTR은 통신 레벨 수준에서 프로그램 수준의 패턴 데이터 전송 객체(DTO, Data Transfer Object)와 동등하다고 볼 수 있다[Fowler 2002, Daigneau 2011].

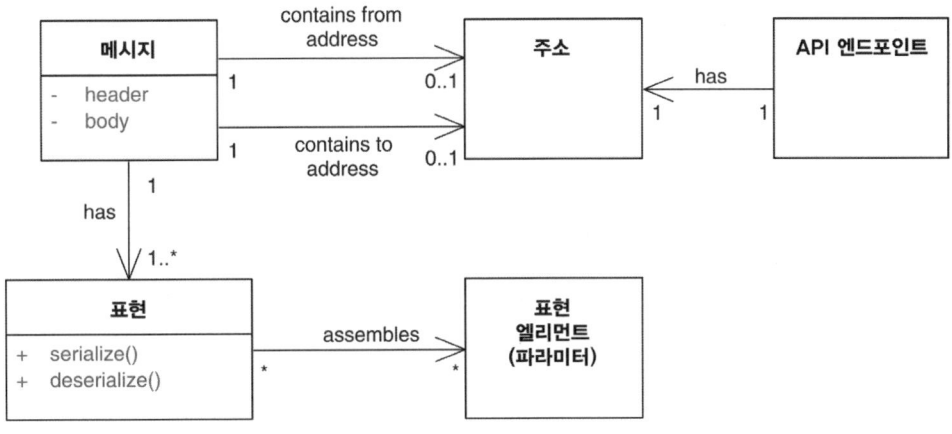

그림 1.6 도메인 모델: 메시지 세부 정보

API 계약

그림 1.7은 모든 엔드포인트 오퍼레이션이 API 계약(그림 1.3에서 소개)과 관계하고 있음을 보여준다. 이러한 계약은 가능한 모든 대화와 메시지를 프로토콜 수준의 메시지 표현(파라미터, 바디) 및 네트워크 주소까지 자세히 설명할 수 있다. API 클라이언트와 API 프로바이더가 통신할 수 있으려면 계약에 지정된 공유 지식에 동의해야 하므로 상호 운용 가능하고 테스트 가능하며 진화 가능한 런타임 통신을 실현하려면 API 계약이 필요하다.

실제로 이 계약은 많은 API(특히 퍼블릭 API)가 API 프로바이더에 의해 작성된 그대로 제공되기 때문에 매우 비대칭적일 수 있다. API 클라이언트는 이러한 조건에서 이를 사용하거나 전혀 사용하지 않을 수 있다. 이러한 경우 참가자 간의 계약에 대한 협상이나 공식 합의는 이뤄지지 않는다. API 클라이언트가 서비스 비용을 지불하는 경우에는 다를 수 있다. 이 경우 API 계약은 실제 협상의 결과일 수 있으며 법적 계약이 따라올 수 있다. API 계약은 최소한으로 문서화되거나 좀 더 포괄적인 API 설명API Description 또는 서비스 수준 계약(2가지 패턴)의 일부가 될 수 있다.

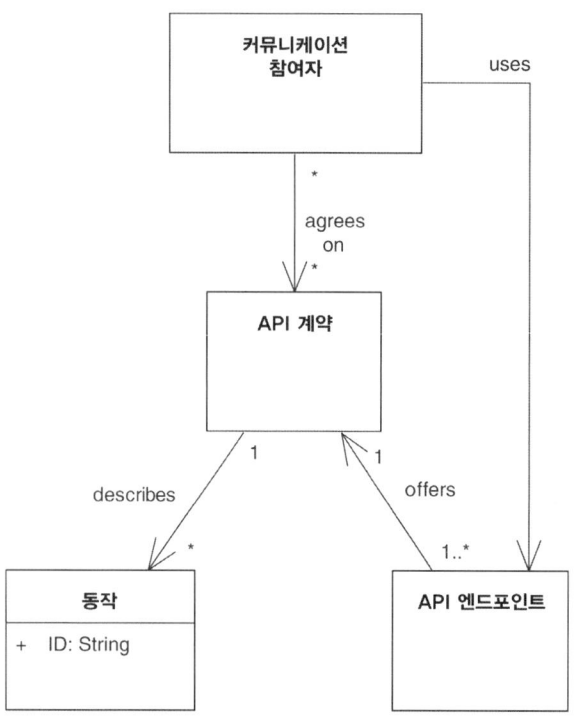

그림 1.7 도메인 모델: 메시지로 구성되는 대화에서 호출되는 동작을 API 계약이 설명한다.

책 전반에서 사용되는 도메인 모델

패턴 언어는 정의에 따라 플랫폼 및 기술 독립적으로 유지돼야 하기 때문에 도메인 모델의 추상적 개념은 이 책에서 소개하는 패턴 언어에서 사용되는 어휘로 볼 수 있다. 또한 도메인 모델의 각 개념과 관계는 잠재적으로 패턴에 대한 의사 결정 드라이버 역할을 할 수 있다. 예를 들면 각 메시지의 파라미터 구조 결정과 같은 것이다. 3장에서는 이러한 생각에 기반을 두고 모든 도메인 모델 요소 및 패턴을 이용한 의사 결정 과정을 살펴본다.

마지막으로 일부 예제를 모델링하는 데 사용하는 마이크로서비스 도메인 특화 언어 MDSL, Microservices Domain-Specific Language는 이 도메인 모델에 따라 설계됐다. 부록 C를 참고하자.

요약

1장에서는 다음과 같은 사항을 살펴봤다.

- API란 무엇이며 API를 잘 설계하는 것이 중요하고 어려운 이유
- 결합 및 세분성 고려 사항과 긍정적인 개발자 경험[DX] 요소를 포함한 API 설계에서 필요로 하는 품질
- 이 책에서 사용하는 API 도메인 용어 및 개념

모듈식 프로그램 내부의 로컬 API 및 운영체제 프로세스와 분산 시스템을 연결하는 원격 API는 오랫동안 사용돼 왔다. RESTful HTTP, gRPC, GraphQL과 같은 메시지 기반 프로토콜을 현재 원격 API 분야에서 주로 사용한다. 원격 API는 애플리케이션 통합을 위한 프로토콜을 통해 서버 측 리소스에 액세스할 수 있는 수단을 제공한다. 여러 시스템을 연결하면서도 최대한 분리해 향후 변경에 따른 영향을 최소화하는 중요한 중개자 역할을 한다. API와 해당 구현은 별도의 제어 및 소유권 하에 남아 있을 수도 있다. 로컬이든 원격이든 모든 API는 실제 클라이언트가 사용하거나 필요로 하는 요구 사항을 해결하는 것과 같은 목적 지향적이어야 한다.

API는 '건물 입구'로 비유할 수 있다. 예를 들어 로비는 고층 건물 방문자를 환영하고 올바른 엘리베이터로 안내하지만 주요 통로를 통해 들어갈 권한이 있는지 확인한다. 건물에 대한 첫인상은 그 장소에 처음 들어갈 때 결정되고 지속된다. 즉, 이 비유를 계속 사용한다면 API 포털은 API 뒤에 있는 애플리케이션 빌딩의 안내판 역할을 해 잠재적으로 자신의 애플리케이션을 구축하는 데 관심이 있는 개발자에게 서비스에 대한 안내를 제공한다. 빌딩의 안내판은 방문자 경험에 영향을 미치는데, 앞에서 말한 DX에 영향을 미친다.

로컬 API를 올바르게 사용하는 것이 복잡하지 않다. 반면에 원격 API의 경우 분산 컴퓨팅의 어려움이 작용한다. 예를 들어 브라우저 기반 단일 페이지 애플리케이션과 같은 최종 사용자 인터페이스와 분산 클라우드 애플리케이션 내의 백엔드 서비스가 서로 통신하고자 원격 API를 필요로 하는 경우 네트워크가 항상 안정적이라

고 가정할 수 없다.

아키텍처 의사 결정을 수행할 때 여러 가지 품질 속성을 고려해야 한다. API의 개발 품질은 쾌적한 클라이언트 측 DX, 저렴한 비용 및 충분한 성능에서부터 프로바이더 측의 지속 가능하고 변경에 친화적인 운영 및 유지 관리에 이르기까지 다양하다. 전체 API 수명주기에서 다음 3가지 타입의 품질 속성이 특히 중요하다.

1. **개발 품질**development quality: API는 개발자가 쉽게 발견하고 배우고 이해할 수 있어야 하며, 애플리케이션 구축에 쉽게 사용할 수 있어야 한다. 이는 기능, 안정성, 사용 용이성, 명확성을 통해 정의되는 긍정적인 DX를 제공하는 것을 말한다.
2. **운영 품질**operational quality: API와 그 구현은 신뢰할 수 있어야 하며, 이에 대해 명시된 성능, 신뢰성, 보안 요구 사항을 충족해야 한다. 런타임에 이러한 품질을 관리할 수 있어야 한다.
3. **관리 품질**managerial quality: API는 시간이 지남에 따라 진화 및 유지 관리가 가능해야 하며, 가급적이면 확장 가능하고 이전 버전과 호환 가능해야만 API의 상세 구현의 변경이 가능하지만 기존 클라이언트의 동작에 영향을 미치지 않아야 한다. 여기에서 기민성agility과 안정성stability이 균형을 이뤄야 한다.

API 설계 및 진화를 제대로 하는 것이 어렵고 흥미로운 이유는 무엇인가?

- API는 오래 지속돼야 한다. API 성공에는 단기적 관점과 장기적 관점이 있다.
- API는 노출된 기능 및 관련 품질에 관한 합의에 도달하기 위해 다양한 이해당사자가 존재한다.
- API의 세분성은 노출된 엔드포인트 및 동작의 수와 동작의 요청 및 응답 메시지의 데이터 계약에 의해 결정된다. 중요한 결정 포인트는 작업의 수를 적은 수의 많은 기능을 제공하는 동작을 만들 것인가 아니면 여러 개의 작은 동작을 하는 동작을 만들 것인가의 선택과 관련이 있다.
- 결합도의 제어가 필요하다. 결합도가 없다는 것은 서로 연결이 없다는 것

- 을 의미한다. API 클라이언트와 API 프로바이더가 서로에 대해 더 많이 알수록 더 밀접하게 결합되고 독립적으로 발전하기가 더 어려워진다.
- API 기술이 등장하고 사라지는 동안 API 설계의 기본 개념과 선택 가능한 옵션 및 기준과 관련된 아키텍처 의사 결정은 그대로 유지된다.

이 책의 초점은 시스템과 그 부분을 연결하는 원격 API에 있다. API 프로바이더는 동작이 있는 API 엔드포인트를 사용자에게 제공한다. 동작은 메시지 교환을 통해 호출된다. 이러한 교환에서 사용되는 메시지는 대화를 만들어낸다. 여기에는 단순하거나 구조화된 메시지 표현 엘리먼트가 포함된다. 우리는 API 설계 및 진화를 위한 도메인 모델에서 이러한 개념을 정의했다. 결과적으로 API가 특정 품질에 대해 고객의 요구를 충족할 수 있도록 이러한 개념을 선택하는 것이 우리의 과제다.

2장에서는 API 및 서비스 설계에 대한 허구이면서도 현실적인 예를 소개한다. 3장에서는 설계 과제와 요구 사항을 의사 결정 드라이버의 형태로 선택해 설명한다. 설계 패턴을 찾아 참조용으로 활용할 수 있는 2부에서는 주요한 요구 사항인 포스force와 이 패턴들의 해결 사항들이 어떤 품질 속성에 도움이 돼 성공적으로 사용될 수 있는지를 설명한다.

2장
호반 상호 보험 사례 연구

2장에서는 이 책에서 예제 시나리오로 사용하는 호반 상호 보험 사례를 소개한다. 이 시나리오에서 API가 필요한 이유를 설명하고 이후 장에서 API 설계 결정을 정당화할 수 있도록 개요 및 맛보기 역할을 하는 초기 API 설계와 함께 샘플 시스템 및 요구 사항을 설명한다.

호반 상호 보험은 고객, 파트너, 직원에게 여러 디지털 서비스를 제공하는 가상의 보험 회사다. 회사의 백엔드는 고객, 정책, 리스크 관리를 위한 여러 엔터프라이즈 애플리케이션으로 구성된다. 애플리케이션 프론트엔드는 잠재 보험 고객 혹은 현재 보험 고객을 위한 스마트폰 앱에서 회사 직원 및 타사 판매 에이전트를 위한 풍부한 클라이언트 애플리케이션을 제공한다.

비즈니스 콘텍스트 및 요구 사항

호반 상호 보험 기업 IT의 애자일 개발 팀 중 하나에 셀프 서비스 기능으로 고객 애플리케이션을 확장하는 업무가 방금 주어졌다. 초기 아키텍처 스파이크architectural spike[1]를 거쳐 필요한 고객 및 정책 데이터가 여러 백엔드 시스템에 분산돼 있음을 알아냈다. 이러한 시스템 중 어느 것도 필요한 데이터를 제공하는 적합한 웹 API 또는 메시지 채널을 제공하지 않는다.

---

1. 어려운 요구 사항에 대해 가능한 해결 방안을 찾고자 간단하게 수행하는 설계를 위한 개발 항목 – 옮긴이

다음과 같은 분석 및 설계 산출물은 개발 팀에서 이미 만들어둔 상태다.

- 원하는 시스템 품질 속성 및 분석 수준 도메인 모델을 수반하는 사용자 스토리
- 가용하고 필요한 인터페이스를 스케치하는 시스템 콘텍스트 다이어그램(system context diagram)/콘텍스트 맵(context map)
- 기존 시스템의 구성 요소와 그 관계를 보여주는 아키텍처 개요 다이어그램(architecture overview diagram)

API 설계에 필요한 귀중한 정보를 제공하는 이러한 산출물을 살펴보자.

사용자 스토리 및 요구되는 품질

다음 버전의 고객 애플리케이션은 몇 가지 새로운 셀프 서비스 기능을 지원해야 하며, 그중 하나는 다음 사용자 스토리에 담겨 있다.

> 호반 상호 보험 고객으로서 긴 대기 시간이 예상되는 상담사와의 전화 연결 대신 온라인에서 직접 연락처 정보를 업데이트해 데이터를 최신 상태로 유지하고 싶다.

성능, 가용성, 유지 보수성과 같은 원하는 시스템 품질에 대한 요구 사항이 수집됐다. 연락처 정보 업데이트에 대한 사용자 스토리의 실행 시도 중 80%는 2초 이상 걸리지 않아야 한다. 호반 상호 보험은 10,000명의 고객이 새로운 온라인 서비스를 사용할 것으로 예상하며, 그중 10%의 사용자는 시스템에 동시에 접속해 사용한다.

사용성은 또 다른 중요한 관심사다. 새롭게 도입하려는 셀프 서비스 기능이 고객의 요구를 효과적으로 달성하는 데 도움이 되지 않는다면 비용을 더 많이 필요한 새로운 기능의 도입을 무산시킬 수 있다. 정도는 덜하지만 신뢰성 요구 사항도 동일한 상황이다. 호반 상호 보험의 고객이 보험 계약을 처리할 수 있는 실제 업무 시간 이외뿐만 아니라 주말 및 공휴일에도 인터페이스를 사용할 수 있어야 한다.

이러한 요구 사항을 고려할 때 선택한 아키텍처와 프레임워크는 호반 상호 보험의

개발 및 운영 팀을 효과적이며 효율적으로 지원해야 한다. 시간이 지나더라도 애플리케이션을 모니터링 및 관리하고 유지할 수 있어야 한다.

분석 수준 도메인 모델

고객과 보험 정책은 주로 관리해야 하는 마스터 데이터로, 시스템의 핵심 사항이다. 새롭게 제공해야 하는 셀프 서비스 프론트엔드를 통해 고객은 연락처 정보를 업데이트할 수 있을 뿐만 아니라 지점에 가거나 상담사의 가정 방문 일정을 잡지 않고도 다양한 보험 정책에 대한 견적을 요청할 수 있다. 엔터프라이즈 애플리케이션은 도메인 주도 설계를 사용해 설계할 수 있다[Evans 2003, Vernon 2013]. 이를 이용해 비즈니스 도메인에 필요한 논리를 구성한다. 그림 2.1은 Customer, InsuranceQuoteRequest, Policy의 3가지 주요 애그리게이트 aggregate[2]를 보여준다.

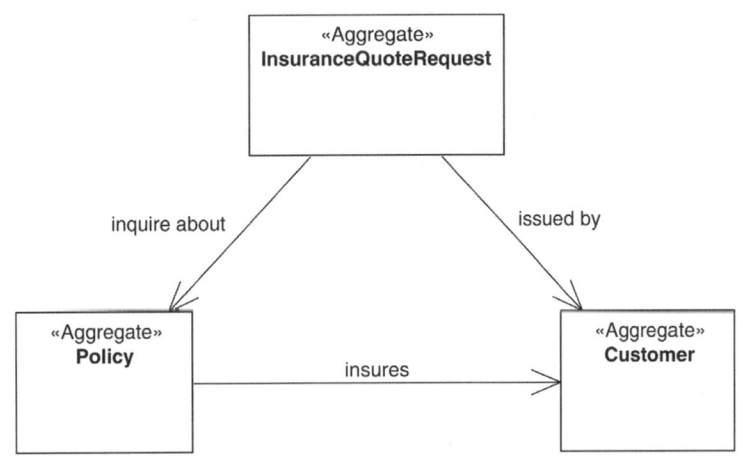

그림 2.1 애그리게이트 개요

이제 이 3가지 애그리게이트를 상세히 살펴보자. IsuranceQuote는 기존 또는 잠재 고객으로부터 전달된다. 고객은 건강관리 또는 자동차 보험과 같은 새로운 보험 계약에 대해 문의한다. 보험에 대한 제안offer과 보험 계약(Policy)에는 보험료를 내고

---

2. 애그리게이트는 함께 로딩되거나 저장돼 관련 비즈니스 규칙에 사용되는 여러 도메인 객체의 모음이다.

보험금을 청구하는 고객(Customer)의 정보가 포함돼 있다.

그림 2.2는 단기로 운영되는 데이터의 예인 InsuranceQuoteRequest 애그리게이트의 컴포넌트를 보여준다. ID 및 수명주기와 불변 값 객체immutable value object를 포함하는 여러 엔티티entity로 구성된다. 고유한 역할이 있는 엔티티는 InsuranceQuoteRequest 애그리게이트 루트다. 이는 애그리게이트의 진입점 역할을 하며 집합체의 컴포넌트를 갖고 있다. 또한 각각의 애그리게이트 루트 엔티티를 가리키는 다른 애그리게이트에 대한 나가는 참조outgoing references를 볼 수 있다. 예를 들어 InsuranceQuoteRequest는 고객이 현재 변경하고자 하는 기존 Policy를 참조한다. 요청은 하나 이상의 고객 주소를 참조하는 CustomerInfo도 포함한다. 계약이 여러 사람과 관련될 수 있고 한 사람이 여러 거주지를 가질 수도 있기 때문이다. 예를 들어 자녀를 위한 건강 보험은 부모가 맺은 계약의 일부일 수 있다.

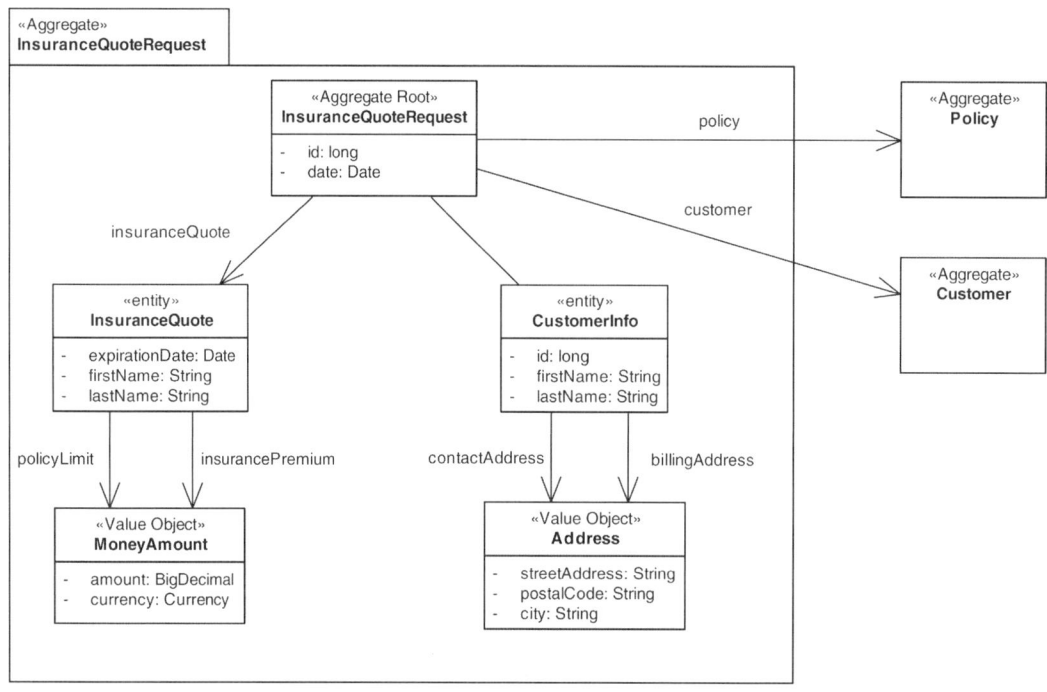

그림 2.2 InsuranceQuoteRequest 애그리게이트 상세

Policy 애그리게이트의 세부 사항은 그림 2.3에 나와 있다. 계약은 주로 Money Amounts, 계약(Policy) 타입 및 날짜 기간과 같은 값 객체를 처리한다. 각 계약에는 외부에서 애그리게이트를 참조하는 데 사용되는 식별자(PolicyId)도 있다. 오른쪽에서 고객(Customer) 애그리게이트를 참조하고 있는 것을 볼 수 있다.

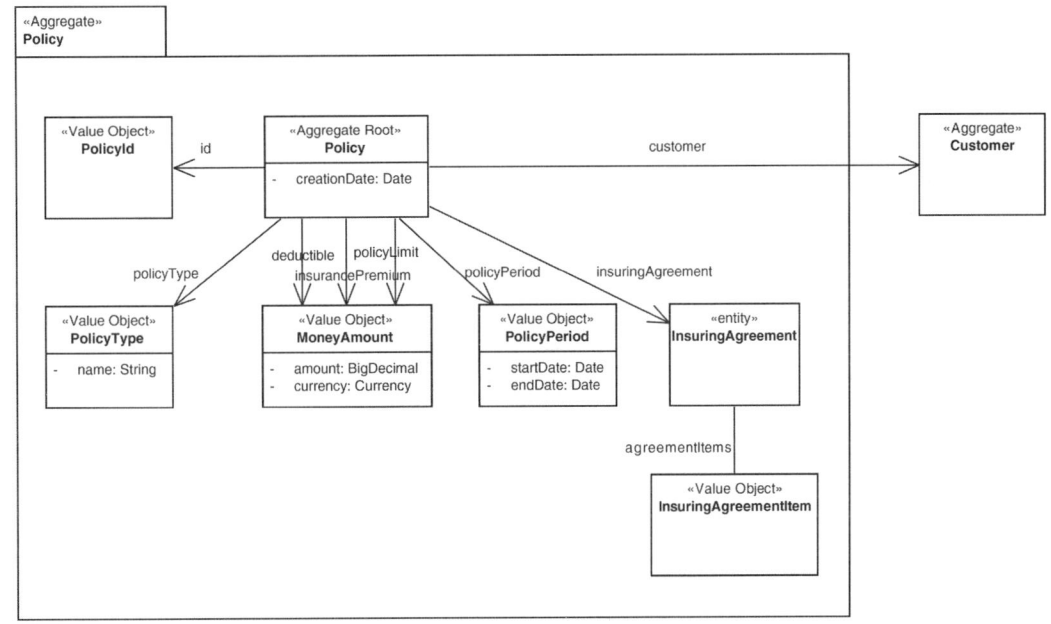

그림 2.3 계약(Policy) 애그리게이트 상세

그림 2.4에서는 마침내 일반적인 연락처 정보와 현재 및 과거 주소를 포함하는 고객(Customer) 애그리게이트에 도달한다. 정책과 마찬가지로 고객은 CustomerId라는 고유한 식별자를 가진다.

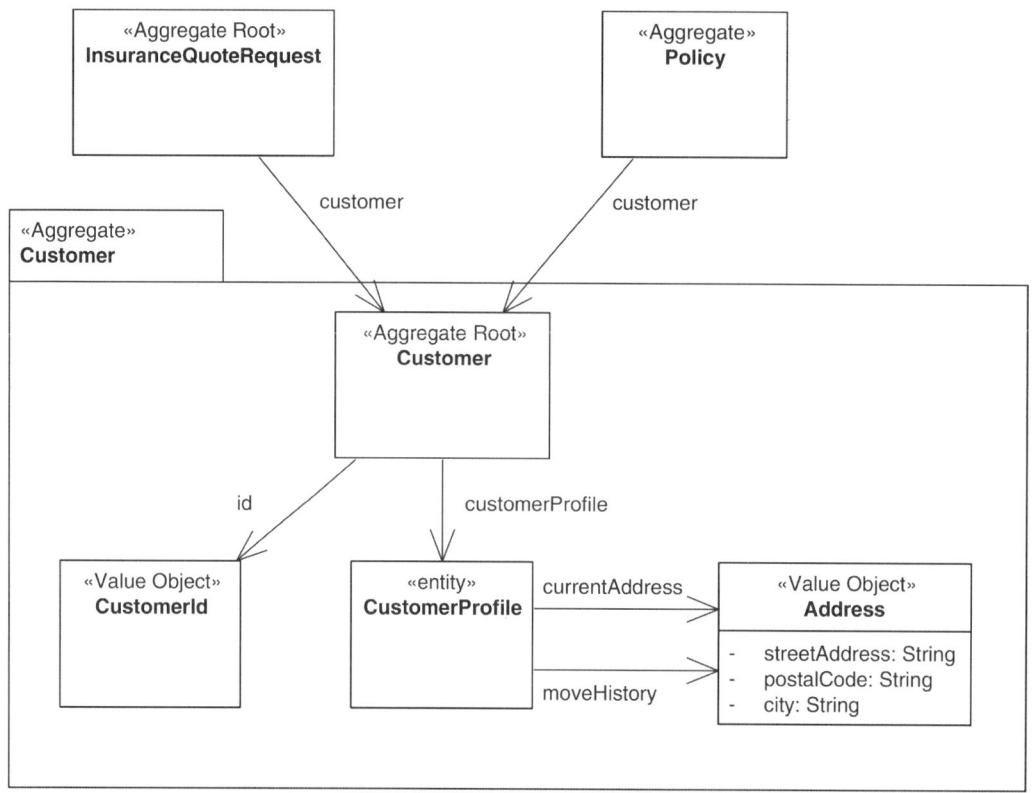

그림 2.4 Customer 애그리게이트 상세

아키텍처 개요

이제 비즈니스 콘텍스트와 요구 사항에 대해 알았으므로 호반 상호 보험의 기존 시스템과 해당 아키텍처를 살펴보자.

시스템 콘텍스트

그림 2.5는 현재 시스템 콘텍스트를 보여준다. 그림에 표시되지 않았지만 기존 고객은 고객 셀프서비스 프론트엔드를 사용해 연락처 정보를 업데이트할 수 있어야

한다. 이 서비스는 계약 관리 애플리케이션 및 회사 내부 고객 관리 애플리케이션에서도 사용되는 고객 코어Customer Core 서비스에서 마스터 데이터를 검색한다.[3]

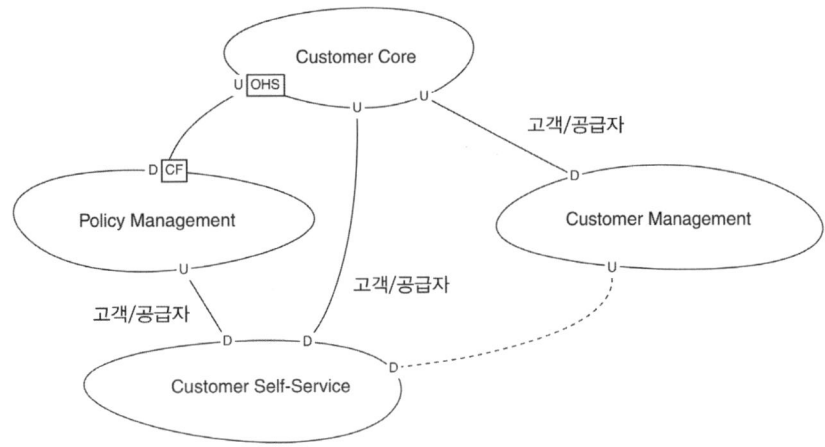

그림 2.5 호반 상호 보험의 콘텍스트 맵(실선: 기존 관계, 점선: 신규 인터페이스)

그림에서 바운디드 콘텍스트bounded context로 표시된 4개의 애플리케이션은 분석 수준 도메인 모델로 쉽게 역추적할 수 있다.[4] 고객 셀프 서비스(Customer Self-Service) 콘텍스트는 현재 계약 관리(Policy Management) 및 고객 코어Customer Core와만 상호작용한다. 새로운 셀프 서비스 기능을 구현하기 위해 고객 관리(Customer Management) 콘텍스트에 대한 새로운 관계가 추가되며, 그림 2.5에서 점선으로 표시돼 있다. 다음 절에서는 이러한 바운디드 콘텍스트를 구현하는 소프트웨어 아키텍처를 살펴보자.

애플리케이션 아키텍처

그림 2.5의 시스템 콘텍스트에서 구체화한 그림 2.6은 핵심 컴포넌트에 대한 개요를 보여준다. 이러한 컴포넌트는 호반 상호 보험이 고객과 직원에게 제공하는 서

---

3. 고객/공급자(Customer/Supplier), 상류(Upstream, U), 하류(Downstream, D), 공개 호스트 서비스(Open Host Service, OHS), 준수자(Conformist, CF)는 API 설계 및 개발을 위해 사용되는 DDD의 콘텍스트 관계에 해당한다[Vernon 2013].
4. DDD 패턴의 바운디드 콘텍스트는 모델 경계를 나타낸다(예: 애플리케이션 프론트엔드 및 백엔드).

비스를 이루는 기본 요소다. 그림 2.5의 바운디드 콘텍스트는 고객 관리 프론트엔드(Customer Management Frontend)와 같은 프론트엔드 애플리케이션 및 이를 지원하는 고객 관리 백엔드(Customer Management Backend) 마이크로서비스와 연결해 생각할 수 있다.

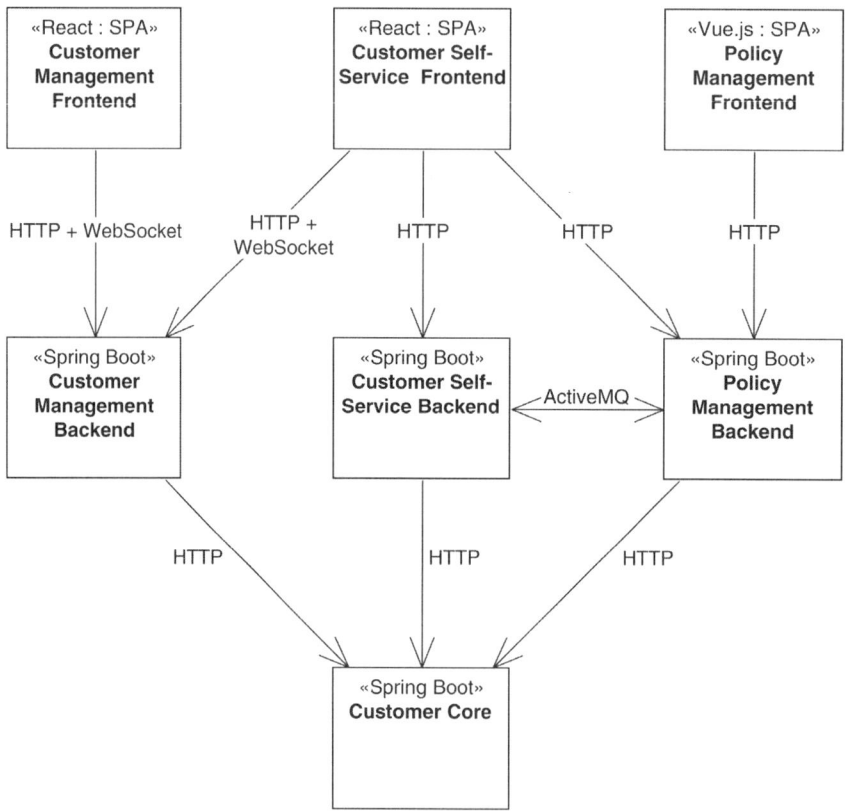

그림 2.6 호반 상호 보험의 서비스 컴포넌트와 그 관계

프론트엔드 리치 웹 클라이언트를 사용하는 것이 전략이다. 따라서 단일 페이지 애플리케이션[SPA, Single Page Application]은 자바스크립트로 구현됐다. 몇 년 전 회사 차원에서 내린 전략적 결정으로 인해 대부분의 백엔드는 자바[Java]로 구현돼 스프링 부트[Spring Boot] 의존성 주입 컨테이너[dependency injection container]를 활용해 유연성[flexibility]과 유지 보수성[maintainability]을 향상시킨다. 고객 셀프 서비스와 계약 관리의 통합에 광범위하게 사용

되고 성숙한 오픈소스 메시징 시스템인 아파치 액티브MQ$^{Apache\ ActiveMQ}$가 사용된다.

- **고객 코어**$^{Customer\ Core}$: 고객 코어는 이름, 이메일, 현재 주소와 같은 개별 고객에 대한 개인 데이터를 관리한다. 다른 컴포넌트는 HTTP 리소스 API를 이용해 이 데이터를 제공받는다.
- **고객 셀프 서비스 백엔드**$^{Customer\ Self-Service\ Backend}$: 고객 셀프 서비스 백엔드는 고객 셀프 서비스 프론트엔드에 HTTP 리소스 API를 제공한다. 또한 정책 관리 백엔드에서 제공하는 액티브MQ 브로커에 연결해 보험 견적 요청을 처리한다.
- **고객 셀프 서비스 프론트엔드**$^{Customer\ Self-Service\ Frontend}$: 고객 셀프 서비스 프론트엔드는 리액트^{React}로 만들어진 애플리케이션이다. 사용자는 이를 활용해 자신을 등록하고, 현재 보험 계약을 보고, 향후 주소를 변경할 수 있는 주요 사용자 스토리를 처리한다.
- **고객 관리 백엔드**$^{Customer\ Management\ Backend}$: 고객 관리 백엔드는 고객 관리 프론트엔드 및 고객 셀프 서비스 프론트엔드에 대한 HTTP 리소스 API를 노출하는 스프링 부트 애플리케이션이다. 또한 고객 관리 프론트엔드를 사용하는 콜센터 상담원과 고객 셀프 서비스 프론트엔드에 로그인한 고객 간에 실시간 채팅 메시지를 전달하는 채팅 기능을 구현을 위해 웹 소켓을 사용한다.
- **고객 관리 프론트엔드**$^{Customer\ Management\ Frontend}$: 고객 관리 프론트엔드는 고객 서비스 운영자가 고객과 상호작용하고 호반 상호 보험의 보험 상품과 관련된 문제를 해결하는 데 도움을 주는 리액트 애플리케이션이다.
- **계약 관리 백엔드**$^{Policy\ Management\ Backend}$: 증권 관리 백엔드는 고객 셀프 서비스 프론트엔드 및 계약 관리 프론트엔드에 HTTP 리소스 API를 제공하는 스프링 부트 애플리케이션이다.
- **계약 관리 프론트엔드**$^{Policy\ Management\ Frontend}$: 계약 관리 프론트엔드는 호반 상호 보험의 직원이 개별 고객의 보험 계약을 보고 관리할 수 있게 해주는 Vue.js로 만들어진 자바스크립트 애플리케이션이다.

호반 상호 보험은 마이크로서비스 아키텍처를 채용하기로 결정했다. 시스템의 주요 컴포넌트를 비즈니스 변경 요청에 대응해 좀 더 유연하게 업그레이드하고 비즈니스 성장에 대비하기 위한 것이 이 전략적 아키텍처 의사 결정의 근거다. 이러한 비즈니스 성장은 작업량이 증가해 백엔드의 추가적인 확장이 필요해지면 서비스에 병목이 될 수 있기 때문에 충분한 고려가 필요하다.

API 설계 활동

이제 보험 고객이 연락처 정보를 업데이트할 수 있는 수단을 제공하는 초기 사용자 스토리로 돌아가 보자.

고객 셀프 서비스 팀은 위의 사용자 스토리를 백로그에서 가져와 현재 스프린트에 포함시켰다. 스프린트 계획 회의에서 팀은 다음 반복iteration에서 다음 활동의 처리가 필요하다고 판단했다.

1. 하류downstream 고객 셀프 서비스 프론트엔드에서 사용하는 상류upstream 고객 관리 백엔드를 위한 플랫폼 독립적 API를 설계한다.
2. 요청 파라미터 및 응답 구조체(예: JSON 페이로드의 객체 구조체)를 포함해 API 엔드포인트(HTTP 기반 웹 API를 가정하는 경우 엔드포인트의 리소스) 및 동작(GET 및 POST와 같은 HTTP 동사에 해당하는 메서드)을 정의한다.
3. 2장의 앞부분에서 나열하거나 참고한 분석 및 설계 산출물을 기반으로 결정이 올바른지 확인한다.

이러한 작업을 처리할 때 패턴이 호반 상호 보험의 API 설계자에게 어떻게 도움이 될 수 있을까? 이 질문은 다음 절들과 책의 나머지 부분에서 답을 찾을 수 있을 것이다. 부록 B에서는 사례에 대한 일부 API 구현 산출물을 찾아볼 수 있다.

목표 API 사양

다음의 대략적인 API의 모습은 필요한 API 설계를 수행할 때 고객 연락처 정보를 업데이트하는 엔드포인트가 어떤 모습일 수 있는지 보여준다. 이 대략적인 설계는 실제 설계의 미리 보기 수준임을 알아두자. 이 시점에서 모든 세부 정보를 이해할 필요는 없다.

```
API description CustomerManagementBackend
usage context SOLUTION_INTERNAL_API
   for FRONTEND_INTEGRATION

data type CustomerId ID
data type CustomerResponseDto D

data type AddressDto {
   "streetAddress": D<string>,
   "postalCode": D<string>,
   "city": D<string>
}

data type CustomerProfileUpdateRequestDto {
   "firstname": D<string>,
   "lastname": D<string>,
   "email": D<string>,
   "phoneNumber": D<string>,
   "currentAddress": AddressDto
}

endpoint type CustomerInformationHolder
   version "0.1.0"
   serves as INFORMATION_HOLDER_RESOURCE
   exposes
      operation updateCustomer
      with responsibility STATE_TRANSITION_OPERATION
         expecting
         headers
```

```
      <<API_Key>> "accessToken": D<string>
    payload {
      <<Identifier_Element>> "id": CustomerId,
      <<Data_Element>>
       "updatedProfile":
       CustomerProfileUpdateRequestDto
    }
    delivering
    payload {
      <<Data_Element>> "updatedCustomer": CustomerResponseDto,
      <<Error_Report>> {
         "status":D<string>,
         "error":D<string>,
         "message":D<string>}
    }
```

API는 마이크로서비스 도메인 특화 언어^{MDSL, Microservice Domain Specific Language} 사양 언어로 작성됐다. 부록 C에 소개된 MDSL은 마이크로서비스 혹은 서비스의 계약, 해당 데이터 표현, API 엔드포인트를 지정하는 도메인 특화 언어^{DSL, Domain-Specific Language}로 작성됐다. 여기에서 OpenAPI 사양을 만들어낼 수 있다. 이전 계약의 OpenAPI 버전은 YAML을 사용해 설명하려면 111줄이 필요하다.[5]

최상위 수준에서 보면 API 설명, 2가지 데이터 타입 정의 및 단일 작업을 특징으로 하는 엔드포인트를 살펴볼 수 있다. <<API_Key>> 스테레오타입, SOLUTION_INTERNAL_API, FRONTEND_INTEGRATION, INFORMATION_HOLDER_RESOURCE, STATE_TRANSITION_OPERATION 마커 및 기타 여러 마커는 모두 패턴에서 사용된다. 이 책의 다음 부분에서 이에 대해 자세히 설명한다.

---

5. 원래 YAML은 'Yet Another Markup Language'를 의미했다. 그러나 이후 이름이 'YAML Ain't Markup Language'로 변경됐다. YAML이 데이터 직렬화 언어(data serialization language)이지 진정한 마크업 언어와 다른 것임을 구별하기 위한 것이다.

요약

2장에서는 이 책의 나머지 부분에서 실행 예제를 제공하는 가상의 사례 연구인 호반 상호 보험을 소개했다. 호반 상호 보험은 고객, 계약 및 리스크 관리를 위한 핵심 비즈니스 기능을 해당 애플리케이션 프론트엔드가 있는 일련의 마이크로서비스로 구현했다.

1. 웹 API는 애플리케이션 프론트엔드를 백엔드와 연결한다.
2. 백엔드도 API를 통해 통신한다.
3. API 설계는 사용자 요구 사항, 원하는 품질, 시스템 콘텍스트 정보 및 이미 이뤄진 아키텍처 의사 결정에서부터 시작된다.

이 책의 3장과 2부에서 이 초기 API 설계를 자세히 설명하고, 고객 셀프 서비스 API 설계의 비즈니스 및 아키텍처 콘텍스트에서 애플리케이션의 패턴과 근거를 다시 살펴본다.

API 구현의 일부 발췌 부분은 부록 B에서 찾을 수 있다. 시나리오의 전체 구현은 깃허브에서 찾을 수 있다.[6]

---

6. https://github.com/Microservice-API-Patterns/LakesideMutual

3장
API 의사 결정 관련 사항

API 엔드포인트, 동작 및 메시지 설계는 다방면에 걸쳐 이뤄지므로 쉽지 않다. 요구 사항이 서로 충돌하는 경우가 많기 때문에 균형을 맞추는 작업이 필요하다. 수많은 솔루션 옵션과 함께 많은 아키텍처 의사 결정과 구현을 위한 선택을 해야 한다. API 성공의 열쇠는 이러한 결정을 올바르게 내리는 것이다. 때로는 개발자에게 필요한 선택 사항이 알려지지 않았거나 개발자가 사용 가능한 옵션의 일부만 알고 있는 경우도 있다. 또한 모든 기준이 명확하지 않을 수도 있다. 예를 들어 일부 품질 속성(예: 성능 및 보안)은 다른 품질 속성(예: 지속 가능성)보다 더 명확할 수 있다.

3장에서는 주제별 범주에 따라 패턴 선택 결정$^{pattern\ selection\ decision}$을 수행한다. 3장에서는 API 범위 지정부터 시작해 엔드포인트 역할 및 동작의 책임에 대한 아키텍처 의사 결정으로 이동하는 API 설계 반복 과정을 설명한다. 품질 관련 설계 개선 및 API 진화에 대한 의사 결정도 다룬다. 2부의 패턴에서 살펴볼 예정인 가장 널리 사용되는 옵션과 함께 필요한 의사 결정과 실제로 본 패턴 선택 기준을 설명한다.

들어가기: 의사 결정 옵션으로서의 패턴, 의사 결정 기준으로서의 포스

패턴을 선택하는 것은 『Continuous Architecture in Practice』[Erder 2021]에서 얘기한 것과 같이 아키텍처 의사 결정$^{architectural\ decision}$을 내리고 그것이 맞는지 설명^{justification}하는 일이다. 따라서 API 설계 및 진화 과정에서 필요한 아키텍처 의사 결정을 구별해

내는 방법을 살펴보자. 이러한 각 결정에 대해 의사 결정 기준과 설계 대안을 논의할 것이다. 이러한 대안은 이 책의 2부에서 자세히 다루는 패턴을 통해 살펴볼 수 있다. 필요한 의사 결정을 구별해 내고자 다음과 같은 양식을 사용한다.

의사 결정: 필요한 의사 결정의 예

다루는 주제는 무엇인가?

적절한 패턴은 다음 형식으로 표시된다.

	패턴: 패턴 이름
문제	[어떤 설계 문제가 해결되는가?]
솔루션	[문제 해결을 위한 가능한 방법에 대한 개요]

그런 다음 2부에서 다루는 패턴의 주요한 요구 사항인 포스^{force}에 해당하는 의사 결정 기준을 요약하고, 몇 가지 모범 권장 사례를 제공한다. 단어 하나하나를 그대로 따르기보다는 특정 API 설계 작업의 맥락에 맞게 적용해야 한다.

의사 결정 결과 예제. 2장에서 소개한 사례에서 의사 결정의 예를 제시한다. 다음과 같은 아키텍처 의사 결정 기록$^{ADR,\ Architectural\ Decision\ Record}$ 형식을 사용한다.

[기능 또는 컴포넌트]에 해당하는 맥락에서,

[요구 사항 또는 목표로 하는 품질 속성$^{Quality\ Attribute}$을 충족할 필요가 있다.

우리는 [이익]을 우선적으로 달성하기 위해

[선택된 옵션]을 채택하기로 결정하고

그리고 [대안]은 선택하지 않아서

그 선택에 따르는 [부정적인 결과]는 받아들인다.

이 형식은 이유 진술$^{why-statement}$[Zdun 2013]이라고 불리며, 아키텍처 의사 결정 기록 템플릿의 한 예다. 마이클 니가드$^{Michael\ Nygard}$[Nygard 2011]에 의해 대중화된 이러한 의사 결정 기록은 연구와 실무에서 오랜 역사를 갖고 있다.[1] 요약하면 주어진 맥락에서 의사 결정 결과와 그 결정에 대한 근거를 설명한다.

ADR 템플릿에 따르면 다음과 같이 작성할 수 있다.

> 패턴 결정에 대해 설명한 것과 같이
>
> 선택 가능한 여러 옵션option과 선택의 기준criteria을 설명해야 한다.
>
> 이를 설명하는 이론과 실제로 선택해 실행하는 실천의 균형을 위해 이와 같은 아키텍처 의사 결정 기록을 남기기로 결정했다.
>
> 3장의 긴 내용 때문에 독자들은 개념에서 실제 사용되는 응용으로 넘어갈 수 있다는 점을 인정한다.

각각의 이유 진술은 고딕체(원서에서는 이탤릭체)로 돼 있어 3장에서 설명하는 결정 포인트, 옵션, 기준과 같은 개념적 내용과 명확하게 구분되게 했다. 이유 진술에서 '선택하지 않아서' 부분은 선택 사항으로, 이 예에서는 사용되지 않는다.

3장의 나머지 부분에서는 다음과 같은 의사 결정 주제를 다룬다.

- '기본적인 API 결정 및 패턴' 절에서는 API 가시성visibility, API 통합 타입integration type, API 문서화documentation를 다룬다.
- 'API 역할 및 책임에 대한 결정' 절에서는 엔드포인트의 아키텍처 역할, 정보 보유자 역할의 구체화, 동작의 책임 정의를 설명한다.
- '메시지 표현 패턴 선택하기' 절에서는 표현 엘리먼트representation element의 평면 구조flat structure와 중첩 구조nested structure 사이의 선택을 다루고 엘리먼트 스테레오타입element stereotype을 소개한다.
- 'API 품질 거버닝' 절에서는 API 클라이언트의 식별identification 및 인증authentication, API 사용량 측정 및 과금, API 클라이언트의 과도한 API 사용 방지, 품질 목표quality objective 및 페널티penalty의 명시적 지정, 오류 커뮤니케이션, 외부 콘텍스트 표현External Context Representation 등 다각적인 측면을 다룬다.

---

1. https://ozimmer.ch/practices/2020/04/27/ArchitectureDecisionMaking.html 참고

- 'API 품질 개선을 위한 결정' 절에서는 페이지네이션^{pagination}, 불필요한 데이터 전송을 피하는 다른 방법, 메시지에서 참조된 데이터 처리 등을 다룬다.
- 'API 진화에 대한 결정' 절은 버전 관리 및 호환성 관리와 적용^{commissioning} 및 폐기^{decommissioning} 전략의 두 부분으로 구성돼 있다.

중간에서는 '호반 상호 보험 사례의 책임 및 구조 패턴'과 '호반 상호 보험 사례의 품질 및 진화 패턴'을 다룬다.

기본적인 API 의사 결정과 패턴

1장에서 API는 컴퓨팅 자원이나 정보 관리 서비스를 노출하면서 동시에 서비스 프로바이더의 상세 구현 내용을 API를 사용하는 클라이언트로부터 분리하는 소프트웨어 인터페이스라는 것을 살펴봤다. 이 절에서는 설계와 관련한 의사 결정하는 과정에서 선택하는 여러 옵션으로 패턴을 사용해 수행하는 기본적인 아키텍처 설계 결정에 대해 소개하며, API 프로바이더 측의 서비스 구현과 API 클라이언트 간의 관계를 자세히 설명한다. 이 절에서 다루는 패턴은 관리 또는 조직의 측면에서 고려하는 주제이며, 중요한 기술적 고려 사항에도 상당한 영향을 미친다.

이 절에서 다루는 의사 결정은 다음 질문에 대한 답변이다.

- API는 어디에서 액세스할 수 있어야 하는가, 또는 API의 가시성 범위는 어떻게 되는가?
- API가 어떤 통합 타입을 지원해야 하는가?
- API를 문서화해야 하는가? 그렇다면 어떻게 문서화해야 하는가?

그림 3.1은 이러한 결정이 어떻게 연관돼 있는지 보여준다.

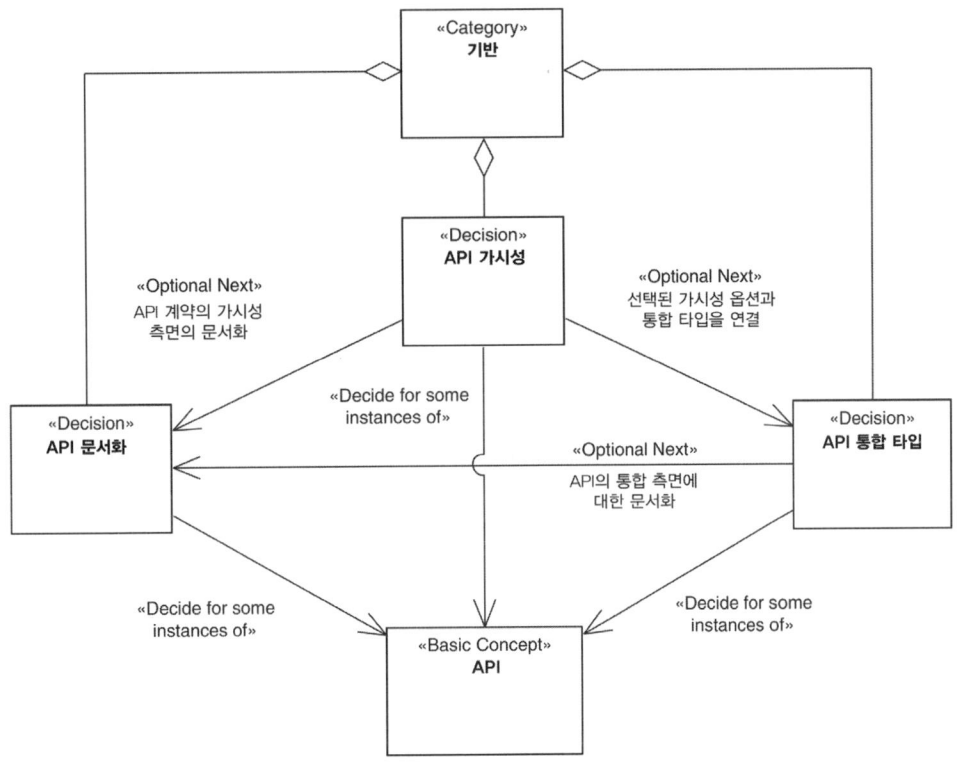

그림 3.1 API 관련 기본 엘리먼트 관계도

이 관계도의 첫 번째 결정은 API 가시성^{API Visibility}에 관한 것이다. 다양한 종류의 API에서 API를 사용해야 하는 API 클라이언트는 서로 다른 조직^{organization}과 물리적 장소^{location}에 위치하는 수많은 API 클라이언트부터 하나의 조직 또는 동일한 소프트웨어 시스템 내의 잘 알려진 몇 개의 API 클라이언트에 이르기까지 다양할 수 있다.

또한 물리적 티어^{physical tier}의 시스템 구성이 API와 어떻게 연관돼 있는지도 결정해야 하므로 적용 가능한 통합 타입^{integration type}이 달라질 수 있다. 최종 사용자 인터페이스의 표시 및 제어를 담당하는 프론트엔드는 데이터 처리 및 저장을 담당하는 백엔드와 물리적으로 분리돼 있을 수 있다. 이러한 백엔드는 예를 들어 서비스 지향 아키텍처^{SOA, Service-Oriented Architecture}에서 여러 시스템이나 하위 시스템으로 분할 및 분산될 수 있다. 프론트엔드와 백엔드 모두 API 기반 통합이 가능하다.

마지막으로 API 문서화Documentation of the API에 대한 결정이 필요하다. 서비스 제공업체가 하나 이상의 API 엔드포인트를 노출하기로 결정한 경우 클라이언트는 API 동작을 어디서 어떻게 호출할 수 있는지 알 수 있어야 한다. 여기에는 API 엔드포인트 위치 또는 메시지 표현의 파라미터와 같은 기술적 API 액세스 정보는 물론 사전 및 사후 조건과 관련 서비스 품질 보증을 포함한 동작에 대한 문서가 포함된다.

API 가시성

애플리케이션의 일부에서 하나 이상의 API 엔드포인트를 노출하는 원격 API를 제공하고자 할 수 있다. 이러한 시나리오에서 각 API에 대한 초기 결정은 가시성과 관련이 있다. 기술적 관점에서 API의 가시성은 배포 위치와 네트워크 연결(예: 인터넷, 엑스트라넷, 회사 내부 네트워크 또는 단일 데이터 센터)에 따라 결정된다. 조직의 관점에서 API 가시성은 API 클라이언트가 서비스를 제공하는 최종 사용자의 측면에서 필요로 하는 가시성 수준에 관련이 있다.

이 결정은 주로 기술적인 측면이 아니라 관리 또는 조직 측면에서의 결정이다. 이는 종종 예산 및 자금 조달 고려 사항과 관련이 있다. 단일 프로젝트 또는 제품에서 API 개발, 운영 및 유지 보수에 필요한 비용을 지원하는 경우도 있지만, 여러 조직(또는 조직 내 여러 부서)이 API와 관련된 비용에 기여하는 경우도 있다. 그러나 이러한 결정은 여러 기술적 측면에 중요한 영향을 미친다. 예를 들어 부분적으로 알려지지 않은 임의의 수의 API 클라이언트가 사용하는 인터넷에 노출된 개방형 퍼블릭 API Public API와 조직 내부에서 사용하는 작고 안정적인 소수의 다른 시스템 또는 하위 시스템에서 사용하는 솔루션의 내부 API Solution-Internal API를 비교해보자. 개방형 퍼블릭 API가 허용해야 하는 워크로드는 다소 높고 피크가 많을 수 있지만, 잘 알려진 몇 개의 API 클라이언트가 있는 솔루션 내부 API의 워크로드는 훨씬 낮은 경우가 많다. 결과적으로 2가지 종류의 API 가시성에 대한 성능 및 확장성 요구 사항은 매우 다를 수 있다.

살펴봐야 할 핵심 결정은 다음과 같다.

결정 사항: API의 가시성

웹, 인트라넷이나 엑스트라넷과 같은 접근 제어가 가능한 네트워크 또는 특정 솔루션을 호스팅하는 데이터 센터 중 어디에서 API에 접근할 수 있어야 하는가?

그림 3.2에는 이 결정 사항에 대한 3가지 결정의 옵션이 패턴으로 설명돼 있다.

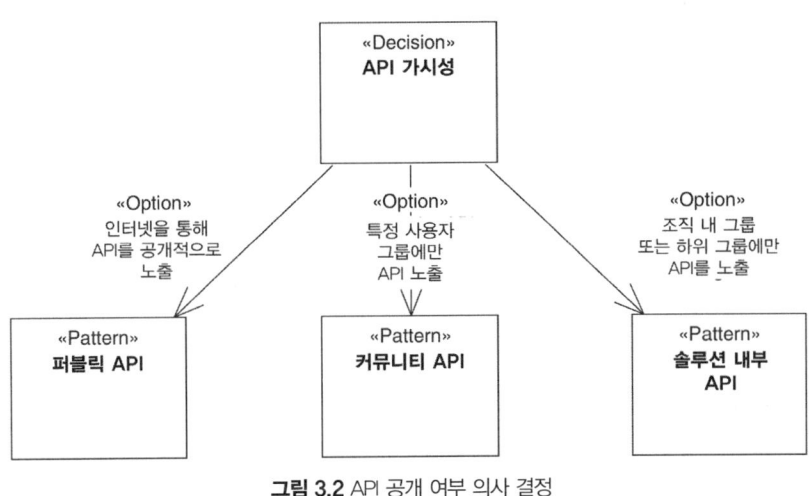

그림 3.2 API 공개 여부 의사 결정

첫 번째 옵션은 **퍼블릭 API** 패턴이다.

	패턴: 퍼블릭 API(PUBLIC API)
문제	전 세계, 국가 또는 지역적으로 분산돼 있는 조직 외부의 무제한 또는 알 수 없는 수의 API 클라이언트가 API를 사용할 수 있게 하려면 어떻게 해야 하는가?
솔루션	API의 기능적 및 비기능적 속성을 모두 설명하는 자세한 **API 설명**과 함께 공개 인터넷에 API를 노출한다.

특히 **퍼블릭 API**의 경우 대상 고객의 규모, 위치, 다양성을 고려하는 것이 중요하다. 대상 고객의 요구와 필요, 사용 가능한 개발 및 미들웨어 플랫폼, 기타 고려 사항은 API를 공개적으로 제공해야 하는지 여부와 방법을 결정하는 데 도움이 될

수 있다. 예를 들어 서버에서 렌더링되는 동적 웹 사이트와 달리 브라우저를 통해 API에 액세스하는 단일 페이지 애플리케이션을 선호하는 추세로 인해 인터넷을 통해 액세스할 수 있는 API가 증가하고 있다.

가시성이 높은 **퍼블릭 API**는 지속적으로 높은 워크로드 또는 피크 로드를 처리해야 하는 경우가 많다. 이로 인해 복잡성이 증가하고 백엔드 시스템과 데이터 저장소의 높은 성숙도가 요구될 수 있다. API가 감당해야 하는 가능한 로드는 목표 지원 규모에 따라 달라진다. 대상 고객의 위치에 따라 필요한 인터넷 액세스 수준과 대역폭이 결정된다.

가시성이 높은 API는 가시성이 낮은 API보다 보안 요구 사항이 더 높을 수 있다. API 키^{API Key} 또는 인증 프로토콜의 사용 여부가 일반적으로 **퍼블릭 API**와 그 변형인 오픈 API의 차이로 설명될 수 있다. 진정한 오픈 API는 API 키 또는 기타 인증 수단이 없는 **퍼블릭 API**다. 물론 API 키와 인증 프로토콜 모두 이 결정 사항의 다른 모든 옵션에서도 사용할 수 있다.

API 개발, 운영, 유지 관리 비용을 부담해야 한다. 일반적으로 API는 수익을 창출할 수 있는 비즈니스 모델이 있어야 한다. **퍼블릭 API**의 경우 유료 구독 및 통화당 결제(요금 책정 플랜^{Pricing Plan} 패턴 참고)가 일반적인 옵션이다. 또 다른 옵션으로는 광고를 통한 교차 펀딩^{cross-funding}이 있다. 이러한 고려 사항은 예산 고려 사항과 함께 진행돼야 한다. API의 첫 번째 버전을 개발하는 데 필요한 초기 자금은 쉽게 조달할 수 있지만, 특히 많은 클라이언트를 보유한 성공적인 **퍼블릭 API**의 경우 장기적으로 운영, 유지 관리, 발전에 필요한 자금을 조달하기가 더 어려울 수 있다.

가시성이 좀 더 제한적인 다른 결정 사항의 옵션으로는 **커뮤니티 API**가 있다.

패턴:	커뮤니티 API(COMMUNITY API)
문제	단일 조직 단위가 아닌 여러 법인(예: 회사, 비영리/비정부 조직, 정부)을 위해 작동하는 폐쇄적인 사용자 그룹을 위한 API의 가시성과 액세스 권한을 제한하려면 어떻게 해야 할까?
솔루션	원하는 사용자 그룹만 액세스할 수 있도록 API 및 구현 리소스를 접근 권한이 제한된 위치(예: 엑스트라넷)에 안전하게 배포하자. **API 설명**은 제한된 대상에게만 공유한다.

퍼블릭 API의 경우 **커뮤니티 API**의 API 개발, 운영, 유지 보수를 위한 예산이 지원돼야 한다. 따라서 예산도 똑같이 중요한 역할을 하지만 커뮤니티의 특성과 커뮤니티에 필요한 솔루션에 따라 예산이 충당되는 방식이 결정된다. 예를 들어 제품 사용자 커뮤니티의 경우 라이선스 비용으로 예산을 충당할 수 있다. 정부 또는 비영리 단체는 특정 커뮤니티의 특정 목표를 달성하기 위해 제한된 특정 사용자 그룹을 위한 API에 자금을 지원할 수 있다. **솔루션 내부 API**$^{Solution\text{-}Internal\ API}$와의 본질적인 차이점은 API에 대한 비용을 지불하는 주체가 단일 프로젝트나 제품 예산이 아닌 경우가 많다는 것이다. API 비용을 지불하는 사람들의 관심사는 다양할 수 있다.

이러한 패턴의 더 많은 변형이 존재하며, 이는 주로 기업 환경에서 관찰된다. 엔터프라이즈 API는 회사 내부 네트워크 내에서만 사용할 수 있는 API다. 제품 API는 구매한 소프트웨어 또는 오픈소스 소프트웨어와 함께 제공된다. 마지막으로 클라우드 제공업체가 노출하는 서비스 API와 클라우드 환경에서 호스팅되는 애플리케이션 서비스도 액세스가 제한되고 보안이 유지되는 경우 **커뮤니티 API**의 변형으로 볼 수 있다.

대상 고객 규모, 위치, 기술적 선호도도 중요한 역할을 한다. 커뮤니티의 구성원이 API에 대한 비용을 지불할 수 있으므로 예산 고려 사항과도 관련이 있는 경우가 많다. 이러한 커뮤니티의 특성은 개별 팀이나 일반인보다 훨씬 더 까다롭고 다양할 수 있다. 사용자가 상대적으로 정치력이 약하기 때문에 API 개발 조직이 표준을 쉽게 설정할 수 있는 **퍼블릭 API**와 달리, 경계가 있는 커뮤니티의 이해관계자는 종종 다양하고 까다롭다. 예를 들어 애플리케이션 소유자, 개발자, IT 보안 담당자 등 각 역할의 관심사가 서로 다르고 충돌할 수 있다. 이러한 고려 사항으로 인해 API 수명주기 관리가 더 까다로워질 수도 있다. 예를 들어 **커뮤니티 API**의 유료 고객은 여러 API 버전이 계속 운영되기를 강력하게 요구할 수 있다.

마지막으로 가시성이 가장 제한적인 결정 사항의 옵션은 **솔루션 내부 API**다.

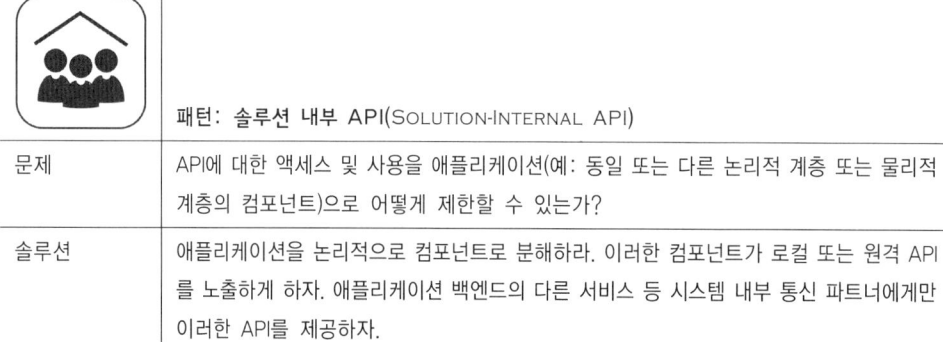

	패턴: **솔루션 내부 API**(SOLUTION-INTERNAL API)
문제	API에 대한 액세스 및 사용을 애플리케이션(예: 동일 또는 다른 논리적 계층 또는 물리적 계층의 컴포넌트)으로 어떻게 제한할 수 있는가?
솔루션	애플리케이션을 논리적으로 컴포넌트로 분해하라. 이러한 컴포넌트가 로컬 또는 원격 API를 노출하게 하자. 애플리케이션 백엔드의 다른 서비스 등 시스템 내부 통신 파트너에게만 이러한 API를 제공하자.

앞의 2가지 패턴의 경우 **솔루션 내부 API**의 개발, 운영, 유지 관리에 필요한 예산을 고려해야 한다. 일반적으로 단일 프로젝트 또는 제품 예산으로 API 비용을 충당하기 때문에 솔루션 내부 API의 경우 다른 2가지 API 가시성 타입에 비해 이러한 문제가 덜 발생한다. 이는 프로젝트가 수명주기 고려 사항과 지원 대상 고객 규모, 위치 및 기술 선호도를 결정할 수 있다는 의미이기도 하다. 물론 이러한 고려 사항의 중요성은 프로젝트 목표에 따라 달라진다. 예를 들어 온라인 상점에서 제품 구매에 대한 인보이스를 게시하고자 개발된 내부 API를 생각해보자. 제품 및 해당 청구 요구 사항은 API 개발 팀에 알려져 있으며, 시간이 지남에 따라 변경될 것으로 예상할 수 있다. 개발 팀이 새 API 버전을 출시하면 동일한 상점 애플리케이션에서 작업 중인 다른 팀에게 변경 사항을 알릴 수 있다.

이전에 제기된 다른 기술적 문제도 비슷한 성격을 갖고 있다. 솔루션 내부 API가 퍼블릭 API에서 호출을 수신하지 않는 한 워크로드는 일반적으로 **퍼블릭 API**보다 더 쉽게 파악할 수 있다. 예를 들어 청구 시나리오에서 모든 회사 제품 자체가 **퍼블릭 API**를 통해 제공되는 경우 청구용 **솔루션 내부 API**는 해당 **퍼블릭 API**에서 발생하는 부하를 처리해야 한다. 마찬가지로 백엔드 시스템 및 데이터 저장소의 복잡성과 성숙도, 보안 요구 사항은 솔루션 내부 요구 사항만 충족해야 하며, 이를 제공하는 조직에서 사용하는 베스트 프랙티스를 따라야 한다.

때때로 **솔루션 내부 API**가 **커뮤니티 API** 또는 **퍼블릭 API**로 발전하는 경우도 있다. 이러한 전환은 단순한 범위 확장의 한 형태가 아니라 의식적으로 결정하고 계획해야 한다. API 보안과 같은 일부 API 설계 결정은 이러한 전환이 이뤄질 때 다시 검토해야 할 수도 있다.

또한 API 가시성에는 메시지 및 데이터 구조 가시성이 포함된다는 점에 유의하자. API 클라이언트와 프로바이더는 교환되는 데이터 구조에 대한 공통된 이해가 필요하다. 도메인 주도 설계 측면에서 이러한 데이터 구조는 공표된 언어^{Published Language}의 일부다[Evans 2003]. 풍부한 공표된 언어는 긍정적인 개발자 경험에 기여할 수 있는 잠재력을 갖고 있지만 본질적으로 결합도를 유발하기도 한다.

의사 결정 결과 예제. 호반 상호 보험의 사례 연구 팀은 어떻게 결정했으며 그 이유는 무엇인가?

고객 셀프 서비스 채널의 맥락에서,

기존 고객과 같은 외부 사용자에게 서비스를 제공해야 할 필요가 있다.

호반 상호 보험의 API 설계자들은 **솔루션 내부 API**를 **커뮤니티 API**로 발전시키고 **퍼블릭 API**는 무시하기로 결정했다.

알려진 사용자 집단의 요구와 필요를 해결하고 API 워크로드를 예측할 수 있기 때문이다.

잠재 고객인 미등록 사용자는 이 API를 통해 서비스를 제공할 수 없게 했다.

API 통합 타입

두 번째 기본 결정 사항은 API에서 지원하는 통합의 종류다.

의사 결정: API에서 지원하는 통합 타입

API 클라이언트가 모바일 앱, 웹 애플리케이션, 리치 클라이언트 애플리케이션 등 최종 사용자에게 입력 양식과 처리 결과를 표시할 것인가? 아니면 애플리케이션 컴포넌트를 호스팅하는 중간 계층과 백엔드 계층에서 래퍼^{wrapper} 혹은 어댑터^{adapter} 역할을 해야 하는가?

그림 3.3은 프론트엔드 통합(수직 통합$^{vertical\ integration}$)과 백엔드 통합(수평 통합$^{horizontal\ integration}$)이라는 2가지 결정 옵션을 보여준다.[2]

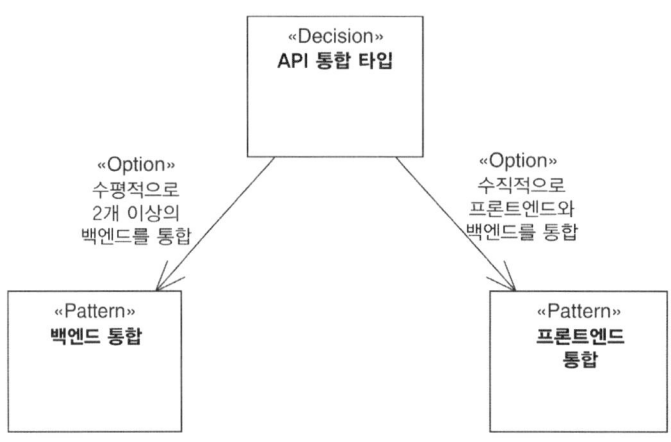

그림 3.3 API 통합 타입 의사 결정

2가지 통합 타입 모두 앞서 설명한 가시성 패턴과 결합할 수 있다.

---

2. 수평적 통합과 수직적 통합의 개념은 분산 시스템 및 해당 계층과 티어를 시각화했을 때 일반적으로 보이는 모습에서 유래한 것이다. 즉, 다이어그램의 맨 위에 프론트엔드를 배치하고 맨 아래에 백엔드를 배치하기 때문에 이렇게 얘기한다.

	패턴: 프론트엔드 통합(FRONTEND INTEGRATION)
문제	서버 측 비즈니스 로직 및 데이터 저장소와 물리적으로 분리된 클라이언트 측 최종 사용자 인터페이스를 어떻게 컴퓨팅 결과, 데이터 소스에서 검색한 결과 집합 및 데이터 엔티티에 대한 세부 정보로 채우고 업데이트할 수 있는가? 애플리케이션 프론트엔드에서 백엔드에서의 활동을 호출하거나 데이터를 업로드하려면 어떻게 해야 하는가?
솔루션	분산 애플리케이션의 백엔드가 메시지 기반 원격 **프론트엔드 통합 API**를 통해 하나 이상의 애플리케이션 프론트엔드에 서비스를 노출할 수 있게 하자.

프론트엔드 통합 API를 설계하는 방법은 프론트엔드의 정보 및 비즈니스 요구 사항에 따라 크게 달라진다. 특히 프론트엔드에 사용자 인터페이스$^{UI,\ User\ Interface}$가 포함돼 있는 경우에는 UI의 모든 요구 사항을 처리하기 위해 풍부하고 표현력이 풍부한 API가 필요할 수 있다. 예를 들어 UI가 추가 정보를 점진적으로 가져올 수 있도록 **페이지네이션**^{Pagination} 패턴을 지원해야 하는 경우가 이에 해당한다. 이를 통해 API 클라이언트 개발자에게 쾌적한 경험을 제공할 수 있다. 그러나 좀 더 여러 가지를 가능하게 하는 풍부한 API는 개발 비용이 많이 들고 좀 더 단순한 대안과 비교하면 더 강한 결합$^{tight\ coupling}$ 특성을 만들 수 있다. 이러한 추가적인 노력과 강한 결합은 더 높은 리스크가 될 수 있다.

프론트엔드 통합 API의 경우 많은 애플리케이션 프론트엔드에서 고객 정보와 같은 민감한 데이터를 다루기 때문에 일반적으로 보안 및 데이터 프라이버시를 고려하는 것이 중요하다.

	패턴: **백엔드 통합**(BACKEND INTEGRATION)
문제	독립적으로 구축돼 별도로 배포된 분산 애플리케이션과 시스템의 구성 요소가 원치 않는 결합을 만들지 않으려면 어떻게 해야 하는가? 시스템 내부의 개념적 무결성을 유지하면서 데이터를 교환하고 서로 동작하게 하려면 어떻게 해야 하는가?
솔루션	메시지 기반 원격 **백엔드 통합** API를 통해 서비스를 노출해 분산 애플리케이션의 백엔드를 하나 이상의 다른 백엔드와 통합하자. 2개 이상의 백엔드의 경우는 동일 애플리케이션 또는 다른 분산 애플리케이션으로 구성한다.

대부분의 백엔드 통합의 경우 성능 및 확장성과 같은 런타임 품질을 고려해야 한다. 예를 들어 일부 백엔드가 여러 프론트엔드에 차례로 서비스를 제공하거나 많은 양의 데이터를 백엔드 간에 전송해야 할 수 있다. 조직 경계를 넘어 백엔드 통합이 필요한 경우 보안이 중요한 고려 사항이 될 수 있다. 마찬가지로 상호 운용성도 일부 백엔드 통합 시나리오에서 중요한 요소다. 예를 들어 관련 시스템의 애플리케이션 소유자와 시스템의 통합을 수행하는 사람은 서로를 알지 못할 수도 있다.

통합 작업, 특히 **백엔드 통합**의 경우 개발 예산도 고려해야 할 중요한 요소일 수 있다. 예를 들어 **솔루션 내부 API**와 **커뮤니티 API**의 비용 할당이 명확하지 않을 수 있으며, 통합 작업에는 제한된 예산만 사용할 수 있다. 시스템 통합은 통합할 시스템의 개발 문화와 회사 정책이 충돌하거나 호환되지 않을 수 있음을 의미한다.

여기서 다루는 의사 결정의 2가지 패턴인 **프론트엔드 통합**과 **백엔드 통합**의 경우 다음과 같이 API 가시성에 대한 의사 결정의 옵션과 연결될 수 있다.

- **퍼블릭 API**는 웹 애플리케이션이나 모바일 프론트엔드를 연결하기 위한 **프론트엔드 통합** 기능을 제공하는 경우가 많다. 또한 **백엔드 통합**을 지원하는 데 사용할 수도 있다(예: 빅데이터 시나리오에서 데이터 레이크에 오픈 데이터를 공급하는 목적).

- 커뮤니티 API는 데이터 복제 또는 이벤트 소싱과 같은 **백엔드 통합** 시나리오를 지원하는 경우가 많다. 또한 포털과 매시업^{mashup3}에서 **프론트엔드 통합**을 지원할 수도 있다.
- 마지막으로 **솔루션 내부 API**는 솔루션 내에서만 사용되는 최종 사용자 인터페이스를 제공하는 API 클라이언트를 위해 **프론트엔드 통합**을 지원할 수 있다. 또한 로컬에서 제공하는 ETL(추출^{Extract}, 변환^{Transform}, 로드^{Load}) 프로세스와 같은 로컬 콘텍스트에서 **백엔드 통합**을 지원할 수도 있다.

의사 결정 결과 예제. 이 결정을 내릴 때 호반 상호 보험의 어떤 API 설계가 떠오르는가?

고객 셀프 서비스 채널의 맥락에서,

사용자 인터페이스를 통해 외부 사용자에게 정확한 데이터를 제공해야 할 필요가 있다.

프론트엔드 통합 패턴이 채택됐다(자연스럽게 **백엔드 통합**은 채택되지 않았다).

고객이 직접 서비스를 제공할 때 높은 데이터 품질과 생산성 향상을 달성하기 위해,

외부 인터페이스의 보안이 적절히 유지돼야 한다.

이후 의사 결정에 포함된 HTTPS와 API 키 패턴은 의사 결정 결과 예제에 명시된 '의사 결정을 채용'해 발생하는 추가적인 내용을 처리하기 위한 선택 가능한 2가지 옵션이다.

API 문서화

API 가시성 및 API 통합 타입에 대한 기본적인 결정과 함께 API를 문서화할지 말지 여부와 문서화하는 방법을 결정해야 한다. 이 결정은 그림 3.4에서 보여준다.

---

3. 웹으로 제공하는 서비스를 융합해 만든 새로운 서비스다. 한 가지 예로 구글 맵 API를 활용한 하우징 맵스가 있다. - 옮긴이

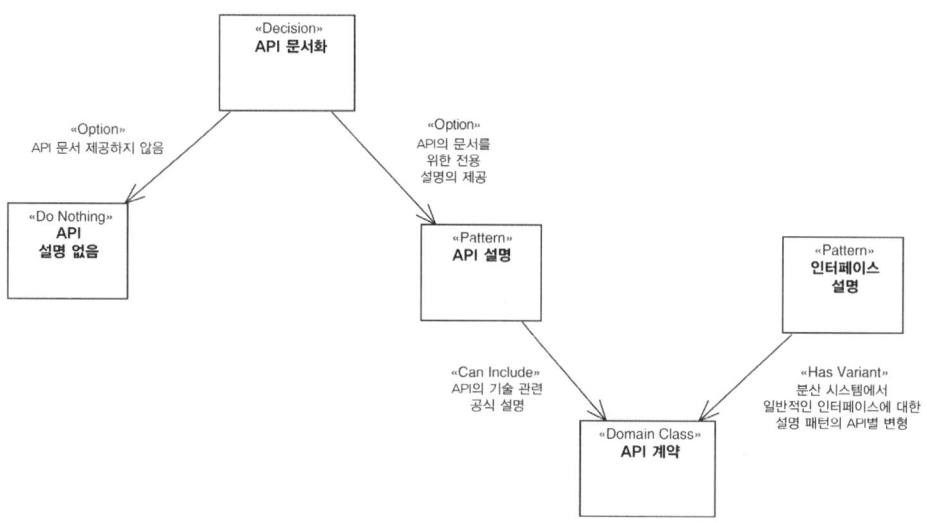

그림 3.4 API 문서화 의사 결정

이 결정에 필수적인 API 관련 패턴은 API 설명이다. 규모가 작거나 간단한 프로젝트 또는 가까운 시일 내에 크게 변경될 가능성이 있는 프로토타입 프로젝트는 이 패턴을 적용하지 않고 'API 설명 없음' 옵션을 선택할 수 있다.

의사 결정: API 문서화

API를 문서화해야 하는가? 그렇다면 어떻게 문서화해야 하는가?

	패턴: **API 설명**(API DESCRIPTION)
문제	API 프로바이더와 클라이언트 간에 어떤 지식을 공유해야 하는가? 이러한 지식은 어떻게 문서화해야 하는가?
솔루션	요청 및 응답 메시지 구조, 오류 보고(Error Report), 기타 프로바이더와 클라이언트 간에 공유해야 할 기술적 지식과 관련 부분을 정의하는 **API 설명**을 작성하라. 정적 및 구조적 정보 외에도 호출 시퀀스, 사전 및 사후 조건, 불변성 등 동적 또는 동작 측면도 다뤄야 한다. 품질 관리 정책과 시맨틱 사양 및 조직 정보로 구문 인터페이스 설명도 포함돼야 한다.

API 설명에는 요청 및 응답 메시지 구조, 오류 보고 및 API 프로바이더와 클라이언트 간에 공유할 기술 지식의 기타 관련 구성 요소를 정의하는 기능적 API 계약이 포함된다. 이러한 구문적 인터페이스 설명 외에도 품질 관리 정책과 시맨틱 사양 및 조직 정보도 포함돼 있다. API 계약 부분은 본질적으로 API를 설명하기 위한 목적으로 '인터페이스 설명서Interface Description' 패턴[Voelter 2004]의 특수한 경우이거나 그것의 변형이다. 예를 들어 OpenAPI 사양(이전에는 Swagger로 알려져 있다), API 청사진API Blueprint[API Blueprint 2022], 웹 애플리케이션 기술 언어WADL, Web Application Description Language 및 웹 서비스 기술 언어WSDL, Web Services Description Language는 API 설명의 기술적 부분인 API 계약을 설명하는 데 사용할 수 있는 인터페이스 설명서 패턴에 따라 인터페이스의 사양을 설명하기 위한 언어다. 또는 API 계약에 대해 좀 더 비공식적인 설명(예: 웹 사이트의 텍스트 형식)도 포함할 수 있다. 기술 언어description language와 비공식 사양 2가지 옵션을 모두 결합할 수 있다. 마이크로서비스 도메인 특화 언어MDSL, Microservice Domain Specific Language는 패턴을 지원하는 기계 판독 가능machinereadable 언어의 한 예다(부록 C 참고).

패턴 솔루션에서 언급된 다른 부분(품질 관리 정책, 의미론적 사양 및 조직 정보, 호출 시퀀스, 사전 조건precondition 및 사후 조건postcondition, 불변성invariant 등)은 실제로는 비공식적으로 설명되는 경우가 많다. 이러한 패턴의 대부분은 사전 조건과 사후 조건, 불변성을 정의하기 위한 공식적인 언어[Meyer 1997] 또는 호출 시퀀스[Pautasso 2016]도 존재한다.

이 패턴의 핵심적인 측면은 API 설명이 프로그래밍 언어에 구애받지 않는 공통의 설명을 제공하기 때문에 상호 운용성을 지원하는 데 도움이 된다는 점이다. 또한 정보 숨기기information hiding를 지원하는 데 도움이 된다. 제공업체는 클라이언트가 필요로 하지 않는 API 구현에 대한 세부 정보를 공개해서는 안 된다. 동시에 클라이언트가 API를 올바르게 호출하는 방법을 추측할 필요가 없어야 한다. 즉, API 설계자는 API의 소비 가능성consumability과 이해 가능성에 신경을 써야 한다. 이 목표를 달성하려면 명확하고 정확한 API 설명이 필수적이다. API 설명은 소비 가능성, 이해 가능성, 정보 은닉 사이의 균형을 맞추는 데 도움이 될 수 있다.

API 구현 세부 사항의 독립성은 API 클라이언트와 제공업체의 느슨한 결합을 보장하는 데 도움이 된다. 느슨한 결합과 정보 은닉은 모두 API의 확장성과 진화 가능성을 가능하게 하는 데 필수적이다. 클라이언트가 API 구현 세부 정보에 크게 의존하지 않는다면 일반적으로 API를 변경하고 발전시키는 것이 쉽다.

의사 결정 결과 예제. 호반 상호 보험은 아래의 패턴을 적용하기로 결정했다.

고객 셀프 서비스 채널의 맥락에서,

고객 개발자 경험을 개선할 필요가 있다.

호반 상호 보험 API 설계자들은 상호 운용 가능한 API를 달성하기 위해 정교한 **API 설명**과 API 계약 언어인 마이크로서비스 도메인 특화 언어(MDSL) 및 OpenAPI를 사용하기로 결정했다.

배우고 사용하기 쉬운 상호 운용 가능한 API를 달성하기 위해,

API가 발전함에 따라 문서도 최신 상태로 유지하기로 했다.

이 절에 제시된 가시성 및 통합 패턴은 2부의 4장에서 살펴본다. API 설명은 9장에서 소개한다.

API 역할과 책임에 대한 의사 결정

API 엔드포인트와 그 동작operation을 설계할 때 2가지 질문이 발생한다.

- API 엔드포인트는 어떤 아키텍처 역할을 수행해야 하는가?
- 각 API 동작이 담당하는 책임responsibility은 무엇인가?

API를 도입하는 주요한 드라이버driver[4]와 API 설계에 대한 요구 사항은 다양하다. 그 결과 애플리케이션과 서비스 에코시스템에서 API가 수행하는 역할도 매우 다양하다. API 클라이언트가 API 사용 중 발생하는 장애에 대해 API 프로바이더에게 알리거나 일부 데이터를 넘겨주기를 원하는 경우도 있고, 클라이언트 측 처리를 계속하고자 프로바이더 측 데이터를 요청하는 경우도 있다. 때로는 프로바이더가 클라이언트의 정보 요구를 충족하기 위해 많은 복잡한 처리를 수행해야 하는 경우

---

4. 1장에서 정의한 것과 같이 주요한 요구 사항(force) 혹은 품질 속성(quality attribute) – 옮긴이

도 있고, 애플리케이션 상태의 일부로 이미 존재하는 데이터 엘리먼트$^{\text{data element}}$를 단순히 반환하는 경우도 있다. 프로바이더 측 처리 중 일부는 단순하거나 복잡한 처리로 인해 프로바이더 측 상태가 변경될 수도 있고, 일부는 그대로 유지될 수도 있다.

엔드포인트의 역할(동작 또는 데이터 중심)이 정의되면 엔드포인트 동작의 책임에 대한 좀 더 세분화된 결정을 내려야 한다. 동작은 결과만 계산할 수도 있고, 상태만 읽을 수도 있고, 읽지 않고 새 상태를 만들 수도 있고, 상태 전이를 할 수도 있다. 예를 들어 API 설명에서 이러한 책임을 명확하게 정의하면 개발자가 API 엔드포인트에 대한 배포 옵션을 더 잘 설계하고 선택하는 데 도움이 될 수 있다. 예를 들어 엔드포인트에서 상태 비저장 연산과 데이터 읽기만 수행되는 경우 그 결과를 캐시하고 해당 구현을 복제해 더 쉽게 확장할 수 있다.

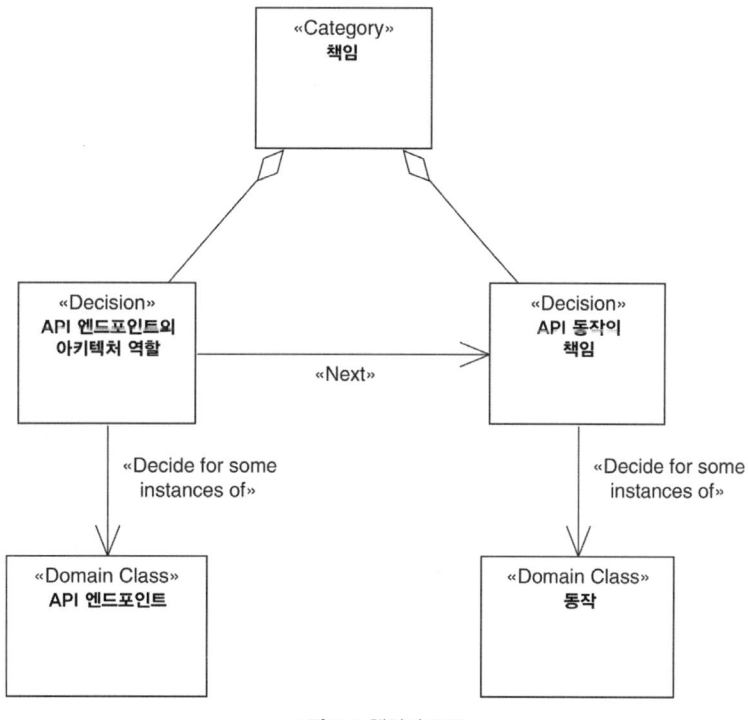

그림 3.5 책임의 종류

그림 3.5의 범주 개요에서 볼 수 있듯이 책임의 종류에는 2가지 의사 결정이 포함된다. 일반적으로 엔드포인트를 구별해 내는 도중의 가능한 초기에 아키텍처 역할이 결정된 후 동작의 책임을 설계한다. 아키텍처 역할은 각 엔드포인트(또는 리소스)에 대해 결정해야 하는 반면 동작의 책임은 각 API 동작에 할당해야 한다는 점에 유의하자.

엔드포인트의 아키텍처 역할

API 요구 사항 분석을 통해 후보 API 엔드포인트 목록(예: HTTP 리소스)이 도출될 수 있다. 프로젝트 또는 제품 개발 초기에는 이러한 인터페이스가 아직 지정되지 않았거나 부분적으로만 지정돼 있다. API 설계자는 의미론적 관심사$^{semantic\ concern}$[5]를 해결하고 API가 노출하는 서비스에 대한 적절한 비즈니스 세분성$^{business\ granularity}$을 찾아야 한다. "서비스 지향 아키텍처$^{SOA,\ Service\ Oriented\ Architecture}$의 서비스는 정의상 거시적이고 마이크로서비스는 세분화돼 있으므로 한 시스템에서 2가지를 모두 가질 수 없다." 또는 "항상 대략적 서비스보다 세분화된 서비스를 선호한다."와 같은 단순한 진술로는 프로젝트 요구 사항과 이해관계자의 관심사가 다르기 때문에 충분하지 않다[Pautasso 2017a]. 콘텍스트는 항상 중요하며[Torres 2015], 응집력과 결합도 기준은 다양한 형태로 존재한다[Gysel 2016]. 그 결과, 서비스 설계에 대한 비기능적 요구 사항은 종종 상충되는 경우가 많다[Zimmermann 2004].

이러한 일반적인 문제에 대응하고자 엔드포인트에 대한 주요한 의사 결정은 API가 수행해야 할 아키텍처 역할을 결정하는 것이다. 이는 다음과 같은 이점을 제공한다. API 엔드포인트 혹은 후보 API 엔드포인트의 선정 혹은 이를 여러 개로 분해하는 작업의 개선에 도움이 될 수 있다.

> **의사 결정:** 엔드포인트의 아키텍처 역할
>
> API 엔드포인트가 아키텍처에서 어떤 기술적 역할을 수행해야 하는가?

---

5. API 설계에서 API의 기능의 의미 또는 의도를 중심으로 설계하는 방법 – 옮긴이

이 의사 결정에서는 그림 3.6과 같이 2가지 주요 옵션을 선택할 수 있다.

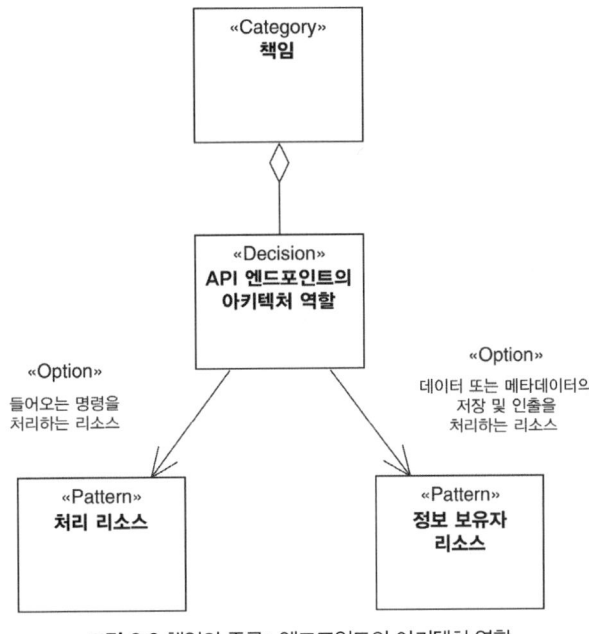

그림 3.6 책임의 종류: 엔드포인트의 아키텍처 역할

처리 리소스는 들어오는 작업 요청(명령 또는 활동이라고도 함)을 처리하는 것이 주요 기능인 리소스다.

	패턴: 처리 리소스(PROCESSING RESOURCE)
문제	API 프로바이더는 어떻게 클라이언트가 그 안에서 동작이 수행되도록 허용할 수 있는가?
솔루션	애플리케이션 수준 활동이나 명령을 위해 외부에 노출돼 있는 API에 **처리 리소스 엔드포인트**를 추가한다.

이와 대조적으로 **정보 보유자 리소스**는 데이터 또는 메타데이터의 생성, 조작, 인출retrieval을 포함해 데이터 또는 메타데이터의 저장 및 관리를 노출하는 것이 주요 기능인 리소스다.

	패턴: 정보 보유자 리소스(INFORMATION HOLDER RESOURCE)
문제	도메인 데이터는 API에 노출되지만 그 구현은 어떻게 숨길 수 있을까? API 클라이언트가 데이터 무결성과 품질을 손상시키지 않으면서 동시에 데이터 엔티티에 액세스 또는 수정할 수 있도록 API가 데이터 엔티티를 노출하려면 어떻게 해야 하는가?
솔루션	데이터 지향 엔티티를 나타내는 **정보 보유자 리소스** 엔드포인트를 API에 추가한다. 이 엔드포인트에서 생성, 읽기, 업데이트, 삭제, **인출 동작**(RETRIEVAL OPERATION)을 노출해 이 엔티티에 액세스하고 조작할 수 있다. API 구현에서 이러한 동작에 대한 호출을 조정해 데이터 엔티티를 보호한다.

이 2가지 타입의 리소스 간의 기본적인 결정은 클라이언트가 요구하는 기능을 기반으로 하기 때문에 비교적 쉽다. 그러나 어떤 리소스에서 어떤 기능을 제공할지, API를 잘 분해하는 방법을 결정하는 데는 많은 자유가 있다. 예를 들어 API 설계자는 계약 표현력$^{contract\ expressiveness}$과 서비스 세분성$^{service\ granularity}$을 고려해야 한다. 단순한 상호작용은 클라이언트의 제어력을 높이고 처리를 효율적으로 만들 수 있지만 액션 지향 기능은 일관성, 호환성, 진화 가능성 등의 품질을 높일 수 있다. 이러한 설계 선택은 API의 학습 가능성^{learnability}과 관리 용이성에 긍정적일 수도 있고 부정적일 수도 있다. 또한 시맨틱 상호 운용성(교환되는 데이터의 의미에 대한 결합된 이해 포함)이 보장돼야 한다. 제대로 수행되지 않으면 선택한 엔드포인트와 동작의 레이아웃이 응답 시간에 부정적인 영향을 미치고 많은 요청과 응답이 필요한 API$^{chatty\ API}$가 될 수 있다.

진정한 무상태 **처리 리소스**는 현실적으로 달성하기 어려운 수 있다. 예를 들어 모든 API 호출과 그에 따른 서버 측 처리의 전체 감사 로그를 유지해야 하는 경우 API 보안 및 요청/응답 데이터 프라이버시 때문에 상태를 유지해야 할 수 있다.

특히 상태 유지 리소스$^{stateful\ resource}$의 경우 결합도에 대한 근본적인 영향을 고려해야 한다. 고도로 데이터 중심적인 접근 방식은 CRUD(생성^{Create}, 읽기^{Read}, 업데이트^{Update}, 삭제^{Delete}) API로 이어지는 경향이 있으며, 이는 결합도에 부정적인 영향을 미칠 수 있다. 이는 나중에 다양한 종류의 정보 보유자 역할에 대해 자세히 설명한다. 일부 백엔드의 구조는 그대로 따를 경우 고도로 결합된 API로 이어질 수 있지만 API 설계자는 API와 클라이언트 간의 상호작용을 지원하고자 추가 계층으로 API를 자유롭게 설계할 수 있다. 여기에서는 동시성, 일관성, 데이터 품질, 무결성, 복구 가능성, 가용성, 가변성(또는 불변성) 등 API 설계뿐만 아니라 백엔드 서비스와 관련된 다양한 품질 속성 충돌과 절충점을 고려해야 한다. 또한 이러한 결정은 느슨한 결합[Fehling 2014], 논리적 및 물리적 데이터 독립성 또는 독립적인 배포 가능성[Lewis 2014] 같은 마이크로서비스 원칙과 같은 아키텍처 설계 원칙의 준수 여부에 따라 달라질 수 있다.

> **의사 결정 결과 예제:** 사례 연구 팀은 우려되는 주요 요구 사항인 포스를 어떻게 해결했을까?
>
> 호반 상호 보험의 고객 셀프 서비스 채널의 맥락에서,
>
> 고객이 연락처 정보를 쉽게 업데이트할 수 있게 지원해야 할 필요성에 직면했다.
>
> 호반 상호 보험의 통합 설계자들은 활동 중심의 **처리 리소스**가 아닌 데이터 중심의 **정보 보유자**를 도입하기로 결정했다.
>
> **정보 보유자**를 도입해 명확하고 이해하기 쉬운 생성, 읽기, 업데이트, 삭제 기능을 제공하기로 결정했다.
>
> 연락처 정보의 노출로 인해 셀프 서비스 채널과 고객 관리 백엔드가 어느 정도 결합도를 가진다는 사실을 인정했다.

정보 보유자 역할 정제

정보 보유자 리소스는 데이터 또는 메타데이터를 생성하고 인출하는 것을 포함한 저장 기능과 관리 기능이 주요 기능이다. 정보 보유자의 타입을 다루는 몇 가지 패턴이 있다. 그림 3.7은 **정보 보유자 리소스**의 분류에 대한 개요를 보여준다.

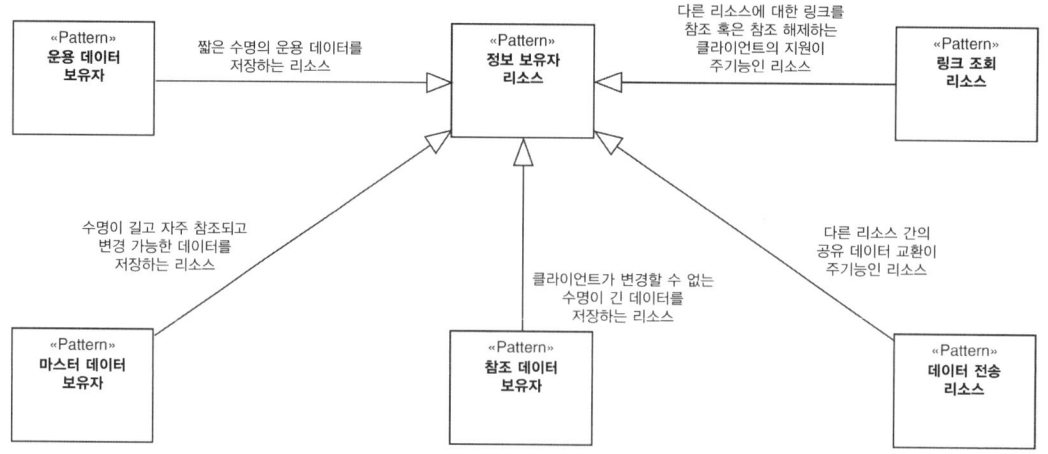

그림 3.7 정보 리소스 보유자 타입과 해당 책임의 분류

나중에 설명할 패턴 중 처음 3가지 패턴의 역할을 정의하는 데 기초가 되는 3가지 데이터 타입을 정보 보유자 역할의 맥락에서 살펴보자.

- 운용 데이터^{operational data}는 조직의 트랜잭션에서 발생하는 이벤트를 다룬다. 예를 들어 고객이 주문을 하거나, 고객에게 상품을 배송하거나, 직원을 고용하는 것은 모두 운용 데이터를 구성하는 비즈니스 트랜잭션의 예다. 트랜잭션 데이터^{transaction data}라고도 하는 운용 데이터는 일반적으로 수명이 짧고, 주고받는 트랜잭션적인 특징을 가지며, 외부로 데이터가 나가는 많은 발신 관계^{out-going relationship}를 갖고 있다.
- 마스터 데이터^{master data}는 시스템에서 실현되는 비즈니스 트랜잭션을 지원하는 필수 정보다. 일반적으로 사람, 고객, 직원 또는 공급업체와 같은 조직 당사자의 디지털 표현을 다룬다. 또한 제품, 자재, 품목, 차량 등 조직과 관련된 주요 사물에 대한 정보도 포함된다. 마지막으로 마스터 데이터는 위치나 사이트와 같은 물리적 또는 가상 장소를 나타낼 수 있다. 마스터 데이터는 일반적으로 수명이 길고 자주 참조된다.
- 참조 데이터^{reference data}는 하나 이상의 시스템과 이러한 시스템을 구성하는 마이크로서비스 및 컴포넌트 간에 참조 및 공유되는 비활성 데이터다. 예를

들어 국가 코드, 우편번호, 배송 상태 코드(예: 보류 중, 정보 수신, 전송 중, 배송 중, 시도 실패, 배송 완료)가 있다. 참조 데이터는 수명이 길고 단순하며 고객이 직접 변경할 수 없다.

운용 데이터를 지원하는 **정보 보유자 리소스가 운용 데이터 보유자다**. 이 두 가지 패턴을 선택하는 중요한 의사 결정 드라이버는 일반적으로 업데이트 동작의 빠른 처리 속도가 필요하다. 또한 운용 데이터를 다루는 서비스는 비즈니스 민첩성과 업데이트 유연성을 지원하기 위해 변경이 쉬워야 한다. 그럼에도 생성 및 수정된 운용 데이터는 많은 (비즈니스) 시나리오에서 높은 정확도와 품질 표준을 충족해야 한다. 예를 들어 개념적 무결성 및 일관성과 같은 품질이 뒷받침돼야 한다.

	패턴: 운용 데이터 보유자(OPERATIONAL DATA HOLDER)
문제	운용 데이터를 나타내는 도메인 엔티티의 인스턴스(수명이 다소 짧고, 일상적인 비즈니스 운영 중에 자주 변경되며, 발신 관계가 많은 데이터)를 생성, 읽기, 업데이트, 삭제하려는 클라이언트를 API가 어떻게 지원할 수 있을까?
솔루션	**정보 보유자 리소스**에 **운용 데이터 보유자**로 태그를 지정하고 API 클라이언트가 데이터를 자주 그리고 빠르게 생성, 읽기, 업데이트, 삭제할 수 있는 API 동작을 추가하자.

운용 데이터와 달리 마스터 데이터는 수명이 길고 자주 참조되지만 여전히 변경 가능하다. 마스터 데이터 보유자는 이러한 데이터를 저장한다. 여기서 마스터 데이터 품질은 마스터 데이터 일관성, 공격 및 데이터 침해로부터의 보호 등을 포함한 핵심 의사 결정 드라이버가 되는 경우가 많다. 마스터 데이터 보유자 리소스를 설계할 때 고려해야 하는 여러 조직 단위의 데이터 소유권과 같은 외부 종속성이 있는 경우가 매우 많다.

	패턴: 마스터 데이터 보유자(MASTER DATA HOLDER)
문제	장기간 보관되고 자주 변경되지 않으며 많은 클라이언트에서 참조할 마스터 데이터에 대한 액세스를 제공하는 API를 설계하려면 어떻게 해야 할까?
솔루션	**정보 보유자 리소스**를 데이터 일관성이 유지되고 참조가 적절하게 관리되는 방식으로 마스터 데이터 액세스 및 조작 동작을 번들로 묶는 전용 **마스터 데이터 보유자** 엔드포인트로 표시하자. 삭제 동작을 특수한 형태의 업데이트로 취급한다.

운용 데이터 보유자와 마스터 데이터 보유자 모두 아주 단순하게 설계하면 운영 또는 마스터 데이터를 외부에 노출하기 위한 인터페이스를 갖는 CRUD 리소스로 볼 수 있다. 앞의 패턴에 대한 설명에서 '생성, 읽기, 업데이트, 삭제'라는 단어를 사용한다고 해서 이러한 설계가 패턴을 실현하기 위한 의도되고 유일한 솔루션이라고 판단해서는 안 된다. 이러한 설계는 성능 및 확장성이 좋지 않고 여러 번 호출해야 하는 수다스러운 API가 될 수 있다. 또한 원치 않는 높은 결합도과 복잡성을 초래할 수도 있다. 이러한 API 설계는 좋지 않으니 주의하자. 대신 리소스를 식별하는 동안 점진적 접근 방식을 권장한다. 이 접근 방식은 먼저 도메인 주도 설계^{DDD, Domain-Driven Design} 비즈니스 기능 또는 비즈니스 프로세스의 애그리게이트 루트^{aggregate root}와 같이 범위가 잘 설정된 인터페이스 요소를 식별하는 것을 목표로 한다. 바운디드 콘텍스트와 같은 더 큰 구성도 출발점이 될 수 있다. 드물지만 도메인의 엔티티가 엔드포인트 후보가 될 수 있는 것도 고려할 수 있다. API와 DDD의 관계에 대한 더 자세한 논의는 참고 문헌[Singjai 2021a, 2021b, 2021c]을 참고하자. 이 접근 방식은 의미적으로 더 풍부한 **운용 데이디 보유자** 및 **마스터 데이터 보유자** 실계로 이어진다. 도메인 모델 측면에서는 DDD 용어인 '빈약한 도메인 모델^{anemic domain model}'[Fowler 2003]이 아닌 풍부하고 심층적인 도메인 모델을 목표로 하며, 이 모델이 API 설계에 반영돼야 하지만, 완벽히 설계와 동일하게 반영돼야 하는 것은 아니다.

수명이 긴 일부 데이터의 경우 고객이 수정을 원하지 않거나 수정이 허용되지 않아야 한다는 것을 알고 있다. 이러한 참조 데이터는 **참조 데이터 보유자**를 통해 제공돼야 한다. 이 데이터의 캐싱이 가능하므로 고성능을 얻을 수 있다. 캐싱을 사용하는 경우 일관성과 성능의 절충점을 찾아야 할 수도 있다. 참조 데이터는 거의 변경되지 않기 때문에 API 클라이언트 내에서 하드 코딩하거나 한 번만 인출한 다음 로컬에 사본을 저장하는 것이 좋겠다는 유혹이 있다. 이러한 설계는 **중복 배제**DRY, Do not Repeat Yourself 원칙에 위배되며 단기적으로만 잘 작동한다.

	패턴: 참조 데이터 보유자(REFERENCE DATA HOLDER)
문제	여러 곳에서 참조되고, 수명이 길며, 클라이언트가 변경할 수 없는 데이터는 API 엔드포인트에서 어떻게 처리해야 할까? 처리 리소스 또는 정보 보유자 리소스에 대한 요청과 응답에서 이러한 참조 데이터를 어떻게 사용할 수 있을까?
솔루션	정적이고 불변하는 데이터에 대한 단일 참조 지점으로 특수한 타입의 **정보 보유자 리소스** 엔드포인트인 **참조 데이터 보유자**를 제공하자. 이 엔드포인트에서 읽기 동작은 제공하되 생성, 업데이트 또는 삭제 동작은 제공하지 않는다.

지원 역할로 **링크 조회 리소스**를 설계하는 옵션이 있다. 이러한 리소스는 다른 리소스에 대한 링크를 팔로우하거나 참조를 해제하는 클라이언트를 지원하는 것이 주요 기능이다. 링크는 API 소비자와 프로바이더 간의 연결과 결속력을 향상시키는 주요 수단이지만 **링크 조회 리소스**에 대한 연결도 고려해야 한다. 링크는 **임베디드 엔티티**Embedded Entity 패턴에서처럼 콘텐츠 대신 링크를 메시지에 배치해 메시지 크기를 줄이는 데 도움이 될 수 있다. 하지만 클라이언트가 정보의 전부 또는 일부를 필요로 하는 경우에는 이 방법을 사용하면 필요한 호출 횟수가 늘어난다. 메시지에 링크를 배치하는 것과 임베디드 엔티티에 콘텐츠를 포함하는 것 모두 전반적인 리소스 사용에 영향을 미친다. 링크가 제대로 작동하려면 런타임에 변경될 수 있는 동적 엔드포인트 참조가 이상적으로 설정돼야 한다. 링크 조회 리소스는 API의 엔드포인트 수를 증가시키고 API 복잡성을 증가시킬 수 있으며, 그 결과의 심각성은 **링크 조회 리소스**가 얼마나 중앙 집중화돼 있는지 또는 분산돼 있는지에 따라 달라진다. 마지막으로 끊어진 링크를 처리하는 일관성 문제를 고려해야 한다. 링

크 조회는 문제를 처리할 수 있는 옵션을 제공하는 반면 조회가 없는 끊어진 링크는 일반적으로 즉시 예외(즉, '리소스를 찾을 수 없음' 오류)로 이어진다.

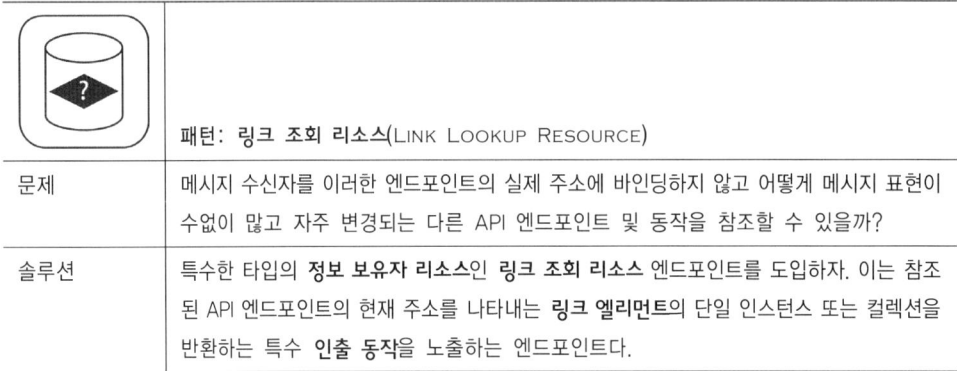

	패턴: 링크 조회 리소스(LINK LOOKUP RESOURCE)
문제	메시지 수신자를 이러한 엔드포인트의 실제 주소에 바인딩하지 않고 어떻게 메시지 표현이 수없이 많고 자주 변경되는 다른 API 엔드포인트 및 동작을 참조할 수 있을까?
솔루션	특수한 타입의 **정보 보유자 리소스**인 **링크 조회 리소스** 엔드포인트를 도입하자. 이는 참조된 API 엔드포인트의 현재 주소를 나타내는 **링크 엘리먼트**의 단일 인스턴스 또는 컬렉션을 반환하는 특수 **인출 동작**을 노출하는 엔드포인트다.

데이터 전송 리소스는 클라이언트 간에 공유 데이터 교환을 위한 리소스를 의미하는 엔드포인트 역할의 패턴이다. 이 패턴은 **데이터 전송 리소스**와 상호작용하는 통신 참여자 간의 결합도를 낮추는 데 도움이 될 수 있다. 시간적 측면에서는 API 클라이언트가 동시에 가동될 필요가 없고, 위치적 측면에서는 API 클라이언트가 **데이터 전송 리소스**를 찾을 수만 있다면 서로의 주소를 알 필요가 없다. 이 패턴은 한 당사자가 다른 당사자와 직접 연결할 수 없는 경우와 같은 통신 제약을 극복하는 데 도움이 될 수 있다. 비동기식 영구 **데이터 전송 리소스**는 예를 들어 클라이언트/서버 통신보다 더 안정적이다. 또한 확장성이 우수할 수 있지만 확장성을 저해할 수 있는 불특정 다수의 수신자를 처리하기 위한 조치를 취해야 한다. 간접 통신은 지연 시간이 추가로 발생할 수 있다. 교환할 데이터는 어딘가에 저장돼야 하며, 충분한 저장 공간이 확보돼야 한다. 마지막으로 리소스 가용성 수명주기를 명시적으로 제어할 수 있도록 공유 정보의 소유권을 설정해야 한다.

	패턴: 데이터 전송 리소스(DATA TRANSFER RESOURCE)
문제	2명 이상의 통신 참여자가 서로를 알지 못하고 동시에 사용할 수 없으며, 수신자를 알기 전에 이미 데이터를 전송한 경우에도 어떻게 데이터를 교환할 수 있을까?
솔루션	2개 이상의 API 클라이언트에서 액세스할 수 있는 공유 스토리지 엔드포인트로 **데이터 전송 리소스**를 도입하자. 이 특수한 **정보 보유자 리소스**에 전 세계적으로 고유한 네트워크 주소를 제공해 2개 이상의 클라이언트가 공유 데이터 교환 공간으로 사용할 수 있게 하자. 공유 공간에 데이터를 배치하고 데이터를 가져올 수 있게 적어도 하나의 **상태 생성 동작**과 하나의 **인출 동작**을 추가한다.

의사 결정 결과 예제: 호반 상호 보험의 API 설계자들은 다음과 같이 데이터 보유자에 대해 결정했다.

고객 관리 백엔드의 맥락에서,

고객 데이터를 오랫동안 보관하고 사용해야 한다.

호반 상호 보험의 API 설계자는 **마스터 데이터 보유자** 패턴을 사용해 고객 코어 서비스를 도입하기로 결정하고 다른 4가지 타입의 정보 보유자는 채용하지 않았다.

시스템 전반에서 고객 데이터에 대한 단일 통합 보기$^{\text{single consolidated view}}$를 달성하기 위해서다.

이 **마스터 데이터 보유자**가 제대로 설계되고 구현되지 않으면 성능 병목 현상과 단일 장애 지점이 될 수 있다는 것은 받아들인다.

동작 책임 정의

엔드포인트 역할이 결정되면 널리 사용되는 API 동작 책임$^{\text{operation responsibility}}$의 4가지 패턴에서 다루는 동작에 대해 더 세분화된 결정을 내려야 한다. 이러한 패턴은 그림 3.8에 설명된 의사 결정의 솔루션 옵션에 따라 구분된다.

의사 결정: 동작 책임

각 API 동작의 읽기-쓰기 특성은 무엇인가?

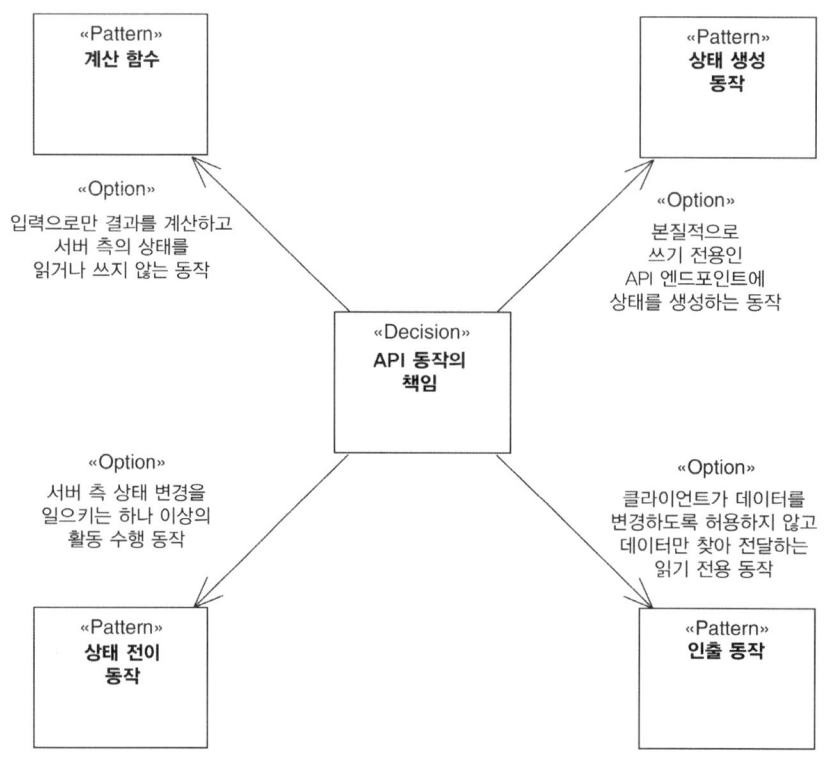

그림 3.8 동작 책임의 종류

첫 번째 패턴은 **상태 생성 동작**으로, API 엔드포인트에서 상태를 생성하는 동작을 나타내며, 본질적으로 쓰기 전용이다. 이러한 동작은 생성 전에 기존 데이터에 중복 키기 있는지 확인하고자 프로바이디 내부의 일부 상태를 읽어야 할 수도 있다. 그러나 주목적은 상태 생성이다.

상태 생성 동작을 설계할 때는 결합도에 미치는 영향을 고려해야 한다. 프로바이더 상태는 읽을 수 없기 때문에 일관성을 보장하기 어려울 수 있다. 프로바이더에게 상태 변화 요청이 도착하기 전에 클라이언트가 다른 장애 보고를 하는 경우도 발생할 수 있으므로 설계에 이러한 타이밍 이슈도 고려해야 한다. 마지막으로 API 제공업체에서 메시지가 다른 순서로 표시되거나 중복될 수 있으므로 신뢰성^{reliability}이 중요하다.

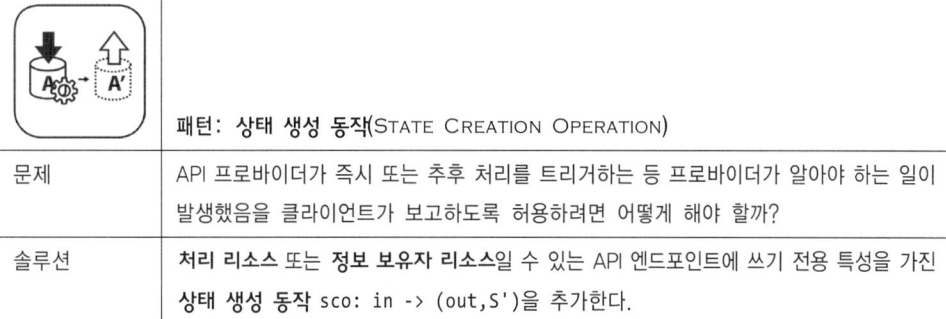	
패턴: **상태 생성 동작**(STATE CREATION OPERATION)	
문제	API 프로바이더가 즉시 또는 추후 처리를 트리거하는 등 프로바이더가 알아야 하는 일이 발생했음을 클라이언트가 보고하도록 허용하려면 어떻게 해야 할까?
솔루션	**처리 리소스** 또는 **정보 보유자 리소스**일 수 있는 API 엔드포인트에 쓰기 전용 특성을 가진 **상태 생성 동작** sco: in -> (out,S')을 추가한다.

다음 옵션은 **인출 동작**으로, 클라이언트가 데이터를 변경하지 않고 데이터만 찾아서 전달하는 읽기 전용 액세스 동작을 나타낸다. 예를 들어 데이터 엘리먼트를 집계해 전송을 최적화하기 위해 클라이언트에 데이터를 보내기 전에 **인출 동작**에서 데이터를 조작할 수 있다. 일부 인출 동작은 데이터를 검색만 하기도 하고, 다른 인출 동작은 하나의 데이터 엘리먼트에만 액세스하기도 한다. 데이터는 다양한 형태로 제공되며 데이터에 대한 클라이언트의 관심도 다양하므로 데이터의 신빙성^{veracity}, 다양성^{variety}, 속도^{velocity}, 크기^{volume}와 같은 데이터 속성을 동작 설계 시 고려해야 한다. 또한 특히 상당한 양의 데이터가 전송되는 경우 워크로드 관리도 고려해야 한다. 또한 클라이언트에서 API 세공업체로(또는 그 반대로) 전송되는 정보가 많을수록 결합도가 증가하고 메시지 크기가 커질 수 있다.

패턴: **인출 동작**(RETRIEVAL OPERATION)	
문제	최종 사용자의 정보 요구를 충족하거나 클라이언트 측의 추가 처리를 위해 원격 당사자(즉, API 제공업체)로부터 사용 가능한 정보를 어떻게 인출할 수 있을까?

솔루션	**정보 보유자 리소스**인 API 엔드포인트에 읽기 전용 동작 ro:(in,S) -> out을 추가해 요청된 정보의 기계 판독 가능한 표현이 포함된 결과 보고를 요청하자. 동작 시그니처(operation signature)에 검색, 필터, 서식 지정 기능을 추가한다.

상태 전이 동작은 하나 이상의 활동을 수행해 서버 측 상태를 변경하는 동작이다. 이러한 동작의 예로는 서버 측 데이터의 전체 및 부분 업데이트와 해당 데이터의 삭제가 있다. 장기 실행 비즈니스 프로세스 인스턴스의 상태를 발전시키려면 **상태 전이 동작**도 필요하다. 업데이트 또는 삭제할 데이터는 이전에 **상태 생성 동작**의 호출을 통해 생성됐거나 API 제공업체가 내부적으로 초기화했을 수 있다. 즉, API 클라이언트에 의해 생성되지 않고 표시되지 않을 수 있다.

이 패턴의 선택에는 다음과 같은 의사 결정 드라이버가 있다. 대규모 서비스는 복잡하고 풍부한 상태 정보를 포함하고 몇 번의 전이^{transition}로만 업데이트될 수 있는 반면 소규모 서비스는 단순하지만 상태 전이 측면에서 많은 호출이 발생할 수 있으므로 서비스 세분성을 고려하는 것이 필수적이다. 장기간 실행되는 프로세스 인스턴스의 경우 클라이언트 측 상태와 프로바이더 측 백엔드의 상태를 일관되게 유지하는 것이 어려울 수 있다. 또한 프로세스 초기에 이뤄진 상태 변경에 대한 종속성이 있는지 여부를 고려하는 것이 중요하다. 예를 들어 다른 API 클라이언트, 다운스트림 시스템의 외부 이벤트 또는 프로바이더 내부 배치 동작에 의해 트리거된 시스템 트랜잭션이 **상태 전이 동작**에 의해 트리거된 상태 변경과 충돌할 수 있다. **네트워크 효율성**$^{network\ efficiency}$과 **데이터 간소화**$^{data\ parsimony}$라는 2가지 목표 사이에는 트레이드오프가 있다. 메시지가 작을수록 특정 목표에 도달하기 위해 더 많은 메시지를 교환해야 한다.

	**패턴: 상태 전이 동작**(STATE TRANSITION OPERATION)
문제	클라이언트가 어떻게 프로바이더 측 애플리케이션 상태를 변경하는 처리 동작을 시작할 수 있을까?

솔루션	클라이언트 입력과 현재 상태를 결합해 프로바이더 측 상태 변경을 트리거하는 동작 sto: (in,S) -> (out,S')을 API 엔드포인트에 도입한다. **처리 리소스** 또는 **정보 보유자 리소스**일 수 있는 엔드포인트 내에서 유효한 상태 전이를 모델링하고 런타임에 들어오는 변경 요청 및 비즈니스 활동 요청의 유효성을 확인한다.

계산 함수는 클라이언트 입력으로만 결과를 계산하고 서버 측 상태를 읽거나 쓰지 않는 동작이다. 앞서 설명한 다양한 성능 및 메시지 크기 고려 사항은 **계산 함수**와도 관련이 있다. 많은 경우 **계산 함수**는 실행의 재현성^{reproducibility}이 필요하다. 일부 계산에는 CPU 시간 및 주 메모리(RAM)와 같은 많은 리소스가 필요할 수 있으며, 이러한 함수의 경우 워크로드 관리가 필수적이다. 많은 **계산 함수**가 자주 변경되므로 클라이언트 업데이트보다 프로바이더 측 업데이트가 더 쉽다는 점에서 유지 관리에 특별한 고려가 필요하다.

	패턴: 계산 함수(COMPUTATION FUNCTION)
문제	클라이언트가 프로바이더 측에서 부작용 없는 원격 처리를 호출해 입력에서 결과를 계산하려면 어떻게 해야 할까?
솔루션	종종 **처리 리소스**인 API 엔드포인트에 cf: in -> out을 사용하는 API 연산 cf를 도입한다. 이 **계산 함수**가 수신된 요청 메시지의 유효성을 검사하고 원하는 함수 cf를 수행한 후 그 결과를 응답으로 반환하게 한다.

의사 결정 결과 예제. 호반 상호 보험의 API 설계자들은 다음과 같이 결정했다.

고객 코어 **정보 보유자 리소스**의 맥락에서,

높은 수준의 자동화와 광범위한 고객을 확보해야 한다.

호반 상호 보험의 API 설계자들은 4가지 책임 패턴(읽기, 쓰기, 읽기-쓰기, 계산)을 모두 구현하기로 결정했다.

고객 마스터 데이터에 대한 읽기 및 쓰기 액세스와 유효성 검사 지원을 모두 달성하기 위해 동시 액세스를 지원해야 하며, 너무 세분화된 생성, 읽기, 업데이트, 쓰기 동작을 지원하면 상호작용이 다소 복잡해질 수 있다는 점에 공감했다.

2부에서는 엔드포인트의 아키텍처 역할을 다루는 패턴을 5장에서 살펴본다. 동작 책임^{operational responsibility} 패턴도 5장에서 다룬다.

메시지 표현 패턴 선택하기

API 계약^{API contracts}은 엔드포인트와 동작 자체 외에도 동작의 호출 시 교환되는 메시지의 구조를 정의한다. 패턴 언어의 구조적 표현 카테고리에서는 이러한 메시지 표현 구조를 설계하는 방법을 다룬다. 이 절에서는 다음과 같은 설계 문제를 다룬다.

- API 메시지 파라미터 및 바디 부분의 최적 개수와 이러한 표현 엘리먼트의 적절한 구조는 무엇인가?
- 표현 엘리먼트의 의미와 스테레오타입은 무엇인가?

예를 들어 첫 번째 질문과 관련해 HTTP 리소스 API는 일반적으로 메시지 바디를 사용해 프로바이더에게 데이터를 전송하거나 프로바이더로부터 데이터를 수신한다. 이때 JSON, XML 또는 다른 MIME 타입을 사용한다. 그리고 URI의 쿼리 파라미터를 이용해 요청된 데이터를 나타내기도 한다. WSDL/SOAP 맥락에서 SOAP 메시지 부분을 구성하는 방법과 XML 스키마 정의^{XSD, XML Schema Definition}에서 해당 요소를 정의하는 데 어떤 데이터 타입을 사용해야 하는지에 대한 것으로 이 설계 문제를 바꿔볼 수 있다. gRPC에서 이 설계 이슈는 프로토콜 버퍼 사양으로 정의된 메시지 구조(예: 메시지 및 데이터 타입과 같은 세부 정보 포함)에 관한 것이라고 생각할 수 있다.

메시지가 설계되거나 리팩토링될 때마다 여기서 다루는 분류에 따른 의사 결정이 이뤄져야 한다. 요청 파라미터 및 바디 엘리먼트^{body element}를 포함해 메시지로 전송되는 표현 엘리먼트^{representation element}는 이러한 의사 결정에서 고려해야 할 사항이다.

그림 3.9에서 볼 수 있듯 이 분류에는 4가지 일반적인 의사 결정이 포함된다. 첫 번째는 파라미터 표현의 구조에 관한 것이다. 이 표현을 기반으로 메시지 엘리먼트의 의미와 책임이 무엇인지 결정할 수 있다. 다음으로, 여러 데이터 엘리먼트에 추가 정보가 필요한지 여부도 결정할 수 있다. 마지막으로 전체 메시지가 콘텍스트 정보로 확장될 수 있는지 또는 그럴 수 없는지 결정한다.

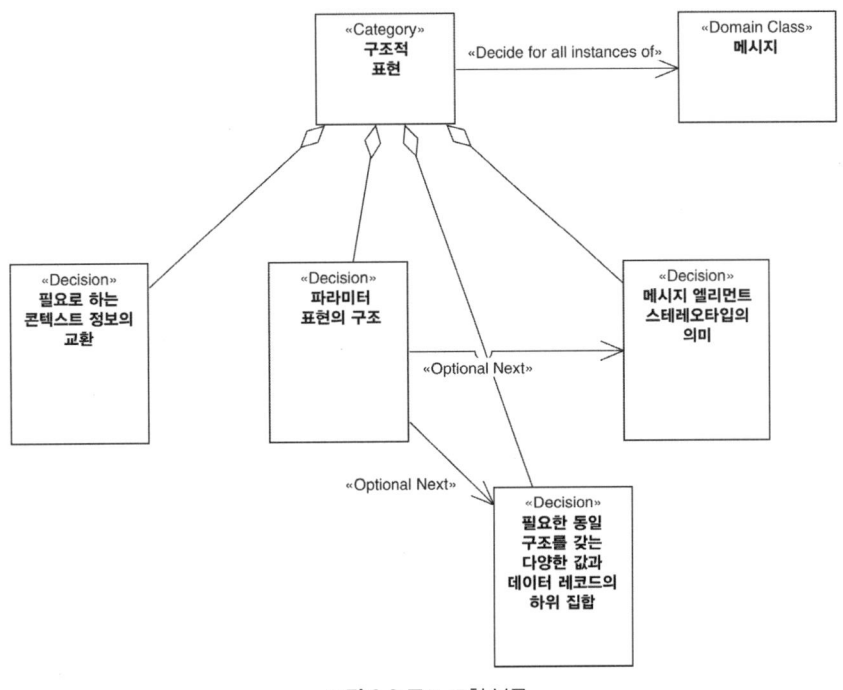

그림 3.9 구조 표현 분류

표현 엘리먼트의 평면 구조와 중첩 구조

구조적 표현 설계의 주요 결정은 다음과 같다.

> **의사 결정:** 파라미터 표현의 구조
>
> 메시지에서 전송할 데이터 엘리먼트에 대한 적절한 전체 표현 구조는 무엇인가?

그림 3.10은 이 의사 결정을 위한 일반적인 여러 옵션을 보여준다.

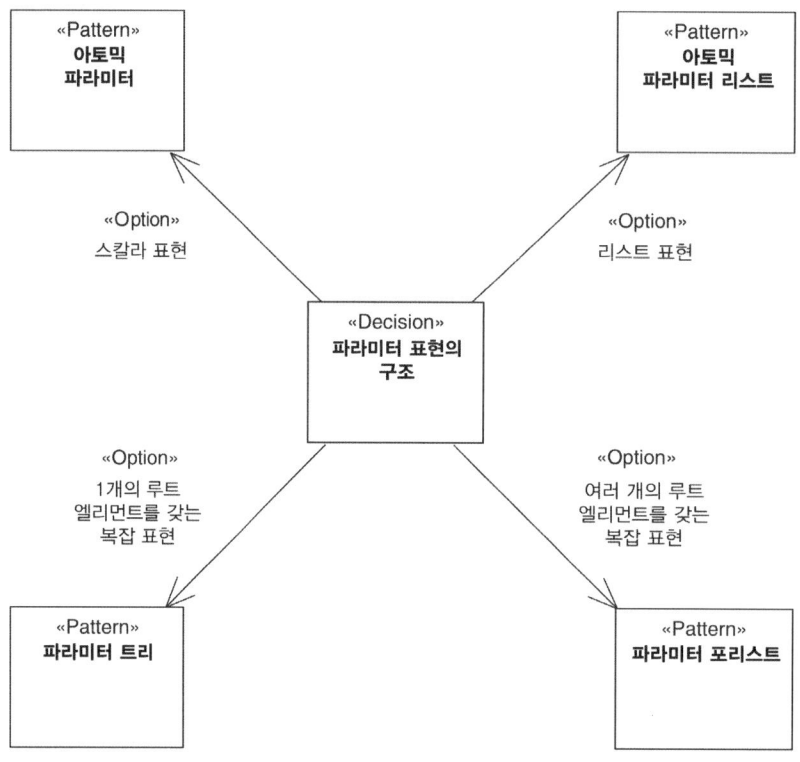

그림 3.10 파라미터 표현 구조 관련 의사 결정

가장 간단한 결정 옵션은 스칼라 표현scalar representation으로 충분하다. 이 경우 아토믹 파라미터 패턴을 선택해야 한다.

	패턴: 아토믹 파라미터(ATOMIC PARAMETER)
문제	숫자, 문자열, 불리언 값 또는 바이너리 데이터 블록과 같은 단순한 비정형 데이터를 API 클라이언트와 API 프로바이더가 서로 어떻게 교환할 수 있는가?

솔루션	단일 파라미터 또는 바디 엘리먼트를 정의한다. 선택한 메시지 교환 형식의 타입 시스템에서 기본 타입을 선택한다. 수신자 측 사용법을 따르는 경우 이 **아토믹 파라미터**를 이름으로 구별한다. **API 설명**에 이름(존재하는 경우), 타입, 카디널리티(cardinality)[6] 및 선택 사항을 문서화한다.

때로는 여러 개의 스칼라를 전송해야 하는 경우도 있다. 이러한 경우 일반적으로 **아토믹 파라미터 리스트** 패턴을 따르는 표현 방법이 최선이다.

	패턴: 아토믹 파라미터 리스트(ATOMIC PARAMETER LIST)
문제	여러 개의 관련된 **아토믹 파라미터**를 하나의 표현 엘리먼트에 결합해 각 파라미터를 단순하게 유지하면서도 API 설명과 런타임 메시지 교환에서 관련성을 명확하게 표시하려면 어떻게 해야 하는가?
솔루션	2개 이상의 단순한 비정형 데이터 엘리먼트를 하나의 응집력 있는 표현 엘리먼트로 그룹화해 여러 **아토믹 파라미터**를 포함하는 **아토믹 파라미터 리스트**를 정의한다. 위치(인덱스) 또는 문자열로 된 키 값으로 해당 항목을 구별한다. 파라미터를 수신하는 쪽에서 처리하는 데 필요한 경우 **아토믹 파라미터 리스트** 전체를 고유한 이름으로 구별한다. 필요한 엘리먼트와 허용되는 엘리먼트의 수를 지정해 사용한다.

스칼라 또는 리스트 표현의 두 옵션 모두 적용할 수 없는 경우 가능한 2가지 복잡한 표현 방법 중 하나를 선택해야 한다. 데이터에 단일 루트 엘리먼트가 존재하거나 전송할 데이터를 쉽게 설계할 수 있는 경우 **파라미터 트리** 패턴에 따라 계층 구조로 표현 엘리먼트를 포장할 수 있다.

---

6. 특정 데이터 집합에서 가질 수 있는 값의 개수다. '성별'의 경우 남성, 여성 2가지 값을 가진다고 가정하면 카디널리티는 2다.
 – 옮긴이

	패턴: **파라미터 트리**(PARAMETER TREE)
문제	복잡한 표현 엘리먼트를 정의하고 런타임에 이 엘리먼트를 교환할 때 포함 관계를 어떻게 표현할 수 있을까?
솔루션	하나 이상의 자식 노드를 갖는 전용 루트 노드가 포함돼 있는 계층 구조인 **파라미터 트리**를 정의한다. 각 하위 노드는 이름 또는 위치로 로컬에서 식별되는 단일 **아토믹 파라미터**, **아토믹 파라미터 리스트** 또는 다른 **파라미터 트리**일 수 있다. 각 노드는 정확히 하나일 수도 있지만 0 또는 1, 최소 1 또는 0 이상일 수도 있다.

복잡한 데이터 구조는 단일 루트 엘리먼트 아래에 배치할 수 있으므로 **파라미터 트리** 옵션은 항상 적용 가능하지만 데이터 엘리먼트가 내용적으로 서로 관련이 없는 경우에는 큰 의미가 없을 수 있다. 전송할 데이터 엘리먼트에 대해 단일 트리 구조를 적용하는 것이 어색하거나 인위적으로 느껴지는 경우 여러 트리를 이러한 구조의 목록으로 그룹화하는 **파라미터 포리스트** 패턴을 사용할 수 있다.

	패턴: **파라미터 포리스트**(PARAMETER FOREST)
문제	API 동작의 요청 또는 응답 페이로드로 여러 개의 파라미터 트리를 노출하려면 어떻게 해야 하는가?
솔루션	2개 이상의 **파라미터 트리**로 구성된 **파라미터 포리스트**를 정의한다. 위치 또는 이름으로 포리스트 멤버를 찾아 접근 가능하다.

이 범주의 더 복잡한 패턴은 모든 **아토믹 파라미터**를 사용해 더 복잡한 구조를 만드는 것이다. 즉, **아토믹 파라미터 리스트**는 아토믹 파라미터를 모아 놓은 시퀀스^{sequence}이며, **파라미터 트리**의 트리 리프$^{tree\ leaf}$는 **아토믹 파라미터**다. **파라미터 포리스트**의 구조는 다른 3가지 패턴을 사용해 만든다. 이러한 패턴 간의 사용 관계는 그림 3.11에 설명돼 있다. 결과적으로 앞서 설명한 2가지 결정은 복잡한 패턴의 세부 구조에

대해 재귀적으로 다시 적용돼야 한다. 예를 들어 **파라미터 트리**의 각 데이터 구조에 대해 이 구조 자체를 스칼라로 표현할지, 리스트로 표현할지, 아니면 트리로 표현할지 다시 결정해야 한다. 패턴과 관련된 기술 매핑은 4장에서 설명한다.

아토믹 파라미터 리스트는 사용되는 기술이 여러 개의 평면 파라미터를 전송하는 다른 방법이 지원되지 않는 경우 전송을 지원하기 위한 구조로, **파라미터 트리**로 표현할 수 있다. 이러한 트리는 루트 아래에 스칼라 타입인 트리 리프만 가진다.

파라미터 표현 결정과 관련해 구조를 결정할 때 사용되는 4가지 패턴에는 몇 가지 공통된 의사 결정 드라이버가 있다.

한 가지 분명한 주요한 요구 사항(포스)은 도메인 모델과 시스템 동작의 고유한 구조다. 이해 가능성과 단순성을 보장하고 불필요한 복잡성을 피하려면 코드와 메시지의 파라미터 표현 모두에서 도메인 모델에 가깝게 유지하는 것이 좋다. 이 일반적인 조언을 신중하게 적용하는 것이 중요하다. 수신자가 원하는 데이터만 노출해 불필요한 결합을 피해야 한다. 예를 들어 도메인 데이터 엘리먼트 구조가 트리인 경우 **파라미터 트리**를 적용하면 도메인 모델 또는 프로그래밍 언어 데이터 구조에서 메시지 구조로 쉽게 추적할 수 있다. 마찬가지로 의도된 동작을 면밀히 반영해야 한다. 센서가 하나의 데이터 항목을 에지 노드로 자주 전송하는 사물인터넷[IoT] 시나리오의 경우 가장 자연스러운 선택은 **아토믹 파라미터**다. 메시지 수와 각 메시지 구조를 결정하려면 어떤 데이터 엘리먼트가 언제 필요한지에 대한 신중한 분석이 필요하다. 때로는 분석적으로 추론할 수 없는 경우도 있으며, 메시지 구조를 최적화하기 위해 광범위한 테스트가 필요하다.

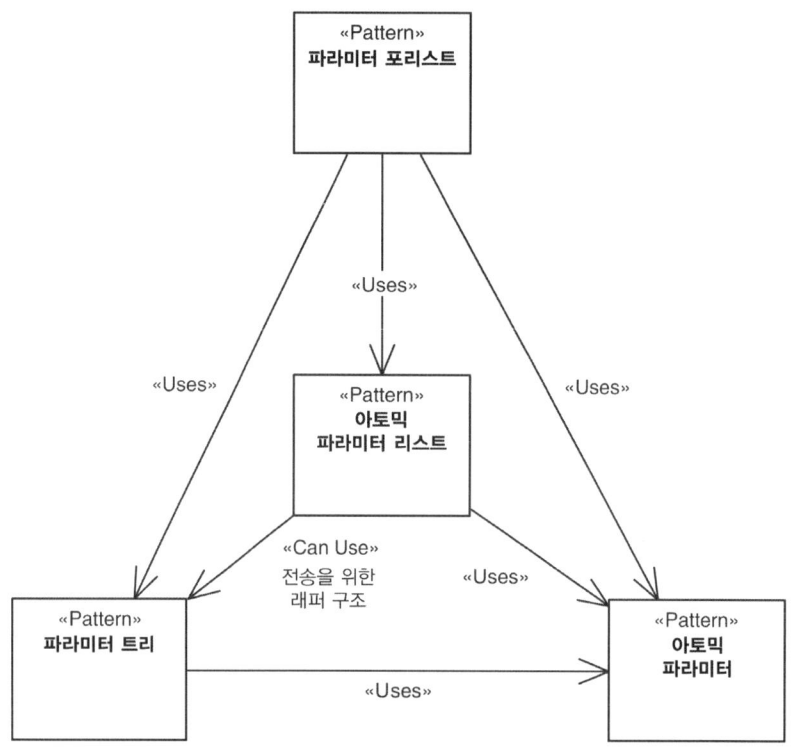

그림 3.11 파라미터 표현 구조에 대한 패턴의 종속성

보안 관련 데이터(예: 보안 토큰) 또는 기타 메타데이터(예: 메시지 및 상관관계 식별자 또는 오류 코드)와 같이 메시지와 함께 전송되는 모든 종류의 추가 데이터도 여기서 고려해야 한다. 이러한 추가 정보는 실제로 메시지의 구조적 표현을 변경할 수 있다. 예를 들어 **파라미터 트리**에 메타데이터를 추가로 전송해야 하는 경우 트리에 메타데이터를 통합하지 않고 대신 메시지 콘텐츠와 메타데이터라는 2개의 최상위 트리 엘리먼트가 있는 **파라미터 포리스트**를 사용하는 것이 좋나.

기본 비즈니스 로직이나 도메인 모델에서 사용 가능한 전체 데이터 엘리먼트를 항상 전송할 필요는 없다. 성능을 개선하려면 데이터 엘리먼트의 관련 부분만 전송해야 한다. 이렇게 하면 리소스 사용(대역폭 사용량 감소 및 메모리 소비 감소)과 메시지 처리 성능이 최적화된다. 예를 들어 고객이 특정 직원과 관련이 없는 계산을 수행하고자 직원 데이터 레코드 세트에 저장된 급여 데이터가 필요한 경우 **파라미터**

트리에 있는 모든 레코드를 전송할 수 있다. 하지만 급여 번호만 필요한 경우 **아토믹 파라미터 리스트**로 해당 번호만 전송하면 메시지 크기를 크게 줄일 수 있다.

반면에 데이터를 작은 메시지로 너무 많이 나누면 네트워크 트래픽이 증가하고 전체적으로 더 많은 대역폭이 필요하기 때문에 리소스 사용에 부정적인 영향을 미칠 수 있다. 따라서 작은 메시지가 많으면 전체적으로 많은 메시지를 처리하는 데 더 많은 성능이 필요할 수 있다. 메시지가 처리될 때마다 서버가 세션 상태를 복원해야 하는 경우 이러한 상황은 더욱 악화된다. 예를 들어 앞의 예에서 클라이언트가 첫 번째 계산 직후 직원 기록 집합의 다른 데이터가 필요해 여러 차례 연속적으로 요청을 전송하는 경우 전체 리소스 사용량과 성능은 처음부터 선택한 직원 기록 집합 전체를 전송했을 때보다 훨씬 나빠질 수 있다.

때로는 리소스 사용량과 성능을 개선하기 위해 여러 데이터 엘리먼트를 그룹화해 하나의 메시지로 전송할 수 있다. 예를 들어 클라우드 기반 IoT 솔루션의 에지 노드가 센서에서 데이터를 수집하는 경우(예: 특정 시간 간격의 측정 세트), 각 데이터 엘리먼트를 개별적으로 전송하는 것보다 이 데이터를 클라우드 코어로 일괄 전송하는 것이 더 합리적일 때가 많다. 에지에서 사전 계산을 수행할 때 그 결과가 단일 **아토믹 파라미터**에 적합할 수 있다.

메시지 페이로드의 **캐시 가능성**(cacheability)과 **변경 가능성**(mutability)을 고려하면 성능과 리소스 소비를 개선하는 데 도움이 될 수 있다.

리소스 사용과 성능을 최적화하면 이해 가능성, 단순성, 복잡성 등 다른 품질에 부정적인 영향을 미칠 수 있다. 예를 들어 직원 기록에 대해 수행할 특정 작업당 하나의 메시지를 제공하는 API는 지정된 직원 기록 집합 전체를 전송할 수 있는 다른 설계보다 API 엔드포인트에서 더 많은 동작을 수행해야 할 수 있다. 전자의 옵션은 리소스 사용률과 성능이 더 좋을 수 있지만 API 설계는 훨씬 더 복잡해 이해하기 어렵다.

요청 및 응답 메시지 구조는 API 프로바이더와 API 클라이언트 간의 API 계약에서 중요한 요소이며, 커뮤니케이션 참여자들의 지식을 공유하는 데 도움이 된다. 이러한 공유 지식은 API 프로바이더와 API 클라이언트 간의 결합의 일부만 결정해, 느슨한 결합에서 형식의 자율성autonomy을 제공하는 것으로 얘기할 수 있다[Fehling 2014]. 예를 들어 문자열이나 키-값 쌍을 항상 교환하는 것을 고려할 수 있지만 이러한 일반적인 솔루션은 클라이언트와 프로바이더 간에 암묵적으로 공유되는 지식을 증가시켜 더 강력한 결합이 되곤 한다. 이렇게 하면 테스트와 유지 관리가 복잡해진다. 또한 메시지 콘텐츠가 불필요하게 커질 수도 있다.

예를 들어 열거형에 정의된 고유한 값의 형태로된 처리 리소스의 상태를 확인할 때 통신 참여자의 정보 요구를 충족하고자 메시지 구조에서 몇 개의 데이터 엘리먼트만 교환해야 하는 경우도 있다. API 계약이 명시되지 않은 경우 예를 들어 선택성optionality(값이 없음을 포함한 내용을 값으로도 표현할 수 있게 하는 것) 및 기타 형태의 가변성(예를 들어 다른 표현 방법 중에서 선택 가능하게 함)을 처리할 때 상호 운용성 문제가 발생할 수 있다. 계약이 지나치게 상세하게 지정되면 이전 버전과의 호환성을 유지하기 어려워 유연성이 떨어진다. 단순한 데이터 구조는 세분화된 서비스 계약fine-grained service contract으로 이어지고, 복잡한 데이터 구조는 대량의 비즈니스 기능을 포괄하는 세밀하지 않은 서비스 계약coarse-grained service contract에 사용되는 경우가 많다.

경우에 따라서는 표준화와 관련된 상호 운용성 문제가 의사 결정을 좌우할 수도 있다. 예를 들어 표준 교환 형식이 존재하는 경우 커스터마이즈된 특수 목적 형식이 더 이해하기 쉽고 효율적으로 전송할 수 있음에도 설계 노력을 절약하기 위해 표준 형식을 선택할 수 있다.

학습 및 프로그래밍하는 데 요구되는 노력 등을 포함한 개발자의 편의와 경험도 메시지 표현 구조 결정에 영향을 미칠 수 있다. 이러한 측면은 이해 가능성, 단순성, 복잡성 고려 사항과 밀접한 관련이 있다. 예를 들어 생성 및 채우기가 쉬운 구조는 이해하거나 디버깅하기 어려울 수 있으며, 전송량이 적은 간결한 형식은 문서화, 이해 및 구문 분석parse이 어려울 수 있다.

보안 솔루션은 키 및 토큰(종종 서명 또는 암호화됨)과 같은 추가 메시지 페이로드를 요구할 수 있으므로, 특히 데이터 무결성data integrity 및 기밀성confidentiality과 관련된 보안 및 데이터 개인정보 보호 문제와 관련이 있다. 또 다른 중요한 고려 사항은 실제로 어떤 페이로드를 전송하고 어떻게 보호해야 하는가이다. 모든 메시지 콘텐츠에 대한 철저한 감사가 종종 필요하다. 전송 중인 데이터는 변조돼서는 안 되며 다른 사람으로 가장하는 것도 불가능해야 한다. 일반적으로 메시지의 가장 민감한 데이터 엘리먼트에 필요한 보안 조치를 전체 메시지에 적용하는 것으로 충분하다. 경우에 따라 이러한 고려 사항으로 인해 다른 메시지 구조 또는 API 리팩토링(예: 엔드포인트 또는 연산 분할 [Stocker 2021b])이 필요할 수도 있다. 예를 들어 단일 메시지의 두 데이터 엘리먼트에 서로 다른 보안 수준(예: 서로 다른 권한 및 역할)이 필요한 경우 복잡한 메시지를 서로 다른 방식으로 보호하는 2개의 메시지로 분할해야 할 수도 있다. 아토믹 파라미터를 사용하면 참고 문헌[Gysel 2016]에서 설명한 것처럼 서로 다른 파라미터의 보안 수준 및 의미적 근접성과 관련해 다른 복잡한 패턴에 비해 설계 및 처리 작업이 가장 적게 필요하다.

앞의 패턴에 대한 결정의 문제점은 API 클라이언트가 (미래에) 사용할 수 있는 사용 사례를 API 프로바이더가 알지 못하는 경우가 많다는 것이다. 예를 들어 API를 설계할 때 예시에서 직원 기록을 제공하는 API 프로바이더는 다른 클라이언트가 어떤 계산을 수행하고자 하는지 알지 못할 수 있다. 따라서 실제 사용 시에는 인터페이스 리팩토링[Stocker 2021a, Neri 2020] 및 확장이 권장된다. 그러나 이러한 지속적인 API 설계의 진화는 API 설계의 안정성에 부정적인 영향을 미친다. 처음부터 올바르게 설계하기 어려운 중요한 설계 고려 사항이 수반되는데, 그 이유 중 하나는 API 프로바이더와 API 클라이언트가 종종 경험하는 미래를 위한 사용 사례에 대한 불확실성이다.

의사 결정 결과 예제. 호반 상호 보험의 API 설계자들은 다음과 같이 결정했다.

업데이트 고객 **상태 전이 동작** 요청의 맥락에서,

고객에 대한 정보를 집계해야 할 필요가 있다.

호반 상호 보험의 API 설계자들은 **파라미터 트리**와 **아토믹 파라미터** 패턴을 결합하기로 결정했다.

이를 결합해 도메인 모델에서 원하는 보기를 노출하는 표현형 데이터 계약을 달성하기로 결정했다.

이러한 결정으로 인해 중첩된 트리 구조가 상호 운용 가능한 방식으로 직렬화 및 역직렬화돼야 한다는 것은 받아들인다.

이 절에서 설명한 개념적인 고려 사항 외에도 많은 기술적인 결정을 내려야 한다는 점에 유의하자. 여기에는 지원되는 통신 프로토콜(HTTP, HTTPS, AMQP, FTP, SMTP 등)과 JSON, SOAP 또는 일반 XML, ASN.1[Dubuisson 2001], 프로토콜 버퍼Protocol Buffers[Google 2008], 아파치 에이브로Apache Avro 스키마[Apache 2021a], 아파치 쓰리프트Apache Thrift[Apache 2021b] 등의 메시지 교환 형식이 포함된다. GraphQL[GraphQL 2021]과 같은 API 쿼리 언어도 도입할 수 있다.

엘리먼트 스테레오타입

앞서 설명한 파라미터 구조에 대한 의사 결정은 요청 및 응답 메시지에 대한 데이터 전송 표현DTR, Data Transfer Representation을 정의한다. 그러나 이 의사 결정은 아직 개별 표현 엘리먼트의 의미를 정의하지 않는다. 그림 3.12에 표시된 4가지 엘리먼트 스테레오타입 패턴은 엘리먼트 스테레오타입 결정에 대한 일반적인 설계 옵션에 대해 정의한다.

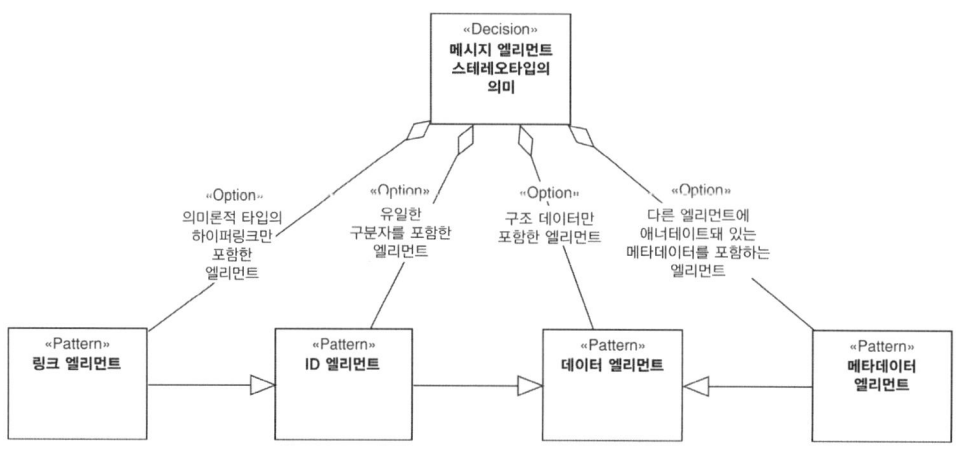

그림 3.12 엘리먼트 스테레오타입 의사 결정

가능한 SLO를 하나 이상 포함해야 한다. SLO는 성능이나 가용성과 같이 측정 가능한 API의 측면을 결정한다.

이 패턴에는 여러 가지 일반적인 변형이 있다. 내부용으로만 사용되는 SLA, 공식적으로 지정된 SLO가 있는 SLA, 비공식적으로 지정된 SLO만 있는 SLA가 있다.

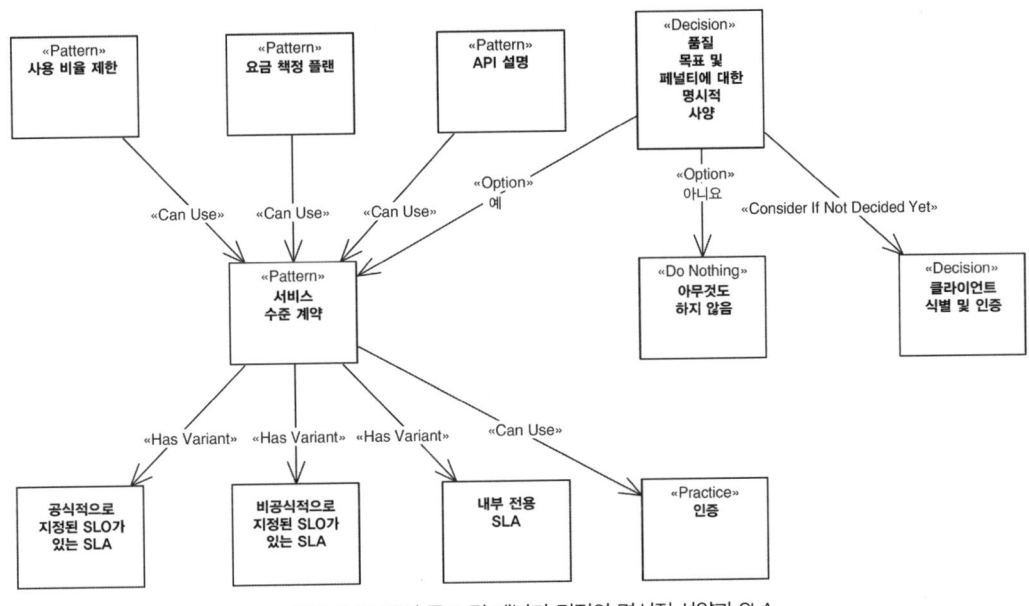

그림 3.19 품질 목표 및 페널티 결정의 명시적 사양과 SLA

요금 책정 플랜 및 사용 비율 제한을 사용하는 경우 서비스 수준 계약을 참조해야 한다. 이러한 패턴과 마찬가지로 서비스 수준 계약에는 클라이언트를 식별하고 인증하는 수단이 필요하며, 일반적으로 API 키 또는 인증 프로토콜도 사용해야 한다.

몇 가지 주요 의사 결정 드라이버가 이러한 결정을 내리는 데 영향을 미친다. 이는 비즈니스 민첩성 및 활력과 관련이 있는데, API 클라이언트의 비즈니스 모델은 앞서 언급한 특정 서비스의 특성 중 하나 이상에 의존할 수 있기 때문이다. 품질에 대한 보장이 제공되고 고객에게 전달되면 소비자 관점에서의 매력도는 더 높아질 수 있다. 그러나 이는 프로바이더 관점에서 비용 효율성 및 비즈니스 리스크와 관련된 가능한 문제와 비교돼야 한다. 일부 보증은 개인 데이터 보호와 같은 정부 규정 및 법적 의무에 따라 발생한다. SLA에서 보증 후보가 되는 일반적인 측면은 가용성, 성능 및 보안이다.

의사 결정 결과 예제. 호반 상호 보험의 API 설계자들은 다음과 같이 결정했다.

모든 보험 관리 API의 맥락에서,

API 클라이언트와 프로바이더 개발을 조율해야 할 필요성에 직면했다.

호반 상호 보험의 API 설계자들은 명시적인 서비스 수준 계약을 맺지 않기로 결정했다('아무것도 하지 않음').

문서화 및 운영 오버헤드를 최소화하기로 결정했다.

고객의 기대치가 실제로 경험할 수 있는 QoS와 일치하지 않을 수 있다는 점을 인정한다.

일부 아키텍처 의사 결정은 일반적으로 제품이나 서비스가 발전함에 따라 수정된다는 점에 유의하자. 보험의 경우 9장의 '패턴: 서비스 수준 계약' 절에서 살펴보겠지만 실제로는 나중에 SLA가 도입됐다.

오류에 대한 커뮤니케이션

API의 일반적인 여러 품질 문제 중 하나는 오류를 보고하고 처리하는 방법이며, 이는 결함 방지 및 수정, 결함 수정 비용, 수정되지 않은 결함으로 인한 견고성robustness 및 신뢰성reliability 문제 등과 같은 측면에 직접적인 영향을 미치기 때문이다. 프로바이더 측에서 오류가 발생하는 경우 잘못된 요청, 잘못된 권한 또는 클라이언트, API 구현 또는 기본 IT 인프라의 잘못일 수 있는 기타 여러 가지 문제로 인해 발생할 수 있다.

하나의 옵션은 오류를 전혀 보고하지 않고 처리하는 것이지만 일반적으로 권장하지 않는다. 하나의 프로토콜 스택만 사용하는 경우(예: HTTP over TCP/IP) 일반적인 해결책은 이러한 프로토콜의 오류 보고error report 메커니즘, 예를 들어 HTTP의 상태 코드(프로토콜 수준 오류 코드)를 활용하는 것이다. 오류 보고가 여러 프로토콜, 형식 및 플랫폼을 포괄해야 하는 경우에는 이 방법이 효과적이지 않다. 이러한 경우 **오류 보고** 패턴을 사용할 수 있다.

	패턴: 오류 보고(ERROR REPORT)
문제	API 제공업체가 통신 및 처리 오류에 대해 클라이언트에 알릴 수 있는 방법은 무엇인가? 이 정보를 기본 통신 기술 및 플랫폼(예: 상태 코드를 나타내는 프로토콜 수준 헤더)과 독립적으로 만들 수 있는 방법은 무엇인가?
솔루션	기계가 읽을 수 있는 간단한 방식으로 오류를 표시하고 분류하는 오류 코드를 응답 메시지에 포함하자. 또한 개발자 또는 관리자와 같은 최종 사용자를 포함한 API 클라이언트 이해관계자를 위해 오류에 대한 설명을 추가하자.

이 의사 결정은 그림 3.20에서 보여준다. 모든 종류의 **오류 보고**를 도입하는 주요 의사 결정 드라이버는 결함 수정에 도움이 되고 **오류 보고**를 통해 견고성 및 신뢰성 향상이 약속되기 때문이다. 오류 보고는 유지 보수성 및 진화 가능성도 향상시킨다. 오류에 대한 자세한 설명은 결함의 근본 원인을 찾기 위한 노력을 줄여주므로 **오류 보고** 패턴은 단순한 오류 코드보다 더 효과적인 경우가 많다. 오류 정보의 대상에는 개발자와 운영자뿐만 아니라 헬프 데스크 및 기타 지원 담당자도 포함된다. 따라서 **오류 보고**는 대상 고객의 기대에 부응하고 높은 표현력을 달성할 수 있도록 설계돼야 한다. 오류 보고는 일반적으로 단순한 오류 코드에 비해 상호 운용성 및 이식성 측면에서 장점이 있을 수 있다. 그러나 너무 정교한 오류 메시지는 시스템 내부에 대한 더 많은 정보를 공개하면 공격 경로가 열리기 때문에 보안과 관련해 문제가 될 수 있는 정보를 드러낼 수 있다. 오류 보고에 포함된 자세한 정보를 번역해야 하므로 국제화가 필요한 경우 **오류 보고**에 더 많은 작업이 필요하다.

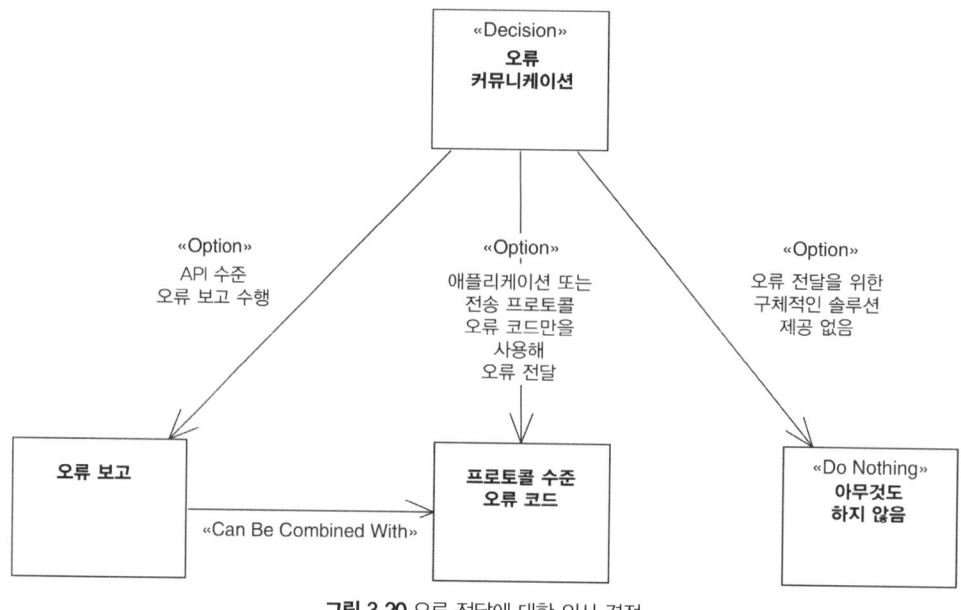

그림 3.20 오류 전달에 대한 의사 결정

의사 결정 결과 예제. 호반 상호 보험의 API 설계자들은 다음과 같이 결정했다.

모든 **백엔드 통합** API의 맥락에서,

장애 발생 시에도 안정적으로 작동해야 할 필요가 있어,

호반 상호 보험의 API 설계자들은 **오류 보고** 패턴을 사용하기로 결정했다.

오류 보고 패턴을 사용해 클라이언트가 보고된 오류 정보를 사용해 대응을 결정할 수 있게 하기로 결정했다.

오류 보고를 준비하고 처리해야 하며 응답 메시지 크기가 커질 수 있다는 점을 받아들인다.

명시적 콘텍스트 표현

일부 메시지에서는 일반 데이터 외에도 클라이언트와 프로바이더 간에 콘텍스트 정보를 교환해야 한다. 콘텍스트 정보의 예로는 위치 및 기타 API 사용자 정보, 위시 리스트^{wish list}를 구성하는 기본 설정, 인증, 권한 부여 및 청구에 사용되는 로그인 자격증명과 같은 보안 정보(예: API 키 포함)가 있다.

프로토콜 독립성과 플랫폼 독립적 설계를 촉진하기 위해 네트워킹 프로토콜의 표준 헤더 및 헤더 확장 기능을 기본적으로 사용하는 대신 메시지 바디에 **콘텍스트 표현**(CONTEXT REPRESENTATION)을 사용해 각 메시지에 관련된 표현 기능을 향상시킬 수 있다. 그림 3.21은 기본 선택('아무것도 하지 않음')과 대안인 패턴 기반 솔루션 사이의 결정을 보여준다. 여기서 '아무것도 하지 않음'은 콘텍스트 정보를 전혀 전송하지 않거나 콘텍스트 정보를 프로토콜 헤더의 일부로 전송하고 메시지 페이로드에 명시하지 않는 것을 의미한다.

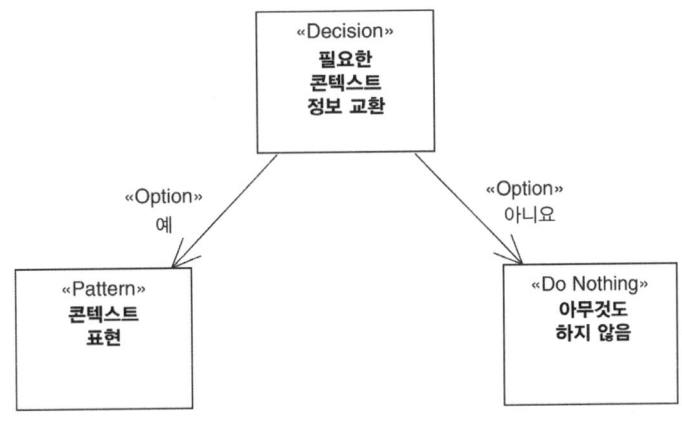

그림 3.21 콘텍스트 표현 의사 결정

의사 결정: 콘텍스트 표현

명시적인 콘텍스트 정보 교환이 적절한가?

이 선택 사항은 **콘텍스트 표현** 패턴의 사용 여부를 결정한다.

	패턴: 콘텍스트 표현(CONTEXT REPRESENTATION)
문제	API 클라이언트와 프로바이더가 특정 원격 프로토콜에 의존하지 않고 어떻게 콘텍스트 정보를 교환할 수 있을까? 어떻게 하면 메시지 교환에서 사용된 신원 정보와 품질 속성을 이후의 대화에서 표시할 수 있을까?

솔루션	원하는 정보를 전달하는 모든 **메타데이터 엘리먼트**를 요청 또는 응답 메시지에서 사용자 지정 표현 엘리먼트로 결합하고 그룹화하라. 이 단일 **콘텍스트 표현**을 프로토콜 헤더로 전송하지 말고 메시지 페이로드에 배치하라. **콘텍스트 표현**을 적절히 구조화해 대화에서 글로벌 콘텍스트와 로컬 콘텍스트를 분리하자. 통합된 **콘텍스트 표현** 엘리먼트를 쉽게 찾고 다른 **데이터 엘리먼트**와 구분할 수 있게 배치하고 표시하자.

콘텍스트 정보가 프로토콜 수준 헤더 외부로 전송되면 상호 운용성과 기술적 수정 가능성이 향상될 수 있다. 그렇지 않으면 분산 시스템에서 콘텍스트 정보 교환이 '프록시'[Gamma 1995] 및 'API 게이트웨이'[Richardson 2016]와 같은 각 종류의 중개자를 통과할 수 있게 보장하기 어려워진다. 프로토콜이 업그레이드되면 사전 정의된 프로토콜 헤더의 가용성과 의미가 변경될 수 있다. 또한 **콘텍스트 표현**은 많은 분산 애플리케이션에서 지원되는 프로토콜의 다양성에 대처하는 데 도움이 되며, 이는 결국 진화 가능성을 개선하고 기술에 대한 의존성을 줄이는 데 도움이 될 수 있다. 이 패턴은 개발자의 생산성을 높일 수 있다.

프로토콜 헤더를 사용하면 편리하고 프로토콜별 프레임워크, 미들웨어, 인프라(로드 밸런서 및 캐시 등)를 활용할 수 있지만 프로토콜 설계자와 구현자에게 제어권을 위임할 수 있다. 반면 사용자 지정 접근 방식은 제어를 극대화할 수 있지만 개발 및 테스트에 많은 노력이 필요하다.

엔드투엔드 보안을 달성하려면 토큰과 디지털 서명을 여러 노드에 걸쳐 전송해야 한다. 이러한 보안 자격증명은 소비자와 프로바이더가 직접 교환해야 하는 일종의 제어 메타데이터로, 중개자와 프로토콜 엔드포인트가 개입하면 원하는 엔드투엔드 보안이 깨질 수 있다. 마찬가지로 로깅 및 감사 정보는 중개자의 간섭 없이 엔드투엔드로 전송돼야 하는 중요한 콘텍스트 데이터다.

의사 결정 결과 예제. 호반 상호 보험의 API 설계자들은 다음과 같이 결정했다.

백엔드 통합 API의 맥락에서,

엔드투엔드 서비스 품질 요구 사항을 충족하기 위해 기술 경계를 넘어야 한다.

클라이언트가 한곳에서 모든 메타데이터를 찾을 수 있게 명시적 **콘텍스트 표현**을 도입하기로 결정했다.

기본 네트워크가 페이로드의 콘텍스트 데이터에 액세스하지 못할 수도 있다는 점을 받아들인다.

이 의사 결정 관련 사항은 API 품질 거버넌스라는 주제를 다뤘으며, 다음 결정은 성능과 같은 특정 품질을 개선하는 것을 목표로 한다.

API 품질 개선을 위한 의사 결정

앞 절에서 품질 거버넌스 및 관리에 대해 다뤘다면 이 절에서는 품질 개선에 대해 살펴보자. 페이지네이션에서부터 시작해 불필요한 데이터 전송을 피하는 다른 방법과 메시지에서 참조된 데이터를 처리하는 방법을 살펴본다.

페이지네이션

때때로 복잡한 표현 엘리먼트에는 본질적으로 반복되는 대량의 데이터가 포함될 수 있다(예: 레코드 세트). 클라이언트에서 한 번에 이러한 정보의 하위 집합만 필요한 경우에는 정보를 한 번에 크게 전송하는 것보다 작은 덩어리로 전송하는 것이 더 나을 수 있다. 예를 들어 데이터에 수천 개의 레코드가 포함돼 있지만 클라이언트가 페이지당 20개의 레코드를 표시하고 다음 페이지로 이동하려면 사용자 입력이 필요하다고 가정해보자. 데이터를 표시하기 전에 모든 데이터 레코드를 다운로드하는 것보다 현재 페이지만 표시하고 단계별로 한두 페이지를 미리 가져오는 것이 성능과 대역폭 사용 측면에서 훨씬 더 효율적일 수 있다.

출발점은 API 설계자가 **파라미터 트리** 또는 **파라미터 포리스트** 중 하나를 적용하기로 결정하는 것이다. 두 패턴 모두 복잡한 데이터 레코드를 표현하는 데 사용된다. 이러한 경우 설계자는 다음과 같은 의사 결정을 고려해야 한다(그림 3.22 참고).

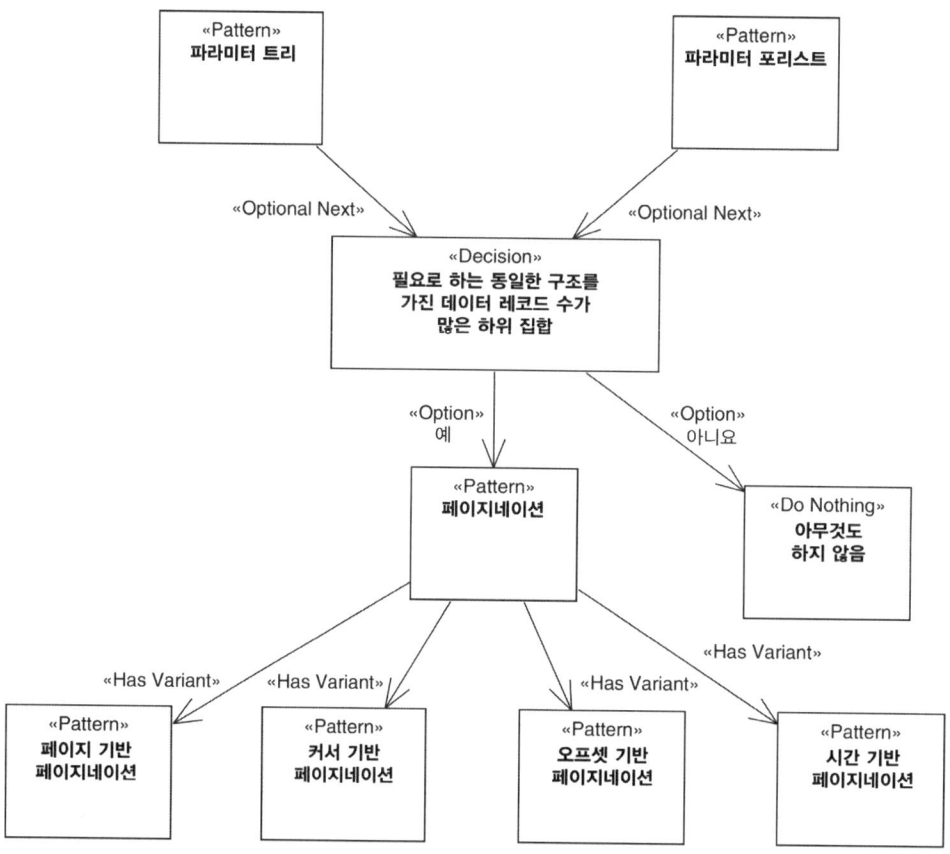

그림 3.22 페이지네이션 의사 결정

의사 결정: 페이지네이션 의사 결정

API 클라이언트로 전송할 데이터 구조에 동일 구조의 데이터 레코드가 많이 포함돼 있는가? API 클라이언트의 작업에서 단지 몇 개의 데이터 레코드만 필요한가?

두 조건이 모두 해당되면 페이지네이션 패턴이 적합하다.

	패턴: 페이지네이션(PAGINATION)
문제	API 제공업체가 클라이언트에 부담을 주지 않고 대량의 구조화된 데이터 시퀀스를 제공하려면 어떻게 해야 할까?
솔루션	대규모 응답 데이터 세트를 관리하기 쉽고 전송하기 쉬운 청크(페이지라고도 함)로 나눈다. 응답 메시지당 하나의 부분 결과 청크를 전송하고 클라이언트에 총 청크 수 또는 남은 청크 수를 알린다. 클라이언트가 특정 결과만 선택적으로 요청할 수 있게 필터링 기능을 제공하자. 편의를 위해 현재 청크에서 다음 청크/페이지에 대한 참조를 포함할 수 있다.

그림 3.23은 페이지네이션의 패턴 관계를 보여준다.

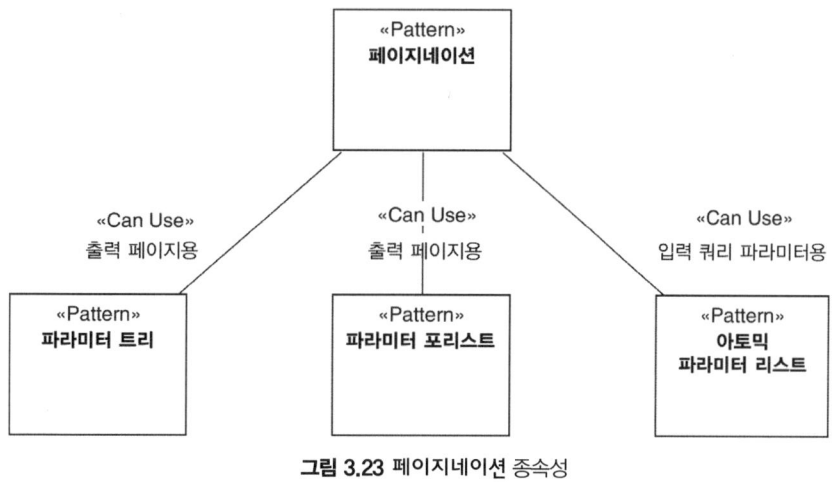

그림 3.23 페이지네이션 종속성

이 패턴은 앞서 제시한 패턴과 다음과 같은 관계가 있다.

- **아토믹 파라미터 리스트**는 일반적으로 쿼리 파라미터를 포함하는 요청 메시지에 사용된다.
- 응답 메시지의 데이터 구조화에는 일반적으로 **파라미터 트리** 또는 **파라미터 포리스트**가 사용된다.

인덱스 및 페이지 기반 페이지네이션 외에도 이 패턴에는 3가지 변형이 있다.

- **오프셋 기반 페이지네이션**Offset-Based Pagination: 단순 페이지에 비해 API 클라이언트가 지정한 오프셋을 사용하면 요청된 결과의 수나 페이지 크기 변경을 좀 더 유연하게 제어할 수 있다.
- **커서 기반 페이지네이션**Cursor-Based Pagination: 이 변형은 엘리먼트의 인덱스를 사용하지 않고 API 클라이언트가 제어할 수 있는 커서를 사용한다.
- **시간 기반 페이지네이션**Time-Based Pagination: 이 변형은 커서 기반 페이지네이션과 유사하지만 청크를 요청할 때 커서 대신 타임스탬프를 사용한다.

페이지네이션을 적용할 때 몇 가지 주요 의사 결정 드라이버가 있다. 데이터 엘리먼트의 구조 또는 메시지와 함께 전송해야 하는 추가 데이터의 구조는 본질적으로 반복적이어야 한다(즉, 데이터 레코드 포함). 데이터의 가변성을 고려해야 한다. 모든 데이터 엘리먼트가 동일하게 구조화돼 있는가? 데이터 정의는 얼마나 자주 변경되는가?

페이지네이션은 현재 필요한 데이터만 최대한 빠르게 API 클라이언트에 전송해 리소스 소비와 성능을 크게 개선하는 것을 목표로 한다. 하나의 큰 응답 메시지는 교환 및 처리하는 데 비효율적일 수 있다.

이러한 맥락에서 데이터 세트 크기와 데이터 액세스 프로필(사용자의 요구와 필요에 따라 도출됨), 특히 API 클라이언트가 즉시 및 시간 경과에 따라 사용할 수 있는 데이터 레코드 수를 고려해야 한다. 사람이 사용할 수 있게 데이터를 반환할 때 모든 데이터가 즉시 필요한 것은 아닐 수 있다.

또한 리소스 소비와 관련해 요청에 사용할 수 있는 메모리(API 프로바이더 및 API 클라이언트 측 모두)와 네트워크 용량도 고려해야 한다. 네트워크 및 엔드포인트 처리 기능은 효율적으로 사용돼야 하지만 모든 결과는 정확하고 일관되게 전송 및 처리돼야 한다.

일반적인 텍스트 기반 메시지 교환 형식(예: 명시적으로 태그가 지정된 XML 또는 JSON)은 데이터의 텍스트 표현의 장황함과 오버헤드로 인해 구문 분석과 큰 데이터 전송을 위해 많은 리소스 사용이 필요하다. 이러한 오버헤드 중 일부는 아파치 에이브로나 프로토콜 버퍼와 같은 바이너리 형식을 사용하면 크게 줄일 수 있다. 그러나 이러한 형식의 대부분은 전용 직렬화/역직렬화 라이브러리가 필요하며, 웹 브라우저의 API 클라이언트 등 일부 소비자 환경에서는 사용할 수 없을 수도 있다. 이 패턴은 이러한 경우에 특히 적합하다.

IP 네트워킹과 같은 기본 네트워크 전송은 패킷 단위로 데이터를 전송하므로 데이터 크기에 따라 전송 시간이 비선형적으로 증가한다. 예를 들어 이더넷을 통해 전송되는 단일 IP 패킷에는 1500바이트가 들어간다[Hornig 1984]. 여기서 데이터가 1바이트 더 길어지면 2개의 개별 패킷을 전송하고 수신자 측에서 재조립해야 한다.

보안 관점에서 볼 때 대규모 데이터 세트를 검색하고 인코딩하는 것은 프로바이더 측에서 많은 노력과 비용이 들기 때문에 서비스 거부 공격에 대한 공격 벡터가 될 수 있다. 또한 네트워크, 특히 셀룰러 네트워크의 안정성을 보장할 수 없기 때문에 네트워크를 통해 대규모 데이터 세트를 전송하면 전송에 실패하는 경우도 발생할 수 있다.

마지막으로 페이지네이션 없이 **파라미터 트리** 및 **파라미터 포리스트** 패턴을 사용할 때와 비교했을 때 이 패턴은 이해하기 훨씬 더 복잡하므로 개발자에게 불편할 수 있으며, 일반적으로 더 경험이 많은 숙련된 개발자가 필요하다.

의사 결정 결과 예제. 호반 상호 보험의 API 설계자들은 다음과 같이 결정했다.

고객 코어 **마스터 데이터 보유자**의 인출 동작의 맥락에서,

요청/응답 수와 메시지 크기 간의 균형을 맞춰야 할 필요성에 직면한 호반 상호 보험의 API 설계자는 커서 기반 **페이지네이션** 패턴 변형을 사용해 응답에서 대규모 데이터 세트를 슬라이싱[slicing]하기로 결정했다.

이렇게 하기 위해 요청-응답 쌍을 조정해야 하며, 이를 위해서는 제어 메타데이터[control metadata]가 필요하다는 사실을 받아들인다.

불필요한 데이터 전송을 피하는 다른 방법

API 동작이 호출될 때 불필요한 데이터가 전송되는 경우가 있다. 응답 메시지 크기를 줄이기 위한 옵션으로 **페이지네이션**에 대해 이미 알아봤다. 이러한 상황을 다룰 수 있는 4가지 패턴이 더 있다.

앞서 설명한 대부분의 API 품질 측면은 더 광범위한 API 및 클라이언트 조합 그룹(예: 부분 유료화 API 액세스 권한이 있는 모든 클라이언트)에 대해 결정할 수 있다. 반면 이 절의 패턴에 대한 결정은 특정 동작의 클라이언트의 개별 정보 요구 사항을 분석해야만 데이터 전송을 줄일 수 있는지 여부를 확인할 수 있으므로 동작별로 검토가 이뤄져야 한다.

API 프로바이더는 다양한 클라이언트에 서비스를 제공하는 경우가 많다. 이러한 모든 클라이언트가 필요로 하는 데이터를 정확하게 제공하는 API 동작을 설계하는 것은 어려울 수 있다. 일부 클라이언트는 동작에서 제공하는 데이터의 일부만 사용할 수도 있고, 다른 클라이언트는 더 많은 데이터를 기대할 수도 있다. 실제 런타임이 아닌 사전에 필요한 정보를 예측할 수 없을 수도 있다. 이 문제를 해결할 수 있는 한 가지 방법은 클라이언트가 런타임에 선호하는 데이터를 프로바이더에게 알려주는 것이다. 이를 위한 간단한 방법은 클라이언트의 **위시 리스트**, 즉 원하는 목록을 보내는 것이다.

	패턴: 위시 리스트(WISH LIST)
문제	API 클라이언트가 런타임에 API 프로바이더에게 관심 있는 데이터에 대해 어떻게 알릴 수 있는가?
솔루션	API 클라이언트는 요청된 리소스에서 원하는 모든 데이터 엘리먼트를 열거하는 **위시 리스트**를 요청에 포함해 전달한다. API 프로바이더는 **위시 리스트**에 열거된 데이터 엘리먼트만 포함해 응답 메시지를 만들어 전달한다.

예를 들어 클라이언트가 깊게 중첩되거나 반복되는 파라미터 구조의 특정 부분만

요청하려는 경우와 같이 단순한 **위시 리스트**를 지정하는 것이 항상 쉬운 것은 아니다. 복잡한 파라미터에 더 효과적인 다른 솔루션은 클라이언트가 요청에 예시로 희망 사항을 표현하는 템플릿(즉, 위시 템플릿) 또는 모의 객체$^{mock\ object}$를 보내게 하는 것이다.

	패턴: 위시 템플릿(WISH TEMPLATE)
문제	API 클라이언트가 관심 있는 중첩 데이터에 대해 API 프로바이더에게 어떻게 알릴 수 있을까? 이러한 기본 설정을 유연하고 동적으로 표현하려면 어떻게 해야 할까?
솔루션	요청 메시지의 해당 응답 메시지에 있는 파라미터의 계층 구조를 반영하는 하나 이상의 추가 파라미터 변수를 추가하자. 이러한 파라미터를 선택 사항으로 설정하거나 불리언을 타입으로 사용해 값에 파라미터의 포함 여부를 표시하자.

위시 리스트는 일반적으로 **아토믹 파라미터 리스트**로 구체화되고 **파라미터 트리**를 기반으로 만들어진 응답으로 전송되지만, 위시 **템플릿**은 일반적으로 모의 **파라미터 트리**에서 희망 사항의 사양을 정할 수 있게 돼 있으며, 이 구조가 응답에도 사용된다.

API 프로바이더의 동작 사용량을 분석한 결과 일부 클라이언트가 동일한 서버 측 데이터를 계속 요청하는 것으로 나타난 또 다른 상황을 고려해보자. 요청된 데이터는 클라이언트의 전송 요청보다 훨씬 덜 변경한다고 해보자. 이러한 경우 **조건부 요청**을 사용하면 불필요한 데이터 전송을 피할 수 있다.

	패턴: 조건부 요청(CONDITIONAL REQUEST)
문제	거의 변경되지 않는 데이터를 반환하는 API 연산을 자주 호출할 때 불필요한 서버 측 처리와 대역폭 사용을 피하려면 어떻게 해야 할까?
솔루션	메시지 표현(또는 프로토콜 헤더)에 **메타데이터 엘리먼트**를 추가해 요청을 조건부로 만들고 메타데이터에 지정된 조건이 충족되는 경우에만 이러한 요청을 처리하자.

예를 들어 프로바이더는 액세스한 각 리소스에 대한 핑거프린트^{fingerprint}를 제공할 수 있으며, 클라이언트는 이를 후속 요청에 포함해 이미 로컬에 캐시된 리소스의 '버전'을 표시해 최신 버전만 전송할 수 있다.

다른 상황에서는 이미 배포된 API의 사용량을 분석하면 여러 클라이언트가 유사한 요청을 많이 하고 있으며, 이러한 여러 호출에 대해 개별 응답이 반환되는 것을 확인할 수 있다. 이러한 많은 여러 요청의 처리는 확장성 및 처리량에 부정적인 영향을 미칠 수 있다. 이러한 상황에서는 **요청 번들** 패턴이 적합하다.

	패턴: 요청 번들(REQUEST BUNDLE)
문제	통신 효율성을 높이기 위해 요청과 응답의 수를 줄이려면 어떻게 해야 할까?
솔루션	여러 개의 독립적인 요청을 하나의 요청 메시지로 모으는 데이터 컨테이너로 **요청 번들**을 정의한다. 개별 요청의 식별자 및 번들 엘리먼트 카운터와 같은 메타데이터를 추가한다.

그림 3.24는 불필요한 데이터 전송을 피하는 방법에 대한 의사 결정을 요약한 것이다.

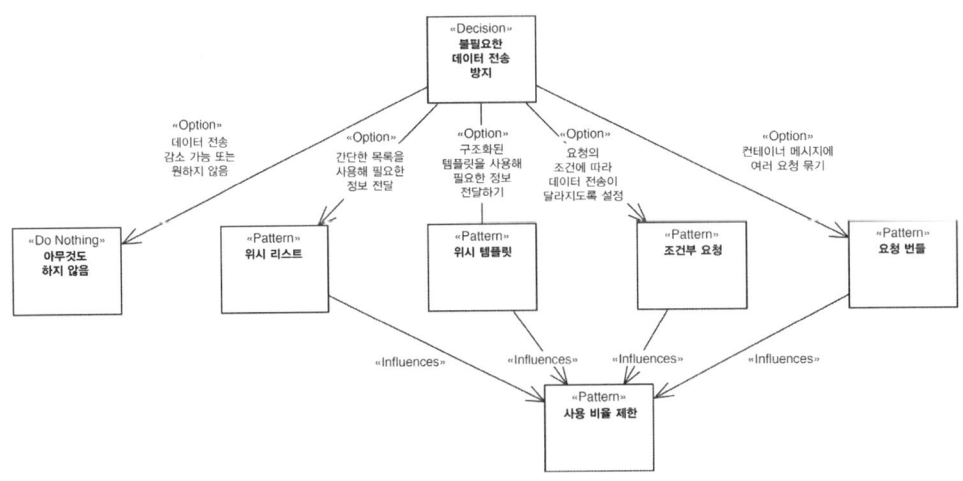

그림 3.24 불필요한 데이터 전송 피하기 관련 의사 결정

많은 동작에서 실제로 데이터 전송을 줄일 수 없거나 원하지 않는 경우가 있다. 또는 런타임에 필요한 데이터를 프로바이더에게 알려주는 2가지 패턴인 **위시 리스트**와 **위시 템플릿** 중 하나를 통해 불필요한 데이터 전송을 피할 수 있다. 다른 대안으로는 동일한 요청에 대한 반복 응답을 피하기 위한 **조건부 요청**과 여러 요청을 단일 메시지로 집계하는 **요청 번들**이 있다.

조건부 요청과 **위시 리스트** 또는 **위시 템플릿**을 함께 사용하면 조건 평가 결과 리소스를 다시 보내야 하는 경우 어떤 리소스 하위 집합이 요청되는지 표시하는 데 유용하다. **요청 번들**은 원칙적으로 앞의 각 대안인 **조건부 요청** 또는 **위시 리스트** 또는 **위시 템플릿**과 결합할 수 있다. 그러나 4가지 패턴이 모두 원하는 품질 집합에 긍정적인 영향을 미치기 때문에 2개 또는 3개의 패턴을 조합해도 API 설계 및 프로그래밍의 복잡성이 크게 증가하지만 이득은 거의 없다. 그림 3.25는 가능한 패턴 조합을 보여준다.

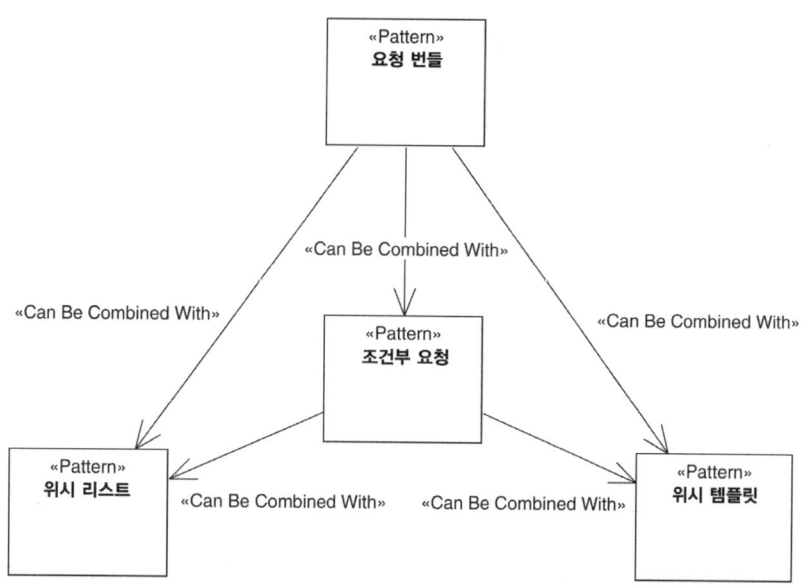

그림 3.25 불필요한 데이터 전송을 피하기 위한 패턴 조합

이러한 우려 사항에 대한 결정의 주요 의사 결정 드라이버는 클라이언트의 개별 정보 요구 사항과 관련이 있으며, 어떤 패턴이 적용 가능하고 충분한 이점을 제공

할 수 있는지(심지어 어떤 조합이 가능한지) 파악하기 위해 분석해야 한다. 네트워크를 통한 데이터 전송이 잠재적인 병목 현상으로 인식되는 상황을 생각해보자. 이러한 경우 데이터 유사성 분석이 의사 결정을 더욱 촉진할 수 있다. 데이터 간결성^{data parsimony}은 분산 시스템에서 중요한 일반적인 설계 원칙이며, 4가지 패턴은 데이터 전송의 절약 방법을 향상하는 데 도움이 될 수 있다.

4가지 패턴 중 하나를 선택하면 일반적으로 전송되는 데이터가 줄어들기 때문에 **사용 비율 제한**과 **대역폭 사용**에 긍정적인 영향을 미친다. 또한 모든 데이터 엘리먼트를 모든 클라이언트에 항상 전송하면 정보 요구가 제한적이거나 최소한의 정보만 필요한 클라이언트에게도 리소스(응답 시간, 처리량 및 처리 시간 포함)가 낭비되므로 이러한 접근을 통해 성능이 향상될 가능성이 높다.

보안으로 인해 **위시 리스트** 및 **위시 템플릿** 패턴을 적용하지 못할 수 있다. 클라이언트가 수신할 데이터에 대한 옵션을 제공하게 하면 예기치 않은 요청에 민감한 데이터가 무의식적으로 노출되거나 일반적으로 추가적인 공격 경로가 열릴 수 있다. 예를 들어 긴 데이터 엘리먼트 목록을 전송하거나 잘못된 속성 이름을 사용하면 API에 특화된 형태의 서비스 거부 공격이 발생할 수 있다. 전송되지 않은 데이터는 도난 당할 수 없으며 변조할 수도 없다. 마지막으로 4가지 패턴이 모두 그렇듯이 API를 복잡하게 만들면 API 클라이언트 프로그래밍의 복잡성이 증가한다. 현재 유행하는 GraphQL 기술은 선언적^{declarative} 위시 템플릿의 극단적인 형태라고 볼 수 있다. 또한 이러한 패턴이 도입되면 더 많은 테스트와 유지 관리 노력이 필요하다.

> **의사 결정 결과 예제.** 호반 상호 보험의 API는 어떻게 적절한 메시지 세분성과 호출 빈도를 제공하는가? 아키텍트와 설계자는 다음과 같이 패턴을 선택했다.
>
> 직원 및 상담원 사용 사례를 위한 고객 관리 프론트엔드의 맥락에서,
>
> 대량의 고객 기록을 처리해야 한다.
>
> 호반 상호 보험의 API 설계자들은 응답 메시지가 작아야 한다는 점을 고려해 이 절에서 다른 패턴을 선택하지 않고 **위시 리스트** 패턴을 선택했다.

클라이언트 측에서 희망 사항을 준비하고 프로바이더 측에서 처리해야 하며, 추가 메타데이터가 필요하다는 점을 받아들였다.

메시지 크기 최적화에 대한 결정과 밀접한 관련이 있는 것은 구조화된 데이터(즉, 부분 간에 다면적인 관계가 있는 복잡한 데이터)의 인라인 또는 분할을 적용하는 것에 대한 결정이다. 다음 절에서는 이 설계 문제를 해결하는 2가지 대안 패턴을 살펴본다.

메시지에서 참조된 데이터 처리

일부 데이터 레코드에는 다른 데이터 레코드에 대한 참조가 포함돼 있기 때문에 메시지의 모든 데이터 엘리먼트를 일반 데이터 레코드로 표현할 수 있는 것은 아니다. 중요한 질문은 이러한 로컬 데이터 참조를 API에 어떻게 반영해야 하는가이며, 이에 대한 답변에 따라 API의 세분성과 결합도가 결정된다.

> **의사 결정:** 참조 데이터 처리
>
> 데이터 레코드에서 참조된 데이터를 API에서 어떻게 표현해야 하는가?

이 의사 결정에는 그림 3.26에 표시된 2가지 주요 옵션이 있다.

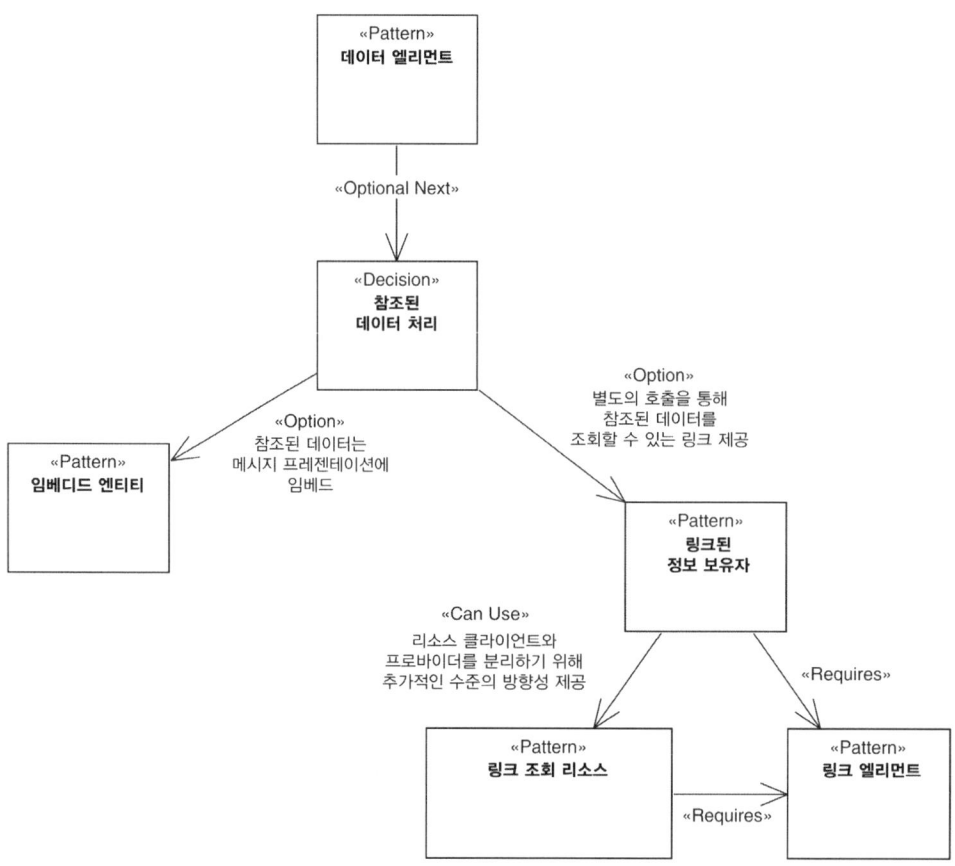

그림 3.26 참조 데이터 처리 의사 결정

이 문제를 해결하기 위해 가능한 옵션 중 한 가지는 참조된 데이터 레코드의 데이터를 데이터 엘리먼트에 포함시켜 전송하는 것이다.

	패턴: 임베디드 엔티티(EMBEDDED ENTITY)
문제	수신자가 여러 관련 정보 엘리먼트에 대한 알아야 할 때 여러 메시지를 전송하지 않으려면 어떻게 해야 하는가?

솔루션	클라이언트가 추적하려는 모든 데이터 관계에 대해 관계의 대상 끝의 데이터를 포함하는 **데이터 엘리먼트**를 요청 또는 응답 메시지에 포함하자. 이 **임베디드 엔티티**를 관계의 소스 표현 안에 배치한다.

다른 가능한 방법은 참조된 데이터에 원격으로 액세스할 수 있게 하고, 이를 가리키게 해 메시지에 링크 엘리먼트를 도입하는 것이다.

	패턴: 링크된 정보 보유자(LINKED INFORMATION HOLDER)
문제	API가 서로 참조하는 여러 정보 엘리먼트를 처리하는 경우에도 메시지를 작게 유지하려면 어떻게 해야 하는가?
솔루션	여러 정보 엘리먼트와 관련된 메시지에 **링크 엘리먼트**를 추가하자. 이 **링크 엘리먼트**가 연결된 엘리먼트를 나타내는 다른 API 엔드포인트를 참조하게 한다.

그림 3.26은 이 패턴이 링크 조회 리소스를 사용해 리소스 클라이언트와 프로바이더를 분리하기 위한 추가적인 수준의 방향성을 제공할 수 있음을 보여준다. **링크된 정보 보유자**와 **링크 조회 리소스** 모두 **링크 엘리먼트**를 사용해야 한다.

예를 들어 참조된 데이터 레코드 중 일부에 **링크된 정보 보유자**를 사용하는 최상위 **임베디드 엔티티**를 사용하는 경우 이 2가지 패턴을 결합할 수 있다.

의사 결정 드라이버로서 성능과 확장성이 중요한 역할을 하는 경우가 많다. 통합을 수행하는 데 필요한 메시지 크기와 호출 횟수는 모두 적어야 하지만, 이 2가지 요구는 서로 상충되는 측면이 있다.

수정 가능성과 유연성도 고려해야 한다. 구조화된 독립형 데이터에 포함된 정보 엘리먼트는 변경하기 어려울 수 있다. 이는 로컬에서 업데이트가 발생하면 관련 데이터 구조를 업데이트하는 것과 이를 송수신하는 API 동작과 조정을 수행하고 동기화해야 하기 때문이다. 외부 리소스에 대한 참조가 포함된 구조화된 데이터는 일반적으로 클라이언트에 대한 결과와 (외부) 종속성이 더 많기 때문에 자체 포함된 데이터보다 변경하기가 훨씬 더 어렵다.

임베디드 엔티티 데이터는 한동안 저장되는 경우가 있는 반면 링크는 항상 데이터의 최신 업데이트를 참조한다. 따라서 링크를 통해 필요할 때 데이터에 액세스하는 것이 데이터 품질, 데이터 최신성, 데이터 일관성 측면에서 긍정적이다. 데이터 개인정보 보호 측면에서 관계 소스와 대상(예: 한 개인과 이 개인의 신용카드 정보)은 서로 다른 보호 요구 사항을 가질 수 있다. 예를 들어 개인의 데이터를 요청하는 메시지에 신용카드 정보를 포함하기 전에 이런 점을 고려해야 한다.

의사 결정 결과 예제. 호반 상호 보험은 작은 메시지를 여러 번 보내는 것을 선호하는가, 아니면 큰 메시지를 적게 보내는 것을 선호하는가? 그들은 다음과 같이 결정했다.

고객 셀프서비스 채널의 맥락에서,

2개의 엔티티를 포함하고 2개의 데이터베이스 테이블과 함께 작동하는 고객 집계를 노출해야 할 필요성에 직면한 호반 상호 보험의 API 설계자는 **임베디드 엔티티** 패턴을 사용하기로 결정하고 **링크된 정보 보유자**는 고려하지 않았다.

따라서 모든 관련 데이터가 단일 요청으로 전송되게 했다.

일부 사용 사례에서는 필요하지 않아도 주소 데이터가 전송되는 것을 받아들인다.

API 키, 콘텍스트 표현, 오류 보고 패턴은 주로 6장에서 다루는 정제^{elaboration} 또는 정의^{define} 단계에서 사용된다. 7장에서는 **조건부 요청, 요청 번들, 위시 리스트, 위시 템플릿, 임베디드 엔티티 및 링크된 정보 보유자** 패턴이 포함된 구축^{construction} 또는 설계^{design} 단계를 다룬다. 마지막으로 **요금 책정 플랜, 사용 비율 제한 및 서비스 수준 계약** 패턴은 주로 API의 전환^{transition} 단계와 관련이 있으므로 9장에서 다룬다.

이것으로 이 책에서 다룰 API 품질에 대한 의사 결정과 패턴 옵션에 대해 다뤘다. 다음으로 API 진화를 구성하는 데 필요한 의사 결정과 사용 가능한 패턴을 확인한다.

API 진화에 대한 의사 결정

API 제공이 성공적이려면 그 위에 애플리케이션을 구축하기 위한 기준이 되는 안정적인 계약이 제공돼야 하며, 개발자의 기대치와 제공하는 사항의 보장이 균형을 이뤄야 한다. API는 유지 관리돼야 하며 버그를 수정하고 기능을 추가하면서 발전해야 한다. 이러한 API의 진화evolution를 위해서는 일반적으로 서로 다른 수명주기를 따르는 API 프로바이더와 클라이언트가 규칙과 정책을 수립해 (1) 프로바이더가 API와 그 구현을 개선하고 확장할 수 있게 하고, (2) 클라이언트가 필요한 변경 없이 또는 거의 변경하지 않고도 가능한 한 오랫동안 기능을 유지할 수 있게 해야 한다[Murer 2010]. API를 수정하면 클라이언트에 치명적인 변경을 초래할 수 있다. 잠재적으로 많은 수의 클라이언트에 대한 마이그레이션 작업을 유발하므로 API의 중요한 변경 사항breaking change을 최소화해야 한다. 필요한 변경으로 인해 API 버전 업그레이드가 필요한 경우 관련 리스크와 비용을 줄이기 위해 이러한 변경 및 업그레이드를 잘 관리하고 커뮤니케이션해야 한다.

API 프로바이더와 클라이언트는 각자의 수명주기를 따르기 위해 서로 상충되는 여러 가지 관심사의 균형을 맞춰야 하며, 서로 긴밀하게 결합되지 않도록 어느 정도의 자율성이 필요하다. 이러한 충돌에 대응하기 위해 여기에 제시된 패턴은 API 소유자, 설계자, 사용자가 다음 질문에 함께 답할 수 있게 한다.

> API가 진화하는 동안 안정성(stability) 및 호환성(compatibility)과 유지 보수성(maintainability) 및 확장성(extensibility)의 균형을 맞추는 관리 규칙은 무엇인가?

그림 3.27에서 볼 수 있듯이 API 진화는 3가지 의사 결정을 중심으로 이뤄진다. 첫 번째는 API가 명시적으로 정의된 버전 식별 체계를 지원하는지 여부와 지원하는 경우 버전 정보가 교환되는 방식이다. 두 번째 결정은 API의 새 버전을 언제, 어떻게 도입하고 이전 버전을 폐기해야 하는지에 관한 것이다. 여기에는 3가지 대안 전략이 결정 옵션으로 제공된다. 마지막으로 3가지 전략 중 하나를 선택해 추가 실험적 미리 보기experimental preview로 보강할지 여부를 결정할 수 있다. 이러한 모

든 결정은 일반적으로 API 수준에서 이뤄진다.

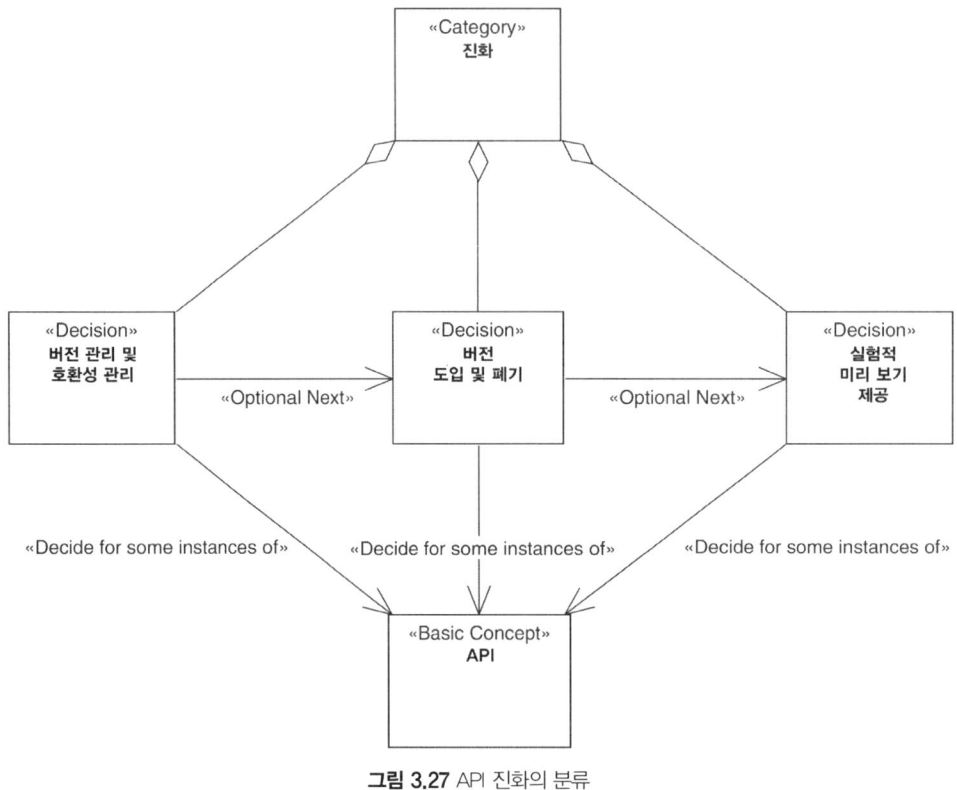

그림 3.27 API 진화의 분류

버전 및 호환성 관리

API 진화와 관련해 중요한 초기 결정은 버전 관리 지원 방식이다. 개념 증명[Proof of Concept], 실험적 미리 보기 또는 취미로 수행하는 프로젝트와 같이 드물게는 버전 관리를 전혀 하지 않는 것도 가능하다.

>   **의사 결정:** 버전 및 호환성 관리
>
>   API 버전 및 호환성 관리를 지원해야 하는가? 어떻게 지원해야 할까?

그림 3.28은 이 결정을 위한 일반적인 옵션을 보여준다. 먼저 명시적인 버전 식별 및 전송 체계를 사용할지 여부를 결정해야 한다. **버전 식별자**(VERSION IDENTIFIER) 패턴은 이 옵션을 다룬다. 다음으로 **시맨틱 버전 관리**(SEMANTIC VERSIONING)에서는 중요한 변경과 중요하지 않은 변경을 구분하는 구조화된 **버전 식별자**(VERSION IDENTIFIER)를 어떻게 사용하는지 설명한다.

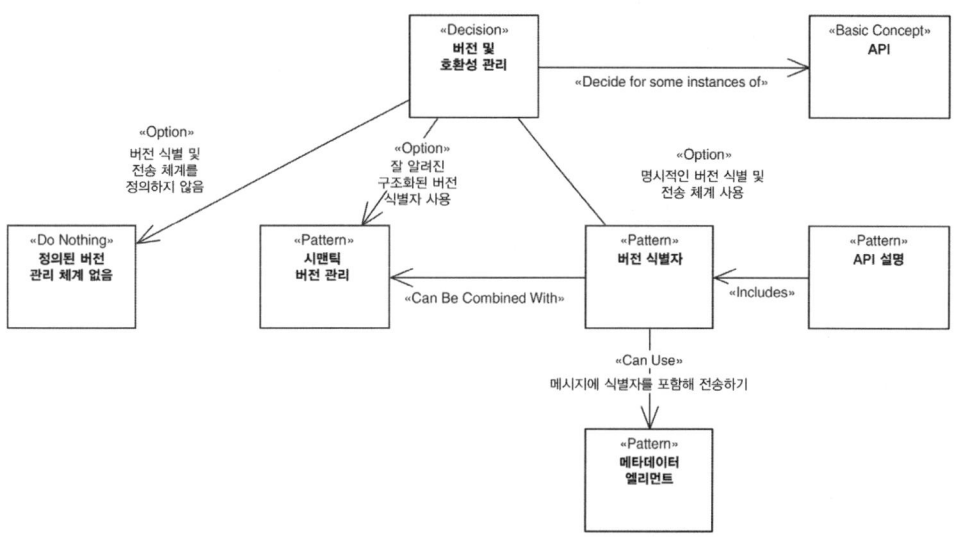

그림 3.28 버전 및 호환성 관리에 대한 의사 결정

버전 식별자는 API 버전을 나타내기 위해 API에서 명시적인 버전 번호를 전송하는 방법을 정의한다. 관련된 의사 결정은 이러한 명시적 버전 관리 및 버전 전송 체계를 도입해야 하는지 여부를 묻는다. 이 패턴을 적용해 얻을 수 있는 중요한 특성은 명확한 구분과 정확성accuracy이다. API가 이 패턴을 사용하면 클라이언트는 지정된 API 버전에 정의된 구문과 의미에 의존할 수 있으며, **버전 식별자**가 동일하게 유지되는 한 메시지 교환은 상호 운용이 가능하다. 이렇게 하면 클라이언트 측의 영향을 최소화할 수 있다. 클라이언트는 '중요한 변경 사항'이 후속 버전에만 도입될 것이라고 안전하게 가정할 수 있다. 또한 API 프로바이더는 **버전 식별자**가 메시지의 일부인 경우 수신자가 알 수 없는 버전 번호가 있는 메시지를 거부할 수 있으므로 실수로 호환성이 깨지는 것을 방지할 수 있다. 마지막으로 명시적 버전 관리를 사용하면 사용 중인

API 버전을 추적할 수 있으므로 API 프로바이더가 API를 더 쉽게 관리할 수 있다. API 프로바이더는 특정 API 버전에 의존하는 클라이언트의 수를 모니터링할 수 있다.

패턴: 버전 식별자(VERSION IDENTIFIER)

문제	발견되지 않은 해석 오류로 인한 클라이언트의 오작동을 방지하기 위해 API 프로바이더가 현재 기능과 클라이언트에게 호환되지 않을 수 있는 변경 사항의 존재를 어떻게 알릴 수 있는가?
솔루션	명시적인 버전 표시기를 도입하자. 이 **버전 식별자**를 API **설명**과 주고받는 메시지에 포함하자. 메시지에 **버전 식별자**를 포함하려면 엔드포인트 주소, 프로토콜 헤더 또는 메시지 페이로드에 **메타데이터 엘리먼트**를 추가하자.

버전 식별자는 일반적으로 API 설명에 포함된다. 일반적으로 이 카테고리의 모든 패턴은 API 설명과 밀접한 관련이 있다. **버전 식별자**는 처음에 API 버전을 지정하는 데 사용할 수 있으며, 구문 구조(기술 API 계약)를 정의할 뿐만 아니라 소유권, 지원 및 진화 전략과 같은 조직적인 문제도 다루는 메커니즘을 제공한다. 메시지에 **버전 식별자**를 포함하는 방법에는 여러 가지가 있다. 간단하고 기술 독립적인 방법은 메타데이터 엘리먼트를 메시지 바디에서 **버전 식별자**를 보관할 수 있는 특별한 위치로 정의하는 것이다. 이 특별한 위치는 전용 **콘텍스트 표현**의 일부가 될 수 있다. 프로토콜 헤더와 URL 같은 엔드포인트 주소가 대안이 될 수 있다.

따를 수 있는 규칙은 많지만 버전 식별자는 종종 **시맨틱 버전 관리**와 함께 사용된다. **시맨틱 버전 관리** 패턴은 복합 버전 번호를 정의해 이전 버전과의 호환성 및 메이저, 마이너, 패치 버전을 통한 기능 변경의 영향을 표현할 수 있는 방법을 제공한다.

버전 식별자는 정확하고 명확해야 한다. 중요한 변경 사항으로 인해 클라이언트에서의 변경이 발생하므로 API의 변경 사항의 중요도는 소프트웨어 진화 단계의 클라이언트 측 영향에 대한 고려 사항과 밀접하게 연결돼 있다. 실수로 이전 버전과의 호환성을 깨는 일이 없도록 수신자가 알지 못하는 버전을 기반으로 메시지는 거부할 수 있어야 한다. 마지막으로 **버전 식별자**는 사용 중인 API 버전의 추적성을 확립하는 데 도움이 되는 것을 고려해야 한다.

	패턴: 시맨틱 버전 관리(SEMANTIC VERSIONING)
문제	이해관계자가 API 버전을 비교해 호환 여부를 즉시 파악할 수 있는 방법은 무엇일까?
솔루션	API 제공업체가 복합 식별자에 서로 다른 수준의 변경 사항을 나타낼 수 있는 3개 숫자의 계층적 버전 관리 체계인 x.y.z를 도입하자. 이 3개의 숫자는 일반적으로 주 버전, 부 버전, 패치 버전이라고 한다.

시맨틱 버전 관리에서는 특히 클라이언트의 경우 버전 비호환성을 감지하는 데 최소한의 노력만 필요하며, **버전 식별자**의 일부만 살펴봐도 변경의 영향을 더 명확하게 파악할 수 있다. 계층적 세 자리 버전 관리 체계와 같이 잘 알려진 **시맨틱 버전 관리** 체계는 서로 다른 수준의 영향과 호환성을 가진 변경 사항을 명확하게 구분하는 데 도움이 된다. 이는 API의 진화 타임라인과 관련해 명확성을 제공한다. 또한 새 API 버전 출시로 인한 변경 영향은 API 클라이언트 및 프로바이더 개발자에게 명확히 전달돼야 한다.

API 프로바이더는 동시에 너무 많은 API 버전을 지원하지 않도록 주의해야 하며, 세분화된 버전 관리 체계는 그런 유혹을 만든다. 더 많은 API, 병렬 API 버전, 클라이언트에 대한 확장된 보증은 더 많은 API 관리 및 거버넌스 노력을 의미하므로 API 제공업체의 API 버전 관리 및 관련 거버넌스 노력이 중요하다.

의사 결정 결과 예제. 호반 상호 보험의 API 제품 관리자는 다음과 같이 결정했다.

계약 관리 API의 계약 견적 기능의 맥락에서,

타사 개발자를 통합하고 감사 요구 사항을 충족해야 할 필요가 있다.

호반 상호 보험의 API 설계자들은 **버전 식별자** 패턴과 **시맨틱 버전 관리** 패턴을 결합하기로 결정했다.

중요한 변경 사항을 최대한 빨리 발견하고 유지 관리를 간소화하기로 결정했다.

메타데이터를 전송해야 하고 버전이 발전함에 따라 **API 설명**에 업데이트가 필요하다는 점을 받아들이기로 했다.

버전의 도입 및 폐기를 위한 전략

많은 API 프로바이더는 새 버전을 신속하게 상용화하고 싶어 한다. 그러나 유지 관리 노력과 그에 따른 비용에 압도 당하지 않기 위해 이전 버전을 폐기하는 것의 중요성을 간과하는 경우가 많다.

새 API 버전이 개발돼 상용 환경에 배포하는 경우 새 버전을 도입하고 이전 버전을 폐기하는 데는 여러 가지 전략이 있다. 이 절에서는 다음과 같은 결정을 다룬다.

의사 결정: 버전 도입 및 폐기

API의 새 버전은 언제 어떻게 도입하고 이전 버전을 폐기해야 할까?

그림 3.29는 이 결정을 위한 일반적인 선택 사항을 보여준다. 이 절에서 설명하는 패턴은 버전을 도입하고 폐기하는 다양한 전략을 제공한다.

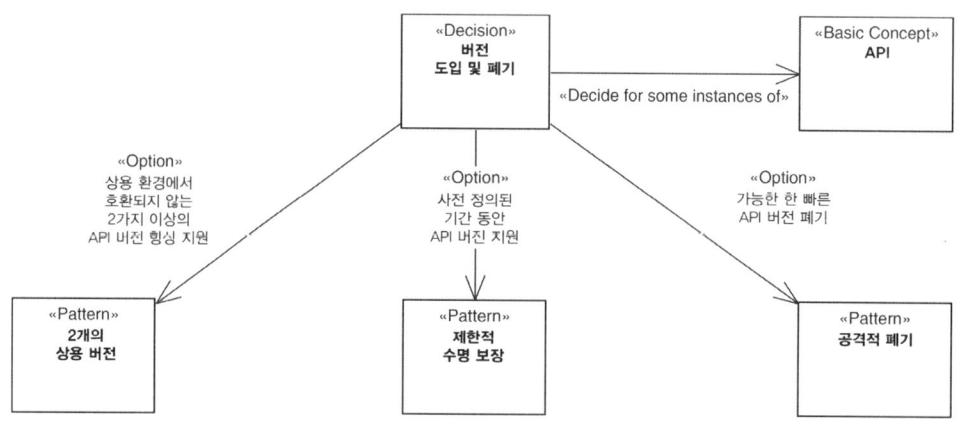

그림 3.29 버전 도입 및 폐기 의사 결정

첫 번째 옵션은 제한적 수명 보장을 제공하는 것으로, 최초 릴리스 이후 API 버전의 수명에 대해 정해진 기간을 설정한다.

	패턴: 제한적 수명 보장(LIMITED LIFETIME GUARANTEE)
문제	프로바이더가 게시된 버전의 API를 얼마나 오래 사용할 수 있는지 클라이언트에게 어떻게 알릴 수 있을까?
솔루션	API 프로바이더는 정해진 기간 동안 게시된 API를 중단하지 않도록 보장하자. 각 API 버전에 만료일을 표시하자.

이 패턴을 적용하면 제한된 수의 API 버전만 상용으로 제공된다. API 변경으로 인해 클라이언트와 프로바이더 간에 이전 버전과의 호환성 문제가 발생하지 않도록 보장하는 것이 목표다. 여러 버전이 지원되므로 API 변경으로 인한 클라이언트의 변경이 최소화되고 클라이언트는 정의된 시간 동안 마지막 버전을 유지할 수 있다. 그러나 이 패턴은 또한 API 프로바이더가 지원하는 API 버전 수를 제한해 이러한 API 버전에 의존하는 클라이언트를 지원하기 위한 유지 관리 노력을 최소화한다. 따라서 이 패턴은 API 변경으로 인해 클라이언트와 프로바이더 간에 감지되지 않은 하위 호환성 문제가 발생하지 않도록 보장한다.

제한적 수명 보장은 API를 사용할 수 있는 기간의 구체적인 날짜를 명시해 강제력이 발생하게 해서 API 변경으로 인한 클라이언트 측의 변경을 좀 더 계획적으로 대응하도록 도와준다. 또한 API 프로바이더가 오래된 클라이언트 지원을 줄일 수 있게 한다.

공격적 폐기 패턴은 기존 기능을 가능한 한 빨리 단계적으로 폐지하는 데 사용할 수 있다.

	패턴: **공격적 폐기**(AGGRESSIVE OBSOLESCENCE)
문제	API 제공업체가 보장된 서비스 품질 수준으로 전체 API 또는 그 일부(예: 엔드포인트, 동작 또는 메시지 표현)를 유지 관리하는 데 드는 노력을 어떻게 줄일 수 있을까?
솔루션	전체 API 또는 폐기 예정(obsolete)인 부분에 대해 가능한 한 빨리 폐기 날짜를 정하자. 폐기 예정 API는 계속 사용할 수 있지만 더 이상 사용하지 않는 것이 좋다고 선언해 클라이언트가 의존하는 API 부분이 사라지기 전에 최신 버전이나 대체 버전으로 업그레이드할 충분한 시간을 갖게 하자. 폐기 예정인 API와 이에 대한 지원은 기한이 지나면 즉시 제거한다.

이 결정의 다른 모든 옵션과 비교했을 때 **공격적 폐기**는 API 프로바이더의 유지 관리 노력을 근본적으로 최소화한다. 사실상 오래된 클라이언트에 대한 지원을 제공하지 않아도 된다. 그러나 프로바이더와 동일한 수명주기를 따르지 않는 클라이언트의 경우 이 패턴은 API 변경의 결과로 주어진 기간 내에 클라이언트를 강제로 변경해야 한다. 이것이 항상 가능한 것은 아니므로 클라이언트가 정상적으로 동작하지 않을 수 있다. 이 패턴은 API 프로바이더와 클라이언트 간의 힘의 역학을 인정하고 존중하지만, 여기서는 API 프로바이더가 상호 관계에서 '강력한' 쪽이며 변경이 언제 일어날지 결정할 수 있다. 이는 종종 API 프로바이더의 상업적 목표와 제약 조건을 고려해봐야 한다. 예를 들어 API를 통한 수익이 적지만 많은 클라이언트를 지원해야 하는 경우 API 프로바이더는 API의 수명 보장을 유지하지 못할 수 있다.

2개의 상용 버전 패턴은 호환되지 않는 버전을 동시에 몇 개나 유지해야 하는지에 대한 다소 엄격한 전략을 정의한다. 예를 들면 v1.3과 v2.1을 함께 유지하는 것이다.

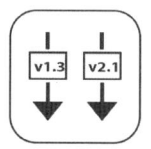	패턴: **2개의 상용 버전**(TWO IN PRODUCTION)
문제	프로바이더가 기존 클라이언트를 중단시키지 않으면서도 상용 환경에서 많은 API 버전을 유지 관리할 필요 없이 어떻게 점진적으로 API를 업데이트할 수 있을까?

솔루션	동일한 기능의 변형을 제공하지만 서로 호환될 필요는 없는 2가지 버전의 API 엔드포인트와 해당 동작을 배포하고 지원하자. 롤링 방식으로 중복되는 버전을 업데이트하고 폐기하자.

이 패턴에서는 새 API 버전을 릴리스할 때 상용 환경에서 여전히 실행 중인 가장 오래된 버전이 폐기된다. 즉, 기본적으로 두 번째로 마지막 버전이 폐기된다. 변형으로 2개 이상의 버전(예: 3개)이 지원될 수 있다. 이러한 경우 패턴 변형 'N개의 상용 버전$^{N\,in\,production}$'이 선택된다. 그러나 이 패턴의 특징과 이점을 유지하려면 N의 숫자를 작게 유지하는 것이 중요하다.

2개의 상용 버전을 사용하면 API 프로바이더와 클라이언트가 서로 다른 수명주기를 따를 수 있으므로 프로바이더가 이전 API 버전을 사용하는 클라이언트를 중단시키지 않고도 새 API 버전을 배포할 수 있다. 2개의 상용 버전의 장점은 **제한적 수명 보장**이 제공하는 장점과 유사하다. 차이점은 2가지(또는 일반적인 경우 N) 버전을 병렬로 지원해 클라이언트와 프로바이더 간의 목표 충돌을 적절히 타협한다는 점이다. 프로바이더를 위한 추가 혜택으로, 이 패턴은 버그, 성능 저하 또는 불만족스러운 개발자 경험으로 인해 클라이언트가 새 버전을 수락하지 않는 경우 이전 API 버전으로 롤백할 수 있는 기능을 제공한다.

마지막으로 새로운 API를 쉽게 설계하고, 경험을 쌓고, 피드백을 수집하기 위해 **실험적 미리 보기** 패턴을 적용해 API 가용성 및 지원이 보장되지 않지만 프로바이더 입장에서는 피드백을 수집하고 클라이언트 입장에서는 조기 학습을 목적으로 API를 임시로 사용할 수 있게 할 수 있다.

의사 결정: 실험적 미리 보기 사용

API의 새 버전이나 새로운 API에 실험적 미리 보기를 제공해야 할까?

그림 3.30은 **실험적 미리 보기**를 허용하거나 허용하지 않는 다소 간단한 의사 결정을 보여준다.

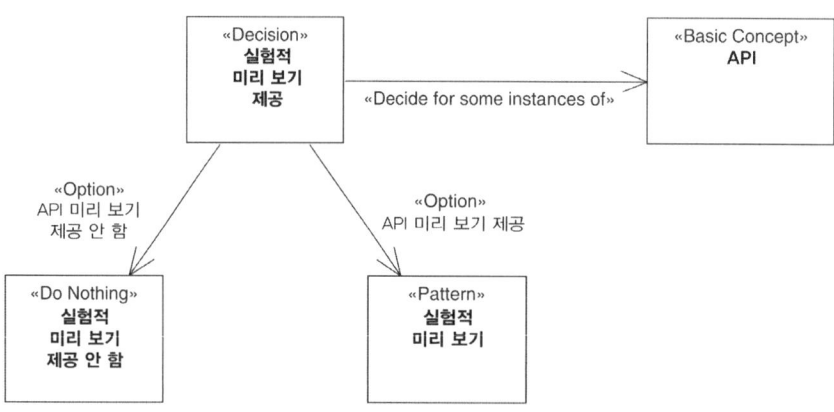

그림 3.30 실험적 미리 보기 사용에 대한 의사 결정

이 패턴은 혁신적 기능과 새로운 기능을 지원할 때 적용할 수 있다. 이러한 것을 소개하는 쇼케이스와 같은 것을 통해 새로운 API를 소개하면 인지도를 높이고, 피드백을 용이하게 하며, 고객이 새로운 API를 사용하고 개발 프로젝트를 시작할지 여부를 고려하게 할 수 있다.

실험적 미리 보기는 하나 이상의 공식 버전을 제공하는 것에 대한 대안이다. API 프로바이더가 노력에 집중하기 위해 많은 API 버전을 관리하고 지원하지 않으려는 경우에 사용할 수 있다.

소비자는 미리 계획하고, 혁신적인 제품을 만들고, API 설계에 영향을 미칠 수 있도록 새로운 API 또는 API 버전에 대해 미리 알고 싶어 한다. 계획의 측면에서 고객은 특히 변경 노력을 최소화하기 위해 안정적인 API를 원한다.

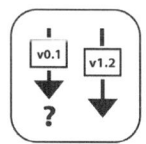	**패턴: 실험적 미리 보기**(EXPERIMENTAL PREVIEW)
문제	프로바이더가 새로운 API(버전)를 도입할 때 고객의 측면에서 리스크를 줄이고 API 설계를 조기에 확정하지 않고 얼리 어댑터의 피드백을 얻으려면 어떻게 해야 할까?

솔루션	제공되는 기능, 안정성 및 수명에 대한 어떠한 약속도 하지 않고 최선의 노력에 기반을 두고 API에 대한 액세스를 제공한다. 고객의 기대치를 관리하기 위해 API 성숙도 부족을 명확하고 명시적으로 표현한다.

이 패턴은 본격적인 추가 버전 대신 **실험적 미리 보기**를 제공할 수 있기 때문에 앞서 제시한 버전 도입 및 폐기 전략 결정의 추가 고려 사항으로 볼 수 있다. 즉, 버전 도입 및 폐기 전략에 대한 결정이 이미 내려진 상태에서 추가적인 실험적 미리 보기에 대한 결정은 후속 조치로 이뤄질 수 있다. 또한 다른 전략이 있거나 그러한 전략이 없는 경우에도 API를 실험하고 초기 피드백을 수집하는 등의 목적으로 **실험적 미리 보기**를 사용할 수 있다. 예를 들어 **실험적 미리 보기**는 2개의 상용 버전의 맥락에서 도입된 새 버전의 초기 단계에서 사용할 수 있으며, 충분히 성숙되면 상용에서 지원되는 2가지 버전 중 하나로 전환할 수 있다.

의사 결정 결과 예제. 호반 상호 보험의 API 제품 책임자는 다음과 같이 결정했다.

계약 관리 백엔드의 오퍼 견적 API의 맥락에서,

릴리스 주기가 다른 여러 API 클라이언트를 지원해야 할 필요가 있다.

호반 상호 보험의 API 설계자들은 **2개의 상용 버전** 패턴과 **실험적 미리 보기** 패턴을 채택해 클라이언트가 선택권을 갖고 중요한 변경 사항이 발생할 때 마이그레이션할 수 있는 시간을 확보할 수 있게 했다.

2가지 버전을 동시에 운영 및 지원해야 한다는 점을 받아들인다.

API 진화에 대한 패턴은 8장에서 다룬다. 주로 API의 전환 단계와 이후 단계에 관한 것을 다룬다.

중간 짚어보기: 호반 상호 보험 사례의 품질 및 진화 패턴

호반 상호 보험 개발자들은 다양한 서비스에서 많은 품질 패턴을 적용했다. 서로 다른 정보 요구 사항을 가진 여러 고객에게 서비스를 제공하기 위해 **위시 리스트**를 도입해 고객이 필요한 데이터를 정확하게 검색할 수 있게 했다. 예를 들어 통계 조사를 위해 고객의 우편번호와 생일은 필요하지만 전체 주소는 필요하지 않은 고객이 있을 수 있다.

```
curl -X GET --header 'Authorization: Bearer b318ad736c6c844b'\
http://localhost:8080/customers/gktlipwhjr?\
fields=customerId,birthday,postalCode
```

이제 반환되는 응답에는 요청된 필드만 포함된다(전체 예제는 7장의 위시 리스트 패턴 참고).

```
{
    "customerId": "gktlipwhjr",
    "birthday": "1989-12-31T23:00:00.000+0000",
    "postalCode": "8640"
}
```

모든 동작은 앞의 명령에서 Authorization 헤더로 표시되는 API 키로 보호된다. 고객 코어Customer Core 서비스에서는 요청 번들을 이용해 여러 요청을 하나로 결합할 수 있다. 실패는 오류 보고와 함께 전달된다. 다음 호출에서는 invalid-customer-id가 사용된다.

```
curl -X GET --header 'Authorization: Bearer b318ad736c6c844b'\
http://localhost:8080/customers/invalid-customer-id
```

오류 보고는 고객에게 이 고객을 찾을 수 없음을 알려준다.

```
{
    "timestamp": "2022-02-17T11:03:58.517+00:00",
    "status": 404,
    "error": "Not Found",
    "path": "/customer/invalid-customer-id"
}
```

의사 결정: 엘리먼트 스테레오타입

개별 표현 엘리먼트는 무엇을 의미하는가? DTR 내에서 개별 표현 엘리먼트는 어떤 목적을 갖고 있는가?

표현 엘리먼트의 다소 일반적인 의미 또는 책임은 일반적인 애플리케이션 데이터를 전송하는 데 사용된다는 것이다. 예를 들어 애플리케이션의 비즈니스 로직을 구조화하는 데 도메인 주도 설계DDD, Domain-Driven Design[Evans 2003]가 사용되는 경우 도메인 모델에서 엔티티의 데이터를 생각해보자.

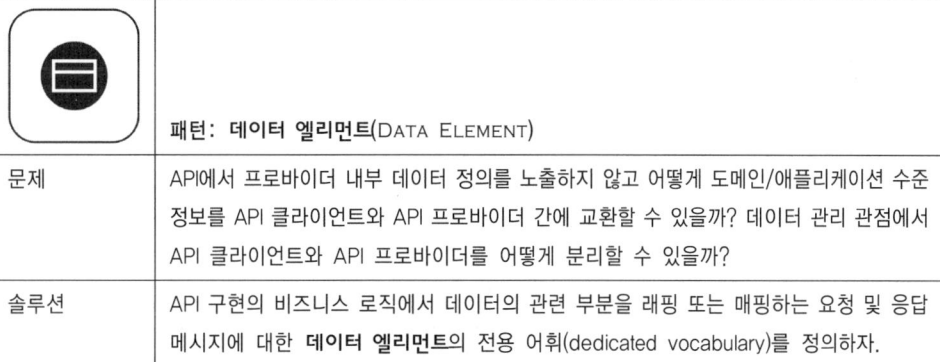

	패턴: 데이터 엘리먼트(DATA ELEMENT)
문제	API에서 프로바이더 내부 데이터 정의를 노출하지 않고 어떻게 도메인/애플리케이션 수준 정보를 API 클라이언트와 API 프로바이더 간에 교환할 수 있을까? 데이터 관리 관점에서 API 클라이언트와 API 프로바이더를 어떻게 분리할 수 있을까?
솔루션	API 구현의 비즈니스 로직에서 데이터의 관련 부분을 래핑 또는 매핑하는 요청 및 응답 메시지에 대한 **데이터 엘리먼트**의 전용 어휘(dedicated vocabulary)를 정의하자.

모든 종류의 **데이터 엘리먼트**에 적용되는 몇 가지 의사 결정 드라이버가 있다. 엔티티와 같은 데이터 중심 도메인 엘리먼트를 나타내는 API 요소를 설계할 때 이를 API에 매핑하는 가장 간단하고 다양하게 표현할 수 있는 방법은 엔티티를 API에 완전히 표현하는 것이다. 이는 통신 참여자의 처리 옵션 수를 증가시켜 데이터 처리의 용이성을 제한하기 때문에 좋지 않은 경우가 많다. 상호 운용성이 보장되지 않을 수 있으며 API 문서화 작업이 증가한다. 불필요한 상태 저장 통신stateful communication이 도입돼 서비스 지향 아키텍처SOA, Service Oriented Architecture 원칙과 마이크로서비스 원칙을 위반하고[Zimmermann 2017] 성능 문제를 일으킬 수 있다.

보안 및 데이터 프라이버시 문제로 인해 API의 **데이터 엘리먼트**를 신중하게 선택해야 할 수도 있다. 통신 파트너가 많은 세부 데이터, 특히 반드시 필요하지 않은 데이터 엘리먼트를 수신하면 데이터가 변조될 위험과 같은 원치 않는 보안 위협이 발생할 수 있다. 또한 추가적인 데이터 보호로 인해 구성 작업이 늘어날 수 있다.

API의 모든 데이터는 오랜 기간 동안 유지 관리돼야 할 가능성이 높다. 많은 통합 시나리오에서 이전 버전과의 호환성이 요구되기 때문에 API는 변경하기 어렵다. 모든 API 기능에 대한 지속적인 테스트가 필요하다. 지속적으로 변화하는 요구 사항에 유연하게 적응하려면 API의 유지 보수 및 진화와 관련해 트레이드오프가 발생하는 부분이 있다.

메타데이터가 포함된 데이터 엘리먼트의 타입이 메타데이터 엘리먼트다.

패턴: 메타데이터 엘리먼트(METADATA ELEMENT)	
문제	데이터 의미론(data semantics)과 관련한 여러 가정을 하드 코딩하지 않고도 수신자가 메시지 내용을 올바르게 해석할 수 있도록 메시지에 정보를 추가해 어떻게 보강할 수 있을까?
솔루션	하나 이상의 **메타데이터 엘리먼트**를 도입해 요청 및 응답 메시지에 포함되는 다른 표현 엘리먼트에 더 상세하게 설명할 수 있다. **메타데이터 엘리먼트**의 값을 철저하고 일관성 있게 채우고, 상호 운용 가능하고 효율적인 메시지 소비 및 처리를 유도하게 처리하자.

메타데이터 엘리먼트의 주요 의사 결정 드라이버는 일반 데이터 엘리먼트의 의사 결정 드라이버와 비슷하다. 그러나 몇 가지 구체적인 측면을 고려해야 한다. 데이터가 해당 타입, 버전 및 작성자 정보와 함께 전송되는 경우 수신자는 이 추가 정보를 사용해 모호성을 해결할 수 있으므로 상호 운용성이 향상된다. 런타임 데이터에 추가 설명 데이터가 함께 제공되면 해석과 치리기 쉬워지지만, 반면에 통신 당사자 간의 결합도가 증가할 수 있다. 사용 편의성을 높이기 위해 **메타데이터 엘리먼트**는 메시지 수신자가 메시지 내용을 이해하고 효율적으로 처리하는 데 도움이 될 수 있다. 그러나 메타데이터 엘리먼트가 포함되면 메시지의 크기가 커지므로 런타임 효율성이 떨어질 수 있다.

ID 엘리먼트는 특별한 의미나 책임이 할당된 데이터 엘리먼트 타입이다.

	패턴: ID 엘리먼트(ID ELEMENT)
문제	설계 시점과 런타임에 API 엘리먼트를 어떻게 서로 구별할 수 있을까? 도메인 주도 설계를 적용할 때 공표된 언어의 엘리먼트를 어떻게 식별할 수 있는가?
솔루션	특수한 타입의 데이터 엘리먼트인 고유 ID 엘리먼트를 도입해 서로 구별돼야 하는 API 엔드포인트, 동작 및 메시지 표현 엘리먼트를 식별하자. **API 설명** 및 구현 전반에 걸쳐 이러한 ID 엘리먼트를 일관되게 사용하자. ID 엘리먼트가 전 세계적으로 고유한지 아니면 특정 API의 콘텍스트 내에서만 유효한지 결정하자.

ID 엘리먼트에 사용되는 식별 체계는 API 수명주기 동안 모호함이 발생하지 않도록 여러 가지 의미에서 정확해야 한다. 평평하고 구조화되지 않은 문자열을 식별자로 사용하는 등의 초기 노력이 적게 드는 단순한 체계는 장기적으로 안정성 문제를 야기해 누적된 기술 부채technical debt를 해결하기 위해 더 많은 노력을 기울여야 할 수 있다. 예를 들어 새로운 요구 사항으로 인해 엘리먼트의 이름이 변경되면 API 버전이 이전 버전과 호환되지 않게 될 수 있다. 따라서 가능하면 일반적으로 더 단순하거나 로컬 고유 식별자보다 **범용 고유 식별자**UUID, Universally Unique IDentifier[Leach 2005]가 더 적합하다. 이러한 식별자를 기계는 쉽게 읽을 수 있지만 일반적으로 사람은 읽을 수 없으므로 또 다른 단점이 있다. 마지막으로 많은 애플리케이션 환경에서 인스턴스 식별사를 추측하는 것이 불가능하거나 적어도 매우 어렵기 때문에 보안 문제가 있을 수 있다. UUID의 경우 보안에 이슈가 있을 수 있는 것은 사실이지만 매우 단순한 식별 체계라고 해서 반드시 보안 이슈가 있는 것은 아니다.

식별자의 원격 주소 지정 가능성이 중요한 경우도 있다. 이 경우 URI 또는 기타 원격 로케이터를 ID 엘리먼트로 사용할 수 있다. 이 경우에도 말하기 이름 또는 기계 판독 가능한 고유 식별자를 사용할지 여부를 결정해야 한다(예: UUID는 URI의 일부가 될 수 있음). 다음으로 특수한 타입의 데이터 엘리먼트인 링크를 제공하는 엘리먼트를 살펴보자.

	패턴: 링크 엘리먼트(LINK ELEMENT)
문제	API 엔드포인트와 동작을 원격으로 호출할 수 있도록 요청 및 응답 메시지 페이로드에서 어떻게 참조할 수 있는가?
솔루션	요청 또는 응답 메시지에 특수한 타입의 ID **엘리먼트**인 **링크 엘리먼트**를 포함하자. 이러한 **링크 엘리먼트**는 사람과 기계가 읽을 수 있고 네트워크에서 액세스할 수 있는 다른 엔드포인트 및 동작에 대한 포인터 역할을 한다. 선택 사항으로 추가 **메타데이터 엘리먼트**에 애너테이션을 달아 관계의 특성을 설명할 수 있다.

링크 엘리먼트 패턴은 기본적으로 원격으로 액세스할 수 있는 ID 엘리먼트이므로 의사 결정 드라이버가 ID 엘리먼트와 같다. API에 사용되는 일부 식별자에는 네트워크 액세스 가능 주소가 포함돼 있지 않다. 예를 들어 클라이언트가 원격으로 액세스해서는 안 되지만 참조해야 하는 도메인 데이터 엘리먼트(예: 백엔드 또는 타사 시스템의 핵심 데이터 엘리먼트)를 생각해보자. 이러한 상황에서는 URI를 사용할 수 없다. 이러한 엘리먼트를 클라이언트에 전달해야 하는지 의문이 생길 수 있다. 때로는 이것이 잘못된 설계 선택일 수도 있지만 다른 경우에는 필요할 수도 있다. 예를 들어 백엔드 '상관관계 식별자'$^{Correlation\ Identifier}$[Hohpe 2003] 또는 상관관계 식별자에 대한 프록시(대리자)를 고려할 수 있다. 이 경우 해당 식별자를 적용하려면 고객에게 전달해야 한다.

의사 결정 결과 예제. 호반 상호 보험의 API 설계자들은 다음과 같이 결정했다.

고객 정보 **인출 동작**이 맥락에서,

고객을 고유하게 식별해야 할 필요가 있다.

호반 상호 보험의 API 설계자들은 ID **엘리먼트** 패턴을 독자적으로 구현해 사용하기로 결정했다 (예: `"customerId": "bunlo9vk5f"`).

독자적인 식별자를 사용해 짧고 간결하며 정확한 형태의 고객 식별을 달성하기로 결정했다.

이러한 ID는 네트워크 주소 지정이 불가능하고 사람이 읽을 수 없다는 제약은 받아들인다.

중간 짚어보기: 호반 상호 보험 사례의 책임과 구조 패턴

이미 호반 상호 보험의 통합 아키텍트와 API 설계자가 내린 몇 가지 아키텍처 의사 결정에 대해 살펴봤다. 이제 지금까지의 결과물로서의 설계를 살펴보자.

2장의 초기 API 설계인 MDSL을 구현 수준 클래스로 전환하고 지금까지 3장에서 살펴본 의사 결정과 패턴 선택 옵션을 살펴보면 그림 3.13에 표시된 Customer InformationHolder 스프링 부트 컨트롤러가 완성될 수 있다.

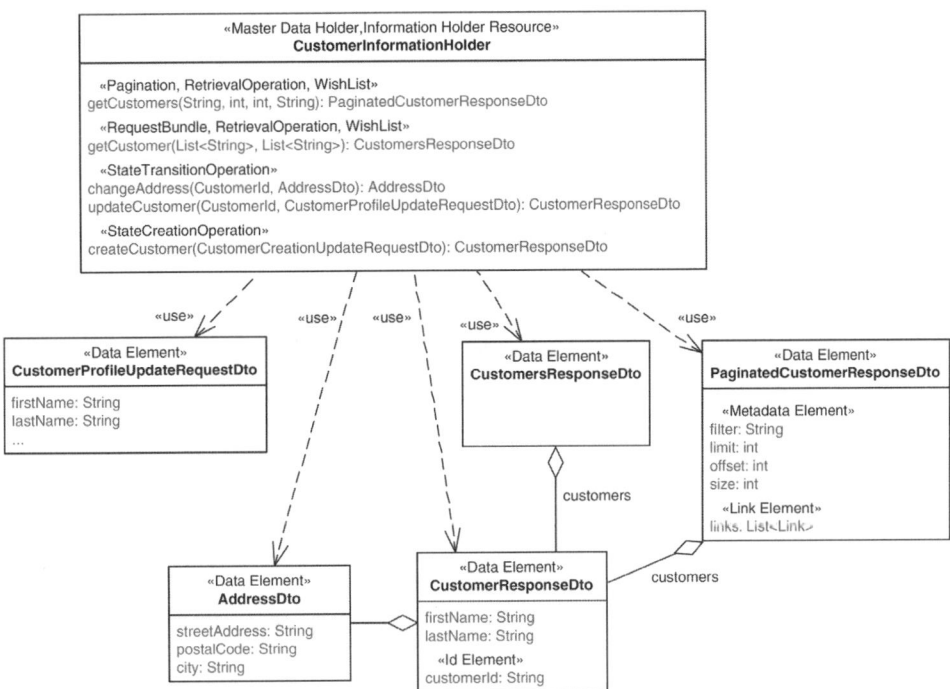

그림 3.13 CustomerInformationHolder 컨트롤러 및 관련 데이터 전송 객체(DTO)의 클래스 다이어그램

클라이언트가 고객 마스터 데이터와 상호작용할 수 있게 CustomerInformation Holder는 정보 보유자 리소스, 특히 여러 동작을 노출하는 마스터 데이터 보유자로 구현된다. 이러한 동작에서 요청 및 응답 메시지는 고객 데이터의 다양한 데이터 엘리먼트(예: 고객 정보)를 전송한다. 구현 클래스는 직접 노출되지 않고 대신 데이터

전송 객체$^{DTO,\ Data\ Transfer\ Object}$가 사용된다. 엔티티와 달리 DTO는 클라이언트가 더 많은 데이터를 인출할 수 있는 ID 엘리먼트와 링크 엘리먼트도 보유한다.

호반 상호 보험은 많은 수의 고객에게 서비스를 제공하기 때문에 getCustomers 인출 동작 결과는 지금까지 보지 못했던 패턴인 페이지네이션을 사용해 API 클라이언트가 데이터를 관리 가능한 청크로 탐색할 수 있게 한다.

페이지네이션 및 API 품질과 관련된 기타 패턴은 다음 두 의사 결정의 관련 사항 설명의 뒷부분에 소개된다.

API 품질 거버닝

API 프로바이더는 고품질의 서비스를 제공하는 것과 비용 효율적인 방식으로 서비스를 제공하는 것 사이에서 타협해야 한다. 품질 카테고리의 패턴은 다음과 같은 중요한 설계 문제를 해결하는 데 기여한다.

> 제공되는 API의 품질을 일정 수준으로 유지하면서 동시에 사용 가능한 리소스를 비용 효율적으로 활용할 수 있는 방법은 무엇인가?

API의 품질에는 API 계약에 설명된 기능부터 시작해 신뢰성, 성능, 보안 및 규모 확장성 등 다양한 차원이 있다. 이러한 기술적 특성 중 일부를 서비스 품질$^{QoS,\ Quality\ of\ Service}$ 속성이라고 한다. QoS 속성은 서로 상충될 수 있으며 거의 항상 비용이나 출시 시간 등의 경제적 요구 사항과 균형을 맞춰야 한다.

모든 클라이언드에 대해 보장되는 QoS가 동일할 필요는 없다. API 클라이언트와 이러한 클라이언트가 액세스하는 API의 조합에 대해 이러한 결정을 수행해야 한다. 이러한 조합의 여러 대규모 그룹에 대해 품질과 관련된 다른 결정을 수행할 수 있다. API에 부분 유료화^{freemium} 액세스 권한이 있는 모든 클라이언트 또는 특정 API에 액세스하는 모든 클라이언트가 이러한 예다.

품질 거버넌스와 관련된 주요 의사 결정은 그림 3.14에서 보여준다.

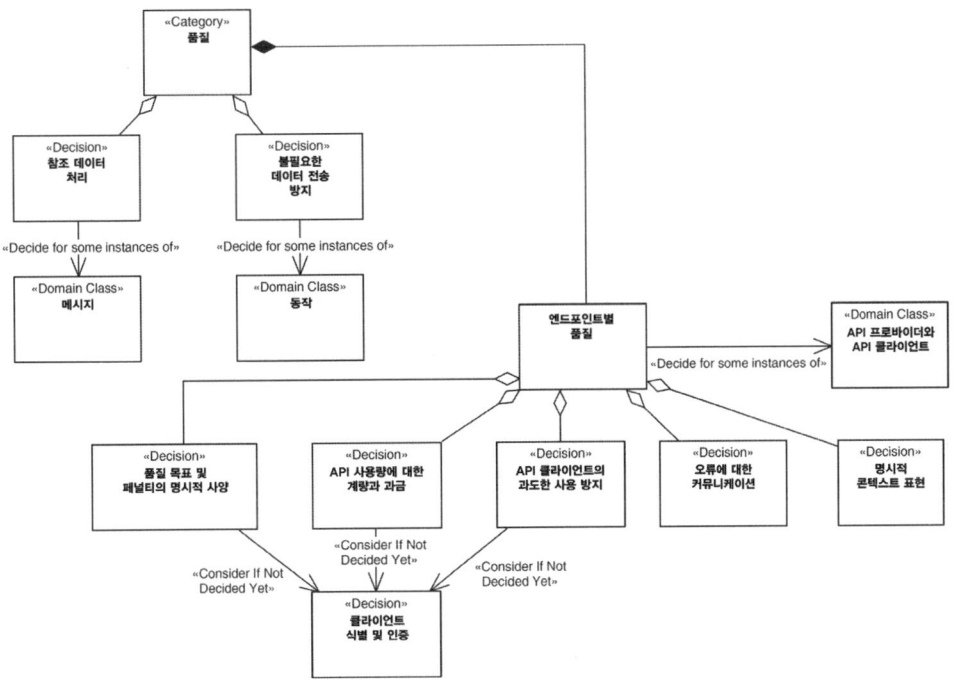

그림 3.14 API 품질 및 관리에 대한 의사 결정

API 품질은 관리돼야 하며 필요에 따라 개선돼야 한다. 이 절에서는 거버넌스 및 관리에 대해 살펴보고, 다음 절에서는 품질 개선에 대해 제안한다. 이 범주의 패턴에 대한 의사 결정의 주제는 다음과 같다.

- API 클라이언트의 식별identification 및 인증authentication
- API 사용량에 대한 미터링metering 및 과금charging
- API 클라이언트의 과도한 API 사용 방지
- 오류 커뮤니케이션
- 콘텍스트 표현Context Representation

API 클라이언트의 식별 및 인증

식별은 API와 상호작용하는 클라이언트를 구분하는 것을 의미하며, 인증은 API를 사용하기 위한 클라이언트가 적법한 사용자인지 유효성 검사하는 것을 의미한다. 유료 혹은 부분 유료화 모델을 사용하는 API 제공업체가 클라이언트를 식별 및 인증을 통해 권한 부여authorization을 수행하기 때문에 중요하다. 다시 말해 API 클라이언트가 식별 및 인증되면 API 제공업체는 API 클라이언트의 입증된 신원 및 권한에 따라 API의 액세스 권한을 부여한다. 예를 들어 상용 API를 제공하는 API 제공업체는 클라이언트를 식별해 호출이 실제로 알려진 클라이언트(예: 유료 고객)로부터 시작된 것인지, 아니면 알려지지 않은 클라이언트로부터 시작된 것인지를 구분해야 한다.

인증 및 권한 부여는 보안을 보장하는 데 중요하지만 다른 많은 품질을 보장하기 위한 조치도 가능하게 한다. 예를 들어 알 수 없는 클라이언트가 제어 없이 API에 액세스할 수 있거나 알려진 클라이언트가 API를 과도하게 사용할 수 있는 경우 전체 시스템의 성능이 저하될 수 있다. 이러한 상황에서는 안정성이 위협받거나 운영비용이 예기치 않게 증가할 수 있다.

성능, 규모 확장성, 신뢰성과 같은 QoS 관련 엘리먼트는 API 프로바이더와 API 클라이언트가 어느 정도 보장하거나 모니터링할 수 있다. 또한 API 클라이언트에 대한 QoS 보증을 통해 보장할 수 있다. 이러한 보장은 일반적으로 클라이언트의 요금 체계 또는 구독 모델과 관련된 개념이며, 이를 위해서는 API 클라이언트 식별 및 인증도 필요하다.

요약하면 클라이언트 식별 및 인증은 특정 보안 품질을 달성하기 위한 기반이며, QoS 및 비용 제어를 설정하기 위한 많은 기술을 지원한다. 이러한 맥락에서 내려져야 할 일반적인 의사 결정은 그림 3.15에 나와 있다. 다른 의사 결정 및 관행과의 연관성은 그림 3.14에서 확인할 수 있으며, 여러 의사 결정에서 클라이언트 식별 및 인증을 고려해야 함을 보여준다.

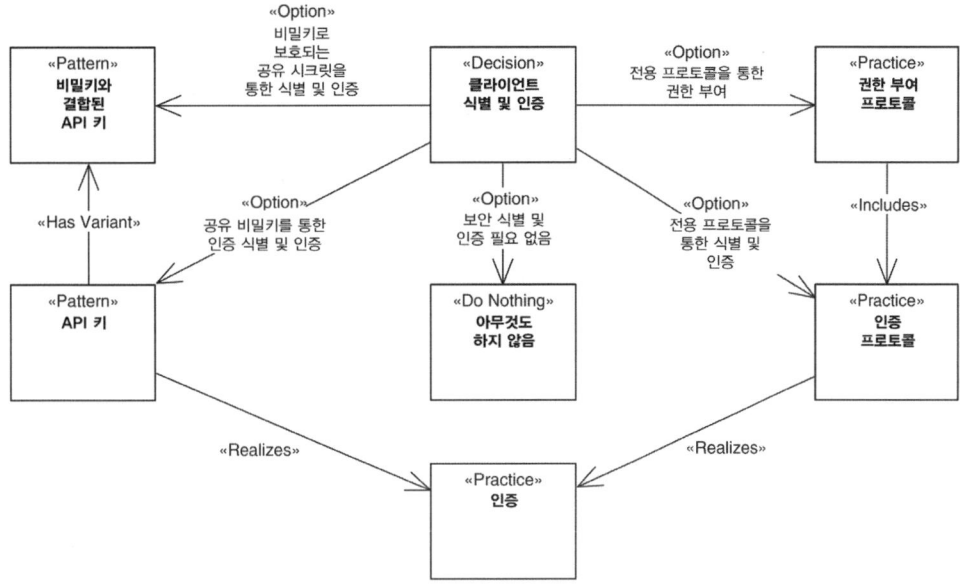

그림 3.15 클라이언트 식별 및 인증 관련 의사 결정

가장 간단한 첫 번째 옵션은 보안 식별 및 인증이 필요하지 않다고 결정하는 것으로, 예를 들어 상용화 안 된 시스템 API, 클라이언트 수가 제한된 통제된 비공개 네트워크의 API, 클라이언트 수가 제한돼 있고 남용 또는 과도한 사용 시 큰 위험이 없는 **퍼블릭 API**에 적합하다.

확실한 대안은 API에 인증 메커니즘을 도입하는 것이다. 클라이언트를 식별하는 API 키는 이 문제에 대한 최소한의 해결책이다.

🔑	
	패턴: API 키(API KEY)
문제	API 제공업체는 클라이언트와 클라이언트의 요청을 어떻게 식별하고 인증할 수 있을까?
솔루션	API 프로바이더는 각 클라이언트에 고유 토큰(API 키)을 할당해 클라이언트가 식별 목적으로 API 엔드포인트에 제시할 수 있게 하자.

보안이 중요한 문제인 경우 API 키만으로는 충분하지 않다. 전송되지 않는 추가

비밀키와 함께 API 키를 사용해 API 클라이언트를 안전하게 인증할 수 있다. API 키는 클라이언트를 식별하고, 전송되지 않는 비밀키로 만든 추가 서명은 신원을 증명하고 요청이 변조되지 않았음을 보장한다.

보안은 까다롭고 다면적인 주제로, API 키를 보완하고 대체할 수 있는 많은 방법이 있다. 예를 들어 OAuth 2.0[Hardt 2012]은 인증을 위한 업계 표준 프로토콜로, OpenID Connect[OpenID 2021]를 통한 보안 인증의 기반이 되기도 한다. 본격적인 인증 또는 권한 부여 프로토콜의 또 다른 예로는 네트워크 내부에서 싱글 사인온 single sign-on을 제공하기 위해 자주 사용되는 인증 프로토콜인 커버로스 Kerberos[Neuman 2005]가 있다. 경량 디렉터리 액세스 프로토콜 LDAP, Lightweight Directory Access Protocol[Sermersheim 2006]과 함께 사용하면 권한 부여 기능도 제공할 수 있다. LDAP 자체도 인증 기능을 제공하므로 LDAP를 인증 또는 권한 부여 프로토콜로 사용할 수 있다. 지점 간 인증 프로토콜의 예로는 챌린지-핸드셰이크 인증 프로토콜 CHAP, Challenge-Handshake Authentication Protocol[Simpson 1996] 및 확장 가능한 인증 프로토콜 EAP, Extensible Authentication Protocol[Vollbrecht 2004]이 있다.

이러한 결정을 내릴 때는 여러 가지를 고려해야 한다. 우선 필요한 보안 수준이 중요하다. 보안 식별 및 인증이 필요한 경우 보안 식별 및 인증을 지원하지 않거나 API 키를 선택하는 것만으로는 충분하지 않을 수 있다. API 키는 기본적인 보안을 설정하는 데 도움이 된다. 등록 절차를 거쳐야 하지만 API 키를 사용하면 보안 식별 및 인증이 필요하지 않은 경우와 비교해 클라이언트의 사용 편의성이 약간 저하될 뿐이다. 다른 옵션은 더 복잡한 프로토콜을 처리하고 필요한 서비스 및 인프라를 설정해야 하므로 사용하기가 좀 더 어렵다. 인증 및 권한 부여 프로토콜에 필요한 사용자 계정 자격증명을 관리하는 것은 클라이언트와 프로바이더 측 모두에서 번거로울 수 있으며, 비밀키와의 조합을 포함해 API 키를 사용하는 모든 옵션에서는 이러한 문제를 피할 수 있다.

성능과 관련해 보안 식별 및 인증이 필요하지 않다고 결정하면 오버헤드가 발생하지 않는다. API 키는 키를 처리하는 데 약간의 오버헤드가 있으며, 비밀키와 조합하면 약간의 처리가 더 필요하므로 성능이 약간 저하된다. 인증 및 권한 부여 프로토콜은 추가 기능(예: 커버로스의 신뢰할 수 있는 타사 연결 또는 OAuth 또는 LDAP의 권한 부여)도 제공하므로 오버헤드가 더 많은 경향이 있다. 마지막으로 API 키 옵션은 고객의 계정 자격증명을 사용하면 시스템 관리자와 개발자에게 불필요하게 전체 계정 액세스 권한을 부여할 수 있으므로 API 호출을 하는 클라이언트와 클라이언트의 조직을 분리한다. 이 문제는 인증 및 권한 부여 프로토콜에서 API 클라이언트에 대한 API 액세스만 허용하고 고객 계정의 다른 권한은 제공하지 않는 하위 계정 자격증명을 설정해 완화할 수 있다.

의사 결정 결과 예제. 호반 상호 보험의 API 설계자들은 다음과 같이 결정했다.

고객 관리를 위한 **프론트엔드 통합용 커뮤니티 API**의 맥락에서,

고객 기록과 같은 민감한 개인정보를 보호해야 할 필요가 있다,

호반 상호 보험의 API 설계자들은 식별된 클라이언트만 API에 액세스할 수 있도록 API 키 패턴을 사용하기로 결정했다.

API 키 관리가 필요하기 때문에 운영비용이 추가된다는 점을 받아들이고, 이는 기본적인 보안 솔루션에 불과하다는 점은 받아들인다.

API 사용량에 대한 미터링 및 과금

API가 상용 서비스인 경우 API 제공업체는 사용량에 대한 요금을 청구할 수 있다. 따라서 클라이언트를 식별하고 인증하는 수단이 필요하다. 일반적으로 기존 인증 방법이 사용된다. 그런 다음 프로바이더는 클라이언트를 모니터링하고 API 사용에 대한 요금 책정 플랜을 할당할 수 있다.

	패턴: 요금 책정 플랜(PRICING PLAN)
문제	API 프로바이더는 어떻게 API 서비스 사용량을 측정하고 요금을 부과하는가?

솔루션	API 고객, 광고주 또는 기타 이해관계자에게 요금을 청구하는 데 사용되는 **API 설명**에 API 사용량에 대한 **요금 책정 플랜**을 할당한다. 동작당 API 사용량 통계와 같이 API 사용량을 측정하기 위한 지표를 정의하고 모니터링한다.

또는 고객에게 미터링 및 과금하지 않을 수도 있다. 그림 3.17은 요금 책정 플랜 패턴의 가능한 변형을 보여준다. 요금은 실제 사용량, 시장 기반 할당(예: 경매) 또는 정액제 구독flat-rate Subscription을 기반으로 책정될 수 있다. 이러한 각 변형은 부분 유료화 모델freemium model과 결합할 수 있다. 요금 책정 플랜의 맥락에서 공정한 사용을 보장하기 위해 **사용 비율 제한**(RATE LIMIT)이 사용되는 경우도 있다. 그림 3.16은 API 사용량 결정에 대한 미터링 및 과금 방식을 보여준다.

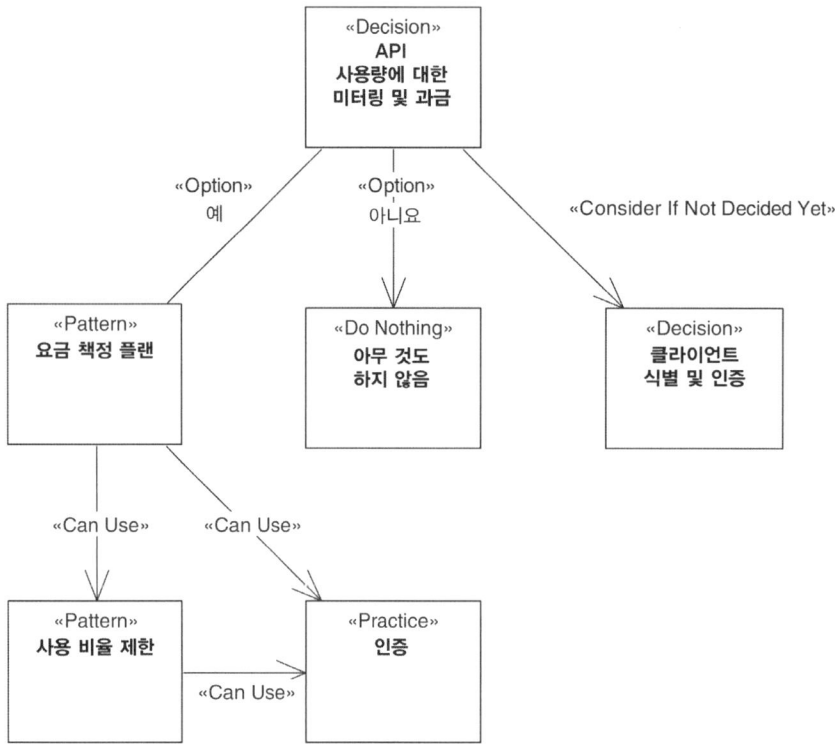

그림 3.16 API 사용량에 대한 미터링 및 과금 관련 의사 결정

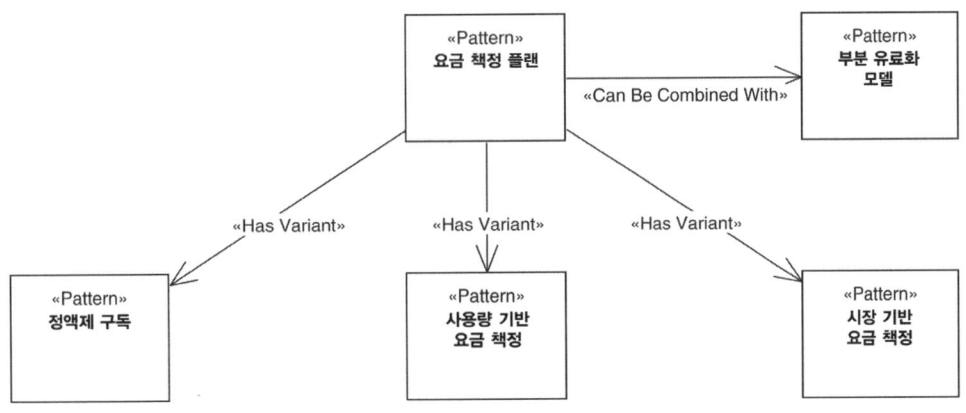

그림 3.17 다양한 요금 책정 플랜 변형

이러한 결정을 내리는 주요 드라이버는 일반적으로 가격 책정 모델과 비즈니스 모델에 가장 적합한 패턴의 변형 선택과 같은 경제적 측면이다. 패턴을 적용함으로써 얻을 수 있는 이점과 고객에게 요금을 청구하는 데 필요한 노력과 비용을 비교해야 한다. API 고객은 실제로 사용한 서비스에 대해서만 요금이 청구되기를 기대하기 때문에 정확성이 핵심이다. 정확한 미터링을 위해서는 적절한 측정 단위가 필요하다. 미터링 및 과금 기록에는 고객에 대한 민감한 정보가 포함돼 있으므로 보안을 보장하기 위해 추가적인 보호 기능을 제공해야 한다.

의사 결정 결과 예제. 호반 상호 보험의 API 설계자들은 다음과 같이 결정했다.

고객 셀프 서비스 채널의 맥락에서,

고객을 유치하고 유지해야 할 필요성에 직면했다,

고객 셀프 서비스 채널에서 고객을 유치하고 유지해야 할 필요성에 직면한 호반 상호 보험의 API 설계자들은 **요금 책정 플랜**을 도입하지 않고 무료로 API를 제공하기로 결정했다.

다른 방법으로 API에 자금을 조달해야 한다는 사실을 받아들인다.

API 클라이언트의 과도한 API 사용 방지

일부 클라이언트에서 과도하게 API를 사용하면 다른 클라이언트가 서비스 사용 시 유용성이 크게 제한될 수 있다. 단순히 처리 능력, 저장 공간, 네트워크 대역폭을 더 추가해 문제를 해결할 수 있지만 비용적인 측면에서 일반적으로 실행 가능하지 않다. 따라서 클라이언트의 과도한 API 사용을 방지하는 것이 우선이다. API 클라이언트를 식별할 수 있게 되면 개별 API 사용량을 모니터링할 수 있는데, 앞서 설명한 것처럼 클라이언트 인증을 통해 식별하는 것이 일반적인 방법이다. **사용 비율 제한** 패턴은 허용된 기간당 요청 횟수를 제한해 과도한 API 사용 문제를 해결한다.

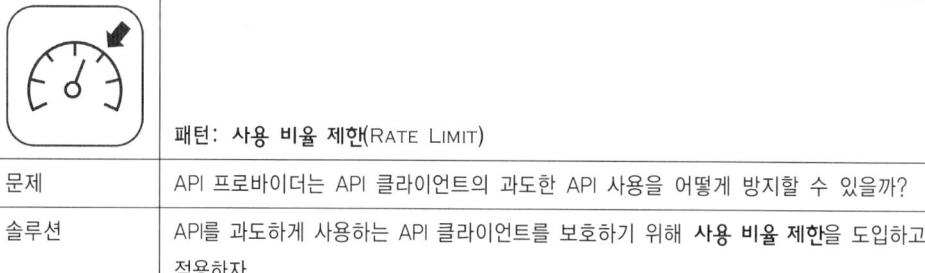

	패턴: **사용 비율 제한**(Rate Limit)
문제	API 프로바이더는 API 클라이언트의 과도한 API 사용을 어떻게 방지할 수 있을까?
솔루션	API를 과도하게 사용하는 API 클라이언트를 보호하기 위해 **사용 비율 제한**을 도입하고 적용하자.

사용 비율 제한을 사용하는 대신 API 클라이언트의 과도한 API 사용을 방지하기 위해 아무 조치도 취하지 않는 것도 대안이 될 수 있다. 이는 문제가 심각한 것으로 발전할 가능성이 낮다고 평가되는 상황에서 적합하다. 예를 들어 모든 클라이언트가 사내 고객 또는 신뢰할 수 있는 파트너인 경우 **사용 비율 제한**으로 인한 오버헤드가 정당화되지 않을 수 있다.

클라이언트 식별 및 인증에 연계해 설명하는 2가지 대안은 그림 3.18에서 보여준다.

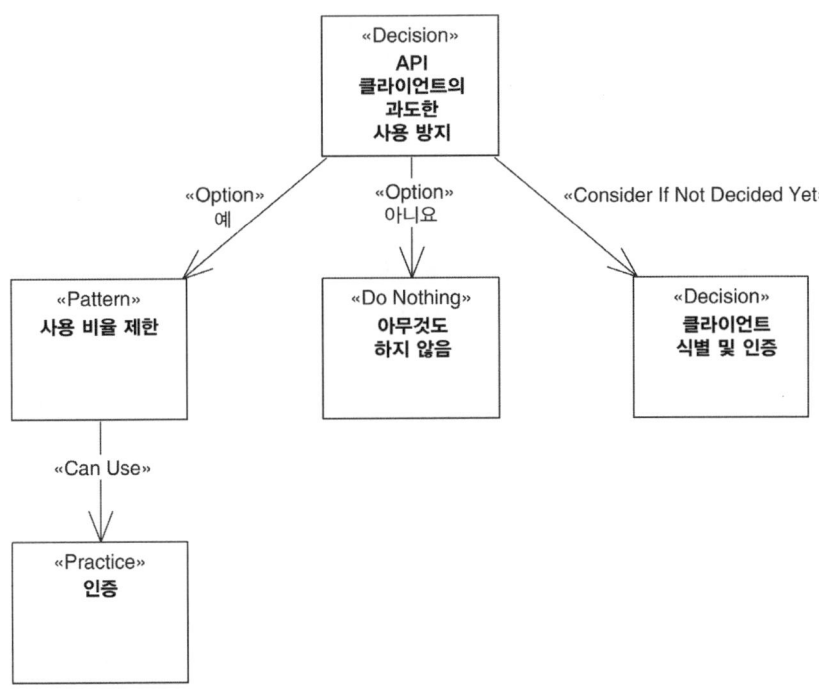

그림 3.18 API 클라이언트의 과도한 API 사용 방지를 위한 의사 결정

이 결정에서 고려해야 할 주요 요소는 다음과 같다. 프로바이더는 일정 수준의 성능을 유지해야 한다. 때로는 **서비스 수준 계약**(SERVICE LEVEL AGREEMENT)에서 공식적으로 보장되기도 한다. 클라이언트가 API를 남용할 경우 성능이 저하될 수 있다. 고객이 특정 시점에 한도를 얼마나 사용했는지 알 수 있게 요금 한도 정보를 고객이 알 수 있게 지원해야 한다. 사용 비율 제한을 설정하면 클라이언트가 API를 위험에 빠뜨릴 정도로 남용하지 못하게 만들기 때문에 프로바이더가 신뢰성과 관련된 품질을 제공하는 데 도움이 된다. 이러한 모든 잠재적 이점은 API 남용의 영향 및 위험의 심각성, 경제적 측면을 고려해야 한다. 사용 비율 제한을 도입하면 비용이 발생하고 고객에게 부정적으로 인식될 수 있다. 따라서 일부 클라이언트에 의한 API 남용 위험이 모든 클라이언트에 대한 사용 비율 제한 도입과 관련된 리스크 및 비용보다 높은지 판단해야 한다.

의사 결정 결과 예제. 호반 상호 보험의 API 설계자들은 다음과 같이 결정했다.

고객 셀프 서비스 채널의 맥락에서,

고객을 유치하고 유지해야 할 필요가 있다.

호반 상호 보험의 API 설계자들은 공정한 워크로드 분배를 달성하기 위해

선택한 **사용 비율 제한**을 적용하기 위해 구현을 해야 하고 한도에 도달한 까다로운 API 클라이언트의 속도가 느려질 수 있다는 점은 받아들인다.

품질 목표 및 페널티의 명시적 지정

많은 API에서 품질 목표는 암시적이고 모호한 상태로 유지된다. 클라이언트가 더 강력한 보증을 요구하거나 또는 비용을 지불하는 경우 프로바이더가 경쟁사와의 차별화를 위해 명시적인 보장을 하고자 하는 경우 품질 목표와 페널티를 명시적으로 지정하는 것이 유용할 수 있다. 측정 가능한 **서비스 수준 목표**(SLO, Service Level Object)와 위반 시 벌칙(선택 사항)을 자세히 설명하는 **API 설명**(그리고 API 계약)의 좀 더 공식적인 확장 및 보완으로서 **서비스 수준 계약** 패턴의 인스턴스는 이러한 사양을 다루는 방법을 제공한다.

	패턴: 서비스 수준 계약(SERVICE LEVEL AGREEMENT)
문제	API 클라이언트는 API 및 엔드포인트 동작의 특정 서비스 품질 특성에 대해 어떻게 알 수 있는가? 이러한 특성과 이를 충족하지 못할 때의 결과를 측정 가능한 방식으로 어떻게 정의하고 전달할 수 있을까?
솔루션	API 제품 책임자는 테스트 가능한 서비스 수준 목표를 정의하는 구조화된 품질 지향적 **서비스 수준 계약**을 수립하자.

서비스 수준 계약(SLA, Service Level Agreement) 도입에 대한 결정은 그림 3.19에 나와 있다. SLA를 모호하지 않게 만들려면 SLA와 관련된 필요한 API 동작을 찾아내야 하며 측정

API 키와 오류 보고에 대한 더 많은 예시는 6장을 참고하자.

많은 응답 메시지에는 **임베디드 엔티티** 또는 **링크된 정보 보유자**가 포함돼 있다. 예를 들어 계약 관리 백엔드에서 `CustomerDto`에는 모든 고객 계약의 중첩된 표현이 포함돼 있다. 그러나 많은 클라이언트가 고객 리소스에 액세스할 때 계약에 관심이 없을 수 있다. 클라이언트 측에서 처리하지 않는 많은 데이터가 포함된 대용량 메시지를 보내지 않기 위해 고객 계약을 반환하는 별도의 엔드포인트를 참조하는 **링크된 정보 보유자**를 사용할 수 있다.

```
curl -X GET http://localhost:8090/customers/rgpp0wkpec
{
  "customerId": "rgpp0wkpec",
  ...
  "_links": {
    ...
    "policies": {
      "href": "/customers/rgpp0wkpec/policies"
    }
  }
}
```

그런 다음 정책을 별도로 요청할 수 있다.

```
curl -X GET http://localhost:8090/customers/rgpp0wkpec/policies
[ {
  "policyId": "fvo5pkqerr",
  "customer": "rgpp0wkpec",
  "creationDate": "2022-02-04T11:14:49.717+00:00",
  "policyPeriod": {
    "startDate": "2018-02-04T23:00:00.000+00:00",
    "endDate": "2018-02-09T23:00:00.000+00:00"
  },
  "policyType": "Health Insurance",
  "deductible": {
```

```
    "amount": 1500.00,
    "currency": "CHF"
  },
  ...
```

버전 식별자, 시맨틱 버전 관리, 실험적 미리 보기 및 2개의 상용 버전에 대한 결정을 적용해 호반 상호 보험의 API 소유자, 아키텍트 및 개발자는 URI에 v1.0과 같은 식별자를 추가하고 소스코드 리포지터리 및 협업 플랫폼의 릴리스 관리 기능을 사용할 수 있다. 버전 관리 및 수명주기 관리 결정은 여기서 설명하는 코드에 표시돼 있지 않다.

소스코드 리포지터리를 제공하는 버전 관리 시스템으로 git이 선택됐다고 가정하면 상용 브랜치와 실험 브랜치가 2개 있을 수 있다. 이러한 각 브랜치는 배포(각각 테스트 또는 프로덕션용)로 끝나는 서로 다른 **지속적인 통합/지속적인 배포**^{CI/CD, Continuous Integration and Continuous Delivery/Continuous Deployment} 파이프라인을 제공할 수 있다.

호반 상호 보험의 구현에 대한 자세한 내용은 부록 B에서 확인할 수 있다. 이 장의 모든 결정이 완전히 구현된 것은 아니며 사례 연구 구현은 계속 발전하고 있다.[7]

요약

3장에서는 API 설계 및 진화 과정에서 필요한 패턴 관련 아키텍처 의사 결정을 확인했으며, 다음 주제를 다뤘다.

- 가시성(퍼블릭, 커뮤니티, 솔루션 내부) 및 API 타입(프론트엔드 통합 대 백엔드 통합)을 특징짓는 기본 패턴의 선택
- 성격(활동 대 데이터 지향)과 프로바이더 측 상태(읽기 또는 쓰기 액세스)에 미치는 영향이 다른 엔드포인트 역할 및 동작 책임 선택

---

7. 호반 상호 보험의 개발자는 이 예제 사례의 아키텍트 및 제품 책임자와 떨어져 있다고 가정하는가?

- 개별 메시지 엘리먼트를 구문론적(플랫 및 중첩 파라미터) 및 의미론적(데이터, 메타데이터, 식별자 및 링크 엘리먼트와 같은 엘리먼트 고정관념)으로 설명하는 구조 관련 패턴 선택
- API 품질 거버넌스 및 관리 결정(예: 서비스 수준 계약)
- **페이지네이션 및 위시 리스트**를 포함해 성능을 개선하고 메시지 크기를 조정하기 위한 API 품질 패턴
- 적절한 API 수명 및 API 진화 중 버전 관리에 대한 접근 방식에 대한 합의
- 비용 청구와 같은 기술 및 상업적 측면을 포함해 API 계약 및 설명을 최소한으로 또는 정교하게 문서화

44가지 패턴은 각각 제시된 아키텍처 의사 결정 질문에서 옵션(또는 대안)으로 나타나며, 설계와 관련된 주요한 설계 요구 사항design force과 장단점이 결정 기준이 된다. 호반 상호 보험 사례 연구를 통해 모범적인 의사 결정 결과를 도출하고 그 이유를 설명했다.

이것으로 이 책의 입문인 1부를 마쳤으며, 참고 자료로서 사용할 수 있는 2부에는 패턴에 대한 설명과 패턴 언어 개요가 포함돼 있다.

2부
패턴

2부에서는 API 설계와 진화를 위한 패턴을 카탈로그 형태로 소개한다. 1부의 3장을 보완하는 것으로, 모든 내용을 읽을 필요는 없지만 참고 자료로 활용할 수 있다.

이 카탈로그에 포함된 내용은 『웹 API 설계 원칙』(에이콘, 2023)[Higginbotham 2021]에서 소개한 ADDR(조정^{Align}-정의^{Define}-설계^{Design}-정제^{Refine}) 프로세스의 4단계에 따라 구성돼 있다.

- 초기 단계에서는 API 범위가 고객 목표 및 기타 요구 사항(예: 사용자 스토리 또는 작업 스토리)에서 도출되고 이에 맞춰 조정된다. 이 단계에 적합한 관련 기초 패턴$^{foundation\ pattern}$을 간략하게 요약한다.
- 아직 API 설계의 초기 단계이므로 엔드포인트와 그 동작은 다소 상위 수준의 추상화와 상세화를 기반으로 정의된다. 이 단계에서는 책임 패턴$^{responsibility\ pattern}$이 작용한다.
- 다음으로 기술적 세부 사항과 기술 연계$^{technology\ binding}$에 대해 설계가 진행된다. 이 단계에서는 메시지 구조$^{message\ structure}$와 API 품질 패턴$^{quality\ pattern}$이 적용된다.
- 마지막으로 API 설계와 구현은 API가 진화하는 동안 지속적으로 개선된다. 이 단계에서는 API 리팩토링(패턴의 적용)의 형태로 추가적인 품질 패턴이 적용될 수도 있다.

API 설계의 진행 상황은 설계 및 진화 단계 전반에 걸쳐 지속적으로(그리고 점진적으로) 문서화된다. 부록 A에서는 ADDR 4가지 단계와 7가지 스텝(예: '모델 API 프로필')과 패턴이 서로 어떻게 연관되는지 설명한다. 2부의 장 구조는 이러한 것들을 고려해 구성됐다. 각 장은 대상 독자 중에서 적어도 한 가지 역할을 대상으로 한다.

- **4장, 패턴 언어 개요**에서는 패턴 언어 개요를 제공하고 이후 장에서 패턴의 빌딩 블록 역할을 하는 기초 및 기본 구조 패턴을 소개한다.
- **5장, 엔드포인트 타입과 동작 정의**에서는 API 설계 및 진화에 대한 개념적 아키텍처 관점에서 엔드포인트 역할과 동작 책임을 설명한다.
- **6장, 요청 및 응답 메시지 표현 설계**에서는 통합 아키텍트와 개발자를 대상으로 요청 및 응답 메시지 구조를 설명한다.
- **7장, 품질을 위한 메시지 설계 개선**에서는 특정 품질과 관련해 메시지 구조를 개선하는 패턴을 소개한다. 7장 역시 아키텍트와 개발자를 대상으로 한다.
- **8장, API 진화**에서는 API 진화 및 수명주기 관리$^{\text{life-cycle management}}$를 설명한다. API 제품 관리자에게 도움이 될 수 있다.
- **9장, API 계약 문서화 및 커뮤니케이션**에서는 API 문서화 및 상품화 측면을 다룬다. 모든 역할, 특히 API의 제품 관리자와 관련이 있다.

'패턴 언어 개요'부터 시작해보자.

4장
패턴 언어 개요

1부에서는 원격 API가 최신 분산 소프트웨어 시스템의 중요한 기능이 됐다는 것을 알아봤다. API는 모바일 클라이언트, 웹 애플리케이션 및 타사 시스템과 같은 최종 사용자 애플리케이션에 원격 시스템 기능을 노출하는 통합 인터페이스를 제공한다. 최종 사용자 애플리케이션뿐만 아니라 분산된 백엔드 시스템과 이러한 시스템 내의 마이크로서비스도 API를 사용하고 의존하며 서로 작동할 수 있어야 한다.

가상의 보험 회사인 호반 상호 보험과 마이크로서비스 기반 애플리케이션이 그 예시로 사용됐다. API 설계와 발전에는 상충되는 요구 사항을 해결하고 적절한 절충점을 찾기 위한 많은 반복적인 설계 문제가 수반된다는 것을 알 수 있었다. 관련 문제에 대한 의사 결정 모델은 필요한 설계 작업을 안내하는 옵션과 기준을 제시했다. 패턴은 이러한 결정에서 대체 옵션으로 등장했다.

4장에서는 다음 단계를 설명한다. 패턴 언어 개요부터 시작해 패턴 언어를 통한 탐색 경로를 제안한다. 또한 기본 범위 지정 및 구조화 패턴의 첫 번째 세트를 소개한다. 4장을 읽고 나면 패턴 언어의 범위에 해당하는 주제와 아키텍처 관련 사항을 설명할 수 있고 관심 있는 패턴에 대해 찾을 수 있게 된다. 예를 들어 여러분의 프로젝트 단계별 관련 사항을 수행할 수 있다. 또한 기초 패턴을 통해 가시성 및 통합 타입을 기준으로 구축 중인 API의 특성을 파악하고 요청 및 응답 메시지의 구문 구성 요소를 구성하는 기본 구조 패턴 그리고 다른 많은 패턴에 대해 알 수 있다.

위치와 범위

1장에서 설정한 도메인 모델에 따르면 API 클라이언트와 프로바이더는 요청 및 응답 메시지를 교환해 API 엔드포인트에서 동작^{operation}을 호출한다. 대부분의 패턴은 중첩된 하나 이상의 표현 엘리먼트를 포함하는 이러한 메시지의 페이로드 콘텐츠$^{payload\ content}$에 중점을 둔다. 엔터프라이즈 통합 패턴$^{Enterprise\ Integration\ Patterns}$[Hohpe 2003]은 이 메시지 콘텐츠에 대해 **문서 메시지**(DOCUMENT MESSAGE), **명령 메시지**(COMMAND MESSAGE), **이벤트 메시지**(EVENT MESSAGE)의 3가지 다른 패턴을 제공한다. 메시징 시스템에서 이러한 메시지는 통신 '채널^{Channel}'을 통해 보내는 엔드포인트에서 받는 엔드포인트로 이동한다.

이러한 채널은 대기열 기반 메시징 시스템$^{queue\text{-}based\ messaging\ system}$을 사용할 수도 있지만 HTTP 연결 또는 GraphQL 및 gRPC와 같은 통합 기술을 사용할 수도 있다. 프로토콜 기능 및 구성, 메시지 크기 및 콘텐츠 구조는 API의 품질 속성 및 구현에 영향을 미친다. 이러한 메시징 맥락에서 API는 통신 채널에서 볼 때 서비스 액티베이터$^{Service\ Activators}$[Hohpe 2003]로 볼 수 있으며, API 구현에서 사용할 수 있는 애플리케이션 서비스를 위한 어댑터^{Adpator}[Gamma 1995] 역할을 한다.

우리가 사용하는 패턴 언어에서는 명령, 문서, 이벤트 메시지를 내부 구조 측면에서 살펴본다. 또한 사용되는 통신 프로토콜에 관계없이 표현 엘리먼트, 동작 및 API 엔드포인트가 수행하는 역할도 살펴본다. 적절한 API 세분성과 결합을 달성하기 위해 메시지를 엔드포인트로 그룹화하는 방법, API를 문서화하는 방법, API 엔드포인트와 그 부분의 진화를 관리하는 방법을 살펴본다.

특히 HTTP GET, POST, PUT을 통해 JSON 객체로 교환되는 메시지 페이로드와 클라우드 서비스 제공업체 또는 메시징 시스템(예: ActiveMQ 또는 RabbitMQ)에서 제공하는 메시지 큐를 좀 더 자세히 살펴보자. JSON은 웹 API에서 널리 사용되는 메시지 교환 형식이며, 우리의 패턴은 XML 문서나 기타 텍스트 구조가 교환될 때에도 똑같이 잘 작동한다. 심지어 바이너리 인코딩으로 메시지의 내용을 정의하는 데에도 적용할 수 있다.

그림 4.1은 웹 API 예제에서 패턴의 범위를 시각화한다. `curl` 명령으로 표시된 HTTP GET은 호반 상호 보험(2장에 소개된 사례)의 고객 중 하나인 `rgpp0wkpec`에 대한 정보를 요청한다.

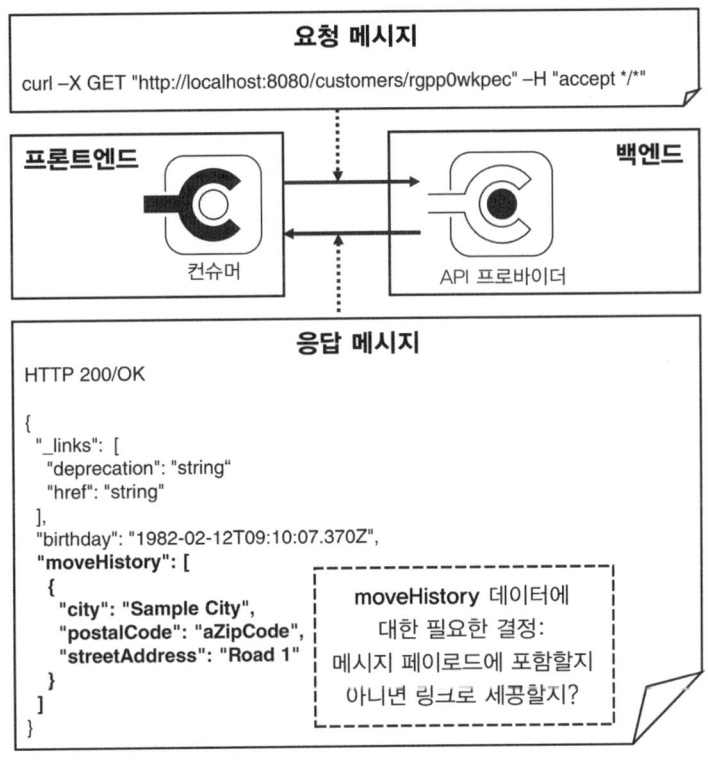

그림 4.1 API 호출 예시: 교환된 메시지와 그 구조

예시로 사용된 응답 메시지는 중첩돼 있다. 고객 정보에는 생일뿐 아니라 `moveHistory` 형식의 주소 변경 로그도 포함돼 있다. JSON 배열 표기법 [...]으로 표시된 주소 변경의 내용을 포함하는 컬렉션이 반환될 수 있다(이 예에서는 배열에 하나의 이사 목적지만 포함됨). 각 이사 목적지는 그림에서 JSON 객체 표기법 {...}로 감싸진 3개의 문자열 `"city"`, `"poastalCode"`, `"streetAddress"`로 구체화된다. 이 두 단계로 이뤄진 구조는 중요하고 반복적인 API 설계 문제를 제기한다.

일부 포함 또는 기타 도메인 수준의 관계가 있는 복잡한 데이터를 메시지 표현에 포함해야 할까, 아니면 동일한 혹은 다른 API 엔드포인트에서 다른 연산을 별도로 호출해 이 데이터를 조회할 수 있는 링크를 제공해야 할까?

그림 4.1에 표시된 임베디드 엔티티와 링크된 정보 보유자 패턴이 이 질문에 대한 답을 제공한다. 임베디드 엔티티는 중첩된 데이터 표현을 페이로드에 삽입하는 반면 링크된 정보 보유자는 페이로드에 하이퍼링크를 포함한다. 후자의 경우 클라이언트는 이러한 하이퍼링크를 따라 링크에 있는 엔드포인트 위치에 대한 후속 요청에서 참조된 데이터를 가져와야 한다. 이 2가지 패턴에서 어떤 것을 선택하느냐는 API 품질에 큰 영향을 미친다. 예를 들어 메시지 크기와 상호작용 횟수는 성능과 변경 가능성 모두에 영향을 미친다. 네트워크 및 엔드포인트 기능, 클라이언트의 정보 요구 사항 및 데이터 액세스 방법, 소스 데이터의 백엔드 위치 등에 따라 두 패턴 모두 유효한 선택이 될 수 있다. 따라서 이러한 기준이 패턴 선택 및 집중하는 주요한 요구 사항인 포스 채택의 기준이 된다. 이러한 패턴과 관련된 주요한 요구 사항인 포스는 7장에서 다시 살펴본다.

패턴: 왜 그리고 어떻게?

패턴은 특정 콘텍스트(여기서는 API 설계 및 진화)에서 반복되는 문제에 대한 입증된 솔루션을 제시해 API 설계 문제를 해결하는 데 도움이 될 수 있다. 패턴은 정의상 플랫폼에 독립적이므로 개념, 기술 및 공급업체에 종속되는 것을 방지한다. 패턴은 도메인에 대한 공통 언어를 형성한다. 패턴을 적절히 사용하면 패턴을 채택한 설계를 더 쉽게 이해하고, 이식하고, 발전시킬 수 있다.

각 패턴 텍스트는 작고 전문화되고 독립적이라 볼 수 있다. 이러한 텍스트는 공통 템플릿에 맞게 구조화할 수 있다.

- '적용 시기와 이유^{When and Why to Apply}' 섹션에서는 패턴 적격성^{pattern eligibility}에 대한 맥락과 사전 조건을 설정하고, 그런 다음에는 해결해야 할 설계 문제에

대한 설명이 이어진다. 설계에 가해지는 다양한 주요한 요구 사항인 포스는 문제 해결이 어려운 이유를 설명한다. 여기에는 아키텍처 의사 결정 드라이버[1]와 상충되는 품질 속성이 자주 언급되며, 해결되지 않은 문제도 지적될 수 있다.

- '작동 방식 How It Works' 섹션에서는 문제 설명에서 얘기하는 설계 질문에 대한 개념적이고 일반화된 솔루션을 제시하며, 솔루션이 작동하는 방식과 실제로 관찰되는 변형이 있는 경우 그 부분을 설명한다.
- '예제 Example' 섹션에서는 구체적인 애플리케이션 콘텍스트에서 솔루션이 어떻게 구현될 수 있는지(예: HTTP 및 JSON과 같은 특정 기술 집합으로 작업할 때)를 보여준다.
- '토론 Discussion' 섹션에서는 솔루션이 패턴의 주요한 요구 사항인 포스와 그 충돌을 어느 정도까지 해결하는지 설명하며, 추가적인 장단점을 포함하고 대체 솔루션에 대해 얘기할 수도 있다.
- '관련 패턴 Related Patterns' 섹션에서는 특정 패턴이 적용됐을 때 적합하고 흥미로운 관련 패턴에 대해 얘기한다.
- 마지막으로 '추가 정보 More Information' 섹션에서는 앞에서 다루지 않은 추가적인 포인트와 참고 자료가 제공된다.

2가지 예시 패턴으로 돌아가서 링크된 정보 보유자 및 임베디드 엔티티는 7장에서 이 형식으로 문서화돼 있다.

패턴을 사용한다고 해서 특정 구현을 하게 지시되는 것은 아니며 프로젝트 상황에 따라 유연하게 적용할 수 있다는 점에 유의하자. 사실 패턴은 맹목적으로 따라야 하는 것이 아니라 도구 또는 가이드로 간주해야 한다. 제품 또는 프로젝트별 설계는 구체적인 실제 요구 사항을 알고 있어야만 이를 충족할 수 있다. 패턴은 일반화된 산출물로서 이러한 실제 요구 사항을 만족시키기 어렵다.

---

1. 1장에서 정의한 것과 같이 주요한 요구 사항(force) 혹은 품질 속성(quality attribute) – 옮긴이

패턴 탐색

필자들은 패턴을 어떻게 정리할지 결정할 때 영감을 얻고자 다른 2권의 책을 살펴봤다. 『기업 통합 패턴Enterprise Integration Patterns』(에이콘, 2014)[Hohpe 2003]은 생성 및 전송에서 라우팅, 변환 및 수신에 이르기까지 분산 시스템을 통해 이동하는 메시지의 수명주기에 따라 정리돼 있다. 『엔터프라이즈 애플리케이션 아키텍처 패턴Patterns of Enterprise Application Architecture』(위키북스, 2015)[Fowler 2002]은 논리적 계층을 책의 각 장 및 주제 분류로 사용하는데, 도메인 계층domain layer에서 시작해 지속성 계층persistence layer 및 프레젠테이션 계층presentation layer지 다룬다.

유감스럽게도 레이어나 수명주기 중 어느 것 하나도 API 도메인에 적합하지 않은 것 같았다. 따라서 최선의 정리 방법을 한 가지로 결정할 수 없었지만 1장의 API 도메인 모델에 정의한 아키텍처 범위, 토픽 범주, 정제 단계를 제시해 패턴을 설명했다.[2]

구조의 구성: 범위별 패턴 찾기

대부분의 패턴은 다양한 수준의 추상화 및 세부 사항에서 API를 구성하는 요소에 초점을 맞추고 있으며, 일부는 기술 및 상업적 측면 모두에서 API 전체와 문서에 관해 다룬다. 그 결과 아키텍처에서 다루는 범위는 API 전체, 엔드포인트, 동작 및 메시지로 볼 수 있다. 1장에서 API 도메인 모델을 설명할 때 이러한 기본 개념을 소개했다. 그림 4.2에서는 이 5가지 범위에 대한 패턴을 보여준다.

---

2. 이 '하나를 요구하면 3개를 주는' 전술은 우리의 공통 규칙인 "의심스러운 경우 제외한다(if in doubt, leave it out)."[Zimmermann 2021b]를 다행스럽게도 메타 수준에만 해당하는 예외 사항이다. 표준을 만드는 곳이나 API 설계자가 우리보다 이 규칙을 더 잘 지키기를 바란다.

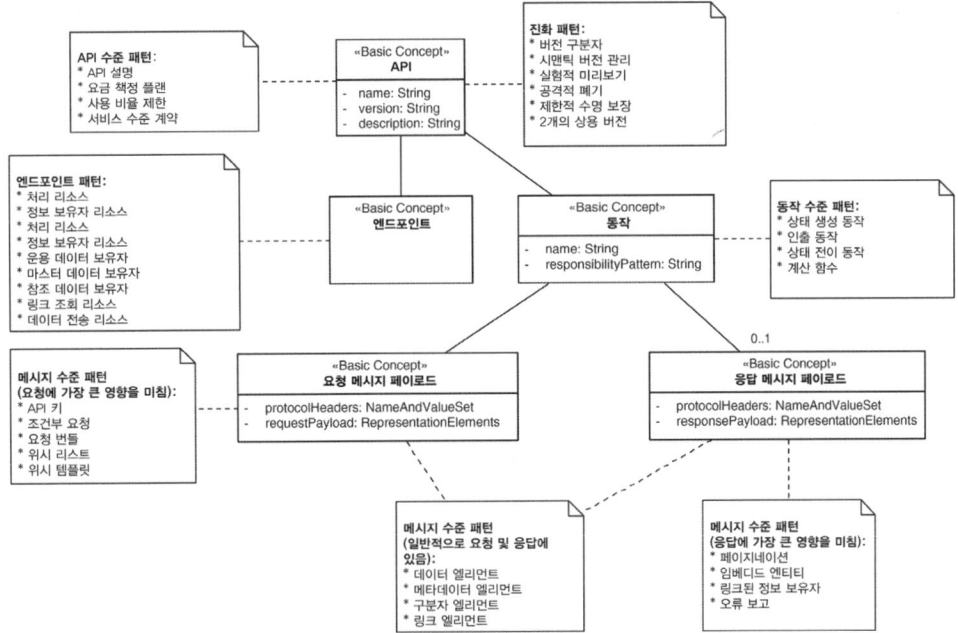

그림 4.2 도메인 모델 요소 및 아키텍처 수준별 패턴

API 설명 및 서비스 수준 계약과 같은 패턴은 API 전체와 관련이 있다. 처리 리소스 및 데이터 전송 리소스와 같은 다른 패턴은 단일 엔드포인트에서 작동한다. 많은 패턴이 동작 또는 메시지 설계를 다루며, 그중 일부는 주로 요청 메시지(API 키, 위시 리스트)를 대상으로 하고 다른 패턴은 응답 메시지(페이지네이션, 오류 보고)에 더 중점을 둔다. 엘리먼트 스테레오타입은 요청과 응답 모두에 나타날 수 있다(구분자 엘리먼트, 메타데이터 엘리먼트).

권유 행동: API 설계 작업에 직면했을 때 그중 어떤 범위를 다룰 것인지 스스로에게 물어보고 그림 4.2를 참고해 이 작업에서 관심 있는 패턴을 찾아보자.

테마별 분류: 주제별 패턴 찾기

패턴을 5가지 주제 카테고리로 분류했다. 각 카테고리에는 관련 주제별 몇 가지 질문에 대한 답변이 포함돼 있다.

- **기초 패턴**Foundation pattern: 어떤 타입의 시스템과 컴포넌트가 통합돼 있는가? API는 어디에서 액세스할 수 있어야 하는가? 어떻게 문서화해야 하는가?
- **책임 패턴**Responsibility pattern: 각 API 엔드포인트가 수행하는 아키텍처 역할은 무엇인가? 동작 책임은 무엇인가? 이러한 역할과 책임이 서비스 분해service decomposition와 API 세분성API granularity에 어떤 영향을 미치는가?
- **구조 패턴**Structure pattern: 요청 및 응답 메시지의 적절한 표현 엘리먼트의 수는 얼마인가? 이러한 요소들은 어떻게 구조화돼야 할까? 어떻게 그룹화하고 애너테이션을 달 수 있는가?
- **품질 패턴**Quality pattern: API 프로바이더가 리소스를 비용 효율적으로 사용하면서 특정 수준의 설계 시간과 런타임 품질을 달성하려면 어떻게 해야 할까? API 품질의 트레이드오프를 어떻게 전달하고 설명할 수 있을까?
- **진화 패턴**Evolution pattern: 지원 기간 및 버전 관리와 같은 수명주기 관리 문제를 어떻게 처리할 수 있는가? 이전 버전과의 호환성을 촉진하고 피할 수 없는 중요한 변경 사항을 어떻게 전달할 수 있는가?

이러한 주제 분류는 3장과 이 책에서 지원하는 웹 사이트의 의사 결정 모델[3]에서 다룬다. 그림 4.3은 책의 개별 장에서 다루는 패턴을 그룹화해 보여준다. 테마 범주와 4장부터 8장까지는 2가지 예외를 제외하고는 서로 일치한다. 기초 카테고리의 API 설명 및 품질 관리와 관련된 3가지 패턴(사용 비율 제한, 요금 책정 플랜, 서비스 수준 계약)은 9장에서 별도로 다룬다. API 키, 오류 보고, 콘텍스트 표현 패턴은 품질과 관련이 있지만 특수 목적 표현의 역할로 인해 6장에서 다룬다. 부록 A의 치트 시트도 동일한 구조를 따른다.

권유 행동: 최근에 직면한 API 설계 문제를 생각해보자. 앞의 범주 중 하나에 해당하는가? 질문과 패턴 이름 중 해당 패턴으로 문제를 해결할 수 있을 것 같은 것이 있는가? 그렇다면 지금 바로 해당 장과 패턴으로 이동했다가 나중에 여기로 돌아오는 것이 좋다. 더 자세한 정보가 필요하면 부록 A의 치트 시트를 참고하자.

---

3. https://api-patterns.org

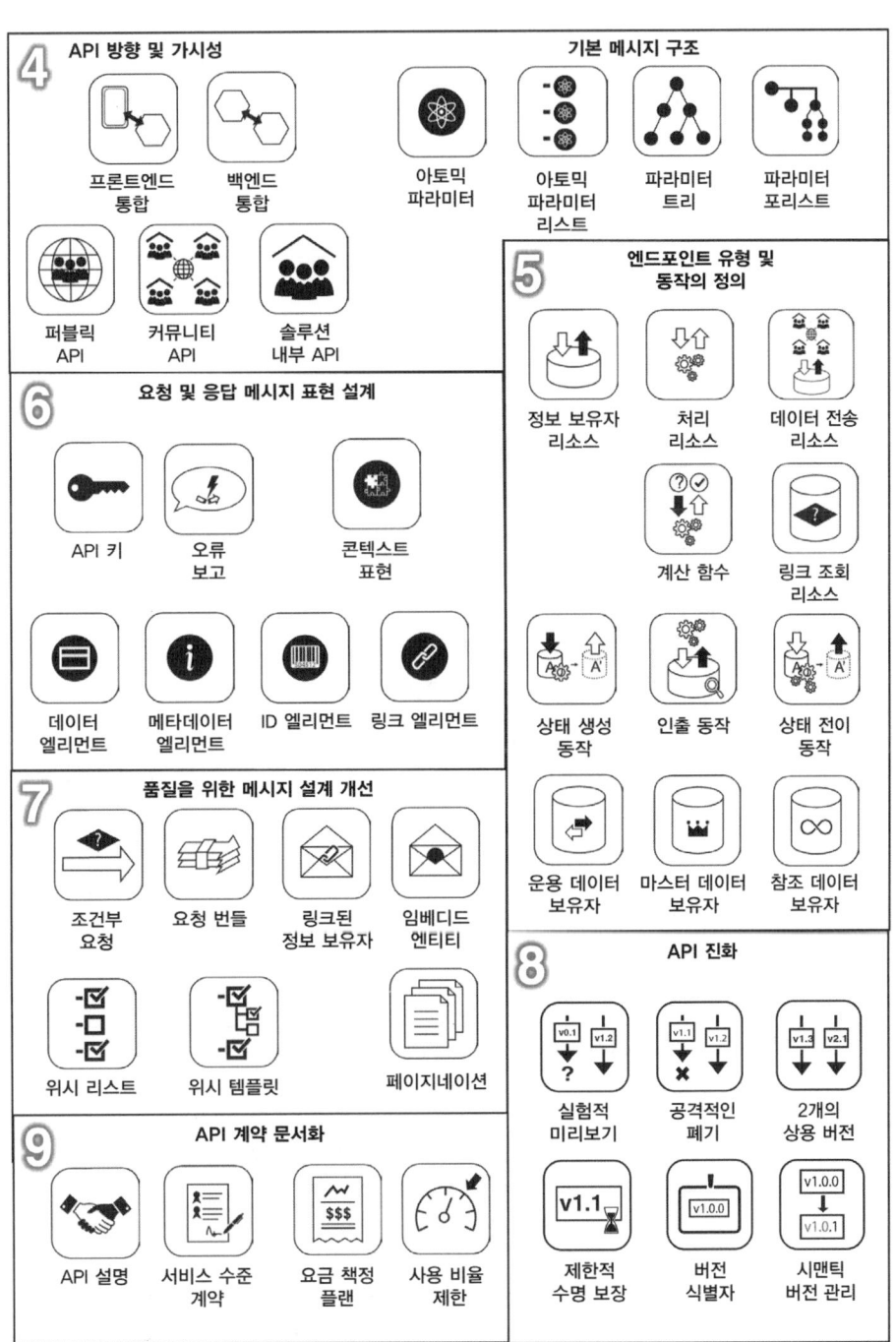

그림 4.3 장별 패턴 분류

시간 차원: 설계 개선 단계 따르기

대략 '통합 프로세스$^{Unified Process}$'[Kruchten 2000]에 따라 API 설계는 프로젝트/제품 도입$^{project/product\ inception}$에서 설계 상세$^{design\ elaboration}$, 구현 구축$^{implementation\ construction}$, 프로젝트/제품 전환$^{project/product\ transition}$의 반복^{iteration}을 거쳐 발전한다. 표 4.1은 프로세스 단계별로 패턴을 분류한 것으로, 일부 패턴은 여러 단계에 걸쳐 적용될 수 있다.

표 4.1 단계별 패턴

단계	종류	패턴
도입 (inception)	기초	공개용 API, 커뮤니티 API, 솔루션 내부 API
		백엔드 통합, 프론트엔드 통합
		API 설명
상세 (elaboration)	책임	정보 보유자 리소스, 처리 리소스
		마스터 데이터 보유자, 운용 데이터 보유자, 참조 데이터 보유자
		데이터 전송 리소스, 링크 조회 리소스
	품질	API 키, 콘텍스트 표현, 오류 보고
구축 (construction)	구조	아토믹 파라미터, 아토믹 파라미터 리스트, 파라미터 트리, 파라미터 포리스트
		메타데이터 엘리먼트, ID 엘리먼트, 링크 엘리먼트, 메타데이터 엘리먼트
	책임	상태 생성 동작, 상태 전이 동작
		인출 동작, 계산 함수
	품질	페이지네이션
		위시 리스트, 위시 템플리트
		임베디드 엔티티, 링크된 정보 보유자
		조건부 요청, 요청 번들
전환 (transition)	기초	API 설명
	품질	서비스 수준 계약, 요금 책정 플랜, 사용 비율 제한
	진화	시맨틱 버전 관리, 버전 관리자
		공격적 폐기, 실험적 미리 보기
		제한적 수명 보장, 2개의 상용 버전

API 엔드포인트는 초기 단계(도입)에서 전체 시스템/아키텍처에서의 역할에 따라

식별되고 특성화된다. 다음으로 초기에 요청 및 응답 메시지 구조가 개념화되고 설계된 상태에서 동작^{operation}의 초안이 작성된다(상세). 품질 개선이 뒤따른다(구축). API가 가동될 때 버전 관리에 대한 접근 방식과 지원/수명 전략이 결정되며(전환), 나중에 업데이트가 가능하다.

표 4.1은 모든 표가 그렇듯이 위에서 아래로 순서가 정해져 있지만 2주간의 단일 스프린트 내에서도 여러 번 적용할 수 있다. 여기서는 폭포수 모델을 제안하지 않으며, 예를 들어 애자일 프로젝트 조직의 실천 방법을 적용할 때 앞 단계 혹은 뒷단계로 이동해도 괜찮다. 즉, 각 스프린트에는 도입, 상세, 구축, 전환 작업이 포함될 수 있으며 관련 패턴을 적용할 수 있다.

2부 소개에서 설명한 ADDR(조정-정의-설계-정제) 단계가 통합 프로세스 및 표 4.1의 단계와 어떤 관련이 있는지 궁금할 수 있다. 우리의 견해는 다음과 같다. 조정^{Align}은 도입^{inception} 단계에 해당하며, 정의^{Define} 활동은 상세^{elaboration} 단계에서 이뤄진다. 설계^{Design} 작업은 정제에서 구축^{construction}의 반복으로 이어지며, 구축과 전환^{transition} (그리고 이후 진화^{evolution} 및 유지 보수^{maintenance} 단계)은 설계를 지속적으로 정제^{Refine}할 수 있는 기회를 제공한다.

> **권유 행동:** 현재 API 설계 작업은 어느 단계에 있는가? 나열된 패턴이 설계에 고려할 만한 것으로 보이는가? 설계가 특정 마일스톤에 도달할 때마다 또는 스프린트를 시작할 때 제품 백로그에서 API 관련 스토리를 선택할 때마다 표 4.1을 다시 살펴볼 수 있다.

탐색 방법

2부를 처음부터 끝까지 읽을 준비가 아직 되지 않았다면 이 절의 3가지 탐색 보조 구조(구조/범위, 주제 카테고리/장, 시간/단계)를 사용해 즉각적으로 필요한 부분을 탐색할 수 있다. 하나 이상의 시작점을 선택한 후에는 각 패턴에 제공된 '관련 패턴'이 가리키는 곳을 따라 계속 진행할 수 있으며, 3가지 구성 요소(범위, 주제, 단계) 중 하나로 돌아갈 수도 있다. 몇 가지 패턴을 공부한 후에는 큰 그림으로 돌아가 개별 패턴을 어떻게 결합할 수 있는지 알아보기 위해 10장의 호반 상호 보험 사례 연구 또는 실제 패턴 얘기를 참조할 수 있다.

다음 절에서는 ADDR의 조정 단계에서 사용할 수 있는 기본 API 기초 및 메시지 구조 패턴을 소개하고, 5장부터 9장까지는 나머지 단계인 정의, 설계, 정제와 추가 주제를 다룬다.

기초 패턴: API 가시성 및 통합 타입

이 절에 제시된 패턴은 설계의 주요한 설계 요구 사항인 포스와 해결 방법에 대해 다소 단순하게 설명하지만, 이후의 고급 패턴을 위한 빌딩 블록 역할을 한다. 따라서 여기서는 단순화된 형태로 제시하는데, 콘텍스트^{Context}와 문제^{Problem}, 해결 방법^{Solution}, 세부 사항^{Detail}이다. 필요에 따라 5장을 살펴보고 여기로 돌아와도 된다.

기초 패턴은 2가지 전략적 결정을 다룬다.

- 어떤 타입의 시스템, 하위 시스템 및 컴포넌트를 통합할 것인가?
- API는 어디에서 액세스할 수 있어야 하는가?

이 2가지 질문에 답하면 API의 범위와 목적을 파악하고 특성화하는 데 도움이 된다. **프론트엔드 통합**과 **백엔드 통합**은 API를 제공하는 방향(또는 목적과 아키텍처 위치)을 나타내는 2가지 타입이다. 퍼블릭 API, 커뮤니티 API, 솔루션 내부 API는 API 가시성을 정의한다. 그림 4.4는 이 5가지 패턴에 대한 패턴 맵을 제공한다.

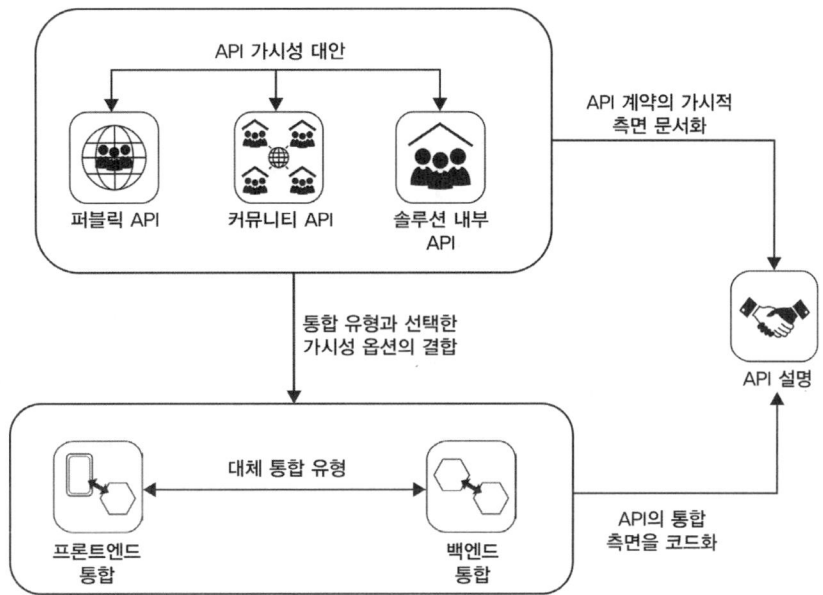

그림 4.4 기초 패턴에 대한 패턴 맵

API 설명 패턴은 9장에서 다룬다.

 패턴: 프론트엔드 통합

1장에서는 API가 중요한 이유 중 하나로 모바일 앱과 클라우드 네이티브 애플리케이션의 출현에 대해 설명했다. API는 클라우드 애플리케이션의 모바일 앱과 웹 클라이언트에 데이터와 프로바이더 측 처리 기능에 대한 액세스를 제공한다.

> 서버 측 비즈니스 로직 및 데이터 스토리지와 물리적으로 분리된 클라이언트 측 최종 사용자 인터페이스를 컴퓨팅 결과, 데이터 소스 검색 결과 세트, 데이터 엔티티에 대한 상세 정보로 어떻게 채우고 업데이트할 수 있을까? 애플리케이션 프론트엔드에서 어떻게 백엔드에서 활동을 호출하거나 데이터를 업로드할 수 있을까?
>
> 분산 애플리케이션의 백엔드가 메시지 기반 원격 **프론트엔드 통합 API**를 통해 하나 이상의 애플리케이션 프론트엔드에 서비스를 노출할 수 있다.

최종 사용자에게 서비스를 제공하는 애플리케이션 프론트엔드는 내부 애플리케이션일 수도 있고 외부 시스템의 일부일 수도 있다. **프론트엔드 통합 API**는 이러한 타입의 애플리케이션 프론트엔드에서 API 클라이언트에 의해 소비된다. 그림 4.5는 **프론트엔드 통합** 패턴을 맥락에 맞게 배치한 것이다.

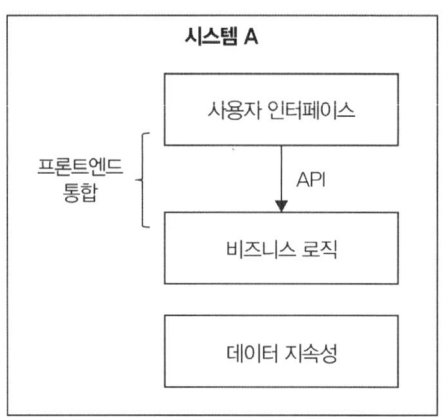

그림 4.5 프론트엔드 통합: API는 원격 사용자 인터페이스를 백엔드 로직 및 데이터와 연결

백엔드의 비즈니스 로직 레이어^{Business Logic Layer}[Fowler 2002]는 자연스러운 진입점이다. 때때로 사용자 인터페이스가 클라이언트와 서버로 분리돼 있는 경우도 있다. 이러한 경우 API는 사용자 인터페이스 수준에도 상주할 수 있다.

세부 사항

API가 퍼블릭 API인지, 커뮤니티 API인지, 솔루션 내부 API인지 결정한다. 하나 이상의 **아토믹 파라미터** 및 **파라미터 트리**에서 API 동작의 요청 및 선택 사항으로 응답 메시지를 구성한다(이러한 패턴에 대한 설명은 이후 절 참고).

역할 및 책임 패턴(5장), 메시지 구조 패턴(6장), 품질 패턴(6장 및 7장)의 도움을 받아 선택한 API 엔드포인트 후보를 실제로 만든다. 통합 API를 버전화할지 여부와 방법을 신중하게 결정하고, 버전화할 때 하나 이상의 진화 패턴(8장)을 고려한다. API 계약과 사용 약관을 API 설명 및 추가 산출물에 문서화한다(9장).

메시지 기반 원격 **프론트엔드 통합** API는 종종 HTTP 리소스 API로 구현된다.[4] HTTP/2를 통해 전송되는 gRPC[gRPC][Belshe 2015] 또는 웹 소켓[Melnikov 2011]과 같은 다른 원격 기술도 사용할 수 있다. 최근 언더페칭과 오버페칭을 피할 수 있는 GraphQL이 인기를 끌고 있다.[5]

프론트엔드 통합 API는 모든 클라이언트에 맞는 일반적 목적을 갖고 있거나 클라이언트 또는 유저 인터페이스 기술 타입에 따라 서로 다른 '프론트엔드를 위한 백엔드'[Newman 2015]를 제공하는 데 특화돼 있다.

 패턴: 백엔드 통합

1장에서 클라우드 네이티브 애플리케이션과 마이크로서비스 기반 시스템에는 각 부분을 연결하고 분리하기 위해 API가 필요하다는 점을 설명했다. API는 소프트웨어 에코시스템에서도 핵심적인 역할을 한다. 좀 더 일반적으로 말하자면 모든 백엔드 시스템은 다른 시스템에서 정보를 필요로 하거나 다른 시스템에서 활동을 원할 때 원격 API의 이점을 활용하고 이에 의존할 수 있다.

▼
독립적으로 구축돼 별도로 배포되는 분산 애플리케이션과 그 구성 요소가 원치 않는 결합을 유발하지 않고 시스템 내부의 개념적 무결성을 유지하면서 어떻게 데이터를 교환하고 상호 활동을 트리거할 수 있을까?

메시지 기반 원격 **백엔드 통합** API를 통해 서비스를 노출해 분산 애플리케이션의 백엔드를 하나 이상의 다른 백엔드(동일 또는 다른 분산 애플리케이션)와 통합할 수 있다.
▲

이러한 **백엔드 통합** API는 분산 애플리케이션의 프론트엔드 클라이언트에서 직접 사용하지 않고 다른 백엔드에서 독점적으로 사용한다.

---

4. HTTP 리소스 API는 REST 스타일의 통일된 인터페이스를 사용하며 URI에서 POST, GET, PUT, PATCH, DELETE와 같은 HTTP 메서드를 호출한다. 하이퍼링크를 사용해 상태를 전송하는 등 REST의 추가 제약 조건을 준수하는 경우 RESTful HTTP API라고도 한다.
5. GraphQL은 7장의 **위시** 템플릿 패턴을 대규모 프레임워크로 구현한 것으로 볼 수 있다.

그림 4.6은 이 패턴을 2가지 애플리케이션 콘텍스트 중 첫 번째 콘텍스트인 B2B (또는 시스템 간) 통합에 적용한 것이다.

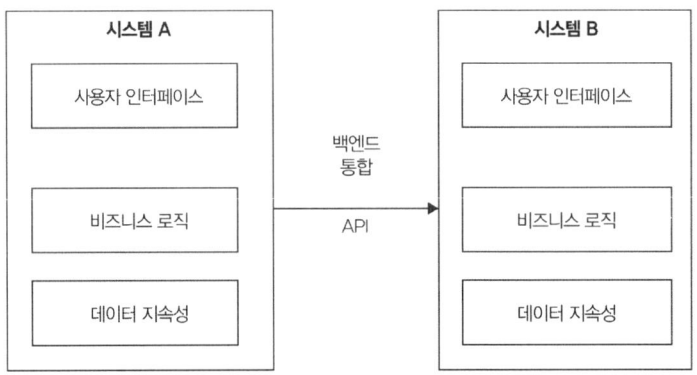

그림 4.6 백엔드 통합 스케치 1: 시스템 간 메시지 교환

그림 4.7은 이 패턴의 두 번째 사용 콘텍스트인 비즈니스 로직을 애플리케이션 내부에서 솔루션 내부 API를 노출하는 서비스 컴포넌트로 분해하는 것을 보여준다.

비즈니스 로직 계층은 백엔드 통합 API를 적용하기 적합한 위치다. 액세스 제어, 권한 부여 시행, 시스템 트랜잭션 관리, 비즈니스 규칙 평가는 일반적으로 이미 이 위치에 있다. 많은 로직이 필요하지 않은 일부 데이터 중심 시나리오에서는 대신 데이터 지속성 계층에 통합하는 것이 합리적일 수 있다(그림 4.7에는 표시되지 않음).

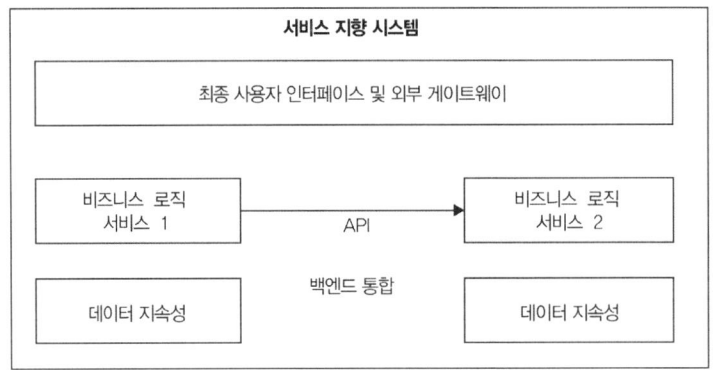

그림 4.7 백엔드 통합 스케치 2: 솔루션 내부 API를 통해 통신하는 마이크로서비스

세부 사항

통합 API의 가시성 결정: 가능한 옵션에 퍼블릭 API, 커뮤니티 API 및 솔루션 내부 API가 있다. 파라미터 트리에 중첩된 하나 이상의 아토믹 파라미터('기본 구조 패턴'에서 자세히 설명)에서 API 동작의 요청 및 응답 메시지를 구성한다. 백엔드 통합에서 API 엔드포인트의 역할과 해당 동작의 책임을 정의한다(5장). 엘리먼트 스테레오타입과 품질 개선 패턴을 사용해 메시지를 세부적으로 설계한다(6장 및 7장). 통합 API의 수명 주기 동안 버전 관리 여부와 방법을 신중하게 결정한다(8장). API 설명 및 보충 정보를 작성한다(9장).

시스템 설계의 시스템^{system of systems design}으로서 애플리케이션 환경 계획^{application landscape planning}을 활용해 체계적으로 접근한다. 엔터프라이즈 아키텍처 관리(소프트웨어의 도시 계획에 해당)에 대한 가벼운 접근 방식으로 도메인 주도 설계^{DDD, Domain Driven Design}[Vernon 2013]를 고려한다. 단일 시스템을 서비스로 분해하려면 기능적 요구 사항과 도메인 모델[Kapferer 2021, Gysel 2016]에서 도출된 절단 기준^{cutting criteria}과 규모 확장^{scaling} 요구 사항과 같은 운영 요구 사항과 독립적인 변경 가능성^{changeability}과 같은 개발 우려 사항[Zimmermann 2017]을 적용한다. 또한 클라우드 비용과 워크로드 패턴도 고려한다[Fehling 2014].

상호 운용성^{interoperability}을 높이려면 표준 메시징 프로토콜과 확립된 메시지 교환 형식을 지원하는 성숙한 원격 기술을 선택한다. **프론트엔드 통합**을 실현하기 위한 옵션으로 나열된 것 외에도 비동기식 대기열 기반 메시징은 **백엔드 통합**(특히 별도의 시스템을 통합하는 경우)에 자주 사용된다. 그 근거와 예는 1장을 참고한다.

 패턴: 퍼블릭 API

월드와이드웹^{WWW, World Wide Web}에 노출되는 API는 대상 고객과 접근성을 제한하지 않지만 API 키로 액세스를 제어하는 경우가 많다.

▼ 전 세계, 국가 또는 지역에 분산돼 있는 조직 외부의 무제한 또는 알 수 없는 수의 API 클라이언트가 API를 사용할 수 있게 하려면 어떻게 해야 할까?

API의 기능적 및 비기능적 속성을 모두 설명하는 자세한 **API 설명**과 함께 공용 인터넷에 API를 노출하자. 그림 4.8은 예시 시나리오에서 **퍼블릭 API** 패턴을 스케치한 것이다. ▲

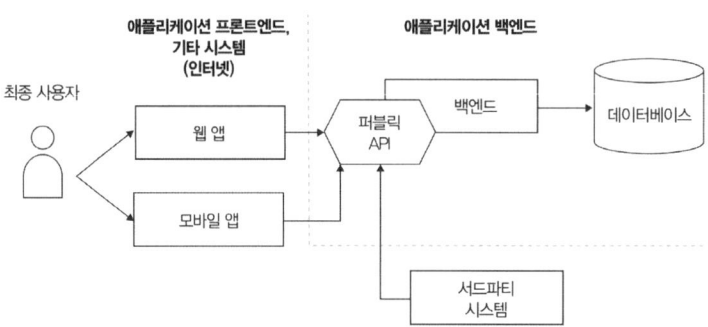

그림 4.8 API 가시성: 퍼블릭 API 예시

세부 사항

API 엔드포인트, 동작, 메시지 표현, 서비스 품질 보장 및 수명주기 지원 모델을 구체화한다. 책임 패턴을 선택하고 하나 이상의 진화 패턴을 선택해 이 통합 설계를 계속 진행한다(5장 및 8장 참고). 예를 들어 API를 처리 리소스로 표시하고, 버전 식별자를 도입하고, 시맨틱 버전 관리를 적용한다.

API 키(7장) 또는 기타 보안 수단을 사용해 API에 대한 액세스를 제어한다. 보안 및 안정성 관점에서 API를 강화하고 API 설명 및 지원 절차의 품질에도 관심을 기울여야 한다(9장). API 경제 관점에서 **요금 책정 플랜**을 정의하고 청구/구독 관리를 구현한다. 무료 요금 책정 플랜에 **사용 비율 제한**을 도입하는 것을 고려한다. 예를 들어 **서비스 수준 계약**에 API 사용 약관을 문서화하고, API 소비자가 API 사용의 사전 조건으로 이에 동의하게 한다. 약관에 공정 사용 및 면책 조항을 포함한다.[6] 이러한 패턴은 9장에서 다룬다.

---

6. 법적 구속력이 있는 산출물인 **퍼블릭 API**를 위한 이용 약관 문서와 **서비스 수준 계약**은 법률 전문가가 작성하거나 최소한 검토 및 승인을 받아야 한다.

 **패턴: 커뮤니티 API**

일부 API는 여러 조직의 클라이언트가 공유하며 커뮤니티 구성원만 사용할 수 있는 네트워크를 통해 배포되고 액세스될 수 있다.

▼
단일 조직 단위가 아닌 여러 법인(예: 회사, 비영리/비정부 조직, 정부)을 위해 작동하는 폐쇄적인 사용자 그룹으로 API의 가시성과 액세스 권한을 제한하려면 어떻게 해야 할까?
원하는 사용자 그룹만 액세스할 수 있게 API 및 구현 리소스를 액세스 권한이 제한된 위치(예: 엑스트라넷(extranet)[7])에 안전하게 배포하자. API 설명은 제한된 대상에게만 공유하자.
▲

그림 4.9는 아키텍처적인 맥락에서 커뮤니티 API 패턴을 스케치한 것이다.

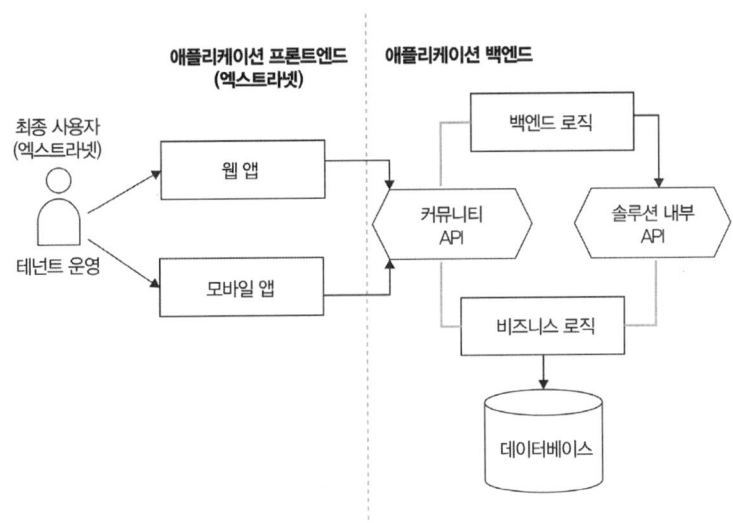

그림 4.9 커뮤니티 API 상황에 맞는 API 가시성

---

7. 외부 조직의 승인된 사용자들에게 확장된 사설 인트라넷 – 옮긴이

세부 사항

엔드포인트, 동작, 메시지 표현, 서비스 품질 보장, 수명주기 모델 측면에서 API를 지정한다. 좀 더 포괄적인(동일하게 유효한) 힌트 및 관련 패턴은 **퍼블릭 API**의 솔루션 세부 정보를 참조한다.

보안 및 안정성 관점에서 API를 강화하고 **API 설명 및 지원 절차**(커뮤니티에서 관리하는 회원 지원 포함)의 품질에 투자한다. 커뮤니티 전반의 API 소유자를 지정하고 공동으로 관련된 자금 조달을 모색한다.

이 패턴은 **퍼블릭 API** 및 **솔루션 내부 API**의 요소를 결합한다(이 두 패턴의 혼합으로 볼 수도 있음). 예를 들어 **퍼블릭 API**와 유사한 접근 방식으로 커뮤니티별 가격 모델을 정의할 수도 있지만, 많은 **솔루션 내부 API**가 그렇듯이 API 엔드포인트와 그 구현을 함께 두는 것도 고려할 수 있다.

 **패턴: 솔루션 내부 API**

일부 API는 애플리케이션을 컴포넌트로 구조화한다. 여기에는 서비스/마이크로서비스 또는 프로그램 내부 모듈이 포함된다. 이러한 경우 API 클라이언트와 해당 제공업체는 동일한 데이터 센터 또는 동일한 물리적 또는 가상 컴퓨팅 노드에서 실행되는 경우가 많다.

> API에 대한 액세스 및 사용을 동일 또는 다른 논리적 계층 또는 물리적 계층의 컴포넌트와 같은 애플리케이션으로 어떻게 제한할 수 있을까?
> 논리적으로 애플리케이션을 컴포넌트로 분해하자. 이러한 컴포넌트가 로컬 또는 원격 API를 노출하게 하자. 애플리케이션 백엔드의 다른 서비스 등 시스템 내부 통신 파트너에게만 이러한 API를 제공하자.

그림 4.10은 애플리케이션 프론트엔드 및 다른 백엔드 컴포넌트를 지원하는 솔루션 내부 API 패턴의 2가지 인스턴스를 샘플 API 클라이언트 및 백엔드 구현과 함께 스케치한 것이다.

세부 사항

관련 솔루션 내부 API의 모음을 플랫폼 API라고 부르기도 한다. 예를 들어 단일 클라우드 제공업체 오퍼링(또는 그러한 오퍼링의 모음)에 노출된 모든 웹 API는 플랫폼 API에 해당하며, 아마존 웹 서비스^{AWS, Amazon Web Services} 스토리지 관련 내용과 클라우드 파운드리^{Cloud Foundry}의 API를 예로 들 수 있다. 메시지 기반 미들웨어와 같은 소프트웨어 제품 내의 모든 솔루션 내부 API도 마찬가지이며, ActiveMQ 및 RabbitMQ의 엔드포인트 및 관리 API가 이러한 플랫폼 API의 예가 될 수 있다.

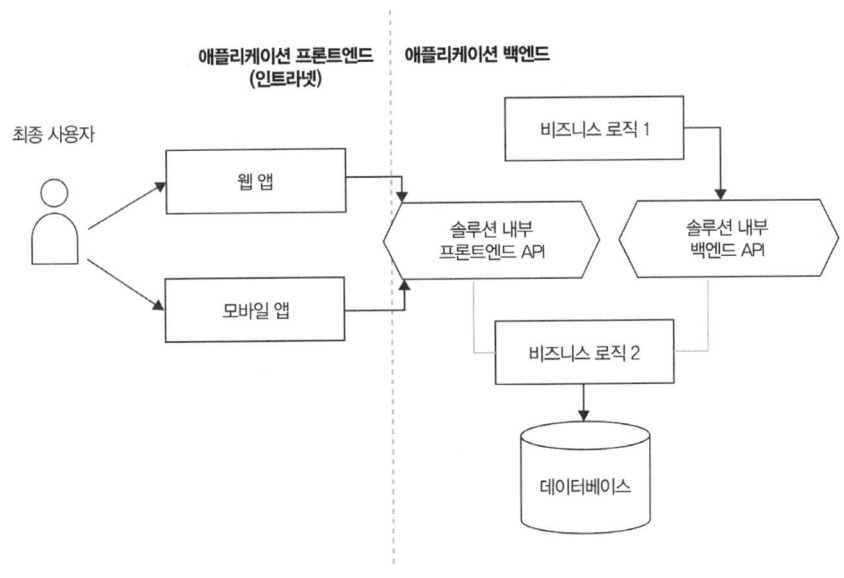

그림 4.10 솔루션 내부 API 가시성

독립적인 배포 가능성이 반드시 독립적인 배포를 의미하지는 않는다. 예를 들어 모듈형 모놀리스^{modular monolith}[Mendon?a 2021]는 로컬 API를 통해 데이터 전송 객체를 교환하는 일반 메시지를 사용하며, 이러한 모듈형 모놀리스는 원격 메서드 간의 호출 참조와 분산 가비지 컬렉션^{garbage collection}으로 인해 런타임 시 객체 간에 긴밀한 결합이 발생하는 객체지향 '인스턴스 정글^{instance jungle}'보다 더 쉽게 마이크로서비스 기반 시스템으로 전환할 수 있다.

애플리케이션과 그 부분의 결합 특성을 개선하기 위해 백엔드 통합을 위한 솔루션 내부 API를 설계하고 배포하는 것은 복잡한 작업이며, 2000년대 서비스 지향 아키텍처의 첫 번째 물결과 2014년부터 탄력을 받은 마이크로서비스의 트렌드는 모두 이 부분을 설계의 목표로 삼고 있다. 이 시리즈의 일부를 포함해 많은 책과 글이 있다. 5장에서 이 주제를 다시 살펴보자.

기초 패턴 요약

이것으로 이 장에서 5가지 기초 패턴을 다뤘다. 3장에서는 이러한 패턴을 필요한 의사 결정과 문제 해결 쌍으로 설명한다.

프론트엔드 통합을 수직 통합vertical integration이라 부르기도 하고, 백엔드 통합을 수평 통합horizontal integration이라 부르기도 한다는 점에 유의하자. 이 개념은 그림/모델 다이어그램의 맨 위에 프론트엔드를 배치하고 맨 아래에 백엔드를 배치하는 분산 시스템(및 해당 레이어와 계층)의 일반적인 시각화에서 유래한 것으로, 여러 시스템이 표시되는 경우 그림의 X축을 따라 이렇게 수행한다. 이러한 그림을 왼쪽에서 오른쪽으로 구성하는 경우도 자주 볼 수 있다.

통합 타입과 API 가시성을 패턴 형식으로 설명하는 이유가 궁금할 것이다. 이 모든 API는 엔드포인트, 동작, 메시지만 있는 API가 아닐까? 그렇다. 그러나 실제 경험에 따르면 2가지 통합 타입에 대한 비즈니스 콘텍스트와 요구 사항이 다르므로 프론트엔드 및 백엔드에 서비스를 제공하는 API는 서로 다른 목적을 수행하며 다르게 설계된다. 예를 들어 두 경우에서 프로토콜 선택이 다를 수 있다. 프론트엔드 연동에서는 HTTP가 자연스러운(또는 유일한) 선택인 경우가 많지만 백엔드 연동에서는 메시지 큐가 매력적이다. 요청 및 응답 메시지 구조도 그 폭과 깊이가 다를 수 있다. 2가지 기능을 모두 수행하는 API는 설계를 타협하거나 선택적 기능을 제공해야 하므로 사용법이 복잡해지는 경향이 있다. 예를 들어 퍼블릭 API는 내부 API보다 더 높은 수준의 보안 요구 사항과 안정성이 필요한 경우가 많으며, 오류 보고 시 API 클라이언트와 프로바이더가 서로를 알지 못할 수도 있다는 점을 고려해야 한다(솔루션 내부 API의 경우 가능성이 낮음).

다음으로 JSON과 같은 교환 형식의 데이터 정의 개념에서 추상화된 요청 및 응답 메시지의 빌딩 블록을 살펴보자.

기본 구조 패턴

API 계약은 하나 이상의 API 엔드포인트의 고유 주소(예: HTTP 리소스 URI), 해당 동작(예: 지원되는 HTTP 동사 또는 SOAP 웹 서비스 동작 이름) 그리고 각 동작의 요청 및 응답 메시지 구조를 설명한다. 이러한 메시지를 정의하는 데이터 구조는 API 계약의 필수적인 부분이며, 1장의 도메인 모델에서는 이를 **표현 엘리먼트**로 사용한다. 그림 4.1은 이번 장의 시작 부분에 예시로서 요청 및 응답 메시지를 설명한다.

이러한 데이터 구조(표현 엘리먼트)에 대한 설계 질문이 있을 수 있다.

- 요청 및 응답 메시지에 적절한 표현 엘리먼트의 수는 얼마인가?
- 이러한 요소들은 어떻게 구조화되고 그룹화돼야 하는가?

예를 들어 이러한 설계 문제는 HTTP가 메시지 교환 프로토콜인 경우 리소스 URI(경로 파라미터 포함), 쿼리, 쿠키, 헤더 파라미터 및 메시지 콘텐츠(메시지 바디라고도 함)에 영향을 미친다. GET 및 DELETE 요청에는 일반적으로 바디가 포함되지 않지만 이러한 요청에 대한 응답에는 바디가 포함된다. HTTP POST, PUT, PATCH는 요청 바디와 응답 바디를 모두 포함하는 경우가 많지만 하나 이상의 경로, 쿼리, 헤더, 쿠키 파라미터를 정의할 수도 있다. WSDL/SOAP 맥락에서 이 설계 문제는 SOAP 메시지 부분을 구성하는 방법과 해당 XML 스키마 요소를 정의하는 데 어떤 데이터 타입을 사용해야 하는지에 대한 것으로 해석할 수 있다. gRPC 프로토콜 버퍼와 GraphQL은 메시지를 지정하는 데 유사한 개념을 제공하며, 유사한 세분성과 관련된 결정이 필요하다.

이 절의 4가지 패턴은 2가지 질문에 대해 서로 다르게 답한다. **아토믹 파라미터**는 텍스트 및 숫자와 같은 일반 데이터를 설명하며, **아토믹 파라미터 리스트**는 이러한 여러 기본 파라미터를 그룹화한다. **파라미터 트리**는 (아토믹 파라미터 와 기타 트리의) 중첩을 제공하며, **파라미터 포리스트**는 메시지의 최상위 수준에서 이러한 트리 파라미터를 여러 개 그룹화한다. 그림 4.11의 패턴 맵은 이 4가지 패턴과 서로의 관계를 보여준다.

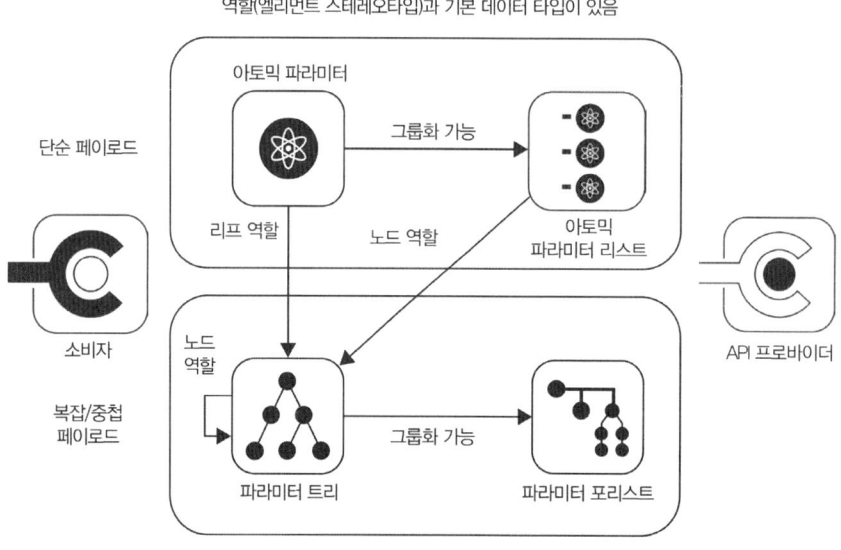

그림 4.11 메시지와 그 표현 엘리먼트를 구조화하는 패턴

 패턴: 아토믹 파라미터

프로그래밍 언어에서도 사용되는 **기본 타입**^{basic type}은 이 절의 앞부분에서 소개한 모든 가시성 및 통합의 타입 중 API 클라이언트와 API 프로바이더 간의 메시지 교환에서 사용되는 가장 간단한 전송 단위다.

▼
API 클라이언트와 API 프로바이더가 숫자, 문자열, 불리언 값 또는 바이너리 데이터 블록과 같은 단순한 비정형 데이터(unstructured data)를 어떻게 교환할 수 있을까?

단일 파라미터 또는 바디 요소(body element)를 정의한다. 선택한 메시지 교환 형식의 타입 시스템에서 기본 타입을 선택한다. 수신자 측 사용법에 따라 이 **아토믹 파라미터**를 이름으로 식별한다. API **설명**에서 문서 이름(있는 경우), 타입, 카디널리티(cardinality) 및 선택성(optionality)을 설명한다.

아토믹 파라미터가 단일 값인지 집합 값인지 결정한다. 예를 들어 측정 단위 등을 포함해 최소한 비공식적으로라도 전송된 값의 의미를 설명한다. **아토믹 파라미터**의 타입을 제한하기 위해 값 범위를 지정하는 것을 고려하자. 이 값 범위 정보를 선택한 메시지 교환 형식의 스키마 정의 언어(예: JSON 스키마, 프로토콜 버퍼, GraphQL 스키마 언어 또는 XML 스키마)에 정적으로 명시하거나 런타임 메타데이터에 동적으로 명시할 수 있다.

그림 4.12는 단일 값 문자열 파라미터를 요청 메시지에 나타나는 패턴의 단일 인스턴스로 시각화한다.

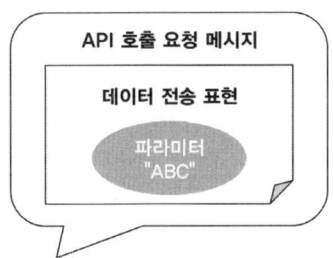

그림 4.12 아토믹 파라미터 패턴: (기본 타입의) 단일 스칼라

호반 상호 보험의 예제 사례에서 **아토믹 파라미터**는 고객 정보에 관한 서비스를 처리하는 모든 API 동작에서 찾을 수 있다. 첫 번째 예는 단일 값이다.

```
"city":Data<string>
```

이 예제의 표기법은 마이크로서비스 도메인 특화 언어^{MDSL, Microservice Domain Specific Language}이다. 부록 C에서 좀 더 자세히 소개한다. 호반 상호 보험의 고객 코어 애플리케이션 API에서 이러한 파라미터를 사용해 고객의 도시를 검색할 수 있다.

```
curl -X GET --header 'Authorization: Bearer b318ad736c6c844b' \
```

```
http://localhost:8110/customers/gktlipwhjr?fields=city
{
   "customers": [{
      "city": "St. Gallen",
      "_links": {
         "self": {
            "href": "/customers/gktlipwhjr?fields=city"
         },
         "address.change": {
            "href": "/customers/gktlipwhjr/address"
         }
      }
   }],
   ...
}
```

이 예에서 city가 유일한 아토믹 파라미터는 아니다. URI 경로에 있는 고객 식별자 gktlipwhjr도 이와 같은 아토믹 파라미터에 해당한다.

아토믹 파라미터는 기본 타입의 컬렉션^{collection}으로 제공될 수 있으며, 다음 MDSL 예제에서와 같이 아토믹 집합 값 *로 표현된다.

```
"streetAddress":D<string>*
```

앞의 정의에서 JSON 인스턴스는 다음과 같다.

```
{ "streetAddress": [ "sampleStreetName1", "sampleStreetName2"]}
```

아토믹 파라미터는 모든 연산 정의와 해당 스키마 컴포넌트에 나타난다. 부록 B에는 호반 상호 보험 사례의 OpenAPI 사양이 나와 있다.

세부 사항

API가 속한 도메인에서 표현력이 좋은 이름을 사용해 클라이언트 개발자 및 비기술적인 이해관계자가 API를 이해할 수 있게 한다. 각 **아토믹 파라미터**는 정확히 하나의 카디널리티를 가질 수도 있지만 선택적(0 또는 하나의 카디널리티), 집합 값(최소 하나) 또는 둘 다(0 또는 그 이상)일 수도 있다. 예를 들어 바이너리 데이터는 Base64로 인코딩해야 할 수도 있다[Josefsson 2006].

예를 들어 문자열이 특정 정규식과 일치해야 하거나 동일한 구조의 항목 모음(예: CSV 형식의 줄)인 경우 **아토믹 파라미터**에서 이동하는 텍스트와 숫자는 실제로 내부적으로 구조화돼 있을 수 있다는 점에 유의하자. 그러나 이러한 구조는 **직렬화**serialization 및 **역직렬화**deserialization 중에 API 프로바이더와 API 클라이언트가 처리하는 것이 아니다. 유효한 데이터를 준비하고 처리하는 것은 API 클라이언트가 포함된 애플리케이션과 프로바이더 측의 API 구현 책임이다. API 설명에 특정 값 범위와 유효성 검사 규칙이 정의돼 있을 수 있지만 앞서 설명한 대로 이러한 규칙의 시행은 상호 운용성 계약의 일부가 아니라 구현 수준의 작업인 것이 일반적이다. 이러한 '터널링tunneling' 접근 방식은 직렬화/역직렬화 도구와 미들웨어를 우회하기 때문에 때때로 안티패턴으로 인식되기도 하는데, 이러한 접근 방식은 편리해 보일 수 있지만 기술적 위험과 보안 위협을 초래할 수 있다는 점에 유의하자.

아토믹 파라미터는 종종 요청 또는 응답 메시지 내에서 특정 역할을 수행한다. 6장에서는 '엘리먼트 스테레오타입' 절에서 도메인 데이터 엘리먼트, 메타데이터 엘리먼트, ID 엘리먼트, 링크 엘리먼트 등 4가지 역할을 강조한다.

 패턴: 아토믹 파라미터 리스트

때로는 하나의 아토믹 파라미터만으로 표현하는 것이 충분하지 않을 수 있다. 2개 이상의 아토믹 파라미터가 의미적으로 밀접하게 연관돼 있거나 요청 또는 응답 메시지의 내용에 API 클라이언트, API 프로바이더 또는 중개자 관점에서 구분할 가치가 있는 여러 부분이 있을 수 있다.

> 관련성이 있는 여러 **아토믹 파라미터**를 하나의 표현 엘리먼트에 결합해 각 파라미터를 단순하게 유지하면서도 API 설명과 런타임 메시지 교환에서 관련성이 명확하게 드러나게 하려면 어떻게 해야 할까? 2개 이상의 단순한 비정형 **데이터 엘리먼트**를 하나의 응집력 있는 표현 엘리먼트(cohesive representation element)로 그룹화해 여러 **아토믹 파라미터**를 포함하는 **아토믹 파라미터 리스트**를 정의한다. 위치(인덱스) 또는 문자열 값 키로 해당 항목을 구분한다. 수신기에서 처리하는 데 필요한 경우 **아토믹 파라미터 리스트** 전체를 고유한 이름으로 구분한다. 표시가 필요한 엘리먼트와 허용되는 엘리먼트의 수를 지정한다.

아토믹 파라미터 리스트 전체뿐만 아니라 그 엘리먼트도 선택적이거나 설정 값이 될 수 있다. 이러한 속성은 API 설명에서 카디널리티로 표현해야 한다.

그림 4.13은 요청 메시지에서 이 패턴의 적용을 스케치한 것이다. 그림의 데이터 전송 표현에는 3개의 **아토믹 파라미터** 항목이 있다.

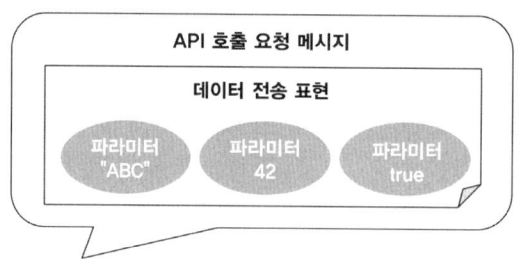

그림 4.13 아토믹 파라미터 리스트 패턴: 그룹화된 기본 요소

호반 상호 보험의 경우 아토믹 파라미터 리스트는 고객 주소를 나타낼 수 있다(MDSL 표기법).

```
data type AddressRecord (
    "streetAddress":D<string>*,
    "postalCode":D<int>?,
    "city":D<string>
)
```

streetAddress는 별표 *로 표시된 집합 값이다. 이 예제에서 postalCode는 선택 사항으로 표시되며 물음표 ?로 표시된다.

이 정의를 준수하는 샘플 데이터의 JSON 표현은 다음과 같다.

```
{
  "street": ["sampleStreetName"],
  "postalCode": "42",
  "city": "sampleCityName"
}
```

아토믹 파라미터에서 고객 코어 예제를 다시 살펴보면 요청에 여러 필드를 지정해야 할 수도 있다. 이 경우 아토믹 파라미터 리스트인 단일 fields=city, postalCode 파라미터를 사용하면 API 클라이언트가 프로바이더에게 응답에 특정(전부는 아님) 필드를 포함하기를 원한다는 것을 나타낼 수 있다.

```
curl -X GET --header 'Authorization: Bearer b318ad736c6c844b' \
http://localhost:8110/customers/gktlipwhjr?\
fields=city,postalCode
```

클라이언트는 개별 필드를 키로 식별하지 않고 GET 요청의 위치로 식별한다. 프로바이더는 리스트를 반복 처리해 응답에 필드를 포함할지 여부를 결정한다. 이는 사실 위시 리스트라는 API 품질 패턴의 핵심이다. 이 내용은 7장에서 설명한다.

세부 사항

단일 아토믹 파라미터에 대한 설계 조언은 여기에도 적용할 수 있다. 예를 들어 파라미터는 의미 있고 일관된 방식으로 이름을 지정해야 하며, 선택한 이름은 도메인 어휘의 일부여야 한다. 리스트에 있는 기본 엘리먼트의 순서는 가독성을 높이기 위해 논리적이어야 하며, 엘리먼트에 접근하는 방법이 쉬워야 한다. API 설명은 허용된 조합(즉, 유효한 리스트의 인스턴스)에 대한 대표적인 예를 제공해야 한다.

일부 플랫폼에서는 통신 참여자가 특정 메시지 타입으로 여러 스칼라를 전송하는 것을 허용하지 않는다. 예를 들어 많은 프로그래밍 언어에서는 응답 메시지에 하나의 반환 값 또는 객체만 허용하며, 이러한 언어에서 JSON 및 XML 스키마로의 기본 매핑은 이 규칙을 따른다(예: 자바의 JAX-RS 및 JAX-WS). 이 경우 패턴을 사용할 수 없으며 파라미터 트리가 이러한 표현을 지원할 수 있다.

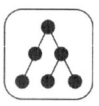 **패턴: 파라미터 트리**

예를 들어 주문 항목이 포함된 주문이나 많은 고객에게 판매되는(차례로 많은 제품을 구매하는) 제품과 같은 리치 도메인 데이터를 게시할 때는 정의상 일반 **아토믹 파라미터**만 포함된 **아토믹 파라미터 리스트**에 기본 표현 엘리먼트만을 나열하는 것으로는 충분하지 않은 경우가 종종 있다.

> 복잡한 표현 엘리먼트를 정의하고 런타임에 이러한 관련 요소를 교환할 때 포함 관계를 어떻게 표현할 수 있을까?
>
> **파라미터 트리**를 하나 이상의 자식 노드를 갖고 전용 루트 노드가 존재하는 계층 구조로 정의한다. 각 하위 노드는 이름 또는 위치로 로컬에서 식별되는 단일 **아토믹 파라미터**, **아토믹 파라미터 리스트** 또는 다른 **파라미터 트리**일 수 있다. 각 노드는 정확히 하나의 카디널리티를 가질 수도 있지만 0 또는 하나의 카디널리티, 최소 하나의 카디널리티 또는 0 이상의 카디널리티를 가질 수도 있다.

패턴은 원하는 중첩 구조를 생성하기 위해 재귀적으로 정의된다는 점에 유의하자. HTTP API에서 중첩된 JSON 객체는 이 패턴으로 표현되는 트리 구조를 제공하며, 집합 값 트리 노드는 노드에 해당하는 JSON 개체를 포함하는 JSON 배열로 표현할 수 있다.

그림 4.14는 이 패턴을 개념적으로 보여준다.

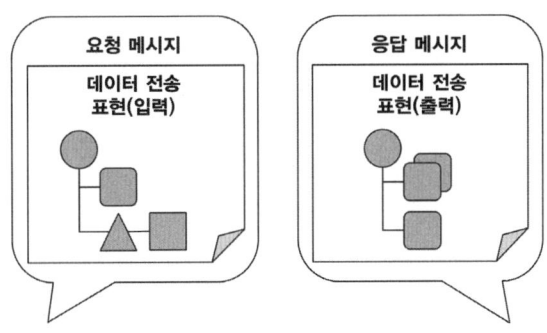

그림 4.14 파라미터 트리 패턴: 2:1의 중첩 수준

호반 상호 보험의 경우 파라미터 트리는 고객 및 계약 데이터를 처리하는 여러 API 동작에서 찾을 수 있다. 이번 장의 시작 부분인 그림 4.1의 예를 들어 2단계 중첩의 예는 다음과 같다. 예제에서 AddressRecord는 이미 앞에서 아토믹 파라미터 리스트로 정의됐음에 유의하자.

```
data type MoveHistory {
    "from":AddressRecord, "to":AddressRecord, "when":D<string>
}
data type CustomerWithAddressAndMoveHistory {
    "customerId":ID<int>,
    "addressRecords":AddressRecord+,   // 하나 또는 그 이상
    "moveHistory":MoveHistory*         // 타입 참조, 컬렉션
}
```

이 MDSL 데이터 정의 CustomerWithAddressAndMoveHistory는 런타임에 다음과 같은 JSON 객체 배열 구조를 생성할 수 있다.

```
{
    "customerId": "111",
    "addressRecords": [{
        "street": "somewhere1",
        "postalCode": "42",
        "city": "somewhere2"
```

```
        }],
        "moveHistory": [{
          "from": {
            "street": "somewhere3",
            "postalCode": "44",
            "city": "somewhere4"
          },
          "to": {
            "street": "somewhere1",
            "postalCode": "42",
            "city": "somewhere2"
          },
          "when": "2022/01/01"
        }]
      }
```

더 많은 예제는 MDSL 웹 사이트[8]에서 확인할 수 있다.

세부 사항

파라미터로 표현되는 도메인 모델 엘리먼트의 구조가 계층적이거나 연관적인 경우(고객 개요 및 세부 정보와 같은 1:1 관계 또는 제품 구매 고객과 같은 n:m 관계) **파라미터 트리**를 사용하는 것이 복잡한 구조를 평평한 목록으로 표현하는 것과 같은 다른 옵션에 비해 이해하기에 유리한 자연스러운 선택이다. 메시지와 함께 추가 데이터(예: 보안 정보)를 전송해야 하는 경우 **파라미터 트리**의 계층적 특성으로 인해 추가 데이터를 도메인 파라미터와 구조적으로 구분할 수 있으므로 이 사용 사례에 매우 적합하다(6장의 **콘텍스트 표현** 참고).

파라미터 트리는 아토믹 파라미터를 사용하는 것보다 처리하기가 더 복잡하며, 불필요한 요소가 포함되거나 중첩 수준이 지나치게 많으면 메시지 전송 중에 대역폭이 낭비될 수 있다. 그러나 전송해야 하는 구조가 복잡한 계층 구조인 경우 일반적으로

---

8. https://microservice-api-patterns.github.io/MDSL-Specification/datacontract

로 단순한 구조의 여러 메시지를 전송하는 것보다 처리 및 대역폭 사용 측면에서 더 효율적이다. 파라미터 트리는 예를 들어 정보의 선택성이 명시적으로 정의되지 않은 경우 API 클라이언트와 프로바이더 간에 불필요한 정보와 더 많은 구조 정보가 공유될 수 있는 위험을 초래한다. 이는 느슨한 결합의 한 측면으로, 형식 자율성과 관련해 최적이 아닐 수 있다.

패턴의 재귀적 정의에 유의하자. 예를 들어 이 패턴을 적용할 때 HTTP POST 요청의 바디에 대한 JSON 스키마를 정의할 때 이러한 재귀적 정의를 사용하는 것이 좋아 보일 수 있고, 때로는 피할 수 없는 경우도 있다. 여러 노드의 적용과 적용하지 않는 선택을 통해 트리 구성 과정을 완료할 수 있다. 그러나 그렇게 하더라도 이러한 재귀적 정의는 Jackson 라이브러리와 같은 도구와 런타임 직렬화 도구에 스트레스를 주거나 충돌을 일으키는 대용량 메시지 페이로드가 발생하게 할 수도 있다.

 패턴: 파라미터 포리스트

아토믹 파라미터가 아토믹 파라미터 리스트를 구성할 수 있는 것처럼 파라미터 트리도 그룹으로 조립할 수 있다. 이는 요청 메시지 헤더나 응답 메시지 헤더 또는 페이로드의 최상위 수준에서만 유용하다.

▼
API 동작의 요청 또는 응답 페이로드로 여러 개의 **파라미터 트리**를 노출하려면 어떻게 해야 하는가? 2개 이상의 **파라미터 트리**로 구성된 **파라미터 포리스트**를 정의한다. 위치 또는 이름으로 포리스트 멤버를 찾는다.
▲

그림 4.15는 파라미터 포리스트 패턴을 보여준다.

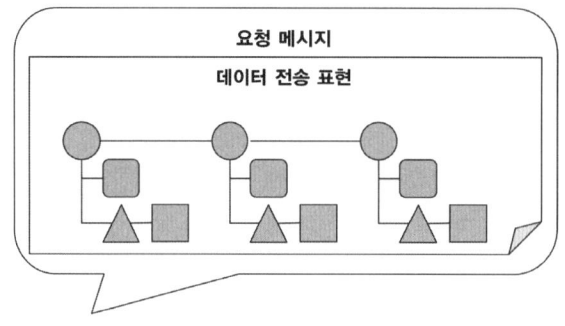

그림 4.15 파라미터 포리스트 패턴

포리스트의 파라미터 트리는 위치 또는 이름으로 액세스되며, 다른 트리를 포함할 수 있는 트리와 달리 파라미터 포리스트에는 다른 포리스트가 포함되지 않을 수 있다.

```
data type CustomerProductForest [
  "customers": { "customer":CustomerWithAddressAndMoveHistory }*,
  "products": { "product":ID<string> }
]
```

이 사양의 JSON 렌더링은 동일한 구조의 트리와 매우 유사하게 보인다.

```
{
  "customers": [{
    "customer": {
      "customerId": "42",
      "addressRecords": [{
        "street": "someText",
        "zipCode": "42",
        "city": "someText"
      }],
      "moveHistory": []
    }}],
  "products": [{ "product": "someText" }]
}
```

그러나 서비스의 자바 인터페이스를 보면 동작 시그니처^{operation signature}에 약간의 차이가 있음을 알 수 있다.

```
public interface CustomerInformationHolder {
  boolean uploadSingleParameter(
    CustomerProductForest newData);
  boolean uploadMultipleParameters(
    List<Customer> newCustomer, List<String> newProducts);
}
```

uploadSingleParameter 메서드는 고객 및 제품 트리를 포함하는 단일 클래스 CustomerProduct-Forest를 입력으로 사용하는 반면 uploadMultipleParameters는 List<Customer> 및 List<String> 타입의 두 파라미터로 작동한다. 후자는 전자로 쉽게 리팩토링할 수 있다.

세부 사항

이 패턴은 2개 이상의 중첩된 최상위 파라미터(또는 메시지 바디 요소)의 특수한 경우를 나타낸다. 대부분의 기술 매핑에서 이 패턴은 포리스트 멤버가 첫 번째 중첩 수준인 파라미터 트리와 의미적으로 동일하다(앞서 제시한 JSON 예제 참고).

HTTP 리소스 API에서 쿼리, 경로, 쿠키 파라미터, 바디의 집합은 이러한 포리스트로 볼 수 있다. 이 패턴을 사용하는 이유 중 하나다.

파라미터 포리스트는 '인공적인' 루트 노드를 도입해 파라미터 트리로 바꿀 수 있으며, 마찬가지로 아토믹 파라미터 리스트와 일반 파라미터 트리도 동일하다. 따라서 재귀적 파라미터 트리와 아토믹 파라미터를 리프 노드로 사용하면 임의의 복잡한 데이터 구조를 표현하기에 충분하다. 2가지가 아닌 4가지 패턴을 사용하는 것이 어떤 이점이 있는지 궁금할 수 있다. 우리는 개념적 차이를 숨기지 않고 일반성을 잃지 않으면서도 HTTP, WSDL/SOAP, gRPC 등과 같은 다양한 기술의 복잡성을 모델링할 수 있도록 4가지 설계 옵션을 패턴으로 제시하기로 결정했다.

기본 구조 패턴 요약

요청 및 응답 메시지 페이로드의 구조에 의해 설정되는 API 계약의 데이터 부분은 개발자 경험[DX, Developer eXperience]에 직접적으로 기여하거나 해를 끼친다. 상호 운용성 및 유지 보수성과 같은 품질이 걸려 있다. 1장에서는 이러한 품질과 더 많은 바람직한 품질(그리고 관련 설계 과제)에 대해 자세히 설명한다.

이 패턴을 사용하면 플랫폼에 독립적인 스키마 정의가 생성되며, 이 스키마는 JSON 스키마(OpenAPI에서 사용됨), 프로토콜 버퍼 사양 또는 GraphQL 스키마 언어에 해당한다(표 4.2 참고).

표 4.2 기본 구조 패턴 및 알려진 용도

테마	패턴	JSON	XML, XML 스키마	프로토콜 버퍼	GraphQL
일반 데이터	아토믹 파라미터(단일 값)	기본/원시 타입	단순 타입	스칼라 값 타입	스칼라 타입
맵/레코드	아토믹 파라미터 리스트	객체 {...}, 다른 객체는 포함하지 않음	기본 제공 또는 사용자 정의 타입을 참조하는 크기 1의 시퀀스	중첩된 타입	입력 및 타입 정의
중첩	파라미터 트리	다른 객체를 포함한 객체 {...{...}...}	컴플렉스 타입	다른 메시지를 참조하는 메시지	다른 것을 참조하는 입력 및 타입 정의
중첩된 요소 그룹	파라미터 포리스트	객체의 최상위 배열	WSDL에서 모델링 가능(실제로는 사용되지 않음)	N/A	N/A
컬렉션	다른 패턴의 변형(아톰, 트리)	배열 [...]	maxOccurs="unbounded"	반복 플래그	Array [...]

일반 파라미터 트리와 아토믹 파라미터 리스트는 예를 들어 "deepObject" 직렬화를 통해 경로 파라미터 또는 URI의 쿼리 문자열에 매핑할 수 있다[OpenAPI 2022]. 이 작업은 깊게 중첩된 트리의 경우 더 어려워지거나 불가능할 수도 있다. OpenAPI 사양

에는 "중첩된 객체 및 배열에 대한 동작은 정의되지 않았다."라고 돼 있다.

4가지 타입의 기본 구조 요소를 모두 사용하고 결합해 범용 데이터 엘리먼트(6장의 패턴)의 변형으로 메타데이터 엘리먼트, ID 엘리먼트, 링크 엘리먼트를 만들 수 있다. 임베디드 엔티티는 종종 파라미터 트리로 제공되며, 링크된 정보 보유자는 아토믹 파라미터 리스트를 사용해 링크 대상을 정의한다(7장). 버전 식별자는 아토믹 파라미터인 경우가 많다(8장).

선택적으로 데이터 출처 정보는 API 설명에 제공될 수 있다. 이러한 정보에는 표현 엘리먼트를 생성하는 데 관여한 엔티티, 사람, 프로세스, 데이터 출처, 시간이 지남에 따라 데이터가 이동하는 위치 등이 포함될 수 있다. 이러한 정보는 메시지 수신자가 해석을 시작하고 그에 따라 API를 변경하기 어렵게 만들 수 있으므로 결합도가 증가할 수 있다는 점에 유의하자. 6장의 엘리먼트 스테레오타입에서는 이러한 정보 및 기타 의미 정보semantic information를 표현 엘리먼트에 추가하는 방법을 설명한다. 메타데이터 엘리먼트, ID 엘리먼트, 링크 엘리먼트가 이러한 의미 정보에 포함된다.

3장에서는 이 절에 제시된 4가지 기본 구조 패턴과 문제 해결을 다룬다.

요약

4장에서는 패턴 언어의 범위를 설정하고, 그 구성을 소개하고, 가능한 탐색 경로를 살펴봤다. 또한 이 책의 뒷부분에서 자세히 다루지 않은 5가지 기초 패턴과 4가지 기본 구조 패턴도 소개했다.

이러한 패턴은 메시지 기반 API를 지정, 구현, 유지 관리할 때 일반적으로 발생하는 설계 문제에 대한 검증된 해결책을 담고 있다. 쉽게 탐색할 수 있도록 패턴은 수명주기 단계, 범위, 설계 관심사 범주별로 그룹화돼 있다. 5장의 각 패턴은 콘텍스트와 문제에서 솔루션과 예제, 토론 및 관련 패턴으로 진행하면서 공통 템플릿에 따라 설명한다.

4장에서는 프론트엔드 통합을 위한 퍼블릭 API부터 커뮤니티 API, 프론트엔드 통합 및 백엔드 통합을 위한 솔루션 내부 API, 아토믹 파라미터와 파라미터 트리를 포함한 플랫 및 중첩 메시지 구조에 이르기까지 패턴 언어의 기본 구성 요소를 소개했다.

어떤 타입의 API를 빌드하고 어디에 노출할지 결정하면 엔드포인트와 그 동작을 식별할 수 있다. 5장의 주제인 엔드포인트 역할과 동작 책임을 할당하는 것이 도움이 된다. 메시지 및 데이터 계약 설계는 6장에서 설명한다. 링크된 정보 보유자와 임베디드 엔티티는 이 책에서 다루는 44가지 패턴 중 2가지다. 이 패턴은 4장의 시작 부분에서 예시로 사용됐으며 7장에서 다시 설명한다.

5장
엔드포인트 타입과 동작 정의

API 설계는 4장에서 다룬 요청 및 응답 메시지의 구조에만 영향을 미치는 것은 아닙니다. 구축 중인 분산 시스템의 아키텍처 내에서 API 엔드포인트와 그 동작을 배치하는 것도 그에 못지않게 중요하다. 엔드포인트와 동작이라는 용어는 1장의 API 도메인 모델에서 소개했다. API 제공에 대한 포지셔닝을 신중하게 생각하지 않고 서두르거나 아예 하지 않는 경우, 이로 인한 불일치에 따른 개념적 무결성이 저하될 때 API 프로바이더 구현은 확장 및 유지 관리가 어려울 수 있으며, API 클라이언트 개발자는 결과적으로 API에 대해 잘못 이해하고 활용하기 어려울 수 있다.

5장의 아키텍처 패턴은 패턴 언어에서 중심적인 역할을 한다. 그 목적은 높은 수준의 엔드포인트 식별 활동을 작업 및 메시지 표현의 세부 설계와 연결하는 것이다. 이러한 전환을 위해 역할과 책임 중심의 접근 방식을 사용한다. API 엔드포인트의 기술적 역할과 동작의 상대 관리 책임을 알면 API 설계자가 나중에 더 자세한 결정을 정당화할 수 있고 런타임 API 관리(예: 인프라 용량 계획)에도 도움이 된다.

5장은 이 책의 2부 도입부에서 설명한 ADDR(조정-정의-설계-정제) 프로세스의 정의 Define 단계에 해당한다. ADDR에 익숙하지 않아도 이 패턴을 적용할 수 있다.

API 역할 및 책임의 소개

비즈니스 수준의 아이디어 도출 활동은 종종 후보 API 엔드포인트의 모음을 생성한다. 이러한 초기 임시 설계 아티팩트는 일반적으로 사용자 스토리(다양한 형태),

이벤트 스토밍의 결과물 또는 협업 시나리오로 표현되는 API 설계 목표에서 시작된다[Zimmermann 2021b]. API 구현이 시작되면 이러한 인터페이스 후보를 더 자세히 정의해야 한다. API 설계자는 API에 의해 노출되는 서비스의 세분성(작고 특정한 서비스 대 크고 보편적인 서비스), 클라이언트와 API 프로바이더 구현 간의 결합도(가능한 한 낮게, 필요한 만큼 높게) 등의 아키텍처적 관심사 사이에서 적절한 균형을 찾아야 한다.

API 설계에 대한 요구 사항은 다양하다. 앞서 설명한 것처럼 비즈니스 수준 활동에서 도출된 목표는 주요한 입력을 제공하는 소스이지만 유일한 입력 소스는 아니며, 예를 들어 기존 백엔드 시스템에 의해 부과된 외부 거버넌스 규칙과 제약 조건도 고려해야 한다. 따라서 애플리케이션과 서비스 에코시스템에서 API의 아키텍처적 역할은 매우 다양하다. API 클라이언트는 단순히 발생하는 이슈에 대해 프로바이더에게 알리거나 일부 데이터를 넘겨주기를 원할 때도 있고, 처리를 계속하고자 프로바이더 측의 데이터를 찾기도 한다. 클라이언트의 요청에 응답할 때 프로바이더는 이미 사용 가능한 데이터 엘리먼트를 단순히 반환하거나 다른 API에 대한 호출을 포함해 다소 복잡한 처리 단계를 수행할 수 있다. 프로바이더 측 처리 중 일부는 단순하든 복잡하든 프로바이더 상태를 변경할 수 있으며, 일부는 이 상태를 그대로 유지할 수도 있다. API 동작에 대한 호출은 복잡한 상호작용 시나리오 및 대화의 일부일 수도 있고 아닐 수도 있다. 예를 들어 온라인 쇼핑 및 보험금 청구 관리와 같은 장기적인 비즈니스 프로세스에는 여러 당사자 간의 복잡한 상호작용이 포함된다.

동작^{operation}의 세분성은 매우 다양하다. 소규모 API 동작은 작성하기 쉽지만 시간이 지남에 따라 호출을 조정해 구성해야 하는 동작이 많을 수 있으며, 대규모 API 동작은 독립적이고 자율적일 수 있지만 구성, 테스트 및 발전시키기가 어려울 수 있다. 또한 작은 단위의 많은 런타임 동작 관리는 몇 개의 큰 단위의 작업 관리와 다르며, 유연성과 효율성 간에 상충되는 부분이 있다. API 설계자는 동작에 비즈니스적 의미를 부여하는 방법을 결정해야 한다(예를 들어 이는 서비스 지향 아키텍처의 원칙이다[Zimmermann 2017]). 또한 동작이 단순히 계산된 응답을 반환할 수도 있지만 프로바이더 측 데이터 저장소에 영구적으로 원하지 않던 효과를 가져 올 수도 있으므로 상태를 관리할지 여부와 방법도 결정해야 한다.

이러한 문제에 대응하기 위해 5장의 패턴은 API 설계 및 사용에서 엔드포인트와 동작 시맨틱을 다룬다. API 엔드포인트의 아키텍처적 역할(데이터 또는 활동 중 어디에 중점을 둘 것인가?)과 동작의 책임(읽기 또는 쓰기 동작?)에 대해 설명한다.

도전 과제와 요구되는 품질

API 계약에 표현된 엔드포인트 및 동작의 설계는 기능^{function}, 안정성^{stability}, 사용 편의성$^{ease\ of\ use}$, 명확성^{clarity} 측면에서 개발자 경험^{DX}에 직접적인 영향을 미친다.

- **정확도**^{accuracy}: API의 기능을 직접 구현하지 않고 API를 호출하려면 호출된 동작이 올바른 결과를 안정적으로 제공할 것이라는 어느 정도의 신뢰가 필요하며, 여기서 정확도란 계약과 관련해 API 구현의 기능적 정확도를 의미한다. 이러한 정확도는 확실히 신뢰 구축에 도움이 된다. 미션 크리티컬한 기능은 특히 주의를 기울여야 한다. 비즈니스 프로세스와 그 활동의 올바른 기능이 중요할수록 설계, 개발, 운영에 더 많은 노력을 기울여야 한다. API 계약에서 동작의 사전 조건^{precondition}, 불변성^{invariant}, 사후 조건^{postcondition}은 요청 및 응답 메시지 콘텐츠 측면에서 클라이언트와 프로바이더가 서로에게 기대하는 바를 전달한다.
- **제어와 자율성의 분배**$^{distribution\ of\ control\ and\ autonomy}$: 더 많은 작업이 분산될수록 더 많은 병렬 처리와 전문화가 가능해진다. 그러나 책임을 분산하고 비즈니스 프로세스 인스턴스의 소유권을 공유하려면 API 클라이언트와 프로바이더 간의 조정과 합의가 필요하며, 무결성 보장을 정의하고 일관된 활동 종료를 설계해야 한다. 엔드포인트가 작고 자율적일수록 재작성이 쉬워지지만 소규모 단위가 많아지면 서로 많은 종속성을 갖고 있어 하나의 모듈을 분리해 다시 작성하는 활동은 위험할 수 있으므로 사전 및 사후 조건, 엔드투엔드 테스트, 규정 준수 관리의 사양을 고려해야 한다.
- **규모 확장성**^{scalability}, **성능 및 가용성**: 미션 크리티컬 API와 그 동작에는 일반적

으로 API 설명과 함께 까다로운 서비스 수준 계약이 있다. 미션 크리티컬 컴포넌트의 2가지 예로는 증권 거래소의 일일 거래 알고리듬과 온라인 상점의 주문 처리 및 청구가 있다. 연중무휴 24시간 가용성 요건은 매우 까다롭고 종종 비현실적인 품질 목표의 예다. 많은 인스턴스가 동시에 실행되는 비즈니스 프로세스는 다수의 API 클라이언트와 여러 번의 동작 호출을 포함하는 분산 방식으로 구현되며, 이 점에서 가장 취약한 컴포넌트만큼만 우수할 수 있다. API 클라이언트는 클라이언트와 요청의 수가 증가해도 동작 호출에 대한 응답 시간이 동일한 규모로 유지되기를 기대한다. 그렇지 않으면 API의 신뢰성에 의문을 품기 시작할 것이다.

장애 또는 사용 불가의 결과를 평가하는 것은 소프트웨어 엔지니어링의 분석 및 설계 작업일 뿐만 아니라 비즈니스 리더십 및 위험 관리 활동이기도 하다. 비즈니스 프로세스와 그 활동을 노출하는 API 설계는 장애로부터의 복구를 용이하게 할 수도 있지만 더 어렵게 만들 수도 있다. 예를 들어 API는 동일한 API에 대한 이전 호출에서 수행한 동작을 취소하는 보상 작업을 제공할 수 있지만 아키텍처의 명확성과 요청 조정이 부족하면 API 클라이언트 및 프로바이더 내에서 애플리케이션 상태가 일관되지 않을 수 있다.

- **관리 가능성**manageability: 성능performance, 규모 확장성scalability, 가용성availability과 같은 런타임 품질을 고려해 설계할 수는 있지만, 시스템을 실행해봐야만 API 설계 및 구현이 적절한지 알 수 있다. API와 노출된 서비스를 모니터링하는 것은 API의 적절성과 명시된 요구 사항과 관찰된 성능, 규모 확장성 및 가용성 간의 불일치를 해결하기 위해 수행할 수 있는 작업을 결정하는 데 중요한 역할을 한다. 모니터링은 결함fault, 구성configuration, 회계accounting, 성능, 보안 관리security management와 같은 관리 분야를 지원한다.

- **일관성**consistency **및 원자성**atomicity: 비즈니스 활동은 전부 아니면 전무의 의미를 가져야 하며, 실행이 완료되면 API 프로바이더는 일관된 상태에 놓이게 된다. 그러나 비즈니스 활동의 실행이 실패하거나 클라이언트가 명시적으로 중단하거나 보상을 선택할 수 있다(여기서 보상은 애플리케이션 수준의 실행 취소 또

는 프로바이더 측 애플리케이션 상태를 유효한 상태로 재설정하는 기타 후속 작업을 의미함).

- **멱등성**^{Idempotence}: 멱등성은 API 설계에 영향을 미치거나 영향을 주는 또 다른 속성이다. 동일한 입력으로 여러 번 호출해도 동일한 출력을 반환하고 상태 저장 연산의 경우 API 상태에 동일한 영향을 미치는 경우 API 연산은 멱등성을 가진다고 한다. 멱등성은 간단한 메시지 재전송을 허용해 통신 오류를 처리하는 데 도움이 된다.

- **감사 가능성**^{auditability}: 기업의 리스크 관리 그룹에서 수행하는 감사 점검을 통해 비즈니스 프로세스 모델 준수를 보장한다. 감사 대상 기능을 노출하는 모든 API는 이러한 감사를 지원해야 하며, 변조 불가능한 로그를 통해 비즈니스 활동 실행을 모니터링할 수 있도록 관련 제어를 구현해야 한다. 감사 요구 사항을 충족하는 것은 설계상의 문제일 뿐만 아니라 런타임에 서비스 관리에도 상당한 영향을 미친다. 예를 들어 <Compliance by Design - Bridging the Chasm between Auditors and IT Architects>라는 글에서는 'CAVR(완전성^{Completeness}, 정확도^{Accuracy}, 유효성^{Validity}, 제한된 접근^{Restricted access})' 컴플라이언스 제어를 소개하고 서비스 지향 아키텍처에서 이러한 제어를 실현하는 방법을 제안한다[Julisch 2011].

패턴 설명

앞의 설계 과제를 해결하는 것은 복잡한 작업이며, 많은 설계 전술^{tactic}과 패턴^{patterns}이 있다. 그중 상당수는 이미 출판된 책(예: 서문에서 나열한 책)에 나와 있다. 여기서는 API 엔드포인트와 동작의 중요한 아키텍처적 특성을 설명하는 패턴을 제시함으로써 이러한 다른 전술과 패턴의 적용을 간단하고 쉽게 할 수 있게 해준다.

API 설계가 답해야 하는 몇 가지 아키텍처 질문은 동작에 사용되는 입력과 관련이 있다.

> API 프로바이더가 클라이언트로부터 무엇을 기대할 수 있고 기대해야 하는가? 예를 들어 데이터 유효성 및 무결성과 관련된 사전 조건은 무엇인가? 동작 호출은 상태 전송을 의미하는가?

동작 호출을 처리할 때 API 구현에서 생성되는 출력도 주의가 필요하다.

> 동작의 사후 조건은 무엇인가? 사전 조건을 충족하는 입력을 보낼 때 API 클라이언트는 프로바이더에게 무엇을 기대할 수 있는가? 요청이 프로바이더 상태를 업데이트하는가?

온라인 쇼핑을 예로 들면 주문 상태가 업데이트돼 후속 API 호출에서 주문 확인서에 구매한 모든 제품(또는 일부 제품만)이 포함된 주문 상태를 가져올 수 있다.

API 타입에 따라 이러한 문제를 처리하는 방식이 다르다. 중요한 결정은 엔드포인트가 활동 지향적$^{activity-oriented}$인 의미를 가져야 하는지, 아니면 데이터 지향적$^{data-oriented}$인 의미를 가져야 하는지에 따라 다르다. 따라서 이번 장에서는 2가지 엔드포인트 역할을 소개한다. 이러한 타입의 엔드포인트는 다음과 같은 아키텍처 역할에 해당한다.

- **처리 리소스 패턴**은 활동 지향 API 엔드포인트를 구현하는 데 도움이 될 수 있다.
- 데이터 지향 API 엔드포인트는 **정보 보유자 리소스**로 표현된다.

'엔드포인트 역할' 절에서는 **처리 리소스와 정보 보유자 리소스**를 다룬다. 특수한 타입의 정보 보유자 리소스가 있다. 예를 들어 데이터 전송 리소스는 통합 지향적$^{integration-oriented}$ API를 지원하며, 링크 조회 리소스는 안내 책자 역할을 가진다. 운용 데이터 보유자, 마스터 데이터 보유자, 참조 데이터 보유자는 데이터 수명^{lifetime}, 관련성^{relatedness}, 변경 가능성^{mutability} 측면에서 노출하는 데이터의 특성이 다르다.

이러한 타입의 엔드포인트에서 찾을 수 있는 4가지 동작 책임은 **계산 함수, 인출 동작, 상태 생성 동작, 상태 전이 동작**이다. 이러한 타입은 '동작 책임' 절에서 다룬다. 이들은 클라이언트 약정(API 계약의 사전 조건)과 기대치(사후 조건) 그리고 프로바이더 측 애플리케이션 상태 및 처리 복잡성에 미치는 영향 측면에서 다르다.

그림 5.1은 이번 장의 패턴을 요약한 것이다.

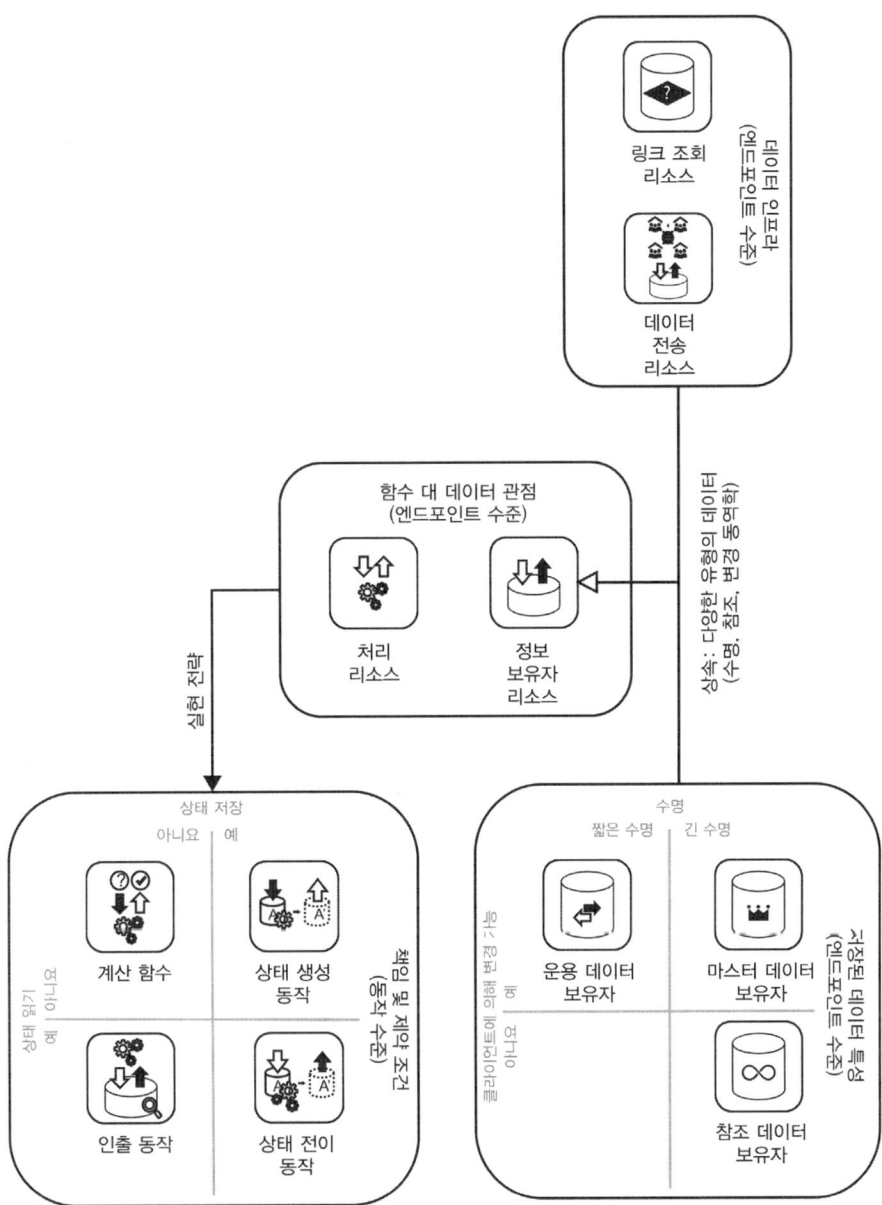

그림 5.1 5장의 패턴 맵(엔드포인트 역할 및 동작의 책임)

엔드포인트 역할: 서비스 세분성

5장의 패턴 맵을 보여 주는 그림 5.2는 2가지 일반적인 엔드포인트 역할과 5가지 타입의 정보 보유자 패턴을 보여준다.

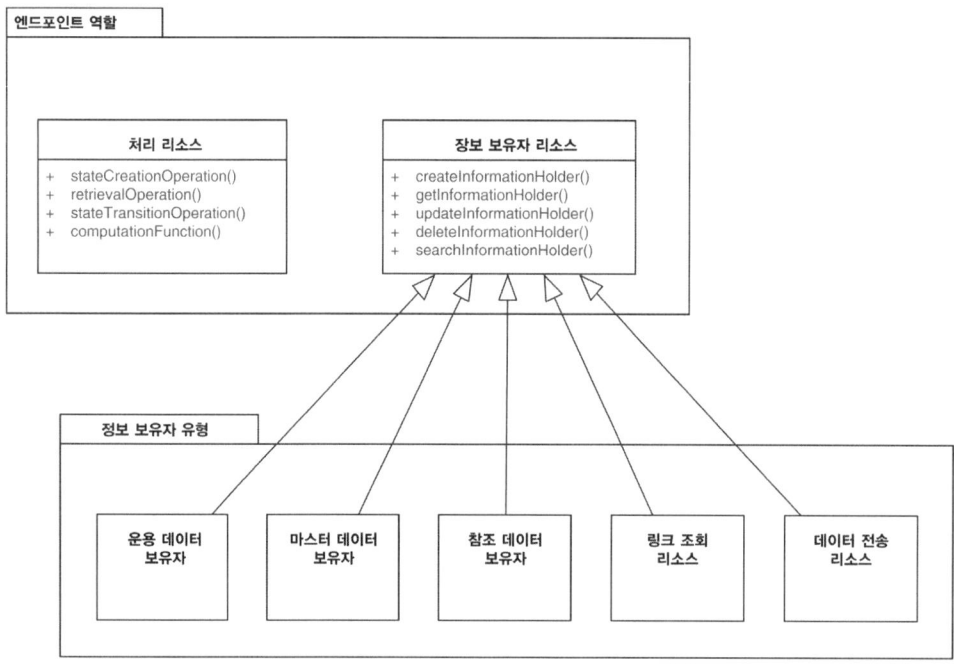

그림 5.2 엔드포인트 역할을 구분하는 패턴

2가지 일반적인 엔드포인트 역할은 **처리 리소스**와 **정보 보유자 리소스**다. 이들은 쓰기^{write}, 읽기^{read}, 읽기-쓰기$^{read\text{-}write}$ 또는 계산만 수행$^{only\,compute}$하는 다양한 타입의 동작을 제공할 수 있다. 5가지 종류의 **정보 보유자 리소스**가 있으며, 다음 질문에 각각 다른 대답을 제공한다.

> 데이터 수명, 링크 구조 및 가변성 특성에 따라 데이터 지향 API 엔드포인트를 어떻게 분류할 수 있을까?

먼저 **처리 리소스**를 살펴본 다음 정보 보유자 리소스와 그 5가지 종류를 살펴보자.

패턴: 처리 리소스

적용 시기 및 이유

애플리케이션의 기능적 요구 사항functional requirement은 예를 들어 사용자 스토리, 사용 사례 또는 분석 수준의 비즈니스 프로세스 모델의 형태로 결정됐다. 기능적 요구 사항을 분석하면 무언가를 계산해야 하거나 특정 활동이 필요하다는 것을 알 수 있다. 이러한 동작은 로컬에서 수행할 수 없거나 수행해서는 안 되며, 원격 **프론트엔드 통합** 또는 **백엔드 통합** API가 필요하다. 후보 API 엔드포인트의 후보 목록이 이미 수집됐을 수도 있다.

▼
API 프로바이더는 원격 클라이언트가 어떻게 작업을 트리거하게 허용할 수 있는가?
▲

이러한 작업은 수명이 짧은 독립형 명령 및 계산(애플리케이션 도메인별 명령 또는 기술 유틸리티)이거나 비즈니스 프로세스에서 장기간 실행되는 활동일 수 있으며, 프로바이더 측 상태를 읽고 쓸 수도 있고 그렇지 않을 수도 있다.

다음과 같이 좀 더 구체적으로 물어볼 수 있다.

▼
클라이언트가 API 엔드포인트에 비즈니스 기능 또는 기술적 유틸리티를 나타내는 기능을 수행하도록 요청하려면 어떻게 해야 하는가? API 프로바이더가 클라이언트의 입력과 프로바이더 자신의 상태로부터 일부 출력을 계산하는 명령을 실행하는 기능을 클라이언트에 노출하려면 어떻게 해야 할까?
▲

원격 클라이언트의 요청에 따라 프로바이더 측 처리를 호출할 때 일반적인 설계 문제는 다음과 같다.

- **계약의 표현력**contract expressiveness**과 서비스 세분성**service granularity **및 이들이 결합도**coupling**에 미치는 영향**: 호출 의미의 모호성은 상호 운용성을 해치고 잘못된 처리 결과를 초래할 수 있다(결과적으로 잘못된 결정을 내리고 다른 피해를 초래할 수

있음). 따라서 교환된 메시지의 표현을 포함해 호출된 작업(예: 독립된 명령 또는 대화의 일부)의 의미와 부작용을 API 설명에 명확하게 명시해야 한다. API **설명**에는 엔드포인트와 연산이 수행하는 동작과 수행하지 않는 작업이 명확해야 하며 사전 조건, 불변성, 사후 조건이 명시돼야 한다. API 구현의 상태 변경, 멱등성, 트랜잭션성transactionality, 이벤트 방출event emission, 리소스 소비resource consumption도 정의돼야 한다. 이러한 속성을 모두 API 클라이언트에 공개할 필요는 없지만 프로바이더 내부 API 문서에 반드시 설명해야 한다.

API 설계자는 각 API 엔드포인트와 해당 동작이 얼마나 많은 기능을 노출해야 하는지 결정해야 한다. 간단한 상호작용이 많으면 클라이언트에 많은 제어권을 부여하고 처리를 매우 효율적으로 만들 수 있지만 조정 노력coordination effort과 진화 문제evolution challenge가 발생하고, 풍부한 API 기능이 적으면 일관성과 같은 품질을 높일 수 있지만 각 클라이언트에 적합하지 않을 수 있으므로 리소스가 낭비될 수 있다. API 설명의 정확성은 구현만큼이나 중요하다.

- **학습 가능성**learnability **및 관리 용이성**manageability: API 엔드포인트와 동작이 지나치게 많으면 클라이언트 프로그래머, 테스터, API 유지 관리 및 발전 담당자(원래 개발자가 포함될 수도 있고 포함되지 않을 수도 있음)가 오리엔테이션에 어려움을 겪게 되고, 특정 사용 사례에 적합한 엔드포인트를 찾아 선택하기가 어려워진다. 사용 가능한 옵션이 많을수록 더 많은 설명과 의사 결정 지원이 제공돼야 하고, 시간이 지남에 따라 유지 관리돼야 한다.

- **의미론적 상호 운용성**semantic interoperability: 구문 상호 운용성syntactic interoperability은 미들웨어, 프로토콜 및 형식 설계자의 기술적 관심사다. 또한 통신 당사자들은 동작이 실행되기 전과 후에 교환되는 데이터의 의미와 영향에 대해 동의해야 한다.

- **응답 시간**response time: 원격 작업을 호출한 클라이언트는 결과를 사용할 수 있을 때까지 차단할 수 있다. 클라이언트가 더 오래 기다려야 할수록 프로바이더 측이나 클라이언트 애플리케이션에서 문제가 발생할 가능성이 높다.

클라이언트와 API 간의 네트워크 연결이 조만간 시간 초과될 수 있다. 느린 결과를 기다리는 최종 사용자가 새로 고침을 클릭하면 최종 사용자 애플리케이션을 서비스하는 API 프로바이더에 추가 부하가 발생할 수 있다.

- **보안**security **및 개인정보 보호**privacy: 예를 들어 데이터 프라이버시 요구 사항으로 인해 모든 API 호출과 그에 따른 서버 측 처리의 전체 감사 로그를 유지해야 하는 경우 기능적 요구 사항 관점에서 애플리케이션 상태가 필요하지 않더라도 프로바이더 측에서 상태를 저장하지 않는 것은 불가능할 수 있다. 개인 민감 정보 또는 기밀 정보(예: 정부 또는 기업)가 요청 및 응답 메시지 표현에 포함될 수 있다. 또한 많은 시나리오에서 권한이 부여된 클라이언트만 특정 작업(명령, 대화 부분)을 호출할 수 있게 해야 한다. 예를 들어 커뮤니티 API를 통해 통합되고 마이크로서비스로 구현된 직원 관리 시스템에서 정규직 직원은 일반적으로 자신의 급여를 인상할 수 없다. 따라서 보안 아키텍처 설계는 정책 결정 지점PDP, Policy Decision Point 및 정책 적용 지점PEP, Policy Enforcement Point 설계, 역할 기반 접근 제어RBAC, Role-Based Access Control와 속성 기반 접근 제어ABAC, Attribute-Based Access Control 중 하나를 결정할 때와 같이 처리 중심 API 동작의 요구 사항을 고려해야 한다. 처리 리소스는 API 보안 설계의 대상이지만[Yalon 2019], PEP를 전체 제어 흐름에 어떻게 배치할지 고민할 수 있는 기회이기도 하다. 보안 컨설턴트, 리스크 관리자, 감사자가 만든 위협 모델과 제어는 서비스 거부DoS, Denial-of-Service 공격과 같은 공격에 대해서도 고려해야 한다[Julisch 2011].

- **호환성**compatibility **및 진화 가능성**evolvability: 프로바이더와 클라이언트는 수행될 기능의 의미뿐만 아니라 입력/출력 표현에 관한 가정에 동의해야 한다. 클라이언트의 기대치는 프로바이더가 제공하는 것과 일치해야 한다. 요청 및 응답 메시지 구조는 시간이 지남에 따라 변경될 수 있다. 예를 들어 측정 단위가 변경되거나 선택적 파라미터가 도입되는 경우 클라이언트는 이를 알아차리고 대응할 수 있어야 한다(예: 어댑터를 개발하거나 새 버전의 API 동작을 사용해 새 버전으로 진화하는 등). 이상적으로는 새 버전이 기존 API 클라이언트와 상위 호환 및 하위 호환되는 것이 좋다.

이러한 우려는 서로 충돌한다. 예를 들어 계약이 더 풍부하고 표현력이 풍부할수록 (상호 운용성과 관련해) 학습, 관리, 테스트해야 할 것이 더 많아진다. 세분화된 서비스는 보호하고 발전시키기가 더 쉬울 수 있지만 통합해야 하는 서비스가 많을 것이다. 이로 인해 성능 오버헤드가 추가되고 일관성 문제가 발생할 수 있다[Neri 2020].

저장 프로시저의 형태로 작업과 명령을 제공하는 '공유 데이터베이스'[Hohpe 2003]는 유효한 통합 접근 방식이 될 수 있지만(실제로 사용되고 있음) 단일 장애점 single point of failure 을 생성하고 클라이언트 수가 증가해도 확장되지 않으며, 독립적으로 배포하거나 재배포할 수 없다는 단점이 있다. 저장 프로시저에 비즈니스 로직이 포함된 공유 데이터베이스는 단일 책임 및 느슨한 결합과 같은 서비스 설계 원칙과 잘 맞지 않는다.

작동 방식

▼
애플리케이션 수준 활동이나 명령을 번들로 묶고 래핑하는 작업을 노출하는 API에 **처리 리소스 엔드포인트**를 추가한다.
▲

새 엔드포인트에 대해 하나 이상의 동작을 정의하고, 각 동작은 전용 처리 책임('필요한 작업')을 맡긴다. **계산 함수**, **상태 생성 동작** 및 **상태 전이 동작**은 활동 지향 **처리 리소스**에서는 일반적인 내용이다. 인출 동작은 대부분 단순한 상태/상태 확인으로 제한되며 데이터 지향 **정보 보유자 리소스**에서 더 흔히 볼 수 있다. 이러한 각 동작에 대해 요청에 대한 '명령 메시지'를 정의한다. '요청-응답' 메시지 교환으로 작업을 구현할 때 응답에 대한 '문서 메시지'를 추가한다[Hohpe 2003]. 고유한 논리적 주소 (예: HTTP API의 유니폼 리소스 식별자 URI, Uniform Resource Identifier)를 제공해 하나 이상의 API 클라이언트가 엔드포인트에 원격으로 액세스할 수 있게 한다.

그림 5.3은 이러한 엔드포인트 동작 설계를 UML 클래스 다이어그램으로 스케치한 것이다.

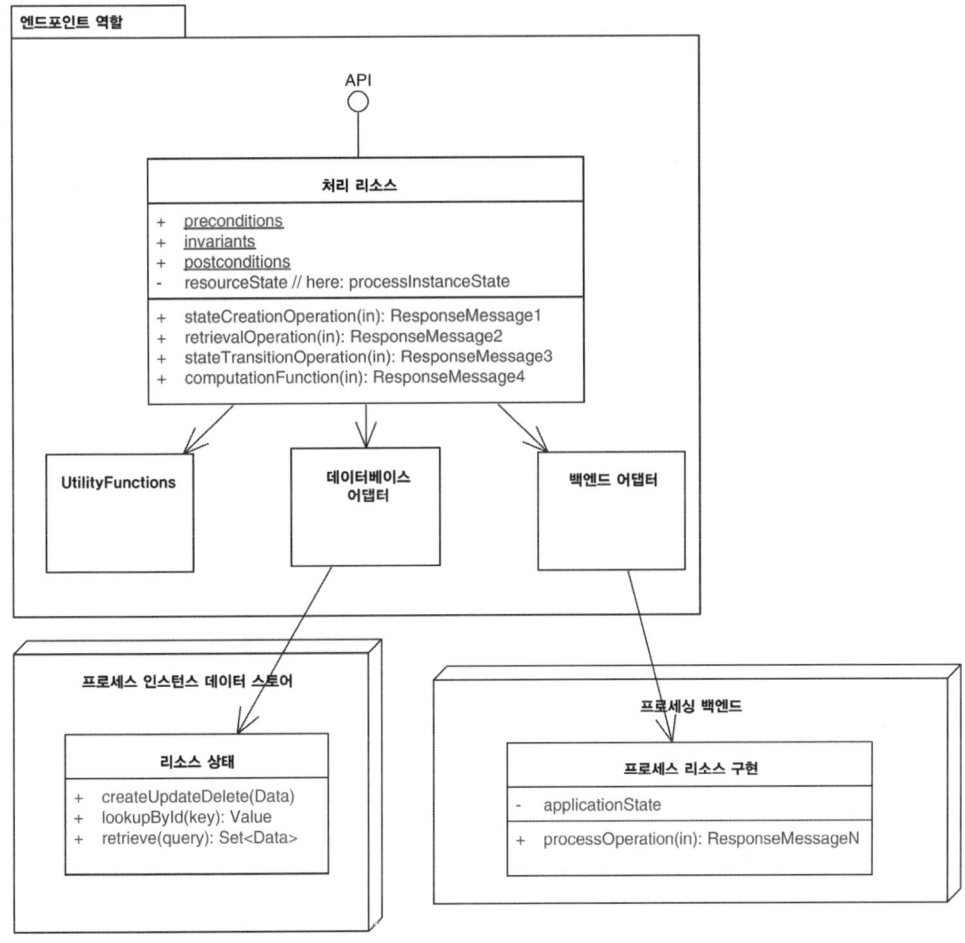

그림 5.3 처리 리소스는 활동 지향 API 설계를 나타낸다. 엔드포인트의 일부 동작은 애플리케이션 상태에 액세스하고 변경하지만 다른 작업은 그렇지 않다. 데이터는 요청 및 응답 메시지에서만 노출된다.

요청 메시지는 수행되는 작업을 명시하고 API 엔드포인트가 실행할 처리 로직을 결정할 수 있게 해야 한다. 이러한 작업은 범용 또는 애플리케이션 도메인별 기능 시스템 기능(API 프로바이더 내에서 구현되거나 일부 백엔드에 상주하며 아웃바운드 포트/어댑터를 통해 액세스됨) 또는 기술 유틸리티를 나타낼 수 있다.

요청 및 응답 메시지는 **아토믹 파라미터, 아토믹 파라미터 리스트, 파라미터 트리, 파라미터 포리스트**의 4가지 구조적 표현 패턴 중 하나를 따라 구조화할 수 있다. API

설명은 처리 리소스의 구문과 의미를 문서화해야 한다(동작의 사전 조건과 사후 조건, 불변성 포함).

처리 리소스는 '상태 저장 컴포넌트^{Stateful Component}' 또는 '상태 비저장 컴포넌트^{Stateless Component}'일 수 있다[Fehling 2014]. 동작 호출로 인해 (공유) 프로바이더 측 상태가 변경되는 경우 데이터 관리에 대한 접근 방식은 신중하게 설계돼야 하며, 엄격한 일관성^{strict consistency} 대 약한 일관성^{weak consistency}/궁극적 일관성^{eventual consistency}, 낙관적 잠금^{optimistic locking} 대 비관적 잠금^{pessimistic locking} 등의 결정이 필요하다. 데이터 관리 정책은 API에 노출돼서는 안 되며(API 클라이언트가 볼 수 있게), 시스템 트랜잭션의 열기 및 닫기(또는 커밋, 롤백)는 API 구현 내부, 가급적이면 동작의 경계^{operation boundary}에 배치돼야 한다. 시스템 트랜잭션 관리자가 쉽게 되돌릴 수 없는 동작을 처리하기 위해 애플리케이션 수준의 보상 작업이 제공돼야 한다. 예를 들어 API 구현에서 전송된 이메일은 메일 서버를 떠난 후에는 다시 되돌릴 수 없으며, "이전 메일은 무시하세요."라는 두 번째 메일을 대신 전송해야 한다[Zimmermann 2007, Richardson 2018].

예시

호반 상호 보험 사례의 계약 관리 백엔드^{Policy Management Backend}에는 보험 견적 요청을 여러 단계로 이동하는 상태 전이 동작을 제공하는 상태 저장 처리 리소스 InsuranceQuote RequestCoordinator가 포함돼 있다. 이 리소스는 자바 및 스프링 부트에서 HTTP 리소스 API로 구현된다.

```
@RestController
@RequestMapping("/insurance-quote-requests")
public class InsuranceQuoteRequestCoordinator {

  @Operation(
    summary = "Updates the status of an existing " +
    "Insurance Quote Request")
  @PreAuthorize("isAuthenticated()")
  @PatchMapping(value = "/{id}")
```

```
public ResponseEntity<InsuranceQuoteRequestDto>
  respondToInsuranceQuote(
    Authentication,
    @Parameter(description = "the insurance quote " +
      "request's unique id", required = true)
    @PathVariable Long id,
    @Parameter(description = "the response that " +
      "contains the customer's decision whether " +
      "to accept or reject an insurance quote",
      required = true)
    @Valid @RequestBody
    InsuranceQuoteResponseDto insuranceQuoteResponseDto) {
```

호반 상호 보험 애플리케이션 서비스에는 computeRiskFactor라는 단일 계산 함수를 구현하는 상태 비저장 처리 리소스인 RiskComputationService도 포함돼 있다.

```
@RestController
@RequestMapping("/riskfactor")
public class RiskComputationService {
  @Operation(
    summary = "Computes the customer's risk factor.")
  @PostMapping(
    value = "/compute")
  public ResponseEntity<RiskFactorResponseDto>
    computeRiskFactor(
      @Parameter(description = "the request containing " +
        "relevant customer attributes (e.g., birthday)",
        required = true)
      @Valid @RequestBody
      RiskFactorRequestDto riskFactorRequest) {

    int age = getAge(riskFactorRequest.getBirthday());
    String postalCode = riskFactorRequest.getPostalCode();
    int riskFactor = computeRiskFactor(age, postalCode);
    return ResponseEntity.ok(
```

```
        new RiskFactorResponseDto(riskFactor));
    }
```

토론

비즈니스 활동 기반 접근 방법과 프로세스 기반 접근 방법은 결합도를 줄이고 정보 숨기기를 촉진할 수 있다. 그러나 이 패턴을 사용하는 경우는 메시지 기반 API에서 터널링된 원격 프로시저 호출[RPC, Remote Procedure Call]로 간주되지 않게 해야 한다. RPC는 시간 및 형식 자율성 측면에서 결합도를 증가시키기 때문에 비판을 받을 수 있기 때문이다. 많은 엔터프라이즈 애플리케이션과 정보 시스템은 어떻게든 트리거, 수행, 종료돼야 하는 사용자의 비즈니스 명령이나 트랜잭션을 실행하기 때문에 '비즈니스 RPC' 시맨틱을 갖고 있다. 원래의 문헌과 후속 설계 조언을 모아 놓은 참고 자료집[Allamaraju 2010]에 따르면 HTTP 리소스는 데이터(또는 데이터만)를 모델링할 필요는 없지만 이러한 비즈니스 트랜잭션, 특히 장기 실행 트랜잭션을 나타낼 수 있다.[1] "REST는 결코 CRUD에 관한 것이 아니다[REST was never about CRUD]"[Higginbotham 2018]라는 점에 유의하자. 처리 자원의 진화는 8장에서 다룬다.

처리 리소스는 동적 프로세스 분석이나 이벤트 폭풍과 같은 서비스 식별 기법을 적용할 때 식별할 수 있으며[Pautasso 2017a], 이는 서비스 지향 아키텍처의 '비즈니스 정렬' 원칙에 긍정적인 영향을 미친다. 사용 사례나 사용자 스토리에서 **백엔드 통합** 요구가 분명해질 때마다 하나의 패턴 인스턴스를 정의할 수 있으며, 단일 실행 동작이 **처리 리소스** 엔드포인트에 포함된 경우 자체 설명 작업 요청 메시지를 수락하고 자체 포함된 결과 문서를 반환할 수 있다. API의 모든 동작은 보안 요구 사항에 따라 보호돼야 한다.

많은 통합 시나리오에서 활동 기반 접근과 프로세스 기반 접근을 설계에 강제로 적용해야 하므로 다른 부정적인 결과 중에서도 특히 이에 대한 설명과 유지 보수가

---

1. HTTP는 동기식 프로토콜이므로 애플리케이션 수준에서 비동기성을 추가해야 한다(또는 QoS 헤더 또는 HTTP/2를 사용해야 한다)[Pautasso 2018]. **데이터 전송 리소스** 패턴은 이러한 설계를 설명한다.

어렵다. 이러한 경우에는 **정보 보유자 리소스**가 더 나은 선택이다. 객체지향 프로그래밍의 많은 클래스가 저장소와 동작을 결합하는 것처럼 처리 지향적이면서 데이터 지향적인 API 엔드포인트를 정의할 수 있다. 단순한 **처리 리소스**도 상태를 보유해야 할 수 있다(하지만 API 클라이언트로부터 그 구조를 숨기고 싶을 것이다). 이러한 **처리 리소스**와 **정보 보유자 리소스**를 같이 사용하면 결합도가 증가할 수 있기 때문에 마이크로서비스 아키텍처에는 권장되지 않는다.

처리 리소스 타입에 따라 (1) 처리에 걸리는 시간과 (2) 클라이언트가 처리를 계속하기 위해 결과를 즉시 수신해야 하는지(그렇지 않으면 나중에 결과를 전달할 수 있는지) 여부에 따라 서로 다른 메시지 교환 패턴이 필요하다. 처리 시간은 실행할 작업의 복잡성, 클라이언트가 전송하는 데이터의 양, 프로바이더의 로드/리소스 가용성에 따라 달라지므로 예측하기 어려울 수 있다. 요청-응답 패턴에는 하나의 네트워크 연결을 통해 교환할 수 있는 최소 2개의 메시지가 필요하다(예: HTTP 리소스 API에서 하나의 HTTP 요청-응답 쌍). 또는 여러 기술 연결을 사용할 수도 있는데, 예를 들어 HTTP POST를 통해 명령을 전송하고 HTTP GET을 통해 결과를 폴링하는 방식이 있다.

처리 리소스를 분해해 다른 API 엔드포인트에서 동작을 호출하는 것도 고려해야 한다(조직 또는 레거시 시스템의 제약으로 인해 기존 시스템이나 구축 예정인 단일 시스템이 모든 처리 요구를 충족할 수 없는 경우가 많다). 설계의 어려움은 대부분 **처리 리소스**를 관리 가능한 세분성과 표현 가능하고 학습 가능한 일련의 동작으로 분해하는 방법에 있다. <Design Practice Reference>[Zimmermann 2021b]의 단계별 서비스 설계 활동 Stepwise Service Design Activity에서 이 문제에 대한 설명을 살펴보기 바란다.

관련 패턴

이 패턴은 활동을 강조하는 방법을 설명하며 형제에 해당하는 **정보 보유자 리소스**는 데이터에 중점을 둔다. **처리 리소스**에는 프로바이더 측 상태를 처리하는 방식이 다른 연산이 포함될 수 있다(상태 없는 서비스 대 상태 저장 프로세서). **상태 전이 동작**, **상태 생성 동작**, **계산 함수**, **인출 동작** 등이 있다.

처리 리소스는 커뮤니티 API에 노출되는 경우가 많지만 솔루션 내부 API에서도 찾을 수 있다. 이러한 동작은 API 키와 사용 비율 제한으로 보호되는 경우가 많다. 기술 API 계약과 함께 제공되는 서비스 수준 계약이 이러한 리소스의 사용에 적용될 수 있다. 요청 및 응답 메시지에서 기술 파라미터가 페이로드에 포함되지 않게 하기 위해 이러한 파라미터를 콘텍스트 표현에서 분리할 수 있다.

이 패턴을 구현할 때 '명령 메시지$^{Command\ Message}$', '문서 메시지$^{Document\ Message}$', '요청-응답$^{Request-Reply}$'[Hohpe 2003]의 3가지 패턴이 조합돼 사용된다. 'Command' 패턴[Gamma 1995]은 처리 요청과 그 호출 데이터를 각각 객체와 메시지로 코드화한다. 처리 리소스(Processing Resource)는 참고 문헌[Alur 2013]의 '애플리케이션 서비스' 패턴의 원격 API 변형으로 볼 수 있다. 프로바이더 측 구현은 '서비스 액티베이터$^{Service\ Activator}$' 역할을 한다[Hohpe 2003].

다른 패턴은 관리 용이성^{manageability}을 다루며, 설계를 수행하는 중에 필요한 조언은 8장의 진화 패턴을, 런타임에서의 고려 사항은 원격 패턴 북[Voelter 2004, Buschmann 2007]을 참고하자.

추가 정보

처리 리소스는 책임 주도 설계$^{RDD,\ Responsibility-Driven\ Design}$에서 서비스 프로바이더에 대한 액세스를 제공하고 보호하는 '인터페이스'에 해당한다[Wirfs-Brock 2002].

『SOA in Practice』[Josuttis 2007]의 6장에서는 서비스 분류에 대해 다루고 있으며, 『엔터프라이즈 SOA』(태극미디어, 2006)[Krafzig 2004]의 분류를 비롯한 여러 분류법을 비교한다. 이 서비스 시향 아키텍처$^{SOA,\ Service\ Oriented\ Architecture}$ 책의 프로세스 서비스 타입/범주의 일부 예제는 이 패턴의 알려진 사용 사례에 해당한다. 이 2권의 책에는 은행 및 통신과 같은 도메인의 프로젝트 예제와 사례 연구가 포함돼 있다.

『Understanding RPC vs REST for HTTP APIs』[Sturgeon 2016a]는 RPC와 REST에 대해 얘기하지만 자세히 살펴보면 실제로는 처리 리소스와 정보 보유자 리소스 중 하나를 결정하는 것에 관한 것이다.

『API Stylebook』의 작업 리소스 주제 영역/카테고리는 이 패턴에 대한 (메타) 알려진 용도를 제공한다[Lauret 2017]. 실행 취소[undo] 동작이 애플리케이션 수준 상태 관리에 참여하기 때문에 '실행 취소' 주제도 관련이 있다.

 패턴: 정보 보유자 리소스

적용 시기 및 이유

도메인 모델, 개념적 엔티티 관계 다이어그램 또는 주요 애플리케이션 개념과 그 상호 연결의 용어집이 결정됐다. 이러한 모델에는 아이덴티티와 수명주기, 속성을 가진 엔티티가 포함돼 있으며, 엔티티는 서로 상호 참조한다.

이러한 분석 및 설계 작업을 통해 구조화된 데이터가 설계 중인 분산 시스템의 여러 위치에서 사용돼야 하며, 따라서 여러 원격 클라이언트에서 공유 데이터 구조에 액세스할 수 있어야 한다는 것이 분명해졌다. 도메인 로직(즉, 비즈니스 활동 및 명령과 같은 처리 지향적인 작업) 뒤에 공유 데이터 구조를 숨기는 것은 불가능하거나 쉽지 않으며, 구축 중인 애플리케이션에는 워크플로 또는 기타 처리 특성이 없다.

> 어떻게 하면 도메인 데이터를 API에 노출하면서도 그 구현을 숨길 수 있을까?

좀 더 구체적으로 설명하면 다음과 같다.

> API 클라이언트가 데이터 무결성 및 품질을 손상시키지 않으면서 동시에 데이터 엔티티에 액세스 또는 수정할 수 있도록 API가 데이터 엔티티를 노출하려면 어떻게 해야 할까?

- **모델링 접근 방식과 결합도에 미치는 영향:** 일부 소프트웨어 엔지니어링 및 객체 지향 분석 및 설계[OOAD, Object-Oriented Analysis and Design] 방법은 단계, 산출물 및 기술에서 처리와 구조적 측면의 균형을 맞추고, 일부는 컴퓨팅 또는 데이터 중 어느 한 쪽에 중점을 둔다. 예를 들어 도메인 주도 설계[DDD, Domain-Driven Design][Evans

2003; Vernon 2013]는 균형 잡힌 접근 방식의 한 예다. 엔티티-관계 다이어그램은 동작보다는 데이터 구조와 관계에 중점을 둔다. 데이터 중심 모델링^{data centric modeling} 및 API 엔드포인트 식별 접근 방식을 선택하면 데이터에서 작동하는 많은 CRUD(생성, 읽기, 업데이트, 삭제) API가 노출될 위험이 있으며, 이는 권한이 있는 모든 클라이언트가 프로바이더 측 데이터를 임의로 조작할 수 있기 때문에 데이터 품질에 부정적인 영향을 미칠 수 있다. 인터페이스에서 CRUD 주도의 데이터 추상화는 동작 그리고 의미론적 측면에서 결합도를 증가시킨다.

- **품질 속성**^{quality attribute}**의 충돌과 트레이드오프:** 단순성^{simplicity}, 명확성^{clarity} 등의 설계 시 품질, 성능, 가용성, 규모 확장성 등의 런타임 품질, 유지 보수성, 유연성 등의 진화 시 품질 특성도 서로 충돌하는 경우가 많다.

- **보안:** 애플리케이션 보안과 같은 상충되는 문제도 API에서 데이터를 처리하는 것을 어렵게 만든다. API를 통해 내부 데이터를 노출하기로 결정할 때는 클라이언트에게 필요한 데이터 읽기/쓰기 액세스 권한을 고려해야 한다. 개인 민감 정보 또는 기밀로 분류된 정보가 요청 및 응답 메시지 표현에 포함될 수 있다. 이러한 정보는 보호돼야 한다. 예를 들어 허위 주문 생성, 사기 청구 등의 위험을 평가하고 이를 완화하기 위해 보안 제어를 도입해야 한다[Julisch 2011].

- **데이터 최신성**^{data freshness} **대 일관성**^{consistency}**:** 고객은 API에서 얻은 데이터를 가능한 한 최신 상태로 유지하기를 원하지만, 일관성과 최신성을 유지하려면 많은 노력이 필요하다[Helland 2005]. 또한 나중에 이러한 데이터를 일시적 또는 영구적으로 사용할 수 없게 될 경우 고객에게 어떤 결과가 초래될까?

- **아키텍처 설계 원칙 준수:** 구축 중인 API는 이미 논리적 및 물리적 소프트웨어 아키텍처가 확립된 프로젝트의 일부일 수 있다. 또한 느슨한 결합^{loose coupling}, 논리적 및 물리적 데이터 독립성^{data independence}, 독립적인 배포 가능성과 같은 마이크로서비스 원칙^{microservice tenet}과 같은 아키텍처 원칙을 수립하는 등 조직 전반의 아키텍처 의사 결정[Zdun 2018]과도 잘 맞아야 한다. 이러한 원칙에는 API에 데이터를 노출할 수 있는지 여부와 방법에 대한 제안적 또는 규범

적 지침이 포함될 수 있으며, 이러한 원칙이 의사 결정 드라이버[2]로 작용하는 여러 가지 패턴 선택 결정이 필요하다[Zimmermann 2009, Hohpe 2016]. 우리의 패턴은 이러한 아키텍처 의사 결정을 내리기 위한 구체적인 대안과 기준을 제공한다(3장의 설명 참고).

객체지향 프로그래밍과 유사한 처리 지향 API 연산과 데이터 전송 객체[DTO, Data Transfer Object] 뒤에 모든 데이터 구조를 숨기는 것을 생각해 볼 수 있다(즉, 로컬 객체지향 API는 모든 개별 데이터 멤버를 비공개로 유지하면서 액세스 메서드와 파사드를 노출한다). 이러한 접근 방식은 실현 가능하고 정보 은닉을 촉진하지만, 세분화된 대화형 API 동작이 많이 필요하거나 데이터를 중복 저장해야 하므로 원격 컴포넌트를 서로 독립적으로 배포, 확장, 교체할 수 있는 기회를 제한할 수 있다. 또한 데이터 집약적인 애플리케이션 및 통합 솔루션을 구축할 때 원치 않는 추가 수준의 간접성을 도입할 수도 있다.

또 다른 가능성은 데이터베이스에 대한 직접 액세스 권한을 부여해 소비자가 어떤 데이터를 사용할 수 있는지 직접 확인하고 허용되는 경우 직접 읽고 쓸 수도 있게 하는 것이다. 이 경우 API는 데이터베이스에 대한 터널이 돼 소비자가 이를 통해 임의의 쿼리와 트랜잭션을 전송할 수 있으며, CouchDB와 같은 데이터베이스는 이러한 데이터 수준의 API를 즉시 제공한다. 이 솔루션은 데이터의 내부 표현이 클라이언트에 직접 노출되므로 API를 설계하고 구현할 필요가 완전히 사라진다. 그러나 기본적인 정보 은닉 원칙을 어기면 모든 API 클라이언트에 영향을 주지 않고는 데이터베이스 스키마를 건드릴 수 없는 긴밀하게 결합된 아키텍처가 만들어진다. 또한 데이터베이스 직접 액세스는 보안 위협을 초래한다.

---

2. 1장에서 정의한 것과 같이 주요한 요구 사항(force) 혹은 품질 속성(quality attribute) -옮긴이

작동 방식

▼
데이터 지향 엔티티를 나타내는 **정보 보유자 리소스 엔드포인트**를 API에 추가한다. 이 엔드포인트에서 생성, 읽기, 업데이트, 삭제 및 검색 작업을 노출해 이 엔티티에 접근해 사용한다.
API 구현에서 이러한 작업에 대한 호출에 대해 조정해 데이터 엔티티를 보호하자.
▲

고유한 논리적 주소를 제공해 하나 이상의 API 클라이언트가 엔드포인트에 원격으로 액세스할 수 있게 한다. 다음 절에서 자세히 다루겠지만 **정보 보유자 리소스**의 각 작업이 4가지 동작 책임 중 하나만 갖게 한다. 상태 생성 동작은 정보 보유자 리소스로 대표되는 엔티티를 만든다. 인출 동작은 엔티티에 액세스해 읽지만 업데이트하지는 않는다. 이러한 엔티티의 컬렉션을 검색해 필터링된 상태로 반환할 수 있다. 상태 전이 동작은 기존 엔티티에 액세스해 전체 또는 부분적으로 업데이트하고 삭제할 수도 있다.

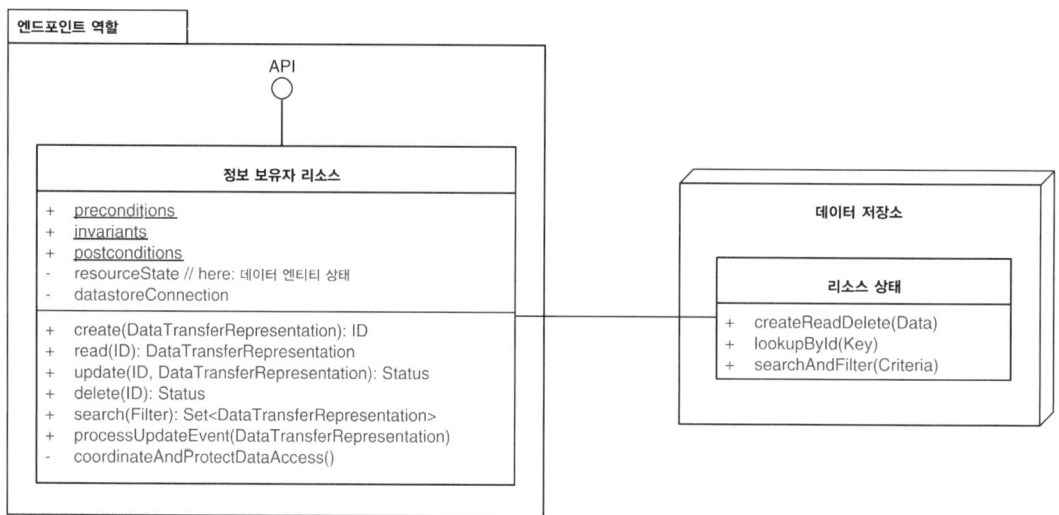

그림 5.4 정보 보유자 리소스는 일반적인 데이터 지향 API 설계를 모델링하고 노출한다. 이 엔드포인트 역할은 정보 액세스 측면에서의 책임을 그룹화한다. 이 역할의 작업은 보유 데이터를 생성, 읽기, 업데이트 또는 삭제한다. 데이터 세트 검색도 지원한다.

각 동작에 대해 요청과 필요한 경우 응답 메시지 구조를 설계한다. 예를 들어 엔티티 관계를 **링크 엘리먼트**로 표현한다. 국가 코드나 통화 코드와 같은 기본 참조 데이터를 조회하는 경우 응답 메시지는 일반적으로 **아토믹 파라미터**이며, 구조화된 풍부한 도메인 모델 엔티티를 조회하는 경우 응답에는 조회한 정보의 데이터 전송 표현(1장에서 소개한 API 도메인 모델의 용어)을 나타내는 **파라미터 트리**가 포함될 가능성이 더 높다. 그림 5.4는 이 솔루션에 대한 스케치다.

리소스 상태를 보호하기 위해 동작 수준의 사전 조건, 사후 조건과 불변성을 정의한다. **정보 보유자 리소스**를 참고 문헌[Fehling 2014]에 정의된 대로 '상태 저장 컴포넌트'로 할지, 아니면 '상태 비저장 컴포넌트'로 할지를 결정한다. 후자의 경우 노출된 데이터를 어딘가에 보관해야 하므로 여전히 상태는 존재하지만 전체 상태 관리는 백엔드 시스템으로 아웃소싱된다. 트랜잭션성, 무권한성, 접근 제어, 책임성 및 일관성을 포함해 새로운 엔드포인트와 그 동작의 품질 특성을 정의한다.

- 액세스/수정 제어 정책을 도입한다. API 키는 클라이언트를 식별하고 권한을 부여하는 간단한 방법이며, 고급 보안 솔루션도 사용할 수 있다.
- 데이터베이스 및 동시 프로그래밍 커뮤니티에서 낙관적 잠금 또는 비관적 잠금 전략을 적용해 동시 데이터 액세스를 보호한다. 조정 정책의 설계도 수행한다.
- '엄격한 일관성strict consistency' 또는 '궁극적 일관성eventual consistency'을 지원할 수 있는 일관성 보존 검사를 구현한다[Fehling 2014].

운용 데이터 보유자, **마스터 데이터 보유자**, **참조 데이터 보유자**, **데이터 전송 리소스**, **링크 조회 리소스**가 포함된 우리 언어의 5가지 패턴은 데이터 지향 API 엔드포인트 모델링에 대한 이 일반적인 솔루션을 구체화한다.

예시

호반 상호 보험 예제의 고객 코어 마이크로서비스는 마스터 데이터를 노출한다. 이 서비스의 의미론semantics과 해당 작업(예: changeAddress(...))은 작업 지향적이기보다는 데이터 지향적이다(이 서비스는 **처리 리소스** 패턴을 실현하는 다른 마이크로서비스에 의해 소비됨). 따라서 HTTP 리소스로 구현된 CustomerInformationHolder 엔드포인트를 노출한다.

```
@RestController
@RequestMapping("/customers")
public class CustomerInformationHolder {
  @Operation(
     summary = "Change a customer's address.")
  @PutMapping(
     value = "/{customerId}/address")
  public ResponseEntity<AddressDto> changeAddress(
    @Parameter(
       description = "the customer's unique id",
       required = true)
    @PathVariable CustomerId,
    @Parameter(
       description = "the customer's new address",
       required = true)
    @Valid @RequestBody AddressDto requestDto) {
       [...]
    }

  @Operation(
     summary = "Get a specific set of customers.")
  @GetMapping(
     value = "/{ids}")
  public ResponseEntity<CustomersResponseDto>
    getCustomer(
      @Parameter(description =
         "a comma-separated list of customer ids",
         required = true)
      @PathVariable String ids,
      @Parameter(description =
         "a comma-separated list of the fields" +
         "that should be included in the response",
         required = false)
```

```
    @RequestParam(
        value = "fields", required = false,
        defaultValue = "")
    String fields) {
        [...]
    )
}
```

이 CustomerInformationHolder 엔드포인트는 읽기/쓰기 상태 전이 동작 변경 주소 (HTTP PUT)와 읽기 전용 검색 동작 getCustomer(HTTP GET)의 2가지 동작을 노출한다.

토론

정보 보유자 리소스는 다음과 같이 설계에 주요한 설계 요구 사항인 포스를 처리한다.

- **모델링 접근 방식과 결합도에 미치는 영향:** 정보 보유자 리소스를 도입하는 것은 API 모델링에 대한 데이터 중심 접근 방식의 결과인 경우가 많다. 처리는 일반적으로 정보 보유자 리소스의 소비자에게로 이동한다. 그러면 정보 보유자 리소스는 연결된 데이터의 신뢰할 수 있는 소스 역할을 전적으로 담당하게 된다. 리소스는 관계 싱크, 소스 또는 둘 다의 역할을 할 수 있다. 이러한 접근 방식이 적절한지 여부는 당면한 시나리오와 프로젝트 목표/제품 비전에 따라 달라진다. 활동 또는 프로세스 지향이 선호되는 경우가 많지만 디지털 아카이브, IT 인프라 인벤토리, 서버 구성 리포지터리 등 여러 시나리오에서 이러한 접근 방식이 자연스럽지 않은 경우가 있다. 데이터 중심 분석 및 설계 방법은 정보 보유자 엔드포인트를 식별하는 데는 적합하지만, 시스템 동작과 로직을 다룰 때는 때때로 너무 멀리 나아가는 경우가 있다.[3]
- **품질 속성 충돌 및 트레이드오프:** 정보 보유자 리소스를 사용하려면 보안, 데이터 보호, 일관성, 가용성 및 연결에 미치는 영향을 신중하게 고려해야 한다.

---

3. 대표적인 인지 편향 중 하나는 망치만 사용할 줄 알고 손에 망치가 있다면 모든 건축 문제가 못으로 해결할 수 있는 것처럼 보인다는 것이다. 여러 가지 분석 및 설계 방법은 관련된 특정 목적을 위해 만들어진 도구다.

정보 보유자 리소스 콘텐츠, 메타데이터 또는 표현 형식에 대한 모든 변경은 소비자에게 피해를 주지 않게 통제돼야 한다. 품질 속성 트리는 패턴 선택을 효과적으로 할 수 있게 돕는다.

- **보안:** 모든 API 클라이언트가 동일한 방식으로 각 정보 보유자 리소스에 액세스할 수 있는 권한이 부여되는 것은 아니다. API 키, 클라이언트 인증, 역할 기반 접근 제어[RBAC]/속성 기반 접근 제어[ABAC]은 각 정보 보유자 리소스를 보호하는 데 도움이 된다.

- **데이터 최신성 대 일관성:** 여러 소비자가 동시에 액세스할 수 있게 데이터 일관성을 유지해야 한다. 또한 고객은 적절한 캐싱과 오프라인 데이터 복제 및 동기화 전략을 도입해 일시적인 서비스 중단에 따른 결과에 대처해야 한다. 실제로 가용성과 일관성 사이의 결정은 CAP 정리[4]의 원저자가 12년간의 회고와 전망에서 논의한 것처럼 이분법적이고 엄격하지 않다[Brewer 2012]. API에 여러 개의 세분화된 정보 보유자가 나타나면 사용자 스토리를 구현하기 위해 많은 작업 호출이 필요할 수 있으며, 공유되고 분산된 책임이 되기 때문에 데이터 품질을 보장하기 어렵다. 여러 타입의 처리 리소스 뒤에 숨기는 것을 고려하자.

- **아키텍처 설계 원칙 준수:** 정보 보유자 리소스 엔드포인트의 도입은 프레젠테이션 계층에서 데이터 엔티티에 직접 액세스하는 것을 금지하는 엄격한 논리적 계층화와 같은 상위 원칙을 위반할 수 있다. 아키텍처를 리팩토링해야 할 수도 있다[Zimmermann 2015]. 또는 규칙에 대한 명시적인 예외를 허용해야 할 수도 있다.

정보 보유자 리소스는 결합도를 증가시키고 정보 은닉 원칙(information hiding principle)을 위반하는 것으로 유명하다. 마이클 니가드의 블로그 게시물에 따르면 순수한 정보 보유자 리소스를 피하기 위한 책임 기반 전략이 필요하며, 이를 '엔티티 서비스 안티패턴'이라고 부른다. 저자는 이 패턴은 의미론적 및 운영적 결합이 높기 때문에 항상 이 패턴에서 벗어나 '데이터 대신 행동에 집중'(처리 리소스로 설명)하고 '비즈니스 프로

---

4. 분산 시스템은 일관성, 가용성 및 분할 내성 중 2가지만 제공할 수 있다는 증명 – 옮긴이

세스에서 수명주기별로 서비스를 구분'(여러 서비스 식별 전략 중 하나로 사용)할 것을 권장한다[Nygard 2018b]. 우리의 의견은 정보 보유자 리소스가 서비스 지향 시스템과 다른 API 사용 시나리오 모두에서 그 자리를 차지한다. 그러나 모든 사용은 관찰되고 비판받는 결합도에 미치는 영향 때문에 당면한 비즈니스 및 통합 시나리오에 따라 신중하게 결정돼야 한다. 특정 데이터의 경우 API 수준에서 노출하지 않고 처리 리소스 뒤에 숨기는 것이 실제로 더 나을 수도 있다.

관련 패턴

정보 보유자는 책임 주도 설계[RDD, Responsibility-Driven Design]의 역할 스테레오타입이다[Wirfs-Brock 2002]. 이 일반적인 정보 보유자 리소스 패턴에는 가변성, 관계 및 인스턴스 수명과 관련해 몇 가지 세부 사항이 있다. 운용 데이터 보유자, 마스터 데이터 보유자, 참조 데이터 보유자가 그것이다. 링크 조회 리소스 패턴은 또 다른 전문화이며, 조회 결과는 다른 정보 보유자 리소스일 수 있다. 마지막으로 데이터 전송 리소스는 클라이언트가 소유한 임시 공유 데이터를 보유한다. 처리 리소스 패턴은 상호 보완적인 의미를 나타내므로 이 패턴의 대안이 될 수 있다.

상태 생성 동작과 인출 동작은 일반적으로 CRUD 시맨틱을 모델링하는 정보 보유자 리소스에서 찾을 수 있다. 상태 비저장 동작 함수와 읽기-쓰기 상태 전이 동작도 정보 보유자 리소스에서 허용되지만 일반적으로 처리 리소스보다 낮은 수준의 추상화에서 작동한다.

이 패턴의 구현은 도메인 주도 설계[DDD, Domain-Driven Design]의 '리포지터리' 패턴에 대한 API 대응 항목으로 볼 수 있다[Evans 2003], [Vernon 2013]. 정보 보유자 리소스는 종종 DDD의 하나 이상의 '엔티티'로 구현되며, '집합'으로 그룹화될 수도 있다. 전술적 DDD 패턴의 주요 임무는 (원격) API '서비스 계층'이 아니라 시스템의 비즈니스 로직 계층을 구성하는 것이므로 정보 보유자 리소스와 엔티티 간의 일대일 대응을 가정해서는 안 된다[Fowler 2002].

추가 정보

프로세스 주도 서비스 지향 아키텍처[SOA, Service Oriented Architecture]의 8장에서는 비즈니스 객체 통합과 데이터 처리에 대해 다룬다[Hentrich 2011]. 펫 헬랜드[Pat Helland]의 『Data on the Outside versus Data on the Inside』에서는 API와 API 구현 수준에서의 데이터 관리의 차이점을 설명한다[Helland 2005].

『Understanding RPC vs REST for HTTP APIs』[Sturgeon 2016a]에서는 RPC와 REST 비교의 맥락에서 정보 보유자 리소스와 처리 리소스 간의 차이점을 다룬다.

다양한 일관성 관리 패턴이 있다. AWS의 CTO인 워너 보겔스[Werner Vogels]의 「Eventually Consistent」에서 이 주제를 다루고 있다[Vogels 2009].

 패턴: 운용 데이터 보유자

적용 시기 및 이유

도메인 모델, 엔티티 관계 다이어그램 또는 주요 비즈니스 개념과 그 상호 연결에 대한 용어집이 결정됐다. 이러한 사양에 포함된 일부 데이터 엔티티를 정보 보유자 리소스 인스턴스를 통해 API에 노출하기로 결정했다.

데이터 사양은 엔티티 수명 또는 업데이트 주기가 크게 다르며(예: 초, 분, 시간에서 수개월, 수년, 수십 년까지) 자주 변경되는 엔티티가 더 느리게 변경되는 엔티티와의 관계에 참여한다는 것을 보여준다. 예를 들어 빠르게 변화하는 데이터는 주로 링크 소스[link source] 역할을 하고, 느리게 변화하는 데이터는 주로 링크 타깃[link target]으로 나타날 수 있다.[5]

---

5. 이 패턴의 맥락은 형제 패턴인 **마스터 데이터 보유자**와 유사하다. 이 패턴은 이 2가지 타입의 데이터 수명과 관계 구조가 서로 다르다는 점을 인정하고 지적한다(독일어로 마스터 데이터(Stammdaten) vs. 운용 데이터(Bewegungsdaten)[Ferstl 2006; White 2006] 참고).

> 수명이 다소 짧고 일상적인 비즈니스 운영 중에 자주 변경되며, 나가는 관계가 많은 운용 데이터를 나타내는 도메인 엔티티의 인스턴스를 생성, 읽기, 업데이트 또는 삭제하려는 클라이언트를 API가 어떻게 지원할 수 있을까?

모든 종류의 정보 보유자 리소스에 적용되는 특성 외에도 몇 가지 바람직한 특성을 언급할 가치가 있다.

- **콘텐츠 읽기 및 업데이트 동작의 처리 속도:** 비즈니스 상황에 따라 운용 데이터를 처리하는 API 서비스는 현재 상태를 읽고 업데이트하는 데 응답 시간이 짧고 속도가 빨라야 한다.
- **비즈니스 민첩성 및 스키마 업데이트 유연성:** 비즈니스 상황에 따라(예: 일부 실사용자를 대상으로 A/B 테스트를 수행할 때) 운용 데이터를 처리하는 API 엔드포인트는 특히 데이터 정의나 스키마가 진화할 때 쉽게 변경할 수 있어야 한다.
- **개념적 무결성**conceptual integrity **및 관계의 일관성**consistency of relationship: 생성 및 수정된 운용 데이터는 비즈니스에 중요한 데이터인 경우 높은 정확도와 품질 표준을 충족해야 한다. 예를 들어 시스템 및 프로세스 보증 감사는 엔터프라이즈 애플리케이션의 송장 및 결제와 같은 재무 관련 비즈니스 객체를 검사한다[Julisch 2011]. 운용 데이터는 결제 프로바이더와 같은 외부 당사자가 소유, 제어 및 관리할 수 있으며, 유사한 데이터와 많은 발신 관계가 있고 수명이 길고 자주 변경되지 않는 마스터 데이터와도 관계가 있을 수 있다. 고객은 운용 데이터 리소스와의 상호작용이 성공적으로 완료된 후 참조된 엔티티에 올바르게 액세스할 수 있기를 기대한다.

데이터의 수명이나 관계 특성에 관계없이 모든 데이터를 동일하게 처리해 솔루션의 단순성을 높이는 방법을 생각할 수 있다. 그러나 이러한 통합 접근 방식은 앞서 언급한 모든 요구 사항을 어느 정도 충족하지만 그중 어느 하나도 뛰어나지 않은 평범한 절충안을 도출할 수 있다. 예를 들어 운용 데이터를 마스터 데이터로 취급하는 경우 일관성 및 참조 관리와 관련해 오버엔지니어링된 API를 사용하게 돼서 처리 속도 및 변경 관리와 관련해 개선의 여지가 남게 될 수 있다.

작동 방식

> 정보 보유자 리소스를 운용 데이터 보유자로 태그하고 API 클라이언트가 데이터를 자주 그리고 빠르게 생성, 읽기, 업데이트, 삭제할 수 있는 API 동작을 추가한다.

운용 데이터 보유자에게 도메인별 책임을 부여하고자 추가 작업을 선택 사항으로 노출할 수 있다. 예를 들어 장바구니는 수수료 및 세금 계산, 가격 업데이트 알림, 할인 및 기타 **상태 전이** 동작을 제공할 수 있다.

이러한 운용 데이터 보유자의 요청 및 응답 메시지는 종종 **파라미터 트리**의 형태를 취하지만, 실제로는 다른 타입의 요청 및 응답 메시지 구조도 찾아볼 수 있다. 마스터 데이터와의 관계를 인지하고 **임베디드 엔티티 인스턴스**를 통해 운용 데이터 보유자에 대한 요청 및 응답에 마스터 데이터를 포함할 때 주의해야 한다. 서로 다른 엔드포인트에서 2가지 타입을 분리하고 **링크된 정보 보유자 인스턴스**를 통해 상호 참조를 구현하는 것이 더 나은 경우가 많다.

그림 5.5는 그 해결책을 스케치한 것이다. 참여 시스템$^{\text{System of Engagement}}$은 일상적인 비즈니스를 지원하는 데 사용되며, 일반적으로 운용 데이터를 보유하며, 관련 마스터 데이터는 기록 시스템에서 찾을 수 있다. API 구현은 운용 데이터와 마스터 데이터를 모두 보유할 수 있는 백엔드 시스템과 통합하는 것 외에도 자체 데이터 저장소를 유지할 수도 있다.

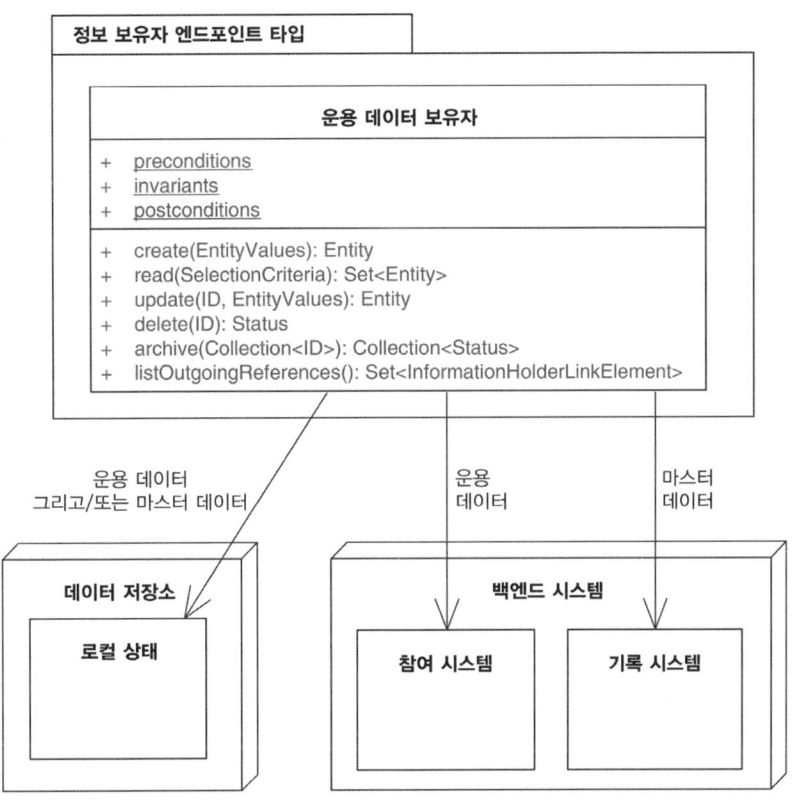

그림 5.5 운용 데이터 보유자. 운용 데이터는 수명이 짧거나 중간 정도이며 일상 업무 중에 많이 변경될 수 있다. 마스터 데이터 및 기타 운용 데이터를 참조할 수 있다.

동시에 여러 클라이언트에서 액세스하는 **운용 데이터 보유자**는 격리 및 원자성^{atomicity} 측면에서 트랜잭션 보장을 제공해야 여러 클라이언트가 동일한 데이터 항목에 동시에 액세스를 시도하면서 상태를 일관되게 유지할 수 있다. 특정 클라이언트와 상호작용하는 동안 오류가 발생하면 **운용 데이터 보유자**의 상태는 마지막으로 알려진 일관된 상태로 되돌아가야 한다. 마찬가지로 재시도되는 업데이트 또는 생성 요청은 무력화되지 않은 경우 중복을 제거해야 한다. 밀접하게 관련된 **운용 데이터 보유자**도 함께 관리하고 발전시켜 클라이언트가 해당 홀더 간의 참조가 유효하도록 유지될 수 있게 해야 한다. API는 모든 관련 운용 데이터 보유자에 걸쳐 아토믹 업데이트$^{atomic\ update}$ 또는 아토믹 삭제$^{atomic\ delete}$ 동작을 제공해야 한다.

운용 데이터 보유자는 모든 상태 변경이 기록돼 API 클라이언트가 특정 운용 데이터 보유자의 전체 상태 변경 기록에 액세스할 수 있게 하는 이벤트 소싱^{event sourcing}[Stettler 2019]에 적합한 후보다. 이는 소비자가 단순히 최신 상태를 쿼리하는 것이 아니라 과거의 임의의 스냅숏을 참조하거나 검색하기를 원할 수 있기 때문에 API 복잡성을 증가시킬 수 있다.

예시

온라인 쇼핑몰에서 구매 주문과 주문 품목은 운용 데이터에 해당하며, 주문한 제품과 주문하는 고객은 마스터 데이터의 특성을 충족한다. 따라서 이러한 도메인 개념은 일반적으로 그림 5.6과 같이 서로 다른 도메인 주도 설계^{DDD}에서 '바운디드 콘텍스트' 인스턴스로 모델링되고 별도의 서비스로 노출된다.

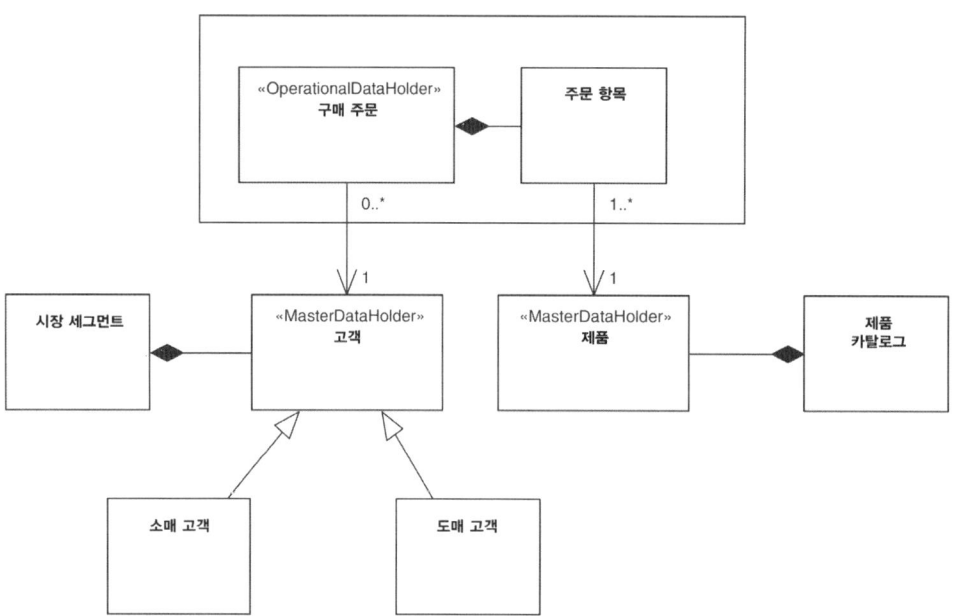

그림 5.6 온라인 상점 예시: 운용 데이터 보유자(구매 주문) 및 마스터 데이터 보유자(고객, 제품)와 이들의 관계

보험 도메인의 샘플 애플리케이션인 호반 상호 보험은 웹 서비스 및 REST 리소스로 노출되는 보험금 청구 및 위험 평가와 같은 운용 데이터를 관리한다(그림 5.7 참고).

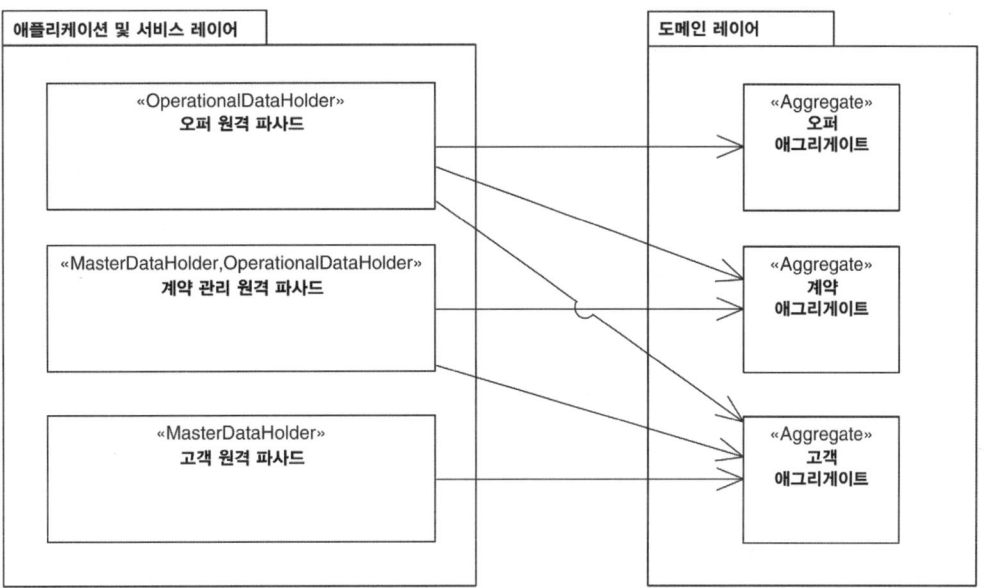

그림 5.7 운용 데이터 보유자와 마스터 데이터 보유자의 결합 예시: 오퍼는 계약과 고객을 참조한다. 계약은 고객을 참조한다. 이 예에서 원격 파사드는 서로 격리된 여러 애그리게이트에 액세스한다. 논리적 계층 이름은 참고 문헌([Evans 2003], [Fowler 2002])에서 가져왔다.

토론

이 패턴은 주로 API 문서에서 '마커 패턴$^{marker\ pattern}$'으로 사용되며, 기술 인터페이스를 '비즈니스 목표에 맞춰 조정되게' 만드는 데 도움이 되며, 이는 서비스 지향 아키텍처 원칙 및 마이크로서비스 원칙 중 하나다[Zimmermann 2017].

빅데이터 분석과 비즈니스 인텔리전스 인사이트의 세계에서 운용 데이터는 데이터 마트$^{data\ mart}$, 데이터 웨어하우스$^{data\ warehouse}$ 또는 시맨틱 데이터 레이크$^{semantic\ data\ lake}$와 같은 분석 처리를 위해 보관하는 경우가 많다.

운용 데이터 보유자의 인바운드 종속성이 적을수록 업데이트가 더 쉬워진다. 데이터 및 데이터 정의의 수명이 제한돼 있으면 이전 버전과의 호환성 및 무결성 관리가 덜 어려워지는 등 API의 발전이 덜 어렵다. 심지어 운용 데이터 보유자의 이전 버전을 유지하는 대신 다시 작성하는 것도 가능할 수 있다[Pautasso 2017a]. 궁극적 일관성

*eventual consistency*을 채택해 일관성 유지 수준을 엄격함에서 점진적인 수준으로 완화하면 가용성을 개선할 수 있다[Fehling 2014].

운용 데이터 보유자의 일관성 및 가용성 관리는 도메인 및 시나리오에 따라 마스터 데이터 보유자와 상충되는 요구 사항의 우선순위를 다르게 정할 수 있다. 비즈니스 민첩성, 스키마 업데이트 유연성 및 처리 속도는 API 구현에 따라 결정된다.

마스터 데이터와 운용 데이터의 구분은 다소 주관적이며 애플리케이션 상황에 따라 달라지며, 한 애플리케이션에서 일시적으로만 필요한 데이터가 다른 애플리케이션에서는 핵심 자산이 될 수도 있다. 예를 들어 온라인 쇼핑몰에서의 구매를 생각해보자. 구매자는 주문이 배송되고 대금을 지불할 때까지만 주문에 관심을 갖지만(보증 사례 혹은 고객이 향후에 상품을 반품하거나 동일한 주문을 반복하기를 원하지 않는 한) 쇼핑몰 서비스 프로바이더는 시간 경과에 따른 구매 행동 분석(고객 프로파일링, 제품 추천, 타깃 광고)을 위해 모든 세부 정보를 영원히 보관할 수 있다.

운용 데이터 보유자 패턴은 규정 준수 제어로 표현되는 규제 요건을 충족하는 데 도움이 될 수 있다. 이러한 요구 사항 및 규정 준수 제어의 예로는 "모든 구매 주문은 기록 시스템과 실제 세계에 실제로 존재하는 고객을 참조한다."가 있다. 이 규칙을 적용하면 사기 사례를 예방하거나 발견할 수 있다[Julisch 2011].

관련 패턴

들어오는 참조가 많고 수명이 긴 정보 보유자는 **마스터 데이터 보유자**(변경 가능) 및 **참조 데이터 보유자**(API를 통해 변경 불가능) 패턴으로 설명된다. 데이터보다는 작업 지향적인 또 다른 패턴은 **처리 리소스**다. 상태 생성 동작 및 상태 전이 동작을 포함한 모든 동작 책임 패턴은 **운용 데이터 보유자** 엔드포인트에서 사용할 수 있다.

4장, 6장, 7장의 패턴은 **운용 데이터 보유자** 동작의 요청 및 응답 메시지를 설계할 때 적용된다. 이러한 패턴의 적합성은 실제 데이터 의미론*data semantics*에 따라 크게 달라진다. 예를 들어 장바구니에 상품을 입력하면 **파라미터 트리**가 필요하고 **아토믹**

파라미터로 간단한 성공 플래그가 반환될 수 있다. 그런 다음 결제 활동에는 여러 개의 복잡한 파라미터(파라미터 포리스트)가 필요하고 **아토믹 파라미터 리스트**에서 주문 번호와 예상 배송 날짜를 반환할 수 있다. 운용 데이터 삭제는 단일 ID 엘리먼트를 전송해 트리거할 수 있으며 간단한 성공 플래그 또는 **오류 보고 표현**을 반환할 수 있다. **페이지네이션**은 대량의 운용 데이터 요청에 대한 응답을 조각으로 나눌 수 있게 한다.

'데이터 타입 채널Data Type Channel' 패턴[Hohpe 2003]은 메시지 의미론 및 구문(예: 쿼리, 가격 견적 또는 구매 주문)에 따라 메시징 시스템을 구성하는 방법을 설명한다.

다른 운영 정보 보유자를 참조하는 운영 정보 보유자는 이 데이터를 임베디드 엔티티의 형태로 포함할 수 있다. 이와 대조적으로 마스터 데이터 보유자에 대한 참조는 종종 포함/내장되지 않고 링크된 정보 보유자를 참조해 데이터를 외부에 둔다.

추가 정보

운영(또는 트랜잭션) 데이터의 개념은 데이터베이스 및 정보 통합 커뮤니티와 비즈니스 정보학(독일어로 Wirtschaftsinformatik)에 뿌리를 두고 있다[Ferstl 2006].

 패턴: 마스터 데이터 보유자

적용 시기 및 이유

도메인 모델, 엔티티 관계 다이어그램, 주요 애플리케이션의 용어집 또는 이와 유사한 개념 사전이 설명돼 있으며, 이러한 데이터 엔티티 중 일부를 **정보 보유자 리소스**를 통해 API에 노출하기로 결정했다.

데이터 사양은 이러한 **정보 보유자 리소스 엔드포인트**의 수명과 업데이트 주기가 초, 분, 시간에서 수개월, 수년, 수십 년으로 크게 다르다는 것을 보여준다. 수명이 긴 데이터는 일반적으로 들어오는 관계가 많은 반면 수명이 짧은 데이터는 수명이

긴 데이터를 참조하는 경우가 많다. 이 2가지 타입의 데이터 액세스 프로필은 크게 다르다.[6]

▼
장기간 보존되고 자주 변경되지 않으며 많은 클라이언트에서 참조할 마스터 데이터에 대한 액세스를 제공하는 API를 설계하려면 어떻게 해야 할까?
▲

많은 애플리케이션 시나리오에서 여러 곳에서 참조되고 오래 보존되는 데이터는 높은 데이터 품질과 데이터 보호가 필요하다.

- **마스터 데이터 품질:** 마스터 데이터는 일상적인 업무부터 전략적 의사 결정에 이르기까지 다양한 곳에서 직간접적으로 또는 암묵적으로 사용되기 때문에 정확해야 한다. 마스터 데이터를 한곳에 저장하고 관리하지 않으면 조정되지 않은 업데이트, 소프트웨어 버그 및 기타 예기치 않은 상황으로 인해 불일치 및 기타 감지하기 어려운 품질 문제가 발생할 수 있다. 반면 한곳에 저장하면 액세스 경합 및 백엔드 통신으로 인한 오버헤드로 인해 액세스 속도가 느려질 수 있다.
- **마스터 데이터 보호:** 마스터 데이터는 저장 및 관리 정책과 관계없이 공격의 매력적인 표적이 될 수 있고 데이터 유출로 인한 결과가 심각할 수 있으므로 적절한 접근 제어 및 감사 정책으로 잘 보호해야 한다.
- **외부 통제하에 있는 데이터:** 마스터 데이터는 종종 별도의 조직 단위에서 구매하거나 개발한 전용 시스템에서 소유 및 관리할 수 있다. 예를 들어 제품 또는 고객 데이터에 특화된 마스터 데이터 관리 시스템의 애플리케이션에 따라 나뉘져 있다. 실제로 이러한 전문화된 마스터 데이터 관리 시스템의 외부 호스팅(전략적 아웃소싱)은 더 많은 이해관계자가 시스템 발전에 관여하기 때문에 시스템 통합을 복잡하게 만든다.

---

6. 이 패턴의 콘텍스트는 대체 패턴인 **운용 데이터 보유자**와 유사하다. 이 패턴은 이 2가지 타입의 데이터의 수명과 관계 구조가 다르다는 점을 강조한다. 여기서는 트랜잭션 데이터라고도 하는 운용 데이터와 대비되는 마스터 데이터에 관심이 있다(독일어로 Stammdaten과 Bewegungsdaten, [Ferstl 2006], [White 2006] 참고).

데이터 소유권 및 감사 절차는 다른 타입의 데이터와 다르다. 마스터 데이터 컬렉션은 기업의 대차 대조표에 나타나는 금전적 가치를 지닌 자산이다. 따라서 마스터 데이터의 정의와 인터페이스는 영향을 미치거나 변경하기 어려운 경우가 많으며, 수명주기에 대한 외부의 영향으로 인해 마스터 데이터는 이를 참조하는 운용 데이터와 다른 속도로 발전할 수 있다.

수명주기나 관계 패턴에 관계없이 모든 엔티티/리소스를 동일하게 취급해 솔루션을 간소화할 수 있다고 생각할 수 있다. 그러나 이러한 접근 방식은 보안 감사자, 데이터 보유자, 데이터 관리자와 같은 이해관계자의 우려를 만족스럽게 해결하지 못할 위험이 있다. 호스팅 제공업체와 마지막으로 데이터의 실제 사용자(예: 고객 및 내부 시스템 사용자)는 마스터 데이터의 또 다른 주요 이해관계자로, 이러한 접근 방식으로는 만족시키기 어려울 수 있다.

작동 방식

▼

정보 보유자 리소스를 데이터 일관성이 유지되고 참조가 적절하게 관리되는 방식으로 마스터 데이터 액세스 및 조작 작업을 번들로 묶는 전용 **마스터 데이터 보유자 엔드포인트**로 표시한다. 삭제 작업을 특별한 형태의 업데이트 동작으로 취급한다.

▲

선택 사항으로 이 마스터 데이터 보유자 엔드포인트에서 다른 수명주기 이벤트 또는 상태 전이를 제공한다. 또한 선택적으로 마스터 데이터 보유자에게 도메인별 책임을 부여하기 위해 추가 동작을 노출할 수도 있다. 예를 들어 아카이브는 시간 중심 검색, 대량 생성 및 제거 동작을 제공할 수 있다.

마스터 데이터 보유자는 특수한 타입의 **정보 보유자 리소스**다. 일반적으로 다른 곳에서 참조되는 정보를 조회하는 동작을 제공한다. 또한 **마스터 데이터 보유자**는 **참조 데이터 보유자**와 달리 API를 통해 데이터를 조작하는 동작도 제공한다. 이러한 타입의 데이터에 대한 보안 및 규정 준수 요구 사항을 충족해야 한다.

그림 5.8은 구체적인 설계 엘리먼트를 보여준다.

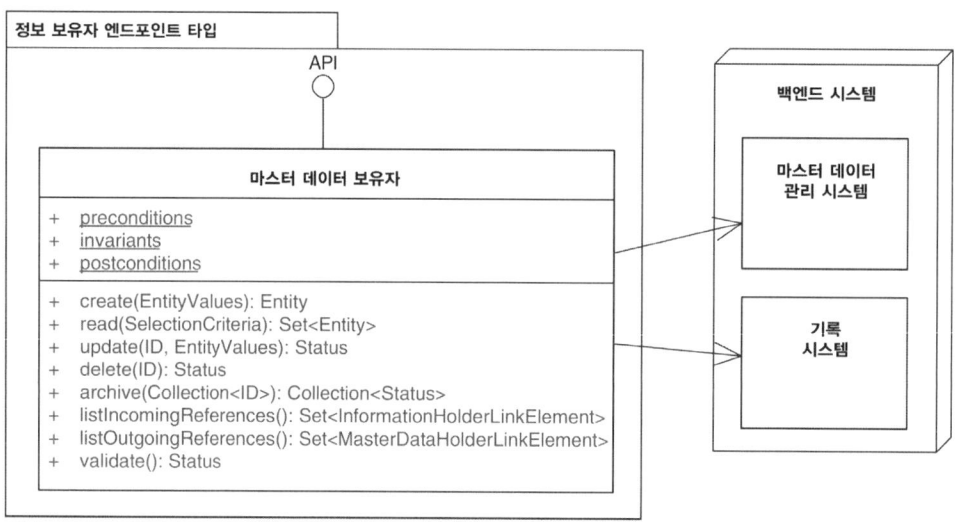

그림 5.8 마스터 데이터 보유자. 마스터 데이터는 수명이 길고 다른 마스터 데이터와 운용 데이터에 의해 자주 참조된다. 따라서 특정 품질 및 일관성 요구 사항을 만족해야 한다.

마스터 데이터 보유자의 요청 및 응답 메시지는 종종 **파라미터 트리**의 형태를 취한다. 그러나 실제로는 아토믹 타입$^{atomic\ type}$의 요청 및 응답 메시지 구조도 더 찾아볼 수 있다. 마스터 데이터 생성 동작은 일반적으로 단순하거나 중간 정도의 복잡한 **파라미터 트리를 수신**하는데, 이는 마스터 데이터가 복잡할 수 있지만 사용자가 양식(예: 계정 생성 양식)에 완전히 입력하는 경우와 같이 한 번에 생성되는 경우가 많기 때문이다. 일반적으로 마스터 데이터 엔티티를 고유하게/전체적으로 식별하고 생성 요청이 성공했는지 여부를 보고하는 ID 엘리먼트 또는 링크 엘리먼트를 전달하기 위해 **아토믹 파라미터 또는 아토믹 파라미터 리스트**를 반환한다(예: 오류 보고 패턴 사용). 실패의 원인은 키 중복, 비즈니스 규칙 및 기타 불변성 위반, 내부 서버 측 처리 오류(예: 백엔드 시스템의 일시적 사용 불가) 등이 될 수 있다.

마스터 데이터 업데이트는 2가지 형태로 이뤄질 수 있다.

1. 고객 또는 제품과 같은 마스터 데이터 엔티티의 속성 대부분 또는 전부를 교체하는 세분화된 전체 업데이트 동작이다. 이 형식은 HTTP **PUT**에 해당한다.

2. 마스터 데이터 엔티티의 속성 중 하나 또는 몇 개만 업데이트하는 세분화된 부분 업데이트 동작이다(예: 고객 주소(이름 제외) 또는 제품 가격(공급업체 및 과세 규칙 제외)). HTTP PATCH에는 이러한 의미가 포함돼 있다.

마스터 데이터에 대한 읽기 접근read access은 종종 파라미터화된 검색 및 필터 쿼리search-and-filter query 기능을 제공하는 인출 동작을 통해 수행된다(선언적으로 표현될 수 있음).

삭제는 필요하지 않을 수 있다. 지원되는 경우 마스터 데이터에 대한 삭제 작업은 법적 규정 준수 요구 사항으로 인해 구현하기가 복잡한 경우가 있다. 마스터 데이터를 완전히 제거하면 많은 수의 수신 참조가 손상될 위험이 있다. 따라서 마스터 데이터는 전혀 삭제되지 않고 더 이상 업데이트가 불가능한 불변 상태인 '보관'으로 설정되는 경우가 많다. 이렇게 하면 감사 추적과 데이터 조작 기록 일지를 보관할 수 있으며, 마스터 데이터 변경은 업무상 중요한 경우가 많으므로 반박할 수 없어야 한다. 삭제가 실제로 필요한 경우(그리고 이것이 규제 요건일 수 있음) 데이터는 실제로 다른 규제 요건에서 이를 금지하지 않는 한 일부 또는 모든 소비자에게 숨겨지지만 여전히 보이지 않는 상태로 보존될 수 있다.

HTTP 리소스 API에서 마스터 데이터 보유자 리소스의 주소(URI)는 이를 참조하는 클라이언트 간에 널리 공유될 수 있으며, 클라이언트는 HTTP GET(캐싱을 지원하는 읽기 전용 메서드)을 통해 액세스할 수 있다. 생성 및 업데이트 호출은 각각 POST, PUT, PATCH 메서드를 사용한다[Allamaraju 2010].

이 패턴의 맥락에서 생성, 읽기, 업데이트, 삭제라는 단어에 대한 논의가 CRUD 기반 API 설계가 이 패턴을 실현하기 위한 의도된 또는 유일한 솔루션임을 의미해서는 안 된다는 점에 유의하자. 이러한 설계는 성능 및 확장성 속성이 좋지 않은 수다스러운 API로 이어지며 원치 않는 높은 결합도와 복잡성을 초래한다. 이러한 API 설계를 조심해야 한다. 대신 리소스를 식별하는 동안 도메인 주도 설계DDD 비즈니스 기능 또는 비즈니스 프로세스의 루트 애그리게이트와 같이 범위가 잘 설정된 인터페이스 요소를 먼저 식별하는 것을 목표로 하는 증분적 접근 방식을 따르자. 바운디드 콘텍스트와 같은 더 큰 구성이 시작점으로 사용될 수도 있다. 드물지만 도메인 엔티티가 엔드포인트 후보를 제공하는 것으로 간주될 수도 있다. 이는 필시 의미적으로 더 풍부하고 의미 있는 **마스터 데이터 보유자** 설계로 이어질 것이며, 앞서 언급한 품질에 더 긍정적인 영향을 미칠 것이다. DDD 측면에서 볼 때 우리는 빈약한 도메인 모델^{anemic domain model}[Fowler 2003]이 아닌 풍부하고 심층적인 도메인 모델을 목표로 하며, 이는 API 설계에 반영돼야 한다. 도메인 모델에서 (운용 데이터뿐만 아니라) 마스터 데이터를 식별하고 호출해 나중에 설계 결정에 이 정보를 사용할 수 있게 하는 것이 많은 시나리오에서 합리적이다.

예시

보험 도메인의 예제 애플리케이션인 호반 상호 보험은 고객 및 계약과 같은 마스터 데이터를 웹 서비스 및 REST 리소스로 노출해 마스터 데이터 보유자 패턴을 적용한다. 그림 5.9는 이러한 리소스 중 2가지를 원격 파사드^{remote façade}로 보여준다.

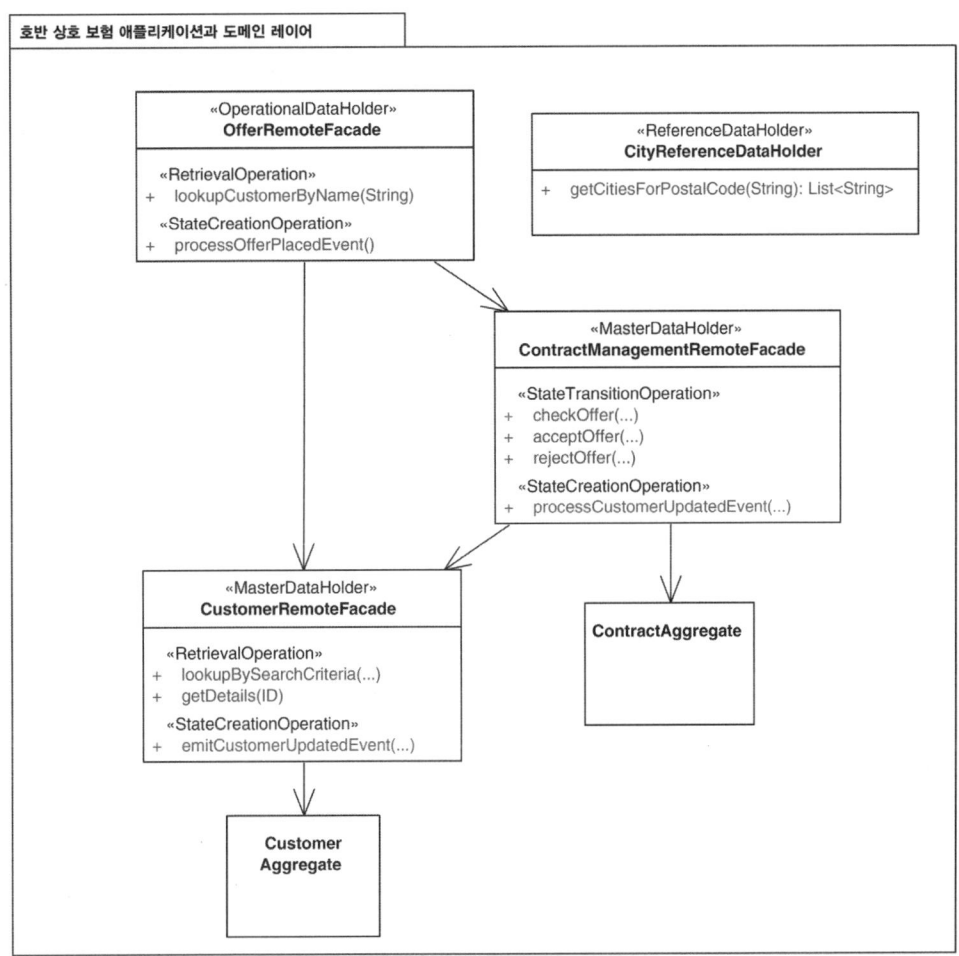

그림 5.9 운용 데이터 보유자와 마스터 데이터 보유자의 상호작용 예시. 운용 데이터는 마스터 데이터를 참조하지만 그 반대는 아니다. 참조 데이터 보유자 패턴의 적용도 다음과 같다.

이 예에서는 원격 파사드(offer, contract, customer)가 API 구현에서 서로와 2개의 도메인 레이어 애그리게이트에 접근한다.

토론

API 엔드포인트를 마스터 데이터 보유자로 태그하면 데이터 품질과 데이터 보호에 필요한 초점을 달성하는 데 도움이 될 수 있다.

정의에 따라 마스터 데이터에는 많은 인바운드 종속성이 있으며 아웃바운드 종속성도 있을 수 있다. 이러한 데이터는 외부에서 제어하는 경우가 많으므로 API 엔드포인트를 마스터 데이터 보유자로 태그하면 이러한 외부 종속성이 도입되는 위치를 제어하고 제한하는 데 도움이 된다. 이렇게 하면 일관된 방식으로 특정 마스터 데이터 소스에 대한 새로운 액세스를 제공하는 API가 하나만 존재하게 된다.

마스터 데이터는 종종 시장에서 성공의 열쇠가 되는 귀중한 기업 자산이다(심지어 기업이 인수 대상이 될 수도 있다). 따라서 API의 일부로 노출될 때는 이전 버전과의 호환성을 고려하고, 디지털 보존을 고려하며, 도난 및 변조로부터 데이터를 보호하는 로드맵에 따라 향후 발전 계획을 세우는 것이 특히 중요하다.

관련 패턴

마스터 데이터 보유자 패턴에는 2가지 대안이 있다. **참조 데이터 보유자**(API를 통해 변경 불가능한 데이터 포함)와 **운용 데이터 보유자**(수신 참조가 적고 수명이 짧은 데이터를 노출)가 있다.

추가 정보

마스터 데이터와 운용 데이터의 개념은 데이터베이스 커뮤니티(좀 더 구체적으로는 정보 통합)와 비즈니스 정보학(독일어로 Wirtschaftsinformatik)의 관련된 문헌에서 유래했다 [Ferstl 2006]. 온라인 분석 처리(OLAP, OnLine Analytical Processing), 데이터 웨어하우스 및 비즈니스 인텔리전스(BI, Business Intelligence)에 대한 노력에서 중요한 역할을 한다 [Kimball 2002].

 패턴: 참조 데이터 보유자

적용 시기 및 이유

요구 사항 사양에 따르면 일부 데이터는 모든 시스템 부분은 아니더라도 대부분에서 참조되지만 변경되는 경우는 매우 드물고, 이러한 변경은 본질적으로 관리적 차원의 것이며 일상적인 비즈니스 상황에서 동작하는 API 클라이언트에 의해 발생하는 것이 아니다. 이러한 데이터를 참조 데이터$^{reference\ data}$라고 한다. 참조 데이터는 국가 코드, 우편번호, 지리적 위치, 통화 코드, 측정 단위 등 다양한 형태로 제공된다. 참조 데이터는 문자열 리터럴 또는 숫자 값 범위의 열거^{enumeration}로 표현되는 경우가 많다.

API 동작의 요청 및 응답 메시지에서 데이터 전송 표현은 메시지 수신자의 정보 요구를 충족시키기 위해 참조 데이터를 포함하거나 참조 데이터를 가리킬 수 있다.

▼
여러 곳에서 참조되고, 수명이 길며, 클라이언트가 변경할 수 없는 데이터는 API 엔드포인트에서 어떻게 처리해야 할까?

처리 리소스 또는 정보 보유자 리소스에 대한 요청과 응답에서 이러한 참조 데이터를 어떻게 사용할 수 있을까?
▲

모든 종류의 **정보 보유자 리소스**에 적용된다는 것 외에도 2가지 바람직한 품질에 대해 얘기해볼 가치가 있다.

- **중복 배제**$^{DRY,\ Do\ not\ Repeat\ Yourself}$: 참조 데이터는 거의 변경되지 않기 때문에 API 클라이언트 내에서 단순히 하드 코딩하거나 캐시를 사용하는 경우 한 번만 검색한 다음 로컬 복사본을 영원히 저장하려는 유혹이 있다. 이러한 설계는 단기적으로는 잘 작동하며 데이터와 그 정의가 변경돼야 할 때까지는 내재적인 문제를 일으키지 않을 수 있다.[7] DRY 원칙을 위반하기 때문에 변경 사항은 모든 클라이언트에 영향을 미치며, 클라이언트에 도달할 수 없는 경우 업데이트가 불가능할 수 있다.

- **읽기 액세스의 성능과 일관성 사이의 트레이드오프**: 참조 데이터는 거의 변경되지 않으므로 참조 및 읽기 횟수가 많은 경우 캐시를 도입해 왕복 액세스 응답 시간을 줄이고 트래픽을 줄이는 것이 이득일 수 있다. 캐시를 이용한 복제 전략은 원하는 대로 작동하고 엔드투엔드 시스템을 지나치게 복잡하

---

7. 예를 들어 1999년까지 달력 연도에는 두 자리 숫자를 사용하는 것으로 충분했다.

고 유지 관리하기 어렵게 만들지 않도록 신중하게 설계해야 한다. 예를 들어 캐시가 너무 커져서는 안 되며, 복제는 네트워크가 끊어질 수 있는 점에 대응해야 한다. 참조 데이터가 변경되는 경우(스키마 또는 콘텐츠 수준에서) 업데이트가 일관되게 적용돼야 한다. 한 국가에 새로운 우편번호가 도입되고 많은 유럽 국가에서 현지 통화가 유로화(EUR)로 전환되는 것을 2가지 예로 들 수 있다.

정적이고 불변하는 참조 데이터를 읽기와 쓰기가 모두 가능한 동적 데이터처럼 취급할 수 있다. 이 방법은 많은 시나리오에서 잘 동작하지만, 예를 들어 **콘텐츠 전송 네트워크**^{CDN, Content Delivery Networks}에서 데이터 복제를 통해 읽기 액세스를 최적화할 기회를 놓치고 불필요한 저장 및 컴퓨팅 작업의 중복으로 이어질 수 있다.

작동 방식

> 정적이고 불변하는 데이터에 대한 단일 참조 지점으로 특수한 타입의 **정보 보유자 리소스 엔드포인트**인 **참조 데이터 보유자**를 제공한다. 이 엔드포인트에서 읽기 동작은 제공하지만 만들기, 업데이트 또는 삭제 동작은 제공하지 않는다.

필요한 경우 백엔드 자산을 직접 변경하거나 별도의 관리 API를 통해 다른 곳에서 참조 데이터를 업데이트한다. 링크된 정보 보유자를 통해 **참조 데이터 보유자** 엔드포인트를 참조한다.

참조 데이터 보유자는 클라이언트가 전체 참조 데이터 집합을 검색해 여러 번 액세스할 수 있는 로컬 복사본을 보관할 수 있게 허용할 수 있다. 그 전에 콘텐츠를 필터링할 수도 있다(예: 사용자 인터페이스의 입력 양식에 자동 완성 기능을 구현하는 목적). 참조 데이터의 개별 항목만 조회할 수도 있다(예: 유효성 검사 목적). 예를 들어 데이터가 변경되지 않으므로 통화 목록을 복사해 붙여 넣을 수도 있고, 여기에 설명된 대로 **참조 데이터 보유자 API**에서 검색해 캐시할 수도 있다. 이러한 API는 캐시를 초기화하고 새로 고치기 위해 목록의 전체 데이터를 열거해 제공하거나 유럽 통화 이름 목록을 보기 위해 전체 콘텐츠를 투영/선택하는 기능을 제공하거나 클라이언트 측 유효성 검사를 위해 특정한 통화 기록이 존재하는가를 확인하는 것과 같이 목록에 특정 값이 있는지 여부를 확인할 수 있다.

그림 5.10은 이 솔루션을 대략적으로 설명한다.

참조 데이터 보유자의 요청 및 응답 메시지는 종종 **아토믹 파라미터 또는 아토믹 파라미터 리스트**의 형태를 취한다(예: 참조 데이터가 구조화되지 않고 특정 평면 값만 열거하는 경우).

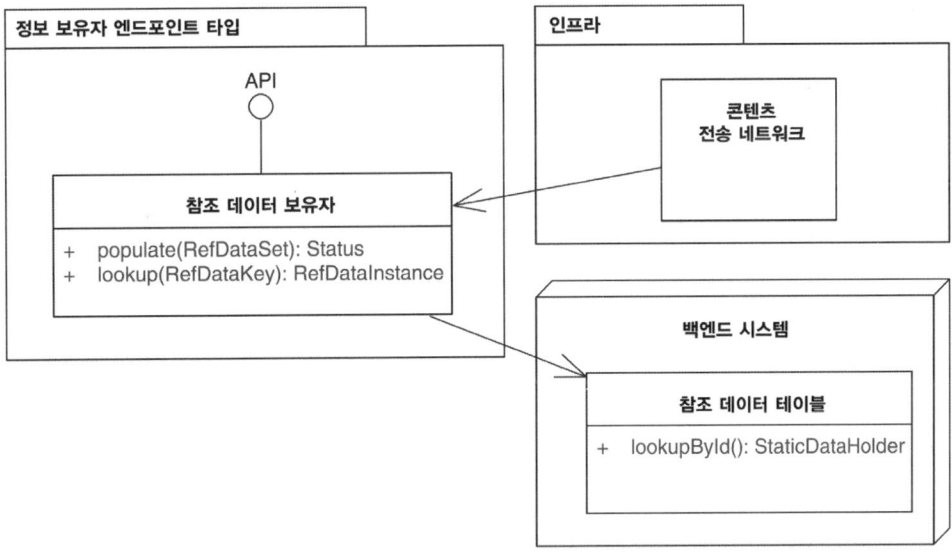

그림 5.10 참조 데이터 보유자. 참조 데이터는 오래 유지되지만 API를 통해 변경할 수 없다. 자주 참조되고 많은 곳에서 참조한다.

참조 데이터는 수명이 길지만 거의 변경되지 않으며, 자주 참조되고 많은 곳에서 참조된다. 따라서 **참조 데이터 보유자**의 동작은 참조 데이터 테이블에 대한 직접 액세스를 제공할 수 있다. 이러한 조회는 짧은 식별자(예: 프로바이더 내부 대체 키)를 좀 더 표현력이 풍부하고 사람이 읽을 수 있는 식별자 또는 전체 데이터 세트에 매핑할 수 있다.

예를 들어 통화 목록을 관리할 때 관계형 데이터베이스는 오버엔지니어링된 솔루션으로 보일 수 있으며, 파일 기반 키-값 저장소 또는 색인 순차 접근 방식[ISAM, Indexed

Sequential Access Method 파일로 충분할 수 있다. 레디스^{Redis}와 같은 키-값 저장소나 카우치DB^{CouchDB} 또는 몽고DB^{MongoDB}와 같은 문서 지향 NoSQL 데이터베이스^{document-oriented No SQL database}도 고려할 수 있다.

예시

그림 5.11은 API 클라이언트가 주소를 기반으로 우편번호를 조회하거나 그 반대로 조회할 수 있게 하는 패턴의 인스턴스를 보여준다.

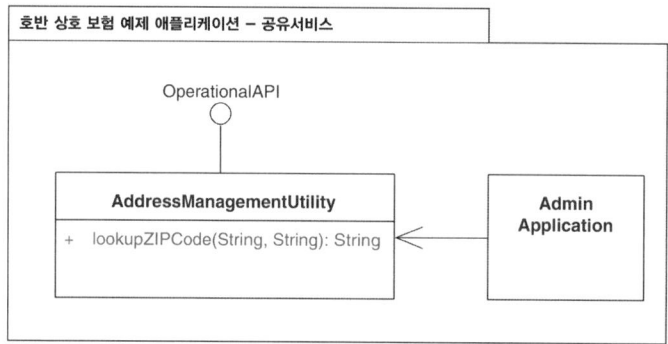

그림 5.11 참조 데이터 보유자. 우편번호 조회

토론

이 패턴의 가장 일반적인 사용 시나리오는 값 범위가 특정 제약 조건(예: 국가 코드, 통화 코드 또는 세율)을 충족하는 간단한 텍스트 데이터를 조회하는 것이다.

명시적 **참조 데이터 보유자**는 불필요한 반복을 피한다. 참조 데이터 보유자의 목적은 데이터에 대한 통제권을 유지하면서 데이터를 배포하는 데 도움이 되는 중앙 참조 지점을 제공하는 것이다. 읽기 성능을 최적화할 수 있고, 불변 데이터를 쉽게 복제할 수 있다(변경되지 않는 한 불일치 위험이 없음).

전용 **참조 데이터 보유자**를 개발, 문서화, 관리, 유지해야 한다. 이러한 참조 데이터가 클라이언트에 하드 코딩되면 모든 클라이언트를 업그레이드하는 데 필요한 노력보다 훨씬 적다.

- **중복 배제**[DRY]: 클라이언트는 원격 API에 대한 종속성을 도입하지만 참조에 대한 관리를 더 이상 자체적으로 구현할 필요가 없다. 이러한 긍정적인 효과는 데이터베이스 설계 및 정보 관리에서 알려진 데이터 정규화[normalization]의 한 형태로 볼 수 있다.
- **읽기 액세스에 대한 성능과 일관성의 트레이드오프**: 이 패턴은 API 뒤에 실제 데이터를 숨기므로 API 프로바이더가 프록시, 캐시, 읽기 전용 복제본 제공 등을 API 상세 구현 뒤에 숨겨 도입할 수 있다. 올바르게 수행된 경우 API 클라이언트가 볼 수 있는 유일한 효과는 응답 시간 및 가용성과 같은 품질 속성의 개선이며, 이는 기능적 API 계약과 함께 제공되는 서비스 수준 계약에 명시돼 있을 수 있다.

독립형 참조 데이터 보유자는 (데이터 정규화 및 성능 개선 측면에서) 가치를 더하는 것보다 더 많은 작업과 복잡성을 유발하는 것으로 판명되는 경우가 있다. 이러한 경우 API 리팩토링을 통해 API에 이미 존재하는 더 복잡하고 다소 동적인 마스터 데이터 보유자 엔드포인트와 참조 데이터를 병합하는 것을 고려할 수 있다[Stocker 2021a].

관련 패턴

마스터 데이터 보유자 패턴은 참조 데이터 보유자의 대안이다. 또한 여전히 변경 가능한 수명이 긴 데이터를 나타낸다. 운용 데이터 보유자는 좀 더 임시적인 데이터를 나타낸다.

7장의 '메시지 세분성' 절에는 임베디드 엔티티와 링크된 정보 보유자라는 2가지 관련 패턴이 나와 있다. 단순한 정적 데이터는 종종 임베드되지만(전용 참조 데이터 보유자가 필요하지 않음) 링크가 참조 데이터 보유자를 가리키는 경우 링크될 수도 있다.

추가 정보

『Data on the Outside versus Data on the Inside』는 넓은 의미의 참조 데이터를 소개한다[Helland 2005]. 위키피디아에서는 참조 데이터와 관련된 다양한 정보의 링크를 제공한다[Wikipedia 2022b].

 **패턴: 링크 조회 리소스**

적용 시기 및 이유

API 동작의 요청 및 응답 메시지의 메시지 표현은 메시지 수신자의 정보 요구를 충족하도록 설계됐다. 이를 위해 이러한 메시지에는 **링크 엘리먼트**의 형태로 다른 API 엔드포인트(예: 정보 보유자 리소스 또는 처리 리소스)에 대한 참조가 포함될 수 있다. 이러한 엔드포인트 주소를 모든 클라이언트에 직접 노출하는 것은 결합도를 증가시키고 위치 및 참조의 자율성을 해칠 수 있으므로 바람직하지 않은 경우도 있다.

> 메시지 수신자를 이러한 엔드포인트 실제 주소에 바인딩하지 않고 메시지 표현이 다른, 많고 자주 변경되는 API 엔드포인트 및 동작을 어떻게 참조할 수 있을까?

다음은 통신 참여자 사이의 결합도와 관련해 언급하는 것을 피해야 하는 2가지 이유다.

- API 프로바이더는 워크로드가 증가하고 요구 사항이 변경되는 동안 API를 발전시킬 때 링크의 목적지를 자유롭게 변경할 수 있기를 원한다.
- API 클라이언트는 프로바이더 측에서 링크의 이름 지정 및 구조화 규칙이 변경될 때 코드 및 구성(예: 애플리케이션 시작 절차)을 변경하지 않기를 원한다.

다음과 같은 설계 문제도 해결해야 한다.

- **클라이언트와 엔드포인트 간의 결합도:** 클라이언트가 엔드포인트 주소를 사용해 엔드포인트를 직접 참조하는 경우 이러한 당사자 간에 긴밀한 연결 고리가 만들어진다. 엔드포인트 주소가 변경되거나 엔드포인트가 일시적으로 다운되는 등 여러 가지 이유로 클라이언트 참조가 끊어질 수 있다.

- **동적 엔드포인트 참조:** API 설계에는 더 정교한 바인딩 체계도 존재하지만 종종 클라이언트에 참조를 하드 코딩하는 등 설계 또는 배포 시점에 엔드포인트에 대한 참조를 바인딩한다. 이 방식은 유연성이 부족해 런타임에 엔드포인트 참조를 동적으로 변경해야 하는 경우도 있다. 2가지 예는 유지 보수를 위해 오프라인으로 전환되는 엔드포인트와 동적인 수의 엔드포인트로 작업하는 로드밸런서^{load balancer}다. 또 다른 사용 시나리오는 새로운 API 버전이 도입된 후 포맷의 차이를 극복하는 데 도움이 되는 중개자^{intermediary} 및 리디렉션 헬퍼^{redirection helper}다.

- **중앙 집중화^{centralization} 대 탈중앙화^{decentralization}:** 하드 코딩된 주소를 통해 다른 API 엔드포인트에 대한 요청 및 응답에서 참조되는 공표된 언어^{Published Language}의 데이터 엘리먼트당 정확히 하나의 **정보 보유자 리소스**를 제공하면 고도로 분산된 솔루션으로 만들 수 있다. 다른 API 설계에서는 대신 엔드포인트 주소의 등록 및 바인딩을 중앙 집중화할 수 있다. 중앙 집중식 솔루션은 부분적으로 분산된 솔루션보다 더 많은 트래픽을 수신할 가능성이 높으며, 분산식 솔루션은 구축은 쉽지만 유지 관리 및 발전이 어려울 수 있다.

- **메시지 크기, 호출 횟수, 리소스 사용량:** 클라이언트에서 사용되는 모든 형태의 참조에 대해 고려할 수 있는 다른 솔루션은 임베디드 엔티티 패턴에 따라 참조를 피하는 것이다. 하지만 이렇게 하면 메시지 크기가 증가한다. 클라이언트에서 엔드포인트에 대한 참조를 관리하기 위한 모든 솔루션은 일반적으로 추가 API 호출을 만든다. 이러한 모든 고려 사항은 프로바이더 측 처리 리소스 및 네트워크 대역폭 측면에서 리소스 사용에 영향을 미친다.

- **끊어진 링크 처리:** 참조를 따르는 클라이언트는 이러한 참조가 올바른 기존 API 엔드포인트를 가리킨다고 가정한다. API 엔드포인트가 이동해 이러한 참조가 더 이상 작동하지 않는 경우 이를 알지 못하는 기존 클라이언트는 더 이상 API에 연결할 수 없으므로 실패하거나 이전 엔드포인트 버전에서 오래된 정보를 수신할 위험이 더 커질 수 있다.

- **엔드포인트의 수와 API 복잡성:** 특정 엔드포인트가 다른 엔드포인트의 주소를 가져오는 용도로만 사용된다면 결합도 증가 문제를 피할 수 있다. 그러나

모든 엔드포인트에 이러한 기능이 필요한 극단적인 경우에는 이 방법을 사용하면 엔드포인트 수가 2배로 늘어나므로 API 유지 관리가 더 어려워지고 API 복잡성이 증가한다.

간단한 접근 방식은 이미 존재하는 엔드포인트에 링크 엘리먼트를 반환하는 특수한 타입의 인출retrieval 동작인 조회lookup 동작을 추가하는 것이다. 이 솔루션은 실행 가능하지만 엔드포인트 내의 일관성을 손상시킬 수 있다.

작동 방식

▼

특수한 타입의 **정보 보유자 리소스 엔드포인트**인 전용 **링크 조회 리소스**를 도입해 특별한 **인출 동작**을 노출한다. 이러한 동작은 참조된 API 엔드포인트의 현재 주소를 나타내는 **링크 엘리먼트**의 단일 인스턴스 또는 컬렉션을 반환한다.

▲

이러한 링크 엘리먼트는 작업 지향action-oriented 처리 리소스뿐만 아니라 데이터 지향data-oriented **정보 보유자 리소스 엔드포인트**(또는 운용 데이터, 마스터 데이터, 참조 데이터를 다루거나 공유 데이터 교환 공간 역할을 하는 세분화한 리소스)를 가리킬 수 있다.

가장 기본적인 링크 조회 리소스는 요청 메시지에 단일 아토믹 파라미터를 사용해 일반적이고 평범하지만 고유한 ID 엘리먼트와 같은 기본키로 조회 대상을 구별한다. 이러한 고유 식별자는 API 키를 생성하는 데에도 사용된다. 클라이언트의 편의를 위해 여러 조회 옵션과 쿼리 파라미터가 존재하는 경우 **아토믹 파라미터 리스트**를 사용할 수 있다(이렇게 해서 클라이언트가 조회 모드를 지정할 수 있다). **링크 조회 리소스**는 보유 정보에 대한 네트워크 액세스 가능한 글로벌 참조를 반환한다(각각 **링크 엘리먼트**의 형태를 취하며, 링크 타입을 공개하는 **메타데이터 엘리먼트**로 수정될 수 있다).

다양한 타입의 **정보 보유자 리소스 인스턴스**의 네트워크 주소가 반환되면 클라이언트는 나중에 이러한 리소스에 액세스해 속성, 관계 정보 등을 얻을 수 있다. 그림 5.12는 이 접근 방법을 설명한다.

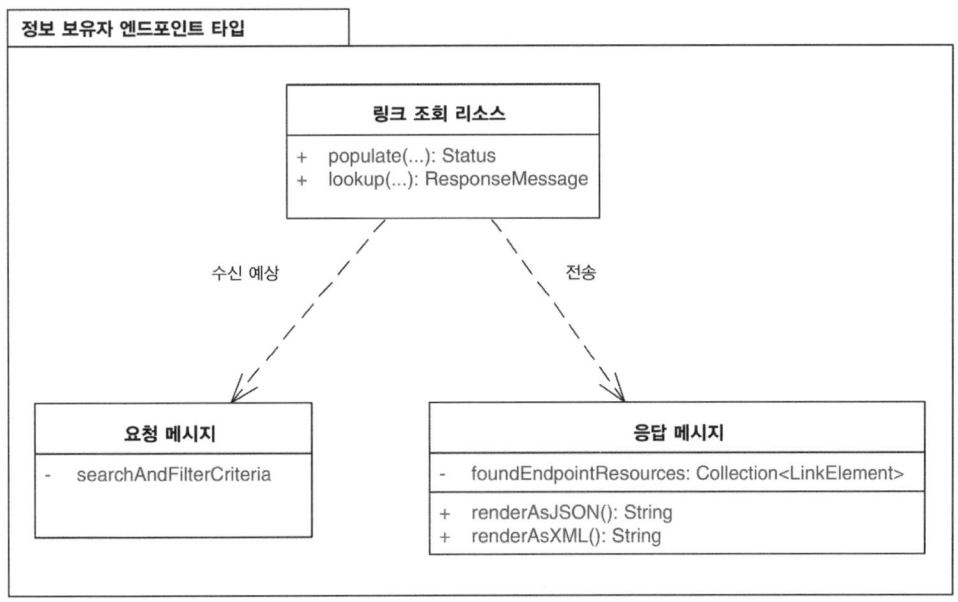

그림 5.12 링크 조회 리소스는 다른 엔드포인트에 대한 정보만 보유하는 API 엔드포인트다.

링크 정보는 다양한 형태로 제공될 수 있다. 메시지에서 하이퍼링크를 표현하기 위해 JSON-LD[W3C 2019], HAL[Kelly 2016], WS-Addressing(XML)[W3C 2004] 등 많은 표기법이 제안됐다.

변형 링크 엘리먼트가 정보 보유자 리소스가 아닌 처리 리소스를 가리키는 경우 이 패턴의 변형이 된다. 즉, 애플리케이션 상태의 엔진으로서 히이피텍스트^{HATEOAS, Hypertext As The Engine Of Application State}는 REST 스타일의 정의에 따라 진정한 RESTful 웹 API의 특징 중 하나다[Webber 2010; Erl 2013]. HATEOAS의 링크는 하이퍼미디어 컨트롤^{hypermedia control}이라고도 한다.

몇 개의 루트 엔드포인트(홈 리소스라고도 한다)의 주소가 게시되며(즉, 잠재적인 API 클라이언트에 전달된다), 각 응답에서 관련 서비스의 주소를 찾을 수 있다. 클라이언트는 응답을 파싱해 이후에 호출할 리소스의 URI를 찾는다. 이러한 방식으로 처리 리소스를 참조하면 제어 흐름과 애플리케이션 상태 관리가 동적이고 고도로 분산되며, 동작 수준 패턴 상태 전이 동작에서 이 REST 원칙을 자세히 다룬다. RESTful 정보 보유자 리소스는 크고 복잡한 데이터의 슬라이싱 또는 파티셔닝을 지원할 수 있다.

예시

호반 상호 보험의 예제에서는 고객을 대표하는 정보 보유자 리소스를 찾기 위한 2가지 동작을 다음과 같이 지정할 수 있다(표기법: 마이크로서비스 도메인 특화 언어^{MDSL,} Microservice Domain Specific Language, 부록 C 참고).

```
API description LinkLookupResourceExample
data type URI D<string> // 프로토콜, 도메인, 경로, 파라미터
endpoint type LinkLookupResourceInterface // 설명
  exposes
    operation lookupInformationHolderByLogicalName
      expecting payload
        <<Identifier_Element>> "name": ID
      delivering payload
        <<Link_Element>> "endpointAddress": URI
    operation lookupInformationHolderByCriteria
      expecting payload {
        "filter": P // 장소 보유자 파라미터 P
      }
      delivering payload {
        <<Link_Element>> "uri": URI* // 0..m 카디널리티
      }
API provider CustomerLookupResource
  offers LinkLookupResourceInterface
```

토론

동적 엔드포인트 참조를 제공하는 중앙 집중식 링크 조회 리소스는 위치 자율성_{location autonomy} 측면에서 클라이언트와 프로바이더를 분리한다. 이 패턴은 조회 책임_{lookup responsibility}이 실제 처리 및 정보 인출과 분리되므로 하나의 엔드포인트 내에서

높은 응집도를 갖게 만든다. 이에 따른 부정적인 결과로 **링크 조회 리소스**는 추가 호출을 유발하고 엔드포인트 수를 증가시킨다. 이 패턴은 운영비용을 증가시키며 조회 리소스를 최신 상태로 유지하게 만든다. 이 패턴을 사용하면 (특수한 엔드포인트를 추가하는 비용이 들지만) 엔드포인트 내의 응집도가 향상된다.

클라이언트가 전송해야 하는 호출 수가 증가하는 것을 완화하기 위해 캐싱을 도입하고 끊어진 링크를 감지한 후에만 조회 호출을 수행하지 않는 한 이 패턴은 클라이언트가 전송해야 하는 호출 수에 부정적인 영향을 미친다. 이 패턴은 API 동작 경계를 넘어(즉, 동작을 2번 호출하게 만드는) **정보 보유자 리소스** 또는 프로바이더 내부의 다른 데이터 저장소를 조회하는 데 드는 오버헤드가 각 작업의 메시지 페이로드를 줄임으로써 얻을 수 있는 절감 효과를 초과하지 않는 경우에만 성능을 개선할 수 있다.

링크된 정보 보유자와 **링크 조회 리소스**의 조합이 성능 및 유연성 향상보다 더 많은 오버헤드를 추가하는 것으로 판명되면 **링크된 정보 보유자**가 직접 링크를 포함하도록 변경할 수 있다. 직접 연결이 여전히 API 클라이언트와 API 프로바이더 간에 지나치게 많은 메시지 교환(대화)을 유발하는 경우 참조된 데이터를 **임베디드 엔티티**의 인스턴스로 만들 수 있다.

간접성^{indirection}을 추가하는 것은 시스템 런타임 환경을 좀 더 자유롭게 변경하는 데 도움이 될 수 있다. 직접 URI를 포함하는 시스템은 서버 이름이 변경될 때 변경하기가 더 어려울 수 있다. HATEOAS의 REST 원칙은 실제 리소스 이름에 대해 이 문제를 해결하며, (HTTP 리디렉션이 도입되지 않는 한) 하드 코딩된 클라이언트 측 링크만 문제가 된다. API 게이트웨이와 같은 마이크로서비스 미들웨어도 사용할 수 있지만 이러한 사용은 전체 아키텍처에 복잡성을 더할 뿐만 아니라 런타임 종속성을 추가한다. 하이퍼미디어를 사용해 애플리케이션 상태를 발전시키는 것은 REST 스타일의 결정적인 제약 중 하나다. 하이퍼미디어가 (모든 엔드포인트 타입의) 프로바이더 측 처리를 담당하는 리소스를 직접 참조할지 아니면 (이 패턴에 해당하는) 클라이언트와 엔드포인트를 더 분리하기 위해 어느 정도의 간접성을 도입할지 결정해야 한다.

관련 패턴

이 패턴의 인스턴스는 모든 엔드포인트 타입/역할에 대한 링크를 반환할 수 있으며, 종종 **정보 보유자 리소스**에 대한 링크를 반환할 수 있다. 이 패턴은 **인출 동작을** 사용한다. 예를 들어 검색 작업 인스턴스는 **정보 보유자 리소스**를 간접적으로 가리키는 ID 엘리먼트를 반환할 수 있으며, 링크 조회 리소스는 ID 엘리먼트를 링크 엘리먼트로 바꾼다.

인프라 수준의 서비스 검색을 대신 사용할 수도 있다. 예를 들어 '서비스 레지스트리'Service Registry, '클라이언트 측 검색'Clint-Side Discovery, '자체 등록'Self Registration'과 같은 패턴은 참고 문헌[Richardson 2018]에서 정리하고 있다.

이 패턴은 참고 문헌[Kircher 2004, Voelter 2004]에 설명된 좀 더 일반적인 '조회'Lookup 패턴의 API에 특화된 버전 혹은 개량이다. 좀 더 추상적인 수준에서 이 패턴은 참고 문헌[Evans 2003]에서 설명한 리포지터리 패턴Repository patter을 특화한 것으로, 메타리포지터리meta-repository 역할을 효과적으로 수행한다.

추가 정보

SOA 서적에서는 서비스 리포지터리 및 레지스트리와 같은 관련 개념을 다룬다. **책임 주도 설계**RDD, Responsibility-Driven Design 용어로 링크 조회 리소스는 '스트럭처러'Structurer' 역할을 한다[Wirfs-Brock 2002].

동일한 타입의 결과가 여러 개 반환되는 경우 **링크 조회 리소스**는 '컬렉션 리소스'Collection Resource'로 바뀐다. 컬렉션 리소스는 추가 및 제거 지원을 추가하는 이 패턴의 RESTful HTTP 대응 항목으로 볼 수 있다. 『RESTful Web Services Cookbook』[Allamaraju 2010]의 레시피 2.3에 컬렉션 리소스가 소개돼 있으며, 이 책의 14장에서는 디스커버리Discovery에 대해 설명한다. 컬렉션은 링크를 사용해 콘텐츠를 열거하고 클라이언트가 개별 항목을 인출, 업데이트 또는 삭제할 수 있게 한다. 참고 문헌[Serbout 2021]에 나와 있는 것처럼 API는 읽기 전용 컬렉션, 추가 가능한 컬렉션, 변경 가능한 컬렉션을 제공할 수 있다.

 **패턴: 데이터 전송 리소스**

적용 시기 및 이유

둘 이상의 통신 참가자가 데이터를 교환하고자 한다. 교환 참가자의 수는 시간이 지남에 따라 달라질 수 있으며, 서로의 존재를 부분적으로만 알고 있을 수도 있다. 항상 동시에 활성화돼 있지 않을 수도 있다. 예를 들어 최초 작성자가 이미 데이터를 공유한 후에 추가 참가자가 동일한 데이터에 액세스하려고 할 수 있다.

또한 참가자는 공유된 정보의 최신 버전에만 액세스하고 싶을 수 있으며 해당 정보에 적용된 모든 변경 사항을 관찰할 필요는 없다. 커뮤니케이션 참여자는 사용할 수 있는 네트워킹 및 통합 기술에 제약이 있을 수 있다.

> 2명 이상의 통신 참여자가 서로를 알지 못하고, 동시에 사용할 수 없으며, 수신자가 알기 전에 데이터가 이미 전송된 경우에도 어떻게 데이터를 교환할 수 있을까?

- **(시간 차원의) 결합도:** 통신 참여자의 가용성 및 연결 프로필이 서로 다르고 시간이 지남에 따라 변경될 수 있으므로 통신 참여자가 동시에(즉, 시간 동기를 맞춰) 통신하지 못할 수 있다. 데이터를 교환하려는 커뮤니케이션 참가자가 많을수록 모든 참가자가 동시에 메시지를 주고받을 준비가 돼 있지 않을 가능성이 높아진다.
- **(위치 차원의) 결합도:** 통신 참가자의 위치가 다른 참가자에게 알려지지 않을 수 있다. 네트워크 연결의 비대칭성으로 인해 모든 참가자에게 직접 주소를 지정하는 것이 불가능할 수 있으며, 예를 들어 발신자가 **네트워크 주소 변환**(NAT, Network Address Translation) 테이블이나 방화벽 뒤에 숨겨진 데이터 교환의 수신자에게 도달하는 방법을 알기 어려울 수 있다.
- **통신 제약:** 일부 통신 참가자는 서로 직접 대화할 수 없을 수도 있다. 예를 들어 정의상 클라이언트/서버 아키텍처 스타일의 클라이언트는 들어오는

연결을 수락할 수 없다. 또한 일부 통신 참여자는 기본 HTTP 클라이언트 라이브러리 이외의 통신에 필요한 소프트웨어(예: 메시징 미들웨어)를 로컬에 설치하지 못할 수도 있다. 이러한 경우 간접 통신이 유일한 방법이다.

- **신뢰성**: 네트워크는 신뢰할 수 있다고 가정할 수 없으며, 클라이언트가 항상 동시에 활성화돼 있는 것도 아니다. 따라서 모든 분산 데이터 교환은 일시적인 네트워크 파티션 및 시스템 중단에 대처할 수 있게 설계돼야 한다.
- **규모 확장성**: 데이터를 전송할 때 수신자 수를 알 수 없을 수 있다. 또한 이 숫자가 매우 커져 예상치 못한 방식으로 액세스 요청이 증가할 수 있다. 이로 인해 처리량과 응답 시간이 저하될 수 있다. 교환할 데이터의 양이 무제한으로 증가해 개별 메시지의 용량 제한(사용되는 통신 및 통합 프로토콜에 따라 결정됨)을 넘어설 수 있다.
- **저장 공간 효율성**: 교환할 데이터는 어딘가에 저장돼야 하며, 충분한 저장 공간을 확보해야 한다. 대역폭 제약으로 인해 전송 또는 저장할 수 있는 데이터양에 제한이 있을 수 있으므로 공유할 데이터의 양을 알고 있어야 한다.
- **지연 시간**: 직접 통신은 릴레이나 중개자를 통한 간접 통신보다 빠른 경향이 있다.
- **소유권 관리**: 교환된 정보의 가용성 수명주기를 명시적으로 제어하려면 교환된 정보의 소유권을 설정해야 한다. 초기 소유자는 데이터를 공유하는 참여자이지만 공유 데이터의 도달 범위를 최대화하는 데 관심이 있는 최초 발신자, 여러 번 읽기를 원하거나 원하지 않는 수신자, 스토리지 비용을 관리해야 하는 전송 리소스 호스트 등 정리를 담당하는 다양한 당사자가 존재할 수 있다.

ActiveMQ, 아파치 카프카^{Apache Kafka} 또는 Rabbit MQ와 같은 메시지 지향 미들웨어^{MOM, Message-Oriented Middleware}에서 제공하는 게시-구독 메커니즘^{publish-subscribe mechanism}을 사용하는 것을 생각할 수 있지만, 클라이언트가 수신 메시지를 수신하고 처리하기 위해 자체 로컬 메시징 시스템 엔드포인트를 실행해야 한다. 메시지 지향 미들웨어를 설치 및 운영해야 하므로 전반적인 시스템 관리 노력이 증가한다[Hohpe 2003].

작동 방식

> 2개 이상의 API 클라이언트에서 액세스할 수 있는 공유 스토리지 엔드포인트로 **데이터 전송 리소스**를 도입하자. 이 특수 **정보 보유자 리소스**에 전 세계적으로 고유한 네트워크 주소를 제공해 2개 이상의 클라이언트가 공유 데이터 교환 공간으로 사용할 수 있게 한다. 공유 공간에 데이터를 배치하고 데이터를 가져올 수 있게 하나 이상의 **상태 생성 동작**과 하나의 **인출 동작**을 추가한다.

전송 리소스의 주소를 클라이언트와 공유한다. 데이터 소유권 및 전송을 결정하며, 여기서 프로바이더 소유권보다 클라이언트 소유권이 더 많이 사용된다.

여러 애플리케이션(API 클라이언트)이 공유 데이터 전송 리소스를 매개체로 사용해 그 중 한 애플리케이션이 원래 생성한 다음 공유 리소스로 전송한 정보를 교환할 수 있다. 정보가 공유 리소스에 게시^{publish}되면 공유 리소스의 URI를 알고 있고 권한이 있는 추가 클라이언트는 정보를 인출^{retrieve}하고, 업데이트^{update}하고, 추가^{add}하고, (데이터가 클라이언트 애플리케이션에 더 이상 유용하지 않은 경우) 삭제^{delete}할 수 있다. 그림 5.13은 이 솔루션을 간략하게 설명한다.

공유 데이디 전송 리소스는 클라이언트 간에 블랙보드^{blackboard}를 설정해 모든 상호작용을 중재하는 비동기식 가상 데이터 흐름 채널을 제공한다. 그 결과, 클라이언트는 서로 직접 연결하지 않고 서로에게 직접 주소를 지정하지 않고, 동시에 실행하지 않고 데이터를 교환할 수 있다. 따라서 클라이언트가 공유 데이터 전송 리소스에 도달할 수만 있다면 시간적으로 분리되고(동시에 사용할 수 있을 필요는 없음) 위치가 무의미해진다.

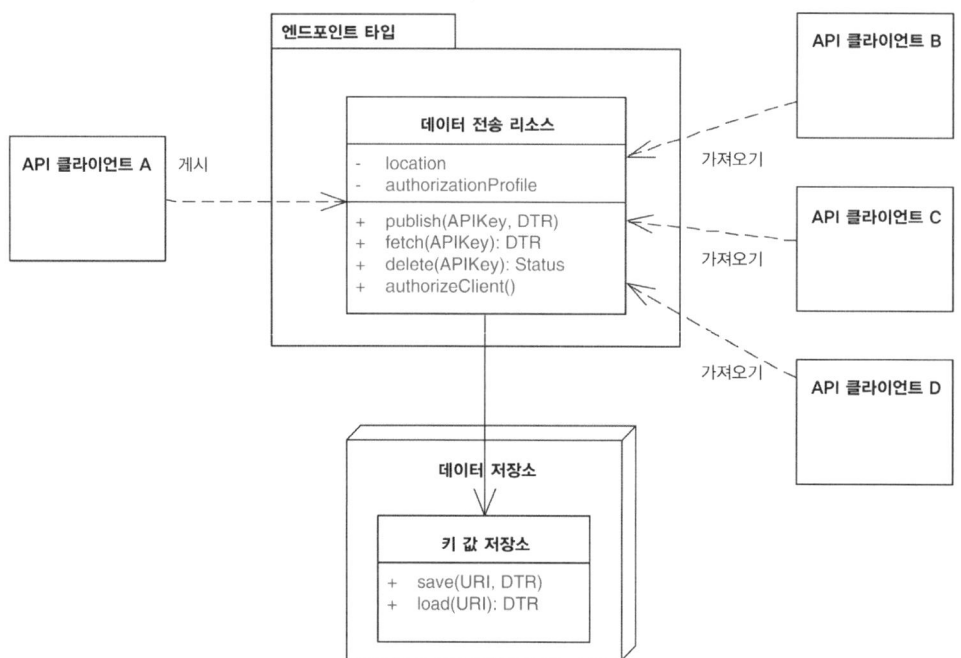

그림 5.13 데이터 전송 리소스. 데이터 전송 리소스 엔드포인트는 임시 데이터를 보유해 이 데이터를 공유하는 2개 이상의 API 클라이언트가 분리되게 한다. 이 패턴의 인스턴스는 이러한 클라이언트 간에 데이터 교환 공간을 제공한다. 데이터 소유권은 애플리케이션 클라이언트가 가진다.

클라이언트는 공유 리소스에 대한 URI를 어떻게 협상하는가? 클라이언트는 사전에 공유 리소스 주소를 알고 있거나 전용 **링크 조회 리소스**를 사용해 동적으로 검색할 수 있다. 또한 첫 번째 클라이언트가 원본 콘텐츠를 게시하면서 URI를 설정하고 다른 커뮤니케이션 채널을 통해 다른 클라이언트에게 알리거나, 모든 클라이언트가 사전에 동의한 링크 조회 리소스에 주소를 등록해 다른 클라이언트에게 알릴 수도 있다.

이 패턴에 대한 HTTP 지원 구현 관점에서 이 솔루션은 HTTP에서 직접 지원되며, 클라이언트 A가 먼저 **PUT** 요청을 수행해 URI로 고유하게 식별되는 공유 리소스에 정보를 게시한 다음 클라이언트 B가 **GET** 요청을 수행해 공유 리소스에서 해당 정보를 가져온다. 클라이언트가 명시적인 삭제 요청을 수행하지 않는 한 공유 리소스에 게시된 정보는 사라지지 않는다. 공유 리소스에 정보를 게시하는 클라이언트

A는 HTTP PUT 요청이 무효화되므로 정보를 안정적으로 게시할 수 있다. 마찬가지로 후속 GET 요청이 실패하면 클라이언트 B는 단순히 재시도해 결국 공유 정보를 읽을 수 있다. 그림 5.14는 이 패턴의 HTTP 구현을 보여준다.

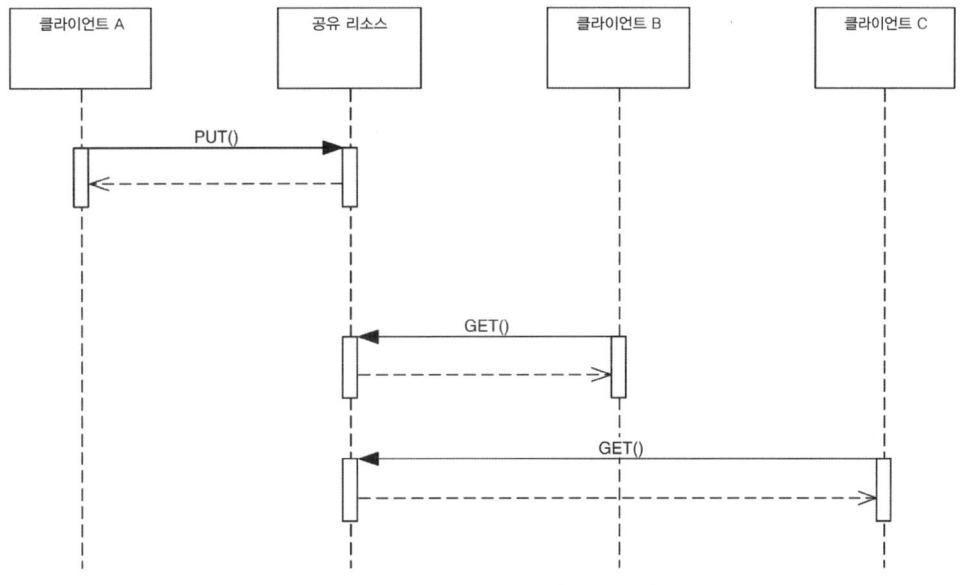

그림 5.14 데이터 전송 리소스(HTTP 구현)

클라이언트는 다른 클라이언트가 공유 리소스에서 정보를 인출했는지 여부를 알 수 없다. 이러한 제한을 해결하기 위해 공유 리소스는 액세스 트래픽을 추적하고 전송 상태에 대한 추가 메타데이터를 제공해 정보가 게시^{publish}된 후 가져오기^{fetch}가 수행됐는지 여부와 횟수를 조회할 수 있다. 인출 동작에 의해 노출되는 이러한 메타데이터 엘리먼트는 더 이상 사용되지 않는 공유 리소스의 가비지 컬렉션에도 도움이 될 수 있다.

변형 액세스 패턴과 리소스 수명은 다를 수 있으며, 이 패턴의 변형은 다음과 같다.

1. **릴레이 리소스:** 쓰는 클라이언트와 읽는 클라이언트 단 2개가 있다. 데이터 소유권이 쓰기에서 읽기로 이동한다. 그림 5.15는 이 변형을 보여준다.

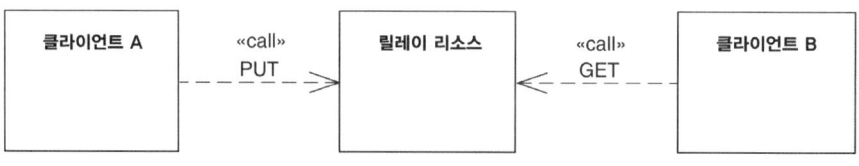

그림 5.15 릴레이 리소스

2. **게시된 리소스**: 그림 5.16과 같이 한 클라이언트가 사전에 쓰고 예측할 수 없는 매우 많은 수의 클라이언트가 아마도 몇 년 후와 같이 서로 다른 시점에 이 데이터를 읽는다. 원래 작성자는 공유 리소스가 여러 독자가 공개적으로 사용할 수 있는 상태로 유지되는 기간을 결정한다. '수신자 목록^{Recipient List}'과 같은 라우팅 패턴을 이러한 방식으로 지원할 수 있다[Hohpe 2003]. 스트리밍 미들웨어^{streaming middleware}를 이용해 이러한 변형을 실현할 수 있다.

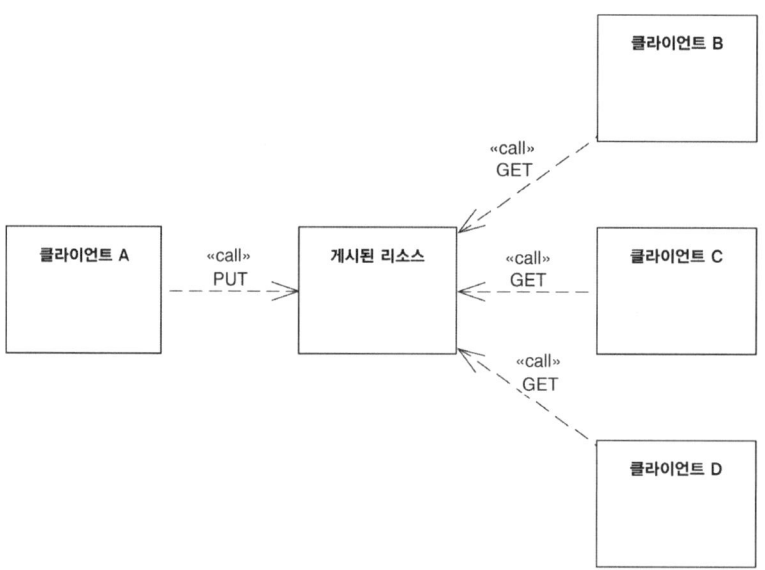

그림 5.16 게시된 리소스

3. **대화 리소스**: 많은 클라이언트가 공유 리소스를 읽고, 쓰고, 최종적으로는 삭제한다(그림 5.17). 모든 참가자는 전송 리소스를 소유하므로 업데이트와 삭제가 모두 가능하다.

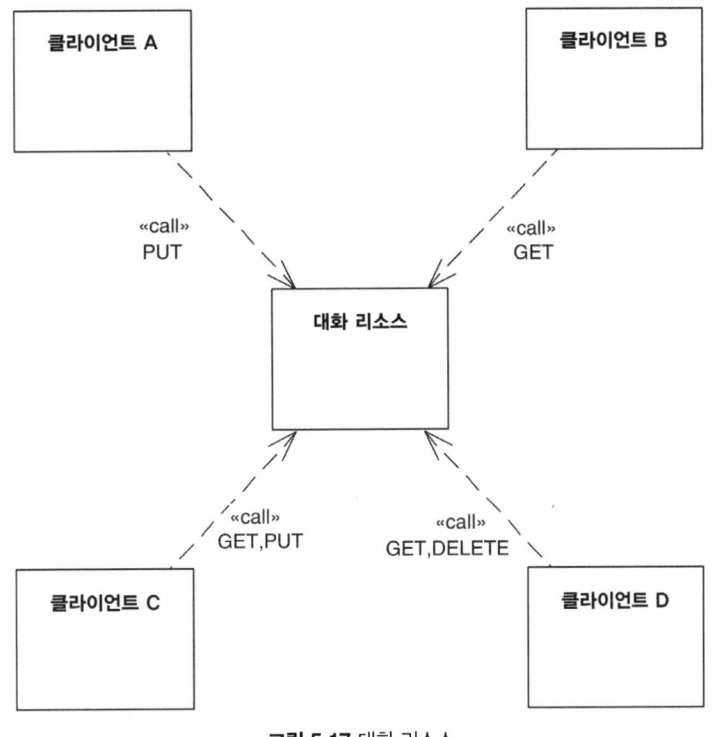

그림 5.17 대화 리소스

예시

그림 5.18의 예는 호반 상호 보험 예제 사례에서 통합 인터페이스의 패턴을 보여준다. 클레임 접수 시스템[Claim Reception System Of Engagement]은 데이터 소스이며, 클레임 전송 리소스는 2개의 데이터 싱크인 클레임 처리 기록 시스템[Claim Processing System Of Records]과 사기 탐지 아카이브[Fraud Detection Archive]를 분리한다.

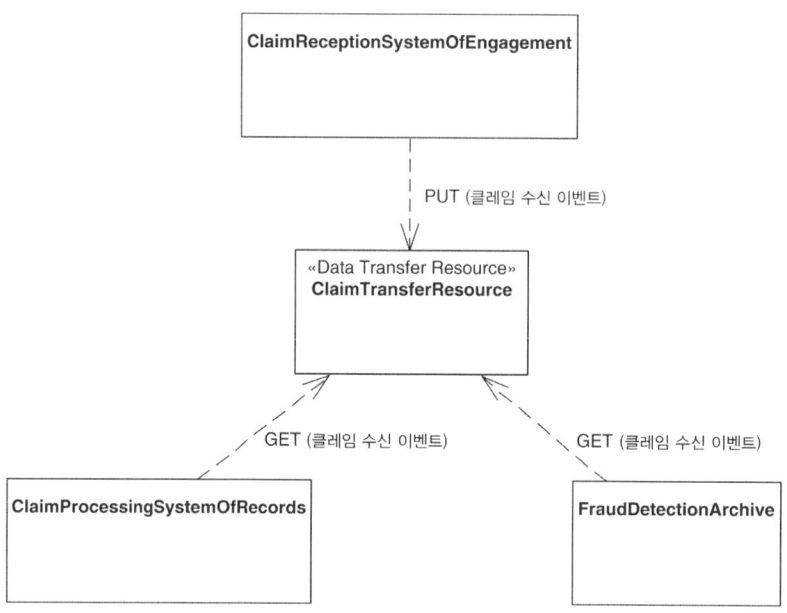

그림 5.18 클레임 관리 데이터 흐름에서 본 데이터 전송 리소스의 예

토론

이 패턴은 메시징과 공유 데이터 저장소의 장점인 데이터 흐름의 유연성과 비동기성을 결합한 것이다[Pautasso 2018]. HTTP 및 웹 API의 맥락에서 주요한 설계 요구사항인 포스와 패턴 속성을 하나씩 살펴보자.

- **시간 및 위치 차원에서의 결합도:** 비동기 및 간접 통신이 지원된다.
- **통신 제약:** 직접 연결할 수 없는 클라이언트는 전송 리소스를 공유된 블랙보드로 사용한다. 클라이언트는 다음과 같은 이유로 서로 직접 대화할 수 없는 경우가 있다.
    a) 클라이언트는 들어오는 요청을 수신해서는 안 된다.
    b) 나가는 연결만 허용하는 방화벽/NAT 뒤에서 실행되는 경우가 있다.
    c) 웹 브라우저 내부에서 실행되고 있으며, 웹 서버에 HTTP 요청을 보내고 웹 서버로부터 응답을 받는 것만 허용한다.
    d) 동시에 실행되지 않는다.

직접 연결이 불가능한 경우 간접 경로가 여전히 작동할 수 있다. 공유 데이터 전송 리소스는 이러한 중개 요소를 제공하며, 두 클라이언트에서 모두 액세스할 수 있고 일부 클라이언트가 일시적으로 사라져도 계속 사용할 수 있는 공동 저장 공간 역할을 할 수 있다.

- **신뢰성**: 메시징 시스템을 사용할 때 클라이언트에서 미들웨어로의 연결은 로컬 연결일 수 있다(메시징 시스템 브로커 프로세스가 원격 메시징을 처리해 메시지 전달을 보장한다). 이러한 '호출 스택 없는 프로그래밍'은 원격 프로시저 호출을 차단하는 것보다 개념적으로 더 어렵고 오류가 발생하기 쉽지만, 제대로 수행하면 더 강력하다[Hohpe 2003]. 데이터 전송 리소스 패턴을 적용할 때 클라이언트-리소스 연결은 항상 원격 연결이다. 게다가 HTTP는 메시지 전달을 보장할 수 없다.[8] 그러나 HTTP에서 PUT 및 GET 메서드의 멱등성은 업로드 또는 다운로드가 성공할 때까지 송신 클라이언트가 데이터 전송 리소스에 대한 호출을 다시 시도할 수 있게 하기 때문에 문제를 완화할 수 있다. HTTP 메서드를 이러한 멱등성을 갖게 하면 공유 리소스에 액세스할 때 미들웨어나 수신자 모두 중복 메시지를 감지하고 제거할 필요가 없다.

- **규모 확장성**: 웹 리소스에 저장할 수 있는 데이터의 양은 웹 서버의 기반이 되는 데이터 스토리지/파일 시스템의 용량에 따라 제한된다. 하나의 표준 HTTP 요청/응답 내에서 웹 리소스와 주고받을 수 있는 데이터의 양은 프로토콜에 따라 사실상 무제한이므로 기본 미들웨어 구현 및 하드웨어 용량에 의해서만 제약을 받는다. 클라이언트 수에도 동일한 제약이 적용된다.

- **저장 공간 효율성**: 데이터 전송 리소스의 프로바이더는 충분한 저장 공간을 갖고 있어야 한다.

- **지연 시간**: 간접 통신은 참여자 간에 2번의 홉이 필요하지만 동시에 사용할 수 있을 필요는 없다. 이 패턴에서는 개별 전송의 성능보다 장기간에 걸쳐 여러 참여자에게 데이터를 전송하는 기능이 우선시된다.

- **소유권 관리**: 패턴 변형에 따라 데이터 소유권(공유 리소스 콘텐츠의 유효성을 보장

---

8. HTTP가 전송 신뢰성을 제공하는 TCP 상위 부분에서 동작하더라도 자체의 비연결성과 상태 비저장 특성으로 모든 메시지의 전달을 보장할 수 없다는 의미다. - 옮긴이

하고 최종적으로 정리해야 하는 권리이자 의무)은 소스에 남아 URI를 알고 있는 모든 당사자 간에 공유되거나, 데이터 전송 리소스로 이전될 수 있다. 모든 수신자가 데이터를 읽을 때까지 원래 데이터를 게시한 출처가 존재하지 않을 것으로 예상되는 경우 후자의 옵션이 적절하다.

데이터 전송 리소스가 도입되면 추가적인 설계 문제가 발생한다.

- **접근 제어**access control: 교환되는 정보의 타입에 따라 리소스의 데이터를 읽는 클라이언트는 리소스가 올바른 출처에서 초기화됐다고 신뢰한다. 따라서 일부 시나리오에서는 권한이 부여된 클라이언트만 공유 리소스를 읽거나 쓰게 허용될 수 있다. API 키 또는 고급 보안 솔루션으로 액세스를 제어할 수 있다.
- **조율 부족**: 클라이언트는 언제든지 여러 번 공유 리소스를 읽고 쓸 수 있다. 쓰기와 읽기를 수행하는 클라이언트는 비어 있거나 초기화되지 않은 리소스를 감지하는 것 외에는 조율할 수 있는 것이 거의 없다.
- **낙관적 잠금**optimistic locking: 여러 클라이언트가 동시에 쓰다 보면 충돌이 발생할 수 있으며, 이 경우 오류로 보고하고 회복을 위한 시스템 관리 활동을 수행하게 해야 한다.
- **폴링**polling: 일부 클라이언트는 공유 리소스 상태가 변경될 때 알림을 받을 수 없으며, 최신 버전을 가져오기 위해 폴링에 의존해야 한다.
- **가비지 컬렉션**: 데이터 전송 리소스는 읽기를 완료한 클라이언트가 마지막 클라이언트인지 알 수 없으므로 명시적으로 제거하지 않는 한 데이터가 유출될 위험이 있다.
- **하우스키핑**housekeeping **필요**: 수명이 다한 데이터 전송 리소스를 제거하면 스토리지 리소스의 낭비를 방지할 수 있다.

관련 패턴

이 패턴은 데이터 액세스 및 저장소 소유권과 관련해 다른 타입의 **정보 보유자 리소스**

와 다르다. 데이터 전송 리소스는 데이터 소스 및 데이터 싱크 역할을 모두 수행한다. 데이터 전송 리소스는 자체 데이터 저장소를 독점적으로 소유하고 제어하며, 해당 콘텐츠에 액세스하는 유일한 방법은 데이터 전송 리소스의 게시된 API를 통해서만 가능하다. 다른 **정보 보유자 리소스** 타입의 인스턴스는 종종 다른 당사자(예: 백엔드 시스템 및 비API 클라이언트)가 액세스하고 소유할 수도 있는 데이터로 작업한다. **링크 조회 리소스**는 주소(또는 링크 엘리먼트)라는 특수한 타입의 데이터를 보유하는 데이터 전송 리소스로 볼 수 있다.

비동기 메시징에 대한 패턴은 『Enterprise Integration Patterns』[Hohpe 2003]에 설명돼 있다. 이러한 패턴 중 일부는 데이터 전송 리소스와 밀접한 관련이 있다. 데이터 전송 리소스는 메시지 라우팅 및 변환은 물론 여러 메시지 소비 옵션('경쟁하는 소비자' 및 '멱등성을 갖는 수신자')을 지원하는 '메시지 채널Message Channel'을 웹 기반으로 구현한 것으로 볼 수 있다. 큐 기반 메시징 및 웹 기반 소프트웨어 커넥터(이 데이터 전송 리소스 패턴에서 설명한 대로)는 서로 다르지만 관련된 2가지 통합 스타일로 볼 수 있으며, 이러한 스타일은 『The Web as a Software Connector』[Pautasso 2018]에서 비교한다.

'블랙보드'는 다른 맥락에서 적합하게 고안됐지만 솔루션 스케치에서는 유사한 POSA의 제 1 패턴[Buschmann 1996]이다. 원격 패턴Remoting Pattern[Voelter 2004]은 원격 스타일인 '공유 저장소'이며, 데이터 전송 리소스는 웹 스타일의 공유 저장소를 위한 API로 볼 수 있다.

추가 정보

'인터페이서Interfacer'는 책임 주도 설계RDD의 역할 스테레오타입으로, 이와 관련이 있지만 좀 더 일반적인 프로그래밍 수준의 개념이다[Wirfs-Brock 2002].

동작 책임

API 엔드포인트는 API 계약에서 하나 이상의 동작을 노출한다. 이러한 동작은 프로바이더 측 상태를 갖고 작동하는 방식에서 몇 가지 반복되는 패턴을 보여준다. 4가지 동작 책임^{operations responsibility} 패턴은 계산 함수, 상태 생성 동작, 인출 동작, 상태 전이 동작이다. 그림 5.19는 이러한 패턴과 그 변형을 포함한 개요를 보여준다.

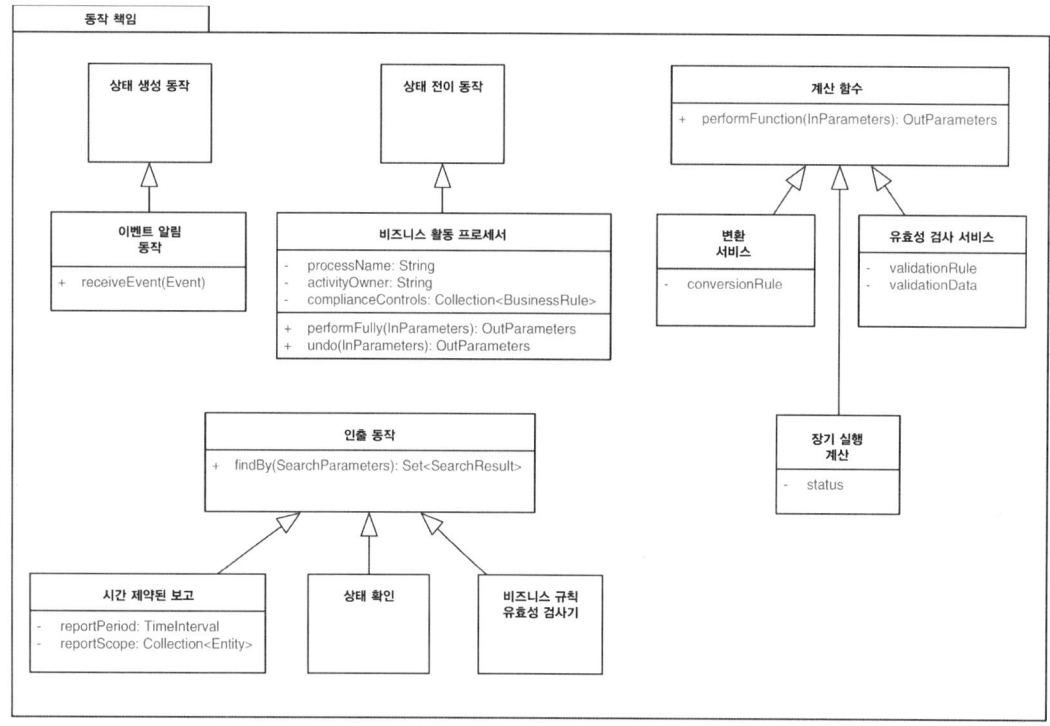

그림 5.19 동직 책임을 구분한 패턴

클라이언트를 대신해 일부 자체적인 동작을 수행하기 때문에 상태 불변 API 책임 함수^{state-preserving API responsibility function}와 클라이언트가 일부 데이터를 넘겨줄 때 활성화돼 이를 처리하고, 결과를 저장하고, 인출도 가능한 상태 변경 책임 동작^{state-changing responsibility operation}을 호출한다는 점에 유의하자.

패턴: 상태 생성 동작

적용 시기 및 이유

API 엔드포인트가 도입됐다고 하자. 예를 들어 API 클라이언트는 사용자 스토리 또는 given-when-then 형태[9]로, API 요구 사항과 필요 사항을 표현했으며 품질 요구 사항도 도출했다[Fowler 2013].

API 클라이언트는 처리해야 할 서버 측 추가 처리에 대한 자세한 정보에는 관심이 없고 클라이언트 측의 새로운 장애^{incident} 상황을 API 프로바이더에게 알리기를 원한다.

클라이언트는 주문 관리 및 주문 처리 프로세스와 같이 장기간 실행되는 비즈니스 트랜잭션을 시작하거나 제품 카탈로그의 대량 초기화와 같은 클라이언트 측 배치 작업의 완료를 보고하도록 API 프로바이더에 지시하고자 할 수 있다. 이러한 요청으로 인해 데이터가 프로바이더 내부 상태에 추가된다.

즉각적으로 응답을 반환할 수 있으며, 이는 단순히 "알았다."라는 정보를 제공하는 확인^{acknowledgement}일 수도 있다.

> API 프로바이더가 즉시 또는 추후 처리를 트리거하기 위해 프로바이더가 알아야 하는 일이 발생했음을 클라이언트가 보고하도록 허용하려면 어떻게 해야 할까?

- **결합도 트레이드오프**$^{coupling\ trade-offs}$: 정확도 및 표현력$^{accuracy\ and\ expressiveness}$ 대비 정보 간결성$^{information\ parsimony}$ 측면의 고려가 필요하다. 프로바이더 측의 처리를 용이하게 하려면 수신되는 장애 보고$^{incident\ report}$가 다른 보고와 독립되도록 구분해서 구성돼야 한다. 클라이언트 측에서 보고서 구성을 간소화하고, 전송 용량을 절약하고, 구현 세부 정보를 숨기려면 API 프로바이더가 관심

---

9. Behavioral-Oriented Development의 일환으로 댄 노스가 제안한 테스트 사례 설명 방법 – 옮긴이

을 갖는 최소한의 정보만 포함해야 한다.
- **타이밍 고려 사항:** 클라이언트 측에서 장애가 발생한 시점과 프로바이더에 장애 보고가 최종적으로 도달하는 시점이 다를 수 있다. 서로 다른 클라이언트에서 발생하는 장애의 순서에 대한 내용을 확인하지 못할 수도 있다.[10]
- **일관성 효과**consistency effect**:** API 호출이 됐을 때 프로바이더 측 상태를 읽을 수 없거나 가능한 한 적게 읽어야 하는 경우가 있다. 이러한 경우 들어오는 요청으로 인한 프로바이더 측 처리가 불변성 및 기타 일관성 속성을 깨뜨리지 않는지 유효성 검사하기가 더 어려워진다.
- **신뢰성 고려 사항:** 보고가 항상 생성 및 전송된 순서대로 처리될 수는 없다. 때때로 보고가 분실되거나 동일한 보고가 여러 번 전송 및 수신되는 경우가 있다. 상태 생성의 원인이 되는 보고가 제대로 처리됐는지 확인하면 좋을 것이다.

상태 읽기-쓰기 프로필을 명시하지 않고 엔드포인트에 또 다른 API 동작을 추가할 수도 있다. 이렇게 하면 앞서 설명한 특정 통합 요구 사항과 우려 사항을 여전히 API 문서와 사용 예제에 설명해야 하므로 시간이 지나면서 잊을 수 있는 암묵적인 가정을 할 위험이 있다. API 설계 및 문서화에 대한 이러한 비공식적이고 임시방편적인 접근 방식은 클라이언트 개발자와 API 유지 관리자가 상태 및 동작 사전 조건에 미치는 영향에 대한 가정이 더 이상 유효하지 않다는 사실을 알게 될 때 원치 않는 추가 노력을 초래할 수 있다. 또한 엔드포인트 내의 응집도cohesion도 손상될 수 있다. 상태 저장 작업과 상태 비저장 작업이 동일한 엔드포인트에 나타나면 로드밸런싱이 더욱 복잡해진다. 운영 담당자는 엔드포인트 구현을 배포할 위치와 방법(예: 특정 클라우드 환경 및 컨테이너 관리자)을 추측해야 한다.

---

10. 시간 동기화는 모든 분산 시스템에서 일반적인 이론적 한계이자 과제이며, 이러한 이유로 논리적 시계(logical clock)가 발명돼 사용된다.

작동 방식

> API 엔드포인트에 처리 리소스 또는 정보 보유자 리소스일 수 있는 쓰기 전용 특성을 가진 **상태 생성 동작** sco: in -> (out,S')를 추가한다.

이러한 상태 생성 동작은 프로바이더 측 엔드포인트에서 비즈니스 수준의 반응을 요구하지 않는 단일 비즈니스 장애를 표현하게 한다. 단순히 데이터를 저장하거나 API 구현 또는 기본 백엔드에서 추가 처리를 수행할 수 있다. 클라이언트가 단순한 '수신 완료' 확인 또는 식별자(예: 향후 상태에 대해 문의하고 전송 문제 발생 시 장애 보고를 다시 전송할 수 있게)를 수신하게 한다.

이러한 작업은 생성 전에 기존 데이터에 중복 키가 있는지 확인하기 위해 일부 상태를 읽어야 할 수도 있지만, 주목적은 상태 생성이어야 한다. 이러한 의도는 그림 5.20에 설명돼 있다.

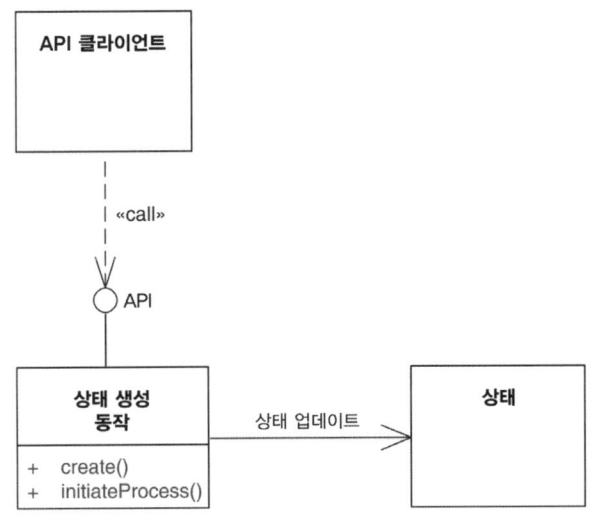

그림 5.20 상태 생성 동작은 프로바이더 측 스토리지에 쓸 수는 있지만 읽을 수는 없다.

API 설명에는 추상적이고 구체적 문법은 물론 장애 보고[incident report](즉, 수신되는 상태 생성 메시지)와 승인 응답의 의미도 설명한다. 동작의 상세에 대해 사전 조건[precondition]

과 사후 조건^{postcondition}으로 표현한다.

상태 생성 동작에는 파이어 앤 포겟$^{fire-and-forget}$ 문법을 적용할 수도 있고 하지 않을 수도 있다. 적용하지 않는 경우 중복 감지 및 제거를 위해 이 패턴의 인스턴스에 대한 호출로 인해 발생하는 각 상태 항목에 고유 ID를 부여한다. 보고된 장애가 발생한 시간을 캡처하기 위해 타임스탬프를 클라이언트 측 시계에 따라 포함한다.

추가 전용 이벤트 저장소에 쓰지 않는 한 API 동작과 경계가 일치하는(그러나 API 클라이언트에는 표시되지 않는) 자체 시스템 트랜잭션에서 필요한 쓰기/삽입 작업을 수행한다. 상태 생성 동작의 처리가 멱등성을 갖게 된다.

상태 생성 동작에서 수락한 요청 메시지에는 발생한 장애를 설명하는 데 필요한 전체 데이터 세트가 포함되며, 종종 다른 데이터 엘리먼트에 애너테이션을 다는 메타데이터 엘리먼트를 포함하는 파라미터 트리 형식으로 돼 있다. 응답 메시지에는 일반적으로 명시적 승인 플래그(불리언 타입)가 포함된 **아토믹 파라미터**와 같이 기본적이고 간단한 'report received' 엘리먼트만 포함된다. 때로는 오류 코드와 오류 메시지를 결합한 **아토믹 파라미터 리스트**가 사용돼 **오류 보고**를 구성하기도 한다.

변형 이 패턴의 인기 있는 변형은 **이벤트 알림 동작**$^{Event\ Notification\ Operation}$으로, 눈에 보이는 프로바이더 측의 활동을 가정하지 않고 외부 이벤트에 대해 엔드포인트에 알림으로써 이벤트 소싱을 구현한다[Fowler 2006]. 이벤트 알림 작업은 데이터가 다른 곳에서 생성, 업데이트(전체 또는 부분) 또는 삭제됐음을 보고할 수 있다. 이벤트 이름에는 종종 과거 시제가 사용된다(예: '고객 엔티티 생성 완료'). 대부분의 상태 저장 처리 구현과 달리 수신 이벤트는 있는 그대로만 저장되지만 프로바이더 측 애플리케이션 상태는 즉시 업데이트되지 않는다. 나중에 가장 최근 상태가 필요한 경우 저장된 모든 이벤트(또는 스냅숏이 생성된 특정 시점까지의 모든 이벤트)가 오히려 재생되고 API 구현에서 애플리케이션 상태가 계산된다. 이렇게 하면 나중에 상태를 조회하는 속도가 느려지는 대신 이벤트 보고가 빨라진다. 이벤트 소싱의 또 다른 장점은 전체 데이터 조작 이력을 이벤트 저널에서 사용할 수 있으므로 시간 기반 쿼리를 수행할 수 있다는 것이다. 아파치 카프카와 같은 최신 이벤트 기반 시스템은 이벤트 저널과 분산 트랜잭션 로그에서 이러한 리플레이replay를 지원한다.

이벤트는 전체 보고를 구성하는 절대적인 새로운 값을 포함하거나 차이점 보고로서 이전 이벤트 이후의 변경 사항을 전달할 수 있다('상관관계 식별자'[Hohpe 2003]로 식별되거나 타임스탬프 및 엔티티 식별자로 간접적으로 식별됨).

이벤트 알림 동작 작업과 이벤트 소싱은 이벤트 주도 아키텍처EDA, Event-Driven Architecture의 기반이라고 할 수 있다. 다른 패턴 언어들은 EDA 설계에 대해 도움이 될 수 있다[Richardson 2016].

이 패턴의 두 번째 변형은 대량 보고Bulk Report다. 클라이언트는 여러 관련 장애 이벤트incident event를 하나의 보고로 결합해 요청 번들로 전송한다. 번들 항목은 모두 동일한 엔티티와 관련이 있을 수도 있고, 예를 들어 대량 보고의 개별 이벤트에서 스냅숏 또는 감사 로그를 만들거나 특정 기간에 발생한 이벤트 저널을 데이터 웨어하우스 또는 데이터 레이크에 전달할 때 서로 다른 엔티티를 참조할 수도 있다.

예시

온라인 쇼핑 시나리오에서는 제품 관리 시스템에서 전송된 "새 제품 XYZ가 생성됐습니다." 또는 온라인 상점에서 전송된 "고객이 주문 123을 체크아웃했습니다."와 같은 메시지가 그 예에 해당한다.

그림 5.21은 호반 상호 보험 사례의 예다. 상태 생성 동작에서 수신한 이벤트는 예를 들어 영업 에이전트가 특정 고객에게 연락했음을 보고한다.

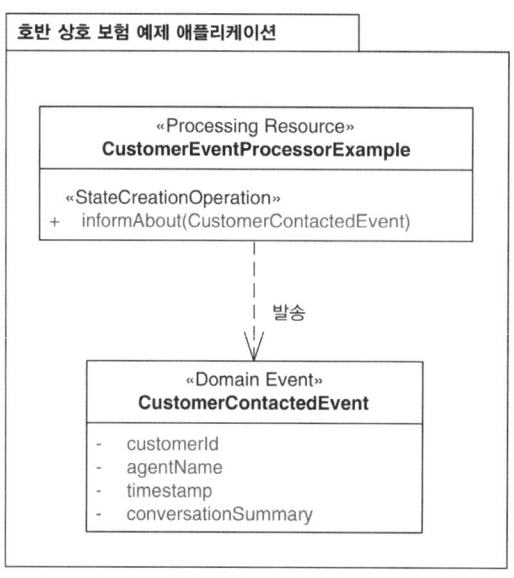

그림 5.21 상태 생성 동작의 예: 이벤트 알림 동작

토론

클라이언트와 프로바이더가 애플리케이션 상태를 공유하지 않고, API 클라이언트가 프로바이더에게 장애에 대해 알리기 때문에 느슨한 결합도 loose coupling가 확보된다. 상태 생성 동작에서 상태 읽기를 피해야 하기 때문에 프로바이더 측 일관성 검사를 구현하기 어려울 수 있다(예: API와 해당 엔드포인트를 확장 및 축소하려는 경우). 따라서 작업이 쓰기 전용으로 정의된 경우 일관성을 항상 완벽하게 보장할 수는 없다(예: 모순된 정보를 보고하는 이벤트는 어떻게 처리해야 할까?). 시간 관리 time management도 같은 이유로 여전히 어려운 설계 과제다. 승인 또는 상태 식별자가 반환되지 않으면 안정성이 저하될 수 있으며, 반환되는 경우 API 클라이언트는 이를 올바르게 해석해야 한다(예: 불필요하게 조기에 메시지를 재전송하는 것을 방지하기 위해).

외부 이벤트를 보고하는 비즈니스 시맨틱이 있는 쓰기 전용 API 동작을 노출하는 것은 이벤트 주도 아키텍처 EDA의 핵심 원칙이며, 이벤트 알림 동작의 변형 맥락에서 얘기했다. 복제 시나리오에서 이벤트는 복제본 간에 전파돼야 하는 상태 변경을 나타낸다.

이 패턴은 구현할 때 약간의 해석의 여지를 남긴다.

- 도착한 보고를 어떻게 처리해야 할까? 단순히 로컬에 저장해야 할까, 추가 처리를 해야 할까, 아니면 전달해야 할까? 예를 들어 키의 고유성을 확인하기 위해 원치 않더라도 프로바이더 측 상태에 접근해야 하는가?
- 보고 처리로 인해 동일한 엔드포인트에서 다른 동작에 대해 향후 호출 시에 동작이 변경되는가?
- 동작 호출이 멱등성을 갖는가? 예를 들어 네트워크 연결이 불안정하거나 서버가 일시적으로 중단되는 경우 이벤트가 손실될 수 있으며, 클라이언트가 승인되지 않은 이벤트를 다시 전송하려고 시도하면 여러 번 전송될 수 있다. 이러한 상황에서 일관성은 어떻게 보장되는가? 여기에는 엄격한 일관성$^{strict\ consistency}$과 궁극적 일관성$^{eventual\ consistency}$이라는 2가지 옵션이 있다 [Fehling 2014].

상태 생성 동작은 때때로 퍼블릭 API에 노출될 수 있으며, 이 경우 API 키 및 사용 비율 제한 등을 통해 보호해야 한다.

이 패턴은 API 클라이언트가 알려진 API 프로바이더에게 장애에 대해 보고하는 시나리오를 다룬다. 콜백^{callback} 및 게시-구독 메커니즘$^{publish-subscribe\ mechanism}$을 통해 클라이언트에 알리는 API 프로바이더는 다른 패턴 언어 및 미들웨어/분산 시스템 서적에서 다루는 또 다른 접근 방식이다[Hohpe 2003, Voelter 2004, Hanmer 2007].

관련 패턴

엔드포인트 역할 패턴 **처리 리소스** 및 **정보 보유자 리소스**에는 일반적으로 하나 이상의 **상태 생성 동작**이 포함된다(단순한 컴퓨팅 리소스나 보기 프로바이더가 아닌 경우). 다른 동작 책임으로는 상태 전이 동작, 계산 함수 및 인출 동작이 있다. 상태 전이 동작은 일반적으로 요청 메시지에서 프로바이더 측 상태 요소(예: 주문 ID 또는 직원의 일련번호)를 식별하지만, **상태 생성 동작**은 이 작업을 수행할 필요는 없다(하지만 할 수도 있다).

'이벤트 주도 소비자$^{Event-Driven\ Consumer}$' 및 '서비스 액티베이터$^{Service\ Activator}$'[Hohpe 2003]는

메시지 수신과 동작 호출을 비동기적으로 트리거하는 방법을 설명한다(4가지 동작 책임 모두 이러한 패턴과 결합될 수 있음). 프로세스 중심 서비스 지향 아키텍처^SOA를 설명하는 10장에서는 이벤트를 프로세스 중심 SOA에 통합하기 위한 패턴을 다룬다 [Hentrich 2011].

도메인 주도 설계의 '도메인 이벤트^Domain Event' 패턴[Vernon 2013]은 상태 생성 동작(특히 이벤트 알림 동작 변형에 국한되지 않음)을 식별하는 데 도움이 될 수 있다.

추가 정보

이 패턴의 인스턴스는 장기간 실행돼서 상태 저장 대화^stateful conversation를 트리거할 수 있다[Hohpe 2007, Pautasso 2016]. 상태 전이 동작 패턴은 이 사용 시나리오를 다룬다.

마틴 파울러는 '명령 쿼리 책임 분리^CQRS, Command Query Responsibility Segregation'[Fowler 2011]와 이벤트 소싱[Fowler 2006]에 대해 설명한다. 콘텍스트 매퍼 DSL^Context Mapper DSL 및 도구는 DDD 및 이벤트 모델링, 모델 리팩토링, 다이어그램 및 서비스 계약 생성을 지원한다[Kapferer 2021].

『Design Practice Reference』는 API 엔드포인트와 그 동작을 제공하기 위한 7단계 서비스 설계 방법을 설명한다[Zimmermann 2021b].

 **패턴: 인출 동작**

적용 시기 및 이유

관련된 기능 및 품질 요구 사항이 지정돼 **처리 리소스** 또는 **정보 보유자 리소스** 엔드포인트가 필요한 것으로 파악됐다. 이러한 리소스의 운영이 아직 필요한 모든 기능을 포함하지는 않는다. API 소비자는 데이터, 특히 대량의 반복 데이터에 대한 읽기 전용 액세스를 요구할 수도 있다. 이러한 데이터는 기본 API 구현의 도메인 모델과 다르게 구조화될 수 있으며, 예를 들어 특정 기간 또는 도메인 개념(예: 제품 카테고리 또는 고객 프로필 그룹)과 관련될 수 있다. 정보에 대한 요구는 특정 기간(예: 주, 월, 분기 또는 연도)이 끝날 때와 같이 임시적이거나 정기적으로 발생한다.

▼
최종 사용자의 정보 요구를 충족하거나 추가적인 클라이언트 측 처리를 허용하기 위해 원격 당사자(즉, API 프로바이더)로부터 사용 가능한 정보를 어떻게 검색할 수 있을까?
▲

데이터를 콘텍스트에 맞게 처리해 정보가 되고, 이를 콘텍스트에 맞게 해석하면 지식^{knowledge}이 만들어진다. 관련 설계 이슈는 다음과 같다.

- 데이터 모델 차이를 어떻게 극복할 수 있으며, 데이터를 어떻게 집계하고 다른 소스의 정보와 결합할 수 있는가?
- 클라이언트가 검색 결과의 범위와 선택 기준에 어떻게 영향을 미칠 수 있는가?
- 보고^{report}의 유효 기간을 어떻게 지정할 수 있는가?

신빙성^{veracity}, **다양성**^{variety}, **속도**^{velocity}, **볼륨**^{volume}: 데이터는 다양한 형태로 제공되며, 데이터에 대한 고객의 관심은 데이터의 양, 필요한 정확도 및 처리 속도 측면에서 다양하다. 가변성 차원에는 데이터 액세스의 빈도, 폭, 깊이가 포함된다. 프로바이더 측의 데이터 생산량과 클라이언트 측의 데이터 사용량도 시간이 지남에 따라 변화한다.

워크로드 관리$^{workload\ management}$: 데이터 처리에는 시간이 걸리며, 특히 데이터양이 많고 처리 능력이 제한적인 경우 더욱 그렇다. 클라이언트가 로컬에서 마음대로 콘텐츠를 처리할 수 있도록 전체 데이터베이스를 다운로드해야 할까? 아니면 여러 클라이언트가 결과를 공유하고 검색할 수 있도록 일부 처리를 프로바이더 측에서 수행해야 할까?

네트워킹 효율성$^{networking\ efficiency}$ **대 데이터 간결성**$^{data\ parsimony}$: 메시지가 작을수록 특정 목표에 도달하기 위해 더 많은 메시지를 교환해야 한다. 메시지가 크지 않으면 네트워크 트래픽은 줄어들지만 대화 참여자가 개별 요청 및 응답 메시지를 준비하고 처리하기가 더 어려워진다.

어떤 종류의 인출 및 쿼리 기능이 필요하지 않은 분산 시스템은 상상하기 어렵다. 모든 데이터를 주기적으로 사용자에게 노출하지 않은 상태로 복제할 수도 있지만, 이러한 접근 방식은 모든 클라이언트를 완전히 복제된 읽기 전용 데이터베이스 스키마에 연결해야 하는 것은 말할 것도 없고 일관성, 관리 효율성, 데이터 최신성 측면에서 큰 결함이 있다.

작동 방식

▼

API 엔드포인트(주로 **정보 보유자 리소스**)에 읽기 전용 연산 ro:(in,S) -> out을 추가해 요청된 정보를 기계가 읽을 수 있는 형태로 표현한 결과 보고를 요청한다. 동작 시그니처(operation signature)에는 검색, 필터, 서식 지정 기능이 포함된다.

▲

읽기 전용 모드로 프로바이더 측 상태에 접근한다. 그림 5.22와 같이 패턴 구현이 애플리케이션/세션 상태(액세스 로그 및 기타 인프라 수준 데이터 제외)를 변경하지 않는지 확인해야 한다. 이 동작을 API 설명에 문서화한다.

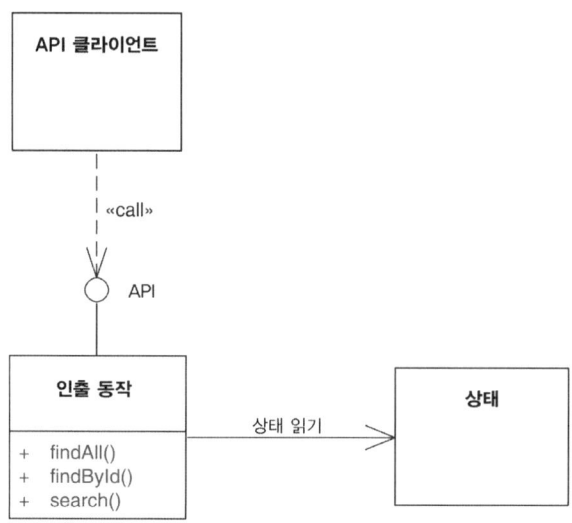

그림 5.22 인출 동작은 프로바이더 측 스토리지에서 읽기는 하지만 쓰지는 않는다. 검색(및 필터링)이 지원될 수 있다.

간단한 인출의 경우 아토믹 파라미터 리스트를 사용해 보고에 대한 쿼리 파라미터를 정의하고 보고를 파라미터 트리 또는 파라미터 포리스트로 반환할 수 있다. 더 복잡한 시나리오에서는 좀 더 표현력이 풍부한 쿼리 언어(예: 계층적 호출 리졸버 hierarchical call resolver가 있는 GraphQL[GraphQL 2021] 또는 빅데이터 레이크에 사용되는 SPARQL[W3C 2013])를 도입할 수 있으며, 쿼리는 원하는 출력을 선언적으로(예: 쿼리 언어로 공식화된 표현식으로) 설명하며, 아토믹 파라미터로 돼 있는 문자열로 이동할 수 있다. 이러한 표현적이고 고도로 선언적인 접근 방식은 앞서 소개한 빅데이터 속성의 4가지 V 중 하나인 '다양성 Variety'을 지원한다.

페이지네이션에 대한 지원을 추가하는 것이 일반적이며, 결과 컬렉션이 큰 경우(빅데이터 속성 4가지 V 중 '볼륨 Volume') 권장된다. 클라이언트는 검색 요청에 위시 리스트 또는 위시 템플릿의 인스턴스를 제공할 때 응답을 구체화하고 간소화할 수 있다.

API 클라이언트가 요청할 수 있는 항목을 조정하기 위해 접근 제어가 필요할 수도 있다. 트랜잭션 경계 transaction boundary 및 격리 수준 isolation level을 포함한 데이터 액세스 설정은 동작의 구현에서 적용해야 할 수 있다.

예시

온라인 쇼핑의 예에서 분석적인 인출 동작의 예로서 '고객 ABC가 지난 12개월 동안 주문한 모든 주문 표시'가 있을 수 있다.

호반 상호 보험 예시의 경우 그림 5.23에 표시된 것처럼 고객을 찾고 고객에 대한 정보를 검색하는 여러 작업을 정의할 수 있다. `allData` 파라미터는 예/아니요를 표현하는 원시적인 위시 리스트다. `true`로 설정하면 모든 고객 데이터가 포함된 임베디드 엔티티가 응답에 포함되고, `false`로 설정하면 이 데이터를 가리키는 링크된 정보 보유자가 대신 반환된다.

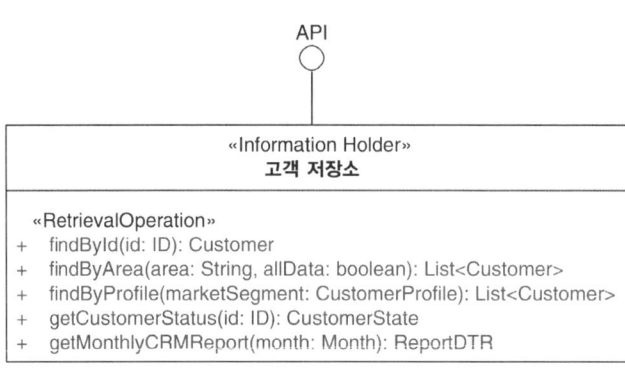

그림 5.23 인출 동작의 예: 검색, 필터, 직접 액세스를 제공한다

호반 상호 보험의 구현에서는 커맨드라인에서 curl로 호출할 수 있는 많은 웹 기반 인출 동작(HTTP GET)을 찾을 수 있다. 예를 들어 `listClaims`가 있다.

```
curl -X GET http://localhost:8080/claims?limit=10&offset=0
```

이 명령을 수행하면 이 API 엔드포인트 동작(자바 스프링)을 호출한다.

```
@GET
public ClaimsDTO listClaims(
    @QueryParam("limit") @DefaultValue("3") Integer limit,
    @QueryParam("offset")@DefaultValue("0") Integer offset,
    @QueryParam("orderBy") String orderBy
) {
    List<ClaimDTO> result = [...]
    return new ClaimsDTO(
        limit, offset, claims.getSize(), orderBy, result);
}
```

변형 이 패턴에는 진행률 조회^{Progress Inquiry}, 폴링 동작^{Polling Operation}이라고도 하는 상태 확인^{Status Check}, 시간 제약된 보고^{Time-Bound Report}, 비즈니스 규칙 유효성 검사기^{Business Rule Validator} 등 여러 가지 변형이 있다.

상태 확인에는 다소 간단한 인/아웃 파라미터(예: 2개의 아토믹 파라미터 인스턴스)가 있다. ID(예: 프로세스 또는 활동 식별자)가 전달되고 숫자로 돼 있는 상태 코드 또는 열거 타입으로 정의되는 상태 이름이 반환된다.

시간 제약된 보고는 일반적으로 추가 쿼리 파라미터(또는 파라미터의 집합)로 시간 간격을 지정하며, 그 응답에는 간격당 하나의 파라미터 트리가 포함된다.

비즈니스 규칙 유효성 검사기는 **계산 함수의 유효성 검사 서비스**Validation Service의 변형과 유사하다. 그러나 전달되는 데이터의 유효성을 검사하는 것이 아니라 프로바이더 측 애플리케이션 상태에서 이 데이터를 인출한다. API 구현에 이미 존재하는 엔티티의 식별자 목록(유효성 검사 대상)이 요청에 포함될 수 있다. 비즈니스 규칙 유효성 검사기의 한 가지 예는 프로바이더가 클라이언트와 대화 중인 현재 상태에서 이 비즈니스 객체를 처리할 수 있는지 여부를 확인하는 것이다. 이러한 유효성 검사기는 전달된 비즈니스 객체에 대해 주로 작동하는 **상태 전이 동작** 호출 전에 호출할 수 있다. 유효성 검사에는 프로바이더 측 애플리케이션 상태도 검사 프로세스에 포함될 수 있다. 온라인 쇼핑의 예에서 '모든 주문 항목이 현재 재고가 있는 기존 제품만을 포함하는지 확인'은 이러한 유효성 검사기의 예다. 이 비즈니스 규칙 유효성 검사기를 사용하면 오류를 조기에 발견해 작업량을 줄일 수 있다.

토론

워크로드 관리와 관련해 **인출 동작**은 데이터 복제를 통해 규모 확장을 지원할 수 있다. 이는 읽기 전용이라는 특성으로 인해 단순화가 가능하다. 예를 들어 사용자 정보 요구와 쿼리 기능이 일치하지 않고 정보 수요와 공급을 맞추기 위해 복잡한 계산이 많이 필요한 경우 **인출 동작**에서 성능 병목 현상이 발생할 수도 있다. 네트워크 효율성을 확보하기 어려울 수 있다.

페이지네이션은 일반적으로 '볼륨' 측면을 해결하고 메시지 크기를 줄이기 위해 사용된다. '속도' 측면은 표준 요청-응답 검색으로는 쉽게 지원할 수 없으며, 대신 스트리밍 API와 스트림 처리(여기서는 다루지 않음)의 도입을 고려할 수 있다.

보안 관점에서 볼 때 요청 메시지는 집계 데이터 인출의 경우 데이터 보호 요구 사항이 낮거나 중간 정도인 경우가 많지만, 요청에는 민감한 정보에 대한 액세스 권한을 부여하기 위한 보안 자격증명이 포함될 수 있고 DoS 공격을 피해야 한다. 반환된 데이터 보고에 비즈니스 성과 데이터 또는 민감한 개인정보가 포함될 수 있으므로 응답 메시지 보호 요구 사항이 더 높을 수 있다.[11]

인출 동작 인스턴스는 일반적으로 오픈 데이터[Wikipedia 2022h] 및 오픈 정부 데이터 시나리오와 같은 퍼블릭 API에 노출된다. 이러한 경우 API 키와 사용 비율 제한으로 보호되는 경우가 많다.

시간 제약된 보고 서비스는 비정규화된 데이터 복제본을 사용하고 데이터 웨어하우스에서 일반적으로 사용되는 추출-변환-로드 스테이징extract-transform-load staging을 적용할 수 있다. 이러한 서비스는 예를 들어 데이터 분석 솔루션을 지원하는 커뮤니티 API와 솔루션 내부 API에서 흔히 볼 수 있다.

관련 패턴

엔드포인트 패턴인 **처리 리소스** 및 모든 타입의 **정보 보유자 리소스**는 인출 동작을 노출할 수 있다. 페이지네이션 패턴은 종종 인출 동작에 적용된다.

쿼리 응답이 자명하지 않은 경우 메타데이터 엘리먼트를 도입해 소비자 측에서 오해할 위험을 줄일 수 있다.

형제 패턴은 상태 전이 동작, 상태 생성 동작, 계산 함수다. 상태 생성 동작은 클라이언트에서 API 프로바이더로 데이터를 푸시하는 반면 인출 동작은 데이터를 가져오며, 계산 함수와 상태 전이 동작은 단방향 데이터 흐름과 양방향 데이터 흐름을 모두 지원할 수 있다.

---

11. 오픈 웹 애플리케이션 보안 프로젝트(OWASP, Open Web Application Security Project)는 모든 API, 특히 민감한 데이터 또는 기밀 데이터를 다루는 API가 준수해야 하는 API 보안 상위 10가지[Yalon 2019]에 대해 설명한다.

추가 정보

『RESTful Web Services Cookbook』[Allamaraju 2010]의 8장에서는 HTTP API의 맥락에서 쿼리에 대해 설명한다. 데이터 웨어하우스를 포함해 데이터베이스 설계 및 정보 통합에 관한 방대한 참고 자료가 있다[Kimball 2002].

『도메인 주도 설계 구현』[Vernon 2013]의 4장 CQRS^{Command-Query Responsibility Segregation} 섹션에서 쿼리 모델을 설명한다. 인출 동작만 노출하는 엔드포인트는 CQRS에서 쿼리 모델을 구성한다.

 패턴: 상태 전이 동작

적용 시기 및 이유

처리 리소스 또는 정보 보유자 리소스가 API에 존재한다. 그 기능은 여러 활동과 엔티티 관련 작업으로 분해돼야 하며, 클라이언트가 이를 진행할 수 있게 실행 상태가 API에 표시돼야 한다.

> 클라이언트가 프로바이더 측 애플리케이션 상태를 변경하는 처리 작업을 어떻게 시작할 수 있는가?

예를 들어 장기간 실행되는 비즈니스 프로세스의 일부인 기능은 엔티티의 점진적 업데이트와 애플리케이션 상태 전이의 조정을 통해 프로세스 인스턴스를 분산된 단계적 방식으로 시작에서 종료로 이동해야 할 수 있다. 프로세스 동작 및 상호작용 역학은 사용 사례 모델 또는 관련 사용자 스토리 집합에 명시돼 있을 수 있다. 분석 수준의 비즈니스 프로세스 모델 또는 엔티티 중심 상태 머신이 적용됐을 수 있다.

> 비즈니스 프로세스 관리에 대한 분산 접근 방식에서 API 클라이언트와 API 프로바이더가 비즈니스 프로세스와 그 활동을 실행하고 제어하는 데 필요한 책임을 어떻게 공유할 수 있을까?

이러한 프로세스 관리 맥락에서 비즈니스 프로세스 관리[BPM, Business Process Management] 프론트엔드와 서비스를 구분할 수 있다.

- API 클라이언트가 API 프로바이더에게 아토믹 활동부터 하위 프로세스, 전체 프로세스에 이르기까지 다양한 세부 단위의 비즈니스 활동을 나타내는 특정 기능을 포함하도록 요청하면서도 프로세스 상태를 계속 소유하려면 어떻게 해야 할까?
- API 프로바이더가 노출하고 소유한 원격 비즈니스 프로세스(하위 프로세스 및 활동 포함)의 비동기 실행을 API 클라이언트가 어떻게 시작하고, 제어하고, 추적할 수 있는가?

프로세스 인스턴스와 상태 소유권은 API 클라이언트(프론트엔드 BPM) 또는 API 프로바이더(BPM 서비스)에 있을 수도 있고, 책임을 공유할 수도 있다.

보험 도메인의 일반적인 예시 프로세스는 접수된 보험금 청구서의 초기 유효성 검사, 사기 확인, 추가 고객 대응, 수락/거절 결정, 지급/정산 및 보관 등의 활동을 포함하는 보험금 청구 처리다. 이 프로세스의 인스턴스는 며칠에서 몇 달, 심지어 몇 년 동안 지속될 수 있다. 프로세스 인스턴스 상태를 관리해야 하며, 프로세스의 일부가 병렬로 실행될 수 있는 반면 다른 일부는 하나씩 순차적으로 실행돼야 한다. 이처럼 복잡한 도메인 시맨틱을 처리할 때 제어 및 데이터 흐름은 여러 가지 요인에 따라 달라진다. 이 과정에서 여러 시스템과 서비스가 관련될 수 있으며, 각 시스템과 서비스는 하나 이상의 API를 노출한다. 다른 서비스 및 애플리케이션 프론트엔드가 API 클라이언트 역할을 할 수도 있다.

비즈니스 프로세스와 그 활동을 API 동작으로 표현할 때, 또는 더 일반적으로 말하자면 프로바이더 측 애플리케이션 상태를 업데이트할 때 다음과 같은 문제를 해결해야 한다. 서비스 세분성, 일관성, 다른 상태 변경과 충돌할 수 있는 사전 상태 변경에 대한 종속성, 워크로드 관리, 네트워킹 효율성 대 데이터 간소화. 시간 관리와 안정성도 이 패턴의 주요한 설계 요구 사항인 포스에 해당하며, 이러한 설계 문제는 상태 생성 동작 패턴에서 다뤄진다.

- **서비스 세분성**service granularity: 대규모 비즈니스 서비스는 복잡하고 풍부한 상태 정보를 포함하지만 몇 번의 전이로만 업데이트되는 반면 소규모 서비스는 단순하지만 상태 전이 측면에서 수다스러울 수 있다. 전체 비즈니스 프로세스, 하위 프로세스 또는 개별 활동을 **처리 리소스의 동작**으로 노출해야 하는지 여부는 그 자체로는 명확하지 않다. 또한 **정보 보유자 리소스**가 제공하는 데이터 중심 서비스는 단순한 속성 조회부터 복잡한 쿼리, 단일 속성 업데이트부터 풍부하고 포괄적인 데이터 세트의 대량 업로드까지 다양한 세부 사항으로 제공된다.

- **일관성**consistency **및 감사 가능성**auditability: 프로세스 인스턴스는 종종 감사 대상이 되며, 현재 프로세스 인스턴스 상태에 따라 특정 활동을 수행해서는 안 된다. 일부 활동은 예약한 다음 할당해야 하는 리소스가 필요하기 때문에 특정 시간 내에 완료해야 한다. 문제가 발생하면 프로세스 인스턴스와 백엔드 리소스(예: 비즈니스 객체 및 데이터베이스 엔티티)를 일관된 상태로 되돌리기 위해 일부 활동을 실행 취소해야 할 수도 있다.

- **미리 수행된 상태 변경에 대한 종속성**: 상태를 변경하는 API 동작은 다른 시스템 부분에서 이미 시작한 상태 변경과 충돌할 수 있다. 이러한 변경의 출동의 예로는 다른 API 클라이언트, 다운스트림 시스템의 외부 이벤트 또는 프로바이더 내부 배치 작업에 의해 트리거된 시스템 트랜잭션이 있다. 조율 및 충돌 해결이 필요할 수 있다.

- **워크로드 관리**workload management: 일부 처리 작업 및 비즈니스 프로세스 활동은 계산 또는 메모리 집약적이거나, 장시간 실행되거나, 다른 시스템과의 상호작용이 필요할 수 있다. 워크로드가 많으면 프로바이더의 확장성에 영향을 미치고 관리가 어려울 수 있다.

- **네트워킹 효율성**networking efficiency **대 데이터 간소화**data parsimony: 메시지 크기(또는 메시지 페이로드의 무게)를 줄이고 이전 상태와 비교해 그 차이만큼만 전송할 수 있다(증분 접근 방식). 이 전략은 메시지를 더 작게 만들며, 또 다른 옵션은 항상 완전하고 일관된 정보를 전송해 메시지 크기를 늘리는 것이다. 여러 업데이트를 단일 메시지로 결합해 교환되는 메시지 수를 줄일 수 있다.

프로바이더 측 애플리케이션 상태 사용을 완전히 금지할 수도 있다. 이는 저장 공간이 필요하지 않은 포켓 계산기나 정적 데이터로 작업하는 간단한 번역 서비스와 같은 사소한 애플리케이션 시나리오에서만 현실적이다. 상태 비저장 연산을 노출하고 매번 엔드포인트와 상태를 주고받기로 결정할 수도 있다. '클라이언트 세션 상태' 패턴[Fowler 2002]은 이 접근 방식의 장단점을 설명한다. 그리고 '애플리케이션 상태의 엔진으로서 하이퍼텍스트'[HATEOAS, Hypertext As The Engine Of Application State]라는 REST 원칙이 이를 촉진한다. 확장성은 좋지만 신뢰할 수 없는 클라이언트에 보안 위협이 발생할 수 있으며, 상태가 큰 경우 대역폭 문제가 발생할 수 있다. 클라이언트 프로그래밍, 테스트 및 유지 관리가 더 유연해지지만 더 복잡하고 위험해진다. 예를 들어 모든 실행 흐름이 유효한지 보장하는 방법이 명확하지 않아 감사 가능성이 떨어진다. 주문 취소 예시에서 유효한 흐름은 '상품 주문 → 결제 → 배송 → 반품 → 환불 받기'이지만, '상품 주문 → 배송 → 환불 받기'는 유효하지 않은 순서이며 사기일 가능성이 있다.

작동 방식

▼

API 엔드포인트에 클라이언트 입력과 현재 상태를 결합해 프로바이더 측 상태 변경을 트리거하는 동작 sto: (in,S) -> (out,S')를 도입한다. **처리 리소스** 또는 **정보 보유자 리소스**일 수 있는 엔드포인트 내에서 유효한 상태 전이를 모델링하고 런타임에 들어오는 변경 요청 및 비즈니스 활동 요청의 유효성을 확인한다.

▲

'명령 메시지'를 '문서 메시지'[Hohpe 2003]와 페어링해 입력과 원하는 작업/활동을 설명하고 승인 또는 결과를 수신한다. 청구 처리 또는 주문 관리와 같은 비즈니스 프로세스와 유사한 맥락에서 **상태 전이 동작**은 프로세스에서 단일 비즈니스 활동을 구현하거나 프로바이더 측에서 전체 프로세스 인스턴스의 전체 실행을 포함할 수도 있다.

기본 원리는 그림 5.24에서 보여준다. update() 및 replace() 동작은 엔티티 중심적이며 주로 데이터 중심의 **정보 보유자 리소스**에서 찾을 수 있고, processActivity()

동작은 액션 중심의 **처리 리소스**에서 찾을 수 있다. 이러한 **상태 전이 동작**에 대한 호출은 엔터프라이즈 애플리케이션 아키텍처의 패턴에 설명된 '비즈니스 트랜잭션^{business transaction}' 패턴의 하나 이상의 인스턴스를 트리거한다[Fowler 2002]. **처리 리소스**에 의해 여러 **상태 전이 동작**이 제공되는 경우 API는 클라이언트가 실행을 취소하고 진행 상황을 추적하며 결과에 영향을 미칠 수 있도록 내부 처리 상태에 대한 명시적 제어를 제공한다.

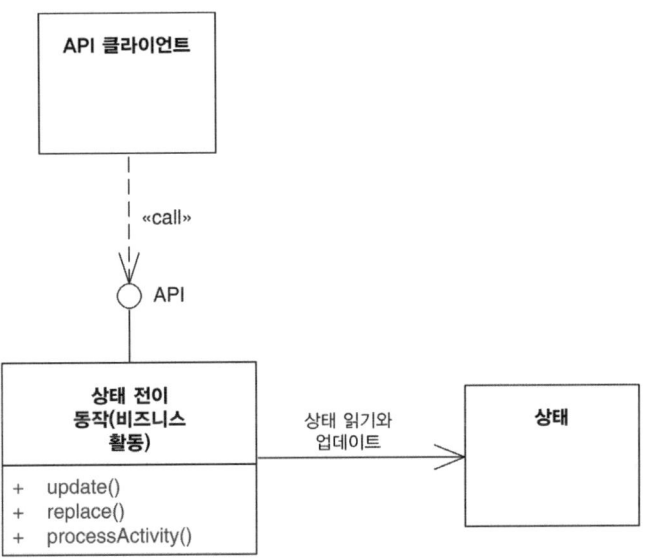

그림 5.24 상태 전이 동작은 상태 저장(stateful)이다. 프로바이더 측 저장소를 사용해 읽기 및 쓰기를 수행한다.

업데이트에는 **전체 덮어쓰기**(또는 상태 교체)와 **부분 변경**(또는 증분 업데이트)이라는 상당히 다른 2가지 타입이 있다. 전체 덮어쓰기는 종종 현재 상태에 액세스하지 않고 처리할 수 있으며, 상태 생성 동작의 인스턴스로 볼 수 있다. 이 패턴에 설명된 대로 증분 변경은 일반적으로 상태에 대한 읽기 액세스가 필요하다. 업서트^{upsert}(업데이트 + 인서트)는 2가지 주제를 결합한 특수한 경우로, 존재하지 않는 엔티티를 대체하려고 하면 요청 메시지에 제공된 식별자를 사용해 새 엔티티를 생성하게 된다[Higginbotham 2019]. HTTP 기반 API의 경우 전체 덮어쓰기는 일반적으로 **PUT** 메서드를 통해 노출되는 반면 부분 변경은 **PATCH**를 통해 이뤄질 수 있다.

메시지 표현 구조의 관점에서 볼 때 **상태 전이 동작 인스턴스의 요청 및 응답 메시지**는 세밀할fine-grained(가장 단순한 경우 단일 아토믹 파라미터) 수 있을 뿐만 아니라 대략적일coarse-grained(중첩된 파라미터 트리) 수도 있다. 요청 메시지 표현은 그 복잡성이 매우 다양하다.

많은 **상태 전이 동작은 내부적으로 트랜잭션**transaction[12]이다. 동작의 실행은 API 동작 경계API operation boundary가 하나의 트랜잭션 경계로 관리되고 보호돼야 한다. 이는 기술 수준에서 클라이언트가 볼 수 없어야 하지만 구성에 미치는 영향 때문에 API 문서에 공개해도 괜찮다. 트랜잭션은 원자성atomicity, 일관성consistency, 격리성isolation, 내구성durability을 줄여 얘기하는 ACID 패러다임[Zimmermann 2007]을 따르는 시스템 트랜잭션이거나 보상 기반 비즈니스 트랜잭션에 해당하는 사가 패턴saga pattern[Richardson 2018]일 수 있다[Wikipedia 2022g]. ACID를 선택할 수 없는 경우 BASE 원칙BASE principles[13] 또는 TCC(시도Trial-취소Cancel-확인Confirm)[Pardon 2011]를 고려할 수 있으며, 엄격한 일관성strict consistency과 궁극적 일관성eventual consistency[Fehling 2014] 사이에서 의식적인 결정이 필요하며 잠금 전략도 결정해야 한다. 트랜잭션 경계는 의식적으로 선택해야 하며, 장기 실행 비즈니스 트랜잭션은 일반적으로 ACID 속성을 가진 단일 데이터베이스 트랜잭션에 적합하지 않다.

예를 들어 증분 업데이트보다 절대 업데이트를 선호함으로써 **상태 전이 동작의 처리가 멱등성을 갖는 것처럼 보이게 해야 한다.** 예를 들어 'x 값을 y로 설정'은 작업 요청이 중복/제시될 경우 데이터 손상을 초래할 수 있는 'x 값을 y만큼 증가'보다 일관된 결과로 처리하기가 더 쉽다. 『기업 통합 패턴』[Hohpe 2003]의 '멱등성 수신자Idempotent Receiver'에서 추가적인 조언을 확인할 수 있다.

예를 들어 API 키 또는 더 강력한 인증 토큰을 기반으로 하는 속성 기반 접근 제어ABAC와 같은 규정 준수 제어 및 기타 보안 수단을 전체 API 엔드포인트 또는 개별

---

12. 더 작게 나눌 수 없는 최소의 기능 단위. 은행 계좌 이체 같은 경우 한 계좌에서 인출 후 다른 계좌로 입금하는 기능이지만 이 두 기능은 분리돼 동작하면 안 된다. – 옮긴이
13. ACID와 대조되는 분산 시스템 원칙. 기본적 가용성(Basically Available), 소프트 상태(Soft state), 궁극적 일관성(Eventually consistency)을 의미한다. – 옮긴이

상태 전이 동작에 추가하는 것을 고려해야 한다. 이렇게 하면 추가 계산 및 데이터 전송으로 인해 성능이 저하될 수 있다.

변형 비즈니스 활동 프로세서Business Activity Processor는 이 패턴의 변형으로 프론트엔드 BPM 시나리오를 지원하고 BPM 서비스도 구현할 수 있다(그림 5.25). 여기서는 활동이라는 용어를 일반적인 의미로 사용하며, 활동은 다소 세분화돼 더 큰 프로세스에 참여할 수도 있지만(예: 샘플 시나리오에서 클레임 수락 또는 거부 또는 결제 진행) 다소 대략적으로 세분화coarse grained될 수도 있다(예: 클레임 처리 또는 온라인 쇼핑).

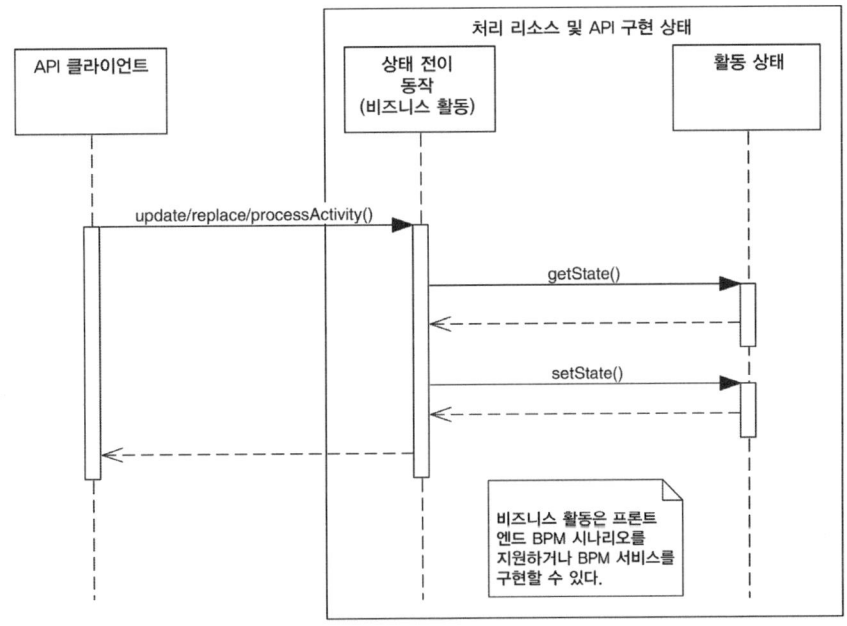

그림 5.25 처리 리소스에서의 상태 전이 동작(여기서는 비즈니스 활동 프로세서 변형)

단일 활동은 준비prepare, 시작start, 일시 중단/재개suspend/resume, 완료complete, 실패fail, 취소cancel, 실행 취소undo, 다시 시작restart, 정리clean up와 같은 프로세스 제어를 제공하는 다음과 같은 세분화된 작업 프리미티브 중 하나를 담당할 수 있다. 비즈니스 활동 실행의 비동기적 특성과 프론트엔드 BPM의 경우 클라이언트 측 프로세스 소유권을 고려할 때 상태 전이 동작을 통해 활동 완료, 실패 또는 중단, 상태 전이 발생 등의 이벤트도 수신할 수 있어야 한다.

그림 5.26은 비즈니스 활동 프로세서 변형에서 **처리 리소스와 해당 상태 전이 동작**의 동작을 모델링하는 일반 상태 머신으로 작업 프리미티브와 상태를 조합한다. 동작의 복잡성에 따라 **정보 보유자 리소스**의 인스턴스도 이러한 방식으로 지정, 구현, 테스트, 문서화할 수 있다.

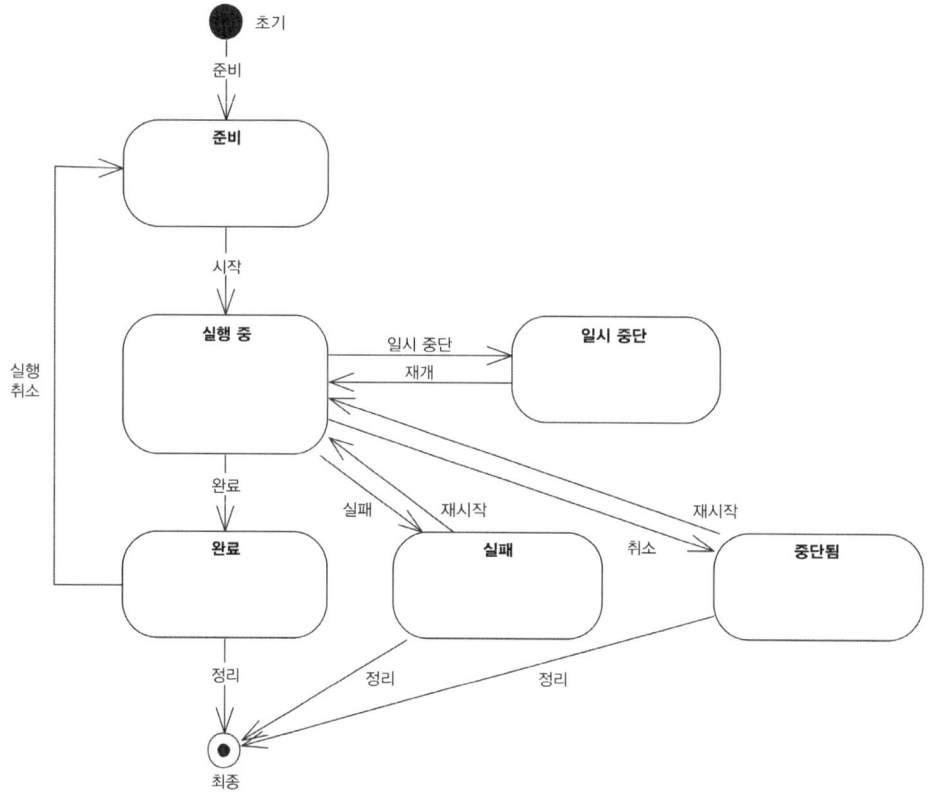

그림 5.26 공통 액션 프리미티브를 트랜지션으로 사용하는 상태 머신

도메인별 API 엔드포인트와 해당 **상태 전이 동작**은 특정 비즈니스 시나리오와 API 사용 사례에 맞게 이 일반 상태 머신을 세분화하고 상황에 맞게 변형해야 하며, 필요한 각 프리미티브는 하나의 API 동작(또는 요청 메시지 표현에서 ID 엘리먼트 파라미터로 선택된 더 세분화된 작업의 옵션)이 된다. 그런 다음 API 구현, API 문서 및 테스트 케이스의 사전 조건 및 사후 조건은 API 설명에 문서화돼야 하는 결과 API별 상태 머신에 따라 구성될 수 있다.

그림 5.26에서 상태와 상태 전이의 의미는 다음과 같다.

- **준비 또는 초기화:** 이 프리미티브는 클라이언트가 유효성 검사 등의 목적으로 실제 활동 전에 입력을 전송해 상태 변경 활동의 실행을 준비할 수 있게 한다. 이러한 정보의 복잡성에 따라 초기화에는 단일 호출 또는 더 복잡한 대화가 포함될 수 있다. 모든 정보가 제공되면 활동을 시작할 수 있는 '준비' 상태가 되고 활동 식별자$^{activity\ identifier}$가 할당된다. 이 프리미티브는 형제 패턴인 상태 생성 동작의 인스턴스로 볼 수 있다.
- **시작:** 이 프리미티브를 사용하면 클라이언트가 초기화돼 준비가 된 활동의 실행을 명시적으로 시작할 수 있다. 활동의 상태는 '실행 중'이 된다.
- **일시 중단/재시작:** 이 2가지 프리미티브를 통해 클라이언트는 실행 중인 활동의 실행을 일시 중지했다가 나중에 계속할 수 있다. 실행 중인 활동을 일시 중단하면 API 엔드포인트 내에서 실행 리소스를 해제할 수 있다.
- **완료:** 이 프리미티브는 활동이 성공적으로 종료됐음을 나타내기 위해 활동 상태를 '실행 중'에서 '완료'로 전환한다.
- **실패:** 이 활동은 상태를 '실행 중'에서 '실패'로 전환하며, 오류 보고에 설명을 포함할 수 있다.
- **취소:** 이 프리미티브는 클라이언트가 활동의 실행을 중단하고 더 이상 결과에 관심이 없는 경우 활동을 '중단^{abort}'할 수 있게 한다.
- **실행 취소:** 이 프리미티브를 사용하면 활동이 수행한 작업을 보상해 API 엔드포인트의 상태를 활동이 시작되기 전의 원래 상태로 효과적으로 되돌릴 수 있다. 특히 활동이 API 프로바이더 외부에 영향을 미치는 부작용을 유발하는 경우에는 항상 실행 취소가 가능하지 않을 수 있다. 예를 들어 전송된 후 회수할 수 없는 이메일을 들 수 있다. 실행 취소 전환 내에서 보상이 가능하다고 가정한다. 자체 상태 머신을 포함해 경우에 따라 별도의 활동을 설정해야 할 수도 있다.
- **재시작:** 이 프리미티브는 클라이언트가 실패하거나 중단된 활동의 실행을 다시 시도할 수 있게 한다. 활동 상태는 '실행 중'으로 돌아간다.

- **정리:** 이 프리미티브는 완료finished, 실패failed 또는 중단abort된 활동과 관련된 모든 상태를 제거한다. 활동 식별자는 더 이상 유효하지 않으며 활동 상태는 '완료final'로 전환된다.

프론트엔드 BPM에서는 API 클라이언트가 프로세스 인스턴스 상태를 소유한다. 다음 2가지 타입의 이벤트에 대해 API 프로바이더에게 알릴 수 있다. BPM 서비스를 노출할 때 이러한 이벤트 알림은 서비스 프로바이더에서 클라이언트로 방향을 다르게 이동할 수 있다.

- **활동 완료, 실패 또는 중단:** 활동 실행이 완료되면 영향을 받는 당사자에게 활동의 성공 또는 실패를 통보해 출력을 검색할 수 있게 해야 한다. 이는 상태 생성 동작 패턴(이벤트 알림 작업 변형)에 대한 호출을 통해 발생할 수 있다. 또한 서버에서 전송된 이벤트나 콜백을 통해 다른 방식으로 구현될 수도 있다.
- **상태 전이 발생:** 활동의 진행 상황을 모니터링하고 추적하기 위해 영향을 받는 당사자는 활동의 현재 상태 및 변경 사항에 대해 알고 싶을 수 있으며, 상태 전이가 발생할 때 알림을 받기를 원할 수 있다. 푸시 모델push model을 따르는 이러한 타입의 이벤트에 대한 구현 옵션에는 이벤트 스트리밍event streaming, 서버 전송 이벤트server-sent event 및 콜백callback이 포함된다. 풀 모델pull model에 따라 상태 조회는 인출 동작 패턴의 인스턴스로 구현될 수 있다.

동일한 API 엔드포인트에 있는 여러 **상태 전이 동작**을 하위 프로세스 또는 전체 비즈니스 프로세스를 포함하도록 구성할 수 있다. 프론트엔드 BPM은 종종 웹 프론트엔드를 API 클라이언트로 사용하며, BPM 서비스는 다소 거친 **상태 전이 동작**을 노출하는 복합 **처리 리소스**를 생성해 참고 문헌[Hohpe 2003]의 '프로세스 관리자' 패턴을 효과적으로 실현할 수 있다. 다른 옵션으로는 (1) 단일 통합 및 코레오그래피 조정 지점choreography coordination point으로 API 게이트웨이[Richardson 2018]를 도입하거나 (2) P2P peer-to-peer 호출 또는 이벤트 전송을 통해 완전히 분산된 방식으로 서비스를 운영하는 방법이 있다.

이러한 활동을 실행하는 **상태 전이 동작**은 API 엔드포인트에서 비즈니스 활동 상태를 변경하며, 비즈니스 및 통합 시나리오에 따라 사전 조건 및 사후 조건과 불변성의 복잡성이 달라진다. 이러한 규칙의 중간에서 높은 복잡성은 많은 애플리케이션 도메인 및 시나리오에서 일반적이다. 이러한 동작은 API 설명에 명시돼야 하며, 전환 프리미티브와 상태 전이는 설명에 명시돼야 한다.

패턴과 해당 비즈니스 활동 프로세서^{Business Activity Processor}의 변형을 HTTP에서 구현할 때는 통일된 REST 인터페이스 옵션에서 적절한 동사(POST, PUT, PATCH 또는 DELETE)를 선택해야 한다. 프로세스 인스턴스 및 활동 식별자는 일반적으로 URI에 ID 엘리먼트로 나타난다. 이렇게 하면 HTTP GET을 통해 상태 정보를 쉽게 인출할 수 있다. 각 작업 프리미티브는 별도의 **상태 전이 동작**으로 지원될 수 있으며, 또는 좀 더 일반적인 프로세스 관리 동작의 입력 파라미터로 제공될 수도 있다. HTTP 리소스 API에서 프로세스 식별자와 프리미티브 이름은 종종 경로 파라미터로 전송되며, 활동 식별자도 마찬가지다. 그런 다음 **링크 엘리먼트**와 URI는 활동 상태를 먼저 알리고 영향을 받는 당사자에게 후속 및 대체 활동, 보상 기회 등에 대해 알린다.

예시

온라인 상점의 '체크아웃 및 결제 진행' 활동은 주문 관리 프로세스의 패턴을 보여준다. '장바구니에 항목 추가'는 '제품 카탈로그 탐색' 하위 프로세스의 활동이다. 이러한 작업은 프로바이더 측 상태를 변경하고, 비즈니스 의미를 전달하며, 중요하지 않은 사전 조건과 사후 조건, 불변성(예: '고객이 결제하고 주문을 확인하기 전에 상품을 배송하고 고객에게 송장 게시하지 않기')을 갖고 있다. 그중 일부는 장기적으로 실행될 수도 있으므로 세분화된 활동 상태 제어 및 전송이 필요하다.

그림 5.27에 표시된 호반 상호 보험 사례의 다음 예는 2가지 극단적인 활동 세분성을 보여준다. 오퍼는 단일 단계 작업으로 생성되며, 클레임은 단계별로 관리돼 프로바이더 측에서 점진적인 상태 전이를 유발한다. 그림 5.26의 일부 프리미티브는 예에서 상태 전이 동작에 할당될 수 있다. 예를 들어 createClaim()은 시작 프리미티브에 해당하고 closeClaim()은 클레임 확인의 비즈니스 활동을 완료한다. 사기

의 확인은 장기간 실행될 수 있으며, 이는 API가 클레임 관리를 위해 **처리 리소스의 해당 상태 전이 동작**에서 일시 중단 및 재개 프리미티브를 지원해야 한다는 것을 나타낸다.

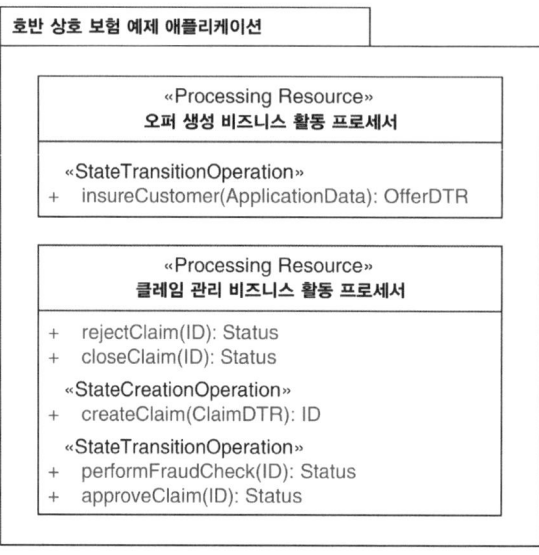

그림 5.27 상태 전이 동작의 2가지 예: 대략적 BPM 서비스 및 세분화된 프론트엔드 BPM 프로세스 실행

토론

설계에 고려해야 할 주요한 설계 요구 사항인 포스는 다음과 같이 해결된다.

- **서비스 세분성:** 처리 리소스와 그 상태 전이 동작은 더 작거나 더 큰 '서비스 컷service cuts'[Gysel 2016]을 모두 수용할 수 있으므로 기민성agility과 유연성flexibility을 촉진한다. 정보 보유자 리소스도 다양한 크기로 제공된다. 엔드포인트 크기 결정이 결합도 및 기타 품질에 미치는 영향은 앞서 이 2가지 패턴에서 살펴봤다. 이러한 상태가 API 설명의 일부로 명시적으로 모델링돼 있기 때문에 처음부터 추적할 수 있다.
- **일관성 및 감사 가능성:** 상태 전이 동작은 API 구현에서 비즈니스 및 시스템 트랜잭션 관리를 내부적으로 처리할 수 있고 처리해야 하며, 앞서 다른 설

계 옵션의 선택과 실현 여부에 따라 패턴 인스턴스가 이러한 주요한 설계 요구 사항인 포스를 해결하고 요구 사항을 충족할 수 있는지 여부가 결정된다. 마찬가지로 API 구현 내부 로깅 및 모니터링은 감사 가능성을 지원한다.

- **사전에 이뤄진 상태 변경에 대한 종속성**dependency: 상태 변경은 서로 충돌할 수 있다. API 프로바이더는 요청된 상태 전이의 유효성을 확인해야 하며, 클라이언트는 현재 상태에 대한 잘못된 가정으로 인해 상태 전이 요청이 거부될 수 있음을 예상해야 한다.
- **워크로드 관리:** 상태 저장 상태 전이 동작은 쉽게 확장할 수 없으며, 이러한 작업을 수행하는 엔드포인트는 다른 컴퓨팅 노드(호스팅 서버)로 원활하게 재배치할 수 없다. 이는 특히 클라우드에 배포할 때 중요한데, 배포된 애플리케이션이 클라우드용으로 설계된 경우에만 탄력성 및 자동 규모 확장과 같은 클라우드 기능을 활용할 수 있기 때문이다. 프로세스 인스턴스 상태 관리는 설계상 섬세한 작업이며, 그 복잡성 때문에 클라우드에서 쉽게 사용할 수 있는 것은 아니다.[14]
- **네트워킹 효율성 대 데이터 간소화:** 프론트엔드 BPM 및 BPM 서비스의 RESTful API 설계는 클라이언트에서 프로바이더로의 상태 전송 및 리소스 설계를 사용해 표현성과 효율성 간에 적절한 균형을 맞출 수 있다. 증분 업데이트(크기가 작고 멱등성을 갖지 않는 메시지) 또는 교체 업데이트(크기는 크지만 멱등성을 갖는 메시지) 중 어떤 것을 선택할지는 메시지 크기와 교환 빈도에 영향을 미친다.

앞서 언급한 것처럼 멱등성은 장애 복원력fault resiliency과 규모 확장성에 유리하다. 이 개념은 교과서에 나오는 기본적인 예제에서는 쉽게 이해할 수 있지만 좀 더 복잡한 실제 시나리오에서 멱등성을 달성하는 방법은 명확하지 않을 뿐만 아니라 쉬운 작업도 아니다. 예를 들어 ""x의 값이 1 증가했다.""가 아닌 "새로운 값은 n이다."라는 메시지를 보내라는 권장 사항은 쉽게 주고받을 수 있지만 단일 API 호출로 여러 관련 구현 수준 엔티티가 수정되는 주문 관리 및 결제 처리와 같은 고급 비즈니스 시나리오에서는 그림이 더 복잡해진다. 이 개념은 『Cloud Computing

---

14. 예를 들어 서버리스 클라우드 기능은 다른 사용 시나리오에 더 적합한 것으로 보인다.

Patterns』[Fehling [Fehling 2014] 및 『Enterprise Integration Patterns』[Hohpe 2003]에서 자세히 다루고 있다.

상태 전이 동작이 퍼블릭 API 또는 커뮤니티 API에 노출되는 경우 일반적으로 보안 위협으로부터 보호돼야 한다. 예를 들어 일부 작업 및 활동에는 인증된 특정 클라이언트만 상태 전이를 트리거할 수 있도록 권한 부여가 필요할 수 있으며, 또한 상태 전이의 유효성은 메시지 내용에 따라 달라질 수 있다. 보안 요구 사항과 이에 대응하는 설계에 대한 자세한 논의는 이 책의 범위를 벗어난다.

성능과 규모 확장성은 주로 API 동작의 기술적 복잡성에 의해 좌우된다. API 구현에 필요한 백엔드 처리량, 공유 데이터에 대한 동시 액세스, 그에 따른 IT 인프라 워크로드(원격 연결, 계산, 디스크 I/O, CPU 에너지 소비량)는 실제로 매우 다양하다. 신뢰성의 관점에서 단일 장애 지점point of failure은 피해야 하며, API 구현에서 프로세스 관리에 대한 중앙 집중식 접근 방식이 예 중 하나로 바뀔 수 있다.

관련 패턴

이 패턴은 다음과 같이 형제 패턴과 다르다. 계산 함수는 프로바이더 측 애플리케이션 상태(읽기 또는 쓰기)를 전혀 건드리지 않으며, 상태 생성 동작은 상태(추가 모드에서)에 쓰기만 한다. 인출 동작 인스턴스는 읽기는 하지만 쓰기는 하지 않으며, 상태 전이 동작 인스턴스는 프로바이더 측 상태를 읽고 쓸 수 있다. 인출 동작은 프로바이더로부터 정보를 가져오고, 상태 생성 동작은 프로바이더에게 업데이트를 푸시한다. 상태 전이 동작은 푸시 또는 풀이 가능하다. 상태 전이 동작은 요청 메시지에서 프로바이더 측 상태 요소(예: 주문 ID 또는 직원의 일련번호)를 참조할 수 있지만 상태 생성 동작은 일반적으로 이 작업을 수행하지 않는다(중복 키 사용 방지 또는 감사 로그 업데이트와 같은 기술적 이유 제외). 나중에 액세스할 수 있도록 ID 엘리먼트를 반환하는 경우가 많다.

상태 전이 동작은 '비즈니스 트랜잭션business transaction'을 트리거 또는 실현하는 것으로 볼 수 있다[Fowler 2002]. 이 패턴의 인스턴스는 장기간 실행되는 상태 저장 대화에 참여할 수 있다[Hohpe 2007]. 이 경우 로깅 및 디버깅에 필요한 콘텍스트 정보를 명시적인 콘텍스트 표현을 도입해 전파해야 하는 경우가 많다. 상태 전이 동작은 『A Pattern Language for RESTful Conversations』[Pautasso 2016]의 RESTful 대화 패턴 중 하나 이상을 사용하거나 함께 사용할 수 있다. 예를 들어 프로세스 활동의 상태 관리와 계산 부분을 별도의 서비스로 분리하는 것을 고려할 수 있다. 그런 다음 대화 패턴이나 코레오그래피[choreography]/오케스트레이션[orchestration]을 통해 이러한 서비스의 유효한 조합과 실행 순서를 정의할 수 있다.

상태 전이 동작은 커뮤니티 API에서 종종 노출되며, 10장에서 이러한 사례를 자세히 다룬다. 서비스 기반 시스템은 솔루션 내부 API에서도 이러한 동작을 노출한다. API 키는 일반적으로 프로바이더 측 상태에 쓰는 동작에 대한 외부 액세스를 보호하며, 서비스 수준 계약이 그 사용을 관리할 수 있다.

추가 정보

일반적으로 상태 저장 서비스 컴포넌트와 특히 상태 전이 동작을 구현하기 위한 개념과 기술을 소개하는 비즈니스 프로세스 모델과 노테이션[BPMN, Business Process Model and Notation] 및 워크플로 관리에 관한 방대한 문헌이 있다(예: [Leymann 2000, Leymann 2002, Bellido 2013, Gambi 2013]).

책임 주도 설계[RDD, Responsibility-Driven Design][Wirfs-Brock 2002]에서 상태 전이 동작은 '코디네이터[Coordinator]'와 '컨트롤러[Controller]'에 해당하며, '인터페이서[Interfacer]'를 통해 원격으로 액세스할 수 있는 '서비스 프로바이더[Service Provider]'로 캡슐화된다. 마이클 니가드[Michael Nygard]는 「Release의 모든 것」(한빛미디어, 2023)[Nygard 2018a]에서 신뢰성을 향상시키는 많은 패턴과 레시피를 제안한다.

『Design Practice Reference』의 7단계 서비스 설계 방법에서는 후보 엔드포인트 목록을 작성하고 이를 구체화할 때 상태 전이 동작과 같은 엔드포인트 역할[endpoint role]과 동작 책임[operation responsibility]을 명시할 것을 제안한다[Zimmermann 2021b].

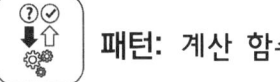 **패턴: 계산 함수**

적용 시기 및 이유

애플리케이션의 요구 사항은 무언가를 계산해야 함을 나타낸다. 이 계산의 결과는 전적으로 입력에 따라 달라진다. 입력은 결과가 필요한 위치에 있을 수 있지만 계산의 경우는 비용, 효율성, 워크로드, 신뢰 또는 전문성 등의 이유로 해당 위치에서 실행돼서는 안 된다.

예를 들어 API 클라이언트는 API 엔드포인트 프로바이더에 특정 데이터가 특정 조건을 충족하는지 여부를 문의하거나 데이터를 한 형식에서 다른 형식으로 변환하고 싶을 수 있다.

▼

클라이언트가 프로바이더 측에서 부작용 없는 원격 처리를 호출해서 입력을 이용해 결과를 계산하려면 어떻게 해야 할까?

▲

- **재현성**reproducibility**과 신뢰**trust: 원격 파티remote party에게 작업을 아웃소싱하면 통제력을 상실하게 돼 결과의 유효성을 보장하기가 더 어려워진다. 고객이 프로바이더가 계산을 올바르게 수행할 것이라고 신뢰할 수 있는가? 필요할 때 항상 사용할 수 있으며 향후에 지원이 철회될 가능성은 없는가? 로컬에서 지원하는 동작의 호출은 추적 및 재현성이 매우 좋다. 원격 연결에서도 가능하지만 더 많은 조정이 필요하며, 원격 실행을 디버깅하고 재현할 때 추가적인 타입의 오류가 발생할 수 있다.[15]
- **성능**: 프로그램 내 로컬 호출은 빠르다. 시스템 사이의 원격 호출은 네트워크 지연 시간, 메시지 직렬화 및 역직렬화, 입력 및 출력 데이터 전송에 필요한 시간으로 인해 지연이 발생하며, 이는 메시지 크기와 사용 가능한

---

15. 클라이언트에서 **처리 리소스**의 API 프로바이더로 계산을 옮길 때뿐만 아니라 **정보 보유자 리소스**의 데이터 관리를 아웃소싱할 때도 여기에 해당하는 것이 관찰된다.

네트워크 대역폭에 따라 달라진다.

- **워크로드 관리:** 일부 계산에는 CPU 시간 및 주 메모리(RAM)와 같은 많은 리소스가 필요할 수 있으며, 이는 클라이언트 측에서는 부족할 수 있다. 일부 계산은 복잡하거나 처리할 입력의 양이 많기 때문에 장시간 실행될 수 있다. 이는 프로바이더의 규모 확장성 및 **서비스 수준 계약**을 충족하는 능력에 영향을 미칠 수 있다.

필요한 계산을 로컬에서 수행할 수도 있지만, 이 경우 대량의 데이터를 처리해야 하므로 필요한 CPU/RAM 용량이 부족한 클라이언트의 속도가 느려질 수 있다. 결국 이러한 비분산 접근 방식은 모놀리식 아키텍처로 이어지며, 계산을 업데이트해야 할 때마다 클라이언트를 다시 설치해야 한다.

작동 방식

▼
> 일반적으로 **처리 리소스**인 API 엔드포인트에 `cf: in -> out`인 API 연산 `cf`를 도입한다. 이 **계산 함수**가 수신된 요청 메시지의 유효성을 검사하고 원하는 함수 `cf`를 수행한 후 그 결과를 응답으로 반환하게 한다.
▲

그림 5.28에 표시된 것처럼 **계산 함수**는 서버 측 애플리케이션 상태에 접근하거나 변경하지 않는다.

계산 함수의 목적에 맞는 요청 및 응답 메시지 구조를 설계한다. **계산 함수가** 추가되는 엔드포인트의 콘텍스트에서 API 설명에 **계산 함수를** 포함시킨다. 요청 메시지의 요소를 참조하는 하나 이상의 명시적 사전 조건과 응답 메시지에 포함된 내용을 지정하는 하나 이상의 사후 조건을 정의한다. 이 데이터를 어떻게 해석해야 하는지 설명한다.

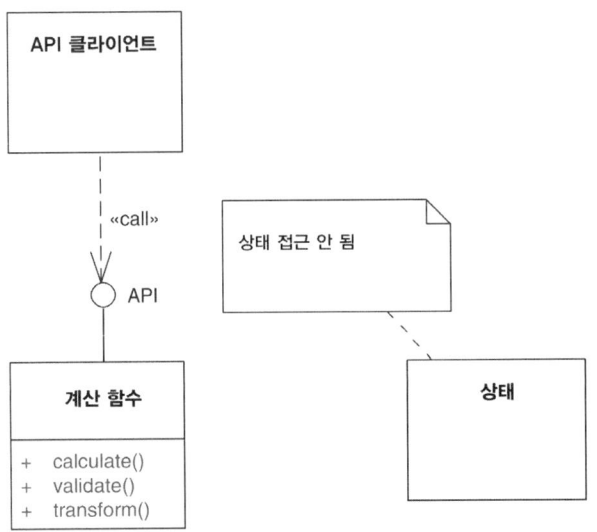

그림 5.28 계산 함수는 상태 비저장형이며 프로바이더 측 스토리지에 읽거나 쓰지 않는다.

단순한 계산 함수는 정의상 상태가 없으므로 API 구현에 트랜잭션 관리는 도입할 필요가 없다.

변형 일반적이고 다소 단순한 계산 함수 패턴에는 변환 서비스^{transformation service}, 유효성 검사 서비스^{validation service}, 일반적인 경우보다 기술적으로 더 까다로운 장기 실행 계산^{long running computation} 등 여러 가지 변형이 있다. 각 변형에는 서로 다른 요청/응답 메시지 표현이 필요하다.

변환 서비스는 '기업 통합 패턴'[Hohpe 2003]의 메시지 변환 패턴 중 하나 이상을 네트워크에서 액세스할 수 있는 형태로 구현한다. 변환 서비스는 처리한 데이터의 의미를 변경하지는 않지만 그 표현을 변경한다. 하나의 표현 구조에서 다른 형식(예: 서로 다른 두 하위 시스템에서 사용되는 고객 레코드 스키마)으로 변환하거나 한 표기법에서 다른 표기법(예: XML에서 JSON으로, JSON에서 CSV로)으로 변환할 수 있다. 변환 서비스는 일반적으로 다양한 복잡성을 가진 파라미터 트리를 수락하고 반환한다.

유효성 검사 서비스는 사전 조건 검사기 혹은 조건 검사기라고도 한다. 잠재적으로 잘못된 입력을 처리하기 위해 API 프로바이더는 입력을 처리하기 전에 항상 유효성을 검사하고 해당 입력이 거부될 수 있음을 계약에 명시해야 한다. 클라이언트가 입력 유효성을 처리하기 위한 함수 호출과 독립적으로 명시적으로 테스트할 수 있다면 유용할 수 있다. 따라서 API는 다음과 같이 유효성 검사 서비스와 다른 **계산 함수**의 2가지 동작으로 나뉜다.

1. 계산을 수행하지 않고 입력의 유효성을 검사하는 동작
2. 계산을 수행하는 동작(사전에 입력이 유효성 검사를 거치지 않은 경우 유효하지 않은 입력으로 인해 실패할 수 있음)

유효성 검사 서비스는 다음과 같은 문제를 해결한다.

> API 프로바이더가 수신 데이터 전송 표현(파라미터)과 프로바이더 측 리소스(및 그 상태)의 정확도(accuracy)/정확성(correctness)을 어떻게 확인할 수 있는가?

이 문제에 대한 해결책은 모든 복잡한 구조의 **데이터 엘리먼트**를 수신하고 유효성 검사 결과를 나타내는 **아토믹 파라미터**(예: 불리언 값 또는 정수)를 반환하는 API 동작을 도입하는 것이다. 유효성 검사는 주로 요청의 페이로드와 관련이 있다. API 구현이 유효성 검사 중 현재 내부 상태를 참조하는 경우 그림 5.29와 같이 유효성 검사 서비스는 특정 값 및 계산 규칙을 조회하는 등의 **인출 동작**의 변형이 된다.

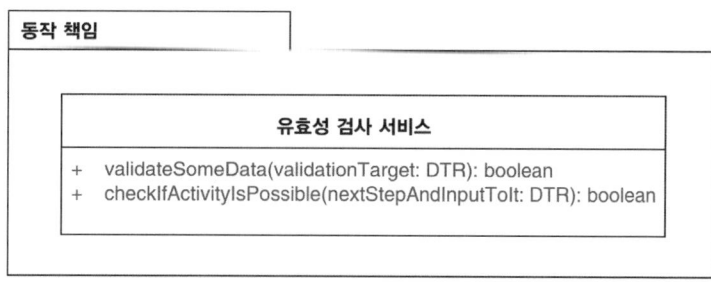

그림 5.29 유효성 검사 서비스 변형: 임의 요청 데이터, 불리언 응답(데이터 전송 표현(DTR, Data Transfer Presentation))

샘플 시나리오에서 **상태 전이 동작**을 호출하기 전에 호출되는 2가지 예시 요청은 "이것이 유효한 보험 청구인가?" 및 "이 구매 주문을 수락할 수 있는가?"이다. 이러한 '사전 활동 유효성 검사'의 경우 파라미터 타입은 사전 유효성 검사 대상 활동에

따라 복잡할 수 있으며, 응답에는 보고된 오류를 수정하는 방법에 대한 제안이 포함될 수 있다.

유효성 검사를 수행할 수 있는 조건 및 항목 타입은 isValidOrder(orderDTR)와 같은 분류^{classification, categorization}, isOrderClosed(orderId)와 같은 상태 검사부터 has4EyesPriniciPleBeenApplied(...)와 같은 복잡한 규정 준수 검사에 이르기까지 매우 다양하다. 이러한 유효성 검사는 일반적으로 성공 지표 및 추가 설명과 같은 다소 간단한 결과를 반환하며, 상태가 없고 수신된 요청 데이터에 대해서만 작동하므로 한 배포 노드에서 다른 배포 노드로 쉽게 확장하고 이동할 수 있다.

세 번째 변형은 장기 실행 계산이다. 다음과 같은 가정이라면 간단한 함수 연산으로 충분할 수 있다.

- 입력 표현이 정확할 것으로 예상된다.
- 예상 함수 실행 시간이 짧다.
- 서버에 예상되는 피크 워크로드를 처리할 수 있는 충분한 CPU 처리 용량이 있다.

그러나 때로는 처리에 눈에 띄게 많은 시간이 소요될 수 있으며, 때로는 계산 처리 시간이 충분히 짧을 것이라고 보장할 수 없다(예: API 프로바이더 측의 예측할 수 없는 워크로드 또는 리소스 가용성 또는 클라이언트가 전송한 입력 데이터의 크기가 다양하기 때문). 이러한 경우 클라이언트는 비동기식^{asynchronous} 비차단^{nonblocking} 처리 함수 호출을 사용할 수 있어야 한다. 유효하지 않은 입력을 받을 수 있고 실행에 상당한 CPU 시간을 투자해야 할 수 있는 이러한 장기 실행 계산에는 좀 더 정교한 설계가 필요하다.

이 패턴 변형을 구현하는 방법에는 여러 가지가 있다.

1. **비동기 메시징을 통한 호출:** 클라이언트는 요청 메시지 큐를 통해 입력을 보내고 API 프로바이더는 응답 메시지 큐에 출력을 넣는다[Hohpe 2003].
2. **호출 후 콜백:** 입력은 첫 번째 호출을 통해 전송되고 결과는 클라이언트가 수신할 것으로 가정하는 콜백을 통해 전송된다[Voelter 2004].

3. **장기 수행 요청**^{long-run request}: 입력이 전달되고 링크 엘리먼트는 인출 동작을 통해 진행 상황을 폴링할 수 있는 위치를 알려준다. 결국 결과는 자체 정보 보유자 리소스에 게시되며, 선택 사항이지만 링크를 사용해 요청을 취소하고 더 이상 필요하지 않을 때 결과를 정리할 수 있는 유용한 기회가 있다 (이러한 상태 저장 요청 처리는 **상태 전이 동작** 패턴의 비즈니스 활동 프로세서 변형에 자세히 설명돼 있다). 이 구현 옵션은 웹 API에서 종종 적용된다[Pautasso 2016].

예시

그림 5.30에서는 설명이 필요 없는 간단한 변환 서비스의 예를 보여준다.

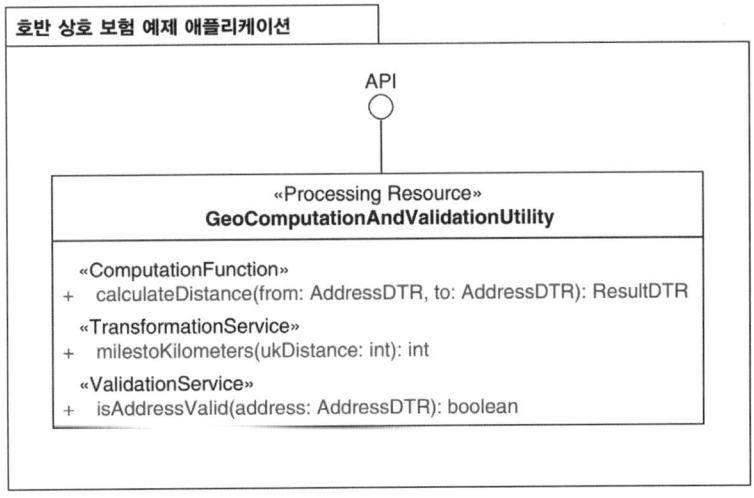

그림 5.30 변환 서비스를 제공하는 **처리 리소스**

서비스의 상태를 제공하는 동작을 하트비트^{heartbeat}라고 한다. 이러한 테스트 메시지는 **처리 리소스** 엔드포인트 내에서 원격으로 노출되는 간단한 명령의 예다(그림 5.31 참고).

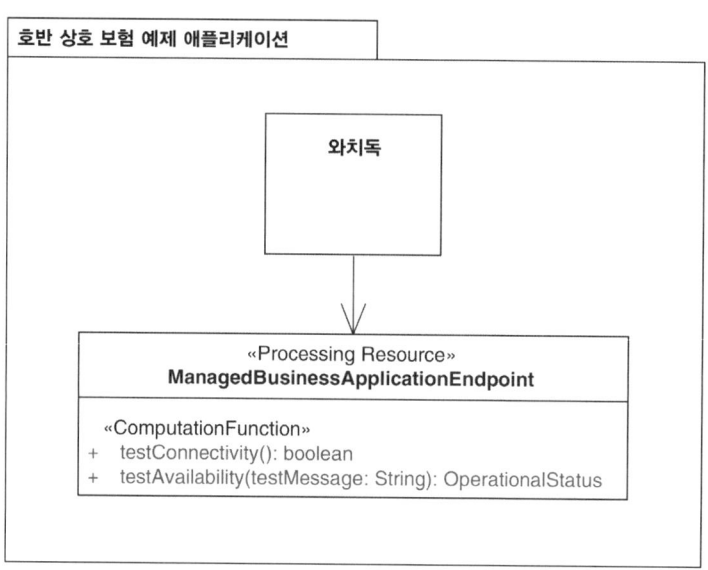

그림 5.31 유효성 검사 서비스의 예: 상태 확인 동작(health check operation)

'애플리케이션 수준 핑'이라고도 하는 '상태 확인(I am alive)' 동작은 테스트 메시지를 수락하고 응답한다. 이러한 작업은 시스템 관리 전략(여기서는 결함 및 성능 관리)의 일부로 미션 크리티컬 API 구현에 추가되는 경우가 많다. 사전 조건과 사후 조건은 간단하며, API 계약은 앞의 UML 스니펫UML snippet에 스케치돼 있다.

이 간단한 패턴과 그 변형의 예에서는 시스템 트랜잭션이나 비즈니스 수준에서의 보완(예: 실행 취소)이 필요하지 않다.

토론

클라이언트가 제어힐 수 없는 외부 종속성이 노입돼 여러 후속 호줄이 일관되게 응답할 것이라는 프로바이더를 신뢰해야 하므로 재현성과 신뢰성이 저하된다. 기능을 아웃소싱하기로 결정할 때는 데이터 보호 및 소프트웨어 라이선싱과 같은 법률 및 사내 정책을 준수해야 한다.

성능이 네트워크 지연으로 인해 부정적인 영향을 받는다. 상태 비저장 서버는 자체 데이터 저장소에서 중간 결과를 검색할 수 없기 때문에 메시지 크기가 증가할 수 있다. 하지만 주어진 연산에 대해 네트워크에 의한 성능 저하가 프로바이더 측의 더 빠른 연산 시간으로 보상될 수 있으므로 클라이언트에서 계산을 오프로드 하는 것이 가치가 있을 수도 있다. 변환 또는 유효성 검사 작업을 원격 서비스로 노출하는 데 비용이 너무 많이 드는 경우 로컬 라이브러리 기반 API가 더 저렴한 대안이 될 수 있다.

캐싱은 특정 조건에서만 의미가 있다. 둘 이상의 클라이언트가 동일한 입력에 대해 동일한 연산을 요청해야 하며, 그 결과가 결정적이어야 한다. 또한 프로바이더의 저장 용량이 충분해야 한다. 그래야만 여러 클라이언트가 결과를 공유할 수 있도록 결과를 캐싱하는 데 투자할 가치가 있다.

보안 관점에서 요청 및 응답 메시지의 보호 요구 사항은 메시지 콘텐츠의 민감도에 따라 달라진다. 예를 들어 유효성 검사 서비스의 응답 메시지는 호출 컨텍스트 없이 결과만으로는 해석하기 어려운 경우 보호 필요성이 낮을 수 있다. DoS 공격은 모든 원격 API 동작에 대한 위협이므로 적절한 대응책과 리스크 관리가 필요하다.

워크로드 관리는 상태 비저장 작업이 자유롭게 이동할 수 있기 때문에 간소화된다. 정의에 따르면 이 패턴의 구현은 프로바이더 측에서 애플리케이션 상태를 변경하지 않는다. 이때 부인봉쇄nonrepudiation와 같은 보안 요구 사항을 충족하기 위해 필요한 경우 액세스 로그 및 유효성 검사 결과의 임시 또는 영구 저장과 같은 경우는 제외한다. 따라서 확장 및 이동이 용이해 클라우드 배포에 적합하다.

계산 함수 인터페이스가 변경되지 않는 한 계산 함수 구현의 유지 관리는 클라이언트 업데이트와 분리된다. API 구현을 클라우드에 배포하는 경우 클라우드 서비스의 임대비용을 고려해야 한다.

계산이 리소스(CPU, RAM)를 많이 사용하는 경우 병목 현상과 단일 장애 지점을 피하기 위해 알고리듬 및 배포 설계를 다시 고려해야 할 수도 있다. 대화 패턴 「Long-Running Request」[Pautasso 2016]에서 이 주제를 다룬다. 기능적 API 계약에서 직접 관찰할 수 있는 것은 아니지만 API에 대한 서비스 수준 계약을 충족하는 데 영향을 미칠 수 있으므로 API 설계에 매우 중요하다. CPU 및 RAM 워크로드도

API를 구현하는 컴포넌트에 영향을 미치므로 함수 구현을 확장하기가 더 어려워진다. 계산 결과를 캐싱하고 일부 결과를 요청하기 전에 계산하는 것(이전에 요청한 내용을 기반으로 클라이언트가 원하는 것을 예측하는 것)은 여기에 적합한 2가지 성능 및 워크로드 관리 전술이다.

관련 패턴

DDD의 '서비스' 패턴은 유사한 의미를 다루지만 더 광범위하며 애플리케이션의 비즈니스 로직 계층을 대상으로 한다. 엔드포인트 식별 중에 계산 함수 후보를 식별하는 데 도움이 될 수 있다[Vernon 2013].

AWS 또는 애저Azure와 같은 퍼블릭 클라우드에 배포된 서버리스 컴퓨팅 람다lambda는 클라우드 스토리지 오퍼링에 의해 뒷받침되지 않는 한 계산 함수로 간주될 수 있으며, 이는 상태 저장 기능을 제공한다.

추가 정보

서비스 타입은 2000년대 초반에 나온 서비스 지향 아키텍처SOA, Service Oriented Architecture 문헌(예: 『엔터프라이즈 SOA』[Krafzig 2004] 및 『SOA in Practice』[Josuttis 2007])에서 다루는 주제다. 이러한 서적의 서비스 타입 분류는 전체 아키텍처에 더 중점을 두고 있지만, 일부 기본 서비스 및 유틸리티 서비스는 프로바이더/서버 상태에 대한 읽기 또는 쓰기 액세스가 필요하지 않은 책임이 있으므로 이 패턴 및 그 변형의 인스턴스로 간주할 수 있다.

객체지향 프로그래밍 방법 및 언어인 에펠Eiffel[Meyer 1997]의 계약에 의한 설계design-by-contract 접근 방식은 비즈니스 명령 및 도메인 메서드의 코드화에 유효성 검사를 포함하며 사전 조건 및 사후 조건 검사를 자동화한다. 이 프로그램 내부 접근 방식은 대안으로 볼 수 있다.

서버리스 컴퓨팅에 대한 많은 온라인 리소스가 존재한다. 한 가지 시작점은 제레미 델리Jeremy Daly의 『Web site and blog Serverless』[Daly 2021]다.

요약

5장에서는 API 아키텍처 문제를 해결하는 패턴을 제시했다. ADDR(조정^{Align}-정의^{Define}-설계^{Design}-정제^{Refine}) 프로세스의 정의 단계와 같은 API 설계의 초기 단계에서 엔드포인트 역할과 동작 책임을 명시했다.

이러한 역할과 책임은 이러한 API 설계 요소의 아키텍처적 중요성을 명확히 하는 데 도움이 되며 다음 단계에 대한 입력으로 사용된다. 3장에서는 역할 및 책임 중심 방식으로 엔드포인트와 동작을 설계할 때 적합한 질문, 옵션 및 기준을 다뤘으며, 5장에서는 이러한 논의를 보완하기 위해 전체 패턴에 대한 설명을 제공했다.

4장에서 소개한 패턴 템플릿을 설명하고 이어 데이터 지향 API 엔드포인트 역할을 다룬다.

- **정보 보유자 리소스**의 한 가지 특정 타입은 **데이터 전송 리소스**로, 여러 클라이언트가 서로 직접 연결되지 않고 정보를 공유하고자 할 때 적합하다.
- 수명, 관계, 변경 가능성 측면에서 다른 종류로는 **마스터 데이터 보유자, 운용 데이터 보유자, 참조 데이터 보유자**가 있다. 마스터 데이터는 변경이 가능하고 수명이 길며 많은 참조가 발생한다. 운용 데이터는 수명이 짧고 클라이언트도 변경할 수 있다. 참조 데이터 역시 수명이 길고 불변이다.
- **링크 조회 리소스**는 요청 및 응답 메시지 페이로드의 엔드포인트 참조 측면에서 API 클라이언트와 API 프로바이더를 더욱 분리할 수 있다.

우리는 활동 지향 API 엔드포인트를 상태 비저장 또는 상태 저장 **처리 리소스**로 모델링했다. 비즈니스 활동 프로세서는 **처리 리소스**의 중요한 변형으로, 프론트엔드 BPM과 BPM 서비스의 2가지 시나리오를 지원한다.

정보 보유자 리소스와 **처리 리소스**의 런타임 문제는 서로 다르며, 단순한 조회의 아키텍처적 중요성은 데이터 전송의 경우와 다른 경우가 많다. 이러한 고려 사항은 이러한 엔드포인트 역할과 동작 책임을 명시하고 여러 엔드포인트를 도입해 이를 분리해야 하는 좋은 이유를 제공한다. 이러한 역할 중심 엔드포인트는 설계된 후 런타임에 다르게 운영된다. 예를 들어 데이터 보존 및 보호에 관한 전용 마스터 데이터 보유자 관리 정책은 일시적이고 수명이 짧은 데이터로만 작업하는 **처리 리소스**에 사용되는 데이터 관리 규칙과 다를 수 있다.

우리는 책임 주도 설계^{RDD, Responsibility-Driven Design}[Wirfs-Brock 2002]의 역할 고정 관념인 정보 보유자(데이터 지향 엔드포인트의 경우)와 컨트롤러/조정자^{controller/coordinator}(처리 리소스 패턴에서 취하는 역할)를 사용했다. 두 엔드포인트 패턴 모두 인터페이스 및 서비스 프로바이더로서의 자격을 갖는다.

데이터 지향 홀더 리소스와 활동 지향 프로세서는 의미론, 구조, 품질 및 진화 측면에서 서로 다른 특성을 갖고 있다. 예를 들어 API는 여러 개별 데이터 저장소에 대한 액세스를 개별적으로 제공할 수 있지만, 클라이언트는 단일 요청으로 여러 백엔드/구현 리소스에 영향을 미치는 활동을 수행하고자 할 수 있다. 따라서 API에는 여러 개의 세분화된 **정보 보유자 리소스** 위에서 작동하는(또는 이들로부터 데이터를 처리하는) RDD의 컨트롤러 역할을 하는 전용 **처리 리소스**가 포함될 수 있다.[16]

엔드포인트 리소스에 대한 4가지 타입의 동작 책임을 정의했다. 표 5.1과 같이 4가지 동작의 책임은 프로바이더 측 애플리케이션 상태를 읽고 쓰는 방식이 다르다.

표 5.1 책임 패턴별 동작이 상태에 미치는 영향

	읽지 않음	읽음
쓰지 않음	계산 함수	인출 동작
쓰기	상태 생성 동작	상태 전이 동작

이 절의 패턴은 다음과 같이 서로 비교된다.

- **인출 동작**과 마찬가지로 **계산 함수**는 애플리케이션 상태를 변경하지 않지만 (중요하지 않은 데이터를 클라이언트에 전달) 클라이언트에서 필요한 모든 입력을 받

---

16. 『RESTful Web Service Cookbook』[Allamaraju 2010]에서는 이러한 컨트롤러 리소스에 대해 명시적으로 언급하고 있다.

는 반면 인출 동작은 프로바이더 측 애플리케이션 상태를 (읽기 전용 모드에서) 참조한다.
- 상태 생성 동작 인스턴스와 계산 함수 모두 클라이언트에서 필요한 모든 데이터를 받지만 상태 생성 동작은 프로바이더 측 애플리케이션 상태를 변경(쓰기 액세스)하는 반면 계산 함수는 보존(액세스 불가)한다.
- 상태 전이 동작도 검색 연산 및 계산 함수와 같이 중요하지 않은 데이터를 반환하지만 프로바이더 측 애플리케이션 상태도 변경한다. 입력은 클라이언트뿐만 아니라 프로바이더 측 애플리케이션 상태(읽기-쓰기 액세스)에서도 들어온다.

많은 계산 함수와 상태 생성 동작은 멱등성을 갖도록 설계할 수 있다. 이는 대부분의 인출 동작 인스턴스에도 적용되며, 일부 연산은 멱등성을 갖게 하기 더 어려울 수 있다(예: 고급 캐시를 사용하거나 '서버 세션 상태Server Session State'[Fowler 2002]를 사용해 페이지네이션 패턴을 구현하는 경우 일반적으로 권장하지 않음). 일부 타입의 상태 전이 동작은 내재적인 상태 변경을 발생시킨다(예: 작업 호출이 비즈니스 프로세스 인스턴스 관리에 기여하는 경우). 이러한 경우 항상 멱등성을 갖게 할 수 있는 것은 아니다. 예를 들어 모든 시작 요청이 별도의 동시 활동 인스턴스를 시작할 수 있는 경우 활동 시작은 멱등성을 갖지 않는다. 반면에 시작된 특정 활동 인스턴스를 취소하는 것은 멱등성을 가진다.

5장에서 제시한 패턴을 실현하든 그렇지 않든 모든 작업은 요청 및 응답 메시지를 통해 통신하며, 그 구조는 종종 파라미터 트리(4장의 패턴)다. 이러한 메시지의 헤더와 페이로드 콘텐츠는 6장과 7장의 패턴을 사용해 특정 품질을 달성하게 설계한 다음 점진적으로 개선할 수 있다. 엔드포인트와 전체 API는 일반적으로 버전이 지정되며, 클라이언트는 이에 대한 수명 및 지원 보장을 기대한다(8장에서 설명). 이러한 보장 및 버전 관리 정책은 엔드포인트 역할에 따라 다를 수 있는데, 예를 들어 마스터 데이터 보유자 패턴의 인스턴스는 콘텐츠 및 상태뿐만 아니라 API 및 데이터 정의 측면에서도 운용 데이터 보유자 인스턴스보다 수명이 길고 변경 빈도가 낮다.

엔드포인트와 그 운영의 역할과 책임은 문서화돼야 한다. API의 비즈니스 측면(9장의 패턴)에 영향을 미친다. API 설명은 API를 호출할 수 있는 시기와 클라이언트가 반환할 것으로 기대할 수 있는 내용(응답이 전송된다는 가정하에)을 명시해야 한다.

『Software Systems Architecture: Working with Stakeholders Using Viewpoints and Perspectives』[Rozanski 2005]는 정보 제공 측면에서 참고할 만하다. 『Data on the Outside versus Data on the Inside』[Helland 2005]에서는 API 및 애플리케이션 내부 데이터에 노출된 데이터의 주요한 설계 요구 사항인 포스와 제약 조건에 대해 설명한다. API 및 서비스 지향 시스템에 국한된 것은 아니지만 『Release의 모든 것』(한빛미디어, 2023)은 안정성(신뢰성 및 관리 용이성 포함)을 촉진하는 여러 가지 패턴을 포착한다. 예를 들면 '회로 차단기$^{\text{Curcuit Breaker}}$' 및 '벌크헤드^{Bulkhead}'[Nygard 2018a] 등이 있다. 『Site Reliability Engineering』[Beyer 2016]은 구글이 프로덕션 시스템을 운영하는 방식을 설명한다.

6장에서는 메시지 표현 엘리먼트의 책임과 그 구조를 설명한다.

6장
요청 및 응답 메시지 표현 설계

5장에서 API 엔드포인트와 동작을 정의했으니, 이제 API 클라이언트와 프로바이더가 주고받는 요청 및 응답 메시지를 살펴보자. 이러한 메시지는 API 계약의 핵심 부분이며 상호 운용성을 제공하기도 하지만 망가뜨리기도 한다. 크고 풍부한 메시지는 매우 유익할 수 있지만 런타임 오버헤드를 증가시키며, 작고 간결한 메시지는 전송에는 효율적일 수 있지만 쉽게 이해되지 않을 수 있고, 클라이언트가 정보 요구를 완전히 충족시키기 위해 후속 요청을 보낼 수 있다.

먼저 관련 설계 과제에 대한 논의로 시작한 다음 이러한 과제에 대응하는 패턴을 소개한다. 패턴은 '엘리먼트 스테레오타입Element Stereotype'과 '특수 목적 표현special purpose representation'의 두 부분으로 나뉜다.

6장은 2부의 시작 부분에서 살펴본 ADDR 프로세스의 설계Design 단계에 해당한다.

메시지 표현 설계 소개

API 클라이언트와 프로바이더는 일반적으로 JSON 또는 XML과 같은 텍스트 형식으로 표시되는 메시지를 교환한다. 1장에서 소개한 도메인 모델에 따르면 이러한 메시지에는 다소 복잡한 콘텐츠 표현이 포함돼 있다. 4장에서 소개한 기본 구조 패턴(아토믹 파라미터, 파라미터 트리, 아토믹 파라미터 리스트, 파라미터 포리스트)은 이러한 요청 및 응답 메시지 엘리먼트의 이름, 타입, 중첩을 정의하는 데 도움이 된다. 대부분의 통신 프로토콜은 메시지의 페이로드(또는 바디) 외에도 데이터를 전송하는 다른 방법을 제공한다. 예를 들어 HTTP에서는 키-값 쌍을 헤더로 전송할 수 있을 뿐만 아니라 경로, 쿼리, 쿠키 파라미터로도 전송할 수 있다.

이러한 다양한 정보 교환 방법을 아는 것만으로도 요청 및 응답 메시지를 설계하는 데 충분하다고 생각할 수 있다. 하지만 좀 더 자세히 살펴보면 메시지 표현 엘리먼트에서 반복되는 사용 패턴을 발견할 수 있으며, 이는 다음과 같은 질문으로 이어진다.

> 메시지 엘리먼트는 어떤 의미를 가지는가? 이러한 것을 스테레오타입으로 설명할 수 있는가?
> 특정 메시지 엘리먼트는 대화 내에서 어떤 역할을 하는가?
> 어떤 품질 목표를 달성하는 데 도움이 되는가?

6장의 패턴은 먼저 개별 엘리먼트를 살펴본 다음 특정 사용 시나리오에 대한 복합적인 표현을 살펴봄으로써 이러한 질문의 답을 제시한다.

메시지 표현을 설계할 때의 과제

6장의 패턴에서 가장 중요한 2가지 주제는 메시지 크기와 대화의 장황함이며, 이 요소가 중요한 이유는 API 엔드포인트, 네트워크 및 클라이언트에서 리소스 소비를 결정하기 때문이다. 보안 또한 여러 측면에서 영향을 받는다. 다음과 같은 아키텍처 의사 결정 드라이버[1]도 고려해야 한다.

- **프로토콜 및 메시지 콘텐츠(형식) 수준에서의 상호 운용성**interoperability: 통신 플랫폼과 소비자 및 프로바이더 구현에 사용되는 프로그래밍 언어의 영향을 받는다(예: 파라미터 마샬링 및 언마샬링).
- **API 소비자/클라이언트 관점에서의 지연 시간**: 예를 들어 네트워크 인프라(특히 대역폭과 기본 하드웨어의 지연 시간) 및 페이로드를 마샬링/언마샬링하고 API 구현에 전달하기 위한 엔드포인트 처리 노력에 의해 결정된다.
- **API 프로바이더의 주요 관심사인 처리량**throughput**과 규모 확장성**scalability: 더 많은

---
1. 1장에서 정의한 것과 같이 주요 요구 사항 혹은 품질 속성 – 옮긴이

클라이언트가 사용하거나 기존 클라이언트가 더 많은 부하를 유발해 프로바이더 측의 부하가 증가하더라도 응답 시간이 저하되지 않아야 한다.

- **유지 보수성:** 특히 기존 메시지의 확장성extensibility, API 클라이언트와 프로바이더에서 서로 독립적으로 배포하고 발전시킬 수 있는 기능도 중요하다. 수정 가능성modifiability은 유지 관리의 중요한 하위 관심사다(예: 병렬 개발 및 배포 유연성을 촉진하기 위한 하위 호환성).

- **소비자와 프로바이더 양측의 개발자 편의성 및 경험**developer convenience and experience**:** 안정성, 사용 편의성, 명확성(학습 및 프로그래밍 노력 포함) 측면에서 정의된다. 이러한 양측의 요구와 필요는 종종 충돌한다. 예를 들어 생성 및 채우기가 쉬운 데이터 구조는 읽기 어려울 수 있고, 전송이 가벼운 압축 형식은 문서화, 준비, 이해, 구문 분석이 어려울 수 있다.

이러한 관심사 중 일부는 API에 나타나는 표현에 미치는 영향이 분명하지만 다른 것들은 이 장을 진행하면서 그 관계가 명확해질 것이다. 다음에 나오는 개별 패턴 텍스트에서 주요한 설계 요구 사항인 포스를 다룬다.

6장의 패턴

데이터 엘리먼트는 요청 및 응답 메시지에서 도메인 모델 개념을 나타내는 클라이언트-프로바이더 통신의 기본 구성 요소다. 명시적 스키마를 통해 API의 공표된 언어Published Language [Evans 2003]를 노출함으로써 프로바이더 내부 데이터 정의가 공개되지 않고 통신 참여자를 최대한 분리할 수 있다.

이러한 데이터 엘리먼트 중 일부는 특정 커뮤니케이션 참여자가 핵심 도메인 모델에 포함되지 않은 추가 정보를 원하거나 필요로 하기 때문에 특별한 임무를 갖고 있다. 이것이 메타데이터 엘리먼트의 목적이다. 자주 사용되는 메타데이터 엘리먼트 타입으로는 제어 메타데이터control metadata, 출처 메타데이터provenance metadata 및 집계 메타데이터aggregated metadata가 있다.

엔드포인트, 작업 및 메시지 내부의 엘리먼트는 분리된 클라이언트와 프로바이더 간의 오해를 방지하기 위해 식별이 필요할 수 있다. ID 엘리먼트는 통신 참여자와 API 부분을 서로 구별하는 데 사용할 수 있다. ID 엘리먼트는 전 세계적으로 고유하거나 제약된 특정 콘텍스트 내에서만 유효할 수 있다. 네트워크에서 접근할 수 있는 경우 ID 엘리먼트는 링크 엘리먼트로 바뀐다. 링크 엘리먼트는 종종 웹 스타일 하이퍼링크의 형태로 제공되는데, 예를 들어 HTTP 리소스 API로 작업할 때 그렇다.

많은 API 프로바이더는 메시지를 수신하는 통신 참가자를 식별하고자 한다. 이러한 신원 정보는 메시지가 등록된 유효한 고객이 보낸 것인지 아니면 알 수 없는 고객이 보낸 것인지 판단하는 데 도움이 된다. 간단한 접근 방식은 프로바이더가 클라이언트를 식별하고 인증하고자 평가하는 각 요청 메시지에 API 키를 포함하도록 클라이언트에 지시하는 것이다.

기본 **데이터 엘리먼트**를 조합하면 더 복잡한 구조를 만들 수 있다. 한 가지 예로 통신 및 처리 오류를 보고하기 위해 데이터 엘리먼트, 메타데이터 엘리먼트, ID 엘리먼트로 구성된 일반적인 메시지 구조인 **오류 보고**를 들 수 있다. 오류 보고는 언제 어디서 어떤 일이 발생했는지 명시하지만 프로바이더 측의 구현 세부 정보가 공개되지 않도록 주의해야 한다.

콘텍스트 정보context information는 애플리케이션 또는 전송 프로토콜에 따라 특정 위치로 전송되는 경우가 많다. 때로는 메시지 페이로드에 넣을 수 있는 메타데이터 엘리먼트로 **콘텍스트 표현**을 구성하는 것이 유용할 수 있다. 이러한 표현에는 예를 들어 요청과 응답 또는 후속 요청을 연관시키기 위해 ID 엘리먼트가 포함될 수 있다.

그림 6.1은 6장의 패턴과 그 관계를 보여준다.

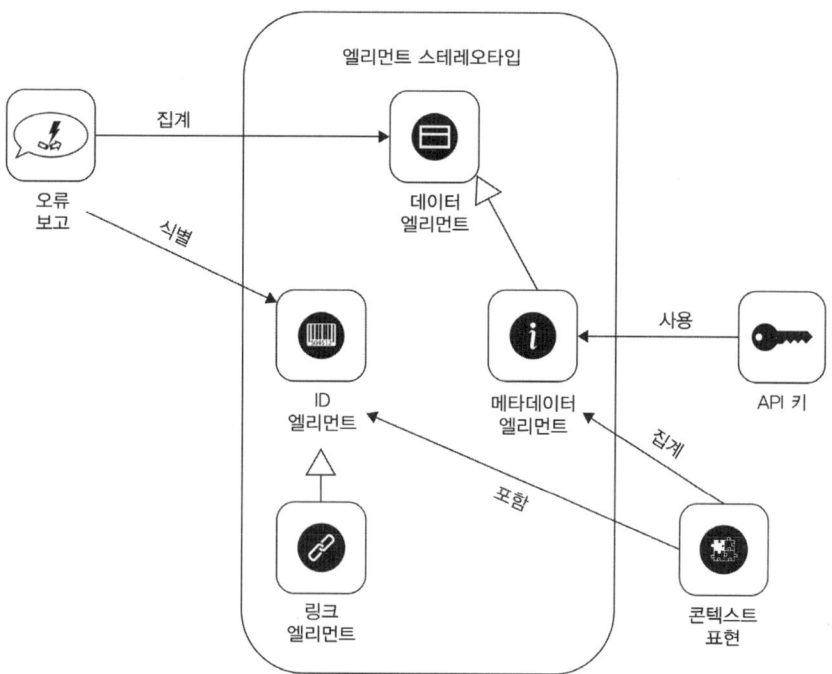

그림 6.1 6장의 패턴 맵: 엘리먼트 스테레오타입과 다른 패턴과의 관계

엘리먼트 스테레오타입

데이터 책임을 표현하는 4가지 패턴은 데이터 엘리먼트, 메타데이터 엘리먼트, ID 엘리먼트, 링크 엘리먼트다. 이러한 엘리먼트 스테레오타입은 요청 및 응답 메시지 표현의 일부에 의미를 부여한다.

 패턴: 데이터 엘리먼트

적용 시기 및 이유

상위 수준의 추상화abstraction 및 세분화refinement를 통해 API 엔드포인트와 그의 동작이 도출된다. 예를 들어 일반적인 개발의 절차에서는 노출해야 할 핵심 도메인 개념과 그 관계가 외부에 노출된다. 시스템의 진화 및 현대화의 맥락에서 시스템을 개방하거나 API 엔드포인트와 그 동작을 통해 데이터베이스 또는 백엔드 시스템의 콘텐츠에 대한 보기를 외부에 제공하기로 결정할 수 있다.

API '골 캔버스'goals canvas'[Lauret 2019], API '실행 계획'action plan'[Sturgeon 2016b] 또는 다른 타입의 후보 엔드포인트 리스트candidate endpoint list[Zimmermann 2021b]가 만들어졌으며, 최소한 잠정적으로 동작 시그니처operation signature가 정의됐다. 그러나 요청 및 응답 메시지의 설계에 대해서는 아직 확정되지 않았다.

▼
> API에서 프로바이더 내부 데이터 정의를 노출하지 않고 어떻게 도메인 및 애플리케이션 수준 정보를 API 클라이언트와 API 프로바이더 간에 교환할 수 있을까?
▲

교환된 데이터는 API 구현에서 프로바이더 측 애플리케이션 상태 및 데이터를 읽고 쓰는 데 관여할 수도 있고 관여하지 않을 수도 있다. 이러한 관계는 클라이언트에 표시되지 않아야 한다.

▼
> 데이터 관리 관점에서 API 클라이언트와 API 프로바이더 구현을 어떻게 분리할 수 있는가?
▲

느슨한 결합loose coupling을 촉진하려는 욕구 외에도 데이터 엘리먼트를 인터페이스 뒤에 숨겨야 하는지 아니면 부분적으로 또는 전체적으로 노출해야 하는지에 대해 다음과 같은 상충되는 주요한 설계 요구 사항인 포스가 있다.

- **풍부한 기능 대 처리 및 성능의 용이성:** 기본 도메인 모델에서 더 많은 데이터와 동작이 모델링되고 API가 노출될수록 통신 참여자를 위한 더 많은 데이터 처리 옵션이 생긴다. 그러나 그만큼 도메인 모델 엘리먼트의 인스턴스를 정확하고 일관성 있게 읽고 쓰는 작업도 점점 더 복잡해진다. 또한 상호 운용성이 위험에 처하고 API 문서화 작업도 증가한다. 원격 객체 참조와 프로시저 호출 스텁은 프로그래밍하기 편리하고 여러 도구에서 지원될 수 있지만, 통신은 상태 저장stateful을 하게 만든다. 결국 상태 저장성statefulness은

SOA 원칙과 마이크로서비스 원칙에 위배된다.
- **보안 및 데이터 프라이버시 대 구성의 용이성:** 통신 파트너에게 애플리케이션과 해당 데이터에 대한 많은 세부 정보를 알려주면 데이터가 변조될 위험과 같은 보안 위협이 발생한다. 반면에 추가적인 데이터 보호는 구성 및 처리 노력을 필요로 할 수 있다. 보안 관련 정보는 요청 및 응답 페이로드와 함께 이동해야 할 수 있으므로 API 설명의 기술 관련된 부분의 일부가 될 수 있다.
- **유지 보수성 대 유연성:** 데이터 계약과 그 구현은 지속적으로 변화하는 요구 사항을 수용할 수 있도록 유연해야 하지만, 새로운 기능이나 기존 기능의 변경은 호환성 문제를 분석해야 하며, 구현이 되면 고객이 계속 사용하는 경우를 위해 향후에도 유지 관리돼야 한다. 다양한 클라이언트의 정보 요구를 충족하기 위해 API 작업은 때때로 사용자 지정 가능한 방식으로 다양한 데이터 표현을 제공한다. 이러한 사용자 지정 수단은 설계, 구현, 문서화 및 교육돼야 한다. API가 발전함에 따라 가능한 모든 조합을 테스트하고 지원해야 한다. 따라서 제공된 유연성 수단은 유지 관리 노력을 증가시킬 수 있다.[2]

소비자가 해석하도록 일반적이고 구조화되지 않은 문자열을 보낼 수도 있지만, 많은 영역에서 이러한 임시방편적인 API 설계 방식은 적절하지 않다. 예를 들어 엔터프라이즈 애플리케이션을 통합할 때 API 클라이언트와 프로바이더를 긴밀하게 연결하면 성능과 감사 가능성이 저하될 수 있다.

CORBA^{Common Object Request Broker Architecture} 또는 자바 RMI^{Remote Method Invocation}와 같은 객체 기반 원격 개념을 사용할 수도 있지만, 분산 객체에 기반을 둔 원격 패러다임은 장기적으로 통합 솔루션을 테스트, 운영, 유지 관리하기 어렵게 만드는 것으로 알려져 있다[Hohpe 2003].[3]

---

2. 7장, 8장, 9장의 **시맨틱 버전 관리**, **API 설명**(기술 서비스 계약 포함), **위시 리스트 및 서비스 수준 계약**에 대한 논의도 참고하자.
3. 분산 객체 및 기타 형태의 원격 참조는 통합 스타일 '원격 프로시저 호출'의 핵심 개념이다[Hohpe 2003].

작동 방식

▼ API 구현의 비즈니스 로직에서 데이터의 관련 부분을 래핑 또는 매핑하는 요청 및 응답 메시지에 대한 **데이터 엘리먼트**와 관련된 어휘를 정의한다. ▲

DDD 용어로는 이러한 전용 어휘를 **공표된 언어**$^{Published\ Language}$라고 부르기도 한다 [Evans 2003]. 이는 도메인 계층에서 애그리게이트^{aggregate}, 엔티티^{entity} 및 값 객체$^{value\ object}$를 보호한다. 1장에서 소개한 도메인 모델의 개념과 관련해 데이터 엘리먼트는 메시지 표현 엘리먼트(파라미터라고도 함)의 일반적인 역할을 설명한다.

데이터 엘리먼트는 평면적이고 구조화되지 않은 아토믹 파라미터 또는 아토믹 파라미터 리스트일 수 있다. 기본 데이터 엘리먼트는 파라미터 트리의 리프^{leaf}를 형성할 수 있으며, 더 복잡한 데이터 엘리먼트는 종종 ID 엘리먼트를 포함하며 추가적인 정형 또는 비정형 값으로 여러 도메인별 속성 값으로 나타난다. 애플리케이션 상태를 공동으로 구성하는 이러한 데이터 엘리먼트는 단일 또는 여러 인스턴스가 노출될 수 있으며, 여러 인스턴스가 공동으로 관리 및 전송되는 경우 엘리먼트 컬렉션$^{element\ collection}$[Allamaraju 2010, Serbout 2021]을 구성하며 **엘리먼트 집합**$^{element\ set}$이라고도 한다.

메시지 표현 엘리먼트에 대한 명시적인 스키마 정의는 API 설명에 정의돼야 하며, API 클라이언트와 공유돼야 한다.[4] 이러한 데이터 계약$^{data\ contract}$에는 일반적으로 JSON 또는 XML과 같은 도구가 지원하는 개방형 형식이 사용된다. 스키마 유효성 검사를 통과한 데이터의 모범적인 인스턴스가 사용돼야 한다. 스키마를 사용하는 것은 강력한 타이핑과 유효성 검사를 촉진할 수 있지만, 다소 일반적이고 타이핑에 약할 수도 있다. 키-값 목록은 일반 인터페이스 <ID, key1, value1, key 2, value 2, ... key n, value n>과 같은 형태로 자주 사용된다.

그림 6.2는 메시지 표현에 배치된 모범적 속성을 가진 2가지 타입의 데이터 엘리먼트를 스케치한 것이다. 하나는 타입형^{typed}이고 다른 하나는 제네릭^{generic}이다.

---

4. 1장의 API 도메인 모델에 따르면 이러한 데이터 전송 표현(DTR)은 참고 문헌[Daigneau 2011, Fowler 2002]에서 설명한 프로그램 수준 데이터 전송 객체(DTO)와 통신 수준에서 동등하다.

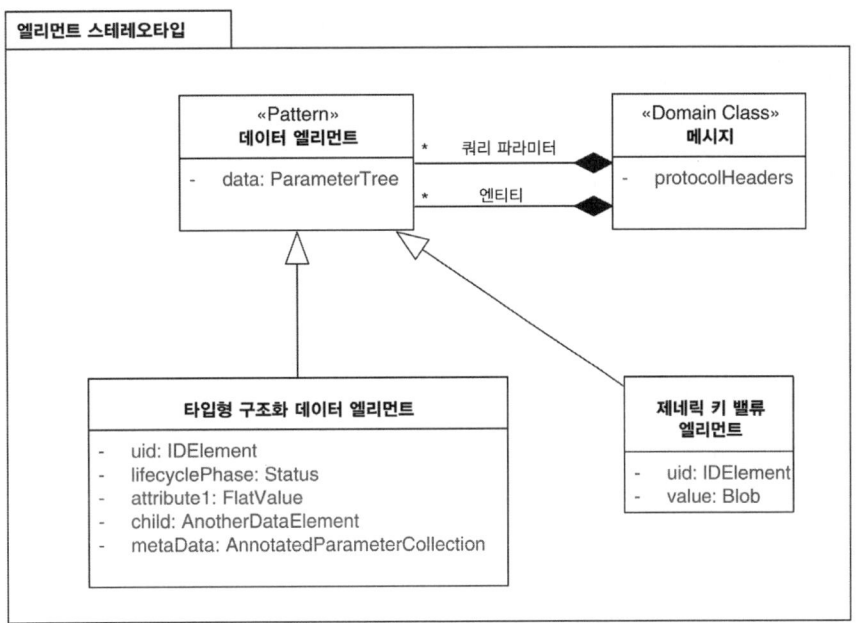

그림 6.2 데이터 엘리먼트는 제네릭이거나 타입화될 수 있으며, 선택적으로 추가 정보를 제공할 수 있다.

데이터 엘리먼트의 속성은 '설명적 속성descriptive attribute', '시간 종속적 속성time-dependent attribute', '수명주기 상태 속성life cycle state attribute', '동작 상태 속성operational state attribute'으로 역할에 따른 스테레오타입화할 수 있다[Wirfs-Brock 2019, p39].

예를 들어 온라인 쇼핑몰의 주문에서 구매한 제품 및 구매 고객까지의 관계에 따라 API 작업에서 엔티티의 중첩 및 구조화를 지원하고자 임베디드 엔티티를 포함할 수 있다. 또는 링크된 정보 보유자가 별도의 API 엔드포인트를 참조할 수도 있다. 임베디드 엔티티는 하나 이상의 중첩된 데이터 엘리먼트를 포함하며, 링크된 정보 보유자는 정보 보유자 리소스와 같은 관계 대상에 대한 정보를 제공하는 API 엔드포인트를 가리키는 탐색 가능한 링크 엘리먼트를 포함한다.

변형 이 패턴에서 2가지 변형을 살펴볼 가치가 있다. 엔티티 엘리먼트는 API의 공표된 언어 구현에서 객체 수명주기를 암시하는 식별자를 포함하는 데이터 엘리먼트다. 따라서 여기서는 참고 문헌[Evans 2003]의 '엔티티' 패턴과 일치하는 용어를 사용한다.

쿼리 파라미터^{query parameter}는 엔드포인트에서 인출 동작을 노출할 때 그러한 엔티티의 하위 집합을 선택하는 데 사용할 수 있는 표현식(예: 정보 보유자 리소스)을 나타낸다. 즉, 데이터 엘리먼트이지만, API 구현에서 소유하고 관리하는 하나 이상의 엔티티를 나타내지 않는다.

예시

고객 관계 관리^{CRM, Customer Relationship Management} 시스템의 솔루션 내부 API에서 발췌한 다음 예시에는 구조화된 데이터 엘리먼트인 name과 플랫 텍스트 데이터 엘리먼트인 phoneNumber가 강력하게 타입화된 데이터 엘리먼트로 구성돼 있다. 계약을 표현하는 방법으로 부록 C에 소개된 마이크로서비스 도메인 특화 언어^{MDSL, Microservice Domain-Specific Language}를 사용할 수 있다.

```
data type Customer {
  "customerId": ID,
    "name": ("first":D<string>, "last":D<string>),
    "phoneNumber":D<string>
}

endpoint type CustomerRelationshipManagementService
  exposes
      operation getCustomer
        expecting payload "customerId": ID
        delivering payload Customer
```

Customer는 두 데이터 엘리먼트를 결합하는 파라미터 트리다. 이 예시에는 아토믹 파라미터와 ID 엘리먼트인 customerId도 있다. 이러한 데이터 표현은 도메인 모델에서 먼저 지정됐을 수 있다. 즉, API 구현에 사용되는 도메인 모델 엘리먼트를 래핑 또는 매핑하지 않고 직접 노출해서는 안 되며 클라이언트, 인터페이스 및 구현을 느슨하게 결합하는 것이 바람직하다.

토론

풍부하고 심도 있게 구조화된 공표 언어는 표현력이 뛰어나지만 보안 및 유지 관리가 어렵고, 단순한 언어는 쉽게 가르치고 이해할 수 있지만 도메인 특성을 적절하게 표현하지 못할 수 있다. 이러한 장단점 때문에 API 설계가 어렵고, 데이터 계약의 세분성 문제에 답하는 것도 쉽지 않다.

이러한 상충되는 주요한 설계 요구 사항인 포스에 대한 합리적인 타협을 위해서는 패턴 선택과 채택에 대한 반복적이고 점진적인 접근 방식이 필요하며, 서비스 설계에서 DDD에 대한 모범 사례가 발표됐으므로 이를 고려해야 한다[Vernon 2013]. 부록 A에는 그중 일부를 요약하고 자체 인사이트를 추가했다. 도메인 주도의 데이터 엘리먼트를 많이 사용하면 API를 표현력 있게 만들어 클라이언트가 필요한 것을 쉽게 찾고 사용할 수 있다.

가능한 한 적은 수의 데이터 엘리먼트를 노출함으로써 보안 및 데이터 프라이버시 data privacy를 더 좋게 할 수 있다. 또한 린 인터페이스는 유지 보수 용이성과 구성의 용이성(즉, 프로바이더 측의 유연성)을 촉진한다. API에서 보안 데이터 계약을 정의할 때 "간결한 것이 더 좋다 Less is more"와 "의심스러우면 제외한다 If in doubt, leave it out"는 것이 경험 법칙이다. "간결한 것이 더 좋다"는 철학은 표현력을 제한할 수 있지만 이해 가능성 understandability을 높이는 데 도움이 된다. 엔티티 데이터는 위협 모델링, 보안 및 규정 준수 설계, 침투 테스트, 규정 준수 감사와 같은 모든 보안 분석 및 설계 활동에 포함돼야 한다[Julisch 2011]. 그렇지 않으면 민감한 정보가 유출될 수 있으므로 이는 필수 사항이다.

전체 API 또는 일련의 사내 서비스에서 동일한 데이터 엘리먼트 구조를 사용하면 서비스를 더 쉽게 구성할 수 있다. '기업 통합 패턴'에서는 이러한 접근 방식을 '정준 데이터 모델 Canonical Data Model'이라고 부르지만 신중하게 다룰 것을 권한다[Hohpe 2003]. 이러한 표준화 노력에서 마이크로포맷 microformat [Microformats 2022]을 고려할 수 있다.

많은 관련/중첩된 데이터 엘리먼트가 정의돼 있고 그중 일부는 선택 사항인 경우 처리가 복잡해지고 성능과 테스트 가능성이 낮아진다. 초기에는 클라이언트 측의 유연성이 높지만 시간이 지남에 따라 많은 API가 변경되기 시작하면 상황이 어려워진다.

"여기서 개발된 것이 아니야^{not invented here}" 신드롬, '속지주의^{fiefdom5}, 또는 '파워 게임^{power game}'과 같은 조직적 패턴(혹은 안티패턴)은 종종 오버엔지니어링^{overengineering}되고 불필요하게 복잡한 추상화로 이어진다. 복잡성을 숨기는 '반부패 레이어^{anti-corruption layers}'[Evans 2003]를 적용하지 않고 단순히 새로운 API를 통해 이러한 추상화를 노출하는 것은 장기적으로 실패할 수밖에 없다. 이러한 경우 프로젝트 일정과 예산이 위험에 처할 수 있다.

관련 패턴

데이터 엘리먼트는 전송 중에 DDD[Evans 2003]의 '값 객체' 패턴의 인스턴스를 포함할 수 있으며, DDD의 '엔티티'는 이 패턴의 변형으로 표현된다. 즉, DDD 패턴의 인스턴스를 API 설계에 일대일로 변환해서는 안 된다는 점에 유의해야 한다. 반부패 계층은 관계의 다운스트림 참여자^{downstream participant}(여기서는 API 클라이언트)를 보호할 수 있지만, 업스트림^{upstream}(여기서는 API 프로바이더)은 원치 않는 결합을 최소화하는 방식으로 공표된 언어를 설계해야 한다[Vernon 2013].

동일한 엔티티가 사용되는 콘텍스트에 따라 다른 표현을 사용하는 것이 합리적일 수 있다. 예를 들어 고객은 많은 도메인 모델에서 엔티티로 모델링되는 광범위한 비즈니스 개념으로, 일반적으로 많은 속성이 특정 사용 사례(예: 결제 도메인의 계정 정보)에서만 관련성을 가진다. 이 경우 **위시 리스트**를 통해 클라이언트가 원하는 정보를 결정할 수 있다. HTTP 리소스 API에서 콘텐츠 협상^{content negotiation} 및 사용자 정의 미디어 타입^{custom media types}은 다목적 표현을 위한 유연한 구현 옵션을 제공한다. 여기엔 『서비스 디자인 패턴^{Service Design Patterns}』(에이콘, 2013)의 '미디어 타입 협상^{Media Type Negotiation}' 패턴이 관련돼 있다[Daigneau 2011].

코어 J2EE 패턴^{Core J2EE Patterns}[Alur 2013]은 애플리케이션 경계 내에서 사용하기 위한

---

5. fiefdom은 영주가 다스리던 지역이라는 뜻으로 여기서는 속해 있는 지역이나 그룹의 규칙에 따른다는 뜻으로 번역했다. - 옮긴이

'데이터 전송 객체Data Transfer Object' 패턴을 제시한다(예: 계층 간 데이터 전송). '엔터프라이즈 애플리케이션 아키텍처의 패턴'[Fowler 2002]에서는 원격 파사드Remote Façade 및 DTO와 같은 원격 API 설계의 여러 측면을 다룬다. 마찬가지로 에릭 에반스Eric Evans는 '바운디드 콘텍스트Bounded Context' 및 '애그리게이트Aggregate'[Evans 2003]와 같은 DDD 패턴의 기능적 API 측면을 다룬다. 이러한 패턴의 인스턴스에는 여러 엔티티가 포함돼 있으므로 데이터 엘리먼트를 더 세분화한 단위를 이용해 복잡한 구조를 조립하는 데 사용할 수 있다.

데이비드 헤이David C. Hay의 『Data Model Patterns』에서 설명하는 일반 데이터 모델링 패턴general data modeling patterns은 데이터 표현을 다루지만 데이터 전송보다는 데이터 저장 및 표현에 중점을 둔다. 따라서 책에서 논의되는 주요한 설계 요구 사항인 포스가 이 책과 다르다[Hay 1996]. 엔터프라이즈 정보 시스템에 대한 도메인별 모델링 원형도 문헌에서 찾을 수 있다[Arlow 2004].

'Cloud Adoption Patterns' 웹 사이트[Brown 2021]에는 '엔티티 및 애그리게이트 식별Identify Entities and Aggregates'이라는 프로세스 패턴process pattern이 있다.

추가 정보

『RESTful Web Service Cookbook』의 3장에서는 HTTP의 맥락에서 표현 설계representation design에 대한 조언을 제공한다. 예를 들어 레시피 3.4에서는 표현 형식representation format과 미디어 타입media type을 선택하는 방법을 설명한다[Allamaraju 2010]. 여러 옵션 중 하나로 아톰Atom이 있다.

『Design Practice Reference』에서는 API 및 데이터 계약 설계에 적합한 DDD 및 관련 애자일 사례를 소개한다[Zimmermann 2021b].

콘텍스트 매퍼Context Mapper는 도메인 특화 언어DSL, Domain-Specific Language와 도구에서 전략적 DDD 패턴 간의 관계를 명확하게 설명한다[Kapferer 2021].

패턴: 메타데이터 엘리먼트

적용 시기 및 이유

API 작업의 요청 및 응답 메시지 표현은 **아토믹 파라미터, 아토믹 파라미터 리스트, 파라미터 트리, 파라미터 포리스트** 중 하나 이상의 기본 구조 패턴을 사용해 정의됐다. 이러한 표현을 정확하고 효율적으로 처리하기 위해 메시지 수신자는 이름과 타입뿐만 아니라 메시지의 의미와 내용에 대한 자세한 정보도 필요하다.

▼
수신자가 데이터 의미에 대한 가정을 하드 코딩하지 않고도 메시지 내용을 올바르게 해석할 수 있도록 메시지 추가 정보를 제공하려면 어떻게 해야 할까?
▲

이번 장의 시작 부분에서 다룬 품질 문제 외에도 상호 운용성, 결합도, 사용 편의성, 런타임 효율성에 미치는 영향도 고려해야 한다.

- **상호 운용성:** 데이터가 해당 타입, 버전 및 작성자 정보와 함께 이동하는 경우 수신자는 이 추가 정보를 사용해 구문 및 의미상의 모호성을 해결할 수 있다. 예를 들어 하나의 표현 엘리먼트에 금액이 포함될 수 있으며, 추가 엘리먼트는 이 값의 통화 종류를 지정할 수 있다. 선택적 엘리먼트가 존재하지 않거나 필수 엘리먼트가 의미 있는 값으로 설정되지 않았다는 사실도 추가 정보로 표시할 수 있다.
- **결합도:** 런타임 데이터에 추가 설명 데이터가 수반되면 해석과 처리가 더 쉬워지고, 소비자와 공급자 간에 명시적으로 지식이 공유되며, 설계 시 API 계약에서 런타임 메시지 콘텐츠로 전환돼 통신 당사자의 결합도가 증가할 수도 있지만 감소할 수도 있다. 결합도가 낮으면 장기적인 유지 보수가 용이하다.
- **사용 편의성**ease of use **대 런타임 효율성**runtime efficiency**:** 페이로드에 추가 표현 엘리먼트가 있으면 메시지 수신자가 메시지 내용을 이해하고 효율적으로 처리

하는 데 도움을 줄 수 있다. 그러나 이러한 엘리먼트는 메시지 크기를 증가시키며 추가적인 처리 능력 및 전송 용량이 필요하고 내재된 복잡성을 갖고 있다. API 테스트 케이스는 이러한 엘리먼트의 생성과 사용법을 다뤄야 한다. 데이터 의미론$^{data\ semantics}$에 대한 가정(적용될 수 있는 의미 및 제한 사항 포함)을 하드 코딩하는 클라이언트는 작성하기는 쉽다. 하지만 시간이 지남에 따라 요구 사항이 변경되고 API가 발전함에 따라 유지 관리하기가 더 어려워진다.

다른 데이터를 설명하는 추가 데이터는 API 설명에만 제공할 수 있다. 이러한 정적이고 명시적인 메타데이터 문서만으로도 보통 충분하지만, 메시지 수신자가 런타임에 메타데이터를 기반으로 해서 동적으로 의사 결정을 하는 것과 비교하면 한계가 있다.

메타데이터를 별도로 조회하기 위해 두 번째 API 엔드포인트를 도입할 수도 있다. 그러나 이러한 접근 방식은 API를 부풀리고 추가적인 문서화/교육, 테스트 및 유지 관리 노력을 필요로 한다.

작동 방식

▼

요청 및 응답 메시지에서 볼 수 있는 다른 표현 엘리먼트를 설명하고 발전시키기 위해 하나 이상의 **메타데이터 엘리먼트**를 도입한다. 메타데이터 엘리먼트의 값을 철저하고 일관성 있게 채우고, 이를 사용해 상호 운용 가능하고 효율적인 메시지 소비 및 처리를 유도한다.

▲

메타데이터와 메타데이터 모델링은 런타임 타입 정보, 리플렉션^{reflection}[6] 및 인트로스펙션^{introspection}[7]과 같은 용어로 데이터베이스 및 프로그래밍 언어와 같은 컴퓨터 과학의 여러 분야에서 이미 잘 정립된 개념이다. 실생활에서는 여러 문서에서 이 패턴을 광범위하게 적용하고 있다.

---

6. 구체적인 클래스 타입을 알지 못하더라도 컴파일 시간이 아닌 실행 시간에 동적으로 그 클래스의 메서드, 타입, 변수들에 접근하는 방법을 의미한다. – 옮긴이
7. 객체의 메타데이터를 조사할 수 있는 능력을 의미한다. – 옮긴이

이 패턴의 많은 인스턴스는 이름과 타입(예: 불리언, 정수 또는 문자열)이 있는 단순한 스칼라^{scalar} 아토믹 파라미터이지만 메타데이터를 집계해 파라미터 트리 계층 구조로 구성할 수도 있다. 유연하지만 다소 오류가 발생하기 쉬운 솔루션은 메타데이터 엘리먼트를 키-값 문자열 쌍으로 표현한 다음 메시지 수신자에서 파싱하고 형 변환하는 것이다.

그림 6.3은 이 맥락에서 패턴을 보여준다. 메타데이터 엘리먼트는 API 설명의 일부가 된다. 메타데이터 엘리먼트는 API가 발전하는 동안 사양(스키마) 수준과 콘텐츠(인스턴스) 수준 모두에서 최신 상태로 유지돼야 한다. 메타데이터의 최신성^{currentness,} ^{freshness}은 클라이언트 측면에서의 유용성과 계산 및 최신 상태를 유지하기 위한 노력의 균형에 맞춰 유지돼야 한다. 문서의 최초 작성자 등 일부 메타데이터는 변경되지 않을 수 있다. 예를 들어 리스트 카운터와 같은 일부 메타데이터의 경우 만료일을 정의하는 것이 합리적일 수 있다. 그렇지 않으면 상호 운용성이 저하될 수 있으며 의미 불일치$^{semantic\ mismatch}$가 감지되지 않을 수 있기 때문이다.

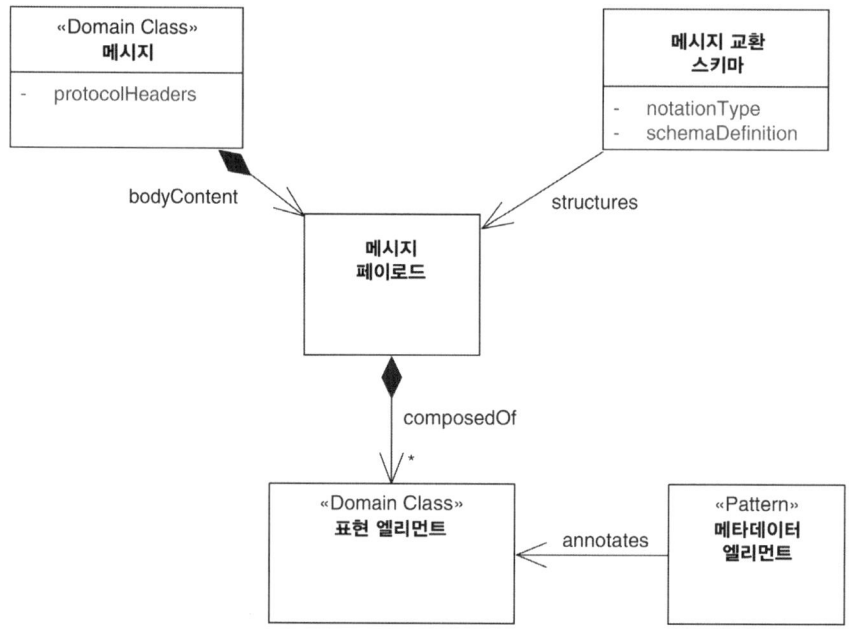

그림 6.3 데이터에 대한 데이터라 할 수 있는 메타데이터 엘리먼트의 사용법

변형 이 패턴에는 3가지 변형이 존재하며, API에서 살펴볼 수 있는 메타데이터의 특정 타입과 사용법을 나타낸다.

- **제어 메타데이터 엘리먼트**Control Metadata Element: 식별자, 플래그, 필터, 하이퍼미디어 제어, 링크, 보안 정보(API 키, 접근 제어 목록, 역할 자격증명, 체크섬, 메시지 다이제스트 포함)가 여기에 해당한다. 쿼리 파라미터는 프로바이더 측에서 쿼리 엔진의 동작을 유도할 때 제어 메타데이터의 특수한 경우로 볼 수 있다. 제어 메타데이터는 종종 불리언, 문자열 또는 숫자 파라미터의 형태로 제공된다.
- **애그리게이티드 메타데이터 엘리먼트**Aggregated Metadata Element: 다른 표현 엘리먼트에 대한 의미론적 분석이나 요약을 제공한다. 페이지네이션 단위 카운터와 같은 계산은 이 변형의 인스턴스에 해당한다. 고객별 보험 청구 또는 분기별 제품 판매량과 같이 게시된 언어의 엔티티 엘리먼트에 대한 통계 정보도 애그리게이티드 메타데이터에 해당한다.
- **출처 메타데이터 엘리먼트**Provenance Metadata Element: 이는 데이터의 출처를 드러낸다. API 설계의 맥락에서 소유자, 메시지/요청 ID, 생성 날짜 및 기타 타임스탬프, 위치 정보, 버전 번호, 기타 콘텍스트 정보 등을 예로 들 수 있다.

이러한 변형은 그림 6.4에 시각화돼 있다. 다른 형태의 메타데이터 엘리먼트도 있다. 이 부분은 나중에 다룬다.

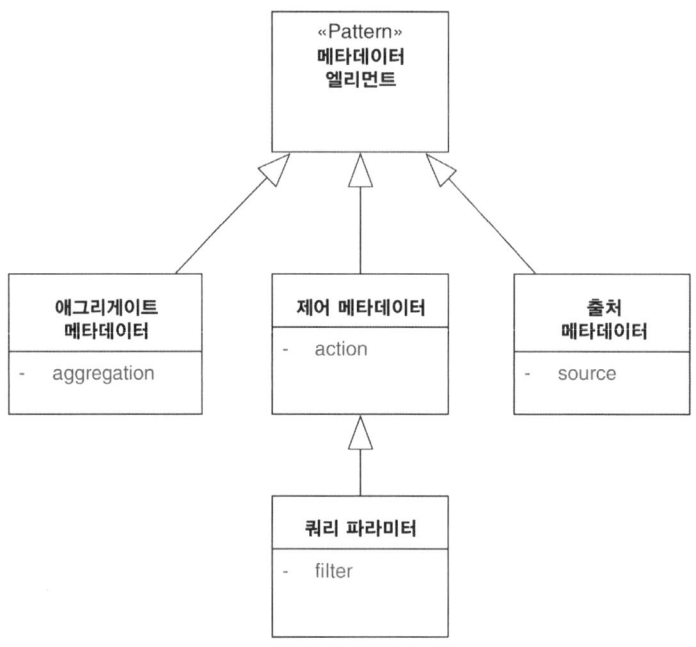

그림 6.4 메타데이터 엘리먼트 변형

하나의 메타데이터 엘리먼트는 한 번에 여러 변형을 구현할 수 있다. 예를 들어 지역을 표시하는 코드는 출처 정보를 제공할 뿐만 아니라 데이터 처리 컨트롤에도 사용될 수 있다. 이러한 데이터는 디지털 권한 관리[DRM, Digital Right Management] 시나리오에서 필터 역할을 하거나 엔터프라이즈 애플리케이션 통합의 '콘텍스트 기반 라우터 Context-Based Routers'에서 사용될 수 있다[Hohpe 2003].

정보 관리 분야의 책이나 멀티미디어 콘텐츠와 같은 모든 타입의 리소스를 설명하는 데 3가지 주요 타입의 메타데이터가 사용된다[Zeng 2015]. 설명적 메타데이터 descriptive metadata는 발견 및 식별과 같은 목적을 가지며 제목, 초록, 저자 및 키워드와 같은 엘리먼트를 포함할 수 있다. 구조적 메타데이터 structural metadata는 복합 정보 엘리먼트가 어떻게 조합되는지, 예를 들어 페이지(또는 절)가 장을 구성하기 위해 어떻게 정렬되는지를 나타낸다. 관리 메타데이터 administrative metadata는 리소스가 언제 어떻게 생성됐는지, 파일 타입 및 기타 기술적 속성은 무엇인지, 누가 접근할 수 있는지 등 리소스를 관리하는 데 도움이 되는 정보를 제공한다. 관리 데이터의 2가지 일반적인 하위 집합은 지적 재산권을 포함한 권한 관리 메타데이터^{rights management metadata}와 리소스를 아카이브하는 데 사용되는 정보를 포함하는 보존 메타데이터^{preservation metadata}다.

예시

다음의 호반 상호 보험 사례 연구의 예는 출처 메타데이터(Content-Type, Date), 제어 메타데이터(헤더의 API 키 b318ad-736c6c844b) 및 애그리게이티드 메타데이터(size)의 3가지 메타데이터 타입을 모두 보여준다.

```
curl -X GET --header 'Authorization: Bearer b318ad736c6c844b' \
--verbose http://localhost:8110/customers\?limit\=1
> GET /customers?limit=1 HTTP/1.1
> Host: localhost:8110
> User-Agent: curl/7.77.0
> Accept: */*
> Authorization: Bearer b318ad736c6c844b
>
< HTTP/1.1 200
< ETag: "0fcf9424c411d523774dc45cc974190ff"
< X-Content-Type-Options: nosniff
< X-XSS-Protection: 1; mode=block
< Content-Type: application/hal+json
< Content-Length: 877
< Date: Fri, 19 Nov 2021 15:10:41 GMT
<
{
  "filter": "",
  "limit": 1,
  "offset": 0,
  "size": 50,
  "customers": [ {
      ...
  } ],
```

```
    "_links": {
      "self": {
        "href": "/customers?filter=&limit=1&offset=0"
      },
      "next": {
        "href": "/customers?filter=&limit=1&offset=1"
      }
    }
  }
```

이 예제에서 대부분의 메타데이터 엘리먼트는 아토믹 파라미터다. JSON 객체 `_links`는 링크 엘리먼트 역할을 하는 2개의 아토믹 파라미터를 번들로 묶는 간단한 파라미터 트리를 형성한다.

토론

정확도^{accuracy}는 정확하고 일관된 구현을 가정할 경우 패턴이 적용될 때 일반적으로 향상된다. 데이터 수준에서는 결합도가 감소하지만 메타데이터 수준에서는 여전히 존재한다. 이때 사용 편의성이 향상될 수 있다.

메시지 크기가 증가해 처리 효율성이 저하될 수 있다. 유지 보수성, 보안 및 상호 운용성은 향상될 수 있지만 메타데이터의 양, 구조 및 의미에 따라 저하될 수도 있다. 이러한 메타데이터 엘리먼트를 과도하게 사용하면 인터페이스가 부풀어 오르고 **시맨틱 버전 관리** 측면에서 유지 관리 및 발전이 더 어려워질 수 있다.

메타데이터 엘리먼트를 현명하게 정의하고, 채우고, 교환하고, 해석하면 불필요한 작업을 피함으로써 수신자 측 처리를 간소화하고, 애플리케이션 프론트엔드 및 사용자를 안내/조정함으로써 계산 결과와 그 표시를 개선하며, 외부 및 내부 위협으로부터 커뮤니케이션 참여자를 보호하는 엔드투엔드 보안 모델에 기여할 수 있다. 보안 메타데이터는 암호화/복호화 알고리듬에 대한 입력, 무결성 검사 지원 등의 역할을 할 수 있다.

메타데이터는 『엔터프라이즈 애플리케이션 아키텍처 패턴』에 정의된 여러 논리적 계층에 존재하고 정의될 수 있다[Fowler 2002]. 예를 들어 **페이지네이션**은 프레젠테이션 계층presentation layer 또는 서비스 계층service layer의 문제이며, 프로바이더 측 API 구현의 비즈니스 로직 계층business logic layer은 이에 대해 신경 쓰지 않는다. 이전 응답의 캐싱도 마찬가지다. 접근 제어 타입의 메타데이터도 일반적으로 프레젠테이션 계층 또는 서비스 계층에서 생성되고 사용된다. 미디어 스트리밍 API의 비디오/오디오 소유자 및 지적 재산권, 특정 타입의 제어 메타데이터와 같은 데이터 출처data provenance 및 유효성validity 정보는 비즈니스 로직 계층에 속한다. 반면에 쿼리 통계 및 집계는 데이터 접근 계층data access layer 또는 지속성 계층persistent layer 정보로 볼 수 있다. 하위 계층 메타데이터가 이미 존재하는 경우 API 설계는 이 메타데이터를 전달할지 아니면 변환해 래핑할지 결정해야 한다(트레이드오프: 추가 구현 노력 대 결합도).

클라이언트는 필수 기능 및 비기능 요구 사항을 충족하는 데 필요한 경우에만 메타데이터에 의존해야 한다. 그 외의 모든 경우에는 사용 가능한 메타데이터를 API 사용의 효율성을 높이기 위한 선택적 편의 기능으로 취급해야 하며, 메타데이터가 없는 경우에도 API와 해당 클라이언트는 여전히 작동해야 한다. 예를 들어 **페이지네이션 링크 및 관련 페이지 수**와 같은 제어 메타데이터는 일단 도입되면 클라이언트가 이 메타데이터에 의존하게 된다. 임베디드 엔티티 컬렉션의 크기와 같은 일부 애그리게이티드 메타데이터aggregated metadata는 프로바이더 측이 아닌 메시지 수신자 측에서 계산할 수 있다.

요청 또는 응답 메시지에 메타데이터를 추가하는 대신 특정 API 엘리먼트에 대한 메타데이터를 반환하는 전용 동작을 고려할 수 있다. 이러한 설계에서 ID 엘리먼트 또는 **링크 엘리먼트**는 메타데이터로 보완되는 데이터를 식별하며, 전용 작업은 **인출 동작**의 형태를 취한다. 더 발전된 접근 방식은 전용 메타데이터 정보 보유자를 특수한 타입의 **마스터 데이터 보유자** 또는 변경 불가능한 경우 **참조 데이터 보유자**로 정의하고, **링크 조회 리소스**를 통해 간접적으로 참조할 수 있게 하는 것이다.

RFC 7232[Fielding 2014a]에 정의된 HTTP 메시지의 ETag는 제어 및 출처 메타데이터로 볼 수 있으며, 일회용 비밀번호의 만료일도 메타데이터에 해당한다. **조건부 요청**

패턴은 7장에서 ETag에 대해 자세히 설명한다.

관련 패턴

메타데이터 엘리먼트는 데이터 엘리먼트라는 좀 더 추상적인 개념을 전문화한 것으로, 앞서 설명한 대로 모든 메타데이터가 API 구현에서 비즈니스 로직과 도메인 모델에 영향을 미치는 것은 아니다. ID 엘리먼트에는 때때로 추가 메타데이터 엘리먼트가 수반되기도 한다(예: 식별자/링크 분류 또는 만료 시간 정의). 메타데이터는 종종 아토믹 파라미터의 구문 형식으로 제공된다. 패턴의 여러 관련 인스턴스는 아토믹 파라미터 리스트로 전송되거나 파라미터 트리에 포함될 수 있다.

페이지네이션 패턴은 메타데이터를 사용해 클라이언트에 현재, 이전 및 다음 결과 페이지, 총 페이지, 결과의 양 등을 알려준다. 입력된 링크 관계와 같은 하이퍼미디어 컨트롤에도 메타데이터가 포함된다. 나중에 설명할 링크 엘리먼트 패턴을 참고하자.

'인터셉터Interceptor'로부터 정보를 추가할 수 있는 '콘텍스트 객체Context Object'는 원격 패턴을 포함한 여러 패턴 언어로 제공된다[Voelter 2004]. 콘텍스트 표현 패턴은 일반적인 메타데이터, 특히 제어 메타데이터의 기술 독립적인 API 전반의 표준 위치 및 구조를 정의할 것을 제안한다.

'형식 표시기Format Indicator' 및 '메시지 만료Message Expiration' 정보는 모두 '엔터프라이즈 통합 패턴'[Hohpe 2003]에 도입된 것으로, 메타데이터에 의존한다. JMS라고 불리던 자카르타 메시징Jakarta Messaging과 같은 메시징 API의 '메시지 ID' 및 '메시지 날짜message date'와 같은 제어 및 출처 정보도 마찬가지다. 예를 들어 '상관관계 식별자Correlation Identifier'와 '라우팅 슬립Routing Slip'과 같은 다른 엔터프라이즈 통합 패턴은 특수한 메타데이터 엘리먼트로 볼 수 있다. 이전 요청 메시지를 식별하기 때문에 상관관계 식별자는 주로 제어 메타데이터를 보유하지만 출처 메타데이터도 공유한다. 엔드포인트 또는 채널을 가리키기 때문에 '리턴 주소Return Address'도 마찬가지다. '메시지 필터Message Filter', '메시지 선택기Message Selector', '애그리게이터Aggregator'는 종종 제어 및 출처 메타데이터를 처리한다.

추가 정보

메타데이터 타입과 적격 표준[eligible standard]에 대한 일반적인 소개는 다음 내용을 참고하자.

- 메타데이터에 관한 위키피디아 페이지[Wikipedia 2022c]: 여기에는 문서 식별[DOI, DOcument Identification] 및 보안 어설션 마크업 언어[SAML, Security Assertion Markup Language]와 같은 특정 영역에 초점을 맞춘 수많은 메타데이터 표준도 나열돼 있다[Wikipedia 2022d].
- 「Understanding Metadata: What Is Metadata, and What Is It For?」[Riley 2017]
- '더블린 코어[Dublin Core]'[DCMI 2020]는 도서나 디지털 멀티미디어 콘텐츠와 같은 네트워크 리소스에 대해 널리 채택된 메타데이터 표준이다.

정보 관리[information management]와 관련된 문헌에서는 메타데이터를 심도 있게 다루고 있다. 2가지 예로 『A Gentle Introduction to Metadata』[Good 2002]와 『Introduction to Metadata』[Baca 2016]가 있다. 무르타 바카[Murtha Baca]는 메타데이터를 5가지 타입으로 구분한다[Baca 2016].

- 관리 메타데이터[Administrative Metadata]: 컬렉션 및 정보 자원을 관리하고 운영하는 데 사용되는 메타데이터
- 설명적 메타데이터[Descriptive Metadata]: 컬렉션 및 신뢰할 수 있는 관련 정보 리소스를 식별, 인증 및 설명하는 데 사용되는 메타데이터
- 보존 메타데이터[Preservation Metadata]: 컬렉션 및 정보 리소스의 보존 관리와 관련된 메타데이터
- 테크니컬 메타데이터[Technical Metadata]: 시스템 기능 또는 메타데이터의 작동 방식과 관련된 메타데이터
- 사용 메타데이터[Use Metadata]: 컬렉션 및 정보 리소스의 사용 수준 및 타입과 관련된 메타데이터

이러한 메타데이터 타입은 『Metadata Basics』[Zeng 2015] 튜토리얼에도 요약돼 있다.

제어 메타데이터 엘리먼트^Control Metadata Element 변형은 테크니컬 타입에 해당하며, 사용 정보는 종종 애그리게이티드 메타데이터 엘리먼트^Aggregate Metadata Element로 제공된다. 출처 메타데이터 엘리먼트^Provenance Metadata Element는 종종 관리, 설명 또는 보존 특성을 갖는다.

『The Zalando RESTful API and Event Scheme Guidelines』[Zalando 2021]는 OpenAPI 메타데이터의 중요성을 지적한다. 스티브 클라브닉^Steve Klabnik의 블로그 게시물에서는 리소스 표현^resource representation의 메타데이터를 다룬다[Klabnik 2011].

 패턴: ID 엘리먼트

적용 시기 및 이유

애플리케이션, 소프트웨어 시스템 또는 소프트웨어 에코시스템의 핵심 개념을 나타내는 도메인 모델이 설계 및 구현되고, 도메인 모델 구현에 대한 원격 접근을 구축 중이라고 해보자(예: HTTP 리소스, 웹 서비스 작업 또는 gRPC 서비스 메서드). 느슨한 결합도, 독립적인 배포 가능성, (시스템 부품 및 데이터의) 분리와 같은 아키텍처 원칙이 확립됐을 수 있다.

도메인 모델은 서로 다른 수명주기와 의미를 가진 여러 관련 엘리먼트로 구성된다. 현재 원격으로 접근할 수 있는 API 엔드포인트(예: 일련의 마이크로서비스에 의해 노출됨)로 분해하는 방식은 이러한 관련 엔티티를 여러 API 엔드포인트와 동작(예: 균일한 POST-GET-PUT-PATCH-DELETE 인터페이스를 노출하는 HTTP 리소스, 동작을 제공하는 웹 서비스 포트 타입 또는 gRPC 서비스 및 메서드)으로 분할해야 한다는 것을 의미한다. API 클라이언트는 정보 및 통합 요구 사항을 충족하기 위해 API 경계 안팎의 관계를 추적할 수 있기를 원한다. 그러려면 설계로 나오는 산출물과 이러한 산출물의 런타임 인스턴스 모두 이름을 이용해 모호하게 접근하지 않고 실수 없이 구분할 수 있어야 한다.

▼
설계 시점과 런타임 시점에 API 엘리먼트를 어떻게 구분할 수 있을까?
▲

식별이 필요한 API 엘리먼트에는 요청 및 응답 메시지의 엔드포인트, 동작 및 표현 엘리먼트가 포함된다. 이러한 엘리먼트는 DDD로 설계됐을 수도 있고 그렇지 않았을 수도 있다.

> 도메인 주도 설계를 적용할 때 공표된 언어의 엘리먼트를 어떻게 식별할 수 있을까?

이러한 엘리먼트 식별에 관한 문제를 해결할 때 다음과 같은 비기능적 요구 사항을 충족해야 한다.

- **노력**effort **대 안정성**stability: 많은 API에서 논리적 이름으로 일반 문자열이 사용된다. 이러한 로컬 ID는 생성하기는 쉽지만 원래의 콘텍스트(예: 클라이언트가 여러 API로 작업하는 경우)를 벗어나면 모호해질 수 있다. 이 경우 변경해야 할 수도 있다. 반대로 글로벌 식별자는 더 오래 지속되게 설계됐지만 주소 공간 조정 및 유지 관리가 필요하다. 두 경우 모두 네임스페이스는 신중하고 목적에 맞게 설계돼야 한다. 요구 사항이 변경되면 엘리먼트의 이름을 변경해야 할 수도 있고, API 버전이 이전 버전과 호환되지 않을 수도 있다. 이러한 경우 특정 이름이 더 이상 고유하지 않을 수 있으므로 충돌이 발생할 수 있다.
- **기계 혹은 사람을 위한 가독성**readability: 식별자를 사용하는 사람으로는 개발자, 시스템 관리자, 시스템 및 프로세스 보증 감사자 등이 있다. 짧게 암호화되거나 인코딩된 이름보다 길고 논리적으로 구조화되거나 자명하게 설명되는 이름이 사람에게는 더 쉽다. 예를 들어 쿼리 파라미터 및 세션 식별자의 주요 대상은 웹 애플리케이션의 최종 사용자가 아니라 API 구현 및 지원 인프라이며, 사람은 식별자 전체를 읽고 싶어 하지 않는 경우가 많다.
- **보안(기밀성)**: 많은 애플리케이션 환경에서 인스턴스 식별자를 추측하는 것은 불가능하거나 매우 어렵지만, 고유 식별자를 스푸핑할 수 없게 하기 위한 노력은 필요하다. 테스터, 지원 담당자 및 API 설명의 기타 이해관계자는 식별자가 보호해야 하는 민감한 정보에 해당하더라도 식별자를 이해하

며, 심지어 외울 수 있기를 원할 수도 있다.

모든 관련 페이로드 데이터를 임베디드 엔티티로 임베드해 포함되지 않은 정보를 참조하는 식별자를 도입할 필요가 없게 할 수도 있다. 하지만 이 간단한 솔루션은 수신자가 필요로 하지 않는 정보가 전송될 경우 처리 및 통신 리소스를 낭비하게 된다. 또한 부분적으로 중복되는 복잡한 페이로드를 구성하면 오류가 발생하기 쉽다.

작동 방식

▼

특수한 타입의 데이터 엘리먼트인 고유한 ID 엘리먼트를 도입해 서로 구별돼야 하는 API 엔드포인트, 동작 및 메시지 표현 엘리먼트를 식별한다. API 설명 및 구현 전반에 걸쳐 이러한 ID 엘리먼트를 일관되게 사용한다. ID 엘리먼트가 전 세계적으로 고유한지 아니면 특정 API의 콘텍스트 내에서만 유효한지 결정한다.

▲

API에서 사용할 명명 체계$^{naming\ scheme}$를 결정하고 이를 API 설명에 문서화하자. 다음은 고유 식별에 널리 사용되는 접근 방식이다.

- 숫자로 된 범용 고유 식별자$^{UUID,\ Universally\ Unique\ IDentifier}$[Leach 2005]는 많은 분산 시스템에서 ID 엘리먼트로 사용된다. 종종 128비트 정수가 UUID로 사용된다. 많은 프로그래밍 언어의 표준 라이브러리가 이를 생성할 수 있다. 일부 소스에서는 UUID를 전역 고유 식별자$^{GUID,\ Globally\ Unique\ IDentifier}$라고도 한다.
- 일부 클라우드 프로바이더는 서비스 인스턴스를 고유하게 식별하기 위해 사람이 읽을 수 있는 문자열을 생성한다. 이러한 접근 방식은 요청 및 응답 메시지에 표시되는 ID 엘리먼트에도 사용할 수 있다. 뒤에서 바로 살펴본다.
- 전체 아키텍처의 하위 계층(예: 운영체제, 데이터베이스 또는 메시징 시스템)에서 할당된 대체 키 식별자$^{surrogate\ key\ identifier}$를 사용하는 것도 또 다른 접근 방식이다. 데이터베이스에서 할당된 기본키$^{Primary\ key}$가 이 범주에 속한다.

ID 엘리먼트 패턴의 인스턴스는 아토믹 파라미터로 전달하는 경우가 많으며, 아토믹 파라미터 리스트의 항목이 되거나 파라미터 트리의 리프가 될 수도 있다. ID 엘리먼트의 범위(로컬 고유성인지, 글로벌 고유성인지)와 고유성 보증의 수명은 API 설명에서 설명한다. 그림 6.5는 ID 엘리먼트가 데이터 엘리먼트의 특수한 타입임을 보여준다. 그림에는 사람이 읽을 수 있는 문자열의 2가지 타입인 URI와 URN이 나와 있다.

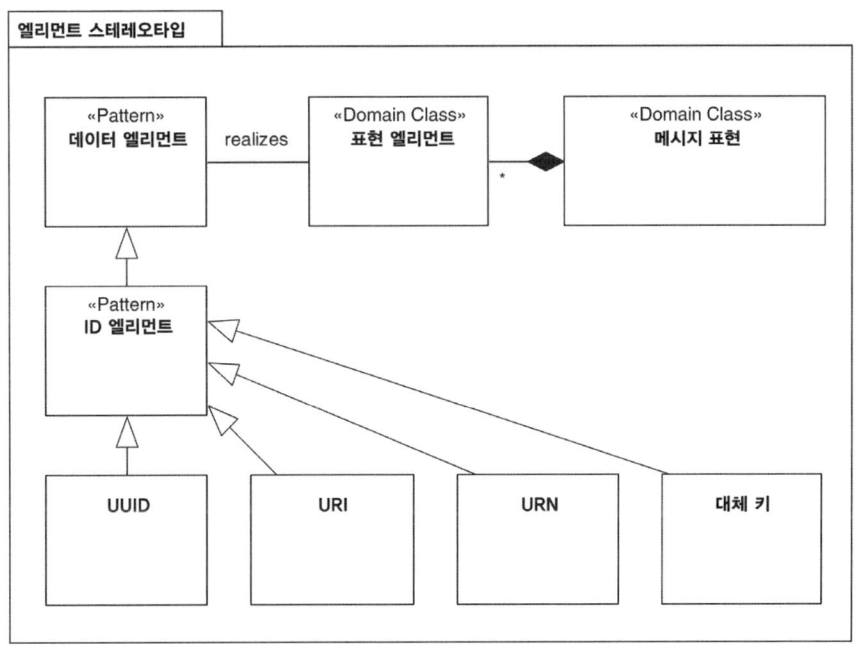

그림 6.5 ID 엘리먼트는 UUID, URI, URN, 대체 키와 같은 다양한 형태로 제공된다.

식별자는 사람이 읽을 수도 있고 기계가 읽을 수도 있다. 식별자를 사용자가 직접 입력해야 하는 경우에는 발음하기 쉬운 짧은 이름을 만드는 방식을 선택한다. 예를 들어 클라우드 프로바이더인 헤로쿠Heroku에서 만든 애플리케이션의 이름을 참고하자(예: peaceful-reaches-47689). 그렇지 않으면 숫자 UUID를 사용한다. 예를 들어 블로그 사이트 미디엄Medium은 하이브리드 URI를 페이지 식별자로 사용한다(스토리 URI의 예는 https://medium.com/olzzio/seven-microservices-tenets-e97d6b0990a4).

보안 요구 사항에 따라야 하는 경우 노출된 모든 ID 엘리먼트(UUID, 사람이 읽을 수 있는 문자열 또는 API 구현에서 오는 대체 키 등)가 무작위이고 예측할 수 없는지 확인하고,

객체 수준 인증이 손상되지 않게 OWASP^Open Web Application Security Project 에서 권장하는 대로 식별된 엘리먼트에 대한 접근이 적절한 인증 메커니즘으로 보호되는지 확인해야 한다[Yalon 2019].

예를 들어 URI는 전 세계적으로 고유하지만 시간이 지남에 따라 재할당될 수 있다(예: 이전 클라이언트에서 사용하거나 복원된 백업 데이터로 작업할 때 예상치 못한 대상에 연결될 수 있음). 때때로 URN^Unified Resource Name이 URI보다 선호되기도 하는데, RFC 2141[Moats 1997]에 따라 계층적 `prefix:firstname:lastname`의 구문을 사용한다.

```
<URN> ::= "urn:" <NID> ":" <NSS>
```

`<NID>`는 네임스페이스 식별자다. 그리고 `<NSS>`는 네임스페이스마다 다른 문자열이다. URN의 예는 위키피디아 페이지에서 찾을 수 있다[Wikipedia 2022e].

예시

트위터 REST API[Twitter 2022]의 페이지네이션 커서는 `next_cursor`와 같은 ID 엘리먼트를 사용한다.

```
{
  "data": [...],
  "next_cursor": "c-3yvu1pzhd3i7",
  "request": {...}
}
```

API 구현은 이 HTTP 응답 스니펫의 `next_cursor`에 대해 자동 생성된 식별자를 추가했다. 이 식별자는 적어도 사용자 세션이 만료될 때까지 고유해야 한다. 또한 이 식별자와 이 사용자 세션의 다음 커서 위치 사이 연결이 저장돼 있어야 사용자가 HTTP `GET`을 통해 이 식별자를 사용해 `next_cursor`의 페이지를 요청할 때 올바른 콘텐츠가 반환된다. 또한 이 예는 식별자의 범위가 공간뿐만 아니라 시간으로도 제한될 수 있음을 보여준다.

토론

UUID 및 URN과 같은 ID 엘리먼트는 올바르게 구성 및 관리할 경우 짧고 처리하기 쉽다. 그러면서도 대규모 엔티티 집단의 구성원을 식별하고 분산 시스템에서 안전하고 신뢰할 수 있는 고유성을 보장할 만큼 충분한 표현력을 갖는 적절한 균형을 제공한다. ID 생성 알고리듬의 구현에 따라 ID의 정확도가 결정된다.

로컬 식별자는 만들기가 간단하다. 예를 들어 일반 문자열 식별자는 디버깅할 때 사람이 처리하고 비교하기 쉽다. UUID는 기억하고 수동으로 처리하기는 어렵지만 수백 자에 달하는 액세스 토큰과 같이 해시되거나 생성된 콘텐츠보다 처리하기 쉽다. 시스템과 시스템 통합은 시간이 지남에 따라 도입, 변경, 사라지기 때문에 일반 문자열 리터럴을 식별자로 사용하는 것은 일반적으로 미래를 보장하지 못한다. 표현력이 떨어지는 이름일수록 다른 곳에서 유사하거나 동일한 이름을 사용할 가능성이 높다.

간단한 접근 방식은 sid001, sid002 등과 같은 자동 증가 숫자를 사용하는 것이다. 하지만 여기에는 몇 가지 문제가 있다. 정보 유출 외에도 분산 설정에서 이러한 번호를 고유하게 유지하는 것은 불필요하고 어렵다는 것이다. 또한 나중에 설명하는 보안 위협이 발생할 수도 있다.

이상적으로는 분산된 시스템에 분산된 특정 종류의 모든 식별자가 동일한 구조 또는 명명 체계를 공유해야 하며, 이렇게 하면 사고 관리에서 근본 원인 분석 중 엔드투엔드 모니터링 및 이벤트 상관관계를 간소화할 수 있다. 하지만 때로는 서로 다른 엔티티에 대해 체계를 전환하는 것이 바람직하거나 불가피한 경우가 있다 (예: 레거시 시스템 제약이 작용하는 경우). 이는 유연성 대 단순성이라는 일반적인 충돌의 한 예다.

모든 경우에 UUID만으로는 적합하지 않을 수 있다. UUID 생성은 구현에 따라 다르며 라이브러리 및 프로그래밍 언어에 따라 다르다. 일반적으로 128비트 길이 (RFC 4122에 따라)이지만 일부 구현은 어느 정도 예측 가능한 패턴을 따르기 때문에 무차별 암호 대입 공격자가 추측할 수 있다. 이러한 '추측 가능성'이 문제가 되는지 여부는 프로젝트 콘텍스트와 요구 사항에 따라 다르다. ID 엘리먼트는 위협 모델링, 보안 및 컴플라이언스 설계, 침투 테스트, 컴플라이언스 감사 등 모든 보안 분석 및 설계 활동에 포함돼야 한다[Julisch 2011].

API를 구현하기 위해 여러 시스템과 컴포넌트가 통합된 경우 API 수준의 ID 엘리먼트가 되는 하위 논리 계층(예: 데이터베이스 구현)의 대체 키의 고유성을 보장하기 어렵다. 보안 문제도 발생한다. 또한 이 경우 백업에서 데이터베이스를 복구할 때에도 해당 엔티티의 데이터베이스 키는 변경할 수 없다. 구현 수준의 대체 키는 모든 소비자와 데이터베이스의 결합도를 높인다.

관련 패턴

ID 엘리먼트는 아토믹 파라미터로 이동해 파라미터 트리에 포함될 수 있다. API 키와 버전 식별자는 하나의 특정 종류의 식별자로 볼 수도 있다. 마스터 데이터 보유자는 수명이 길기 때문에 강력한 식별 체계가 필요한 경우가 많으며, 운용 데이터 보유자도 일반적으로 고유하게 식별된다. 참조 데이터 보유자가 반환하는 데이터 엘리먼트는 도시 또는 그 일부를 식별하는 우편번호와 같은 ID 엘리먼트로 사용될 수 있다. 링크 조회 리소스는 요청에서 ID 엘리먼트를 예상하고 응답에서 링크 엘리먼트를 전달할 수 있으며, 데이터 전송 리소스는 로컬 또는 전 세계적으로 고유한 ID 엘리먼트를 사용해 전송 단위 또는 저장 위치를 정의한다. 이러한 설계의 예는 URI 식별 버킷이 있는 AWS 심플 스토리지 서비스[S3, Simple Storage Service]와 같은 클라우드 스토리지 서비스에서 찾을 수 있다.

로컬 식별자만으로는 성숙도 레벨 3의 REST를 완전히 구현하기에 충분하지 않다. 일반 식별자 또는 구조화된 글로벌 식별자가 충분하지 않은 것으로 판명되면 링크 엘리먼트 패턴에 설명된 대로 절대 URI[absolute URI]를 사용하는 것으로 전환할 수 있다. 링크 엘리먼트는 API 요소에 대한 원격 참조를 전 세계적으로 고유할 뿐만 아니라 네트워크에서 접근할 수 있게 하며, 종종 링크된 정보 보유자를 구현하는 데 사용된다.

'상관관계 식별자[Correlation Identifier]' 및 '반환 주소[Return Address]'와 '클레임 확인[Claim Check]' 및

'포맷 식별자Format Identifier' 패턴에 사용되는 키는 관련 패턴이다[Hohpe 2003]. 사용 콘텍스트가 다른 이러한 패턴을 적용할 때도 고유 식별자를 생성해야 한다.

추가 정보

『Quick Guide to GUIDs』[GUID 2022]에서는 장단점을 포함해 GUID에 대해 자세하게 설명한다.

분산 시스템 문헌에서는 일반적인 명명, 식별 및 주소 지정 접근 방식에 대해 설명한다(예: [Tanenbaum 2007]). RFC 4122[Leach 2005]는 난수 생성을 위한 기본 알고리듬을 설명한다. XML 네임스페이스와 자바 패키지 이름은 계층적이고 전 세계적으로 고유한 식별 개념이다[Zimmermann 2003].

 패턴: 링크 엘리먼트

적용 시기 및 이유

도메인 모델은 다양한 수명주기와 의미를 가진 여러 관련 엘리먼트로 구성된다. API에서 이 모델의 현재 적용된 래핑wrapping 및 매핑mapping은 이러한 관련 엔티티를 별도로 노출해야 함을 나타낸다.

API 클라이언트는 엘리먼트 관계를 팔로우하고 추가 API 작업을 호출해 전반적인 정보 및 통합 요구 사항을 충족하고자 한다. 예를 들어 관계를 따라가면 **처리 리소스**가 제공하는 다음 처리 단계를 정의하거나 컬렉션 또는 개요 보고서에 표시되는 **정보 보유자 리소스**의 콘텐츠에 대한 자세한 내용을 제공할 수 있다. 이 다음 처리 단계를 호출할 수 있는 주소는 어딘가에 지정돼야 하며, 단순한 ID 엘리먼트만으로는 충분하지 않다.[8]

---

8. 이러한 포인터는 '하이퍼미디어 컨트롤(Hypermedia Control)'[Webber 2010, Amundsen 2011]을 사용해 REST 원칙 중 하나인 '애플리케이션 엔진 상태로서의 하이퍼텍스트(HATEOAS, Hypertext As The Engine Of Application State)'[Allamaraju 2010]를 구현하는 데 필요하다. 검색 작업에서 제공하는 쿼리 응답 결과의 **페이지네이션**에도 이러한 제어 링크가 필요하다.

> API 엔드포인트와 동작을 원격으로 호출할 수 있게 요청 및 응답 메시지 페이로드에서 어떻게 참조할 수 있는가?

좀 더 구체적으로 설명하자면 다음과 같다.

> API 엔드포인트와 동작에 대해 네트워크에서 접근할 수 있는 전 세계적으로 고유한 포인터를 요청 및 응답 메시지에 어떻게 포함시킬 수 있는가? 클라이언트가 프로바이더 측의 상태 전이와 동작 호출 순서를 유도하기 위해 이러한 포인터를 어떻게 사용할 수 있는가?

여기서의 요구 사항은 형제 패턴 ID 엘리먼트의 요구 사항과 유사하며, 엔드포인트 및 동작 식별은 고유해야 하고, 생성 및 읽기가 쉬워야 하며, 안정적이고 안전해야 한다. 이 패턴의 원격 콘텍스트는 끊어진 링크와 네트워크 장애도 포함해 처리해야 한다.

간단한 ID 엘리먼트를 사용해 관련 원격 리소스/개체를 식별할 수 있지만, 이러한 식별자를 트위터에서 네트워크 주소로 전환하려면 추가 처리가 필요하다. 이때 ID 엘리먼트는 이를 할당하는 API 엔드포인트를 구현할 때 관리해야 한다. 로컬 ID 엘리먼트를 다른 API 엔드포인트에 대한 포인터로 사용하려면 엔드포인트의 고유한 네트워크 주소와 결합해 제공돼야 한다.

작동 방식

> 특수한 타입의 ID 엘리먼트인 **링크 엘리먼트**를 포함시켜 메시지를 요청하거나 응답한다. 이러한 **링크 엘리먼트**는 사람과 기계가 읽을 수 있고 이 **링크 엘리먼트**가 네트워크에서 접근할 수 있는 다른 엔드포인트 및 동작에 대한 포인터 역할을 하게 한다. 옵션 사항으로 추가 **메타데이터 엘리먼트**를 애너테이션으로 달아 관계의 특성을 설명할 수 있다.

REST 성숙도 레벨 3의 HTTP 리소스 API를 구현할 때는 하이퍼미디어 제어^{hypermedia control}를 지원하기 위해 필요에 따라 메타데이터를 추가한다. 여기에는 링크 타깃 리소스에서 지원하고자 하는 HTTP 동사[verb] 및 MIME 타입이 포함된다.

링크 엘리먼트 패턴의 인스턴스는 아토믹 파라미터로 이동할 수 있으며 아토믹 파라미터 리스트의 항목이 되거나 파라미터 트리의 리프가 될 수도 있다. 그림 6.6은 이 솔루션을 개념적 수준에서 설명하며, HTTP URI가 기술 수준에서 두드러진 부분으로 등장한다.

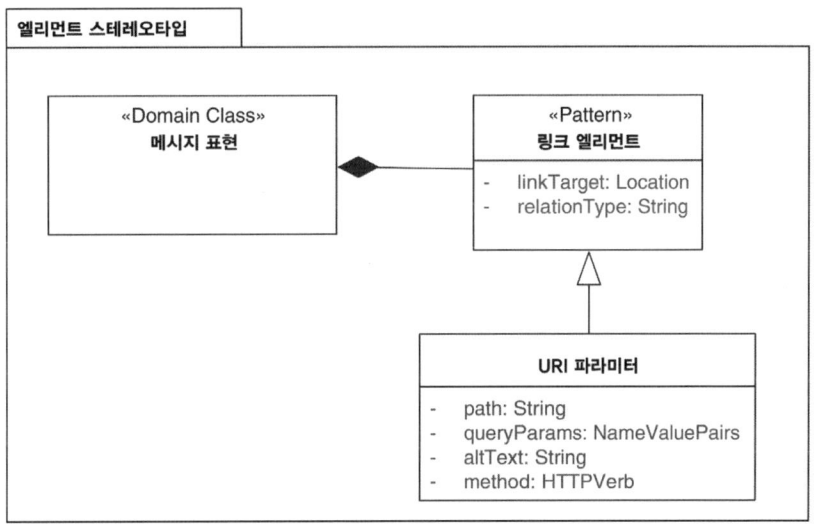

그림 6.6 링크 엘리먼트 솔루션

링크에는 주소(예: RESTful HTTP의 URL)뿐만 아니라 후속 API 호출에서 링크를 따라갈 때의 의미와 결과에 대한 정보도 포함돼야 한다.

- 예를 들어 링크 엘리먼트가 장기적인 비즈니스 프로세스에서 다음 가능한 또는 필수 처리 단계를 나타내는가?
- 이전 작업의 실행 취소 또는 보상을 허용하는가?
- 링크가 결과 집합의 다음 조각(예: 페이지네이션의 페이지)을 가리키는가?
- 링크가 특정 항목에 대한 자세한 정보의 접근을 제공하는가?
- 아니면 '완전히 다른 항목'으로 전환할 수 있는가?[9]

---

9. https://en.wikipedia.org/wiki/And_Now_for_Something_Completely_Different.

앞의 질문에 대한 답변으로, 시맨틱 링크 타입에는 일반적으로 다음이 포함된다.

1. **다음**Next: 증분 서비스 타입(예: 처리 리소스)이 사용되는 경우 다음 처리 단계
2. **실행 취소**Undo: 현재 콘텍스트에서 실행 취소 또는 보정 작업
3. **더 보기**More: 더 많은 결과를 검색할 주소. 결과 데이터 내에서 수평으로 이동하는 것
4. **세부 정보**Details: 링크 소스에 대한 자세한 정보. 이 링크를 따라가면 데이터에서 수직 이동

링크 타입은 일부가 등록돼 어느 정도 표준화돼 있다. 예를 들어 인터넷 할당 번호 관리 기관IANA, Internet Assigned Numbers Authority의 링크 관계 타입 모음[IANA 2020] 및 마이크 아문센Mike Amundsen의 『Design and Build Great Web APIs: Robust, Reliable, and Resilient』[Amundsen 2020]를 참고하자.

애플리케이션 레벨 프로필 시맨틱ALPS, Application-Level Profile Semantics[Amundsen 2021]을 사용해 웹 링크를 정의할 수 있다. 엔티티를 표현하기 위한 또 다른 하이퍼미디어 사양인 Siren[Swiber 2017]은 JSON으로 이를 구현한다. 다음은 Siren 오픈소스 리포지터리에 있는 예제다.

```
{
  "links":[
    {
      "rel":[
        "self"
      ],
      "href":"http://api.x.io/orders/42"
    }
  ]
}
```

WSDL/SOAP을 사용하는 경우 WS-Addressing[W3C 2004]을 사용해 링크를 정의할 수 있으며, JSON이 아닌 XML을 사용하는 경우 플랫폼별 수준에서 XLink[W3C 2010]가

대안 솔루션이 될 수 있다.

예시

많은 링크 엘리먼트를 포함하는 호반 상호 보험의 고객 코어 API의 페이지네이션이 적용된 응답은 다음과 같다.

```
curl -X GET --header 'Authorization: Bearer b318ad736c6c844b' \
http://localhost:8110/customers\?limit\=1
{
  "filter": "",
  "limit": 1,
  "offset": 0,
  "size": 50,
  "customers": [{
    ...
    "_links": {
      "self": {
        "href": "/customers/bunlo9vk5f"
      },
      "address.change": {
        "href": "/customers/bunlo9vk5f/address"
      }
    }
  }],
  "_links": {
    "self": {
      "href": "/customers?filter=&limit=1&offset=0"
    },
    "next": {
      "href": "/customers?filter=&limit=1&offset=1"
    }
  }
}
```

customers 안 self 링크는 ID가 bunlo9vk5f인 고객에 대한 자세한 정보를 얻는데 사용할 수 있고, address.change는 고객 주소를 변경하는 방법을 제공하며, 현재 및 다음 페이지의 청크의 끝 지점에 있는 self 및 next 링크는 각각 오프셋이 0과 1로 설정돼 있다.

토론

URI와 같은 링크 엘리먼트는 정확하다. 구조가 잘 잡혀 있는 URI는 사람과 기계가 모두 읽을 수 있지만 복잡한 URI 스키마는 유지 관리가 어렵다. 솔루션 또는 조직 전체의 URI 스키마는 일관성과 사용 편의성을 높일 수 있다. IANA에서 정의한 것과 같은 표준화된 링크 타입을 사용하면 '웹 링크' RFC 8288[Nottingham 2017]에 따라 링크 엘리먼트를 구조화할 때와 마찬가지로 유지 관리성이 향상된다. REST 원칙에 따르면 리소스 식별을 위해서만 URI를 사용하게 돼 있다. 글로벌 주소 지정global addressing을 지원하려면 분산형 네이밍decentralized naming을 사용해야 한다.

이 패턴은 클라이언트 측 프로그래밍 모델을 더 복잡하게 만드는 대신 '전역적이고, 시간에 구애받지 않고, 절대적인' 식별 문제를 해결하며, 결론적으로는 매우 유연한 방법이다. 안정적이고 안전한 URI를 설계하는 것은 관리해야 하는 리스크와 필요한 노력의 관점에서 볼 때 결코 쉬운 일이 아니다. URI와 같은 링크 엘리먼트는 보안 위협을 야기하므로 유효하지 않은 URI가 서버를 다운시키거나 공격자의 침입 경로가 되지 않도록 URI 관련 사항을 보안 설계 및 테스트에 포함시켜야 한다.

따라서 REST 스타일은 ID 엘리먼트와 링크 엘리먼트를 구분하지 않는다. 이는 사용 편의성 및 보장된 주소 지정 능력의 장점이 있지만 URL 변경이 어렵다는 단점도 있다. 링크 엘리먼트에 URI가 사용되면 URI 체계를 변경하는 것은 매우 위험하고 비용이 많이 든다(링크 조회 리소스 패턴과 HTTP 리디렉션이 도움이 될 수 있음). 웹 서핑을 하는 사람이 현재 표시된 HTML 페이지를 살펴보거나 제공된 서비스에 대한 직관(혹은 서비스 문서 참고)을 통해 링크에 대한 정보를 도출할 수 있지만, API 클라이언트 프로그램과 클라이언트의 개발자는 이를 쉽게 수행할 수 없다.

링크 엘리먼트를 아는 것만으로는 원격 엔드포인트(예: RESTful HTTP의 리소스 또는 SOAP 작업)와 상호작용할 수 없으며, 성공적인 통신을 위해서는 엔드포인트에 대한 세부 정보(예: RESTful HTTP 동사^{verb}, 요청 파라미터, 응답 바디 구조 등)가 필요하다. 추가 세부 정보를 쉽게 전달하기 위해 이러한 세부 정보는 링크 엘리먼트로 연결된 서비스의 API 설명에 정의되거나 런타임에 메타데이터 엘리먼트에 포함돼야 한다.

관련 패턴

ID 엘리먼트는 관련 패턴으로, API 엘리먼트를 로컬에서 다른 것과 구분하게 해주는 로컬 참조의 고유성$^{uniqueness\ of\ local\ reference}$을 제공한다. ID 엘리먼트는 네트워크에서 접근할 수 있다. 따라서 전 세계적으로 고유한 주소가 포함되지 않는다. ID 엘리먼트는 일반적으로 링크 엘리먼트에 포함할 것을 권장하므로 의미 타입$^{semantic\ type}$ 정보도 포함하지 않는다. 링크 엘리먼트와 ID 엘리먼트 모두 메타데이터 엘리먼트를 동반할 수 있다.

링크 엘리먼트는 페이지네이션을 구현하는 데 자주 사용된다. 또한 하이퍼미디어 주도 상태 전송$^{hypermedia-driven\ state\ transfer}$을 구성할 수도 있다. 상태 생성 동작 및 상태 전이 동작에서 로컬로 유효한 ID 엘리먼트 또는 전 세계적으로 유효한 전체 링크 엘리먼트를 반환할 수도 있다. 링크 엘리먼트를 사용하면 하나 이상의 처리 리소스에 의해 노출되는 상태 전이 동작의 오케스트레이션된 집합으로 분산된 비즈니스 프로세스를 구현할 때 유용하거나 필수적일 수 있다. 이러한 고급 사용은 5장에서 프론트엔드 BPM 및 BPM 서비스를 설명했다.

『Linked Service』[Daigneau 2011]는 링크 엘리먼트의 대상인 관련 개념을 포착한다. 『A Pattern Language for RESTful Conversations』[Pautasso 2016]에는 '하이퍼링크를 따르는 클라이언트 측 탐색$^{Client-side\ Navigation\ following\ Hyperlinks}$', '장기 실행 요청$^{Long\ Running\ Request}$', '리소스 컬렉션 탐색$^{Resource\ Collection\ Traversal}$' 등 RESTful 통합을 위한 관련 패턴이 나와 있다.

추가 정보

QCon에 발표된 프레젠테이션인 <Designing & Implementing Hypermedia APIs>[Amundsen 2013]는 조사를 위한 좋은 출발점이 될 것이다. 많은 예제는 API 아카데미[API Academy]의 깃허브 리포지터리에서 찾을 수 있다[API Academy 2022].

『RESTful Web Services Cookbook』의 5장에서는 '웹 연결[Web Linking]'을 위한 8가지 방법을 제시한다[Allamaraju 2010]. 예를 들어 5.4절에서는 링크 관계 타입을 할당하는 방법을 설명한다. 같은 책의 4장에서는 URI를 설계하는 방법을 조언한다. 또한 성숙도 레벨 3에 해당하는 HTTP 리소스 API의 링크 엘리먼트에 대해서는 참고 문헌[Sturgeon 2016b]의 12장을 참고한다.

ALPS 사양은 링크 표현도 다룬다. 예를 들어 『Design and Build Great Web APIs』[Amundsen 2020]에 설명돼 있다. RFC 6906은 '프로필[profile]' 링크 관계 타입에 관한 것이다[Wilde 2013]. <JSON Hypertext Application Language>라는 또 다른 RFC draft에서는 링크 관계에 대한 미디어 타입을 제안한다. REST 레벨 3 웹 사이트[Bishop 2021]에서는 HTTP 링크 엘리먼트를 구현하기 위한 프로파일과 패턴을 제안한다.

이 개념을 구현하는 라이브러리 및 표기법에는 HAL, Hydra[Lanthaler 2021], JSON-LD, Collection+JSON, Siren 등이 있으며, 카이 퇴터[Kai Todter]의 발표 <RESTful Hypermedia API>[Tödter 2018]와 케빈 수코체프[Kevin Sookocheff]의 블로그 게시물에서 개요를 확인할 수 있다[Sookocheff 2014].

특수 목적 표현

일부 엘리먼트 스테레오타입은 API에서 매우 널리 퍼져 있거나 다면적이므로 고유한 패턴을 보장한다. 한 가지 예로 API 키는 메시지 표현 관점에서 보면 단순히 아토믹한 메타데이터 엘리먼트에 불과하지만, 보안 콘텍스트에 적용하면 반드시 해결해야 하는 고유의 주요한 설계 요구 사항인 포스가 추가된다. 오류 보고와 콘텍스트 표현은 모두 하나 이상의 표현 엘리먼트로 구성된다. 이 절에서 3가지 패턴의 또 다른 공통점은 API 품질에 중점을 둔다는 점이다.

메시지 표현의 설계에 대한 장에서 보안 고려 사항을 다루는 이유가 궁금할 수 있다. 완전한 그림을 제공하고자 하는 것은 아니지만 API 키가 널리 알려져 있고 다양한 API에서 사용되기 때문에 다루고 있다. 보안은 광범위하고 중요한 주제이며, 일반적으로 단순한 API 키보다 더 정교한 보안 설계가 필요하다. 이 장의 마지막에 있는 '요약' 절에서 관련 정보를 더 제공한다.

 패턴: API 키

적용 시기 및 이유

API 프로바이더는 가입하고 등록된 참가자에게만 서비스를 제공한다. 서비스를 사용하고자 하는 한 명 이상의 클라이언트가 등록됐다면 **사용 비율 제한**을 적용하거나 **요금 책정 플랜**을 구현하기 위해 이러한 클라이언트를 식별해야 한다.

> API 프로바이더는 클라이언트와 클라이언트의 요청을 어떻게 식별하고 인증할 수 있는가?

API 프로바이더 측에서 클라이언트를 식별하고 인증할 때 많은 질문이 생긴다.

- 클라이언트 프로그램이 사용자 계정 자격증명을 저장하고 전송하지 않고도 API 엔드포인트에서 자신을 식별할 수 있는 방법은 무엇인가?
- API 클라이언트 프로그램의 신원을 클라이언트의 조직 및 프로그램 사용자와 독립적으로 만들 수 있는 방법은 무엇인가?
- 보안 중요도에 따라 다양한 수준의 API 인증^{API authentication}을 어떻게 구현할 수 있는가?

보안 요구 사항과 다른 품질 간의 충돌이 존재한다.

- 클라이언트가 API를 쉽게 사용할 수 있도록 유지하면서 API 엔드포인트에

서 클라이언트를 식별하고 인증하려면 어떻게 해야 하는가?
- 성능에 미치는 영향을 최소화하면서 엔드포인트를 보호할 수 있는 방법은 무엇인가?

예를 들어 트위터 API는 사용자 상태 업데이트, 즉 트윗 전송을 위한 API 엔드포인트를 제공한다. 식별되고 인증된 사용자만 자신의 계정에 대해 이 작업을 수행할 수 있어야 한다.

- **기본 보안 구축:** 구독 클라이언트에 서비스를 제공하는 API는 들어오는 요청을 해당 클라이언트와 연결해야 한다. 하지만 모든 API 엔드포인트와 동작에 동일한 보안 요구 사항이 적용되는 것은 아니다. 예를 들어 API 프로바이더는 간단한 신원 확인이 필요하지만 높은 수준의 보안 기능을 도입하지 않고 사용 비율 제한을 적용하고자 할 수 있다.
- **접근 컨트롤:** 고객이 서비스에 접근할 수 있는 API 클라이언트를 제어할 수 있다. 모든 API 클라이언트가 동일한 권한이 필요한 것은 아니므로 이를 세밀하게 관리할 수 있어야 한다.
- **사용자 계정 자격증명을 저장하거나 전송할 필요가 없음:** API 클라이언트는 요청할 때마다 사용자 계정의 자격증명(예: 사용자 식별자 및 비밀번호)을 기본 HTTP 인증을 통해 간단히 전송할 수 있다.[10] 그러나 이러한 자격증명은 API뿐만 아니라 결제 세부 정보 변경과 같은 계정 관리에도 사용된다. 이러한 민감한 인증 정보를 암호화되지 않은 채널을 통해 전송하거나 API 구성의 일부로 서버에 인증 정보를 저장하면 심각한 보안 위험이 발생한다. 공격자가 클라이언트 계정에 접근해 결과적으로 청구 기록이나 기타 사용자 관련 정보에 접근할 수 있는 경우 공격이 성공하면 훨씬 더 심각해진다.
- **클라이언트와 조직의 분리:** 외부 공격은 큰 위협이 될 수 있다. 고객의 계정 자격증명을 API 보안 수단으로 사용하면 내부 직원(예: 시스템 관리자 및 API 개발자)에게 필요하지 않은 전체 계정 접근 권한이 부여될 수도 있다. 솔루션은 계정을

---

10. RFC 7617[Reschke 2015]에 설명된 기본 HTTP 인증은 "자격증명을 사용자 ID/비밀번호 쌍으로 전송하는 인증 체계로, Base64로 인코딩된다."

관리하고 비용을 지불하는 직원과 클라이언트 프로그램을 구성하는 개발 및 운영 팀을 구분할 수 있어야 한다.
- **보안 대 사용 편의성:** API 프로바이더는 고객이 서비스에 쉽게 접근하고 빠르게 속도를 낼 수 있기를 원한다. 강력한 인증 기능을 제공하는 SAML[11]과 같은 복잡하고 번거로울 수 있는 인증 체계를 클라이언트에 적용하면 API 사용을 꺼릴 수 있다. 적절한 균형을 찾는 것은 API의 보안 요구 사항에 따라 크게 달라진다.
- **성능:** 요청을 암호화하려면 컴퓨팅 파워가 필요하고 인증 및 권한 부여를 위해 추가 페이로드가 전송되면 데이터양이 증가하기 때문에 API 보안은 인프라의 성능에 영향을 미칠 수 있다.

기밀성Confidentiality, 무결성Integrity, 가용성Availability의 CIA 요구 사항을 충족하는 다양한 애플리케이션 수준 보안 솔루션 포트폴리오를 사용할 수 있다. 그러나 무료 퍼블릭 API의 경우 관리 오버헤드 및 성능에 미치는 영향이 경제적으로 타당하지 않을 수 있다. 솔루션 내부 API 또는 커뮤니티 API의 경우 가상 사설망VPN 또는 양방향의 **보안 소켓 계층**SSL, Secure Sockets Layer을 사용해 네트워크 수준에서 보안을 구현할 수 있다. 이 접근 방식은 **사용 비율 제한**과 같은 애플리케이션 수준 사용 시나리오를 복잡하게 만든다.

작동 방식

▼
API 프로바이더는 각 클라이언트에 고유 토큰(API 키)을 할당해 클라이언트가 식별 목적으로 API 엔드포인트에 제시할 수 있게 한다.
▲

API 키를 아토믹 파라미터, 즉 하나의 일반 문자열로 인코딩한다. 이 상호 운용 가능한 표현을 사용하면 요청 헤더, 요청 바디 또는 URL 쿼리 문자열의 일부로 키를

---

11. SAML(Security Assertion Markup Language)[OASIS 2005]은 당사자들이 인증 및 권한 부여 정보를 교환하기 위한 OASIS 표준이다. SAML의 한 가지 응용 분야는 싱글 사인온 구현이다.

쉽게 전송할 수 있다.[12] 쿼리 문자열은 크기가 작기 때문에 모든 요청에 포함해도 최소한의 오버헤드만 발생한다. 그림 6.7은 HTTP의 권한 부여 헤더에 API 키 b318ad736c6c844b를 포함하는 보호된 API에 대한 요청의 예를 보여준다.

그림 6.7 API 키 예시: 베어러 인증이 포함된 HTTP GET

사용자 지정 솔루션을 구현하기 전에 프레임워크 또는 타사 확장 프로그램이 이미 API 키 작업을 지원하는지 확인한다. 자동화된 통합 또는 엔드투엔드 테스트를 통해 유효한 API 키로만 엔드포인트에 접근할 수 있는지 확인한다.

API 프로바이더는 생성된 API 키가 고유하고 추측하기 어려운지 확인해야 한다. 이는 임의의 데이터로 채워진 일련번호(고유성 보장)를 사용하고 개인키로 서명 또는 암호화(추측 방지)함으로써 달성할 수 있다. 또는 UUID를 기반으로 키를 만들 수도 있다[Leach 2005]. UUID는 시스템 간에 동기화할 일련번호가 없기 때문에 분산된 환경에서 사용하기가 더 쉽다. 그러나 UUID가 반드시 무작위일 필요는 없다.[13] 따라서 일련번호 체계와 마찬가지로 추가 난독화^{obfuscation}가 필요하다.

API 키는 요청의 무결성을 보장하기 위해 추가 비밀키와 결합할 수도 있다. 비밀키

---

12. 보안상의 이유로 인해 URL 쿼리 문자열로 키를 보내는 것은 권장되지 않으며 최후의 수단으로만 사용해야 한다. 쿼리 문자열은 종종 로그 파일이나 분석 도구에 표시돼 API 키의 보안을 손상시킬 수 있다.
13. 버전 1 UUID는 타임스탬프와 하드웨어 주소의 조합이다. RFC 4122[Leach 2005]의 '보안 고려 사항' 절에서는 다음과 같이 경고하고 있다. "예시로 UUID는 추측하기 어렵다고 가정하지 말고, 보안 기능(단순히 소유하는 것만으로도 접근 권한을 부여하는 식별자)으로 사용해서는 안 된다."

는 클라이언트와 서버 간에 공유되지만 API 요청에서는 전송되지 않는다. 클라이언트는 이 키를 사용해 요청의 서명 해시를 생성하고 API 키와 함께 해시를 전송한다. 프로바이더는 제공된 API 키로 클라이언트를 식별하고 공유 비밀키를 사용해 동일한 서명 해시를 계산한 다음 2가지를 비교할 수 있다. 이렇게 하면 요청이 변조되지 않았는지 확인할 수 있다. 예를 들어 아마존[Amazon]은 이러한 비대칭 암호화를 사용해 일래스틱 컴퓨트 클라우드[EC2, Elastic Compute Cloud]에 대한 접근을 보호한다.

예시

Cloud Convert API의 **처리 리소스**에 대한 다음 호출에서는 마이크로소프트 워드에서 a.docx 파일을 PDF로 변환하기 시작한다. 클라이언트는 **상태 생성 동작**에서 원하는 입력 및 출력 형식을 프로바이더에게 알려줘 새로운 변환 프로세스를 생성한다. 이러한 형식은 요청 바디에 2개의 **아토믹 파라미터**로 전달되며, 입력 파일은 동일한 API에서 **상태 전이 동작**을 두 번째로 호출해 제공해야 한다.

```
curl -X POST https://api.cloudconvert.com/process \
   --header 'Authorization: Bearer gqmbwwB74tToo4YOPEsev5' \
   --header 'Content-Type: application/json' \
   --data '
{
  "inputformat": "docx",
  "outputformat": "pdf"
}'
```

과금 목적으로 클라이언트는 HTTP/1.1 인증 RFC 7235[Fielding 2014b]에 따라 요청의 `Authorization` 헤더에 API 키 `gqmbwwB74tToo4YOPEsev5`를 전달해 자신을 식별한다. HTTP는 다양한 타입의 인증을 지원하며, 여기서는 RFC 6750[Jones 2012]의 베어러 타입[Bearer type]이 사용된다. 따라서 API 프로바이더는 클라이언트를 식별하고 계정에 요금을 청구할 수 있다. 응답에는 특정 프로세스를 나타내는 ID 엘리먼트가 포함돼 있으며, 이 엘리먼트는 변환된 파일을 검색하는 데 사용할 수 있다.

토론

API 키는 본격적인 인증 프로토콜을 대체할 수 있는 가벼운 대안으로, 기본적인 보안 요구 사항과 관리 및 통신 오버헤드를 최소화하려는 요구 사항에 균형을 맞출 수 있다.

API 키를 API 엔드포인트와 클라이언트 간의 공유 비밀shared secret로 사용하면 엔드포인트가 호출하는 클라이언트를 식별하고, 이 정보를 사용해 클라이언트를 추가로 인증하고 권한을 부여할 수 있다. 고객의 계정 자격증명 대신 별도의 API 키를 사용하면 관리, 비즈니스 관리, API 사용과 같은 다양한 고객 역할을 서로 분리할 수 있다. 따라서 고객이 여러 개의 API 키를 생성하고 관리할 수 있으며, 여러 클라이언트 구현 또는 위치에서 다양한 권한과 함께 사용할 수 있다. 보안이 깨지거나 유출된 경우 해당 키를 해지하고 클라이언트 계정과 독립적으로 새 키를 생성할 수도 있다. 또한 프로바이더는 클라이언트에 서로 다른 권한을 가진 여러 개의 API 키를 사용하거나 분석(예: 수행된 API 호출 수) 및 API 키당 속도 제한을 서비스하는 옵션을 제공할 수도 있다. API 키는 크기가 작기 때문에 성능에 큰 영향을 주지 않고 각 요청에 포함될 수 있다.

API 키는 공유 비밀이며, 각 요청과 함께 전송되므로 HTTPS와 같은 보안 연결을 통해서만 사용해야 한다. 이것이 가능하지 않은 경우에는 추가 보안 조치(VPN, 공개 키 암호화)를 사용해 보호하고 기밀성confidentiality 및 부인 방지nonrepudiation[14]와 같은 전반적인 보안 요구 사항을 충족해야 한다. 보안 프로토콜 및 기타 보안 조치를 구성하고 사용하려면 일정한 구성 관리 및 성능 오버헤드가 발생한다.

API 키는 만료 시간이나 인증 토큰과 같은 추가 데이터나 메타데이터 엘리먼트를 전송하는 데 사용할 수 없는 단순한 식별자에 불과하다.

비밀키와 결합하더라도 API 키는 인증authentication 및 권한 부여authorization로 사용하기 불충분하거나 비실용적일 수 있다. API 키는 애플리케이션 사용자를 인증하고 권

---

14. 메시지 송수신 시 양측에서 송수신과 같은 행위나 이벤트의 발생을 증명해서 나중에 그런 행위나 이벤트를 부인할 수 없도록 하는 서비스 – 옮긴이

한을 부여하기 위한 수단이 아니다. 사용자, 서비스 프로바이더, 사용자를 대신해 서비스 프로바이더와 상호작용하려는 제3자 등 세 당사자가 대화에 참여하는 경우를 생각해보자. 예를 들어 사용자가 모바일 앱이 사용자의 드롭박스^{Dropbox} 계정에 데이터를 저장하도록 허용하고 싶을 수 있다. 이 경우 사용자가 제3자와 공유하지 않으려는 경우 API 키를 사용할 수 없다. 이 경우(및 기타 여러 시나리오)에는 OAuth 2.0[Hardt 2012] 및 OpenID Connect[OpenID 2021]를 대신 사용하는 것이 좋다.

API 키에 대한 좀 더 안전한 대안은 본격적인 인증 또는 권한 부여 프로토콜이며, 권한 부여 프로토콜에는 인증 기능이 포함돼 있다.

커버로스^{Kerberos}[Neuman 2005]는 네트워크 내부에서 싱글 사인온$^{single\ sign-on}$을 제공하려 자주 사용되는 인증 프로토콜이다. 이는 경량 디렉터리 액세스 프로토콜$^{LDAP,\ Lightweight\ Directory\ Access\ Protocol}$[Sermersheim 2006]과 결합해 권한 부여 기능도 제공할 수 있다. LDAP 자체는 인증 기능뿐만 아니라 권한 부여 기능도 제공한다. 지점 간 인증 프로토콜의 다른 예로는 챌린지-핸드셰이크 인증 프로토콜$^{CHAP,\ Challenge-Handshake\ Authentication\ Protocol}$[Simpson 1996] 및 확장 가능한 인증 프로토콜$^{EAP,\ Extensible\ Authentication\ Protocol}$[Vollbrecht 2004]이 있다. 이 논의는 '요약' 절에서 다시 살펴본다.

관련 패턴

많은 웹 서버는 여러 요청에서 사용자 세션을 유지하고 추적하기 위해 세션 식별자$^{session\ identifier}$[Fowler 2002]를 사용하며, 이 개념은 API 키의 개념과 유사하다. API 키와 달리 세션 식별자는 단일 세션에만 사용된 후 폐기된다.

『Security Patterns』[Schumacher 2006]에서는 CIA(기밀성^{Confidentiality}, 무결성^{Integrity}, 가용성^{Availability})와 같은 보안 요구 사항을 충족하는 솔루션을 제공하고, 각 솔루션의 장단점을 자세히 설명한다. 역할 기반 접근 제어$^{RBAC,\ Role-Based\ Access\ Control}$ 및 속성 기반 접근 제어$^{ABAC,\ Attribute-Based\ Access\ Control}$와 같은 접근 제어 메커니즘은 API 키 및 기타 인증 접근 방식을 보완할 수 있다. 이러한 접근 제어 방식을 사용하려면 앞에서 설명한 인증 메커니즘 중 하나를 사용해야 한다.

추가 정보

HTTP 리소스 API를 보호할 때는 『OWASP API Security Project』[Yalon 2019] 및 『REST Security Cheat Sheet』[OWASP 2021]를 참고해야 한다. 치트 시트에는 API 키에 대한 섹션이 포함돼 있으며 보안에 대한 다른 중요한 정보도 포함돼 있다.

『웹 API 설계 원칙』의 15장에서는 API를 보호하는 방법을 다룬다[Higginbotham 2021]. 『RESTful Web Services Cookbook』의 12장[Allamaraju 2010]은 보안을 다루고 있으며, 6가지 관련 접근 방법을 제시한다. 『A Pattern Language for RESTful Conversations』[Pautasso 2016]에서는 '기본 리소스 인증Basic Resource Authentication'과 '양식 기반 리소스 인증 Form-Based Resource Authentication'이라는 2가지 관련 대체 인증 메커니즘 패턴을 RESTful의 맥락에서 다룬다.

 패턴: 오류 보고

적용 시기 및 이유

통신 참여자는 런타임에 예기치 않은 상황을 안정적으로 관리해야 한다. 예를 들면 클라이언트가 API를 호출했지만 API 프로바이더가 이 요청을 성공적으로 처리할 수 없는 경우다. 잘못된 요청 데이터, 잘못된 애플리케이션 상태, 접근 권한 누락 또는 클라이언트, 프로바이더 및 백엔드 구현, 혹은 기본 통신 인프라(네트워크 및 중개자 포함)의 잘못일 수 있는 여타 문제로 인해 실패가 발생할 수 있다.

▼
> API 프로바이더가 통신 및 처리 결함에 대해 클라이언트에 알릴 수 있는 방법은 무엇인가? 이 정보를 기본 통신 기술 및 플랫폼(예: 상태 코드를 나타내는 프로토콜 수준 헤더)과 독립적으로 만들 수 있는 방법은 무엇인가?
▲

- **표현력**expressiveness **및 대상 고객 기대치:** 오류 정보의 대상에는 개발자와 운영자뿐만 아니라 헬프 데스크 및 기타 지원 담당자(미들웨어, 도구 및 애플리케이션

프로그램)도 포함된다. 오류 메시지가 정교할수록 유지 보수성 및 진화 가능성^{evolvability}이 높아지며, 설명이 많을수록 장애의 근본 원인을 찾는 데 드는 노력이 줄어들기 때문에 결함을 수정할 때 더 많은 도움이 될 수 있다. 그러나 오류 메시지는 대상 고객의 다양성을 고려해 소비자 측면의 맥락이나 사용 시나리오 또는 기술에 대한 이해도를 가정해서는 안 된다. 익숙하지 않은 전문 용어가 포함된 장황한 설명은 일부 수신자에게 혼란을 주고 "너무 길어서 읽지 못했다"는 반응을 일으킬 수 있으므로 표현력과 간결함$^{\text{compactness, brevity}}$ 사이의 균형을 찾아야 한다.

- **견고성**^{robustness}**과 신뢰성**^{reliability}: 모든 종류의 오류 보고 및 처리 기능을 도입할 때 주요 의사 결정 드라이버는 견고성과 신뢰성을 높이고자 하는 욕구에서 비롯된다. 오류 보고는 오류 처리 및 보고 중에 발생하는 오류를 포함해 다양한 경우를 포괄해야 한다. 오류 보고는 시스템 관리에 도움이 되고 결함을 수정하는 데 도움이 돼야 한다.

- **보안 및 성능**: 오류 코드나 메시지는 소비자에게 명확하고 의미가 있어야 하지만 보안 및 데이터 프라이버시 보호를 위해 프로바이더 측의 구현 세부 정보를 공개해서는 안 된다.[15] 오류를 유발하는 것은 서비스 거부 공격$^{\text{denial-of-service-attack}}$에 사용될 수 있다. API 프로바이더는 오류를 보고할 때 성능 예산을 추적해야 하며, 보안이 그 이유 중 하나다. 프로바이더 측 로깅 및 모니터링에도 성능(및 스토리지) 비용이 발생한다.

- **상호 운용성**^{interoperability} **및 이식성**^{portability}: 오류를 보고할 때는 기반 기술의 수단을 고려해야 한다. 예를 들어 HTTP를 사용할 때 적절한 응답 상태 코드를 사용하면 다른 사용자(예: 모니터링 도구)가 오류를 이해할 수 있다. 그러나 불필요하게 긴밀한 연결을 피하기 위해 오류를 전달하는 유일한 수단이 돼서는 안 된다. 느슨한 결합도$^{\text{loosely coupled}}$[Fehling 2014]를 위한 측면으로서 프로토콜, 형식, 플랫폼/기술의 자율성은 보존돼야 한다.

- **국제화**$^{\text{i18n, internationalization}}$: 대부분의 개발자는 영어 오류 메시지에 익숙하기 때

---

15. 웹 페이지에서 전체 서버 측 스택 추적이 포함된 SQL 예외를 마지막으로 본 적이 언제인가 생각해보자.

문에 이러한 메시지가 최종 사용자와 관리자에게 전달될 경우 **자연어 지원**[NLS, Natural Language Support]을 달성하고 국제화를 지원하기 위해 이를 번역해야 한다.

작동 방식

▼

기계가 읽을 수 있는 간단한 방식으로 오류를 표시하고 분류하는 오류 코드를 응답 메시지에 포함한다. 또한 개발자 또는 관리자와 같은 사람인 사용자를 포함한 API 클라이언트 이해관계자를 위해 오류에 대한 텍스트 설명을 추가한다.

▲

오류 보고 정보는 오류 코드(ID 엘리먼트의 형태일 수 있음)와 텍스트 설명으로 구성된 **아토믹 파라미터 리스트** 구조의 2개 값을 갖는 튜플일 수 있다. 오류 코드는 프로토콜 또는 전송 계층의 오류 코드와 동일할 수 있다(예: HTTP 4xx 상태 코드).

또한 **오류 보고**에는 프로바이더가 실패한 요청을 내부적으로 분석할 수 있게 관련 ID 엘리먼트를 포함할 수 있으며, **콘텍스트 표현** 패턴은 플랫폼 중립적인 방식을 적용한다. 타임스탬프는 오류 보고의 또 다른 일반적인 정보 요소이기도 하다.

그림 6.8은 솔루션 빌딩 블록을 보여준다.

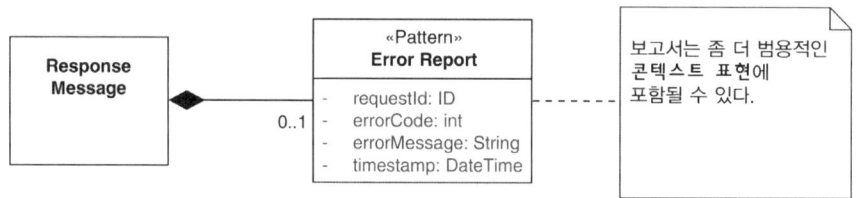

그림 6.8 출처 메타데이터를 포함해 기계와 사람이 읽을 수 있는 정보를 제공하는 **오류 보고** 패턴

예시

호반 상호 보험의 계정에 로그인하는 고객은 사용자 이름과 비밀번호를 제공해야 한다.

```
curl -i -X POST \
  --header 'Content-Type: application/json' \
  --data '{"username":"xyz","password":"wrong"}' \
  http://localhost:8080/auth
```

자격증명이 올바르지 않은 경우 이 예제에서는 스프링 프레임워크에 의해 JSON 객체로 렌더링된 좀 더 자세한 응답과 함께 HTTP 401 오류가 반환된다. 상태 코드에 대해 2개의 텍스트가 추가적으로 내용을 설명한다.

```
HTTP/1.1 401
Content-Type: application/json;charset=UTF-8
Date: Wed, 20 Jun 2018 08:25:10 GMT

{
    "timestamp": "2018-06-20T08:25:10.212+0000",
    "status": 401,
    "error": "Unauthorized",
    "message": "Access Denied",
    "path": "/auth"
}
```

마찬가지로 클라이언트가 요청 바디의 콘텐츠 타입을 지정하지 않았다고 가정해 보자.

```
curl -i -X POST --data '{"username":"xyz","password":"wrong"}' \
  http://localhost:8080/auth
```

그러면 프로바이더는 적절한 오류 메시지와 함께 응답한다. 이는 스프링의 기본값이다.

```
HTTP/1.1 415
EHDate: Wed, 20 Jun 2018 08:29:09 GMT
```

```
{
    "timestamp": "2018-06-20T08:29:09.452+0000",
    "status": 415,
    "error": "Unsupported Media Type",
    "message": "Content type
        'application/x-www-form-urlencoded;
        charset=UTF-8' not supported",
    "path": "/auth"
}
```

이 message는 개발자에게 기본 콘텐츠 타입인 application/x-www-form-urlencoded 가 이 엔드포인트에서 지원되지 않는다는 것을 알려준다. 스프링 프레임워크에서 는 기본 오류 보고를 사용자가 원하는 형태로 정의할 수 있다.

토론

코드가 포함된 오류 보고를 사용하면 API 소비자가 프로그래밍 방식으로 오류를 처리하고 최종 사용자에게 사람이 읽을 수 있는 메시지를 표시할 수 있다. 텍스트 오류 메시지를 포함하면 프로토콜이나 전송 수준 코드보다 오류를 더 자세히 설명할 수 있다. 정교한 오류 보고 응답에는 구급/응급 전화[16]의 관례에 따라 오류를 일으킨 문제를 해결하기 위한 힌트(누구에게, 어디서, 언제 무슨 일이 일어났는지)도 포함시킬 수 있다.

단순한 숫자 오류 코드에 비해 자세한 텍스트 메시지는 프로바이더 측의 구현 세부 정보나 기타 민감한 데이터에 더 실수로 노출될 위험이 있다. 예를 들어 로그인 시도 실패를 알릴 때 무차별 암호 대입 공격을 어렵게 하고자 사용된 사용자 아이디(예: 이메일)가 실제로 계정에 매핑되는지 여부를 알리지 않아야 한다. 또한 텍스트 오류 메시지가 실제 사용자에게 전달될 수 있는 경우 국제화해야 할 수도 있다.

명시적인 오류 보고는 유지 보수성 및 진화 가능성을 높이고, 오류를 더 많이 설명

---

16. 원서에서는 911로 표현됐고, 우리나라는 119에 해당 – 옮긴이

할수록 결함의 원인을 찾는 작업의 수고를 줄여주므로 단순한 프로토콜 수준의 오류 코드보다 **오류 보고** 패턴이 더 효과적이다. 또한 **오류 보고**는 프로토콜, 형식 및 플랫폼의 자율성을 촉진하기 때문에 상호 운용성과 이식성이 더 뛰어나다. 그러나 오류 메시지가 정교할수록 보안과 관련해 민감한 정보가 노출될 수 있으며, 시스템 내부에 대한 자세한 정보가 노출되면 공격 경로가 열리게 된다.

전송 프로토콜과 독립적인 것을 목표로 하는 페이로드 **오류 보고** 외에도 전송 수준 코드를 사용할 수 있다. 페이로드 **오류 보고**는 사전 정의된 전송 수준 오류 범주 집합을 사용해 가능한 한 세분화된 오류 집합을 설명할 수 있으며, 전송 수준 코드의 통신 문제와 페이로드의 애플리케이션/엔드포인트 처리 문제를 보고하는 것은 일반적인 관심사 분리 원칙에 부합한다.

API가 국제화된 메시지로 응답할 수 있는 경우 오류 코드를 생략하고 싶을 수 있다. 하지만 이렇게 하면 사람이 아닌 소비자가 오류 메시지를 파싱해 무엇이 잘못 됐는지 알아내야 하므로 오류 보고에는 항상 기계가 쉽게 읽을 수 있는 오류 코드가 포함돼야 한다. 이는 클라이언트 개발자가 인간 사용자에게 표시되는 메시지를 변경할 수 있도록 보장한다.

요청 번들을 처리할 때 발생한 오류를 보고할 때는 번들의 각 항목과 전체 번들에 대해 오류 상태 또는 성공 여부를 보고하는 것이 바람직하다. 예를 들어 전체 요청 묶음에 대한 **오류 보고**는 요청 ID를 통해 접근할 수 있는 개별 **오류 보고**와 관련된 배열과 함께 사용할 수 있다.

관련 패턴

오류 보고는 응답 메시지에서 **콘텍스트 표현**의 일부가 될 수 있다. 여기에는 **메타데이터 엘리먼트**(예: 보고된 문제를 해결하거나 수정하기 위해 가능한 다음 단계를 알려주는 요소)가 포함될 수 있다.

'원격 오류[Remoting Error]' 패턴[Voelter 2004]에는 분산 시스템 미들웨어의 관점에 초점을 맞춘 이 패턴에 대한 일반화되고 좀 더 낮은 수준의 개념이 포함돼 있다.

오류 보고는 API 구현을 견고하고 탄력적으로 만드는 데 중요한 구성 요소다. 완전한 솔루션에는 더 많은 패턴이 필요하며, 예를 들어 참고 문헌[Nygard 2018a]에서 처음 설명한 '회로 차단기Circuit Breakders'와 같은 패턴이 있다. 시스템 관리 카테고리[Hohpe 2003]에는 '데드 레터 채널Dead Letter Channel'과 같은 관련 패턴이 포함돼 있다.

추가 정보

RESTful HTTP의 맥락에서 오류 보고에 대한 자세한 내용은 『Build APIs You Won't Hate』[Sturgeon 2016b]의 4장을 참고한다.

일반적인 상용화에 준하는 준비 상태를 확인하는 것에 대해서는 『Production-Ready Microservices: Building Standardized Systems across an Engineering Organization』[Fowler 2016]에서 다룬다.

 패턴: 콘텍스트 표현

적용 시기 및 이유

API 엔드포인트와 해당 동작이 정의됐다. 콘텍스트 정보context information는 API 클라이언트와 프로바이더 간에 교환돼야 한다. 이러한 콘텍스트 정보의 예로는 클라이언트 위치 및 기타 API 사용자 프로필 데이터, 위시 리스트를 구성하는 기본 설정 또는 클라이언트를 인증, 권한 부여 및 청구하는 데 사용되는 자격증명과 같은 서비스 품질QoS 제어가 있다. 이러한 자격증명은 API 키 또는 JSON 웹 토큰JWT, JSON Web Token의 클레임일 수 있다.

> ▼ API 클라이언트와 프로바이더가 특정 원격 프로토콜에 의존하지 않고 어떻게 콘텍스트 정보를 교환할 수 있는가? ▲

원격 프로토콜의 중요한 예로는 HTTP와 같은 애플리케이션 프로토콜이나 TCP와 같은 전송 프로토콜이 있다. 이 패턴의 맥락에서는 구체적인 프로토콜이 아직 선택되지 않았다고 가정하지만, 일부 QoS 보장이 제공돼야 한다는 것은 분명하다.

API 클라이언트와 API 프로바이더 간의 상호작용은 대화의 일부일 수 있으며, 여러 관련 작업 호출로 구성될 수 있다. API 프로바이더는 구현에 따라 다른 API가 제공하는 서비스를 소비해 작업 호출 시퀀스를 생성하는 API 클라이언트 역할을 할 수도 있다. 콘텍스트 정보의 일부는 단일 동작에서는 로컬 데이터가 될 수도 있고, 다른 것은 동작 호출 간에 공유돼 전달될 수도 있다.

▼
요청에 포함된 식별 정보와 품질 속성을 클라이언트와 프로바이더 사이 대화의 관련된 후속 요청에서도 가시적으로 만드는 방법은 무엇인가?
▲

- **상호 운용성 및 수정 가능성:** 요청은 클라이언트에서 프로바이더로 이동하는 과정에서 여러 컴퓨팅 노드를 통과하고 서로 다른 통신 프로토콜을 거칠 수 있으며, 응답이 돌아오는 과정 또한 마찬가지다. 클라이언트와 프로바이더 간에 교환되는 제어 정보가 분산 시스템에서 각 종류의 중개자(게이트웨이 및 서비스 버스 포함)를 성공적으로 통과하고 기본 프로토콜이 전환될 때 수정되지 않은 상태로 유지되도록 보장하기는 어렵다. 사전 정의된 프로토콜 헤더의 존재와 의미는 프로토콜이 발전함에 따라 변경될 수 있다. 유지보수성 문제로서의 수정 가능성은 비즈니스 영역과 플랫폼 기술 측면이 있으며, 특히 업그레이드 가능성upgradability이 주요 관심사다. 콘텍스트 정보의 중앙 집중화 또는 분산화에 대한 결정이 이 품질에 영향을 미칠 수 있다.
- **진화하는 프로토콜에 대한 의존성:** TCP와 같은 몇 가지 주목할 만한 예외를 제외하고 분산 시스템과 소프트웨어 엔지니어링의 역사를 보면 프로토콜과 형식이 계속 변화하고 있음을 알 수 있다. 예를 들어 사물인터넷 시나리오에서는 HTTP 외에도 MQTT와 같은 경량 메시징 프로토콜을 찾을 수 있다. 프로토콜별 헤더를 사용하면 API 클라이언트 및 프로바이더 개발자가 전송 중에 발생하는 상황을 최대한 제어할 수 있으며, QoS 속성 전송 및 사용을 직접 구현하지 않아도 된다. 그러나 이 선택은 관련된 분야에 대한

학습이 필요한 부분과 함께 추가적인 종속성을 발생시킨다. API가 발전함에 따라 프로토콜이 다른 프로토콜로 대체되는 경우 API 구현을 포팅하기 위해 추가적인 유지 관리 노력이 필요하다.

이때 프로토콜 독립성과 플랫폼 독립적인 설계를 촉진하기 위해 기본 통신 프로토콜에서 사용할 수 있는 기본 헤더 및 헤더 확장 기능을 사용하지 않는 것이 좋다.

- **개발자 생산성:** 통제력^{control} 대 편의성^{convenience}에 대한 충돌이다. 모든 API 클라이언트와 프로바이더가 동일한 통합 요구 사항을 갖고 있는 것은 아니며, 모든 프로그래머가 프로토콜, 네트워킹 또는 원격 통신 전문가[17]가 될 수 있는 것도 아니다. 따라서 프로토콜 헤더를 사용하면 편리하고 프로토콜별 프레임워크, 미들웨어, 인프라(로드밸런서, 캐시 등)를 활용할 수 있지만 프로토콜 설계자와 구현자에게 제어권을 위임하는 단점이 있다. 사용자 지정 접근 방식은 제어를 극대화하지만 개발 및 테스트 노력이 증가한다.
- **클라이언트와 클라이언트의 요구 사항의 다양성:** 여러 클라이언트가 다양한 사용 사례에 따라 서로 다른 상황에서 서로 다른 시간에 API 서비스를 사용할 경우 일부 일반화가 이뤄지고 가변성이 발생하는 지점이 생긴다. 이러한 환경에서는 클라이언트별 방식으로 요청을 라우팅 및 처리하고, 오프라인 분석을 위해 활동을 체계적으로 기록하거나 보안 자격증명을 전파하기 위해 클라이언트에 대한 애플리케이션 및 인프라 수준의 콘텍스트 정보가 필요할 수 있다. 예를 들어 은행 규정에 따라 고객 데이터를 고객의 국가에서만 저장하고 접근하는 것이 허용될 수 있다. 그러면 다국적 은행은 그에 따라 데이터를 보호해야 한다. 이는 고객의 국가를 콘텍스트에 넣고 그에 따라 모든 요청을 올바른 국가별 고객 관리 시스템 인스턴스로 라우팅함으로써 달성할 수 있다.
- **서비스 및 프로토콜 전반에서의 엔드투엔드 보안:** 엔드투엔드 보안을 달성하려면 토큰과 디지털 서명을 여러 노드에 걸쳐 전송해야 한다. 이러한 보안

---

17. 오늘날 자주 언급되는 '풀 스택 개발자'라는 개념에도 이것까지 포함하기는 쉽지 않다.

자격증명은 소비자와 공급자가 직접 교환해야 하는 전형적인 메타데이터 타입으로, 중개자와 프로토콜 엔드포인트는 원하는 엔드투엔드 보안을 깨뜨릴 수 있다.
- **비즈니스 도메인 수준에서의 로깅**logging **및 감사**auditing: 비즈니스 트랜잭션 식별자는 일반적으로 사용자 요청이 다중 계층 엔터프라이즈 애플리케이션과 같은 대규모 분산 시스템의 첫 번째 접점에 도착할 때 생성된다. 그런 다음 이 ID 엘리먼트는 백엔드 시스템에 대한 모든 요청에 포함돼 사용자 요청에 대한 전체의 감사 추적audit trace을 생성한다. 예를 들어 시스코Cisco의 API 설계 가이드에서는 이러한 목적으로 TrackingID라는 사용자 지정 HTTP 헤더를 포함한다[Cisco Systems 2015]. 이는 모든 메시지 교환에 HTTP가 사용되는 경우 잘 작동하지만 호출 계층 구조 아래로 내려갈 때 프로토콜이 전환되면 TrackingID는 어떻게 될까?

작동 방식

▼
원하는 정보를 전달하는 모든 **메타데이터 엘리먼트**를 요청 또는 응답 메시지에서 사용자 지정 표현 엘리먼트(custom presentation element)로 결합하고 그룹화한다. 이 단일 **콘텍스트 표현**을 프로토콜 헤더로 전송하지 말고 메시지 페이로드에 배치하도록 한다.
콘텍스트 표현을 적절히 구조화해 대화에서 글로벌 콘텍스트와 로컬 콘텍스트를 구분한다. 통합된 **콘텍스트 표현** 엘리먼트를 다른 데이터 엘리먼트와 쉽게 찾고 구문할 수 있게 배치하고 표시한다.
▲

이 패턴은 사용자 지정 **콘텍스트 표현**을 구성하는 메타데이터 엘리먼트를 캡슐화하는 **파라미터 트리**를 정의해 구현할 수 있다. 그림 6.9에서는 UML로 표현된 이 솔루션의 스케치를 보여준다. 그 결과 생성되는 **파라미터 트리** 구조는 일반적으로 중첩 수준과 엘리먼트 카디널리티 측면에서 낮거나 중간 정도의 복잡도를 보여준다. **파라미터 트리**가 일반적인 선택이지만 요구 사항이 숫자나 열거형만 요구하는 경우(예: 상점 API의 경우 키워드 분류기 또는 제품 코드) 간단한 **아토믹 파라미터 리스트**를 대신 사용할 수도 있다.

포함된 메타데이터 엘리먼트의 예로는 우선순위 분류자, 세션 식별자, 상관관계 식별자, 조정 및 상관관계 목적으로 사용되는 논리 시간 및 타이머(요청 및 응답 메시지 모두) 등이 있다. 위치 데이터, 로케일^{locale}, 클라이언트 버전, 운영체제 요구 사항 등도 요청에 대한 콘텍스트 정보에 해당한다.

콘텍스트 표현을 쉽게 찾고, 이해하고, 처리할 수 있도록 API의 모든 동작에서 동일한 구조와 위치를 사용해야 한다. 엔드포인트에서 지원하는 여러 동작 간에 콘텍스트 정보가 크게 다를 경우 추상화-구체화 계층 구조$^{\text{abstraction-refinement hierarchy}}$에 따라 발생하는 공통점^{commonality}과 가변성^{variability}을 모델링할 수 있다. 이때 모델에서는 선택적 필드와 기본값도 사용할 수 있다. 이러한 모델 때문에 관련된 개발 및 테스트 노력이 추가된다.

변형 때에 따라 콘텍스트 정보가 API 프로바이더의 로컬에서 처리되기도 하고, 다른 콘텍스트 정보는 백엔드 시스템으로 전달된다. 이때 API 프로바이더가 클라이언트 역할을 수행하기도 한다. 일부 콘텍스트 정보는 현재 호출에만 관련될 수 있는 반면 또 다른 콘텍스트 정보는 동일한 API 엔드포인트에 대한 후속 호출에 관여한다.

따라서 이 패턴에는 2가지 변형이 존재한다. 첫 번째는 글로벌 콘텍스트 표현$^{\text{Global Context Representation}}$이고 다른 것은 로컬 콘텍스트 표현$^{\text{Local Context Representation}}$이다. API 설계자는 일반적으로 API의 수다스러움을 줄이는 데 관심이 있다. 그러나 특정 시나리오에서는 여전히 여러 개의 연산을 호출해야 한다. 이때 중첩 호출$^{\text{nesting call}}$이 생길 수 있다.

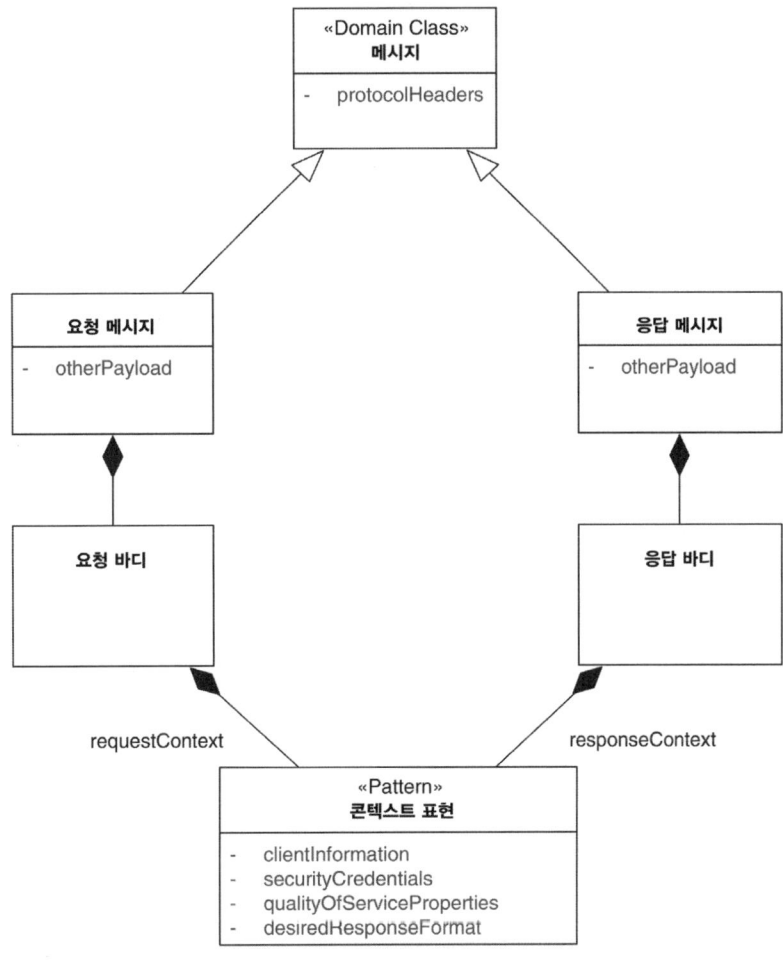

그림 6.9 콘텍스트 표현

예를 들어 마이크로서비스가 호출돼 다른 서비스를 호출하고, 이 마이크로서비스는 또 다른 서비스를 호출할 수 있다. 계층 구조가 깊으면 엔드투엔드 안정성, 이해 가능성, 성능을 확보하기가 어렵다. 특히 호출이 동기식^{synchronous}인 경우 더욱 그렇다. 다른 시나리오에서는 복잡한 비즈니스 프로세스나 로그인 절차를 구현하기 위해 서비스를 특정 순서로 호출해야 할 수도 있다(예: 비즈니스 작업을 호출하기 전에 인증 토큰을 가져와야 하는 경우). 두 경우 모두 콘텍스트 정보를 다음 API 호출에 전달해야 한다. 예를 들어 사용자 자격증명(또는 토큰)을 만든 후에 전달해야 할 수도 있다.

올바른 요청 승인을 보장하기 위해 비즈니스 프로세스 ID 또는 원래 트랜잭션을 호출 계층 구조 내부의 더 깊은 곳에 있는 서비스에 위임해 처리해야 할 수도 있다. 통신의 대화 전반에 걸친 추적 및 로깅은 이러한 콘텍스트 전달의 이점을 활용한다. 그림 6.10은 작업 호출 중첩을 시각화한 것이다.

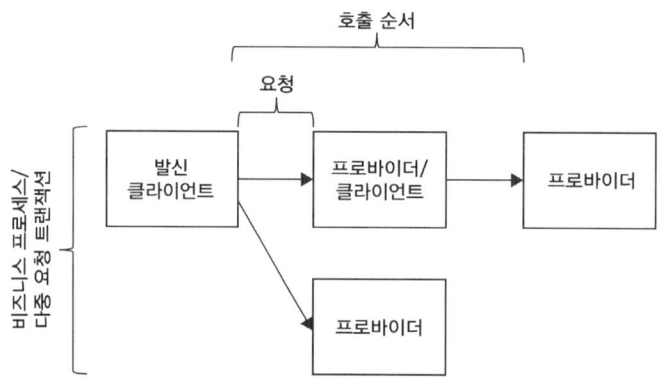

그림 6.10 콘텍스트 정보가 필요한 API 클라이언트 역할도 하는 API 프로바이더

원하는 콘텍스트 정보를 공유할 때 콘텍스트는 다양한 범위로 구성될 수 있다. 콘텍스트의 정보는 로컬 또는 글로벌로 분류할 수 있다. 로컬 콘텍스트에는 하나의 요청에만 유효한 정보가 포함된다. 여기에는 메시지 ID, 사용자 이름, 이 메시지의 유효 기간 등이 포함될 수 있다. 글로벌 콘텍스트에는 중첩된 작업 호출의 콘텍스트나 장기적으로 실행되는 비즈니스 프로세스와 같이 단일 요청보다 더 오래 유효한 정보가 포함된다. 앞서 언급했듯 여러 호출에 걸쳐 위임된 인증 토큰, 글로벌 트랜잭션 또는 비즈니스 프로세스 식별자는 일반적으로 글로벌 콘텍스트에서 발견되는 콘텍스트 정보의 예다. 그림 6.11은 이와 관련된 예를 보여준다.

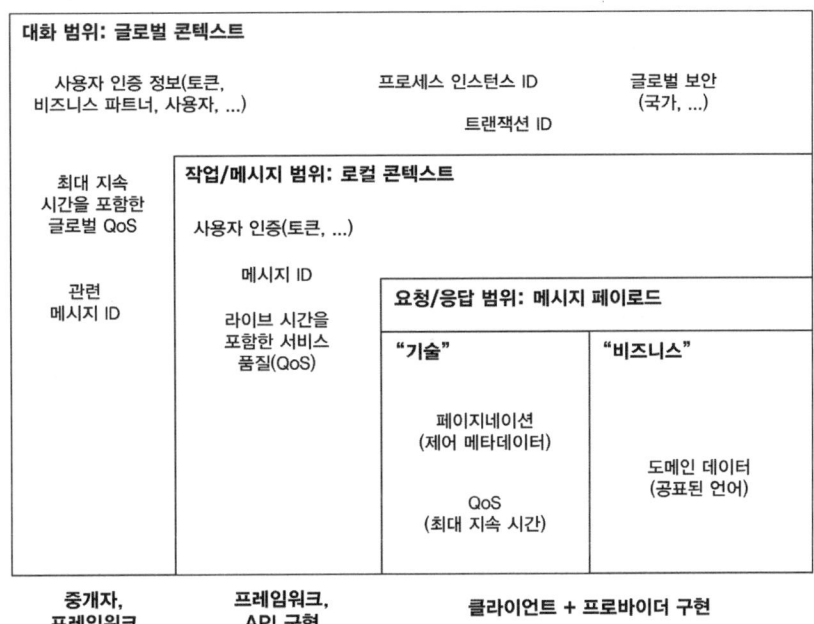

그림 6.11 콘텍스트 범위: 글로벌 수준의 대화 및 로컬 수준의 동작 그리고 요청/응답

분산된 커뮤니케이션 참여자들이 공유하는 동작/메시지 수준에서 로컬 콘텍스트와 글로벌 콘텍스트로 구분하는 것은 콘텍스트 정보의 이해관계자 및 수명에 대해 추론하는 데 유용하다. 글로벌 콘텍스트는 표준화돼 있고 정보 처리가 반복적이기 때문에 애플리케이션 수준의 중개자(예: 요청을 검증, 변환 또는 라우팅하는 API 게이트웨이)를 통해 처리되는 경우가 많다. 라이브러리 및 프레임워크 컴포넌트(예: 애플리케이션 서버의 애너테이션 처리기)가 이를 대신 처리할 수 있다. 이와 대조적으로 로컬 콘텍스트의 정보는 API 구현 수준에서 라이브러리나 프레임워크(예: HTTP 기반 서버 및 스프링과 같은 컨테이너 프레임워크)에 의해 처리된다. 그런 다음 메시지 페이로드는 API 프로바이더 구현에서 분석 및 처리된다.

예시

다음에 설명하는 서비스 계약의 스케치에서는 getCustomerAttributes 동작의 요청 메시지 페이로드에 RequestContext라는 사용자 정의 콘텍스트 표현을 보여준다. 이 콘텍스트 표현은 스테레오타입 <<Context_Representation>>으로 데코레이트돼 있으므로 요청 페이로드에서 쉽게 알아볼 수 있다. 이 예제에서 사용된 API 계약 표기법은 MDSL이다. MDSL 프라이머[Primer] 및 참고 자료는 부록 C에 나와 있다.

```
API description ContextRepresentationExample
data type KeyValuePair P      // 더 이상 지정되지 않음
data type CustomerDTO P       // 더 이상 지정되지 않음
data type RequestContext {
  "apiKey":ID<string>,
  "sessionId":D<int>?,
  "qosPropertiesThatShouldNotGoToProtocolHeader":KeyValuePair*}

endpoint type CustomerInformationHolderService
  exposes
    operation getCustomerAttributes
    expecting payload {
      <<Context_Representation>> {
        "requestContextSharedByAllOperations": RequestContext,
        <<Wish_List>>"desiredCustomerAttributes":ID<string>+
      },
      <<Data_Element>> "searchParameters":D<string>*
    }
    delivering payload {
      <<Context_Representation>> {
        <<Metadata_Element>> {
          "billingInfo": D<int>,
          "moreAnalytics":D},
        <<Error_Report>> {
          "errorCode":D<int>,
          "errorMessage":D<string>}
      }, {
        <<Pagination>> {
          "thisPageContent":CustomerDTO*,
          "previousPage":ID?,
```

```
        "nextPage":ID?}
    }
}
```

RequestContext는 인증 성공 시 프로바이더가 생성하는 API 키와 sessionId ID 엘리먼트가 포함된다. 키-값에 자유 형식 헤더$^{freeform\ header}$를 추가할 수 있다. getCustomerAttributes의 응답 페이로드에는 패턴의 두 번째 사용 예가 포함돼 있다. 이 예시에는 3가지 추가 패턴도 포함돼 있다. 위시 리스트, 오류 보고, 페이지네이션이다.

MDSL 계약이 OpenAPI로 변환되면 앞의 예제는 다음과 같이 YAML로 표현될 수 있다.

```yaml
openapi: 3.0.1
info:
  title: ContextRepresentationExample
  version: "1.0"
servers: []
tags:
- name: CustomerInformationHolderService
  externalDocs:
    description: The role of this endpoint is not specified.
    url: ""
paths:
  /CustomerInformationHolderService:
    post:
      tags:
      - CustomerInformationHolderService
      summary: POST
      description: POST
      operationId: getCustomerAttributes
      requestBody:
        content:
          application/json:
```

```yaml
            schema:
                type: object
                properties:
                    anonymous1:
                        type: object
                        properties:
                            requestContextSharedByAllOperations:
                                $ref: '#/components/schemas/RequestContext'
                            desiredCustomerAttributes:
                                minItems: 1
                                type: array
                                items:
                                    type: string
                    searchParameters:
                        type: array
                        items:
                            type: string
  responses:
    "200":
        description: getCustomerAttributes successful
            execution
        content:
            application/json:
                schema:
                    type: object
                    properties:
                        anonymous2:
                            type: object
                            properties:
                                anoymous3:
                                    type: object
                                    properties:
                                        billingInfo:
                                            type: integer
                                            fomat: int32
                                        moreAnalytics:
```

```yaml
                        type: string
                anonymous4:
                    type: object
                    properties:
                        errorCode:
                            type: integer
                            format: int32
                        errorMessage:
                            type: string
            anonymous5:
                type: object
                properties:
                    anonymous6:
                        type: object
                        properties:
                            thisPageContent:
                                type: array
                                items:
                                    $ref: "#/components\
                                        /schemas/CustomerDTO"
                            previousPage:
                                type: string
                                format: uuid
                                nullable: true
                            nextPage:
                                type: string
                                format: uuid
                                nullable: true
components:
    schemas:
        KeyValuePair:
            type: object
        CustomerDTO:
            type: object
        RequestContext:
            type: object
```

```
properties:
  apiKey:
    type: string
  sessionId:
    type: integer
    format: int32
    nullable: true
  qosPropertiesThatShouldNotGoToProtocolHeader:
    type: array
    items:
      $ref: '#/components/schemas/KeyValuePair'
```

MDSL로 작성된 사양은 동일한 내용의 OpenAPI 사양보다 훨씬 짧다.

토론

이 패턴을 사용하면 콘텍스트를 포함하는 메타데이터 엘리먼트를 프로토콜 헤더가 아닌 페이로드로 전달되며, 분산되지 않는 방식을 사용하도록 한다. **콘텍스트 표현**의 정보는 우선순위 분류기^{priority classifier}와 같은 런타임 QoS를 처리할 수 있으며, 제어 메타데이터^{control metadata}와 출처 메타데이터^{provenance metadata}는 요청 메시지에 표시되는 **콘텍스트 표현**에 포함되는 경우가 많다. 응답에서 결과 카운트^{result counts}와 같은 집계된 메타데이터를 교환하는 것도 가능하지만 일반적이지 않다.

통신 페이로드의 일부에서 제어 정보 및 기타 메타데이터를 공통된 형태로 표현하면 API 클라이언트와 프로바이더는 사용되는 기본 프로토콜 또는 기술이 변경되더라도 이 내용에서 격리 및 추상화할 수 있다. 예를 들어 일반적인 HTTP, AMQP, WebSockets 또는 gRPC와 같은 다른 프로토콜이 사용되는 경우라고 하더라도 영향을 받지 않게 하는 것이다. 이로써 단일 프로토콜 헤더 형식 및 이에 대한 프로토콜 지원에 대한 종속성을 피할 수 있다. 게이트웨이 또는 프록시를 통과하는 단일 요청은 한 프로토콜에서 다른 프로토콜로 바꾸더라도 영향을 받지 않을 수 있으며, 그 과정에서 원래 프로토콜 헤더 정보가 빠지거나 수정될 수 있다. 예를 들어

gRPC-Gateway 프로젝트[gRPC-Gateway 2022]에서는 RESTful JSON API를 gRPC로 변환하는 역방향 프록시 서버를 도입하고, HTTP 헤더는 프록시에 의해 gRPC 요청 헤더에 매핑한다. 이러한 프로토콜 전환에 관계없이 페이로드의 헤더 정보는 동일하게 유지돼 클라이언트에 전달된다.

공유되고 표준화된 **콘텍스트 표현**의 도입은 클라이언트와 소비자 입장에서의 정보에 대한 요구 사항이 전체 엔드포인트 또는 API에 걸쳐 유사하거나 동일한 경우 충분한 가치가 있다. API가 단일 전송 프로토콜로만 제공되는 경우 명시적인 사용자 지정 **콘텍스트 표현**은 일회성 설계와 처리 노력으로 이어지므로 기본 프로토콜 수준의 콘텍스트 전송 방식(예: HTTP 헤더)을 유지하는 것이 더 쉬울 수 있다. 프로토콜을 있는 그대로 사용해야 한다는 사람들의 입장에서는 페이로드에 사용자 정의 헤더를 도입하는 것을 프로토콜에 대한 이해가 부족하다는 것을 나타내는 안티패턴이라고 지적하기도 한다. 이러한 논의는 기술의 권장 사항 준수와 API를 원하는 대로 통제하는 것의 상대적 우선순위에 따라 달라질 수 있다.

명시적 **콘텍스트 표현**의 잠재적 단점은 프로토콜과 페이로드에서 상태 코드와 같은 중복이 발생할 수 있다는 점이다. 이때는 우발적이거나 의도적인 차이를 갖고 처리해야 할 수도 있다. 예를 들어 웹 클라이언트가 HTTP 상태 '200 OK'의 메시지를 수신했지만 페이로드의 일부로 실패가 표시된 경우 어떻게 해야 할까? 그 반대의 경우, 즉 HTTP는 실패를 나타내지만 페이로드에는 요청이 올바르게 처리됐음을 나타내는 경우는 어떻게 해야 할까? 페이로드에 HTTP 상태 코드와 같은 헤더 정보를 그대로 포함하는 것만으로는 기본 프로토콜에 대한 추상화를 제공하지 못한다. 이 정보를 애플리케이션 수준에서 의미 있는 플랫폼 독립적인 형식으로 매핑하려면 추가적인 노력이 필요하다. 예를 들어 '404' 코드는 모든 웹 개발자가 이해할 수 있지만 자카르타 메시징^{Jakarta Messaging}(예전에 JMS라 불림) 전문가에게는 아무런 의미가 없다. 그러나 HTTP 리소스와 메시지 큐 사용에 대해 'service endpoint unavailable'이라는 텍스트 메시지는 의미가 있다. 또한 기본 전송 프로토콜이 일부 헤더의 존재 여부에 따라 달라질 수 있다는 점에 유의하자. 이러한 헤더 정보를 페이로드에 포함시켜 2번 전송하면 중복이 발생하고 메시지 크기가 증가한다. 이로 인해 성능이 저하되고 불일치가 발생할 수 있다. 가능하면 이러한 중복을 피해야 한다.

프로그래머의 생산성과 관련해서 콘텍스트 정보를 프로토콜에 위임할 때와 **콘텍스트 표현**을 직접 구현할 때 프로그래머의 생산성이 (단기적으로나 장기적으로나) 더 높은지는 명확하지 않다. 대부분의 노력은 필요한 정보를 수집해 어딘가에 저장한 다음(발신자 측) 이를 찾아 처리하는(수신자 측) 작업에 투입된다. 프로토콜 라이브러리가 적절한 로컬 API를 제공한다고 가정하면 개발 노력은 크게 다르지 않을 것으로 예상할 수 있다. 일부 프로토콜은 필요한 모든 QoS 헤더를 지원하지 않을 수 있으며, 개발자가 해당 기능을 지원하는 프로토콜을 선택할 수 없는 경우 API에서 이러한 기능을 구현해야 한다.

관심사 분리 separation of concerns 와 응집성 cohesiveness (모든 콘텍스트 정보를 한곳에 모으는 것)은 서로 상충될 수 있는 주요한 설계 요구 사항인 포스이며, 관련 설계 결정은 다음 질문에 대한 답을 바탕으로 이뤄져야 한다. 누가 콘텍스트 정보를 생산하고 누가 소비하며, 언제 이런 일이 발생하는가? 데이터 정의는 시간이 지남에 따라 얼마나 자주 변경되는가? 데이터의 크기는 어느 정도인가? 데이터의 보호 필요성은 무엇인가?

관련 패턴

이 패턴은 종종 다른 패턴과 결합되기도 하는데, 예를 들어 **위시 리스트**에 표현된 데이터 요청은 **콘텍스트 표현**의 일부가 될 수 있지만 반드시 그럴 필요는 없다. 마찬가지로 **오류 보고**도 응답 메시지 콘텍스트에서 그 위치를 찾을 수 있다. **요청 번들**에는 컨테이너 수준과 각 개별 요청 또는 응답 요소에 대해 각각 하나씩 2가지 타입의 **콘텍스트 표현**이 필요할 수 있다. 예를 들어 **요청 번들**에서 하나 이상의 개별 응답이 실패할 경우 개별 **오류 보고**와 집계된 번들 수준 보고가 모두 의미가 있을 수 있다. 버전 식별자는 **콘텍스트 표현**에서도 전송될 수 있다.

역방향 프록시를 도입하기 위해 '프론트 도어 Front Door' 패턴[Schumacher 2006]이 자주 적용되지만 API 프로바이더와 클라이언트는 모든 헤더가 그러한 프록시가 제공하는 보안 절차를 거치는 것을 원하지 않을 수 있으며, 이러한 경우 **콘텍스트 표현**이 적용될 수 있다. 'API 게이트웨이'[Richardson 2016] 또는 프록시가 중개자 역할을 해 원본 요청과 응답을 수정할 수 있지만, 이렇게 하면 전체 아키텍처가 더 복잡해지고 관리 및 발전이 더 어려워진다. 이 접근 방식은 편리할 수 있지만 제어권을 포기하거나 제어권은 줄고 의존성이 높아지는 것을 의미하기도 한다.

비슷한 패턴은 다른 여러 패턴 언어에서도 나타난다. 예를 들어 '콘텍스트 객체Context Object'[Alur 2013]는 원격 콘텍스트가 아닌 자바 프로그래밍 콘텍스트에서 상태 및 시스템 정보를 프로토콜에 독립적으로 저장하는 문제를 해결한다. '호출 콘텍스트Invocation Context' 패턴[Voelter 2004]은 분산 호출의 확장 가능한 호출 콘텍스트에 콘텍스트 정보를 번들로 묶는 솔루션을 설명한다.

호출 콘텍스트는 모든 원격 호출과 함께 클라이언트와 원격 객체 간에 전송된다. '엔벨로프 래퍼Envelope Wrapper' 패턴[Hohpe 2003]은 비슷한 문제를 해결해 특정 구간을 담당하는 메시징 인프라에서 메시지의 특정 부분을 볼 수 있게 한다. '와이어 탭Wire Tap'[Hohpe 2003]과 같은 시스템 관리 패턴을 사용해 필요한 감사 및 로깅을 구현할 수 있다.

추가 정보

『RESTful Web Services Cookbook』의 3장에서는 엔티티 헤더에 기반을 둔 대체 접근 방식(HTTP의 맥락에서)에 대해 2가지 레시피로 설명한다[Allamaraju 2010].

『On the Representation of Context』[Stalnaker 1996]는 언어학에서 문맥 표현에 대한 개요를 제공한다.

메타데이터 엘리먼트 패턴은 관련 패턴 및 기타 배경 정보에 대한 더 많은 포인터를 제공한다.

요약

6장에서는 요청 및 응답 메시지에서 표현 엘리먼트의 구조와 의미를 살펴봤다. 엘리먼트 스테레오타입은 데이터를 메타데이터, 식별자, 링크와 구분하며, 일부 표현 엘리먼트는 특수한 목적과 일반적인 목적을 갖고 있다.

여기서는 데이터 엘리먼트로 대표되는 데이터 계약에 집중해 설명했다. API 계약이 노출하는 대부분의 데이터는 API 구현(예: 도메인 모델 엔티티의 인스턴스)에서 비롯된다. 메타데이터 엘리먼트는 데이터에 대한 데이터로서 출처 추적, 통계 또는 사용 힌트와 같은 보충 정보를 제공한다. 데이터 엘리먼트의 또 다른 상세화^{specialization}는 ID 엘리먼트다. ID 엘리먼트는 API 부분(예: 엔드포인트, 작업 또는 표현 엘리먼트)을 주소 지정, 구별 및 상호 연결하는 데 필요한 글루 코드를 제공한다. ID 엘리먼트는 네트워크 접근 가능 주소를 포함하지 않으며 일반적으로 의미 타입 정보를 포함하지 않는다. 이 정보가 필요한 경우는 링크 엘리먼트 패턴이 적합하다. 모든 타입의 데이터 엘리먼트는 아토믹 파라미터로 제공될 수 있지만, 아토믹 파라미터 리스트로 그룹화하거나 파라미터 트리 내에서 조합할 수도 있다. 정보 보유자 리소스 엔드포인트에 대한 읽기 및 쓰기 접근에는 당연히 데이터 엘리먼트가 필요하며, 처리 리소스의 입력 및 출력 파라미터에도 데이터 엘리먼트가 필요하다. 메타데이터 엘리먼트는 이러한 리소스의 의미를 설명하거나 클라이언트 측에서 쉽게 사용할 수 있도록 도와준다. 이러한 모든 구조적 고려 사항과 데이터 엘리먼트 속성은 API 계약에 정의돼야 하며 API 설명에 설명돼 있어야 한다.

또한 3가지 특수 목적 표현 엘리먼트도 다뤘다. API 키는 예를 들어 사용 비율 제한 또는 요금 책정 플랜을 적용하기 위해 클라이언트를 식별해야 할 때마다 사용할 수 있다(8장 참고). 콘텍스트 표현은 페이로드를 통해 콘텍스트 정보를 공유하기 위한 특정 목적을 위해 여러 메타데이터 엘리먼트 또는 ID 엘리먼트를 포함하고 번들로 묶는다. 예를 들어 오류 보고는 요청 번들로 인해 발생한 오류를 보고할 때 콘텍스트 표현에서 그 위치를 찾을 수 있다(필요한 요약 세부 정보 구조는 프로토콜 수준 헤더나 상태 코드로 모델링하기 어렵기 때문). 요청 번들 패턴은 7장에서 다룬다.

보안은 까다롭고 다면적인 주제이기 때문에 API 키에 대한 많은 보완책과 대안이 존재한다. 예를 들어 OAuth 2.0[Hardt 2012]은 인증을 위한 업계 표준 프로토콜로, OpenID Connect[OpenID 2021]를 통한 보안 인증의 기반이 되기도 한다. **프론트엔드 통합**의 경우 RFC 7519[Jones 2015]에 정의된 JWT가 일반적으로 사용된다. JWT는 액세스 토큰에 대한 간단한 메시지 형식을 정의한다. 액세스 토큰은 API 프로바이더가 만들고 암호화해 서명한다. 프로바이더는 이러한 토큰의 진위 여부를 확인하고 클라이언트를 식별하는 데 사용할 수 있다. API 키와 달리 JWT는 사양에 따라 페이로드를 포함할 수 있다. 프로바이더는 이 페이로드에 저장한 추가 정보를 클라이언트가 읽을 수 있게 해서 공격자가 서명을 깨지 않고는 변경할 수 없음을 파악할 수 있게 할 수 있다.

본격적인 인증 또는 권한 부여 프로토콜의 또 다른 예로는 네트워크 내부에서 싱글 사인온 인증single sign-on authentication을 제공하기 위해 자주 사용되는 커버로스[Neuman 2005]가 있다. LDAP[Sermersheim 2006]와 함께 사용하면 권한 부여 기능도 제공할 수 있다. LDAP 자체도 인증 기능을 제공하므로 LDAP를 인증 또는 권한 부여 프로토콜로 사용할 수 있다. 지점 간 인증 프로토콜의 예로는 CHAP[Simpson 1996] 및 EAP[Vollbrecht 2004]가 있다. **백엔드 통합**에서 백엔드 시스템의 API 간 통신을 보호하기 위해 사용할 수 있는 또 다른 대안으로 SAML[OASIS 2005]이 있다. 이러한 대안은 더 나은 보안을 제공하지만 구현 및 런타임 복잡성이 훨씬 더 높다.

『Advanced API Security』[Siriwardena 2014]에서는 OAuth 2.0, OpenID Connect, JWS 및 JWE를 사용한 API 보안에 대해 포괄적으로 설명한다. 『Build APIs You Won't Hate』[Sturgeon 2016b]의 9장에서는 개념적 및 기술적 대안에 대해 논의하고 OAuth 2.0 서버를 구현하는 방법에 대한 지침을 제공한다. OpenID Connect[OpenID 2021] 사양은 OAuth 2.0 프로토콜을 기반으로 한 사용자 식별을 다룬다. 『웹 API 설계 원칙』[Higginbotham 2021]의 15장에서는 API를 보호하는 방법을 설명한다.

6장의 모든 패턴은 모든 메시지 교환 형식 및 교환 패턴과 함께 작동한다. 예제에서는 널리 사용되는 요청-응답 메시지 교환 패턴을 사용했지만, 다른 메시지 교환 패턴을 선택할 때도 사용할 수 있도록 패턴을 작성했다. 이는 서비스 기반 시스템을 설계할 때 특히 유용하지만, 제시된 패턴 중 어떤 것도 특정 통합 스타일이나 기술을 전제로 하지 않았다.

7장에서는 특정 품질을 개선하는 방법을 목표로 하는 고급 메시지 구조 설계를 살펴본다.

7장
품질을 위한 메시지 설계 개선

7장에서는 API 품질 문제를 해결하는 7가지 패턴을 다룬다. 직관적인 이해 가능성, 뛰어난 성능, 원활한 진화 가능성 등의 품질을 중요하게 생각하지 않는 API 설계자와 제품 소유자는 찾기 어려울 것이다. 하지만 모든 품질 개선에는 추가 개발 노력과 같은 비용과 다른 품질에 대한 악영향과 같은 대가가 따른다. 이러한 균형 잡기는 원하는 품질 중 일부가 서로 상충하기 때문에 발생한다. 성능과 보안이 상충하는 매우 고전적인 문제를 떠올려 보자.

먼저 'API 품질 개요' 절에서 이러한 문제가 왜 중요한지 설명한다. 다음 절에서는 '메시지 세분성'을 다루는 2가지 패턴을 소개한다. 이어서 '클라이언트 주도 메시지 콘텐츠Client-Driven Message Content'에 대한 3가지 패턴과 '메시지 교환 최적화Message Exchange Optimization'를 목표로 하는 2가지 패턴을 소개한다.

이러한 패턴은 2부의 시작 부분에서 소개한 API에 대한 ADDR 설계 프로세스의 세 번째 및 네 번째 단계를 지원한다.

API 품질 개요

현대의 소프트웨어 시스템은 분산 시스템distributed system으로, 모바일 클라이언트 및 웹 클라이언트는 종종 단일 또는 여러 클라우드 프로바이더에서 호스팅하는 백엔드 API 서비스와 통신한다. 또한 여러 백엔드가 정보를 교환하고 서로의 활동을 트리거한다. 사용되는 기술과 프로토콜에 관계없이 이러한 시스템에서 하나 또는 여러 개의 API를 통해 메시지가 이동한다. 따라서 API 계약과 그 구현에 대해 높은 품질을 요구한다. API 클라이언트는 제공되는 모든 API가 안정적reliable이고 높은 응답성responsive과 높은 규모 확장성을 기대한다.

API 프로바이더는 양질의 서비스 품질을 보장하는 동시에 비용의 효율성을 보장하기 위해 상충되는 요구 사항의 균형을 맞춰야 한다. 따라서 7장에 제시된 모든 패턴은 다음과 같은 중요한 설계 문제를 해결하는 데 도움이 된다.

> 어떻게 하면 비용 면에서 효율적인 방식으로 사용 가능한 리소스를 활용하면서 퍼블리싱된 API의 일정 수준의 품질을 달성할 수 있는가?

성능 및 규모 확장성 문제는 새로운 API를 처음 개발할 때, 특히 애자일 개발에서는 우선순위가 높지 않을 수 있다. 일반적으로 고객이 정보에 입각한 의사 결정을 내리기 위해 API를 어떻게 사용할지에 대한 정보가 충분하지 않기 때문이다. 그냥 추측할 수도 있지만, 이는 신중하지 못하다고 할 수도 있다. 또한 가장 적절한 순간에 결정을 내리는 것making decision in the most responsible moment과 같은 원칙에 위배될 수 있다 [Wirfs-Brock 2011].

API 품질의 개선 관련 도전 과제

API 클라이언트의 사용 시나리오는 서로 다르다. 일부 클라이언트에게 이득이 되는 변경 사항이 다른 클라이언트에게는 부정적인 영향을 미칠 수 있다. 예를 들어 연결이 불안정한 모바일 디바이스에서 실행되는 웹 애플리케이션은 현재 페이지를 최대한 빠르게 렌더링하는 데 필요한 데이터만 제공하는 API를 선호할 수 있다. 전송하고 처리된 후 사용되지 않는 모든 데이터는 낭비이며, 소중한 배터리 시간과 기타 리소스를 낭비하게 된다. 백엔드 서비스로 실행되는 다른 클라이언트는 정교한 보고를 생성하고자 주기적으로 대량의 데이터를 검색할 수 있다. 여러 클라이언트-서버 상호작용에서 이러한 작업을 수행해야 하는 경우 네트워크 장애가 발생할 위험이 있으며, 장애가 발생하면 보고를 다시 시작하거나 처음부터 다시 시작해야 하는 수고로움이 있다. API가 한 가지 사용 사례에 맞춰 요청/응답 메시지를 설계했다면 다른 사용 사례에는 적합하지 않을 가능성이 높다.

자세히 살펴보면 다음과 같은 충돌 및 설계 문제가 발생한다.

- **메시지 크기**message size**와 필요 요청 수**number of requests**의 비교:** 작은 메시지를 여러 개 주고받는 것이 바람직한가, 아니면 큰 메시지를 적게 주고받는 것이 바람직한가? 다른 클라이언트가 사용하지 않는 데이터를 받지 않도록 일부 클라이언트가 필요한 모든 데이터를 얻기 위해 여러 번의 요청을 보내야 하는 것이 허용될 수 있는가?
- **개별 클라이언트에 따라 다른 정보 요구 사항:** 일부 고객의 이익을 다른 고객의 이익보다 우선시하는 것이 가치 있고 허용 가능한가?
- **네트워크 대역폭 사용량과 컴퓨팅 자원:** API 엔드포인트와 해당 클라이언트의 리소스 사용을 아끼기 위해 대역폭을 손해 봐야 하는가? 이러한 리소스에는 컴퓨팅 노드 및 데이터 스토리지가 포함된다.
- **구현 복잡도**implementation complexity**와 성능 비교:** 대역폭 절약을 통해 얻은 이득이 유지 관리가 더 어렵고 비용이 많이 드는 더 복잡한 구현과 같은 부정적인 결과를 감수할 가치가 있는가?
- **상태 비저장성**statelessness **대 성능:** 성능 향상을 위해 클라이언트/프로바이더의 상태 비저장성을 희생하는 것이 합당한가? 상태 비저장성은 규모 확장성을 향상시킨다.
- **사용 편의성 대 지연 시간**latency**:** API를 사용하기 어렵게 만들더라도 메시지 교환 속도를 높일 가치가 있는가?

앞의 목록이 완전하지 않다는 점에 유의하자. 이러한 질문에 대한 답은 API 이해관계자의 품질 목표와 추가 우려 사항에 따라 달라진다. 7장의 패턴은 주어진 요구 사항 집합에 따라 선택할 수 있는 다양한 옵션을 제공하며, 적절한 선택은 API마다 다르다. 이 책의 1부에서는 3장의 'API 품질 개선을 위한 의사 결정' 절에서 이러한 패턴에 대한 의사 결정 중심의 개요를 소개했다. 7장에서는 이러한 패턴을 자세히 다룬다.

7장의 패턴

'메시지 세분성' 절에는 2가지 패턴이 포함돼 있는데, **임베디드 엔티티와 링크된 정보 보유자** 패턴이다. API 작업에서 제공하는 데이터 엘리먼트는 하이퍼링크를 사용하는 등 다른 요소를 참조하는 경우가 많다. 클라이언트는 이러한 링크를 따라 추가 데이터를 검색할 수 있지만, 이는 지루할 수 있으며 클라이언트 측에서 더 많은 구현 노력과 지연 시간을 초래할 수 있다. 또는 프로바이더가 참조된 데이터를 링크하는 대신 직접 임베드하면 클라이언트가 모든 데이터를 한 번에 검색할 수 있다.

'클라이언트 주도 메시지 콘텐츠' 절에는 3가지 패턴이 있는데, API 작업은 때때로 대량의 데이터 엘리먼트 집합(예: 소셜 미디어 사이트의 게시물 또는 이커머스 상점의 제품)을 반환한다. API 클라이언트는 이러한 모든 데이터 엘리먼트에 관심이 있을 수 있지만 반드시 한 번에 모든 데이터가 필요하지 않을 수 있다. **페이지네이션**은 데이터 엘리먼트를 청크로 나눠 시퀀스의 일부만 한 번에 보내고 받게 한다. 클라이언트는 더 이상 많은 데이터에 걱정할 필요가 없고 성능과 리소스 사용량을 개선할 수 있다. 프로바이더는 응답 메시지에서 비교적 풍부한 데이터를 제공할 수 있다. 모든 클라이언트가 항상 모든 정보를 요구하는 것은 아니라는 것이 문제라면 **위시 리스트**를 사용하면 클라이언트가 관심 있는 응답 데이터 집합의 속성만 요청할 수 있다. **위시 템플릿**은 동일한 문제를 해결하지만 중첩될 수 있는 응답 데이터 구조에 대해 클라이언트가 훨씬 더 많은 제어 권한을 갖게 한다. 이러한 패턴은 정보의 정확도^{accuracy}, 데이터 간결성$^{data\ parsimony}$, 응답 시간 및 요청에 응답하는 데 필요한 처리 능력과 같은 문제를 해결한다.

마지막으로 '메시지 교환 최적화' 절에서는 **조건부 요청과 요청 번들**의 2가지 패턴을 소개한다. 이 장의 다른 여러 패턴은 너무 많은 요청을 보내거나 사용되지 않는 데이터를 전송하지 않도록 메시지 내용을 미세 조정하는 몇 가지 옵션을 제공하는 반면 **조건부 요청**은 클라이언트가 이미 갖고 있는 데이터를 보내지 않게 한다. 교환되는 메시지 수는 동일하게 유지되지만 API 구현은 전용 상태 코드로 응답해 클라이언트에게 최신 데이터를 사용할 수 없음을 알릴 수 있다. 전송되는 요청과 수신되는 응답의 수 또한 API의 품질을 저하시킬 수 있다. 클라이언트가 여러 개의 작은 요청을 보내고 개별 응답을 기다려야 하는 경우 이를 하나의 큰 메시지로 묶으면 처리량을 개선하고 클라이언트 측의 구현 노력을 줄일 수 있다. 요청 번들 패턴은 이러한 설계 옵션을 제공한다.

그림 7.1은 7장의 패턴에 대한 개요와 그 관계를 보여준다.

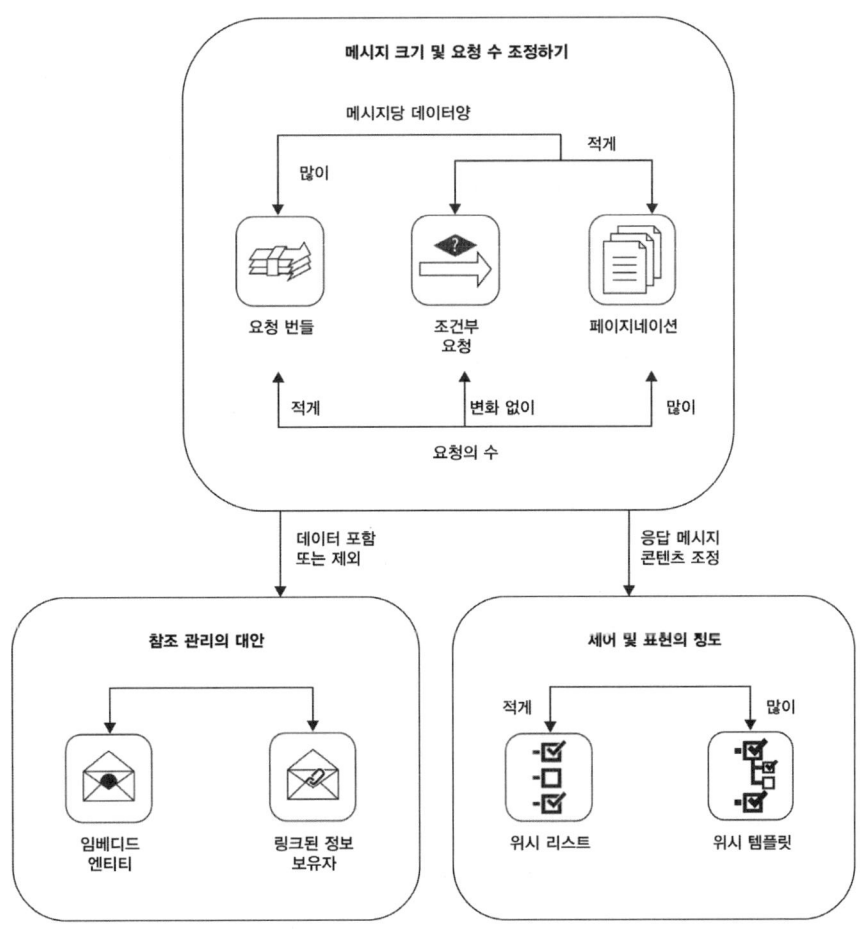

그림 7.1 이 장(API 품질)의 패턴 맵

메시지 세분성

요청 및 응답 메시지 표현의 정보 엘리먼트$^{\text{information element}}$는 API 도메인 모델(1장 참고)의 개념으로, 포함^{containment}, 애그리게이션^{aggregation} 또는 기타 관계를 표현하기 위해 다른 요소를 참조하는 경우가 많다. 예를 들어 주문 및 배송과 같은 운용 데이터$^{\text{operational data}}$는 일반적으로 제품 및 고객 기록과 같은 마스터 데이터$^{\text{master data}}$와 연관돼 있다. API 엔드포인트와 그 동작을 정의할 때 이러한 참조를 노출하기 위한 2가지 기본 옵션은 다음과 같다.

1. **임베디드 엔티티:** 참조된 데이터를 중첩될 수 있는 데이터 엘리먼트(6장에서 소개)에서 메시지 표현에 포함시킨다.
2. **링크된 정보 보유자:** 정보 보유자 리소스에 대한 별도의 API 호출(5장)을 통해 참조된 데이터를 조회할 수 있도록 메시지 표현에 링크 엘리먼트(6장에서도 소개)를 배치한다.

이러한 메시지 크기 및 범위 지정 옵션은 API 품질에 영향을 미친다.

- **성능 및 규모 확장성:** 전체 통합 시나리오를 처리하는 데 필요한 메시지 크기와 호출 수는 모두 낮게 유지돼야 한다. 많은 데이터를 전송하는 메시지는 생성하고 처리하는 데 시간이 걸리는 반면 작은 메시지는 생성하기 쉽지만 통신 인프라에 더 많은 작업을 유발하고 수신자 측의 조정이 필요하다.
- **수정 가능성 및 유연성:** 하위 호환성$^{\text{backward compatibility}}$과 확장성^{extensibility}은 각 부분이 서로 독립적으로 진화하는 모든 분산 시스템에서 요구된다. 구조화된 독립형 표현에 포함된 정보 엘리먼트는 로컬 업데이트가 해당 엘리먼트와 함께 작동하는 API 작업 및 API 구현의 관련 데이터 구조에 대한 업데이트와 조정 및 동기화돼야 하므로 변경하기 어려울 수 있다. 외부 리소스에 대한 참조가 포함된 구조화된 표현은 클라이언트가 이러한 참조를 알고 있어야 올바르게 따라갈 수 있기 때문에 일반적으로 자체 포함된 데이터보다 변경하기가 훨씬 더 어렵다.

- **데이터 품질**data quality: 고객 프로필이나 제품 세부 정보와 같은 정형화된structured 마스터 데이터는 국가 및 통화 코드와 같은 비정형화된unstructured 참조 데이터와 다르다(5장에서는 도메인 데이터를 수명 및 변경 가능성에 따라 분류한다). 더 많은 데이터가 전송될수록 이 데이터를 유용하게 활용하기 위해 더 많은 거버넌스가 필요하다. 예를 들어 온라인 상점의 제품 및 고객에 따라 데이터 소유권이 다를 수 있으며, 각 데이터 보유자는 일반적으로 데이터 보호, 데이터 유효성 검사 및 업데이트 주기 등과 관련해 서로 다른 요구 사항을 갖고 있다. 추가 메타데이터 및 데이터 관리 절차가 필요할 수도 있다.
- **데이터 프라이버시**data privacy: 데이터 프라이버시 분류 측면에서 데이터 관계의 출처와 대상이 서로 다른 보호 요구 사항을 가질 수 있다. 예를 들어 연락처 주소와 신용카드 정보가 포함된 고객 기록이 있다. 좀 더 세분화된 데이터 검색은 적절한 제어와 규칙의 시행을 용이하게 해서 포함된 제한된 데이터가 실수로 누락될 위험을 낮춘다.
- **데이터 최신성 및 데이터 일관성**: 경쟁 클라이언트에서 서로 다른 시간에 데이터를 검색하는 경우 이러한 클라이언트의 데이터 스냅숏과 보기가 일관되지 않을 수 있다. 링크로 제공되는 데이터 참조는 클라이언트가 참조된 데이터의 가장 최신 버전을 검색하는 데 도움이 될 수 있다. 그러나 이러한 참조는 참조 링크가 전송된 후 대상이 변경되거나 사라질 수 있으므로 참조가 중단될 수 있다. API 프로바이더는 참조된 모든 데이터를 동일한 메시지에 포함시킴으로써 내부적으로 일관된 콘텐츠 스냅숏을 제공해 링크 대상을 사용할 수 없게 되는 위험을 피할 수 있다. 단일 책임single responsibility과 같은 소프트웨어 엔지니어링 원칙을 극단적으로 적용하면 데이터가 파편화되고 흩어질 수 있기 때문에 데이터 일관성 및 데이터 무결성과 관련된 문제가 발생할 수 있다.

이 절의 2가지 메시지 세분성 패턴인 **임베디드 엔티티와 링크된 정보 보유자**는 이러한 문제를 서로 반대되는 방식으로 해결한다. 이 2가지를 사례별로 결합하면 적절한 메시지 크기를 확보할 수 있으며, 다양한 통합 요구 사항을 충족하기 위한 호출 횟수와 교환되는 데이터의 양이 균형을 이룰 수 있다.

 패턴: 임베디드 엔티티

적용 시기 및 이유

통신 참여자가 필요로 하는 정보에는 정형화된 데이터$^{structured\ data}$가 포함된다. 이 데이터에는 특정 방식으로 서로 연관된 여러 요소가 포함된다. 예를 들어 고객 프로필과 같은 마스터 데이터에는 주소와 전화번호 등 연락처 정보를 제공하는 다른 요소가 포함될 수 있고, 정기적인 비즈니스 결과 보고서에는 개별 비즈니스 거래를 요약한 월별 매출 수치와 같은 소스 정보가 집계될 수 있다. API 클라이언트는 요청 메시지를 만들거나 응답 메시지를 처리할 때 여러 가지 관련 정보 요소를 사용한다.

▼
> 수신자가 여러 관련 정보 엘리먼트에 대한 인사이트를 필요로 할 때 불필요하게 여러 번 메시지를 교환하지 않으려면 어떻게 해야 할까?

▲

각 기본 정보 엘리먼트(예: 애플리케이션 도메인 모델에 정의된 엔티티)에 대해 하나의 API 엔드포인트를 정의하기만 하면 된다. 예를 들어 이 엔드포인트는 API 클라이언트가 해당 정보 요소의 데이터를 필요로 할 때마다, 다른 정보 요소에서 참조할 때마다 액세스된다. 그러나 API 클라이언트가 여러 상황에서 이러한 데이터를 사용하는 경우 이 솔루션은 참조가 뒤따를 때 많은 후속 요청을 유발한다. 이로 인해 요청 실행을 조정해야 하고 대화 상태가 발생해 확장성과 가용성이 저하될 수 있으며, 분산된 데이터는 로컬 데이터보다 일관성을 유지하기가 더 어렵다.

작동 방식

수신자가 추적하고자 하는 데이터 관계의 경우 관계의 대상 종단의 데이터가 포함된 데이터 엘리먼트를 요청 또는 응답 메시지에 임베드한다. 이 **임베디드 엔티티**를 관련된 원본 표현source representation 안에 배치한다.

새 데이터 엘리먼트에서 나가는 관계를 분석하고 메시지에도 임베드하는 것을 고려한다. 이행적 폐쇄transitive closure에 도달할 때까지 이 분석을 반복한다. 즉 도달 가능한 모든 엘리먼트가 포함되거나 제외될 때까지 또는 반복돼 같은 요소들을 방문하는 원circle이 감지돼 처리가 중지될 때까지 분석을 진행돼야 한다. 각 소스-대상 관계를 주의 깊게 검토해 대상 데이터가 수신자 측에서 실제로 필요한 것들이 충분히 포함됐는지 평가하자. 이 질문에 '예'라고 답하면 관계 정보를 **임베디드 엔티티**로 전송해야 하며, **링크된 정보 보유자**에 대한 참조를 전송하는 것으로 충분할 수 있다. 예를 들어 구매 주문서에 제품 마스터 데이터와 사용 관계가 있고 이 마스터 데이터가 구매 주문서를 이해하기 위해 필요한 경우 요청 또는 응답 메시지의 구매 주문 표현에는 제품 마스터 데이터에 저장된 모든 관련 정보의 사본이 **임베디드 엔티티**에 포함돼야 한다.

그림 7.2는 이 솔루션의 개요를 보여준다.

메시지에 **임베디드 엔티티**를 포함하면 관련 데이터를 나타내는 데이터 엘리먼트를 포함하는 **파라미터 트리** 구조를 사용하게 된다. 이 트리의 추가 메타데이터 엘리먼트는 관계 타입 및 기타 보충 정보를 나타낼 수 있다. 포함된 데이터 엘리먼트에 따라 트리를 구조화하는 데는 몇 가지 옵션이 있다. 예를 들어 깊은 포함 관계 계층을 나타낼 때는 중첩nested될 수 있으며, 플랫 트리로 하나 이상의 **아토믹 파라미터**만 나열할 수도 있다. HTTP 리소스 API에서 JSON으로 작업할 때 JSON 객체(다른 JSON 객체 포함)는 이러한 옵션을 실현한다. 일대다 관계(예: 주문 항목을 참조하는 구매 주문서)는 **임베디드 엔티티**를 집합 값으로 만들 수 있다. JSON 배열은 이러한 집합을 나타낼 수 있다. 다대다 관계를 표현하는 옵션은 **링크된 정보 보유자** 패턴의 옵션과 유사하다. 예를 들어 관계에 대한 전용 노드가 **파라미터 트리**에 포함될 수 있다. 일부 중복성은 바람직하거나 용인될 수 있지만, 정규화된 데이터를 기대하는 소비자에게 혼란을 줄 수도 있다. 양방향 관계는 특별한 주의가 필요하다. 방향 중 하나를 사용해 **임베디드 엔티티** 계층 구조를 만들 수 있는데, 메시지 표현에 반대 방향도 명시해야 하는 경우 이 패턴의 두 번째 인스턴스가 필요해 데이터 중복을 유발할 수 있다. 이 경우 두 번째 관계를 임베디드 ID 엘리먼트 또는 링크 엘리먼트로 표현하는 것이 더 나을 수 있다.

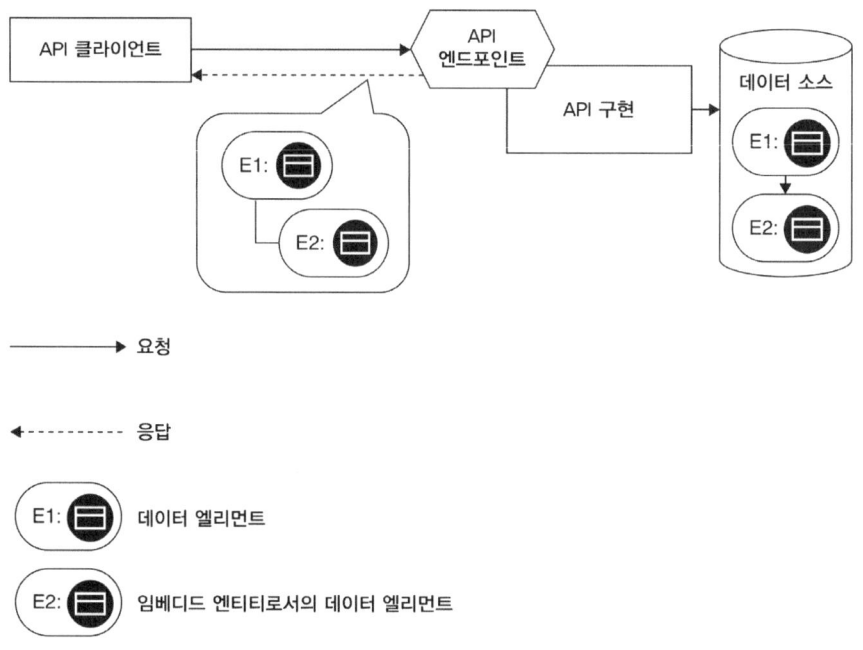

그림 7.2 임베디드 엔티티: 데이터 관계를 따르기 위해 API 구현에서 소스 데이터의 구조와 일치하는 구조화된 메시지 콘텐츠를 반환하는 단일 API 엔드포인트 및 동작

어떤 경우든 API 설명은 임베디드 엔티티 인스턴스의 존재, 구조 및 의미를 설명해야 한다.

예시

2장에서 소개한 마이크로서비스 샘플 애플리케이션인 호반 상호 보험에는 동작 시그니처$^{operation\ signature}$에 여러 정보 항목(여기서는 도메인 주도 설계^{DDD}의 엔티티 및 값 객체)을 집계하는 고객 코어라는 서비스가 포함돼 있다. 고객 셀프 서비스 프론트엔드$^{Customer\ Self-Service\ Frontend}$ 같은 API 클라이언트는 HTTP 리소스 API를 통해 이 데이터에 액세스할 수 있다. 이 API에는 임베디드 엔티티 패턴의 여러 인스턴스가 포함돼 있

다. 이 패턴을 적용하면 응답 메시지는 다음과 같이 보일 수 있다.[1]

```
curl -X GET http://localhost:8080/customers/gktlipwhjr
{
    "customer": {
        "id": "gktlipwhjr"
    },
    "customerProfile": {
        "firstname": "Robbie",
        "lastname": "Davenhall",
        "birthday": "1961-08-11T23:00:00.000+0000",
        "currentAddress": {
            "streetAddress": "1 Dunning Trail",
            "postalCode": "9511",
            "city": "Banga"
        },
        "email": "rdavenhall0@example.com",
        "phoneNumber": "491 103 8336",
        "moveHistory": [{
            "streetAddress": "15 Briar Crest Center",
            "postalCode": "",
            "city": "Aeteke"
        }]
    },
    "customerInteractionLog": {
        "contactHistory": [],
        "classification": "??"
    }
}
```

참조된 정보 요소는 모두 응답 메시지에 완전히 포함돼 있다(예: customerProfile 및 customerInteractionLog). 다른 리소스에 대한 URI 링크는 표시되지 않는다. customerProfile 엔티티는 실제로 이 예시 데이터 세트에 중첩된 데이터(예:

---

1. 표시된 데이터는 https://www.mockaroo.com에서 생성된 가상의 데이터다.

currentAddress 및 moveHistory)를 포함하지만, customerInteractionLog는 포함하지 않는다. 하지만 여전히 빈 임베디드 엔티티로 포함돼 있다.

토론

이 패턴을 적용하면 수신자가 여러 개의 관련 정보 요소를 필요로 할 때 여러 개의 메시지를 교환해야 하는 문제를 해결할 수 있다. 임베디드 엔티티는 필요한 호출 횟수를 줄여준다. 필요한 정보가 포함돼 있으면 클라이언트가 해당 정보를 얻기 위해 후속 요청을 생성할 필요가 없다. 엔티티를 임베딩하면 링크된 정보를 검색하기 위한 전용 엔드포인트가 필요하지 않으므로 엔드포인트 수를 줄일 수 있다. 하지만 엔티티를 포함하면 응답 메시지가 커지므로 일반적으로 전송 시간이 더 오래 걸리고 대역폭을 더 많이 소비하게 된다. 또한 포함된 정보가 원본보다 더 높은 수준의 보호가 필요한 정보가 아닌지, 제한된 데이터가 누락되지 않도록 주의해야 한다.

다양한 메시지 수신자(즉, 응답 메시지를 위한 API 클라이언트)가 작업을 수행하는 데 필요한 정보를 예측하는 것은 어려울 수 있다. 그 결과, 대부분의 클라이언트가 필요로 하는 것보다 더 많은 데이터를 포함하는 경향이 있다. 이러한 설계는 다양한 익명의 많은 클라이언트에 서비스를 제공하는 많은 **퍼블릭 API**에서 찾아볼 수 있다.

흥미로운 데이터를 모두 포함하기 위해 정보 요소 간의 전체 관계를 탐색하려면 복잡한 메시지 표현이 필요하고 메시지 크기가 커질 수 있다. 모든 수신자가 동일한 메시지 콘텐츠를 요구할 가능성은 거의 없기도 하고, 일단 API 설명에 포함돼 노출된 **임베디드 엔티티**는 이전 버전과 호환되는 방식으로 제거하기가 어렵다. 이는 클라이언트가 해당 엔티티에 의존하기 시작했을 수 있기 때문이다.

데이터의 대부분 또는 전부가 실제로 사용되는 경우 여러 개의 작은 메시지를 전송하는 것이 하나의 큰 메시지를 전송하는 것보다 더 많은 대역폭을 필요로 할 수 있다. 이는 프로토콜 헤더 메타데이터가 각각의 작은 메시지와 함께 전송되기 때문이다. 임베디드 엔티티가 서로 다른 속도로 변경되는 경우 콘텐츠가 부분적으로 변경된 메시지는 전체만 캐시할 수 있기 때문에 이를 재전송하면 불필요한 오버헤드가 발생한다. 예를 들어 빠르게 변경되는 동작 엔티티에 불변의 마스터 데이터를 참조하는 경우를 생각할 수 있다.

임베디드 엔티티를 사용할지 여부는 메시지 소비자의 수와 사용 사례의 동질성에 따라 결정될 수 있다. 예를 들어 특정 사용 사례를 가진 소비자 한 명만 타깃팅하는 경우 필요한 모든 데이터를 바로 임베딩하는 것이 좋다. 반대로 소비자나 사용 사례가 다르면 동일한 데이터로 작동하지 않을 수 있다. 메시지 크기를 최소화하기 위해 모든 데이터를 전송하지 않는 것이 바람직할 수 있다. 예를 들어 '프론트엔드를 위한 백엔드'를 제공하는 경우와 같이 클라이언트와 프로바이더를 모두 동일한 조직에서 개발할 수도 있다[Newman 2015]. 이러한 경우 엔티티를 임베딩하는 것이 요청 횟수를 최소화하는 합리적인 전략이 될 수 있다. 이러한 환경에서는 균일한 규칙적 구조를 도입해 개발을 단순화할 수 있다.

예를 들어 사용자 인터페이스에 즉시 표시되는 모든 데이터를 임베딩하고 나머지는 요청 시 검색할 수 있게 링크하는 등 데이터 링크와 임베딩의 조합이 종종 합리적이면 링크된 데이터는 사용자가 해당 사용자 인터페이스 요소를 스크롤하거나 열 때만 가져온다. Atlassian[Atlassian 2022]에서는 이러한 하이브리드 접근 방식을 설명한다. "내장된 관련 객체는 일반적으로 객체 그래프가 너무 깊고 노이즈가 심해지는 것을 방지하기 위해 해당 필드가 제한된다. 성능과 유용성 간의 균형을 맞추기 위해 자체 중첩된 객체를 제외하는 경우가 많다."

'API 게이트웨이'[Richardson 2016]와 '메시징 미들웨어'[Hohpe 2003]도 다양한 정보 요구 사항을 처리할 때 도움이 될 수 있다. 게이트웨이는 동일한 백엔드 인터페이스를 사용하는 2가지 대체 API를 제공하거나 서로 다른 엔드포인트 및 동작에서 정보를 수집하고 집계할 수 있으며(이를 통해 상태 저장) 메시징 시스템은 필터 및 강화 기능과 같은 변환 기능을 제공할 수 있다.

관련 패턴

링크된 정보 보유자는 참조 관리 문제에 대한 보완적이고 반대되는 해결책을 설명한다. 링크된 정보 보유자로 전환하는 이유 중 하나는 느리거나 불안정한 네트워크로 인해 대용량 메시지 전송이 어려워지는 성능 문제를 완화하기 위해서일 수 있다. 링크된 정보 보유자는 각 엔티티를 독립적으로 캐싱할 수 있기 때문에 이러한 상황을 개선하는 데 도움이 될 수 있다.

메시지 크기를 줄이는 것이 주요 설계 목표인 경우 위시 리스트 또는 더 표현력이 풍부한 위시 템플릿을 적용해 소비자가 필요한 데이터의 하위 집합을 동적으로 설명할 수 있게 함으로써 전송할 데이터를 최소화할 수도 있다. 위시 리스트 또는 위시 템플릿은 임베디드 엔티티의 콘텐츠를 세밀하게 조정하는 데 도움이 될 수 있다.

운용 데이터 보유자는 정의에 따라 직접 또는 간접적으로 마스터 데이터 보유자를 참조하며, 이러한 참조는 종종 링크된 정보 보유자로 표시된다. 동일한 타입의 데이터 보유자 간의 참조는 임베디드 엔티티 패턴에 포함될 가능성이 높다. 정보 보유자 리소스와 처리 리소스 모두 연결 또는 임베드해야 하는 구조화된 데이터를 다룰 수 있으며, 특히 인출 동작은 관련 정보를 임베드하거나 연결한다.

추가 정보

필 스터전^{Phil Sturgeon}은 이 패턴을 '임베디드 문서(중첩)^{Embedded Document (Nesting)}'라는 이름으로 『Build APIs You Won't Hate』[Sturgeon 2016b]에서 소개하고 있다. 추가적인 조언과 예시는 7.5절을 참고하자.

 패턴: 링크된 정보 보유자

적용 시기 및 이유

API는 클라이언트의 정보 요구를 충족하기 위해 구조화된 데이터를 노출한다. 이 데이터에는 서로 연관된 엘리먼트가 포함돼 있다(예: 제품 마스터 데이터에 세부 정보를 제공하는 다른 정보 엘리먼트가 포함돼 있거나 일정 기간의 성과 보고서에 개별 측정값과 같은 원시 데이터를 집계할 수 있음). API 클라이언트는 요청 메시지를 준비하거나 응답 메시지를 처리할 때 여러 가지 관련 정보 엘리먼트를 사용한다. 그러나 이 모든 정보가 항상 클라이언트에게 전체적으로 유용한 것은 아니다.[2]

▼
> API가 서로 참조하는 여러 정보 엘리먼트를 처리하는 경우에도 어떻게 메시지를 작게 유지할 수 있을까?
▲

분산 시스템 설계의 경험 법칙에 따르면 교환되는 메시지가 크면 네트워크와 엔드포인트 처리 리소스를 과도하게 사용할 수 있으므로 메시지의 크기는 작아야 한다고 명시돼 있다. 그러나 커뮤니케이션 참여자들이 서로 공유하고자 하는 내용을 모두 작은 메시지에 담을 수는 없다. 예를 들어 정보 요소 내의 관계 중 일부 또는 전부를 추적하고자 할 수도 있다. 관계 소스와 대상이 단일 메시지로 결합되지 않은 경우 참가자들은 개별 정보를 찾고 액세스하는 방법을 서로에게 알려줘야 한다. 이렇게 분산된 정보 집합을 설계, 구현 및 발전시켜야 하며, 그 결과 발생하는 참여자와 공유되는 정보 간의 종속성을 관리해야 한다. 예를 들어 보험 정책은 일반적으로 고객 및 상품 마스터 데이터를 참조하며, 이러한 각 관련 정보 요소는 여러 부분으로 구성될 수 있다(이 예제의 데이터 및 도메인 엔티티에 대한 자세한 내용은 2장 참고).

한 가지 옵션은 **임베디드 엔티티** 패턴에 설명된 대로 API 전체에 걸쳐 요청 및 응답 메시지에 전송된 각 요소의 모든 관련 정보 요소를 항상 포함시키는 것이다. 그러나 이 접근 방식은 일부 클라이언트에서 필요로 하지 않은 데이터가 포함된 대용량 메시지를 사용할 수 있으며, 개별 API 호출의 성능을 저하시킬 수 있다. 또한 이 데이터를 필요로 하는 이해관계자 사이에 결합도가 증가하게 된다.

---

2. 이 패턴 콘텍스트는 **임베디드 엔티티**의 콘텍스트와 유사하지만 클라이언트의 요구와 필요의 다양성을 지원한다.

작동 방식

▼
관련된 여러 정보 요소와 관련된 메시지에 **링크 엘리먼트**를 추가한다. 그 결과 생성된 **링크된 정보 보유자**가 링크된 엘리먼트를 노출하는 다른 API 엔드포인트를 참조하게 한다.
▲

참조된 API 엔드포인트는 링크된 정보 요소를 나타내는 **정보 보유자 리소스**인 경우가 많다. 이 요소는 API에 의해 노출되는 도메인 모델의 엔티티일 수도 있고(래핑 및 매핑될 수도 있음), API 구현의 계산 결과일 수도 있다.

링크된 정보 보유자는 요청 및 응답 메시지에 나타날 수 있으며, 후자의 경우가 더 일반적이다. 통상적으로 파라미터 트리는 링크 엘리먼트의 컬렉션과 선택적으로 링크 의미를 설명하는 메타데이터 엘리먼트를 결합해 표현 구조에 사용되며, 간단한 경우에는 아토믹 파라미터의 집합 또는 단일 아토믹 파라미터가 링크를 전달하는 데 충분할 수 있다.

그림 7.3은 이 패턴을 구현한 2단계 대화를 보여준다.

링크된 정보 보유자를 구성하는 링크 엘리먼트는 위치 정보(예: URL(도메인/호스트네임 및 포트 번호 포함, TCP/IP를 통한 HTTP 사용 시))를 제공한다. 링크 엘리먼트에는 메시지 표현(예: JSON 객체) 내에서 식별할 수 있는 로컬 이름도 있다. 관계에 대한 추가 정보가 클라이언트에 전송돼야 하는 경우 이 링크 엘리먼트에 해당 관계에 대한 세부 정보(예: 타입 및 의미를 지정하는 메타데이터 엘리먼트)를 애너테이션으로 달 수 있다. 어떤 경우든 API 클라이언트와 프로바이더는 링크 관계의 의미에 동의해야 하며, 결합도 증가와 같은 부작용이 발생할 수 있음을 인지하고 있어야 한다. 관계의 양쪽 끝에 있는 카디널리티를 포함해 링크된 정보 보유자의 존재와 의미는 API 설명에 문서화돼야 한다.

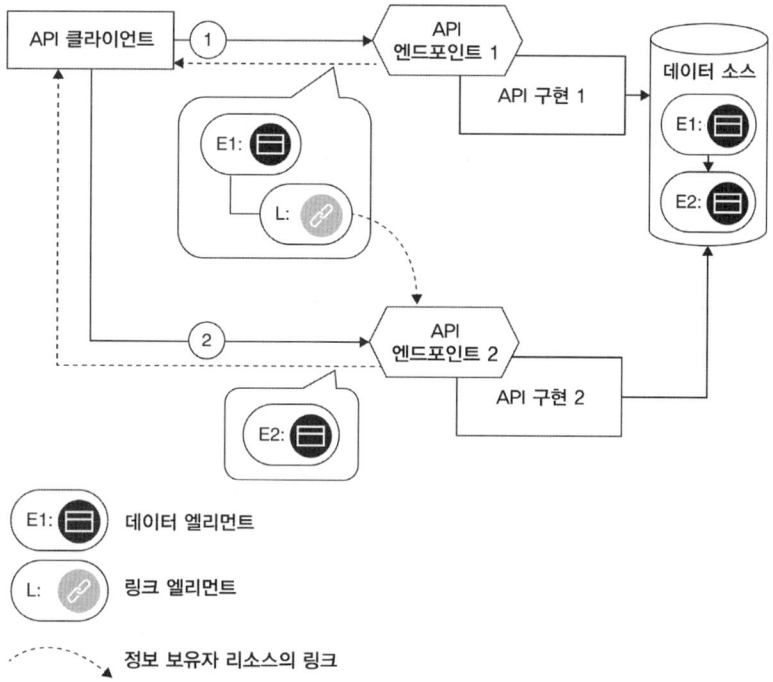

그림 7.3 링크된 정보 보유자. 2개의 API 엔드포인트가 관련돼 있다. 첫 번째 응답에는 데이터 소스의 데이터가 아닌 링크가 포함돼 있으며, 데이터는 두 번째 엔드포인트에 대한 후속 요청으로 이 링크에서 검색된다.

일대다 관계는 여러 링크 엘리먼트를 아토믹 파라미터 리스트로 전송해 컬렉션으로 모델링할 수 있다. 다대다 관계(예: 도서관 관리 시스템에서 책과 독자 간의 관계)는 2개의 일대다 관계로 모델링할 수 있는데, 한 컬렉션은 소스 데이터를 대상에 연결하고 두 번째 컬렉션은 대상 데이터를 소스에 연결한다(메시지 수신자가 양방향으로 관계를 추적하기를 원한다고 가정할 때). 이러한 설계를 위해서는 소스나 대상이 아닌 관계를 나타내는 관계 보유자 리소스인 추가 API 엔드포인트를 도입해야 할 수도 있다. 이 엔드포인트는 소스 및 대상과의 모든 관계를 검색할 수 있는 작업을 노출하며, 클라이언트가 이미 알고 있는 관계의 다른 쪽 끝을 찾을 수 있게 할 수도 있다. 다양한 타입의 링크 엘리먼트는 관계 보유자 리소스와 주고받는 메시지에서 이러한 끝점을 식별한다. 임베디드 엔티티 패턴과 달리 **링크된 정보 보유자**로 작업할 때는 데이터의 순환 종속성이 덜 문제가 되지만, 데이터 처리에서 무한 루프를 피해야 할 책임은 메시지 발신자에서 수신자로 이동한다.

예시

고객 관리를 위한 호반 상호 보험의 샘플 애플리케이션은 애플리케이션의 도메인 모델에서 여러 정보 요소를 DDD의 엔티티 및 값 객체의 형태로 집계하는 고객 코어 서비스 API를 활용한다. API 클라이언트는 스프링 부트에서 REST 컨트롤러로 구현된 고객 정보 보유자를 통해 이 데이터에 액세스할 수 있다.

customers라고 하는 고객 정보 보유자는 정보 보유자 리소스 패턴을 구현한다. customerProfile과 이에 대한 응답 메시지인 moveHistory에 링크된 정보 보유자를 적용하면 다음과 같이 보일 수 있다.

```
curl -X GET http://localhost:8080/customers/gktlipwhjr
{
  "customer": {
    "id": "gktlipwhjr"
  },
  "links": [{
    "rel": "customerProfile",
    "href": "/customers/gktlipwhjr/profile"
  }, {
    "rel": "moveHistory",
    "href": "/customers/gktlipwhjr/moveHistory"
  }],
  "email": "rdavenhall0@example.com",
  "phoneNumber": "491 103 8336",
  "customerInteractionLog": {
    "contactHistory": [],
    "classification": "??"
  }
}
```

customerProfile과 moveHistory는 모두 고객 정보 보유자의 하위 리소스로 구현된다. customerProfile은 URI /customers/gktlipwhjr/profile에 대한 후속 GET 요청으로 인출할 수 있다. 클라이언트는 GET 요청을 사용해야 한다는 것을 어떻게 알 수 있을까? 이 정보는 **메타데이터 엘리먼트**에 포함됐을 수 있다. 이 예시에서 API 설계자는 이 정보를 포함하지 않기로 결정했다. 대신 API 설명에 기본적으로 정보를 검색하는 데 **GET** 요청이 사용된다고 명시하고 있다.

토론

관련 데이터를 포함하지 않고 링크하면 메시지의 크기가 작아지고 개별 메시지를 교환할 때 통신 인프라의 리소스를 덜 사용한다. 그러나 링크를 따라가는 데 필요한 추가 메시지로 인해 리소스가 더 많이 사용될 수 있다는 점에 차이가 있다는 점에서 비교해 봐야 한다. 즉, 링크된 정보를 참조 해제하려면 추가 요청이 필요하다는 것이다. 임베딩 대신 링크를 사용하면 통신 인프라에 더 많은 리소스가 필요할 수 있다. 연결된 데이터에 대해 추가적인 **정보 보유자 리소스 엔드포인트**를 제공해야 하므로 개발 및 운영 노력과 비용이 발생하지만, 접근 제한을 적용할 수 있다.

링크된 정보 보유자를 메시지 표현에 도입할 때는 이러한 링크를 성공적으로 따라갈 수 있다는 암묵적인 약속을 수신자와 하는 것이다. 그렇지만 프로바이더가 이러한 약속을 무한정 지키지는 않을 수도 있다. 링크된 엔드포인트의 긴 수명이 보장되더라도 데이터 조직이나 배포 위치가 변경되는 등의 이유로 링크가 끊어질 수 있기 때문이다. 클라이언트는 이러한 상황을 예상하고 업데이트된 링크에 대한 리디렉션 또는 추천을 따를 수 있어야 한다. 링크 끊김을 최소화하기 위해 API 프로바이더는 링크 일관성을 유지하는 데 노력해야 하며, 이를 위해 **링크 조회 리소스**를 사용할 수 있어야 한다.

때로는 데이터 배포로 인해 교환되는 메시지 수가 줄어드는 경우도 있다. 서로 다른 속도로 변경되는 데이터에 대해 서로 다른 **링크된 정보 보유자**를 정의할 수 있다. 그러면 클라이언트는 자주 변경되는 데이터의 최신 스냅숏이 필요할 때마다 요청할 수 있으며, 그 데이터에 포함돼 긴밀하게 결합된 느리게 변경되는 데이터를 다시 요청할 필요가 없다.

이 패턴은 모듈식 API 설계로 이어지지만 관리해야 하는 종속성을 추가한다. 잠재적으로 성능, 워크로드 및 유지 관리 비용이 추가될 수 있다. 성능 관점에서 장점이 더 있다면 **임베디드 엔티티** 패턴을 대신 사용할 수 있다. 네트워크 및 엔드포인트 처리 능력이나 제약 조건으로 인해 몇 개의 큰 호출이 여러 개의 작은 호출보다 성능이 더 나은 것으로 측정돼 확인된 경우 이 패턴을 사용하는 것이 좋다. API를 발전시키는 동안 임베디드 엔티티와 링크된 정보 보유자 사이를 오가야 할 수도 있는데, 2개의 상용 버전을 사용하면 2가지 설계를 동시에 제공해 잠재적인 변경 사항을 실험할 수 있다. 이것은 『Interface Refactoring Catalog』[Stocker 2021b]의 API 리팩토링 '인라인 정보 보유자'Inline Information Holder' 및 '추출 정보 보유자'Extract Information Holder'에서 자세한 지침과 단계별 지침을 확인할 수 있다.

링크된 정보 보유자는 여러 사용 시나리오를 지원하는 풍부한 정보 보유자를 참조할 때 적합하다. 예를 들어 고객 프로필이나 제품 기록과 같은 **마스터 데이터 보유자**가 고객 문의나 주문과 같은 **운용 데이터 보유자**로부터 참조되는 경우와 같이 일반적으로 모든 메시지 수신자가 참조된 데이터의 전체 집합을 필요로 하는 것은 아니다. **링크된 정보 보유자**에 대한 링크로부터 메시지 수신자는 필요에 따라 필요한 하위 집합을 얻을 수 있다.

링크된 정보 보유자를 사용하거나 **임베디드 엔티티**를 포함할지 여부는 API 클라이언트의 수와 사용 사례의 유사성 수준에 따라 결정될 수 있다. 또 다른 의사 결정 드라이버[3]는 도메인 모델과 그 모델이 나타내는 애플리케이션 시나리오의 복잡성이다. 예를 들어 특정 사용 사례를 가진 하나의 클라이언트가 대상인 경우 일반적으로 모든 데이터를 임베드하는 것이 합리적이다. 하지만 클라이언트가 여러 명이라면 모든 클라이언트가 동일하고 포괄적인 데이터를 원하지 않을 수 있다. 이러한 상황에서는 **링크된 정보 보유자**가 일부 클라이언트만 사용하는 데이터를 가리키면 메시지 크기를 줄일 수 있다.

---

3. 1장에서 정의한 것과 같이 주요한 요구 사항(force) 혹은 품질 속성(quality attribute) – 옮긴이

관련 패턴

링크된 정보 보유자는 일반적으로 정보 보유자 리소스를 참조한다. 참조된 정보 보유자 리소스는 링크 조회 리소스와 결합해 잠재적으로 끊어질 수 있는 링크에 대처할 수 있다. 정의에 따라 운용 데이터 보유자는 마스터 데이터 보유자를 참조하며, 이러한 참조는 임베디드 엔티티를 포함해 평활화flattened하거나 링크된 정보 보유자를 사용해 정형화structured한 다음 점진적으로 원하는 정보를 찾아갈 수 있다.

교환되는 데이터의 양을 줄이는 데 도움이 되는 다른 패턴을 대신 사용할 수도 있다. 예를 들어 조건부 요청, 위시 리스트, 위시 템플릿이 이에 해당하며, 페이지네이션도 옵션으로 사용할 수 있다.

추가 정보

『Linked Service』[Daigneau 2011]는 비슷한 패턴이지만 데이터에 덜 집중한다. 『Web Service Patterns』[Monday 2003]에는 비슷한 문제를 해결하는 '파셜 DTO 파퓰레이션Partial DTO Population' 패턴이 있다. DTO는 데이터 전송 객체Data Transfer Object의 약자다.

『Compound Document (Sideloading)』에서 추가적인 조언과 예시를 보려면 『Build APIs You Won't Hate』[Sturgeon 2016b]의 7.4절을 참고하자.

BAC(백업Backup, 가용성Availability, 일관성Consistency) 정리에서는 데이터 관리 문제를 더 자세히 살펴볼 수 있다[Pardon 2018].

클라이언트 주도 메시지 콘텐츠 또는 응답 셰이핑

앞 절에서는 메시지에서 데이터 엘리먼트 간의 참조를 처리하는 2가지 패턴을 제시했다. API 프로바이더는 관련 데이터 엘리먼트를 임베드하거나 링크하는 방법을 선택할 수 있으며, 이 2가지 옵션을 결합해 적절한 메시지 크기를 얻을 수도 있다. 클라이언트와 클라이언트의 API 사용법에 따라 최적의 사용법이 명확할 수 있다.

그러나 클라이언트의 사용 시나리오가 매우 다양할 수 있으므로 런타임에 클라이언트가 관심 있는 데이터를 직접 결정하게 하는 것이 더 나은 해결책이 될 수 있다.

이 절의 패턴은 API 품질의 이러한 측면을 더욱 최적화하기 위한 2가지 접근 방식, 즉 응답 슬라이싱^{response slicing}과 응답 셰이핑^{response shaping}을 제공한다. 이 2가지 접근 방식은 다음과 같은 문제를 해결한다.

- **성능, 규모 확장성 및 리소스 사용**: 정보 요구가 제한적이거나 최소한의 정보만 있는 클라이언트를 포함해 모든 클라이언트에게 모든 데이터를 매번 제공하려면 그에 상응하는 대가가 따른다. 따라서 성능과 워크로드 관점에서 볼 때 데이터 세트의 관련 부분만 전송하는 것이 합리적이다. 그러나 메시지 교환의 크기를 조정하는 데 필요한 사전 및 사후 처리에도 리소스가 필요하며 성능에 영향을 미칠 수 있다. 이러한 비용은 예상되는 응답 메시지 크기의 감소 및 기본 전송 네트워크의 성능과 균형을 맞춰야 한다.

- **개별 클라이언트의 정보 요구 사항**: API 프로바이더는 서로 다른 정보 요구 사항을 가진 여러 클라이언트에 서비스를 제공해야 할 수 있다. 일반적으로 프로바이더는 사용자 지정 API나 클라이언트별 작업을 구현하지 않고 클라이언트가 공통 작업 집합을 공유하게 한다. 그러나 특정 클라이언트는 API를 통해 제공되는 데이터의 일부에만 관심이 있을 수 있다. 이러한 경우 공통 연산이 너무 제한적이거나 너무 강력할 수 있다. 다른 클라이언트는 대량의 데이터가 한꺼번에 도착하면 과부하가 걸릴 수 있다. 클라이언트에 너무 적거나 너무 많은 데이터를 전달하는 것을 언더페칭^{underfetching} 또는 오버페칭^{overfetching}이라고도 한다.

- **느슨한 결합도와 상호 운용성**: 메시지 구조는 API 프로바이더와 API 클라이언트 사이 API 계약의 중요한 엘리먼트로, 통신 참여자의 지식 공유에 기여하며 느슨한 결합도를 갖는 형식 자율성^{format autonomy} 측면에 영향을 미친다. 데이터 세트 크기와 순서를 제어하는 메타데이터는 이러한 공유 지식의 일부가 되며 페이로드와 함께 발전해야 한다.

- **개발자 편의성 및 개발자 경험**: 학습 노력과 프로그래밍 편의성을 포함한 개발

자 경험은 이해 가능성 및 복잡성 고려 사항과 밀접한 관련이 있다. 예를 들어 전송에 최적화된 간결한 형식은 문서화 및 이해가 어렵고 준비 및 소화하기 어려울 수 있다. 처리를 간소화하고 최적화하는 메타데이터로 강화한 정교한 구조는 설계 시와 런타임 시 모두에서 구축하는 동안의 추가적인 노력을 요구한다.

- **보안 및 데이터 프라이버시**: 데이터 무결성 및 기밀성과 같은 보안 요구 사항과 데이터 프라이버시 문제는 모든 메시지 설계와 관련이 있으며, 보안 조치를 위해 API 키 또는 보안 토큰과 같은 추가적인 메시지 페이로드가 필요할 수 있다. 중요한 고려 사항은 실제로 전송할 수 있는 페이로드와 전송해야 하는 페이로드이며, 전송되지 않은 데이터는 변조할 수 없다. 특정 데이터별 보안 조치의 필요성에 따라 실제로 다른 메시지 설계가 필요할 수 있다(예를 들어 신용카드 정보는 특별히 보안이 강화된 전용 API 엔드포인트를 고려할 수 있다). 대규모 데이터 세트를 슬라이스하고 시퀀싱하는 맥락에서, 서로 다른 보호 요구 사항이 없는 한 모든 부분을 동등하게 취급할 수 있다. 대규모 데이터 세트의 조립 및 전송 과부하로 인해 서비스 프로바이더는 서비스 거부 공격 DoS attack에 노출될 수 있다.

- **테스트 및 유지 관리 노력**: 클라이언트가 수신할 데이터(및 시기)를 선택할 수 있게 하면 공급업체가 수신 요청에 대해 예상하고 수락해야 하는 항목에 대한 옵션과 유연성이 생긴다. 따라서 테스트 및 유지 관리 노력이 증가한다.

이 절의 패턴인 페이지네이션, 위시 리스트 및 위시 템플릿은 이러한 문제를 다양한 방식으로 해결한다.

 **패턴: 페이지네이션**

적용 시기 및 이유

클라이언트는 API를 쿼리해 사용자에게 표시하거나 다른 애플리케이션에서 처리할 데이터 항목 모음을 가져온다. 이러한 쿼리 중 하나 이상에서 API 프로바이더는 많은 수의 항목을 전송해 응답한다. 이 응답의 크기는 클라이언트가 필요로 하거나 한 번에 소비할 수 있는 것보다 클 수 있다.

데이터 세트는 동일한 구조의 요소(예: 관계형 데이터베이스에서 가져온 행 또는 백엔드의 기업 정보 시스템에서 실행되는 배치 작업의 줄 항목)로 구성되거나 공통 스키마를 따르지 않는 이질적인 데이터 항목(예: MongoDB와 같은 문서 지향 NoSQL 데이터베이스의 문서 일부)으로 구성될 수 있다.

▼
API 프로바이더가 클라이언트에 부담을 주지 않고 대량의 구조화된 데이터를 제공하려면 어떻게 해야 할까?
▲

페이지네이션은 이 절의 소개 부분에서 이미 제시한 주요 설계 요구 사항인 포스 외에도 다음과 같은 포스 사이의 균형을 유지한다.

- **세션의 인식 및 격리:** 읽기 전용 데이터 슬라이싱은 비교적 간단하다. 하지만 기본 데이터 세트가 검색되는 동안 변경되면 어떻게 될까? 클라이언트가 첫 번째 페이지를 검색하면 이후 페이지(나중에 검색될 수도 있고 그렇지 않을 수도 있음)에 처음 검색된 하위 집합과 일치하는 데이터 세트가 포함된다는 것을 API가 보장할 수 있을까? 부분 데이터에 대한 여러 개의 동시 요청은 어떻게 될까?
- **데이터 집합 크기 및 데이터 액세스 프로필:** 일부 데이터 세트는 규모가 크고 반복적이며, 전송된 모든 데이터가 항상 액세스되는 것은 아니다. 이는 특히 클라이언트와 더 이상 관련이 없을 수 있는 가장 최근 데이터 항목부터 가장 오래된 데이터 항목까지 순차적으로 액세스하는 경우 최적화 가능성을 제공한다. 또한 클라이언트는 임의의 크기의 데이터 세트를 소화할 준비가 돼 있지 않을 수 있다.

하나의 응답 메시지로 전체 대용량 응답 데이터 세트를 전송하는 방법을 생각할 수 있지만, 이러한 단순한 접근 방식은 엔드포인트와 네트워크 용량을 낭비할 수 있으며 확장성도 떨어진다. 쿼리에 대한 응답의 크기를 미리 알 수 없거나 결과 집합이 너무 커서 클라이언트 측(또는 프로바이더 측)에서 한 번에 처리할 수 없을 수도 있다. 이러한 쿼리를 제한하는 메커니즘이 없으면 메모리 부족 예외와 같은 처리 오류가 발생할 수 있으며 클라이언트 또는 엔드포인트 구현이 중단될 수 있다. 개발자와 API 설계자는 무제한 쿼리 계약에 따른 메모리 요구 사항을 과소평가하는 경우가 많다. 이러한 문제는 일반적으로 시스템에 동시 작업 부하가 발생하거나 데이터 세트 크기가 증가할 때까지 눈에 띄지 않는다. 공유 환경에서는 무제한 쿼리를 병렬로 효율적이게 처리할 수 없기 때문에 성능, 확장성, 일관성 문제와 유사한 문제가 발생할 수 있으며, 이는 디버깅 및 분석이 어려운 동시 요청과 결합될 때만 발생한다.

작동 방식

> 대규모 응답 데이터 세트를 관리하기 쉽고 전송하기 쉬운 청크(페이지라고도 함)로 나눈다. 응답 메시지당 하나의 부분 결과 청크를 전송하고 클라이언트에게 총 청크 수 또는 남은 청크 수를 알려준다. 클라이언트가 특정 결과만 선택해 요청할 수 있도록 필터링 기능을 옵션으로 제공한다. 편의를 위해 현재 청크에서 다음 청크/페이지에 대한 참조를 포함한다.

청크에 포함된 데이터 엘리먼트의 수는 API 계약의 일부로 고정돼 있거나 클라이언트가 요청 파라미터를 통해 동적으로 지정할 수 있다. 메타데이터 엘리먼트와 **링크 엘리먼트**는 나중에 추가 청크를 검색하는 방법을 API 클라이언트에 알려준다.

그런 다음 API 클라이언트는 필요에 따라 일부 또는 모든 부분 응답을 반복적으로 처리해 결과 데이터를 페이지별로 요청한다. 따라서 추가 청크에 대한 후속 요청은 상호 연관성을 가져야 할 수 있다. 이때 클라이언트가 결과 세트의 처리와 부분 응답 준비를 종료하는 방법을 관리하는 정책을 정의하는 것이 좋다(세션 상태 관리가 필요할 수 있음).

그림 7.4는 페이지네이션을 사용해 세 페이지의 데이터를 검색하는 요청 시퀀스를 시각화한다.

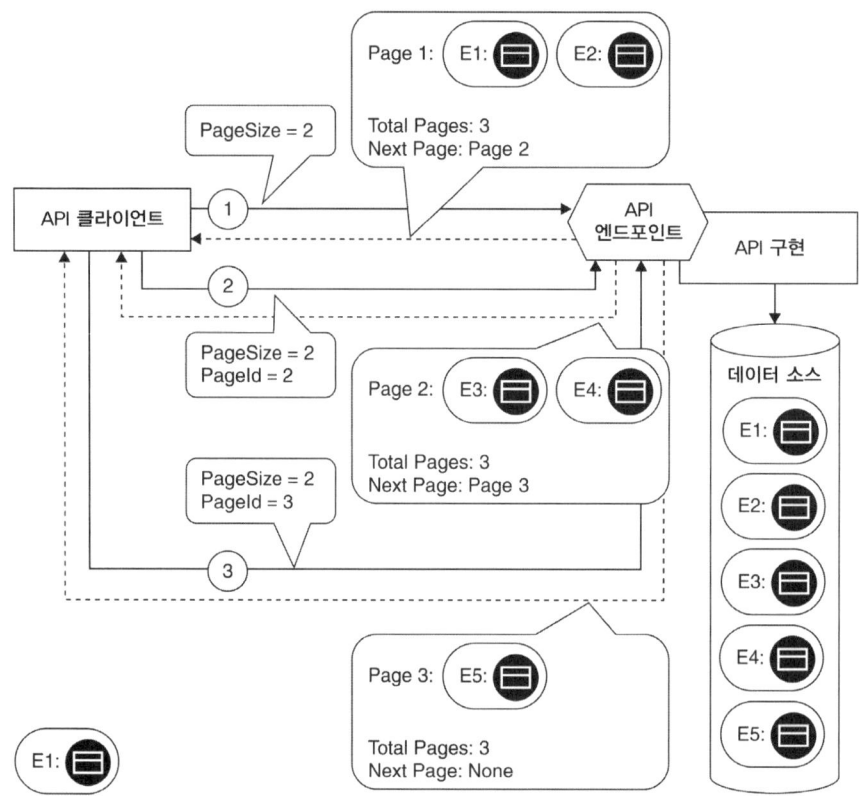

그림 7.4 페이지네이션: 페이지에 대한 쿼리 및 후속 요청, 부분 결과가 포함된 응답 메시지

변형 이 패턴은 페이지 기반, 오프셋 기반, 커서 또는 토큰 기반, 시간 기반 등 다양한 방식으로 데이터 세트를 탐색하는 4가지 변형이 있다.

페이지 기반 페이지네이션Page-Based Pagination과 오프셋 기반 페이지네이션Offset-Based Pagination은 데이터 세트의 엘리먼트를 다르게 참조한다. 페이지 기반 방식은 데이터 집합을 동일한 크기의 페이지로 나누며, 클라이언트 또는 프로바이더가 페이지 크기를 지정한다. 그런 다음 클라이언트는 인덱스(책의 페이지 번호처럼)로 페이지를 요청한다. 오프셋 기반 페이지네이션을 사용하면 클라이언트가 전체 데이터 세트의 오프셋(건너뛸 단일 요소의 수)과 다음 청크에서 반환할 요소의 수(흔히 제한limit이라고 함)를 선택한다. 두 접근 방식은 서로 바꿔 사용할 수 있으며(오프셋은 페이지 크기와 페이지 번호를 곱해 계산할 수 있음), 비슷한 방식으로 문제를 해결하고 주요한 설계 요구 사항인 포스를 해결한다. 페이지 기반 페이지네이션과 오프셋 기반 페이지네이션은 개발자 경험DX, Developer eXperience 및 기타 특성과 관련해 크게 다르지 않다. 오프셋과 제한이 있는 항목을 요청하느냐, 아니면 모든 항목을 특정 크기의 페이지로 나눈 다음 인덱스로 요청하느냐는 약간의 차이가 있다. 두 경우 모두 2개의 정수 파라미터가 필요하다.

이러한 변형은 요청을 처리하는 사이에 변경돼 인덱스 또는 오프셋 계산이 의미 없는 데이터에는 적합하지 않다. 이러한 예를 살펴보면 생성 시간상 가장 최근에서 가장 오래된 순으로 정렬된 데이터 세트가 주어졌을 때, 클라이언트가 첫 번째 페이지를 검색하고 이제 두 번째 페이지를 요청한다고 가정해보자. 이러한 요청 사이에 데이터 세트의 맨 앞에 있는 요소가 제거돼 클라이언트는 볼 수 없는 상태에서 엘리먼트가 두 번째 페이지에서 첫 번째 페이지로 이동하는 경우가 있을 수 있다.

커서 기반 페이지네이션Cursor-Based Pagination 방식은 데이터 세트에서 엘리먼트의 절대 위치에 의존하지 않기 때문에 이 문제를 해결한다. 대신 클라이언트는 프로바이더가 데이터 세트에서 특정 항목을 찾는 데 사용할 수 있는 식별자를 검색할 엘리먼트의 수와 함께 전송한다. 마지막 요청 이후 새 엘리먼트가 추가되더라도 결과 청크는 변경되지 않는다.

나머지 네 번째 변형인 시간 기반 페이지네이션Time-Based Pagination은 커서 기반 페이지네이션과 유사하지만 요소 ID 대신 타임스탬프를 사용한다. 실제로는 덜 자주 사용되지만 이전 또는 최신 데이터 포인트를 점진적으로 요청해 시간 순서상의 이동을 자유롭게 하는 경우에 적용할 수 있다.

예시

호반 상호 보험의 고객 코어 백엔드 API는 고객 엔드포인트에서 오프셋 기반 페이지네이션을 보여준다.

```
curl -X GET http://localhost:8080/customers?limit=2&offset=0
```

이 호출은 두 엔티티의 첫 번째 청크와 여러 제어 메타데이터 엘리먼트를 반환한다. 다음 청크를 가리키는 링크 관계$^{link\ relation}$ [Allamaraju 2010] 외에도 응답에는 해당 오프셋(corresponding offset), 제한(limit) 및 총 크기(total size) 값도 포함돼 있다. 프로바이더 측에서 페이지네이션을 구현하는 데 크기는 필요하지 않지만, API 클라이언트가 최종 사용자나 다른 소비자에게 이후에 요청할 수 있는 데이터 엘리먼트(또는 페이지) 수를 표시할 수 있다.

```
{
    "offset": 0,
    "limit": 2,
    "size": 50,
    "customers": [
      ...
      ,
      ...
    ],
    "_links": {
        "next": {
            "href": "/customers?limit=2&offset=2"
        }
    }
}
```

앞의 예는 해당 SQL 쿼리에 LIMIT 2 OFFSET 0를 쉽게 매핑할 수 있다. 여기에 표시된 것처럼 API는 오프셋과 제한에 대해 얘기하는 대신 메시지 어휘$^{message\ vocabulary}$에 페이지 메타포를 사용할 수도 있다.

```
curl -X GET http://localhost:8080/customers?page-size=2&page=0
{
    "page": 0,
    "pageSize": 2,
    "totalPages": 25,
```

```
  "customers": [
    ...
    ,
    ...
  ],
  "_links": {
    "next": {
      "href": "/customers?page-size=2&page=1"
    }
  }
}
```

커서 기반 페이지네이션을 사용해 클라이언트는 먼저 원하는 크기 2를 갖는 초기 페이지를 요청한다.

```
curl -X GET http://localhost:8080/customers?page-size=2

{
  "pageSize": 2,
  "customers": [
    ...
    ,
    ...
  ],
  "_links": {
    "next": {
      "href": "/customers?page-size=2&cursor=mfn834fj"
    }
  }
}
```

응답에는 다음 데이터 청크로 연결되는 링크가 포함돼 있으며, 커서 값 mfn834fj로 표시된다. 커서는 데이터베이스의 기본키처럼 단순할 수도 있고 쿼리 필터와 같은 더 많은 정보를 포함할 수도 있다.

토론

페이지네이션은 현재 필요한 데이터만 적시에 전송해 리소스 소비와 성능을 크게 개선하는 것을 목표로 한다.

하나의 큰 응답 메시지는 교환 및 처리하는 데 비효율적일 수 있다. 이러한 맥락에서 데이터 세트 크기와 데이터 액세스 프로필(즉, 사용자 요구 사항), API 클라이언트가 즉시 및 장기간에 걸쳐 사용할 수 있어야 하는 데이터 레코드 수에 특히 주의를 기울여야 한다. 사람이 사용할 수 있도록 데이터를 반환할 때 모든 데이터가 즉시 필요한 것은 아닐 수 있으므로 페이지네이션을 사용하면 데이터 액세스 응답 시간을 크게 개선할 수 있다.

보안 측면에서 볼 때 대규모 데이터 세트를 인출하고 인코딩하는 작업은 프로바이더 측에서 많은 노력과 비용이 들기 때문에 서비스 거부 공격으로 이어질 수 있다. 또한 대부분의 네트워크, 특히 셀룰러 네트워크는 안정성이 보장되지 않기 때문에 네트워크를 통해 대용량 데이터 세트를 전송하면 중단이 발생할 수 있다. **페이지네이션**을 사용하면 공격자가 전체 데이터 세트 대신 데이터의 일부만 포함된 페이지만 요청할 수 있기 때문에 이러한 측면이 개선된다(페이지 크기의 최댓값이 제한돼 있다고 가정할 때). 다소 교묘한 공격의 경우 첫 페이지를 요청하는 것으로도 충분할 수 있으며, 잘못 설계된 API 구현이 방대한 데이터 집합을 전체적으로 로드해 클라이언트에 데이터를 페이지별로 공급할 것으로 예상하는 경우 공격자는 여전히 서버 메모리를 가득 채울 수 있다.

원하는 응답의 구조가 데이터 항목 모음을 청크로 분할할 수 있도록 목표를 설정하지 않은 경우 페이지네이션을 적용할 수 없다. 페이지네이션을 적용하지 않고 **파라미터 트리** 패턴을 사용하는 응답 메시지와 비교할 때 이 패턴은 이해하기 훨씬 더 복잡하며, 단일 호출을 긴 대화로 바꾸기 때문에 사용하기가 덜 편리할 수 있다. **페이지네이션**은 하나의 메시지로 모든 데이터를 교환하는 것보다 더 많은 프로그래밍 작업이 필요하다.

페이지네이션은 결과 집합을 청크로 분할하는 것을 관리하기 위해 추가적인 표현 엘리먼트가 필요하기 때문에 단일 메시지 전송보다 API 클라이언트와 프로바이더 간의 결합도가 발생한다. 이는 필수 메타데이터 엘리먼트를 표준화함으로써 완화할 수 있다. 예를 들어 하이퍼미디어의 경우 웹 링크를 따라가기만 하면 다음 페이지를 불러올 수 있다. 또 다른 연결 문제는 페이지가 스캔되는 동안 각 클라이언트와 세션을 설정해야 할 수 있다는 점이다.

API 클라이언트가 순차적 액세스를 넘어서고자 하는 경우 특정 페이지를 찾아 무작위 액세스를 수행하거나 클라이언트가 페이지 인덱스를 직접 계산할 수 있게 하고자 복잡한 파라미터 표현이 필요할 수 있다. 클라이언트 관점에서 프로바이더가 충분한 정보를 제공하지 않는 경우 커서 또는 토큰을 사용하는 커서 기반 페이지네이션 변형은 일반적으로 무작위 액세스를 허용하지 않는다.

한 번에 한 페이지를 제공하면 API 클라이언트가 소화 가능한 양의 데이터를 처리할 수 있으며, 반환할 페이지를 지정하면 데이터 세트 내에서 직접 원격 탐색이 용이하다. 곧 설명하듯이 페이지네이션 관리가 필요하기 때문에 약간의 오버헤드가 발생하지만 개별 페이지를 처리하는 데 필요한 엔드포인트 메모리와 네트워크 용량은 더 적다.

페이지네이션을 적용하면 추가적인 설계 문제가 발생한다.

- **페이지 크기(페이지당 데이터 엘리먼트를 정의할 위치, 시기 및 방법)**: 이는 API의 수다스러움에 영향을 미친다. 즉, 많은 작은 페이지에서 데이터를 검색하려면 굉장한 수의 메시지가 필요하다.
- **결과 정렬 방법, 즉 페이지에 결과를 할당하는 방법과 이러한 페이지에서 부분 결과를 정렬하는 방법**: 이 순서는 일반적으로 페이지네이션 검색이 시작된 후에는 변경할 수 없다. API의 수명주기에 따라 순서를 변경하면 새 API 버전이 이전 버전과 호환되지 않을 수 있으며, 이를 제대로 전달하고 철저하게 테스트하지 않으면 알아채지 못할 수도 있다.
- 중간 결과를 어디에, 어떻게, 얼마나 오래 저장할(삭제 정책, 타임아웃) 것인가?
- **요청 반복에 대처하는 방법**: 예를 들어 오류와 불일치를 방지하기 위해 초기

요청과 후속 요청이 무효화돼야 하는가?
- 페이지/청크를 상호 연관시키는 방법(원본, 이전 요청, 다음 요청)은 무엇인가?

API 구현을 위한 추가적인 설계 문제에는 캐싱 정책, 결과의 최신성(liveness, currentness), 필터링, 쿼리 전처리 및 후처리(예: 집계, 카운트, 합계)가 포함된다. 일반적인 데이터 액세스 계층의 문제(예: 격리 수준 및 관계형 데이터베이스의 잠금)는 여기서도 작용한다 [Fowler 2002]. 일관성 요구 사항은 클라이언트 타입과 사용 사례에 따라 다르다. 클라이언트 개발자가 페이지네이션에 대해 알고 있는가? 예를 들어 웹 애플리케이션에서 검색 결과를 프론트엔드에 표현하는 것은 기업 정보 시스템의 백엔드 통합에서 마스터 데이터 복제를 일괄 처리(batch)하는 것과 다르다.

변경 가능한 컬렉션의 백엔드 변경과 관련해서는 2가지 경우를 구분해야 한다. 한 가지 문제는 클라이언트가 페이지를 탐색하는 동안 새 항목이 추가될 수 있다는 것이다. 두 번째 문제는 클라이언트가 이미 본 페이지의 항목을 업데이트(또는 제거)하는 것과 관련이 있다. 페이지네이션은 새 항목을 처리할 수 있지만 일반적으로 페이지네이션 '세션'이 진행되는 동안 발생한 이미 다운로드한 항목의 변경 사항을 놓칠 수 있다.

페이지 크기가 너무 작게 설정된 경우 페이지네이션의 결과가 몇 개만 있어도 다음 페이지를 검색하기 위해 클릭하고 기다려야 하므로 사용자(특히 API를 사용하는 개발자)가 불편을 겪을 수 있다. 또한 인간 사용자는 클라이언트 측 검색이 전체 데이터 집합을 필터링하기를 기대할 수 있는데, 페이지네이션을 도입하면 아직 검색되지 않은 페이지에서 일치하는 데이터 항목이 발견돼 검색 결과가 잘못 나올 수 있다.

검색과 같이 전체 레코드 세트가 필요한 모든 기능이 페이지네이션과 함께 잘 작동하는 것은 아니며, 추가 작업(예: API 클라이언트 측의 중간 데이터 구조)이 필요한 경우도 있다. 검색 혹은 필터링 후 페이지네이션을 하면 작업량이 줄어든다.

이 패턴은 대용량 데이터 세트의 다운로드에 적용되지만 업로드는 어떨까? 이러한 요청 페이지네이션은 상호 보완적인 패턴으로 볼 수 있다. 이 패턴은 데이터를 점진적으로 업로드하고 모든 데이터가 업로드된 후에야 처리 작업을 실행한다.

대화 패턴Conversation Patterns 중 하나인 점진적 상태 축적Incremental State build-up [Hohpe 2017]은 이와 반대되는 특성을 갖고 있다. 이는 페이지네이션과 유사한 솔루션으로 클라이언트에서 프로바이더로 데이터를 여러 단계에 걸쳐 전달하는 것에 대해 설명한다.

관련 패턴

페이지네이션은 요청 번들의 반대 개념으로 볼 수 있다. 페이지네이션은 하나의 큰 메시지를 여러 개의 작은 페이지로 분할해 개별 메시지 크기를 줄이는 것과 관련이 있는 반면 요청 번들은 여러 개의 메시지를 하나의 큰 메시지로 결합하는 것이다.

페이지네이션 쿼리는 일반적으로 쿼리 파라미터가 포함된 입력 파라미터에 대한 **아토믹 파라미터 리스트**와 출력 파라미터(즉, 페이지)에 대한 **파라미터 트리**를 정의한다.

클라이언트가 도착하는 응답 메시지에서 여러 쿼리의 부분적인 결과를 구별할 수 있도록 요청-응답 상관관계 체계가 필요할 수 있으며, 이러한 경우 '상관관계 식별자Correlation Identifier' [Hohpe 2003] 패턴이 적합할 수 있다.

하나의 큰 데이터 엘리먼트를 분할해야 하는 경우에도 '메시지 시퀀스Message Sequence' [Hohpe 2003]를 사용할 수 있다.

추가 정보

『Build APIs You Won't Hate』의 10장에서는 페이지네이션 타입을 다루고, 구현 접근 방식을 논의하며, PHP 예제를 제시한다[Sturgeon 2016b]. 『RESTful Web Services Cookbook』의 8장에서는 RESTful HTTP 콘텍스트에서의 쿼리를 다룬다[Allamaraju 2010]. 『Web API design: The Missing Link』는 'More on Representation Design'에서 페이지네이션을 다룬다[Apigee 2018].

더 넓은 맥락에서 사용자 인터페이스UI 및 웹 설계 커뮤니티는 다양한 맥락(API 설계 및 관리가 아닌 상호작용 설계 및 정보 시각화)에서 페이지네이션 패턴을 포착해 왔다. 『Interaction Design Foundation』의 웹 사이트[Foundation 2021] 및 'UI Patterns' 웹 사이트[UI Patterns 2021]에서 이 주제에 대한 내용을 참조한다.

『Implementing Domain-Driven Design』의 8장에서는 오프셋 기반 페이지네이션 Offset-Based Pagination으로 볼 수 있는 알림 로그/아카이브의 단계별 검색 기능을 다룬다 [Vernon 2013]. RFC 5005는 아톰Atom[4]의 피드 페이징 및 아카이빙을 다룬다[Nottingham 2007].

패턴: 위시 리스트

적용 시기 및 이유

API 프로바이더는 동일한 동작을 호출하는 여러 클라이언트에 서비스를 제공한다. 어떤 클라이언트는 엔드포인트와 그 연산을 통해 제공되는 데이터의 일부만 사용할 수도 있고, 어떤 클라이언트는 풍부한 데이터 세트가 필요할 수도 있다.

▼
API 클라이언트가 런타임에 API 프로바이더에 관심 있는 데이터에 대해 어떻게 알릴 수 있을까?
▲

이 문제를 해결할 때 API 설계자는 응답 시간 및 처리량과 같은 성능 측면과 학습에 투여해야 하는 노력 및 진화 가능성evolvability 등 개발자 경험DX에 영향을 미치는 요소의 균형을 맞춰야 한다. 이들은 데이터 간결성data parsimony을 위해 노력한다.

네트워크 및 애플리케이션 수준 게이트웨이와 캐시 같은 인프라 컴포넌트를 도입해 서버의 부하를 줄임으로써 이러한 문제를 해결할 수 있지만, 이러한 컴포넌트는 API 에코시스템의 배포 모델과 네트워크 토폴로지의 복잡성을 가중시키고 관련 인프라 테스트, 운영 관리 및 유지 관리 노력을 증가시킨다.

---

4. 웹 콘텐츠를 다른 곳에서 사용하게 하는 신디케이션을 위한 XML 기반의 문서 파일 포맷, 텍스트 에디터, 웹 로그 편집을 위한 HTTP 기반의 프로토콜 – 옮긴이

작동 방식

▼ API 클라이언트는 요청된 리소스에서 원하는 모든 데이터 엘리먼트를 열거하는 **위시 리스트**를 요청에 포함해 제공한다. API 프로바이더는 **위시 리스트**에 열거된 데이터 엘리먼트만 응답 메시지로 전달한다. 이를 '응답 셰이핑(response shaping)'이라고도 한다. ▲

위시 리스트를 아토믹 파라미터 리스트 또는 플랫 파라미터 트리로 지정한다. 특별한 경우로 최소(minimal), 중간(medium) 또는 전체(full)와 같은 상세도 수준(또는 세부 수준)을 나타내는 간단한 **아토믹 파라미터**를 포함할 수 있다.

그림 7.5는 위시 리스트를 도입할 때 사용되는 요청 및 응답 메시지를 보여준다.

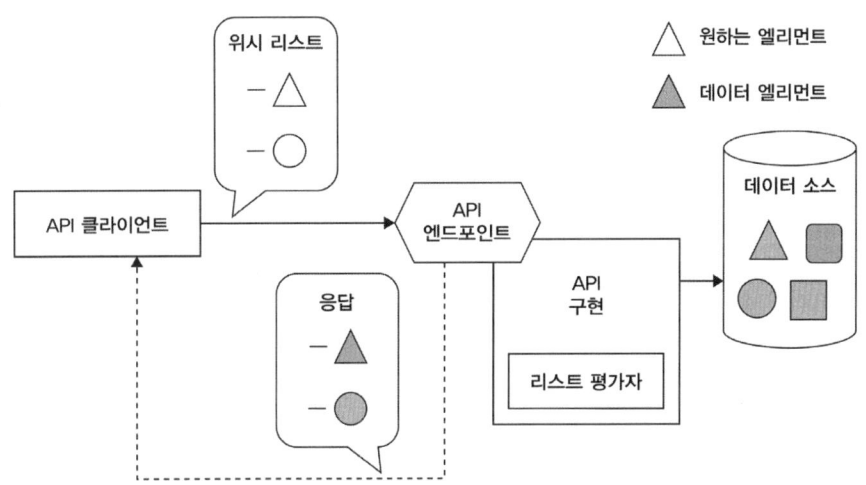

그림 7.5 위시 리스트: 클라이언트가 리소스의 원하는 데이터 엘리먼트를 열거한다.

그림의 리스트 평가자에는 2가지 구현 옵션이 있다. 하나는 데이터 소스에 대한 필터로 변환돼 관련 데이터만 로드되는 대부분의 경우이고, 또 하나는 API 구현에서 데이터 소스에서 전체 결과 집합을 가져와 응답 데이터를 조립할 때 클라이언트가 원하는 엔티티를 선택할 수 있는 옵션이다. 데이터 소스는 원격 시스템이나 데이터베이스 등 모든 종류의 백엔드 시스템이 될 수 있다는 점에 유의하자. 예를 들어 데이터 소스가 관계형 데이터베이스인 경우 **위시 리스트**의 요청 사항은 SQL

쿼리의 WHERE 절로 변환된다. API를 통해 원격 시스템에 액세스하는 경우 다운스트림 API도 해당 패턴을 지원한다고 가정할 때 **위시 리스트**의 요청 사항은 유효성 검사를 거친 후 전달될 수 있다.

변형 일반적인 변형은 응답에 확장이 가능하게 옵션을 제공하는 것이다. 첫 번째 요청에 대한 응답은 후속 요청에서 확장할 수 있는 파라미터의 목록과 함께 간결한 결과만 제공한다. 요청에 대한 결과를 확장하려면 클라이언트는 후속 요청의 **위시 리스트**에서 이러한 파라미터 중 하나 이상을 선택할 수 있다.

또 다른 변형은 SQL 및 기타 쿼리 언어에서 알려진 와일드카드 메커니즘을 정의하고 지원하는 것이다. 예를 들어 별표(*)는 특정 리소스의 모든 데이터 엘리먼트를 요청할 수 있다. 이는 **위시 리스트**, 즉 원하는 희망 사항이 지정되지 않은 경우 기본값이 될 수 있다. 고객에 대한 모든 데이터를 가져오는 `customer.*`와 같은 케스케이드 사양 cascaded specification과 같이 훨씬 더 복잡한 체계도 가능하다.

예시

호반 상호 보험의 고객 코어 애플리케이션에서 고객에 대한 요청은 사용 가능한 모든 속성을 반환한다.

```
curl -X GET http://localhost:8080/customers/gktlipwhjr
```

customer ID가 `gktlipwhjr`인 경우에는 다음과 같이 반환된다.

```
{
    "customerId": "gktlipwhjr",
    "firstname": "Max",
    "lastname": "Mustermann",
    "birthday": "1989-12-31T23:00:00.000+0000",
    "streetAddress": "Oberseestrasse 10",
    "postalCode": "8640",
```

```
    "city": "Rapperswil",
    "email": "admin@example.com",
    "phoneNumber": "055 222 4111",
    "moveHistory": [ ],
    "customerInteractionLog": {
      "contactHistory": [ ],
      "classification": {
        "priority": "gold"
      }
    }
  }
}
```

이 설계를 개선하기 위해 쿼리 문자열의 위시 리스트를 통해 희망 사항에 포함된 필드로 결과를 제한할 수 있다. 이 예에서 API 클라이언트는 customerId, birthday 및 postalCode에만 관심이 있을 수 있다.

```
curl -X GET http://localhost:8080/customers/gktlipwhjr?\
fields=customerId,birthday,postalCode
```

이제 반환된 응답에는 요청된 필드만 포함된다.

```
{
  "customerId": "gktlipwhjr",
  "birthday": "1989-12-31T23:00:00.000+0000",
  "postalCode": "8640"
}
```

이 응답은 훨씬 작아졌으며 클라이언트가 요구하는 정보만 전송된다.

토론

위시 리스트는 API 클라이언트의 다양한 정보 요구를 관리하는 데 도움이 된다. 이는 네트워크의 용량이 제한돼 있고 클라이언트가 일반적으로 사용 가능한 데이터의 일부만 필요로 한다는 어느 정도의 확신이 있는 경우에 적합하다. 잠재적 부정적인 결과로는 추가적인 보안 위협, 복잡성 증가, 테스트 및 유지 관리 노력 등이 있다. 위시 리스트 메커니즘을 도입하기 전에 이러한 부정적인 결과를 신중하게 고려해야 한다. 종종 이러한 결과는 나중에 고려해야 할 사항으로 취급되며, 이를 완화하는 것은 API가 상용 환경에 도입된 후 유지 관리 및 발전 문제로 이어질 수 있다.

위시 리스트 인스턴스에서 속성 값을 추가하거나 추가하지 않음으로써 API 클라이언트는 프로바이더에게 원하는 바를 표현하고, 따라서 데이터 간결성에 대한 욕구가 충족된다. 프로바이더는 특정 클라이언트를 위해 전문화되고 최적화된 버전의 작업을 제공하거나 클라이언트 사용 사례에 필요한 데이터를 추측할 필요가 없다. 클라이언트는 필요한 데이터를 지정할 수 있으므로 데이터베이스 및 네트워크 부하를 줄여 성능을 향상시킬 수 있다.

서비스 프로바이더는 서비스 계층에서 더 많은 로직을 구현해야 하므로 데이터 액세스까지 다른 계층에도 영향을 미칠 수 있다. 프로바이더는 데이터 모델을 클라이언트에 노출시켜 결합도를 증가시킬 위험이 있다. 클라이언트는 **위시 리스트**를 생성해야 하고, 네트워크는 이 메타데이터를 전송해야 하며, 프로바이더는 이를 처리해야 한다.

쉼표로 구분된 속성 이름 목록은 프로그래밍 언어 엘리먼트에 매핑할 때 문제를 일으킬 수 있다. 예를 들어 속성 이름의 철자를 잘못 입력할 경우 운이 좋으면 오류가 발생하거나 표현된 희망 사항이 무시될 수 있다. 무시될 경우 API 클라이언트는 해당 속성이 존재하지 않는 것으로 인식할 수 있다. 또한 API 변경으로 인해 예상치 못한 결과가 발생할 수도 있다. 예를 들어 클라이언트가 그에 따라 희망 사항을 수정하지 않으면 이름이 변경된 속성을 더 이상 찾을 수 없게 될 수도 있다.

앞서 소개한 좀 더 복잡한 변형(예: 계단식 사양, 와일드카드 또는 확장)을 사용하는 솔루션은 간단한 대안보다 이해하고 구축하기가 더 어려울 수 있다. 와일드카드나 정규식과 같은 기존의 프로바이더에서 제공하는 내부 검색 및 필터 기능을 재사용할 수 있는 경우도 있다.

이러한 패턴(또는 좀 더 일반적으로 클라이언트 기반 메시지 콘텐츠의 공통 목표와 주제를 공유하는 모든 패턴과 관행)을 응답 셰이핑이라고도 한다.

관련 패턴

위시 템플릿은 위시 리스트와 동일한 문제를 해결하지만 엘리먼트 이름의 평면적인 목록이 아니라 중첩될 수 있는 구조를 사용해 희망 사항을 표현한다. 위시 리스트와 위시 템플릿 모두 일반적으로 응답 메시지에서 **파라미터 트리**를 사용하는데, 메시지 크기를 줄이는 패턴은 복잡한 응답 데이터 구조를 다룰 때 특히 유용하기 때문이다.

위시 리스트를 사용하면 패턴을 사용할 때 전송되는 데이터가 줄어들기 때문에 사용 비율 제한을 준수하는 데 긍정적인 영향을 미친다. 전송되는 데이터를 더 줄이려면 **조건부 요청**과 결합할 수 있다.

또한 페이지네이션 패턴은 반복되는 큰 응답을 여러 부분으로 분할해 응답 메시지 크기를 줄인다. 두 패턴을 함께 사용할 수 있다.

추가 정보

정규식 구문 또는 XPath(XML 페이로드용)와 같은 쿼리 언어는 이 패턴의 고급 변형으로 볼 수 있다. GraphQL[GraphQL 2021]은 API 문서에서 찾을 수 있는 합의된 스키마에 대해 검색할 표현을 설명하는 선언적 쿼리 언어를 제공한다. GraphQL에 대해서는 위시 템플릿 패턴에서 더 자세히 다룬다.

『Web API Design: The Missing Link』[Apigee 2018]에서는 'More on Representation Design'을 설명하는 장에서 쉼표로 구분된 위시 리스트를 권장한다. 제임스 히긴보텀 James Higginbotham은 이 패턴을 '줌-임베드 Zoom-Embed'[Higginbotham 2018]라고 부른다.

넷플릭스^Netflix 기술 블로그의 <Practical API Design at Netflix, Part 1: Using Protobuf FieldMask>[Borysov 2021]에서는 JSON:API의 GraphQL 필드 선택기^field selector와 스파스 필드셋^sparse fieldset을 언급한다[JSON API 2022]. 그런 다음 넷플릭스 스튜디오 엔지니어링 내에서 gRPC API를 위한 솔루션으로 프로토콜 버퍼 `FieldMask`를 소개한다. 저자들은 API 프로바이더가 가장 자주 사용되는 필드 조합에 대해 미리 빌드된 `FieldMask`를 클라이언트 라이브러리와 함께 제공할 수 있다고 제안한다. 이는 여러 소비자가 동일한 필드 하위 집합에 관심이 있는 경우에 적합하다.

 **패턴: 위시 템플릿**

적용 시기 및 이유

API 프로바이더는 동일한 작업을 호출하는 여타 클라이언트에 서비스를 제공해야 한다. 어떤 클라이언트는 엔드포인트에서 제공하는 데이터의 일부만 필요할 수도 있고, 어떤 클라이언트는 풍부하고 심도 있게 구조화된 데이터 세트가 필요할 수도 있다.

> API 클라이언트가 관심 있는 중첩된 데이터에 대해 API 프로바이더에 어떻게 알릴 수 있을까? 이러한 기본 설정을 어떻게 유연하고 동적으로 표현할 수 있을까?[5]

서로 다른 정보를 가진 여러 클라이언트를 보유한 API 프로바이더는 클라이언트 커뮤니티가 원하는 것(예: 제품 또는 고객 정보와 같은 마스터 데이터의 모든 속성 또는 구매 주문 항목과 같은 동작 데이터 엔티티의 모음)의 상위 집합(또는 조합)을 나타내는 복잡한 데이터 구조를 노출할 수 있다. API가 발전함에 따라 이러한 구조는 점점 더 복잡해질 가능성이 높다. 이러한 획일적인 접근 방식은 성능(응답 시간, 처리량)을 저하시키고 보안 위협을 초래한다.

또는 원하는 속성을 단순히 열거하는 플랫 **위시 리스트**를 사용할 수도 있지만, 이러

---

5. 이 문제는 **위시 리스트** 패턴의 문제와 매우 유사하지만 응답 데이터 중첩(data nesting)이라는 주제가 추가돼 있다.

한 단순한 접근 방식은 중첩된 데이터 구조를 다룰 때 표현하는 데 제약이 있다.

네트워크 수준 및 애플리케이션 수준 게이트웨이와 프록시를 도입해서 캐싱을 통해 성능을 개선할 수 있다. 성능 문제에 대한 이러한 대응은 배포 모델과 네트워크 토폴로지의 복잡성을 가중시키며 설계 및 구성 작업이 수반된다.

작동 방식

▼
요청 메시지에 해당 응답 메시지에 있는 파라미터의 계층 구조를 반영하는 하나 이상의 파라미터를 추가한다. 이러한 파라미터를 선택 사항으로 설정하거나 불리언 타입(boolean type)을 사용해 해당 값에 파라미터 포함 여부를 표시한다.
▲

응답 메시지를 잘 표현하는 희망 사항의 구조는 **파라미터 트리**라고 할 수 있다. API 클라이언트는 요청 메시지를 보낼 때 이 **위시 템플릿** 파라미터의 인스턴스 값을 비워두거나, 샘플 또는 더미 값으로 채우거나, 해당 불리언 값을 참으로 설정해 해당 파라미터에 대한 관심을 표현할 수 있다. 그러면 API 프로바이더는 희망 사항을 반영하는 구조를 응답의 템플릿으로 사용하고 요청된 값을 실제 응답 데이터로 대체한다. 그림 7.6은 이 내용의 설계를 보여준다.

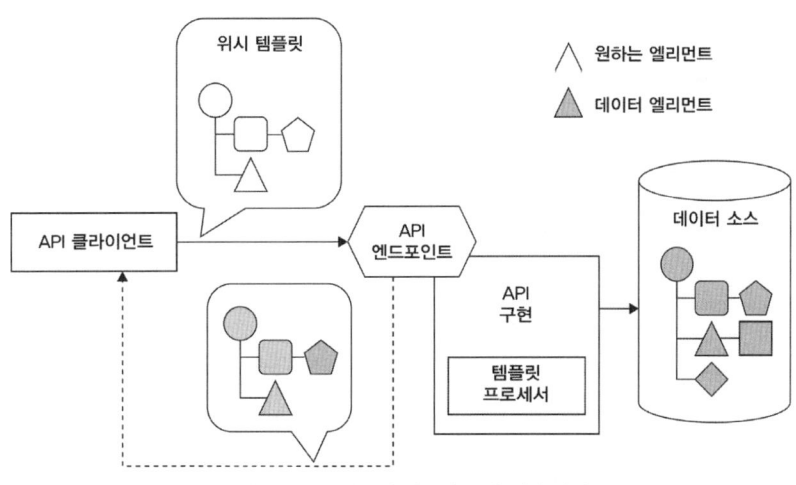

그림 7.6 위시 템플릿 컴포넌트 및 처리 단계

그림의 템플릿 프로세서Template Processor에는 선택한 템플릿 형식에 따라 2가지 구현 옵션이 있다. 관련된 객체가 이미 네트워크를 통해 수신돼 **파라미터 트리로 구조화**된 경우 이 데이터 구조를 탐색해 필요한 데이터를 인출하기 위한 준비를 하거나 결과 세트에서 관련 부분을 추출할 수 있다. 템플릿은 선언적 쿼리의 형태로 제공될 수 있으며, 이 경우 먼저 평가한 다음 데이터베이스 쿼리 또는 가져온 데이터에 적용할 필터로 변환해야 한다. 이 2가지 옵션은 그림 7.5에 표시된 **위시 리스트 프로세서의 목록 평가자**List Evaluator 컴포넌트와 유사하다. 템플릿 인스턴스의 평가는 API를 구현한 라이브러리나 프로그래밍 언어 수준에서 간단하게 지원될 수 있다 (예: JSONPath로 중첩된 JSON 객체 탐색, XPath로 XML 문서 탐색 또는 정규식 일치). 도메인 특화 언어DSL, Domain-Specific Language에서 지원하는 복잡한 템플릿 구문의 경우 스캔 및 구문 분석과 같은 컴파일러 개념의 도입이 필요할 수 있다.

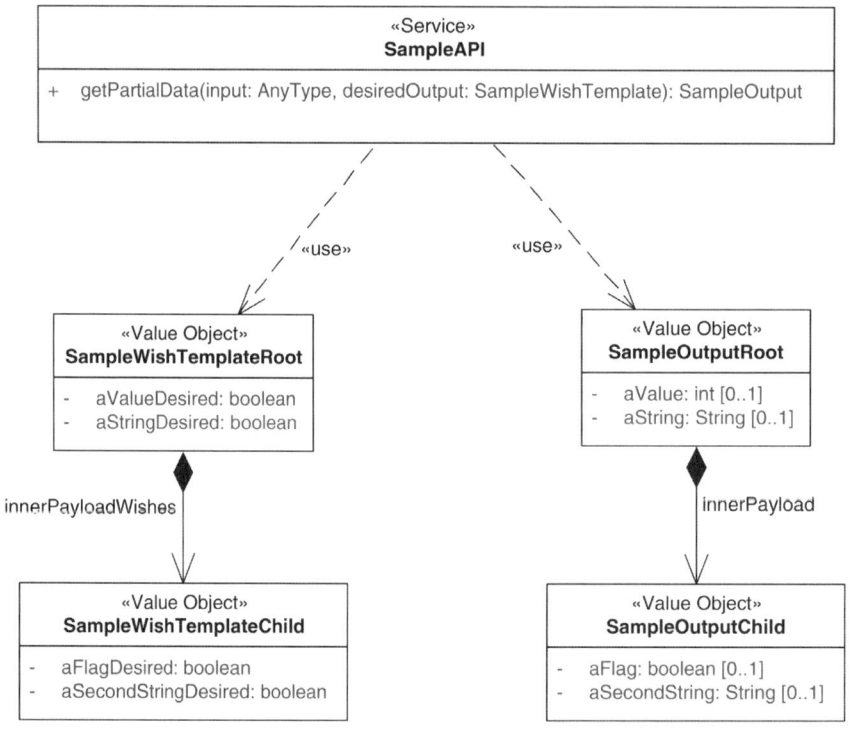

그림 7.7 모의/미러 객체(위시 템플릿)의 가능한 구조

그림 7.7은 2개의 최상위 필드인 aValue와 aString에 대한 일치하는 입력 및 출력 파라미터 구조와 2개의 필드인 aFlag와 aSecondString이 있는 중첩된 자식 객체를 보여준다. 출력 파라미터 또는 응답 메시지 요소에는 정수 및 문자열 타입이 있으며, 요청 메시지의 미러mirror는 일치하는 불리언 값을 지정한다. 불리언 값을 true로 설정하면 데이터에 관심이 있음을 나타낸다.

예시

다음의 대략적인 MDSL 서비스 계약은 스테레오타입으로 강조 표시된 <<Wish_Template>>을 소개한다.

```
data type PersonalData P        // 비지정된 플레이스홀더
data type Address P             // 비지정된 플레이스홀더
data type CustomerEntity <<Entity>> {PersonalData?, Address?}

endpoint type CustomerInformationHolderService
  exposes
    operation getCustomerAttributes
      expecting payload {
        "customerId":ID, // 고객 ID
        <<Wish_Template>>"mockObject":CustomerEntity
        // 원하는 결과로 설정된 동일 구조를 가짐
      }
      delivering payload CustomerEntity
```

이 API 예시에서 클라이언트는 PersonalData 또는 Address 속성을 포함할 수 있는 CustomerEntity 미러(또는 모의) 객체를 보낼 수 있다. 이는 데이터 타입 정의 CustomerEntity에 정의돼 있다. 그러면 프로바이더는 어떤 속성이 전송됐는지 확인하고(희망 사항의 더미 값은 무시), PersonalData 또는 Address를 포함하는 채워진 CustomerEntity 인스턴스로 응답할 수 있다.

토론

데이터 간결성은 성능과 보안이 중요한 분산 시스템에서 요긴한 일반 설계 원칙이다. 그러나 API 엔드포인트를 반복적이고 점진적으로 정의할 때 이 원칙이 항상 적용되는 것은 아니다. 일반적으로 무언가(여기서는 정보 항목 또는 속성)를 추가하는 것이 제거하는 것보다 더 쉽다. 즉, API에 무언가를 추가한 후에는 많은 클라이언트가 이에 의존할 수 있기 때문에 이전 버전과 호환을 유지하면서 중요한 변경 사항 없이 API를 안전하게 제거할 수 있는지 판단하기 어려운 경우가 많다. 위시 템플릿 인스턴스에서 선택한 속성 값을 지정하고 마커 값이나 불리언 값 플래그로 채우면 소비자는 프로바이더에게 희망 사항을 표현하므로 데이터 간결성과 유연성에 대한 요구 사항을 만족할 수 있다.

이 패턴을 구현할 때는 템플릿을 표현하고 채우는 방법을 포함해 몇 가지 결정을 내려야 한다. 형제 패턴인 **위시 리스트**는 쉼표로 구분된 위시 리스트를 하나의 접근 방식으로 언급하지만, 위시 템플릿을 구성하는 **파라미터 트리**는 더 정교하므로 인코딩 및 구문 분석이 필요하다. 매우 정교한 템플릿 표기법은 클라이언트 측의 개발자 환경과 성능을 크게 개선할 수 있지만 API 구현에 포함된 다소 복잡한 미들웨어가 될 위험도 있다. 이로 인해 개발, 테스트 및 유지 관리 노력과 기술적 위험이 생겨날 수 있다.

또 다른 문제는 예를 들어 클라이언트가 잘못된 파라미터를 지정해 처리할 수 없는 희망 사항에 대한 오류를 처리하는 방법이다. 한 가지 방법은 해당 파라미터를 자동으로 무시하는 것이지만, 오타가 있거나 파라미터 이름이 변경된 경우에는 실제 문제가 드러나지 않을 수 있다.

이 패턴은 비즈니스 기능을 중심으로 API를 설계할 때뿐만 아니라 **소프트웨어 정의 네트워크**[SDN, Software Defined Network], **가상화 컨테이너**[virtualization container] 또는 **빅데이터 분석**[bigdata analysis]과 같은 더 많은 IT 인프라 관련 도메인으로 작업할 때에도 적용할 수 있다. 이러한 도메인과 이를 위한 소프트웨어 솔루션에는 일반적으로 풍부한 도메인 모델과 다양한 구성 옵션이 있다. 그에 따른 가변성을 처리하려면 API 설계 및 정보 인출에 대한 유연한 접근 방식이 필요하다.

타입 시스템, 인트로스펙션^{introspection} 및 유효성 검사 기능과 리졸버^{resolver} 개념을 갖춘 GraphQL은 이 패턴의 고급 구현으로 볼 수 있다[GraphQL 2021]. GraphQL의 위시 템플릿은 클라이언트가 원하는 것과 필요한 것에 대한 선언적 설명을 제공하는 쿼리^{query} 및 뮤테이션^{mutation} 스키마다.[6] GraphQL을 채택하려면 GraphQL 서버를 구현해야 한다. 즉, 그림 7.6의 템플릿 프로세서를 효과적으로 구현해야 한다. 이 서버는 실제 API 엔드포인트 위에 위치한 특정 타입의 API 엔드포인트다. GraphQL 용어로는 리졸버가 된다. 이 서버는 쿼리와 뮤테이션에 대한 선언적 설명을 파싱한 다음 하나 이상의 리졸버를 호출해야 하며, 이 리졸버는 데이터 구조 계층을 따라갈 때 추가 리졸버를 호출할 수 있다.

관련 패턴

위시 리스트는 동일한 문제를 해결하지만 모의/템플릿 객체 대신 플랫 열거형을 사용하며, 이 두 패턴 모두 응답 메시지에서 파라미터 트리 인스턴스를 사용한다. 위시 템플릿은 요청 메시지에 표시되는 파라미터 트리에 포함된다.

위시 템플릿은 형제 패턴인 위시 리스트와 많은 특징을 공유한다. 예를 들어 스키마(XSD, JSON 스키마)에 대한 클라이언트 및 프로바이더 측 데이터 계약 유효성 검사가 없는 위시 템플릿은 위시 리스트 패턴에서 설명한 단순한 열거^{enumeration} 방식과 동일한 단점을 갖고 있다. 위시 템플릿은 단순한 위시 리스트보다 지정하고 이해하기에 더 복잡할 수 있으며, 스키마와 유효성 검사기는 일반적으로 단순한 위시 리스트에는 필요하지 않다. 프로바이더의 개발자는 중첩이 심한 복잡한 희망 사항이 통신 인프라에 부담을 주고 스트레스를 줄 수 있다는 점을 알고 있어야 한다.[7] 처리 또한 더 복잡해질 수 있다. 파라미터 데이터 정의와 이에 대한 처리에 추가되는 복잡

---

6. GraphQL에서 쿼리는 데이터를 읽는(R) 데 사용하고, 뮤테이션은 데이터를 변조(CUD)하는 데 사용한다. – 옮긴이

7. 올라프 하티그(Olaf Hartig)와 호르헤 페레즈(Jorge Pérez)는 깃허브 GraphQL API의 성능을 분석한 결과 쿼리 수준 깊이가 증가함에 따라 '결과 크기가 기하급수적으로 증가'하는 것을 발견했다. API는 중첩 수준이 5보다 높은 쿼리에서 타임아웃이 발생했다 [Hartig 2018].

성뿐만 아니라 추가적인 노력을 인정하는 것은 위시 리스트와 같은 단순한 구조로 희망 사항을 적절히 표현할 수 없는 경우에만 의미가 있다.

위시 템플릿을 사용하면 패턴을 사용할 때 전송되는 데이터의 양이 줄어들고 필요한 요청의 수가 줄어들기 때문에 **사용 비율 제한**에 긍정적인 영향을 미친다.

추가 정보

『You Might Not Need GraphQL』에서 필 스터전[Phil Sturgeon]은 응답을 만드는 몇 가지 API와 이 API가 관련 GraphQL 개념에 어떻게 대응하는지 보여준다[Sturgeon 2017].

메시지 교환 최적화(대화 효율성)

앞 절에서는 클라이언트가 대규모 데이터 세트를 나누는 것과 관심 있는 개별 데이터 포인트를 지정할 수 있는 패턴을 제공했다. 이를 통해 API 프로바이더와 클라이언트는 불필요한 데이터 전송과 요청을 피할 수 있다. 하지만 클라이언트가 이미 데이터 사본을 갖고 있어 동일한 데이터를 다시 받고 싶지 않을 수도 있다. 또는 전송 및 처리 오버헤드를 유발하는 많은 개별 요청을 보내야 할 수도 있다. 여기에 설명된 패턴은 이 2가지 문제에 대한 해결책을 제공하며, 다음과 같은 공통적인 주요한 설계 요구 사항인 포스의 균형을 맞추기 위해 노력한다.

- **엔드포인트, 클라이언트, 메시지 페이로드 설계 및 프로그래밍의 복잡성**: 데이터 업데이트 빈도 특성을 고려한 더 복잡한 API 엔드포인트를 구현하고 운영하는 데 필요한 추가 노력은 엔드포인트 처리 및 대역폭 사용량의 예상 감소와 균형을 맞춰야 한다. 요청 횟수를 줄인다고 해서 교환되는 정보의 양이 줄어드는 것은 아니다. 그것 때문에 나머지 메시지는 더 복잡한 페이로드를 전달해야 할 수 있다.
- **보고 및 청구의 정확성**: API 사용량 보고 및 청구는 정확해야 하며 공정한 것으로 인식돼야 한다. 프로바이더의 업무량을 줄이기 위해 클라이언트에

추가 작업(예: 보유하고 있는 데이터의 버전 추적)을 부담시키는 솔루션은 프로바이더가 약간의 인센티브를 제공해야 할 수 있다. 클라이언트-프로바이더 간의 대화에서 이러한 추가적인 복잡성은 API 호출의 비용 처리에도 영향을 미칠 수 있다.

이러한 주요한 설계 요구 사항인 포스에 대응하는 2가지 패턴은 **조건부 요청**과 **요청 번들**이다.

 **패턴: 조건부 요청**

적용 시기 및 이유

일부 클라이언트는 동일한 서버 측 데이터를 반복적으로 계속 요청한다. 이 데이터는 요청들의 사이에서는 변경되지 않는다.

> 거의 변하지 않는 데이터를 반환하는 API 작업을 호출할 때 불필요한 서버 측 처리와 대역폭 사용을 피하려면 어떻게 해야 할까?

이 절의 앞에서 소개한 문제 외에도 다음과 같은 주요한 설계 요구 사항인 포스가 작용한다.

- **메시지 크기**: 네트워크 대역폭이나 엔드포인트 처리 능력이 제한돼 있는 경우 클라이언트가 이미 수신한 대용량 응답을 다시 전송하는 것은 낭비다.
- **클라이언트 워크로드**: 클라이언트는 동일한 결과를 다시 처리하지 않기 위해 마지막 호출 이후 작업 결과가 변경됐는지 여부를 알고 싶어 할 수 있다. 이렇게 하면 워크로드가 줄어든다.
- **프로바이더 워크로드**: 복잡한 처리, 외부 데이터베이스 쿼리 또는 기타 백엔드 호출을 포함하지 않는 요청과 같이 일부 요청은 응답 비용이 다소 저렴하다. 예를 들어 불필요한 호출을 피하고자 도입된 의사 결정 로직과 같이

API 엔드포인트의 런타임 복잡성이 증가하면 이러한 절감 효과가 없어질 수 있다.

- **데이터 최신성 대 데이터 정확성**: API 클라이언트는 API 호출 횟수를 줄이기 위해 데이터의 로컬 사본을 캐시하고 싶을 수 있다. 사본 소유자는 데이터의 불일치를 피하기 위해 캐시를 새로 고칠 시기를 결정해야 한다. 메타데이터에도 동일한 고려 사항이 적용된다. 데이터가 변경되면 데이터에 대한 메타데이터도 변경돼야 할 가능성이 높다. 반면에 데이터는 그대로 유지되고 메타데이터만 변경될 수도 있다. 통신 대화의 효율성을 높이려는 시도는 이러한 점을 고려해야 한다.

원하는 성능을 달성하기 위해 물리적 배포 수준에서 스케일업scaling up 또는 스케일아웃scaling out을 고려할 수도 있지만, 이러한 접근 방식에는 한계가 있고 비용이 많이 든다. API 프로바이더나 중개 API 게이트웨이는 데이터베이스나 백엔드 서비스에서 데이터를 다시 만들거나 가져올 필요 없이 이전에 요청된 데이터를 캐시해서 신속하게 제공할 수 있다. 이러한 전용 캐시는 최신 상태로 유지돼야 하고 때때로 무효화invalidated돼야 하므로 복잡한 설계 문제가 발생한다.[8]

다른 설계에서는 클라이언트가 실제 요청을 보내기 전에 프로바이더에게 변경된 사항이 있는지 묻는 '사전 비행preflight' 또는 '도약하기 전에 확인look before you leap' 요청을 보낼 수 있다. 하지만 이 설계는 요청 수를 2배로 늘리고 클라이언트 구현을 더 복잡하게 하며, 네트워크의 지연 시간이 길어지면 클라이언트 성능이 저하될 수 있다.

작동 방식

▼
메시지 표현 또는 프로토콜 헤더에 **메타데이터 엘리먼트**를 추가해 요청을 조건부로 만들고 메타데이터에 지정된 조건이 충족되는 경우에만 이러한 요청을 처리한다.
▲

---

8. "컴퓨터 과학에서 어려운 것은 캐시 무효화와 사물의 이름 짓기 2가지뿐이다."[Fowler 2009]라고 필 칼튼(Phil Karlton)이 한 말을 마틴 파울러(Martin Fowler)가 인용했다. 파울러는 이 주장에 대한 우회적인 증거를 제시한다.

조건이 충족되지 않으면 프로바이더는 전체 응답을 회신하지 않고 대신 특수 상태 코드를 반환한다. 그러면 클라이언트는 이전에 캐시된 값을 사용할 수 있다. 가장 간단한 경우 메타데이터 엘리먼트로 표시되는 조건은 **아토믹 파라미터**로 전송될 수 있다. 요청에 이미 존재하는 경우 애플리케이션별 데이터 버전 번호 또는 타임스탬프를 사용할 수 있다.

그림 7.8은 솔루션 요소를 보여준다.

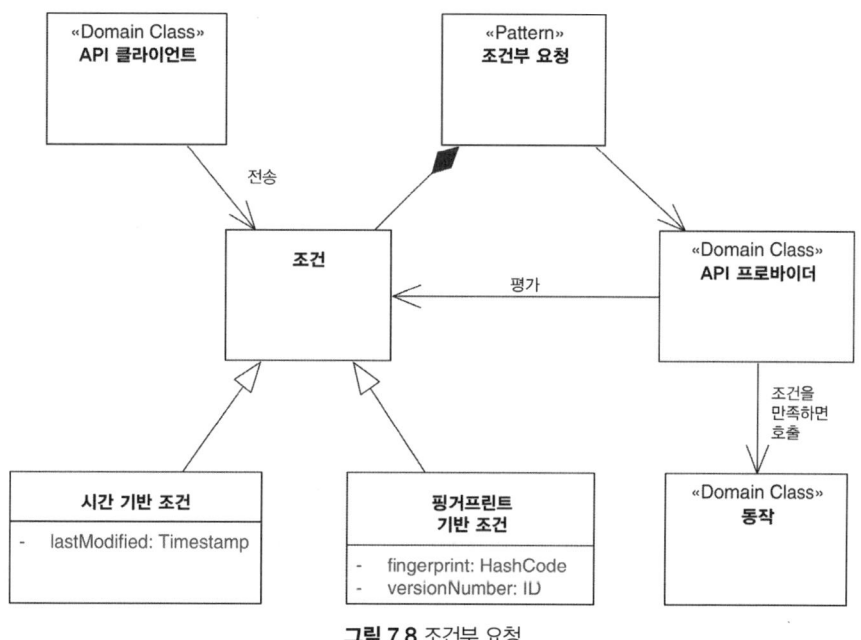

그림 7.8 조건부 요청

통신 인프라 내에서 애플리케이션별 콘텐츠와 직교하고 보완적인 **조건부 요청** 패턴을 구현할 수도 있다. 이를 위해 프로바이더는 제공되는 데이터의 해시를 포함할 수 있다. 그러면 클라이언트는 후속 요청에 이 해시를 포함시켜 이미 보유하고 있는 데이터의 버전과 최신 버전만 수신하고자 하는 데이터를 표시할 수 있다. 조건이 충족되지 않으면 전체 응답 대신 특수 `condition violated` 응답이 반환된다. 이 접근 방식은 '가상 캐싱virtual caching' 전략을 구현해 사본을 보관하고 있다는 가정하에 클라이언트가 이전에 검색한 응답을 재활용할 수 있게 한다.

변형 요청 조건은 다양한 형태를 취할 수 있으며, 이에 따라 이 패턴의 다양한 변형이 발생할 수 있다.

- **시간 기반 조건부 요청**Time-Based Conditional Request: 리소스는 lastmodified 날짜를 타임스탬프로 가진다. 클라이언트는 후속 요청에서 이 타임스탬프를 사용해 클라이언트가 이미 갖고 있는 사본보다 최신인 경우에만 리소스 표현으로 서버가 응답하게 할 수 있다. 이 접근 방식이 정확하게 작동하려면 클라이언트와 서버 간에 약간의 시간 동기화clock synchronization가 필요하다(항상 필요한 것은 아닐 수도 있음). HTTP에서 **If-Modified-Since** 요청 헤더는 이러한 타임스탬프를 전달하며, **304 Not Modified** 상태 코드는 최신 버전을 사용할 수 없음을 나타내는 데 사용된다.
- **핑거프린트 기반 조건부 요청**Fingerprint-Based Conditional Request: 리소스는 프로바이더가 응답 바디 또는 일부 버전 번호에 적용된 해시 함수 등을 사용해 태그, 즉 핑거프린트를 지정한다. 그런 다음 클라이언트는 이미 갖고 있는 데이터의 버전을 나타내는 핑거프린트를 포함할 수 있다. HTTP에서는 RFC 7232[Fielding 2014a]에 설명된 대로 엔티티 태그(ETag)가 **If-None-Match** 요청 헤더 및 앞서 언급한 **304 Not Modified** 상태 코드와 함께 이러한 용도로 사용된다.

예시

스프링과 같은 많은 웹 애플리케이션 프레임워크는 기본적으로 조건부 요청을 지원한다. 호반 상호 보험 시나리오의 스프링 기반 고객 코어 백엔드 애플리케이션은 모든 응답에 핑거프린트 기반 조건부 요청 변형을 구현하는 **ETag**를 포함한다. 예를 들어 고객을 검색한다고 가정해보자.

```
curl -X GET --include \
http://localhost:8080/customers/gktlipwhjr
```

ETag 헤더가 포함된 응답은 다음과 같이 시작될 수 있다.

```
HTTP/1.1 200
ETag: "0c2c09ecd1ed498aa7d07a516a0e56ebc"
Content-Type: application/hal+json;charset=UTF-8
Content-Length: 801
Date: Wed, 20 Jun 2018 05:36:39 GMT
{
  "customerId": "gktlipwhjr",
...
```

이후 요청은 이전에 프로바이더로부터 받은 ETag를 포함해 조건부 요청을 만들 수 있다.

```
curl -X GET --include ?-header \
'If-None-Match: "0c2c09ecd1ed498aa7d07a516a0e56ebc"' \
http://localhost:8080/customers/gktlipwhjr
```

엔티티가 변경되지 않은 경우, 즉 If-None-Match가 발생하면 프로바이더는 동일한 ETag를 포함한 304 Not Modified 응답으로 답한다.

```
HTTP/1.1 304
ETag: "0c2c09ecd1ed498aa7d07a516a0e56ebc"
Date: Wed, 20 Jun 2018 05:47:11 GMT
```

고객이 변경된 경우 클라이언트는 그림 7.9에 표시된 것처럼 새 ETag를 포함한 전체 응답을 받게 된다.

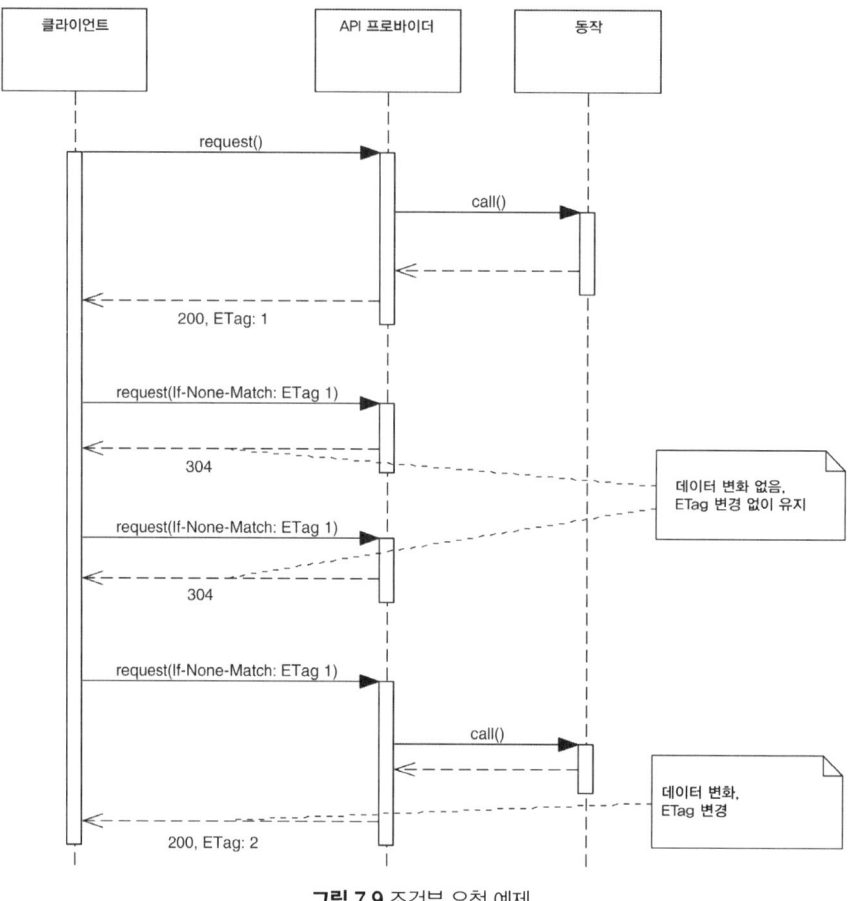

그림 7.9 조건부 요청 예제

고객 코어 마이크로서비스는 **조건부 요청**을 응답에 적용되는 필터로 구현한다는 점에 유의하자. 필터를 사용하면 응답은 여전히 계산되지만 필터에 의해 삭제되고 `304 Not Modified` 상태 코드로 대체된다. 이 접근 방식은 엔드포인트 구현에 투명하다는 이점이 있지만 대역폭만 절약되고 계산 시간은 절약되지 않는다. 서버 측 캐시를 사용해 계산 시간을 최소화할 수도 있다.

토론

조건부 요청을 사용하면 특정 클라이언트가 요청된 데이터의 최신 버전을 이미 봤는지 여부를 프로바이더가 기억한다고 가정하지 않고도 클라이언트와 API 프로바이더의 모두 대역폭을 절약할 수 있다. 서버에 알려진 최신 버전의 데이터를 상기시키는 것은 클라이언트의 몫이다. 서버는 이전 응답을 캐시하고 타임스탬프 또는 핑거프린트를 추적해 다음 요청과 함께 이 정보를 재전송할 책임이 있다. 이렇게 하면 데이터 최신성 간격의 구성이 간소화된다. 데이터 최신성 간격을 지정하는 한 가지 방법인 타임스탬프는 분산 시스템에서도 한 시스템에만 데이터를 쓰면 간단하게 구현할 수 있다. 이 경우 이 시스템의 시간이 마스터 시간이 된다.

앞의 예와 같이 필터를 사용해 패턴을 구현하는 경우 프로바이더 측 API 엔드포인트의 복잡성은 증가하지 않는다. 특정 엔드포인트에 대해 응답의 추가 캐싱과 같은 추가 개선 사항을 구현해 프로바이더의 워크로드를 줄일 수 있다. 이렇게 하면 조건 처리 또는 필터링으로 인해 발생할 수 있는 오류를 포함해 조건, 필터, 예외를 평가해야 하므로 엔드포인트의 복잡성이 증가한다.

또한 프로바이더는 **조건부 요청**이 **사용 비율 제한**과 같은 다른 품질 측정에 어떤 영향을 미치는지, 그리고 그러한 요청이 **요금 책정 플랜**에 따라 특별대우를 받아야 하는지 여부를 결정해야 한다.

고객은 성능 요구 사항에 따라 **조건부 요청**을 사용할지 여부를 선택할 수 있다. 또 다른 선택 기준은 클라이언트가 API 리소스의 상태가 변경됐는지 여부를 감지하고자 서버에 의존할 수 있는지 여부다. **조건부 요청**을 사용하면 전송되는 메시지 수는 변하지 않지만 페이로드 크기는 크게 줄일 수 있다. 클라이언트 캐시에서 이전 응답을 다시 읽는 것이 일반적으로 API 프로바이더에서 다시 로드하는 것보다 훨씬 빠르다.

관련 패턴

조건부 요청을 사용하면 이 패턴을 사용할 때 전송되는 데이터가 줄어들기 때문에 제한이라는 정의에 응답 데이터 볼륨에 따른 대응을 포함하고 있는 **사용 비율 제한**에 긍정적인 영향을 미칠 수 있다.

이 패턴은 위시 리스트 또는 위시 템플릿과 신중하게 결합할 수 있다. 이 조합은 조건이 참으로 평가돼 데이터를 다시 보내야 하는 경우 반환할 데이터의 하위 집합을 나타내는 데 매우 유용할 수 있다.

조건부 요청과 페이지네이션의 조합이 가능하지만 고려해야 할 에지 케이스[edge cases]**가 있다.** 예를 들어 특정 페이지의 데이터는 변경되지 않았지만 더 많은 데이터가 추가돼 총 페이지 수가 늘어났을 수 있다. 이러한 메타데이터의 변경 사항도 상태를 평가할 때 포함돼야 한다.

추가 정보

『RESTful Web Services Cookbook』[Allamaraju 2010]의 10장에서는 조건부 요청에 대해 다룬다. 9가지 레시피 중 일부는 데이터를 수정하는 요청을 다루기도 한다.

 패턴: 요청 번들

적용 시기 및 이유

하나 이상의 동작을 노출하는 API 엔드포인트가 있다고 해보자. API 프로바이더는 클라이언트가 여러 개의 작은 독립 요청을 하고, 이러한 요청에 대해 개별 응답을 반환하는 것이 보인다고 해보자. 이러한 수다스러운 상호작용 시퀀스는 확장성과 처리량을 저하시킨다.

> 어떻게 하면 요청과 응답의 수를 줄여 커뮤니케이션의 효율성을 높일 수 있을까?

이 패턴의 목표는 이 장의 도입부에서 설명한 것처럼 효율적인 메시징과 데이터 간결성에 대한 일반적인 요구 외에도 성능을 개선하는 것이다.

- **지연 시간**: 예를 들어 네트워크의 지연 시간이 길거나 여러 요청과 응답을

전송해 오버헤드가 발생하는 경우 API 호출 횟수를 줄이면 클라이언트 및 프로바이더의 성능이 향상될 수 있다.
- **처리량**Throughput: 더 적은 수의 메시지를 통해 동일한 정보를 교환하면 처리량이 증가할 수 있다. 하지만 클라이언트는 데이터 작업을 시작할 수 있을 때까지 더 오래 기다려야 한다.

API 클라이언트의 성능 요구 사항을 충족하기 위해 더 많은 또는 더 나은 하드웨어를 사용하는 것을 고려할 수도 있지만, 이러한 접근 방식에는 물리적 한계가 있고 비용이 많이 든다.

작동 방식

> 요청 번들은 하나의 요청 메시지로 여러 개의 독립적인 요청을 모으는 데이터 컨테이너로 정의한다. 개별 요청의 식별자(번들 요소) 및 번들 요소 카운터와 같은 메타데이터를 추가한다.

응답 메시지를 설계하는 데는 2가지 옵션이 있다.

1. **하나의 요청에 하나의 응답:** 하나의 번들 응답이 포함된 요청 번들
2. **하나의 요청에 여러 개의 응답:** 여러 개의 응답이 포함된 요청 번들

예를 들어 요청 번들 컨테이너 메시지는 **파라미터 트리** 또는 **파라미터 포리스드**로 구조화할 수 있다. 첫 번째 옵션에서는 요청의 구성을 그대로 반영하고 번들 요청에 대응하는 응답 컨테이너의 메시지 구조를 정의해야 한다. 두 번째 옵션은 적절한 메시지 교환 및 대화 패턴을 지원하기 위해 기본 네트워크 프로토콜의 지원을 통해 구현할 수 있다. 예를 들어 HTTP를 사용하면 프로바이더는 번들 항목이 처리될 때까지 응답을 지연시킬 수 있다. RFC 6202[Saint-Andre 2011]에서는 롱 폴링long polling이라고 하는 이 기술을 자세히 설명한다.

오류는 개별적으로 그리고 컨테이너 수준에서 모두 처리해야 한다. 예를 들어 전체 배치에 대한 **오류 보고**를 ID 엘리먼트로 액세스할 수 있는 번들 요소에 대한 개별

오류 보고의 연관 배열과 결합하는 등 다양한 옵션이 있다.

그림 7.10은 3개의 개별 요청(A, B, C)이 하나의 원격 API 호출로 조합된 요청 번들을 보여준다. 여기서는 단일 번들 응답이 사용된다(옵션 1).

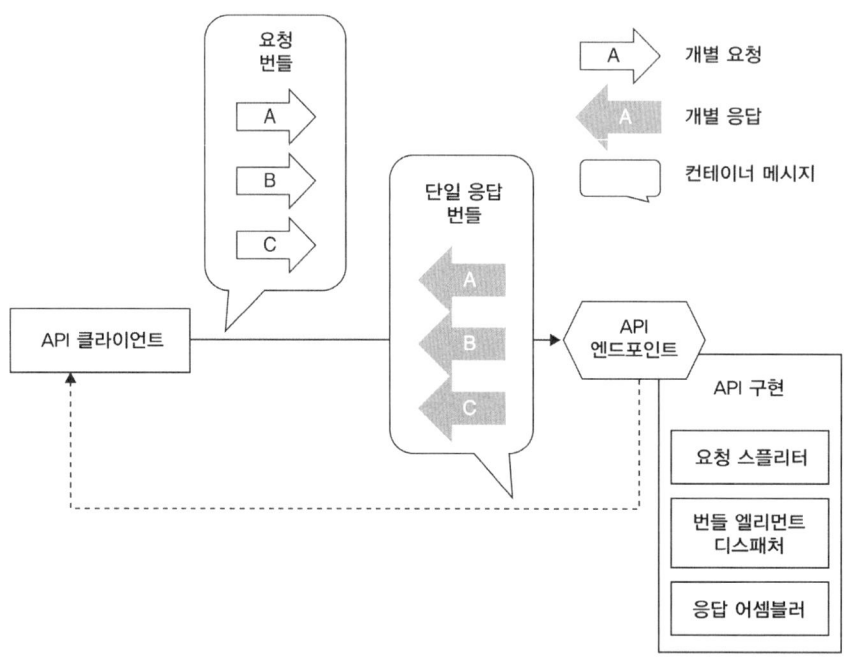

그림 7.10 요청 번들: 3개의 독립적인 요청인 A, B, C가 컨테이너 메시지로 조합된다. 프로바이더는 요청을 처리하고 단일 번들 응답으로 응답한다.

API 구현은 요청 번들을 분할하고 응답 번들을 어셈블해야 한다. 이 작업은 프로바이더 측 엔드포인트가 넘겨주는 배열을 반복하는 것처럼 간단할 수도 있지만, 요청에 제어 **메타데이터 엘리먼트**를 사용해 API 구현에서 번들 요소를 라우팅할 위치를 결정하는 등 추가적인 결정 및 디스패치 로직이 필요할 수도 있다. 프로바이더가 단일 번들 응답을 반환하는 경우 API 클라이언트도 비슷한 방식으로 번들 응답을 분할해야 한다.

예시

호반 상호 보험의 고객 코어 서비스에서 클라이언트는 고객 ID 엘리먼트의 **아토믹 파라미터 리스트**를 지정해 고객의 **정보 보유자** 리소스에서 여러 고객을 요청할 수 있다. 경로 파라미터는 번들 컨테이너 역할을 한다. 쉼표(,)로 번들 요소를 구분한다.

```
curl -X GET http://localhost:8080/customers/ce4btlyluu,rgpp0wkpec
```

이렇게 하면 요청된 두 고객이 번들 수준 배열의 JSON 객체로 표시되는 데이터 엘리먼트로 반환된다(단일 번들 응답 옵션 사용).

```
{
  "customers": [
    {
      "customerId": "ce4btlyluu",
      "firstname": "Robbie",
      "lastname": "Davenhall",
      "birthday": "1961-08-11T23:00:00.000+0000",
      ...
      "_links": { ... }
    },
    {
      "customerId": "rgpp0wkpec",
      "firstname": "Max",
      "lastname": "Mustermann",
      "birthday": "1989-12-31T23:00:00.000+0000",
      ...
      "_links": { ... }
    }
  ],
  "_links": { ... }
}
```

이 예제는 앞서 소개한 단일 번들 응답으로 요청 번들 패턴 옵션을 구현한다.

토론

요청 번들을 한 번에 전송하면 클라이언트 측 사용 시나리오에 배치 또는 대량 처리(예: 고객 마스터 데이터의 주기적 업데이트)가 포함된 경우 메시지 수를 크게 줄일 수 있다. 결과적으로 네트워크 통신이 덜 필요하기 때문에 통신 속도가 빨라진다. 실제 사용 사례에 따라 클라이언트가 진행 중인 여러 요청을 추적할 필요가 없으므로 클라이언트 구현 노력도 감소할 수 있다. 단일 응답에서 발견되는 논리적으로 독립적인 모든 번들 요소를 하나씩 처리할 수 있다.

이 패턴은 엔드포인트 처리 노력과 복잡성을 증가시킨다. 프로바이더는 요청 메시지를 분할하고, 여러 개의 응답이 포함된 **요청 번들**을 구현할 때 여러 개의 개별 응답을 조정해야 한다. 클라이언트는 **요청 번들**과 그 독립적인 요소를 처리해야 하므로 클라이언트 처리 노력과 복잡성도 증가할 수 있으며, 다시 분할 전략이 필요하다. 마지막으로 여러 소스의 데이터를 하나의 메시지로 병합해야 하므로 메시지 페이로드 설계 및 처리가 더욱 복잡해진다.

서로 독립적이기 때문에 요청 번들의 개별 요청이 엔드포인트에서 동시에 실행될 수 있다. 따라서 클라이언트는 요청의 평가 순서에 대해 어떠한 가정도 해서는 안 된다. API 프로바이더는 API 설명에 이 컨테이너 속성을 문서화해야 한다. 번들 요소의 특정 순서를 보장하면 들어오는 **요청 번들**과 동일한 방식으로 단일 번들 응답의 순서를 보장하는 것과 같은 추가 작업이 발생한다.

이 패턴은 기본 통신 프로토콜이 한 번에 여러 요청을 처리할 수 없는 경우에 적합하다. 이 패턴은 모든 번들 요소를 처리할 수 있도록 데이터 접근 제어가 충분히 정의되고 제공된다고 가정한다. 그렇지 않은 경우 프로바이더는 번들에서 실패한 명령/요청과 호출을 다시 시도할 수 있도록 해당 입력을 수정하는 방법을 클라이언트에게 알려주는 부분 응답을 작성해야 한다. 이러한 요소 수준의 접근 제어는 클라이언트 측에서 처리하기 어려울 수 있다.

클라이언트는 번들의 모든 메시지가 처리될 때까지 기다려야 하므로 첫 번째 응답을 받을 때까지 전체 지연 시간이 증가하지만, 여러 번의 연속 호출과 비교하면 일반적으로 네트워크 통신이 덜 필요하므로 총 통신 시간은 빨라진다. 조정 노력coordination effort을 들이게 되면 서비스 프로바이더가 **상태 저장**stateful이 될 수 있으며, 이는 규모 확장성에 부정적인 영향을 미치기 때문에 마이크로서비스 및 클라우드 환경에서는 좋지 않다고 알려져 있다. 즉, 마이크로서비스 미들웨어 또는 클라우드 서비스 프로바이더 인프라에 로드 밸런서가 포함돼 후속 요청이 올바른 인스턴스에 도달하고 장애 조치 절차가 적절한 방식으로 상태를 다시 생성하게 해야 하기 때문에 워크로드가 증가할 때 수평적 규모 확장이 더 어려워진다. 번들 또는 번들의 엘리먼트가 확장 단위가 돼야 하는지 여부는 명확하지 않다.

관련 패턴

요청 번들의 요청 및 응답 메시지는 **파라미터 포리스트** 또는 **파라미터 트리**로 구성된다. 구조에 대한 추가 정보 및 개별 요청을 식별하는 정보는 하나 이상의 **ID 엘리먼트** 또는 **메타데이터 엘리먼트**로 제공된다. 이러한 식별자는 요청에 대한 응답을 추적하기 위해 '상관관계 식별자' 패턴[Hohpe 2003]을 구현할 수 있다.

요청 번들은 **조건부 요청**으로 전달될 수 있다. 이 패턴은 **위시 리스트** 또는 **위시 템플릿**과 결합할 수도 있다. 이러한 패턴 중 2개 또는 3개를 조합해 복잡성을 감수할 만큼 충분한 이득이 실현될 수 있는지 조심스럽게 분석해야 한다. 요청된 엔티티가 같은 종류인 경우(예: 주소록에 있는 여러 사람을 요청하는 경우) **요청 번들** 대신 **페이지네이션** 및 그 변형을 적용할 수 있다.

요청 번들을 사용하면 이 패턴을 사용할 때 교환되는 메시지의 수가 줄어들기 때문에 작업 호출 수를 계산하는 **사용 비율 제한**을 유지하는 데 긍정적인 영향을 미친다. 이 패턴은 명시적 **오류 보고**와 잘 어울리는데, 전체 **요청 번들**뿐만 아니라 번들 요소별로 오류 상태 또는 성공 여부를 보고하는 것이 바람직한 경우가 많기 때문이다.

요청 번들은 일반적인 '커맨드Command' 설계 패턴의 확장으로 볼 수 있다. 각각 구분된 요청은 참고 문헌[Gamma 1995]의 용어에 따르면 커맨드라고 할 수 있다. '메시지 시퀀스'[Hohpe 2003]는 정반대의 문제를 해결한다. 메시지 크기를 줄이기 위해 메시지를 더 작은 메시지로 분할하고 시퀀스 ID로 태그를 지정한다. 이에 대한 대가는 더 많은 메시지 수다.

추가 정보

『RESTful Web Services Cookbook』[Allamaraju 2010]의 11장에서는 여러 개별 요청을 터널링하기 위해 일반화된 엔드포인트를 제공하지 말 것을 권고한다.

코루틴Coroutine은 일괄 처리batch processing 혹은 청킹chunking의 맥락에서 요청 번들 패턴을 적용할 때 성능을 향상시킬 수 있다. 『Improving Batch Performance when Migrating to Microservices with Chunking and Coroutines』에서 이 옵션에 대해 자세히 설명한다[Knoche 2019].

요약

7장에서는 API 품질과 관련된 패턴, 특히 API 설계의 세분성, 런타임 성능, 다양한 클라이언트를 지원할 수 있는 능력 사이에서 최적의 지점을 찾는 방법을 제시했다. 작은 메시지를 많이 주고받아야 하는지, 아니면 큰 메시지를 적게 주고받아야 하는지를 살펴봤다.

임베디드 엔티티 패턴을 적용하면 API 교환이 독립적으로 이뤄진다. 링크된 정보 보유자는 나른 API 엔드포인트를 참조할 수 있는 작은 메시지로 이어지므로 동일한 정보를 인출하기 위해 여러 번 메시지를 교환하게 된다.

페이지네이션을 통해 클라이언트는 필요한 정보에 따라 데이터 세트를 개별적으로 검색할 수 있다. 설계 시점에 정확히 어떤 세부 정보를 가져올지 알 수 없고 클라이언트가 원하는 모든 것을 충족하는 API를 원하는 경우 위시 리스트와 위시 템플릿이 필요한 유연성을 제공한다.

요청 번들의 대량 메시지에는 단 한 번의 상호작용만 필요하다. 적절한 단위로 페이로드를 보내고 받음으로써 성능을 세심하게 최적화할 수 있지만, **조건부 요청**을 도입해 이미 동일한 정보를 갖고 있는 클라이언트에게 동일한 정보를 다시 보내지 않게 하는 것도 도움이 된다.

성능은 일반적으로, 특히 분산 시스템에서는 예측하기 어렵다는 점에 유의하자. 성능은 통상적으로 시스템 환경이 변화함에 따라 안정적인 조건에서 측정되며, 성능 제어가 공식적으로 지정된 **서비스 수준 계약** 또는 기타 지정된 런타임 품질 정책을 하나 이상 위반할 위험이 있는 경향을 보이는 경우 API 설계 및 구현을 수정해야 한다. 이는 모든 분산 시스템에서 중요한 문제이며, 시스템이 마이크로서비스와 같이 작은 부분으로 분해돼 서로 독립적으로 확장 및 발전할 경우 더욱 심각해진다. 서비스가 느슨하게 결합된 경우에도 특정 비즈니스 수준의 기능을 수행하는 최종 사용자의 응답 시간 요구 사항을 충족하기 위한 성능 예산은 전체 및 엔드투엔드 단위로만 평가할 수 있다. 여기엔 부하/성능 테스트 및 모니터링을 위한 상용 제품 및 오픈소스 소프트웨어가 있으며, 의미 있고 재현 가능한 결과를 도출할 수 있는 환경을 구축하는 데 필요한 노력과 요구 사항, 시스템 아키텍처 및 그 구현의 변화에 대처할 수 있는 능력을 갖추는 것은 도전적인 과제다. 성능 측정을 위한 시뮬레이션은 또 다른 옵션이다. 소프트웨어 시스템과 소프트웨어 아키텍처의 예측 성능 모델링에 관한 많은 학술 연구가 있다. 『The Palladio-Bench for Modeling and Simulating Software Architectures』[Heinrich 2018]는 그 예라고 할 수 있다.

8장에서는 버전 관리 및 수명주기 관리에 대한 접근 방식을 포함한 API 진화를 다룬다.

8장
API 진화

8장에서는 시간이 지남에 따라 API가 변경될 때 적합한 패턴을 다룬다. 대부분의 성공적인 API는 진화한다. 호환성^{compatibility}과 확장성^{extensibility}은 API 수명주기 동안 균형을 맞춰야 하는 다소 상충되는 요구 사항이다. 클라이언트와 프로바이더가 가장 효율적인 조합에 동의하지 않을 수도 있다. 여러 버전을 한 번에 계속 지원하는 것은 비용이 많이 들기 때문에 완전한 이전 버전과의 호환성을 원할 수도 있다. 그러나 이는 현실적으로 달성하기 어려운 것이 일반적이다. 잘못된 진화 결정은 고객 및 API 클라이언트를 실망시키고 프로바이더 및 개발자에게 스트레스를 줄 수 있다.

먼저 8장에서는 진화 패턴의 필요성을 설명한 후 버전 관리 및 호환성 관리를 위한 2가지 패턴과 다양한 수명주기 관리 보장을 설명하는 실무에서 발견한 4가지 패턴을 제시한다.

8장은 ADDR 프로세스의 정제^{Refine} 단계에 해당한다.

API 진화 소개

정의에 따르면 API는 정적인 독립형 제품이 아니라 개방형, 분산형, 상호 연결된 시스템의 일부다. API는 클라이언트 애플리케이션을 구축할 수 있는 견고한 기반을 제공하기 위한 것이다. 하지만 오랜 시간 동안 파도가 바위 절벽을 깎아내리듯 API도 수많은 클라이언트에 의해 사용되면서 변화된다.

이 환경에 적응하기 위해 API가 진화하면서 새로운 기능이 추가되고, 버그와 결함이 수정되며, 일부 기능이 중단되기도 한다. 여기서 설명하는 진화 패턴은 통제된 방식으로 API 변경 사항을 도입하고, 그 결과를 처리하며, 이러한 변경 사항은 API 클라이언트에 미치는 영향을 관리하는 데 도움이 된다. 다음 질문에 답하면서 API 소유자, 설계자 및 고객을 지원한다고 할 수 있다.

> API의 진화 과정에서 안정성 및 호환성과 유지 보수성 및 확장성의 균형을 맞추는 관리 규칙은 무엇인가?

API를 진화시킬 때의 도전 과제

여기서 설명하는 진화 패턴은 직간접적으로 다음과 같은 바람직한 품질과 관련이 있다.

- **자율성**: API 프로바이더와 클라이언트가 서로 다른 수명주기를 따를 수 있게 한다. 프로바이더는 기존 클라이언트를 중단시키지 않고 새로운 API 버전을 출시할 수 있다.
- **느슨한 결합도**: API 변경으로 인한 클라이언트에 대한 영향을 최소화한다.
- **확장성**: 프로바이더가 API를 개선 및 확장하고 새로운 요구 사항을 수용하도록 변경할 수 있다.
- **호환성**: API 변경으로 인해 클라이언트와 프로바이더 간에 의미론적 '오해'가 발생하지 않도록 보장한다.
- **지속 가능성**sustainability: 기존 클라이언트를 지원하기 위한 장기적인 유지 보수 노력을 최소화한다.

API 프로바이더와 클라이언트는 수명주기, 배포 빈도, 일정이 서로 다르고 독립적이기 때문에 API의 진화를 조기에 계획한 다음 지속적으로 진행해야 한다. 이미 공개된 API를 임의로 변경하는 것을 금지한다. 이 문제는 점점 더 많은 클라이언트가 API를 사용하고 의존하기 시작함에 따라 더욱 심각해진다. 클라이언트가 많거나 프로바이더가 클라이언트의 수를 정확히 알지 못하면 프로바이더의 클라이언트에 대한 영향력이나 클라이언트 관리 능력이 떨어질 수 있다. 이런 측면에서 **퍼블릭** API는 특히 진화하기 어렵다. 대체 프로바이더가 존재하는 경우 클라이언트는 가장 안정적인 API가 제공되는 것을 선호할 수 있기 때문이다. 그러나 경쟁 프로바이더가 없더라도 API 클라이언트는 새로운 API 버전에 전혀 적응하지 못할 수 있으므로 프로바이더가 API를 적절하게 발전시키는 것에 있어 클라이언트를 의존할 수 있다. 특히 더 이상 참여하지 않는 임시 계약 개발자가 프로젝트에서 클라이언트를 구현한 경우 더욱 그렇다. 예를 들어 한 소규모 기업이 외부 컨설턴트에게 비용을 지불하고 결제 API를 통해 온라인 상점과 결제 서비스 프로바이더를 통합했을 수 있다. API가 새 버전으로 전환될 때쯤이면 이 외부 컨설턴트는 다른 과제를 맡고 있을 수도 있다.

호환성과 확장성은 일반적으로 상충되는 품질 요구 사항이다. API를 발전시킬 때 고려해야 할 많은 사항이 호환성 고려 사항에 의해 결정된다. 호환성은 프로바이더와 클라이언트 간의 관계에 대한 속성이다. 두 당사자가 메시지 교환을 수행하고 각 API 버전의 의미론에 따라 모든 메시지를 올바르게 해석하고 처리할 수 있다면 호환성이 있는 것이다. 예를 들어 API 버전 n의 프로바이더와 이 버전용으로 작성된 클라이언트는 상호 운용성 테스트를 통과했다는 가정하에 정의상 호환된다. API 버전 n의 클라이언트가 버전 n-1의 API 프로바이더와 호환되는 경우 프로바이더는 새 클라이언트 버전과 상위 호환$^{\text{forward compatible}}$된다. API 버전 n의 클라이언트가 프로바이더 버전 n+1과 호환되는 경우 프로바이더는 이전 API 버전과 하위 호환$^{\text{backward compatible}}$된다.

호환성은 API 프로바이더와 클라이언트를 처음 배포할 때 쉽게 달성할 수 있거나 적어도 존재하는 것으로 간주한다. 초기 버전이 존재하고 그 내용이 API **설명**으로 문서화돼 있으므로 API 클라이언트와 프로바이더가 동일한 지식에 동의하고 공유할 수 있으며, 상호 운용성을 설계하고 테스트할 수 있다. API가 발전하는 동안 공유된 이해가 줄어들기 시작할 수 있으며, 클라이언트와 프로바이더 중 한 쪽만 실제로 변경할 수 있기 때문에 클라이언트와 프로바이더가 서로 멀어질 수 있다.

모든 API 프로바이더와 클라이언트의 수명주기를 동기화하는 것이 더 이상 어려워지면 호환성 고려 사항은 더욱 중요해지고 달성하기는 더욱 어려워진다. 많은 애플리케이션이 클라우드 컴퓨팅으로 이동하면서 원격 클라이언트의 수가 크게 증가했고 클라이언트-프로바이더 관계는 계속해서 동적으로 변화하고 있다. 마이크로서비스와 같은 최신 아키텍처 패러다임에서 중요한 특징은 독립적으로 확장(즉, 여러 개의 서비스 인스턴스를 동시에 실행)하고 다운타임 없이 새 버전을 배포할 수 있는 능력이다. 후자는 여러 서비스 인스턴스를 동시에 실행하고 모든 인스턴스가 업그레이드될 때까지 차례로 새 버전으로 전환함으로써 달성할 수 있다. 적어도 이러한 전환 시간 동안에는 여러 버전의 API가 제공된다. 즉, API를 발전시키고 호환성을 보장하는 방법을 설계할 때 여러 클라이언트 버전이 여러 API 버전과 상호작용할 수 있는 가능성을 고려해야 한다.

확장성은 API에서 새로운 기능을 제공할 수 있는 능력이다. 예를 들어 현재 버전의 API는 금액을 나타내는 '가격'이라는 단일 데이터 엘리먼트(6장)를 포함하는 응답 메시지를 노출할 수 있으며, API 설명에서 가격의 통화가 미국 달러라고 설명할 수 있다. 향후 버전의 API에서는 여러 통화가 지원될 예정이라 해보자. 이러한 확장을 구현하면 기존 클라이언트는 미국 달러 값만 처리할 수 있기 때문에 '통화'라는 새로운 메타데이터 엘리먼트가 도입되면 클라이언트가 업데이트될 때까지 이를 처리할 수 없기 때문에 쉽게 기능 지원이 중단될 수 있다. 따라서 확장성은 때때로 호환성 유지와 상충될 수 있다.

이 장의 진화 패턴은 약속 및 수명주기 지원 수준에 대한 의식적인 결정과 다양한 상황에서 호환성을 유지 또는 중단하는 것과 관련이 있다. 또한 중요한 변경 사항 breaking change과 그렇지 않은 변경 사항 nonbreaking change을 전달하는 방법도 설명한다.

프로바이더와 클라이언트의 수명주기, 배포 빈도, 배포 날짜가 서로 다른 경우는 실무에서 자주 발생하며, 특히 퍼블릭 API와 커뮤니티 API 시나리오(4장에 소개된 2가지 패턴)에서 자주 발생한다. 이미 공개된 API를 임의로 변경하는 것은 어렵거나 때로는 불가능하기 때문에 소프트웨어가 출시되기 전에 API 발전 계획을 세워야 한다. 계획은 API 프로바이더와 클라이언트의 비율에 따라 프로바이더(이전 API 버전 유지) 또는 클라이언트(새 API 버전으로 더 자주 마이그레이션)에 부담을 주는 것이 좋다. 고객의 중요도와 같은 정치적 요인은 솔루션 영역에 영향을 미친다. 불만족 때문에 고객을 잃지 않기 위해 프로바이더는 이전 API 버전을 지원하기 위해 더 많은 노력을 기울일 것이다. 프로바이더의 입지가 더 강할 경우 API 또는 API 내 기능의 지원 기간을 단축해 클라이언트가 더 자주 최신 API 버전으로 마이그레이션하도록 강요할 수 있다.

때로는 유지 관리 및 업데이트 전략 없이 API가 출시되는 경우도 있다. 이러한 임시 방편적인 접근 방식은 나중에 문제가 발생해 클라이언트가 손상되고 사용자가 해당 클라이언트를 사용할 수 없게 되는 결과를 초래한다. 더 심각한 문제는 클라이언트가 동일하거나 유사한 구문을 유지하면서 새 API 버전에서 의미가 변경된 메시지(예: 가격 엘리먼트에 부가가치세가 포함돼 있는지 여부 및 세율)를 잘못 해석하는 것의 방지 조치를 취하지 않을 경우 문제를 인지하지 못할 수 있다는 것이다. 모든 엔드포인트, 작업 및 메시지가 포함된 전체 API의 버전을 변경하는 것은 다소 세분화된 전략이며, 많은 버전이 릴리스될 수 있다(어쩌면 너무 많이 릴리스될 수도 있다). 클라이언트 측에서 새로운 API 버전을 추적하고 적용하고자 많은 노력을 기울여야 할 수도 있다.

명시적인 보장이 제공되지 않는 경우 클라이언트는 암묵적으로 API가 영원히 제공되기를 기대하는 경우가 많다(대부분의 경우 프로바이더가 원하는 바는 아님). API 지원이 결국 중단됐지만 클라이언트가 영원히 사용할 수 있을 것으로 기대했거나(특히 익명의 클라이언트가 있는 퍼블릭 API의 경우) 심지어 평생 연장에 대해 협상한 경우 프로바이더의 평판이 손상될 수 있다.

때때로 프로바이더는 버전을 너무 자주 변경하려고 한다. 이로 인해 여러 버전을 동시에 유지 관리하거나 고객에게 업그레이드를 강요하는 문제가 발생할 수 있다. 업그레이드에 시간과 리소스를 투자할 만큼 충분한 가치를 제공하지 못하는 너무 많은 버전으로 인한 고객 이탈을 방지하는 것이 중요하다. 또한 일부 API는 API 클라이언트 개발자가 항상 사용할 수 없는 경우를 가정해야 하는데, 이 경우 API 프로바이더가 이전 버전의 API를 지원해야 하는 경우가 종종 있다. 예를 들어 계속 운영돼야 하는 소규모 비즈니스 웹 사이트를 위해 클라이언트 개발자를 고용한 경우 새 API 버전으로 업그레이드하는 데 필요한 비용을 받지 못하는 상황이 발생할 수 있다. 온라인 결제 수락을 위한 Stripe API[Stripe 2022]에는 이러한 소규모 비즈니스 고객이 있을 수 있다. 학생 학기 프로젝트는 퍼블릭 API를 사용하는 경우가 많으며, 이러한 API를 변경하면 프로젝트가 종료된 후 프로젝트 결과물이 작동하지 않는 경우가 많다.

8장의 패턴

그림 8.1은 8장의 패턴 맵을 보여준다.

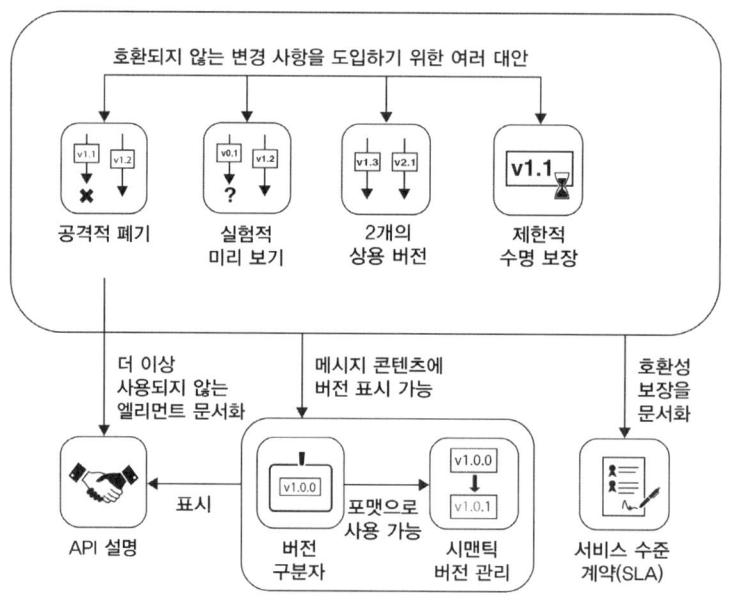

그림 8.1 8장의 패턴 맵(API 진화)

메시지 수신자가 볼 수 있고 올바르게 유효성 검사를 지원하는 명시적 버전 식별자를 도입하면 클라이언트와 프로바이더가 호환되는 변경 사항과 호환되지 않는 변경 사항을 구분하는 데 도움이 되며, 이러한 식별자는 API 모니터링 및 지원에도 유용하다. **시맨틱 버전 관리** 패턴에 따라 세 부분으로 구성된 버전 식별자는 변경 사항 간의 호환성을 설명하므로 단순한 버전 번호보다 더 많은 정보를 전달할 수 있다.

제한적 수명 보장은 API가 지원되는 기간을 지정한다. 이 시간은 API가 게시될 때 전달되므로 클라이언트가 필요한 API 마이그레이션을 적시에 계획할 수 있다. **2개의 상용 버전 패턴**이 적용되면 프로바이더는 제대로 구현되지 않은 이전 버전 또는 앞으로의 호환성으로 인한 의미상의 오해를 피하고 고객에게 선택의 자유를 주기 위해 여러 버전의 API를 제공하며, 상용 환경에서 실행되는 각 버전은 별도의 **버전 식별자**를 갖는다. 이는 점진적인 전환을 가능하게 하는 중간 단계의 솔루션이다. 예를 들어 API를 개발하면서 정확한 메시지 구조와 엔드포인트 설계를 미세 조정하는 경우와 같이 API 프로바이더가 명시적으로 어떠한 보장도 하지 않으려는 할 때가 있다. 이러한 상황에서는 **실험적 미리 보기 패턴**을 사용할 수 있는데, 이 패턴은 보장은 제공하지 않지만 미래의 클라이언트가 개발 중인 API에 대해 배우고 실험할 수 있게 한다. **공격적 폐기 정책**을 사용하면 API 프로바이더는 한 번에 여러 버전을 제공하지 않고도 언제든지 API(또는 그 일부)를 더 이상 사용하지 않고 단계적으로 폐지할 수 있다.

버전 관리 및 호환성 관리

이 절의 2가지 패턴은 버전 식별자와 시맨틱 버전 관리다.

 패턴: 버전 식별자

적용 시기 및 이유

상용 환경에서 실행되는 API는 진화한다. 그리고 시간이 지남에 따라 기능이 개선된 새 버전이 제공된다. 결국 새 버전의 변경 사항은 더 이상 이전 버전과 호환되지 않으며, 이로 인해 기존 클라이언트 동작이 비정상적일 수 있다.

미처 발견하지 못한 해석 오류로 인한 클라이언트의 오작동을 방지하기 위해 API 프로바이더가 현재 기능과 호환되지 않을 수 있는 변경 사항의 존재를 클라이언트에 표시하려면 어떻게 해야 할까?

- **정확도와 정확한 식별:** 새 API 버전을 출시할 때 새 버전과 이전 버전 간의 의미 불일치나 기타 차이로 인한 문제가 발생하지 않아야 한다. 클라이언트는 API 버전이 개선, 확장 또는 기타 방식으로 수정되더라도 해당 버전의 구문과 의미를 신뢰할 수 있어야 한다.
- **실수로 호환성을 깨지 않기:** API와 주고받는 메시지에서 버전이 호출되면 통신 참여자는 알 수 없거나 호환되지 않는 버전 번호에 직면할 경우 요청이나 응답을 거부할 수 있다. 이렇게 하면 기존 표현 엘리먼트의 의미가 예고 없이 변경될 때 발생할 수 있는 이전 버전과의 호환성을 실수로 깨뜨리는 것을 방지할 수 있다.
- **클라이언트 측 영향:** API를 변경하려면 클라이언트도 변경해야 한다. 이러한 변경은 일반적으로 비즈니스 가치를 추가하지 않는다. 따라서 클라이언트는 신뢰할 수 있는 안정적인 API, 즉 API 변경 사항을 따라잡기 위한 잦은 유지 관리 릴리스에 따른 숨겨진 비용을 발생시키지 않는 API를 선호한다.
- **사용 중인 API 버전에 대한 추적성:** API 프로바이더는 특정 API 버전에 의존하는 클라이언트 또는 클라이언트 수를 모니터링할 수 있다. 이 데이터는 오래된 API 버전을 폐기하거나 기능 개선의 우선순위를 정하는 등 추가적인 거버넌스 조치를 계획하는 데 사용될 수 있다.

간혹 조직에서 API의 수명주기를 어떻게 관리할지 계획하지 않고 API를 출시하는 경우가 있다. 이러한 계획은 출시 후에도 효과적으로 수행할 수 있다고 생각할 수 있다. 그러나 거버넌스 및 버전 관리의 부재는 과거에 일부 서비스 지향 아키텍처 이니셔티브와 프로젝트가 실패한 요인 중 하나다[Joachim 2013].

작동 방식

▼
명시적인 버전 표시기를 도입하자. 이 **버전 식별자**를 API 설명과 교환되는 메시지에 포함하자. 엔드포인트 주소, 프로토콜 헤더 또는 메시지 페이로드에 **메타데이터 엘리먼트**를 추가함으로써 후자를 수행할 수 있다.
▲

명시적 버전 식별자는 진화 진행 상황과 성숙도를 나타내기 위해 숫자 값을 사용하는 경우가 많다. **버전 식별자**는 전용 표현 엘리먼트, 속성/엘리먼트 이름 접미사, URL, 도메인 이름, XML 네임스페이스, HTTP 콘텐츠 타입 헤더와 같은 엔드포인트 주소의 일부에 포함될 수 있다. 일관성 문제를 방지하기 위해 **버전 식별자**는 클라이언트나 미들웨어가 여러 곳에 표시되기를 강력히 원하지 않는 한 API가 지원하는 모든 메시지 교환에서 한곳에만 표시돼야 한다.

식별자를 생성하기 위해 세 부분으로 구성된 **시맨틱 버전 관리 패턴**이 자주 사용된다. 이렇게 구조화된 **버전 식별자**를 참조하면 커뮤니케이션 당사자가 메시지를 이해하고 올바르게 해석할 수 있는지 확인할 수 있으며, 비호환성을 쉽게 발견하고 기능 확장에 대해 더 쉽게 구별할 수 있다.

수신 당사자는 다른 **버전 식별자**로 새 버전을 표시함으로써 추가 문제가 발생하기 전에 메시지 해석을 중단하고 비호환성 오류를 **오류 보고** 등으로 보고할 수 있다. 특정 시점(예: 특정 버전 출시 시)에 API가 도입됐거나 특정 API 버전에서만 사용할 수 있지만 **공격적 폐기 패턴** 사용 시에는 이후 버전에서 폐기된 기능을 API 설명에서 파악할 수 있다.

요청 및 응답 메시지의 스키마(예: HTTP 리소스 API에서 사용자 지정 미디어 타입으로 정의됨)도 버전이 지정될 수 있으며, 엔드포인트/동작 버전 관리와 느슨하게 연계될 수 있다는 점에 유의하자. 알렉산더 딘[Alexander Dean]과 프레데릭 블런던[Frederick Blundun]은 참고 문헌[Dean 2014]에서 이 접근 방식을 SchemaVer라고 부른다.

또한 구현은 인터페이스와 별도로 진화할 수 있고 더 자주 업데이트될 수 있으므로 API의 진화와 구현의 진화는 서로 다른 문제라는 점을 유의하자. 이로 인해 원격 API와 각 구현에 대해 각각 하나씩 여러 개의 버전 식별자를 사용하게 될 수도 있다.

모든 구현 종속성은 버전 관리 개념에 포함돼야 하며(또는 종속성의 이전 버전과의 호환성이 보장돼야 함), 상태 저장 API[stateful API] 호출을 뒷받침하는 데이터베이스와 같은 하위 계층 컴포넌트에 API 자체만큼 빠르게 진화할 수 없는 스키마가 있는 경우 릴리스

빈도가 느려질 수 있다. 상용 환경에서 2가지(또는 그 이상) API 버전 중 어떤 버전의 백엔드 시스템 및 기타 다운스트림 종속성을 사용하는지 명확히 해야 한다. 여기엔 '롤 포워드roll forward' 전략[1] 또는 구현 버전 관리와 API 버전 관리를 분리하는 파사드facade 추가가 고려될 수 있다.

예시

HTTP 리소스 API에서 다양한 기능의 버전은 다음과 같이 표시할 수 있다. 클라이언트가 지원하는 특정 표현 형식의 버전은 Accept 헤더와 같은 HTTP의 콘텐츠 타입 협상 헤더에 나타난다[Fielding 2014c].

```
GET /customers/1234
Accept: text/json+customer; version=1.0
...
```

특정 엔드포인트 및 작업의 버전은 리소스 식별자의 일부가 된다.

```
GET v2/customers/1234
...
```

전체 API의 버전은 호스트 도메인 이름에 지정할 수도 있다.

```
GET /customers/1234
Host: v2.api.service.com
...
```

SOAP/XML 기반 API에서 버전은 일반적으로 최상위 메시지 엘리먼트의 네임스페이스의 일부로 표시된다.

---

1. 기본 코드와 기능을 구현해 놓고 추가해 나가는 전략 – 옮긴이

```
<soap:Envelope>
  <soap:Body>
    <ns:MyMessage xmlns:ns="http://www.nnn.org/ns/1.0/">
    ...
    </ns:MyMessage>
  </soap:Body>
</soap:Envelope>
```

또 다른 방법은 다음 JSON 예제에서와 같이 페이로드에 버전을 지정하는 것이다. 빌링 API의 초기 버전 1.0에서는 가격이 유로[euros]로 정의됐다.

```
{
  "version": "1.0",
  "products": [
    {
      "productId": "ABC123",
      "quantity": 5;
      "price": 5.00;
    }
  ]
}
```

새 버전에서는 다중 통화 요구 사항이 구현됐다. 이로 인해 새로운 데이터 구조와 버전 엘리먼트 "version": "2.0"의 새로운 내용이 추가됐다.

```
{
  "version": "2.0",
  "products": [
    {
      "productId": "ABC123",
      "quantity": 5;
      "price": 5.00;
      "currency": "USD"
    }
```

        ]
    }

버전 식별자나 변경 사항을 나타내는 다른 메커니즘이 사용되지 않았다면 메시지의 버전 2.0을 해석하는 이전 소프트웨어는 제품 가격이 미화 5달러인데도 5유로라고 가정할 것이다. 이는 새로운 속성이 기존 속성의 의미를 변경했기 때문이다. 앞서 살펴본 것처럼 HTTP 콘텐츠 타입에 버전을 전달하면 이 문제를 해결할 수 있다. 이 문제를 피하기 위해 `priceInDollars`라는 새로운 필드를 도입할 수도 있지만 이러한 변경은 시간이 지남에 따라 누적되는 기술 부채로 이어지며, 특히 이와 같은 사소해 보이지 않는 예시에서 그 부분을 확인할 수 있다.

토론

버전 식별자 패턴을 사용하면 프로바이더는 API, 엔드포인트, 동작, 메시지 호환성 및 확장성을 명확하게 전달할 수 있다. 이를 통해 API 버전 간에 감지되지 않은 의미 변경semantic change으로 인해 실수로 호환성이 깨져 문제가 발생할 가능성을 줄일 수 있다. 또한 클라이언트가 실제로 사용하는 메시지 페이로드 버전을 추적할 수 있다.

HTTP 리소스 API의 하이퍼미디어 컨트롤과 같이 **링크 식별자**와 함께 작동하는 API는 버전을 관리할 때 특별한 주의가 필요하다. API 제품을 구성하는 것과 같이 서로 긴밀하게 결합된 엔드포인트와 API는 함께(즉, 조율된 방식으로) 버전을 만들어야 한다. 조직 내 여러 팀에서 소유하고 유지 관리하는 마이크로서비스에 의해 노출되는 API와 같이 다소 느슨하게 결합된 API는 진화하기가 더 어렵다. 호반 상호 보험의 경우 고객 관리 백엔드 API 버전 5가 계약 관리 백엔드에 있는 계약 **정보 보유자** 리소스를 참조하는 **링크 식별자**를 반환할 때 고객 관리 백엔드는 어떤 정책 엔드포인트 버전을 가정할까? 고객 셀프 서비스 백엔드에 있는 계약 링크를 수신하는 API 클라이언트가 처리할 수 있는 계약 관리 백엔드 API 버전을 알지 못할 수도 있다(호반 상호 보험 아키텍처의 컴포넌트는 그림 2.6에서 소개됨).

버전 식별자가 변경되면 클라이언트가 사용하는 기능이 변경되지 않았음에도 새 API 버전으로 마이그레이션해야 할 수 있으며, 이로 인해 일부 API 클라이언트의 구현 노력이 요구된다.

버전 식별자를 도입한다고 해서 프로바이더가 API를 임의로 변경할 수 있는 것은 아니며, 이전 클라이언트를 지원하는 데 필요한 변경을 최소화할 수도 없다. 그러나 예를 들어 2개의 상용 버전을 제공할 때 이러한 이점이 있는 패턴을 적용할 수 있다. 이 패턴 자체는 프로바이더와 클라이언트 수명주기의 분리를 지원하지 않지만 분리를 지원하는 다른 패턴이 있다. 예를 들어 버전이 명시적으로 표시되면 2개의 상용 버전 및 공격적 폐기 구현이 간소화된다.

이 패턴은 변경 사항을 표시하기 위한 간단하지만 효과적인 메커니즘을 설명한다. 특히 '관용적 판독기'[Tolerant Reader,][Daigneau 2011] 패턴은 이러한 변경에도 성공적으로 구문을 분석할 수 있다. 내용에 문제가 있어 올바르게 이해하지 못할 수 있지만 그래도 처리할 수 있는 것이다. 이때 변경 사항을 표시하는 버전을 명시함으로써 프로바이더는 클라이언트가 최신 버전의 메시지를 거부하거나 이전 버전 기준의 요청 처리를 거부하게 할 수 있다. 이는 호환되지 않는 변경을 안전하게 수행할 수 있는 메커니즘을 제공한다. 하지만 결국 클라이언트는 지원되는 새로운 API 버전으로 마이그레이션해야 한다. 2개의 상용 버전과 같은 패턴은 클라이언트가 새 버전으로 마이그레이션할 수 있는 유예 기간을 제공할 수 있다.

명시적 버전 관리를 선택할 때는 버전 관리가 이뤄지는 수준을 결정해야 한다. 웹 서비스 기술 언어[WSDL]에서는 전체 계약(예: 네임스페이스 변경 등)을 버전 관리할 수 있으며, 개별 작업(예: 버전 접미사 사용) 및 표현 엘리먼트(스키마)를 버전 관리할 수도 있다. 예를 들어 앞서 설명한 대로 페이로드의 콘텐츠 타입, URL, 버전 엘리먼트를 사용해 버전을 표시할 수 있다. 버전 관리 범위('대상')와 버전 관리 솔루션('수단')을 혼동해서는 안 된다. 예를 들어 표현 엘리먼트는 버전 정보를 전달할 수 있지만 그 자체로 버전 관리의 대상이 될 수도 있다.

예를 들어 단일 작업과 같이 더 작은 단위의 버전 관리를 사용하면 프로바이더와 클라이언트 간의 결합도가 줄어들어 소비자는 변경의 영향을 받지 않는 API 엔드포인트의 기능만 사용할 수 있다. 클라이언트별로 별도의 API 엔드포인트를 제공하는 대신 세분화된 버전 관리(작업 또는 메시지 표현 엘리먼트 수준)를 통해 변경의 영향을 제한할 수 있다. 하지만 버전이 관리되는 API의 엘리먼트가 많을수록 거버넌스 및 테스트 노력이 증가한다. 프로바이더와 클라이언트 조직 모두 버전이 있는 엘리먼트와 그 활성 버전을 추적해야 한다. 이러한 상황에서는 특정 클라이언트 또는 다양한 클라이언트 타입에 특화된 API를 제공하는 것이 더 나은 설계 선택일 수 있다.

버전 식별자를 사용하면 API 클라이언트와 같은 소프트웨어 컴포넌트에 대한 불필요한 변경 요청이 발생할 수 있다. API 버전이 변경될 때마다 코드를 변경해야 하는 경우 이런 일이 발생할 수 있다. 예를 들어 XML 네임스페이스가 변경되면 클라이언트를 변경하고 새로 배포해야 한다. 원시 코드 생성(예: 사용자 지정이 없는 JAXB[Wikipedia 2022f])을 사용하는 경우 네임스페이스가 변경되면 자바 패키지 이름이 변경돼 생성된 모든 클래스와 해당 클래스에 대한 코드의 참조에 영향을 미치기 때문에 문제가 될 수 있다. 추가 작성해야 하는 코드를 최적화하거나 데이터에 액세스하는 더 강력하고 안정적인 메커니즘을 사용해 이러한 기술 변경의 영향을 줄이고 억제하는 것이 최소한 이뤄져야 한다.

통합 기술마다 버전 관리를 위한 메커니즘이 다르며, 각 커뮤니티에서 인정하는 해당 관행도 다르다. 일부 API는 최상위 메시지 엘리먼트에 버전 접미사를 사용하지만 SOAP를 사용하는 경우 버전은 일반적으로 교환된 SOAP 메시지의 서로 다른 네임스페이스로 표시된다. 이와는 대조적으로 REST 커뮤니티의 일부에서는 명시적인 **버전 식별자**의 사용을 비난하고, 다른 커뮤니티에서는 버전을 전달하기 위해 HTTP **accept** 및 콘텐츠 타입 헤더(예: [Klabnik 2011] 참고)를 사용하도록 권장한다. 그러나 실제로는 많은 애플리케이션에서 교환된 JSON/XML 또는 URL에 **버전 식별자**를 사용해 버전을 표시한다.

관련 패턴

버전 식별자는 메타데이터 엘리먼트의 특수한 타입으로 볼 수 있다. 버전 식별자는 **시맨틱 버전 관리** 패턴을 사용해 추가로 구조화할 수 있다. 수명주기 패턴인 **2개의 상용 버전**에는 명시적 버전 관리가 필요하며, 다른 수명주기 패턴(공격적 폐기, 실험적 미리 보기, 제한적 수명 보장)에서도 이 패턴을 사용할 수 있다.

API의 가시성visibility과 역할에 따라 관련 설계 결정이 달라진다. 예를 들어 **프론트엔드 통합을 위한 퍼블릭 API** 시나리오에서 프로바이더와 클라이언트의 수명주기, 배포 빈도, 릴리스 날짜가 서로 다르기 때문에 설계 결정을 내리기 전에 API의 진화를 계획해야 할 수도 있다. 이러한 시나리오는 일반적으로 이러한 변경이 클라이언트에 미치는 영향(예: 다운타임, 그에 따른 테스트 및 마이그레이션 노력)으로 인해 프로바이더가 이미 게시된 API를 임의로 임시 변경하는 것을 허용하지 않으며, 이러한 클라이언트의 일부 또는 전부가 알려지지 않았을 수도 있다. 동일한 릴리스 주기로 유지 관리되고 공통 로드맵을 공유하는 몇 개의 안정적인 커뮤니케이션 당사자 간에 **백엔드 통합** 기능을 제공하는 **커뮤니티 API**는 좀 더 여유로운 버전 관리 전략을 사용할 수 있다. 마지막으로 동일한 애자일 팀이 소유, 개발 및 운영하는 단일 백엔드와 모바일 앱 프론트엔드를 연결하는 **프론트엔드 통합을 위한 솔루션 내부 API**는 지속적인 통합 및 배포 관행 내에서 빈번하고 자동화된 단위 및 통합 테스트에 의존하는 애드혹ad-hoc과 상황에 따르는 진화 접근 방식으로 돌아갈 수 있다.

추가 정보

버전 관리는 API 및 서비스 설계의 중요한 측면이기 때문에 여러 개발 커뮤니티에서 이에 대해 많은 논의가 이뤄지고 있다. 전략은 매우 다양하며 열띤 토론도 벌어지고 있다. 『Roy Fielding on Versioning, Hypermedia, and REST』[Amundsen 2014]에 따르면 API는 항상 이전 버전과 호환돼야 하므로 명시적인 버전 관리가 전혀 필요하지 않다는 의견부터 마크 리틀Mark Little[Little 2013]이 비교한 다양한 버전 관리 전략에 이르기까지 다양한 의견이 존재한다. 제임스 히긴보텀James Higginbotham은 『When and

How Do You Version Your API?』[Higginbotham 2017a]와 『웹 API 설계 원칙』[Higginbotham 2021]에서 사용 가능한 옵션에 대해 설명한다.

『SOA in Practice』의 11장에서는 서비스 지향 아키텍처[SOA, Service Oriented Architecture] 설계의 맥락에서 서비스 수명주기를 소개하고, 12장에서는 버전 관리에 대해 설명한다 [Josuttis 2007].

『Build APIS You Won't Hate』[Sturgeon 2016b]의 13장에서는 버전 관리를 위한 7가지 옵션(URL의 버전 식별자도 이러한 옵션 중 하나)과 그 장단점을 설명한다. 또한 구현에 관련한 힌트도 제공한다.

『SOA with REST』[Erl 2013]의 15장에서는 REST용 서비스 버전 관리를 다룬다.

패턴: 시맨틱 버전 관리

적용 시기 및 이유

요청 및 응답 메시지에 버전 식별자를 추가하거나 API 설명에 버전 정보를 게시할 때 서로 다른 버전 간의 변경 사항이 얼마나 중요한지 단일 숫자로는 명확하지 않다. 따라서 이러한 변경 사항의 영향은 알 수 없으며 모든 클라이언트가 API 설명을 자세히 살펴보거나 특별한 호환성 테스트를 실행하는 등의 방법으로 분석해야 한다. 소비자는 버전 업그레이드의 영향을 미리 알고 있어야 많은 노력을 투자하거나 불필요한 위험을 감수하지 않고 마이그레이션을 계획할 수 있다. 프로바이더는 클라이언트에서 사용하는 API에 대해 보장하기 위해 다양한 버전을 관리해야 하므로 계획된 API 인터페이스 및 구현 변경이 호환 가능한지 또는 클라이언트 기능을 중단시키는지 여부를 공개해야 한다.

▼
이해관계자가 API 버전을 비교해 호환 여부를 즉시 파악할 수 있는 방법은 무엇일까?
▲

- **버전 비호환성을 감지하기 위한 최소한의 노력:** API가 변경되면 모든 당사자, 특히 클라이언트는 새 버전의 출시가 어떤 영향을 미치는지 아는 것이 중요하다. 고객은 새 버전을 바로 사용할지 아니면 필요한 마이그레이션을 계획하고 실행할지 결정할 수 있도록 호환성 수준을 알고 싶어 한다.
- **변경 영향의 명확성:** 새로운 API 인터페이스 버전이 출시될 때마다 API 프로바이더의 개발자는 물론 API 클라이언트의 개발자에게 변경 사항의 영향과 특히 호환성과 관련해 어떤 것을 보장하는지 명확히 알려져야 한다. API 클라이언트 개발 프로젝트를 계획하려면 새로운 API 버전을 수용하는 데 드는 노력과 위험을 알아야 한다.
- **영향력과 호환성 수준이 다른 변경 사항의 명확한 구분:** 변경 사항의 영향을 명확히 하고 다양한 클라이언트의 요구 사항을 충족하기 위해 이전 버전과의 호환성 수준이 다른 변경 사항을 분리해야 하는 경우가 많다. 예를 들어 많은 구현 수준의 버그 수정은 이전 버전과의 호환성을 유지한 채로 수행할 수 있지만, 설계 버그를 수정하거나 개념적 차이를 좁히려면 클라이언트의 급격한 변경이 필요한 경우가 많다.
- **API 버전 관리 및 관련 거버넌스 노력의 관리 용이성:** 여러 API 버전을 관리하는 것은 어렵고 지속적으로 리소스가 필요한 일이다. 클라이언트에 더 많은 보장이 제공되고 더 많은 API와 API 버전이 제공될수록 이러한 API를 관리하는 데 많은 노력이 필요하나. 프로바이더는 일반적으로 이러한 관리 작업을 최소화하기 위해 노력한다.
- **진화 타임라인**evolution timeline**에 대한 명확성:** 예를 들어 2개의 상용 버전 패턴을 사용하는 경우 API의 여러 버전이 병렬로 생성될 수 있다. 이러한 경우 각 API의 진화 과정을 주의 깊게 추적해야 한다. 한 버전에는 버그 수정만 포함돼 있는 반면 다른 버전에는 API의 호환성을 깨뜨리는 재구성된 메시지가 포함돼 있을 수 있다. 이러한 경우 후속 버전이 서로 다른 시기에 출시되므로 클라이언트나 프로바이더에 대한 보장과 관련해 날짜 정보가 의미가 없어지므로 API 게시 날짜는 의미가 없다.

메시지에 명시적인 버전 식별자를 추가하든 다른 곳에 버전을 표시하든 관계없이 API의 새 버전을 표시할 때 가장 쉬운 해결책은 단순한 단일 숫자를 버전으로 사용하는 것이다(버전 1, 버전 2 등). 그러나 이러한 버전 체계는 어떤 버전이 서로 호환되는지를 나타내지 않는다. 예를 들어 버전 1은 버전 3과 호환될 수 있지만 버전 2는 새로운 개발 브랜치이며 버전 4 및 5에서 추가 개발될 예정일 수 있다. 따라서 2개의 상용 버전이 적용돼 운용 중인 버전이 2개인 경우와 같이 단순한 단일 번호 버전 관리 체계로는 보이지 않는 호환성 그래프와 여러 개의 API 브랜치를 따라야 하므로 API를 분기하기가 어렵다. 단일 버전은 릴리스의 시간 순서를 나타내지만 다른 문제를 해결하지 못하기 때문이다.

또 다른 옵션은 API 리비전의 커밋 ID$^{commit\ ID}$를 버전 식별자로 사용하는 것이다. 예를 들어 깃에서처럼 소스 제어 시스템에 따라 이 ID는 숫자가 아닐 수도 있다. 이렇게 하면 API 설계자와 개발자가 버전 번호를 수동으로 할당할 필요가 없지만 모든 커밋 ID가 배포되는 것은 아니며, 브랜치 및 호환성에 대한 표시가 API 클라이언트에 표시되지 않을 수 있다.

작동 방식

▼

API 프로바이더가 복합 식별자로 서로 다른 수준의 변경 사항을 나타낼 수 있는 계층적 3개의 숫자 버전 체계 x.y.z를 사용한다. 이 3개의 숫자를 보통 주 버전(major version), 부 버전(minor version), 패치 버전(patch version)이라고 한다.

▲

그림 8.2는 일반적인 번호 체계를 보여준다.

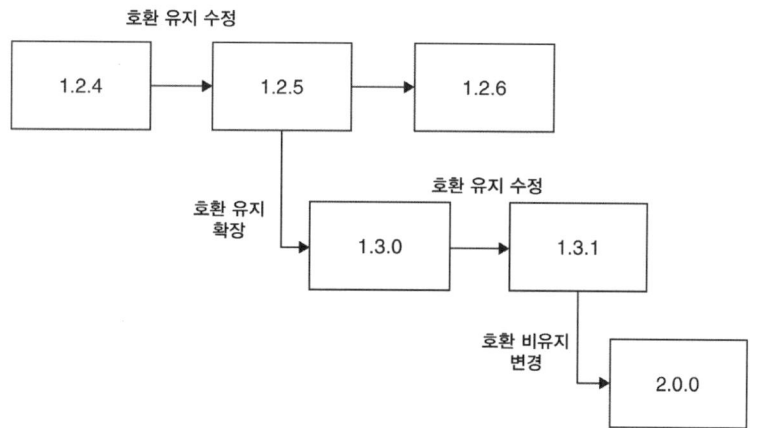

그림 8.2 시맨틱 버전 관리. 버전 번호는 변경 내용이 호환되는지 여부를 나타낸다.

시맨틱 버전 관리의 일반적인 번호 체계는 3가지 번호로 작동한다.

1. **주 버전**major version: 이 번호는 기존 작업의 제거와 같이 호환되지 않는 파괴적인 변경 사항이 있을 때 증가한다. 예를 들어 버전 1.3.1로 변경하면 새로운 버전 2.0.0이 된다.

2. **부 버전**minor version: 새 버전이 호환 가능한 방식으로 새로운 기능(예: API에 대한 새 작업 또는 기존 작업의 메시지의 새로운 선택적 데이터 엘리먼트)을 제공하는 경우 이 번호가 증가한다. 예를 들어 버전 1.2.5의 호환 가능한 확장은 새로운 버전 1.3.0이 된다.

3. **패치 버전**patch version: 수정 버전fix version이라고도 한다. 이 번호는 API 계약의 문서를 변경 및 명확히 하거나 논리 오류를 수정하기 위해 API 구현을 변경하는 등 호환 가능한 버그를 수정할 때 증가한다. 예를 들어 버전 1.2.4에 대한 호환 가능한 버그 수정은 새로운 버전 1.2.5로 이어진다.

시맨틱 버전 관리에서는 버전 식별자를 구성하는 방법만 설명하며, 이러한 식별자를 배치하고 사용하는 방법은 설명하지 않는다. 이 설명은 버전이 지정된 객체(예: 전체 API, 개별 엔드포인트 및 작업, 메시지 데이터 타입)와 식별자가 표시되는 위치(예: 네임스페이스, 속성 내용, 속성 이름) 모두에 적용된다. 시맨틱 버전 관리는 클라이언트에 전달되지 않는 버전과 전달되는 버전 모두에 적용할 수 있다.

제임스 히긴보텀이 『A Guide for When (and How) to Version Your API』[Higginbotham 2017b]에서 설명하는 API 버전(클라이언트에 표시)과 API 리비전(프로바이더가 내부적으로 선택 및 처리)의 차이점에 유의하자. 『웹 API 설계 원칙』[Higginbotham 2021]의 14장에서는 이 주제를 자세히 다룬다.

예시

한 스타트업이 시장에서 증권 거래소 데이터 프로바이더로 자리매김하고자 한다. 이 스타트업의 첫 번째 API 버전(버전 1.0.0)은 주식 심볼의 하위 문자열을 검색해 해당 주식의 전체 이름과 가격(USD)을 포함한 일치하는 주식 목록을 반환하는 검색 작업을 제공했다. 이후 고객의 피드백에 따라 이 스타트업은 과거 검색 기능을 제공하기로 결정했다. 기존 검색 작업을 확장해 선택적으로 시간 범위를 지정해 과거 가격 기록에 액세스할 수 있게 했다. 시간 범위를 지정하지 않으면 기존 검색 로직이 실행돼 마지막으로 알려진 호가가 반환된다. 이 버전은 이전 버전과 완전히 역호환되므로 이전 클라이언트에서 이 작업을 호출하고 결과를 해석할 수 있다. 따라서 이 버전을 1.1.0 버전이라고 한다.

버전 1.1.0의 검색 기능에서 버그가 발견됐다. 제공된 검색 문자열이 포함된 모든 종목이 검색되는 것이 아니라 해당 문자열로 시작하는 종목만 반환된다. API 계약은 올바르지만 완전히 구현되지 않았고 충분히 테스트되지 않았다. API 구현이 수정돼 버전 1.1.1로 출시됐다.

해외 고객들이 스타트업에서 제공하는 서비스에 매료돼 국제 증권 거래소의 지원을 요청했다. 이에 따라 필수 통화 엘리먼트를 포함하도록 응답이 확장됐다. 이 변경 사항은 고객 관점에서 호환되지 않으므로 새 버전의 번호는 2.0.0으로 붙여졌다.

이 예제는 의도적으로 기술 독립적이라는 점에 유의하자. 제공된 데이터는 JSON 또는 XML 객체 등 어떤 형식으로든 전송할 수 있으며, 임의의 통합 기술(HTTP, gRPC 등)을 사용해 작업을 구현할 수 있다. 이 패턴은 API 인터페이스 또는 그 구현에 도입된 변경 타입에 따라 버전 식별자를 발급하는 개념적 문제를 다룬다.

토론

시맨틱 버전 관리는 두 API 버전 간의 변경 사항이 호환성에 미치는 영향을 표현하는 데 있어 높은 명확성을 제공한다. 그러나 변경 사항이 어떤 범주에 속하는지 결정하기 어려운 경우가 있기 때문에 정확한 **버전 식별자**를 할당하는 데 더 많은 노력이 필요하다. 호환성에 대한 이러한 논의는 특히 어렵지만 변경 사항에 대한 중요한 인사이트를 제공한다. 그러나 이 패턴을 일관되게 적용하지 않으면 사소한 업데이트에 변경 사항이 몰래 숨어들 수 있으므로 일일 스탠드업, 코드 리뷰 등에서 이러한 위반 사항을 감시하고 논의해야 한다.

중요한 변경 사항과 중요하지 않은 변경 사항은 주 버전, 부 버전 그리고 패치 버전 번호의 의미에 의해 명확하게 구분될 수 있다. 이러한 분리를 통해 API 클라이언트와 프로바이더 모두 변경 사항의 영향을 더 잘 평가할 수 있으므로 **시맨틱 버전 관리**를 적용하면 변경 사항의 투명성이 높아진다.

추가적인 측면으로는 API 버전 관리 및 관련 거버넌스 노력이 포함된다. 이 패턴은 이처럼 광범위하고 다양한 주요한 설계 요구 사항인 포스의 충돌을 해결하기 위한 토대를 마련한다. 호환성의 범위를 명확하게 알릴 수 있는 수단을 제공함으로써 추가적인 패턴과 조치를 적용할 수 있다.

예를 들어 히긴보텀은 단순화된 주·부 시맨틱 버전 체계simplified major.minor semantic versioning scheme를 사용할 것을 제안한다[Higginbotham 2017a]. 또 다른 옵션은 3개의 숫자를 사용하되 세 번째 숫자는 클라이언트에게 숨기고 내부적으로만 사용하는 것이다(예: 내부 개정 번호로). 패치 버전을 공개하지 않으면 메시지에서 수신한 세 번째 버전 번호를 수신 및 사용하도록 의도하지 않은 번호로 해석하는 클라이언트와 실수로 연결되는 것을 방지할 수 있다.

API 및 해당 계약과 API 구현은 모두 어떤 식으로든 버전의 변경을 만들 수 있다. 인터페이스와 구현의 버전 번호는 일반적으로 일치하지 않을 수 있으므로 주의를 기울이고 차이점을 명확하게 전달해야 한다. 공식 표준이 느리게 발전하는 경우 API의 버전과 구현 버전이 다른 경우가 많다. 예를 들어 의료 관리 시스템의 시스템 소프트웨어 버전 6.0, 6.1, 7.0에서 HL7 표준[International 2022]의 버전 3을 구현할 수 있다.[2]

메시지의 다시보기를 지원하는 API(예: 아파치 카프카와 같은 분산 트랜잭션 로그에서 제공하는 메시지)는 버전 관리 시 특별한 주의가 필요하다. 분산 로그 트랜잭션은 클라이언트가 메시지 기록의 다시보기를 선택할 경우 이전 버전과 호환돼야 한다. 호환되지 않는 메시지 버전은 클라이언트의 동작을 중단시킬 수 있다. 따라서 모든 메시지 버전은 향후 및 과거 메시지 처리를 지원하기 위해 지속적으로 동기화돼야 한다. 호환되지 않는 이전 버전의 데이터가 복원된 후 API에 다시 노출된다고 가정할 경우 마이크로서비스 기반 시스템의 백업 및 복원 기능도 마찬가지다[Pardon 2018].

관련 패턴

시맨틱 버전 관리에는 버전 식별자가 필요하다. 3자리 버전 식별자는 단일 문자열(서식 제약 조건 포함) 또는 3개의 항목이 있는 아토믹 파라미터 리스트로 전달할 수 있다. API 설명 또는 서비스 수준 계약은 고객에게 중요한 버전 관리 정보의 일부를 포함할 수 있다. 사용 비율 제한의 도입은 큰 변화 도입의 예로, 응답 메시지에 제한 범위를 넘었음을 나타내는 새로운 오류 보고가 지원돼야 한다.

API 프로바이더가 제공하는 약정 수준이 다른 모든 수명주기 패턴은 서로 연관돼 있다. 제한적 수명 보장, 2개의 상용 버전, 공격적 폐기, 실험적 미리 보기가 이 수명주기 패턴이다. 이러한 패턴을 적용할 때 시맨틱 버전 관리는 과거, 현재, 미래의 비전을 구분해 호환성 보장 및 변경 방법을 알려준다.

버전 간의 호환성, 특히 마이너 버전 간의 호환성을 개선하기 위해 '관용적 판독기Tolerant Reader' 패턴을 사용할 수 있다[Daigneau 2011].

---

2. HL7은 시스템이 의료 데이터를 교환하는 방법을 정의한다.

추가 정보

시맨틱 버전 관리 구현에 대한 자세한 내용은 <Semantic Versioning 2.0.0>에서 온라인으로 확인할 수 있다[Preston-Werner 2021].

REST에서 시맨틱 버전 관리를 사용하는 방법에 대한 자세한 내용은 『REST CookBook』 웹 사이트[Thijssen 2017]에 버전 관리에 대한 장이 포함돼 있다. 『API Stylebook』 웹 사이트에서도 거버넌스 및 버전 관리에 대해 다룬다[Lauret 2017].

아파치 에이브로[Apache Avro] 사양[Apache 2021a]은 작성자의 스키마와 독자의 스키마를 구분하고, 이러한 스키마가 일치하는 경우와 일치하지 않는 경우를 식별한다. 후자의 경우는 비호환성 또는 상호 운용성 문제를 나타내며, 새로운 주 버전이 필요하다.

알렉산더 딘과 프레드릭 블런던은 스키마 버전 관리를 위한 구조와 의미를 소개한다[Dean 2014]. 이 패턴의 3가지 버전 번호를 활용하며, 특히 데이터 구조의 맥락에서 그 의미를 정의한다. 첫 번째 번호는 모델[model]이라고 하며 모든 데이터 판독기가 작동하지 않으면 변경된다. 두 번째는 개정[revision]으로, 일부 데이터 판독기가 오동작하면 버전이 증가한다. 세 번째는 추가[addition]라고 하며 모든 변경 사항이 이전 버전과 호환되는 경우 증가한다.

LinkedIn은 <API Breaking Change Policy>[Microsoft 2021]에서 중요한 변경 사항[breaking change]과 그렇지 않은 변경 사항[nonbreaking change]을 정의한다.

수명주기 관리 보장

이 절에서는 API 버전을 게시하고 폐기하는 시기와 방법을 설명하는 4가지 패턴을 소개하는데, 실험적 미리 보기, 공격적 폐기, 제한적 수명 보장, 2개의 상용 버전이다.

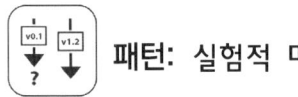 **패턴: 실험적 미리 보기**

적용 시기 및 이유

프로바이더가 새로운 API나 공개된 버전과 크게 다른 새로운 API 버전을 개발 중이다. 따라서 프로바이더는 필요한 수정을 자유롭게 할 수 있기를 원한다. 그러나 프로바이더는 고객에게 조기 액세스를 제공해 고객이 새로운 API에 대한 통합을 시작하고 새로운 API 기능에 대해 의견을 제시할 수 있게도 하고자 한다.

▼

어떻게 하면 프로바이더가 새 API 또는 새 API 버전을 도입할 때 클라이언트의 위험을 줄이고 API 설계를 조기에 동결하지 않고도 얼리 어댑터의 피드백을 얻을 수 있을까?

▲

- **혁신과 새로운 기능:** 새로운 기능에 대해 미리 접근 가능하게 하는 것은 새로운 API 또는 버전에 대한 고객의 인지도를 높이고, 고객이 새로운 API를 사용할지 여부를 결정하고 관련된 개발을 시작할 수 있는 시간을 제공한다. 반복적이고 점진적인, 또는 애자일 방식의 통합 개발 프로세스가 지원되며, 애자일 방식에서는 조기에 자주 릴리스할 것을 권장한다.
- **피드백:** 프로바이더는 초기 고객 또는 주요 고객으로부터 피드백을 받아 API에 적절한 품질의 올바른 기능을 노출할 수 있기를 원한다. 많은 고객이 개발자 경험에 대한 의견과 제안을 제공함으로써 API 설계에 영향을 미치기를 원한다.
- **노력을 적절하게 집중:** 프로바이더는 공식 버전과 동일한 수준으로 엄격하게 API 프로토타입의 문서화, 관리, 지원을 제공하는 것을 원하지 않는다. 이렇게 하면 들여야 하는 노력을 적절히 집중하고 리소스를 절약할 수 있다.
- **조기 학습:** 소비자는 미리 계획하고 새로운 기능을 활용하는 혁신적인 제품을 구축할 수 있도록 새로운 API 또는 API 버전에 대해 조기에 학습하기를 원한다.
- **안정성:** 소비자는 아직 혜택이 불분명한 잦은 업데이트로 인한 변경 노력을

최소화하기 위해 안정적인 API를 선호한다.

프로바이더는 개발이 완료되면 새로운 정식 API 버전을 출시할 수 있다. 그러나 이는 클라이언트가 릴리스 날짜가 될 때까지 API에 대한 개발 및 테스트를 시작할 수 없음을 의미한다. 첫 번째 클라이언트 구현을 개발하는 데 몇 달이 걸릴 수 있으며, 상용 API 프로바이더의 경우 이 기간 동안에는 API를 사용할 수 없으므로 수익 손실이 발생한다.

이러한 문제에 대응하는 한 가지 방법은 API 버전을 자주 릴리스하는 것이다. 이 방법을 사용하면 클라이언트는 API를 살짝 엿볼 수 있지만 프로바이더는 많은 버전을 관리해야 한다. 프로바이더는 호환되지 않는 많은 변경 사항을 릴리스할 가능성이 높으며, 이로 인해 거버넌스 노력이 더욱 증가하고 클라이언트가 최신 API 버전을 면밀히 추적하기 어렵다.

작동 방식

▼
제공되는 기능, 안정성 및 수명에 대한 어떠한 약속도 하지 않고 최선의 노력을 다해 API에 대한 액세스를 제공한다. 고객의 기대치를 관리하기 위해 API 성숙도 부족을 명확하고 명시적으로 설명한다.
▲

그림 8.3은 이러한 패턴을 보여준다.

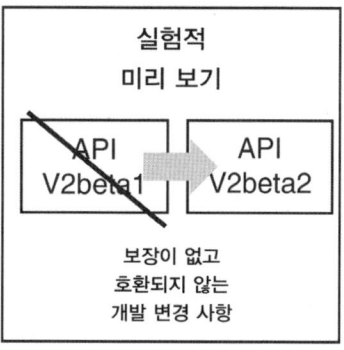

그림 8.3 실험적 미리 보기 샌드박스에서의 변경 사항과 상용화

관리되지 않는 개발 샌드박스에서 불안정한 버전을 **실험적 미리 보기**로 릴리스함으로써 프로바이더는 클라이언트가 정상적인 관리 프로세스 밖에서 API 버전을 사용할 수 있게 한다. 예를 들어 미리 보기는 **서비스 수준 계약**의 적용을 받지 않지만 API 설명 초안으로 문서화될 수 있다. 소비자는 가용성, 안정성 또는 기타 품질 수준을 신뢰할 수 없음을 알면서도 새로운 API 버전을 테스트하고 실험해 보기 위해 자발적으로 참여한다. 실험적 미리 보기 API는 갑자기 사라지거나 정해진 기간 동안만 제공될 수 있다. API 미리 보기에 미리 액세스할 수 있는 권한은 최종 버전과의 통합에 필요한 노력을 예측해야 하거나 API 개발이 진행되는 동안 자체 개발을 시작하려는 고객에게 특히 유용하다.

사전 릴리스 보장이 적용되는 **실험적 미리 보기**는 상용 API의 수명주기를 관리하기 위한 2개의 상용 버전 적용으로 보완되는 경우가 많다. **실험적 미리 보기**는 모든 알려진 또는 알려지지 않은 클라이언트에게 제공될 수 있으며, 지원 및 커뮤니케이션 노력을 제한하기 위해 비공개 사용자 그룹을 선택할 수도 있다.

예시

가상의 소프트웨어 도구 회사가 기존 제품에서 제공하는 기능을 뛰어넘는 새로운 제품을 개발해 기존 제품의 안전지대를 벗어나고자 한다고 가정해보자. 이 회사는 현재 웹 기반 온라인 사용자 인터페이스를 갖춘 클라우드 소프트웨어 서비스로 제공되는 지속적인 빌드 및 배포 솔루션을 활발히 개발해 왔다. 이 소프트웨어 도구 회사의 고객사 개발 팀은 이 서비스를 사용해 리포지터리에서 리비전을 가져와서 소프트웨어를 빌드하고 빌드된 산출물을 구성 가능한 서버에 배포한다. 이제 대규모 고객들은 웹 인터페이스 외에 빌드를 더 효과적으로 트리거 및 관리하고 빌드 상태에 대한 알림을 받을 수 있는 API를 요청했다. 소프트웨어 도구 회사는 아직 자사 제품에 대한 API를 제공하지 않아 관련 지식과 경험이 부족하기 때문에 개발자는 API의 **실험적 미리 보기**를 선택하고 이를 조기에 채택하기로 결정한 고객의 피드백을 반영해 지속적으로 개선한다.

토론

고객은 **실험적 미리 보기**를 통해 API 혁신에 대한 초기 접근 권한을 부여받고, API 설계에 영향을 미칠 수 있는 기회를 얻게 된다. 이는 변화를 환영하고 지속적으로 대응하는 애자일의 가치와 원칙에 충실한 것이다. 프로바이더는 API가 안정성을 가진다고 하기 전에 자유롭고 빠르게 API를 변경할 수 있는 유연성을 가진다. 프로바이더가 새로운 API와 그 기능을 시험해 볼 수 있도록 학습하고 지원하는 것은 상용 애플리케이션을 작성하는 것과는 다르다. 프로바이더는 프리뷰 버전에서 상용 버전으로 쉽게 전환할 수 있도록 유예 기간을 도입할 수 있다. 얼리 어댑터는 일종의 승인 테스트를 수행하는데, 이 과정에서 API 버전에서 불일치나 누락된 기능을 발견해 프로바이더가 본격적인 거버넌스 프로세스를 따르지 않고도 변경할 수 있기 때문에 가능하다.

단점으로는 프로바이더가 실험적인 API에 대한 장기적인 약속이 부족해 미성숙한 것으로 인식돼 고객을 유치하기 어려울 수 있다. 클라이언트는 안정적인 버전이 출시될 때까지 구현을 계속 변경해야 한다. 안정적인 API가 출시되지 않거나 미리 보기 API가 갑자기 사라지면 클라이언트는 투자금을 완전히 잃을 수도 있다.

현재 개발 버전과 밀접하게 연결된 실험 단계의 환경에서 API를 제공함으로써 프로바이더는 관심을 갖고 있는 클라이언트에게 새로운 API 또는 API 버전에 대한 미리 보기를 제공할 수 있다. 이 환경에서는 일반적으로 매우 느슨한 서비스 수준(예: 가용성 관련)이 보장된다. 소비자는 새로운 API 설계와 기능에 대한 피드백을 제공하고 개발을 시작하기 위해 상대적으로 불안정한 이 환경을 의도적으로 사용할 수 있다. 그러나 고객은 새로운 상용 버전의 API를 기다리거나 현재 공식적으로 지원되는 버전(여전히 표준 서비스 수준이 제공되므로 일반적으로 더 안정적이고 신뢰할 수 있음)을 고수할 수도 있다.

실험적 미리 보기를 적절한 시기에 적절한 범위로 적용하면 프로바이더와 클라이언트 간의 협업을 허용하거나 심화할 수 있으며, 클라이언트가 새로운 API 기능을 활용하는 소프트웨어를 좀 더 신속하게 출시할 수 있다. 하지만 프로바이더는 동일한 또는 다른 물리적 또는 가상 호스팅 위치에서 서로 다른 API 엔드포인트를 제공하는 등 추가적인 런타임 환경을 운영해야 하며, 추가 액세스 채널로 인해 시스템 관리 노력이 추가될 수 있으므로 적절한 보안을 유지해야 한다. 또한 새로운 API에 대한 개발 진행 상황을 좀 더 투명하게 관리할 수 있다. 여기에는 최종 API에 포함되지 않은 변경 사항(및 실수)이 포함되며, 이는 외부 당사자에게 공개된다.

관련 패턴

실험적 미리 보기는 기존의 베타 테스트 프로그램과 유사하다. 이는 API 프로바이더가 제공하는 지원 약속 중 가장 약한 수준이다. 그 다음은 공격적 폐기라고 할 수 있다. API를 상용 환경으로 전환할 때는 다른 수명주기 거버넌스 패턴(예: 2개의 상용 버전 또는 제한적 수명 보장)을 선택해야 한다. 2개의 상용 버전이 적용된 경우 실험적 미리 보기를 이러한 패턴 중 하나와 결합할 수 있다.

실험적 미리 보기에는 버전 식별자가 포함될 수 있지만 반드시 포함될 필요는 없다. API 설명에는 어떤 버전이 실험적 미리 보기이고 어떤 버전이 정식 버전인지 명확하게 명시해야 한다. 특정 API 키를 할당해 특정 클라이언트에게 미리 보기/베타 버전에 대한 액세스 권한을 부여할 수 있다.

추가 정보

비말 마히다란[Vimal Maheedharan]은 『Beta Testing of Your Product: 6 Practical Steps to Follow』[Maheedharan 2018]라는 글에서 베타 테스트에 대한 팁과 요령을 공유한다. 제임스 히긴보텀은 지원되는 작업과 지원되지 않는 작업을 분리하고 피드백을 조기에 자주 받을 것을 조언한다. 그는 API 동작의 안정성 상태를 실험적[experimental], 프리릴리스[prerelease], 지원됨[supported], 더 이상 사용되지 않음[deprecated], 은퇴[retired] 상태로 구분할 것을 권장한다[Higginbotham 2020].

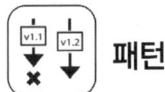 **패턴: 공격적 폐기**

적용 시기 및 이유

API가 출시되고 나면 기능이 추가, 제거 또는 변경된 새 버전이 제공된다. API 프로바이더는 더 이상 정기적으로 사용되지 않거나 대체 버전으로 바뀐 특정 기능을 클라이언트에 더 이상 지원하지 않으려는 경우가 많다.

> API 프로바이더는 어떻게 하면 서비스 품질 수준을 보장하면서 전체 API 또는 그 일부(예: 엔드포인트, 동작 또는 메시지 표현)를 유지 관리하는 데 드는 노력을 줄일 수 있을까?

- **유지 관리 노력의 최소화:** 프로바이더가 거의 사용되지 않는 부분 또는 전체 API에 대한 지원을 중단할 수 있게 허용하면 유지 관리 노력을 줄이는 데 도움이 된다. 예를 들어 특정 버전의 표기법, 도구 및 플랫폼과 관련해 필요한 기술 및 경험이 현재 버전을 발전시키는 데 필요한 것과 다를 수 있으므로 오래된 클라이언트를 지원하는 것은 특히 힘들 수 있다.

- **주어진 시간 동안 API 변경으로 인해 클라이언트에 대한 강제 변경을 줄임:** 이전 버전을 그냥 폐기할 수 없는 경우가 많다. 클라이언트는 일반적으로 프로바이더와 동일한 수명주기를 따르지 않는다. 예를 들어 같은 조직 내에서도 서로 다른 팀이 시스템을 소유하고 있는 경우 같은 시점에 두 시스템에 대한 업그레이드를 롤아웃하는 것이 어렵거나 불가능한 경우가 많다. 서로 다른 조직이 시스템을 소유하고 있다면 문제는 더 심각해진다. 이 경우 API 프로바이더가 클라이언트 개발자를 알지 못할 수도 있다. 따라서 클라이언트와 프로바이더의 수명주기를 분리해야 하는 경우가 많다. 이러한 분리는 클라이언트가 필요한 변경을 수행할 수 있는 시간을 제공함으로써 달성할 수 있다. 변경 사항이 클라이언트에 미치는 영향을 줄이려면 전체 API 버전이 아닌 더 이상 사용되지 않는 특정 부분(예: 요청 및 응답의 동작 또는 메시지 엘리먼트)만 제거할 수 있는 기능도 유용하다. API의 일부만 제거하면 전체 API

버전에 대한 지원을 철회하는 것보다 API 변경이 클라이언트에 미치는 영향을 줄일 수 있다. 특정 지원 중단 기능에 의존하지 않는 클라이언트에는 제거가 영향을 미치지 않을 수 있다.

- **권력 역학 관계의 존중과 인정:** 조직 단위와 팀은 공식 또는 비공식 청문회부터 공식 투표 및 승인에 이르기까지 다양한 방식으로 서로에게 영향을 미칠 수 있다. 정치적 요인이 설계 결정에 영향을 미친다. 예를 들어 유명 고객은 API가 유사하거나 동일하기 때문에 쉽게 교체할 수 있는 경쟁 프로바이더에 대한 영향력이 큰 경우가 많다. 반면 고유한 API를 제공하는 독점업체는 수백만 명의 고객에게 별다른 개입 없이도 변경 사항을 적용할 수 있는데, 고객은 다른 곳에 의지할 곳이 없기 때문이다. 프로바이더당 API 클라이언트의 비율에 따라 구현에 더 많은 노력을 기울이는 것이 좋을 수도 있다.
- **상업적 목표와 제약 조건:** 더 이상 사용되지 않는 API 또는 API 기능을 제거하면 상업적 요금 책정 플랜이 적용될 경우 금전적인 영향을 미칠 수 있다. 기능이 삭제됐지만 가격이 동일하게 유지되거나 인상되는 경우 API 제품의 가치가 떨어질 위험이 있다. 프로바이더는 기존 제품의 유지 관리 비용을 줄이기 위해 고객이 새로운 제품 라인과 같은 다른 제품으로 전환하도록 동기를 부여하려고 할 수 있다. 이를 위해 고객에게 특정 이전 기능에 대한 추가 요금을 지불하도록 요청하거나 새로운 기능에 대한 할인을 제공할 수 있다.

보장을 제공하지 않거나 다소 짧은 **제한적 수명 보장**을 보장할 수도 있지만, 이러한 약한 약속이 항상 원하는 대로 변경의 영향을 최소화하는 것은 아니다. API를 **실험 직 미리 보기**로 선언할 수도 있지만, 이는 클라이언트가 잘 받아들이지 않을 수 있는 더 약한 약속이다.

작동 방식

▼
전체 API 또는 더 이상 사용되지 않는 부분에 대해 가능한 한 빨리 폐기 날짜를 설정한다. 더 사용

가능하지만 더 이상 사용하지 않는 API 부분을 지원 중단으로 선언해 클라이언트가 의존하는 API 부분이 사라지기 전에 최신 버전이나 대체 버전으로 업그레이드할 충분한 시간을 갖게 한다. 지원 중단된 API 부분과 그에 대한 지원은 기한이 지나면 즉시 제거한다.

공격적 폐기 정책은 예를 들어 엔터프라이즈 애플리케이션 API의 경우 1년 이내(또는 그 이하)에 이전 API 버전 전체 또는 일부를 빠르게 사용할 수 없게 만든다.

API를 출시할 때 프로바이더는 이러한 **공격적 폐기** 전략에 따라 특정 기능이 향후 언제든 지원 중단될 수 있음을(즉, 지원 및 유지 보수에서 제거될 수 있음을) 명확히 알려야 한다. API, 작업 또는 표현 엘리먼트가 제거될 경우 프로바이더는 해당 API 엘리먼트를 더 이상 사용되지 않는 것으로 선언하고 해당 기능이 완전히 제거되는 시점을 지정한다. 그런 다음 클라이언트는 시장 지위와 대체 가능 여부에 따라 업그레이드하거나 다른 프로바이더로 전환할 수 있다.

프로바이더가 API를 릴리스할 때 해당 프로바이더는 나중에 API의 일부를 지원 중단한 후 제거할 수 있는 권리를 가진다. 이러한 부분은 전체 엔드포인트, 특정 기능을 노출하는 동작, 요청 및 응답 메시지의 특정 표현 엘리먼트(예: 특정 인/아웃 파라미터) 등이 될 수 있다. 따라서 노후화 및 제거 계획에는 3가지 단계가 포함된다. 그림 8.4는 이를 보여준다.

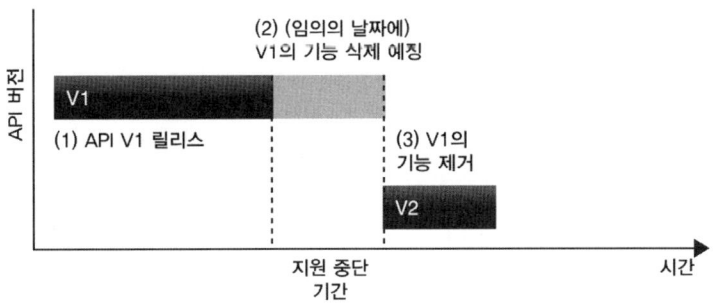

그림 8.4 공격적 폐기에 대한 단계적 접근 방식: API 프로바이더는 먼저 API 기능의 V1을 릴리스한다. 이 버전을 사용할 수 있는 기간 중에 프로바이더는 이를 지원 중단한 다음 제거한다.

3단계는 다음과 같다.

1. **릴리스:** 상용 환경에서 API 버전이 제공된다(그림에서 V1). 클라이언트가 이 버전을 사용할 수 있다.
2. **지원 중단**^{deprecate}: 프로바이더는 API 또는 API 버전 내 일부의 지원 중단을 발표하고 이러한 부분이 제거되는 시기를 표시한다(예: 다음 버전의 API가 게시될 때, 그림에서 V2). 클라이언트는 이 공지를 받고 새 버전으로 마이그레이션을 시작하거나 극단적인 경우 대체 프로바이더로 전환할 수 있다.
3. **제거/폐기:** 프로바이더가 더 이상 지원 중단된 부분을 지원하지 않는 새 API 버전을 배포한다(그림의 V2). 이전 버전은 제거되며, 이전 엔드포인트로의 요청은 실패하거나 새 버전으로 리디렉션된다. 제거/폐기가 이뤄지면 API의 제거된 부분에 의존하는 클라이언트는 (최신 버전으로 마이그레이션하지 않았기 때문에) 더 이상 해당 부분에 액세스할 수 없게 된다.

공격적 폐기 전략은 프로바이더 요구가 클라이언트의 요구보다 더 강력할 때 사용할 수 있다. 이전 버전의 API 또는 API 부품에 대한 지원 중단 및 제거 일정을 명확하게 공지함으로써 프로바이더는 경제적으로 유지 관리 비용이 너무 많이 들거나(예: 거의 사용하지 않는 기능), 법적으로 일부 기능을 사용할 수 없게 되는 등 넓은 의미에서 지원 가치가 없는 API의 일부를 지원하기 위한 노력을 줄이고 제한할 수 있다. 예를 들어 은행 계좌를 식별하기 위해 국제은행계좌번호^{IBAN, International Bank Account Number}가 도입되면서 기존 계좌번호가 대체됐고, 유로화가 도입되면서 다른 많은 통화가 대체됐으며, 이에 따라 계좌와 통화를 다루는 API도 변경돼야 했다.

지원 중단 및 이후 폐기 날짜에 대한 알림을 통해 고객은 필요한 기능을 달성할 수 있는 대체 방법으로 마이그레이션하는 동안 이전 API를 계속 사용하는 데 필요한 노력과 일정을 계획할 수 있다. 지원 중단되는 엔티티와 제거 시기를 알리려면 프로토콜 헤더나 메타데이터 엘리먼트에 특별한 '일몰^{sunset}' 마커를 추가해야 할 수도 있다. 또 다른 간단한 해결책은 클라이언트 개발자에게 이메일을 보내 곧 사라질 API 기능에 여전히 의존하고 있음을 상기시키고 경고하는 것이다. 아직 수명주기 정책을 선언하지 않은 API 프로바이더의 경우 **공격적 폐기**만이 유일한 옵션일 수도 있다. 보장할 수 없는 경우 호환되지 않는 변경 사항을 도입할 수 있는 유용한 방법으로 기능을 중단하고 전환 기간을 넉넉하게 공지하는 것이 적절할 수 있다.

예시

한 결제 서비스 프로바이더는 고객이 자신의 계정에서 다른 계정으로 결제를 지시할 수 있는 API를 제공한다. 계좌는 구식 국가별 계좌 및 은행 번호 또는 IBAN으로 식별할 수 있다.[3] IBAN이 새로운 표준이고 이전 계좌 및 은행 번호는 거의 사용되지 않기 때문에 API 프로바이더는 이전 번호를 더 이상 지원하지 않기로 결정한다. 이를 통해 프로바이더는 구현의 일부를 삭제해 유지 관리 노력을 줄일 수 있다.

기존 클라이언트가 IBAN 체계로 마이그레이션할 수 있게 프로바이더는 API 문서 웹 페이지에 제거 공지를 게시하고, API 문서에서 해당 계좌와 은행 번호를 더 이상 사용되지 않는 것으로 표시하고, 등록된 클라이언트에 알린다. 이 공지는 이전 국가별 기능이 1년 후에 제거될 것이라고 명시한다.

1년 후 결제 서비스 프로바이더는 이전 계정 및 은행 번호를 지원하지 않는 새로운 API 구현을 배포하고 API 문서에서 이전 국가별 속성을 제거한다. 이제부터는 제거된 이전 기능을 사용하는 호출은 실패한다.[4]

토론

이 패턴을 사용하면 API를 다소 세밀하게 변경할 수 있다. 최상의 경우 클라이언트는 더 이상 사용되지 않는 기능을 전혀 변경할 필요가 없으며, 프로바이더 코드 기반은 작게 유지되므로 유지 관리가 간단하다. 이 패턴은 사전 예방적으로 적용될 뿐만 아니라 API 유지 관리 중에도 사후 대응적으로 적용될 수 있다.

프로바이더는 지원 중단되는 기능과 해당 기능이 언제 중단되는지 알려야 한다. 그러나 거의 사용하지 않는 기능에 의존하거나 모든 API 기능을 최대한 활용하는 클라이언트는 특정 API를 사용하기로 결정했을 때 알 수 없는 일정 내에 수정 사항

---

3. IBAN은 원래 유럽에서 개발됐지만 현재는 전 세계 다른 지역에서도 사용되고 있다. ISO 표준[ISO 2020]이 됐다.
4. 이 경우 법적으로도 입법이 돼 IBAN 시스템으로의 전환 기간을 지정해 사실상 이전의 국가별 계좌번호 체계를 폐기했다.

에 맞게 구현해 변경해야 한다. 지원 중단 시기는 **제한적 수명 보장** 패턴과 달리 API 릴리스 시점이 아닌 지원 중단 시점에 클라이언트에 전달되므로 클라이언트의 릴리스 로드맵에 맞을 수도 있고 맞지 않을 수도 있다. 또한 지원 중단 시기와 폐기 기간은 API 파트마다 다를 수 있다. 또 다른 문제는 더 이상 사용되지 않는 부분에 대해 클라이언트에 알려야 한다는 점인데, 일부 **퍼블릭 API** 시나리오에서는 이러한 알림이 어려울 수 있다. 이 경우는 적절한 크기의 실용적인 API 거버넌스가 도움이 된다.

예를 들어 취약한 암호화 알고리듬, 단계가 끝난 표준 또는 비효율적인 라이브러리를 교체하면 모든 관련 당사자에게 더 나은 전반적인 경험을 제공하는 데 도움이 되는 등, 공격적 폐기를 통해 제공되는 API를 중심으로 일관되고 안전한 에코시스템을 구축할 수 있다.

공격적 폐기 패턴은 프로바이더 측의 노력 감소를 강조하지만 클라이언트에게는 부담이 된다. 기본적으로 클라이언트가 API와 함께 지속적으로 발전해야 한다. 결과적으로 클라이언트는 최신 기능과 개선 사항을 최신 상태로 유지할 수 있으므로 이전 버전에서 벗어나 새로운 또는 업데이트된(개선된) 보안 절차를 사용해야 하는 등의 이점을 누릴 수 있다. 지원 중단 기간에 따라 클라이언트는 API 변경을 계획하고 따를 수 있지만, 다소 적극적인 자세를 유지해야 한다.

버전 식별자 및 시맨틱 버전 관리 패턴에서 설명한 API 및 API 엔드포인트 타입과 해당 버전 관리 정책에 따라 적합한 지원 중단 및 폐기 접근 방식을 마련하는 것이 간단하지 않다. 예를 들어 마스터 데이터는 운용 데이터보다 메시지 표현에서 제거하기가 더 어려울 수 있다. API 설명에 지원 중단된 부분의 정확한 목록을 유지하려면 노력이 필요하며, 이러한 부분이 결국 API에서 제거될 시기를 계획하는 것이 중요하다.

특히 사내 서비스 시나리오^(in-house scenario)에서는 어떤 시스템에서 현재 API(또는 더 이상 사용되지 않는 API의 하위 집합)를 사용하고 있는지에 대한 지식이 있으면 어떤 기능이나 API를 제거해야 하는지, 그리고 어떤 기능을 제거해야 하는지 결정할 때 큰 도움이 된다. 회사 간 서비스는 일반적으로 더 제한적이며 다른 시스템이 계속 제대로 작동하도록 설계돼 있다. 따라서 API나 기능을 최종적으로 제거하기 전에 추가적인 주의를 기울여야 한다. 시스템 간의 관계를 파악하고 종속성 추적을 설정하면 두 시나리오 모두에서 이 문제를 해결하는 데 도움이 될 수 있다. 이러한 작업(예: 모니터링 및 분산 로그 분석)에는 데브옵스 프랙티스와 지원 도구를 활용할 수 있다. 엔터프라이즈 아키텍처 관리는 시스템의 정상^{active} 및 비정상^{stale}의 관계에 관한 인사이트를 제공할 수 있다.

일부 비즈니스 상황에서는 외부 클라이언트의 API 사용이 API 프로바이더에 그다지 중요하지 않기 때문에 외부 클라이언트를 세심하게 지원하지 않는 경우가 있다(예: 데이터를 검증하거나 한 표기법이나 언어에서 다른 표기법이나 언어로 변환하는 상품 서비스). 이러한 경우 **요금 책정 플랜** 패턴(또는 최소한 일부 미터링 메커니즘)을 사용하면 지원 중단 및 최종적으로 제거할 서비스를 식별하는 데 도움이 될 수 있다. 요금 책정 플랜은 유지 관리 및 개발 노력과 비교할 수 있는 API의 경제적 가치를 재정적으로 측정해 API 수명 연장에 대한 경제적 결정을 도출하는 데 도움이 될 수 있다.

관련 패턴

2개의 상용 버전 및 **제한적 수명 보장** 패턴에서 볼 수 있듯 API의 일부분의 단종에는 여러 가지 전략이 사용될 수 있다. **공격적 폐기** 패턴은 아주 세분화된 방식으로도 사용할 수 있다. 다른 전략은 전체 API, 엔드포인트 또는 동작에 적용되지만 **공격적 폐기**에서는 특정 표현 엘리먼트만 더 이상 사용되지 않고 제거될 수 있으므로 변경이 쉬울 수 있다.

다른 패턴과의 또 다른 차이점은 **공격적 폐기**에서는 기능을 제거할 때 항상 상대적인 기간을 사용한다는 점이다. API의 수명이 다하면 기능이 사용되지 않게 되므로 활성 기간 내에 지원 중단된 것으로 플래그가 지정되고 이 시점부터 지원 중단 기간이 실행된다. 이와는 대조적으로 **2개의 상용 버전** 또는 **제한적 수명 보장**은 최초 출시일을 기준으로 고정된 기간을 설정해 사용할 수 있다.

공격적 폐기에는 버전 식별자를 사용할 수도 있고 사용하지 않을 수도 있다. 버전 식별자가 있는 경우 API 설명 또는 서비스 수준 계약에 버전 식별자의 사용을 명시해야 한다.

추가 정보

『Managed Evolution』[Murer 2010]에서는 퀄리티 게이트quality gate[5]를 정의하는 방법과 트래픽을 모니터링하는 방법 등 서비스 거버넌스 및 버전 관리에 대한 일반적인 정보를 공유한다. 7장에서는 관리되는 진화를 측정하는 방법을 설명한다.

계획된 폐기planned obsolescence는 『Microservices in Practice, Part 1』[Pautasso 2017a]에서 논의된다. 여기서 얘기하는 계획은 수명을 다소 짧게 예상한다.

 패턴: 제한적 수명 보장

적용 시기 및 이유

API가 게시돼 하나 이상의 클라이언트가 사용할 수 있게 됐다. API 프로바이더가 클라이언트의 발전 로드맵을 관리하거나 영향을 미칠 수 없거나, 클라이언트의 구현을 변경하게 강요할 경우 발생할 수 있는 재정적 또는 평판 손상이 크다고 판단한다. 따라서 프로바이더는 게시된 API를 획기적으로 변경하고 싶지 않지만 향후 API를 개선하고자 한다.

▼
그렇다면 프로바이더는 클라이언트가 게시된 버전의 API를 얼마나 오래 사용할 수 있는지 어떻게 알 수 있을까?
▲

- **API 변경으로 인한 클라이언트 측의 변경 계획화:** API가 호환되지 않는 방식으로 변경돼 클라이언트가 코드를 수정해야 하는 경우 새 API 버전이 게시되기

---
5. 프로젝트가 다음 단계로 진행되기 전에 미리 정의된 기준을 충족해야 하는 마일스톤이다. – 옮긴이

훨씬 전에 수정 계획을 세울 수 있어야 한다. 이를 통해 클라이언트는 개발 로드맵을 조정하고 프로젝트 계획에 리소스를 할당해 늦은 마이그레이션 문제를 줄일 수 있다. 일부 클라이언트는 적어도 상당한 기간 동안 새로운 API 버전으로 마이그레이션할 수 없거나 원하지 않는다.

- **기존 클라이언트를 지원하기 위한 유지 보수 노력의 제한**: 서비스 프로바이더는 개발 및 운영비용을 낮추기 위해 노력한다. API를 리팩토링하면 사용하기가 더 쉬워지고 개발 및 유지 관리 노력이 줄어들 수 있다[Stocker 2021a]. 그러나 다른 요인으로 인해 프로바이더의 노력이 증가한다. 이러한 요인에는 오래되거나 덜 사용되는 API 부분에 대한 지원이 포함된다.

작동 방식

> API 프로바이더는 정해진 기간 동안 게시된 API를 중단하지 않게 보장해야 한다. 각 API 버전은 만료일을 표시한다.

그림 8.5는 이러한 제한적 수명 보장에 따른 타임라인을 스케치한 것이다.

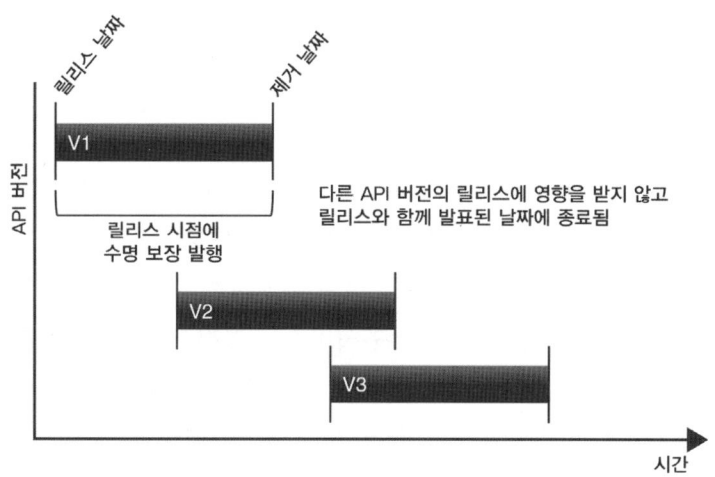

그림 8.5 제한적 수명 보장 사용 시 API 수명주기. 제거 시간은 게시 시점에 명시된다.

프로바이더는 제한적이지만 정의된 상당히 긴 시간 동안 API를 사용할 수 있게 유지하고 그 이후에는 폐기할 것을 약속한다. 이러한 실천은 원치 않는 부정적인 영향이나 중단으로부터 클라이언트를 안전하게 보호한다. 또한 클라이언트가 버전이 게시될 때마다 계획할 수 있는 고정 만료 기한을 설정한다.

2개의 상용 버전 패턴의 접근 방식인 활성 버전 수를 고정하는 대신 **제한적 수명 보장**의 역할을 하는 고정 기간의 장점은 프로바이더와 클라이언트 조직 간의 추가 조정이 필요하지 않다는 것이다. 클라이언트는 API 버전을 처음 사용할 때 당시의 현재 API 버전과 호환되는 애플리케이션 버전을 조정해 출시해야 하는 시기를 이미 알고 있다.

제한적 수명 보장 패턴은 내장된 만료 시간을 통해 클라이언트 측의 안정성을 강조하며, 오래된 버전은 시기가 되면 즉시 폐기할 수 있다. 프로바이더는 사전 공지된 기간 동안 API가 호환되지 않는 방식으로 변경되지 않을 것임을 보장하며, 해당 기간 동안 이전 버전과 호환되는 방식으로 API를 계속 실행하기 위한 합리적 조치에 동의한 것이다.

실제로 보장 기간은 6개월 단위(예: 6, 12, 18, 24개월)로 정해지는 경우가 많으며, 이는 프로바이더와 클라이언트의 요구 사항에 적절한 균형을 이루는 것으로 보인다.

예시

제한적 수명 보장의 한 가지 예는 유럽에서 도입된 IBAN이다. 2012년 유럽 의회의 결의안[EU 2012]에 명시된 제한적 수명은 2014년까지 기존 국가 계좌번호를 새로운 표준으로 교체해야 하는 기간을 부여했으며, 그 이후에는 IBAN 사용이 의무화됐다. 이러한 규제 요건은 당연히 계좌를 식별해야 하는 소프트웨어 시스템에도 영향을 미쳤다. 이러한 시스템에서 제공된 서비스는 이전 계좌번호를 사용하는 이전 API 작업에 대해 **제한적 수명 보장**을 적용해야 했다. 이 사례는 버전 관리 및 발전 전략이 API 프로바이더에 의해서만 결정되는 것이 아니라 외부의 주요한 설계 요구 사항인 포스(예: 법률 또는 업계 컨소시엄)에 의해 영향을 받거나 심지어 의무화될 수도 있음을 보여준다.

토론

일반적으로 이 패턴은 사전에 알려진 고정된 기간으로 인해 미리 계획을 세울 수 있다. 하지만 호환성에 영향을 미치는 긴급한 변경 요청에 대응할 수 있는 프로바이더의 능력을 제한한다.

고객은 자체 로드맵 및 수명주기와 충돌할 수 있는 잘 정의된 고정된 시점에 API 클라이언트를 업그레이드해야 한다. 이는 아직 사용 중인 API 클라이언트가 더 이상 적극적으로 유지 관리되지 않는 경우 문제가 될 수 있다. 예를 들어 소프트웨어 프로바이더가 더 이상 제품을 적극적으로 유지 관리하지 않는 경우 기존 클라이언트를 변경하는 것조차 불가능할 수 있다.

이 패턴은 프로바이더가 고정 수명 보장 기간 동안 이전 버전과 호환되는 변경 사항만 포함하도록 API 진화를 제한할 수 있는 경우에 적용된다. 시간이 지남에 따라 이를 위한 노력이 증가하고, 클라이언트가 여전히 해석할 수 있는 이전 버전과 호환되는 방식으로 변경 사항을 도입함으로써 API는 기술 부채^{technical debt}를 쌓게 된다. 이러한 부채는 예를 들어 회귀 테스트^{regression test} 및 API 유지 관리와 같은 프로바이더 측의 노력을 증가시키며, 프로바이더는 API 변경 또는 취소가 허용될 때까지 이러한 추가적인 기술 부채를 감당해야 한다.

제한적 수명 보장은 일반적으로 프로바이더와 고객 간의 서비스 수준 계약의 일부지만 프로바이더에게는 큰 영향을 미친다. 보장의 유효 기간이 길수록 프로바이더 개발 조직은 더 큰 부담을 안게 된다. 게시된 API를 안정적으로 유지하기 위해 일반적으로 프로바이더는 먼저 모든 변경 사항을 이전 버전과 호환되는 방식으로 적용하려고 한다. 이로 인해 이전 클라이언트와 새로운 클라이언트를 모두 지원하는 어색한 이름의 인터페이스가 만들어질 수 있다. 기존 버전을 (효율적으로) 변경할 수 없는 경우 새 API 버전을 개발할 수도 있으며, 이 새 버전의 보장을 위해 이전 버전과 병렬로 지원돼야 한다.

또한 보장으로 인한 API 동결은 프로바이더 측에서 새로운 기술 및 기능의 발전과 통합을 저해할 수 있으며, 이는 결과적으로 클라이언트에게도 방해가 될 수 있다.

일부 환경에서는 프로바이더가 수명 보장 기간이 만료될 때 업그레이드하지 않는 클라이언트를 제거하려고 할 수도 있다. 예를 들어 API 설계의 실수나 암호화 영역의 발전으로 인해 프로바이더와 모든 클라이언트의 전체 에코시스템에 보안 위험이 발생할 수 있다. 제한적 수명 보장 패턴을 도입하면 적시에 클라이언트 업데이트를 시행할 수 있는 제도화된 방법을 제공한다.

관련 패턴

좀 더 관대한 접근 방식은 프로바이더에게 호환되지 않는 업데이트 출시와 관련해 더 많은 자유를 부여하며, 이는 공격적 폐기 및 2개의 상용 버전 패턴에 제시돼 있다. 제한적 수명 보장 패턴은 공격적 폐기와 일부 속성을 공유한다. 두 경우 모두 발표된 기간 내에 API가 호환되지 않는 방식으로 변경되지 않아야 한다. 제한적 수명 보장에서 고정된 기간은 암시적 지원 중단을 알린 것을 의미하며, 보장 종료 시점은 폐기 시점이다. 보장 기간이 만료된 후 프로바이더는 중단을 포함한 모든 변경 사항을 적용하거나 만료된 API 버전을 완전히 중단할 수 있다.

제한적 수명 보장에는 일반적으로 명시적인 버전 식별자가 있다. API 설명 및 서비스 수준 계약이 제공되는 경우에는 API 클라이언트에 향후 조치 및 업그레이드 필요성을 알리기 위해 API 버전의 실제 만료일이 표시돼야 한다.

추가 정보

『Managed Evolution』[Murer 2010]은 서비스 버전 관리 및 서비스 관리 프로세스(예: 퀄리티 게이트 포함)에 대한 풍부한 소언을 제공한다. 3.6절에서는 서비스 은퇴 service retirement에 대해 언급한다.

패턴: 2개의 상용 버전

적용 시기 및 이유

API는 발전하고 기능이 개선된 새 버전이 정기적으로 제공된다. 어느 시점에서는 새 버전의 변경 사항이 더 이상 이전 버전과 호환되지 않아 기존 클라이언트가 중단될 수 있다. API 프로바이더와 그 클라이언트, 특히 퍼블릭 API나 커뮤니티 API의 클라이언트는 서로 다른 속도로 진화하기 때문에 단기간에 최신 버전으로 강제 업그레이드할 수 없는 경우도 있다.

> 프로바이더가 기존 클라이언트를 중단시키지 않으면서도 상용 환경에서 많은 수의 API 버전을 유지 관리할 필요 없이 어떻게 점진적으로 API를 업데이트할 수 있을까?

- **프로바이더와 클라이언트의 서로 다른 수명주기**: 시간이 지남에 따라 API를 변경할 때 가장 큰 문제 중 하나는 이전 API 버전의 클라이언트를 어떻게(그리고 얼마나 오래) 지원할 것인가 하는 것이다. 이전 API 버전을 유지하려면 일반적으로 버그 수정, 보안 패치, 외부 종속성 업그레이드, 후속 회귀 테스트 등 운영 및 유지 관리에 추가 리소스가 필요하며, 각 버전마다 작업이 필요하다. 이로 인해 비용이 발생하고 개발자의 리소스가 묶이게 된다.

  API 클라이언트와 프로바이더의 수명주기와 발전 주기가 서로 다른 경우가 많기 때문에 이전 버전을 단순히 폐기하는 것이 항상 가능한 것은 아니다. 같은 회사 내에서도 서로 의존하는 여러 시스템을 같은 시점에 출시하는 것은 어렵거나 불가능하며, 특히 서로 다른 조직 단위가 소유하고 있는 경우에는 더욱 그렇다. 여러 클라이언트를 서로 다른 조직이 소유하고 있거나 클라이언트를 프로바이더가 알 수 없는 경우(예: 퍼블릭 API 시나리오)에는 문제가 더욱 심각해진다. 따라서 클라이언트와 프로바이더의 수명주기를 분리해야 하는 경우가 많다. 이러한 자율적인 수명주기를 활성화하는 것이 마이크로서비스의 핵심 원칙 중 하나다[Pautasso 2017a].

API 프로바이더 구현과 클라이언트의 API 게시 빈도와 릴리스 날짜가 서로 다른 독립적인 수명주기에서는 이미 게시된 API를 임의로 변경하는 것이 불가능하기 때문에 API 설계 및 개발 초기부터 API 진화를 계획해야 한다.

- **API 변경으로 인해 클라이언트와 프로바이더 간에 감지되지 않은 하위 호환성 문제가 발생하지 않게 보장:** 이전 버전과 호환되는 변경 사항만 적용하는 것, 특히 자동으로 검사해 호환되지 않는 경우를 찾는 것을 도구 없이 수행하는 것은 어렵다. 예를 들어 메시지 구문에 변경 사항을 표시하지 않고 요청과 응답에서 기존 엘리먼트의 의미를 변경하는 경우와 같이 변경 사항이 조용히 문제를 일으킬 위험이 있다. 예를 들어 파라미터 이름이나 타입을 변경하지 않고 가격에 부가가치세를 포함하기로 결정한 경우를 들 수 있다. 이러한 의미 변경은 API 테스트에서도 메시지 수신자가 쉽게 감지할 수 없다.
- **새 API 버전이 잘못 설계된 경우 롤백할 수 있는 기능의 확보:** API를 완전히 재설계하거나 재구성할 때 새 설계가 예상대로 작동하지 않을 수 있다. 예를 들어 일부 클라이언트에서 여전히 필요한 기능이 의도치 않게 제거될 수 있다. 변경 사항을 되돌리고 실행을 취소할 수 있으면 당분간 이러한 클라이언트가 중단되는 것을 방지하는 데 도움이 된다.
- **클라이언트에 대한 변경 최소화:** 일반적으로 클라이언트는 API 안정성을 높이 평가한다. API가 릴리스되면 의도한 대로 작동한다고 가정할 수 있다. 업데이트는 리소스를 묶고 비용을 발생시킨다. 이 비용은 더 많은 비즈니스 가치를 제공하는 데 더 잘 쓰일 수 있다. 그러나 매우 안정적인 API를 제공하려면 프로바이더 측의 사전 노력이 필요하며, 프로바이더 측의 민첩성은 클라이언트 측의 빈번한 변경을 유발할 수 있다. 이는 예기치 않게 발생할 수 있고 항상 환영받지는 못할 수도 있다.
- **이전 API 버전에 의존하는 클라이언트를 지원하기 위한 유지 관리 노력의 최소화:** 모든 수명주기 관리 전략은 클라이언트의 노력을 고려해야 할 뿐만 아니라 자주 사용하지 않는(따라서 수익성이 떨어지는) 기능을 지원하는 버전을 포함해 여러 API 버전을 유지 관리해야 하는 프로바이더 측의 노력과도 균형을 이뤄야 한다.

작동 방식

> 동일한 기능의 변형을 제공하는 2가지 버전의 API 엔드포인트와 그 작업을 배포하고 지원한다. 상용 환경의 이 두 버전은 서로 호환될 필요는 없다. 겹쳐서 버전을 제공하는 방법으로 업데이트하고 기존 API를 폐기하자.

이러한 겹쳐서 중복시켜 제공하는 지원 전략은 다음과 같은 방법으로 실현할 수 있다.

- **버전 식별자** 패턴을 사용해 버전을 식별하는 방법을 선택한다.
- 고정된 수(일반적으로 패턴 이름에 표시된 대로 2개)의 API 버전을 동시에 제공하고 고객에게 이러한 수명주기에 대해 알린다.
- 새 API 버전을 릴리스할 때 상용으로 지원 중인 것에서 가장 오래된 버전(기본적으로 두 번째 마지막 버전)을 퇴역시키고 나머지 클라이언트에게 마이그레이션 옵션에 대해 알린다. 이전 버전은 계속 지원한다.
- 예를 들어 HTTP와 같은 프로토콜 수준 기능을 활용해 폐기된 버전의 호출을 리디렉션한다.

이러한 단계를 수행하면 여러 활성 버전이 만드는 슬라이딩 윈도우^{sliding window}가 생성된다(그림 8.6 참고). 이를 통해 프로바이더는 클라이언트가 최신 버전으로 마이그레이션할 시점을 선택할 수 있게 한다. 새 버전이 출시되면 클라이언트는 이전 버전을 계속 사용하다가 나중에 마이그레이션할 수 있다. 프로바이더는 기본 상용 시스템의 안정성을 위협하지 않으면서도 API 변경 사항과 필요한 클라이언트 측 수정 사항에 대해 알 수 있다.

변형 일반적으로 2가지 버전이 병렬로 제공되지만 이 패턴은 약간 변경된 변형으로도 적용될 수 있다. 다시 말해 *N*개의 상용 버전에서는 2개 이상의 버전이 지원된다.

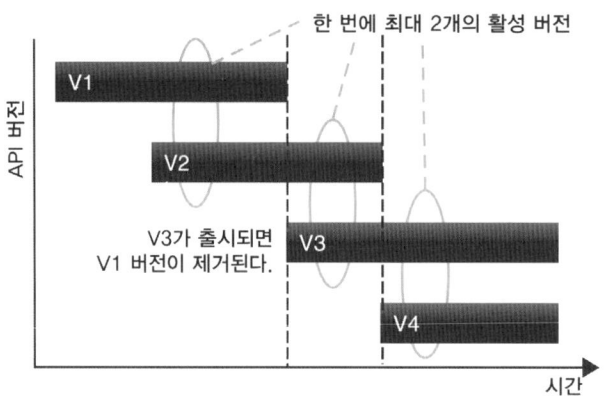

그림 8.6 2개의 상용 버전에서 버전의 수명. 클라이언트는 항상 2가지 버전 중에서 가능한 것을 선택할 수 있다.

N개의 상용 버전에서는 활성 버전의 슬라이딩 윈도우가 N으로 증가한다(N이 2보다 큰 경우). 이 전략은 고객에게 업그레이드에 더 많은 시간과 더 많은 옵션을 제공하지만 프로바이더 입장에서는 유지 관리 노력과 운영비용이 더 많이 든다.

예시

한 비즈니스 소프트웨어 프로바이더가 전사적 자원 관리(ERP, Enterprise Resource Planning) 시스템용 급여 API 버전 1을 출시했다. 이 ERP 시스템의 지속적인 개발 과정에서 급여 API는 새로운 연금 플랜 관리 기능으로 확장된다. 어느 시점에서 새로운 기능의 데이터 보존 정책이 이전에 사용하던 정책과 호환되지 않아 API가 중단되고 새로운 주요 버전인 버전 2가 제공된다. 프로바이더는 상용 환경에서 2가지를 지원하기 때문에 기존 API(버전 1)와 연금 플랜 관리 기능이 포함된 새 API(버전 2)가 포함된 소프트웨어를 출시하다. 버전 1을 사용하는 고객은 ERP 시스템을 업데이트한 다음 버전 2로 마이그레이션을 시작할 수 있다. 연금 플랜 관리 기능이 필요한 신규 고객은 API 버전 2를 바로 사용할 수 있다.

ERP 시스템의 다음 릴리스에서 소프트웨어 프로바이더가 다시 새 API(버전 3)를 출시하고 버전 1에 대한 지원을 제거하면 이제 버전 2와 3이 2개의 상용 버전이 된다. 여전히 버전 1을 사용하는 고객은 버전 2 또는 3으로 마이그레이션할 때까지 지원이 중단된다(리디렉션 가능). 버전 2를 사용하는 고객은 버전 4가 출시될 때까지 계속 사용할 수 있다. 버전 5는 버전 3의 수명을 종료하는 식으로 진행된다.

토론

2개의 상용 버전은 프로바이더와 클라이언트의 수명주기를 분리한다. API 클라이언트는 프로바이더가 매번 획기적인 방식으로 소프트웨어를 릴리스할 필요가 없다. 대신 소프트웨어 업데이트를 마이그레이션, 테스트 및 릴리스할 수 있는 기간이 부여된다. 그러나 클라이언트는 API의 수명 보장을 기대할 수 없기 때문에 언젠가는 이동해야 한다. 즉, 운영 중인 2가지 버전이 왔다가 사라질 때마다 소프트웨어의 수명 기간 동안 업그레이드를 위한 리소스를 계획하고 할당해야 한다.

기존 클라이언트는 마이그레이션할 때까지 이전 버전을 유지하므로 프로바이더는 이 패턴을 사용해 새 API 버전에서 과감한 변경을 적용할 수 있다. 이를 통해 프로바이더는 API를 점진적으로 개선할 수 있는 더 많은 자유를 얻게 된다.

2개의 상용 버전을 사용하면 프로바이더와 클라이언트의 노력이 균형을 이루게 된다. 고객은 정해진 시간 내에 API 클라이언트를 새 API 버전으로 마이그레이션할 수 있고, API 프로바이더는 정해진 기간 동안 무제한의 버전을 지원할 필요가 없다. 결과적으로 이 패턴은 수명주기 계획에 대한 양 당사자의 책임을 명확히 한다. 프로바이더는 새롭고 호환되지 않을 수 있는 버전을 도입할 수 있지만 여러 버전을 지원해야 하는 반면, 클라이언트는 제한된 시간 내에 새 버전으로 마이그레이션해야 하지만 릴리스 일정을 다소 자유롭고 유연하게 계획할 수 있다.

그러나 클라이언트의 경우 개발 활동이 언제 필요한지 알기 어려울 수 있는데, 이는 **제한적 수명 보장** 패턴과 달리 API 버전 제거가 동적이며 다른 API 릴리스에 따라 달라지기 때문이다. 따라서 패턴을 결합하지 않는 한 계획을 세우는 것이 쉽지 않을 수 있다.

관련 패턴

이 패턴을 사용하려면 일반적으로 현재 활성화돼 있고 동시에 지원되는 API 버전을 구분하기 위해 버전 식별자 패턴이 필요하다. 예를 들어 시맨틱 버전 관리에서 패치 버전으로 표시되는 것처럼 완전히 호환되는 버전은 운영 중인 2가지 주요 버전이라는 2개의 상용 버전 제약 조건을 위반하지 않고 활성 버전을 대체할 수 있다. 이는 API 설명 또는 서비스 수준 계약에 포함돼야 한다.

2개의 상용 버전에서 두 버전 중 하나에 공격적 폐기를 적용해 클라이언트가 이전 API 버전 사용을 중단하고 최신 버전으로 마이그레이션하게 해서 프로바이더가 더 최신의 API 버전을 도입할 수 있게 할 수 있다. 클라이언트가 이전 API 버전의 만료일에 대해 더 많은 보장을 요구하는 경우 운영 중 2개를 제한적 수명 보장과 결합하는 것이 더 나을 수 있다.

이 패턴에서 실험적 미리 보기는 상용 환경에서 실행 중인 2개(또는 N개) 버전 중 하나에 적용할 수 있다.

추가 정보

『Managed Evolution』는 일반적인 수준의 수명주기 관리를 다루지만 API 버전 관리에 대해서도 자세히 설명한다. 3.5.4절에서는 시맨틱 버전 관리와 2개의 상용 버전을 함께 사용하는 방법을 설명한다. 보고서에서는 3가지 버전이 프로바이더의 복잡성과 적응 속도 사이에서 좋은 절충안으로 입증됐다고 설명한다[Murer 2010]. IBM 개발자 포털에 게시된 2부로 구성된 <Challenges and Benefits of the Microservice Architectural Style>[Fachat 2019]에서는 이 패턴을 권상한다.

요약

8장에서는 API의 진화와 관련된 6가지 패턴을 소개했다. 그중 버전 식별자와 시맨틱 버전 관리의 2가지 패턴은 버전 관리와 호환성 관리를 다뤘다. 각 API 리비전이 제대로 구분되면 변경 사항의 존재와 영향을 훨씬 더 쉽게 감지할 수 있다. **버전 식별자**는 새 버전이 이전 버전과 호환되는지 여부를 명확하게 표시해야 한다. 주 버전, 부 버전, 패치 버전을 구분해야 한다.

나머지 4가지 패턴은 안정성에 대한 클라이언트의 요구와 유지 관리 노력을 제한해야 하는 프로바이더의 필요성 간의 균형을 맞추면서 API 수명주기에 초점을 맞췄다. **실험적 미리 보기**는 공식 릴리스처럼 안정성을 보장하지 않고도 변경 사항을 소개하고 관심 있는 클라이언트로부터 피드백을 받을 수 있게 도와준다. **2개의 상용 버전**은 2가지 이상의 API 버전을 동시에 제공함으로써 클라이언트의 마이그레이션을 용이하게 한다. **공격적 폐기 및 제한적 수명 보장**은 어떤 API도 영원히 지속되지 않으며, 클라이언트는 언젠가는 종속성이 (적어도 부분적으로는) 작동하지 않을 것이라는 점을 분명히 인식해야 함을 명확히 한다. API의 폐기는 지원 중단 기간 deprecation period 이라고 하는 유예 기간을 두고 언제든지 선언할 수 있으며, 정의에 따라 API 게시 시점에 수명 보장이 설정된다.

API 프로바이더가 취할 수 있는 다소 극단적인 해결책은 상용 환경에서 실험적인 미리 보기를 제공하는 것인데, 이를 '최신 유행에 뒤처지지 않기' 또는 '최신 유행 서핑'이라고도 부를 수 있다. 호환성에 대한 보장은 제공되지 않으며, 장기간에 걸쳐 작업을 계속하려는 클라이언트는 최신 API 버전과 동기화 상태를 유지해야 한다. 그러나 그렇게 하려면 많은 노력이 필요해서 종종 실행 가능하지 못할 수 있다.

이 책에서 다루는 대부분의 다른 패턴과 달리 요청 및 응답 메시지의 구문에 직접 영향을 미치는 진화 패턴은 몇 가지에 불과하다. **버전 식별자**를 메시지에 배치하고 **메타데이터 엘리먼트** 역할을 하는 **아토믹 파라미터**를 사용해 **시맨틱 버전 관리 체계**를 따르든 따르지 않든 버전을 전송할 수 있다.

버전 정보는 전체 API, 엔드포인트, 개별 작업 또는 요청 및 응답 메시지에 사용된 데이터 타입 등 다양한 추상화 수준으로 존재할 수 있다. **공격적 폐기** 정책에서 제공하는 수명주기 보장도 마찬가지다. **요청 번들** 패턴을 적용하는 작업은 특별한 경우로, 요청 컨테이너에 패키징된 모든 요청이 동일한 버전을 가져야 하는지에 대한 의문이 제기된다. 버전을 혼합하는 것이 바람직할 수도 있지만 프로바이더 측의 요청 처리가 복잡해진다.

미션 크리티컬하고 혁신적인 기능을 구현하는 운용 데이터 보유자는 종종 **실험적 미리 보기**를 통해 테스트 클라이언트와 얼리 어댑터에게 노출되는 경우가 많으며, 공격적 폐기를 인식하고 새로운 API와 이를 사용하는 구현으로 자주 교체될 수도 있다. 마스터 데이터 보유자는 다른 타입의 정보 보유자보다 더 긴 제한적 수명 보장을 제공하는 경향이 있다. **참조 데이터 보유자**는 특히 2개의 상용 버전 정책의 혜택을 많이 받는다. 기준 데이터 보유자는 거의 진화하지 않을 수 있지만, 진화하는 경우 이 시나리오에서도 2개의 상용 버전이 적용된다. 비즈니스 활동을 나타내는 상태 전환 작업이 있는 장기 운영 처리 리소스의 경우 버전 식별자를 새로운 주 버전으로 업그레이드할 때 API와 API 구현(데이터베이스 정의 포함)을 마이그레이션해야 할 뿐만 아니라 모든 프로세스 인스턴스도 업그레이드해야 할 수 있다.

진화 전략은 API 설명 및 API의 서비스 수준 계약에 문서화해야 한다. API가 발전함에 따라 사용 비율 제한 및 요금 책정 플랜도 변경해야 하며, 이러한 산출물의 변경으로 인해 버전 업그레이드가 필요할 수도 있다.

『Service Design Patterns』[Daigneau 2011]에는 'Evolution'이라는 장이 포함돼 있다. 6가지 패턴 중 중요한 변경 사항[Breaking Changes], 버전 관리[Versioning]의 2가지는 온라인에서는 볼 수 없지만 책에는 소개돼 있다. 관용적 판독기 및 소비자 주도 계약[Consumer-Driven Contracts]은 진화를 다루고, 단일 메시지 인자[Single Message Argument], 데이터 세트 개정[Dataset Amendment]의 나머지 두 패턴은 진화에 영향을 미치는 메시지 구성 및 표현에 중점을 둔다. 특정 수명주기 모델 중 하나는 API 관리 솔루션을 다루는 IBM Redpiece에 설명돼 있다[Seriy 2016].

『RESTful Web Services Cookbook』[Allamaraju 2010]의 13장에서는 RESTful HTTP의 맥락에서 확장성과 버전 관리에 대해 다룬다. 여기서는 URI 호환성을 유지하는 방법과 확장성을 지원하는 클라이언트를 구현하는 방법 등 7가지 관련 레시피를 제시한다. 로이 필딩[Roy Fielding]은 InfoQ 인터뷰에서 버전 관리, 하이퍼미디어, REST에 대한 자신의 견해를 밝힌다[Amundsen 2014]. 제임스 히긴보텀은 『When and How Do You Version Your API?』에서 이 주제를 다룬다[Higginbotham 2017a]. 마이크로서비스 운동은 『Microservices in Practice: Part 2』[Pautasso 2017b]에서 설명하는 것처럼 수명주기 관리와 진화에 대한 비전통적인 접근 방식을 제안한다.

9장에서는 기술 및 비즈니스 측면을 모두 포함한 API 계약과 설명에 대해 다룬다.

9장
API 계약 문서화 및 커뮤니케이션

9장은 2부의 마지막 장으로, 기술 API 사양을 파악해 클라이언트 개발자 및 다른 이해관계자와 공유하기 위한 패턴을 수집하는 것에 대해 다룬다. 또한 가격 정책 및 사용량 제약 등 API 제품 책임자가 염려하는 비즈니스 측면도 다룬다. 소프트웨어 엔지니어링 산출물을 문서화하는 것은 인기 있는 작업은 아니지만 API 상호 운용성과 이해 가능성를 높이는 데 있어 핵심적인 작업이다. API 사용량에 대한 요금을 부과하고 리소스 사용량을 제한하면 API의 현재와 미래의 상태를 보호할 수 있다. 그렇게 하지 않으면 단기적으로는 API의 상태와 중요도에 따라 큰 문제가 발생하지 않을 수 있지만, 비즈니스 및 기술적 위험이 증가해 장기적으로는 API의 성공에 해를 끼칠 수 있다.

이전 장들과 달리 9장은 ADDR 중 하나의 단계에 해당하지 않는다. 교차적인 특성으로 인해 API 사양 및 추가 문서 산출물은 언세든지 도입된 후 점진적으로 개선될 수 있으므로 ADDR에는 관련 활동을 다루는 별도의 문서화 단계가 있다[Higginbotham 2021]. 9장의 패턴은 이 ADDR의 추가 단계에 해당한다.

API 문서화 개요

4장부터 8장까지는 API 엔드포인트 및 동작의 역할과 책임을 다루고, 특정 품질 목표를 달성하는 데 도움이 되는 메시지 구조를 살펴보고, API 버전 관리 및 장기적인 진화 전략을 다뤘다. 의도적으로 패턴을 선택하고 적용하면 API의 성공이 어느 정도 보장된다고 생각할 수 있다. 하지만 안타깝게도 괜찮은 기술 제품을 구축하는 것만으로는 성공을 보장할 수 없다. API 프로바이더는 기존 고객과 잠재 고객에게 자사 제품을 홍보해 고객이 특정 제품이 자신의 기술적, 상업적 기대에 부합하는지 여부를 결정할 수 있게 해야 한다. 개발 단계와 런타임을 포함한 API 발전의 모든 단계에서 API 기능에 대한 공동의 이해가 필요하다. 이러한 이해가 없으면 개발자 경험^{DX}과 소프트웨어 상호 운용성이 저하된다. 이러한 문제를 해결하기 위해 9장의 패턴은 API 제품 책임자가 다음 질문에 답하는 데 도움이 된다.

> API의 기능, 품질 속성 및 비즈니스 관련 측면을 어떻게 문서화하고 커뮤니케이션하며 강제할 수 있을까?

API 문서화의 도전 과제

코드 수준의 문서 양이 얼마나 필요한지는 개발자마다 많은 이견을 보인다. 예를 들어 애자일 접근 방법의 가치 중 하나는 '포괄적인 문서보다 작동하는 소프트웨어'를 선호한다는 것이 있다[Beck 2001]. 그러나 문서의 주제가 API인 경우 그리고 클라이언트가 API 구현 코드에 액세스할 수 없다고 가정할 때 적절하고 충분히 풍부한 문서를 제공하는 것이 무엇보다 중요하다. 입문 자료는 API 사용자가 어려움 없이 빠르게 시작하는 데 도움이 된다.[1] 필요한 문서의 양은 클라이언트-프로바이더 관계에 따라 달라진다. 동일한 개인 또는 동일한 애자일 팀이 API 클라이언트 구현과 API 프로바이더 구현을 모두 개발하는 경우에는 당분간 암묵적인 지식에 의존해도 괜찮을 수 있다. 클라이언트 개발자가 다른 팀이나 소식에 소속돼 있거나 전혀 알려지지 않은 경우에는 상세하고 포괄적인 문서화가 합리적이며 문서 작업에 대한 투자가 의미 있을 수 있다.

문서는 주로 사람을 대상으로 하지만 기계도 읽을 수 있는 경우 툴을 이용해 웹 문서로 변환하고, 다양한 프로그래밍 언어에 대한 테스트 데이터를 생성하고, 클라

---

1. 1장에서는 기능, 안정성, 사용 편의성, 명확성의 4가지 요소를 통해 개발자 경험을 정의했다.

이언트의 코드로 만들 수 있다.

API를 문서화할 때 다음과 같은 질문이 생긴다.

- **상호 운용성:** 서비스 호출의 기능적 측면에 대해 API 클라이언트와 API 프로바이더가 어떻게 명시적으로 합의할 수 있는가? 예를 들어 어떤 데이터 전송 표현이 예상되고 전달되는가? 성공적인 호출을 위한 사전 조건이 존재하는가? 그리고 이러한 기능적 정보를 다른 기술 사양 엘리먼트(예: 프로토콜 헤더, 보안 정책, 장애 기록) 및 비즈니스 수준 문서(예: 동작 시맨틱, API 소유자, 청구 정보, 지원 절차, 버전 관리)와 함께 어떻게 수정할 수 있을까? 문서가 플랫폼에 독립적이어야 하는가, 아니면 프로토콜 수준의 정확성을 제공해야 하는가?
- **컴플라이언스**compliance**:** 고객이 프로바이더가 정부 규정, 보안 및 개인정보 보호 규칙, 기타 법적 의무를 준수하는지 어떻게 알 수 있을까?
- **정보 은닉**information hiding**:** 서비스 품질QoS 사양에 대한 적절한 세부 수준은 무엇이며, 클라이언트와 프로바이더 간의 긴장을 발생시킬 수 있는 과소 사양underspecification과 개발, 운영 및 유지 관리에 많은 노력을 유발할 수 있는 과잉 사양overspecification을 모두 피할 수 있는가?

API 문서는 다음에 따라올 질문에도 답해야 한다.

- **경제적 측면:** API 프로바이더는 어떻게 고객 및 경쟁업체의 경제저 이익과 균형을 이루는 가격 모델을 선택할 수 있는가?
- **성능 및 신뢰성:** 프로바이더가 리소스를 적절히 절약하면서 모든 고객에게 만족스러운 성능을 유지하려면 어떻게 해야 할까? 프로바이더는 고객의 서비스 사용 능력을 지나치게 제한하지 않으면서 어떻게 안정적이고 비용 효율적인 서비스를 제공할 수 있을까?
- **측정 세분성**meter granularity**:** 불필요한 성능 저하나 안정성 문제를 일으키지 않고 클라이언트의 정보 요구를 충족하려면 API 사용량을 얼마나 정확하고 세밀하게 측정해야 할까?
- **소비자 관점에서의 매력도:** 2개 이상의 프로바이더가 특정 기능을 제공한다고

가정할 때 API 프로바이더가 고객의 불만이나 재정적 손실을 초래할 수 있는 비현실적인 약속을 하지 않고 어떻게 서비스의 매력도, 가용성, 성능 목표를 고객에게 전달할 수 있을까?

API 고객은 최소한의 비용 또는 무료로 100% 가동 시간 보장, 무제한 리소스, 뛰어난 성능을 제공하는 서비스를 원한다고 말할 수 있다. 물론 이는 현실적으로 불가능하다. API 프로바이더는 가용 리소스를 절약하는 것과 수익을 창출하는 것 사이에서 균형을 유지하거나 비용을 최소한으로 유지해야 하기 때문이다. 예를 들어 공개 정부 서비스를 제공하는 경우를 생각해보자.

9장의 패턴

API 설명은 API를 처음에 지정하고 구문 구조를 정의할 뿐만 아니라 소유권, 지원 및 진화 전략과 같은 조직적 문제를 다루는 메커니즘을 제공하기 위해 작성된다. 이러한 설명의 세부 수준은 최소한의 것부터 정교한 것까지 다양할 수 있다.

프로바이더는 고객 또는 기타 이해관계자에게 청구할 API 사용량에 대한 **요금 책정 플랜**을 정의할 수 있다. 일반적인 옵션으로는 간단한 정액제 구독 Flat-Rate Subscription 과 좀 더 정교한 사용량 기반 요금 책정 Usage-based Pricing 이 있다.

API 클라이언트는 지나치게 많은 리소스를 사용해 다른 클라이언트의 서비스에 부정적인 영향을 미칠 수 있다. 이러한 남용을 제한하고자 프로바이더는 특정 클라이언트를 제한하는 **사용 비율 제한**을 설정할 수 있다. 클라이언트는 API에 대한 불필요한 호출을 피함으로써 **사용 비율 제한**을 준수할 수 있다.

클라이언트는 프로바이더가 수용 가능한 서비스 품질을 제공할 수 있는지 알아야 하며, 프로바이더는 고품질 서비스를 제공하는 동시에 가용 리소스를 경제적으로 사용하기를 원한다. **서비스 수준 계약**SLA은 목표 서비스 수준 목표와 관련 페널티에 대한 타협점을 표현한다. SLA는 종종 가용성에 초점을 맞추지만 다른 비기능적 품질 속성을 지칭할 수도 있다.

그림 9.1은 9장의 패턴 맵을 보여준다.

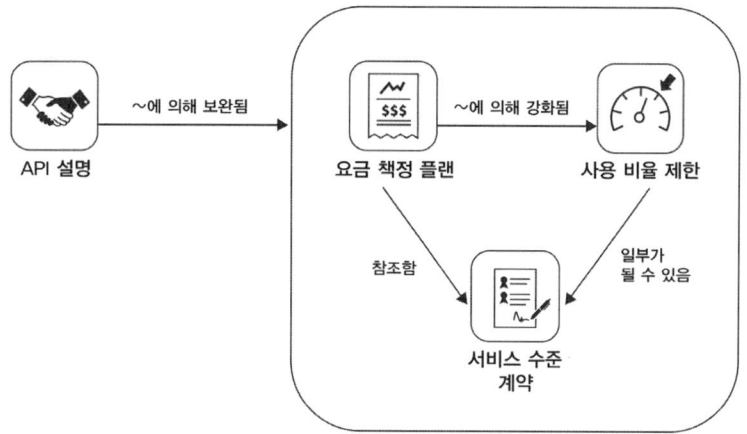

그림 9.1 9장의 패턴 맵(API 문서)

문서화 패턴

마지막으로 설명하는 4가지 패턴은 API 계약을 명시하는 방법과 합의된 API 사용 약관을 전달 및 강제하는 방법을 설명하는데, API 설명, 요금 책정 플랜, 사용 비율 제한, 서비스 수준 계약 패턴이다.

 **패턴: API 설명**

적용 시기 및 이유

API 프로바이더가 API 엔드포인트에서 하나 이상의 동작을 노출하기로 결정했다. 클라이언트 개발자(예: 프론트엔드 연동을 구현하는 웹 및 모바일 앱 개발자 또는 백엔드 연동을 위한 어댑터를 작성하는 시스템 통합자)는 아직 동작을 호출하는 기능을 코딩할 수 없으며, 수신한 응답에서 무엇을 기대할 수 있는지 모른다. API 동작의 의미(예: 메시지 표현의 파라미터, API 구현에서 애플리케이션 상태에 미치는 영향) 및 관련 특성(멱등성 및 트랜잭션성 포함)

에 대한 비공식적인 설명을 포함한 추가적인 인터페이스 설명도 누락돼 있다.

▼
API 프로바이더와 클라이언트 간에 어떤 지식을 공유해야 하는가? 이러한 지식은 어떻게 문서화돼야 하는가?
▲

분산 시스템에서 공유 지식을 정의할 때 해결하고 균형을 맞춰야 할 상위 수준의 주요한 설계 요구 사항인 포스는 다음과 같다.

- **상호 운용성**: 플랫폼의 자율성^{autonomy}은 느슨한 결합도의 여러 차원 중 하나이며, 이는 핵심 SOA 원칙이자 마이크로서비스의 신조다[Zimmermann 2017]. 클라이언트와 서버는 서로 다른 프로그래밍 언어로 작성되고 서로 다른 운영체제에서 실행될 수 있으므로 런타임에 교환되는 메시지의 프로그래밍 언어에 독립적인 공통 인코딩 및 직렬화 형식에 동의해야 한다. 또한 클라이언트는 API를 구축하기 위한 개발 도구와 클라이언트의 상호 운용성을 달성하기 위해 API 설명에 대한 공통 표현 형식에 대해 프로바이더와 합의해야 한다. 이는 느슨한 결합의 또 다른 차원인 형식 자율성의 한 측면으로 볼 수 있다[Fehling 2014].
- **이해가능성, 학습 가능성, 단순성을 포함하는 소비 가능성**^{consumability}: API를 이해하고 사용하는 데 필요한 모든 추측이 API를 효과적으로 소비하는 데 드는 노력과 비용을 증가시킨다. 프로그래머는 많은 시행착오를 반복하는 것보다 빠른 성공과 지속적인 성취감을 선호하기 때문에 프로바이더 측의 API 구현과 메시지를 성공적으로 교환하는 첫 번째 API 클라이언트를 작성하는 데 몇 시간 또는 며칠이 아니라 몇 분이 걸린다. 파라미터의 효과와 의미가 나열된 긴 표를 읽고 샘플 응답에서 구조를 리버스 엔지니어링하는 것은 일반적으로 코드 예제를 복사해 붙여 넣거나 코드 및 테스트 사례를 생성하는 데 사용할 수 있는 잘 정의되고 유효성을 검사 가능한 인터페이스 설명을 소화하는 것보다 시간이 오래 걸린다. 커뮤니티 일부에서는 이를 안티패턴^{antipattern}으로 간주하기도 한다. 일반적으로 도구와 그 문서는 '정직'해

야 한다. API 설명과 지원 도구는 원격 네트워크 통신이 이뤄진다는 사실을 숨겨서는 안 되며, 클라이언트 및 프로바이더 프로그래머의 제어권(및 책임)을 빼앗아서는 안 된다. API와 그 설명이 정직할수록 테스트 및 유지 관리 중에 불쾌한 돌발 상황을 피할 수 있으므로 사용하기 편리하다. 간단한 설명과 그 구현은 실수로 복잡한 설명보다 일반적으로 이해하기 쉽다.

- **정보 은닉:** 프로바이더는 클라이언트가 API를 어떻게 사용할지에 대한 특정 기대치를 갖고 있다. 클라이언트는 연산을 올바르게 호출하는 방법에 대한 가정을 한다. 이러한 가정에는 파라미터의 필수 존재 여부와 허용되는 값, 호출 순서, 호출 빈도 등이 포함될 수 있다. 클라이언트의 가정이 프로바이더의 기대치와 일치하면 상호작용이 성공적으로 이뤄진다. 그러나 프로바이더는 비밀 구현 세부 정보를 인터페이스로 유출해서는 안 되며, 성공적인 상호작용은 클라이언트가 어떤 가정을 해야 하는지 추측하는 것에 의존해서는 안 된다.

- **확장성 및 진화 가능성:** 클라이언트와 프로바이더는 서로 다른 속도로 진화하며, 한 프로바이더는 사용 사례와 기술 선택이 다른 여러 클라이언트의 현재와 미래의 요구를 충족해야 할 수도 있다. 이로 인해 옵션 기능 및 표현 엘리먼트가 도입될 수 있다. 이는 호환성을 촉진하기 위한 것이지만 호환성을 해칠 수도 있다. 이때 버그 수정 및 기능 향상 속도가 중요하다. 여러 진화 패턴은 이러한 주요한 설계 요구 사항인 포스를 심도 있게 다룬다. API가 발전하면 해당 문서도 변경 사항을 반영해 업데이트해야 한다. 여기에는 리스크와 비용이 수반된다.

네트워크 주소와 API 호출 및 응답의 예와 같은 기본 정보만 제공하도록 선택할 수 있으며, 많은 **퍼블릭 API**가 그렇게 하고 있다. 이러한 접근 방식은 해석의 여지를 남기며 상호 운용성 문제의 원인이 된다. 또한 서비스 발전 및 유지 관리 중에 업데이트해야 하는 정보가 적기 때문에 프로바이더 측 API 팀의 업무 부담을 덜어준다. 하지만 클라이언트 측에서는 추가적인 학습, 실험, 개발 및 테스트 노력이 필요하게 된다.

작동 방식

▼
요청 및 응답 메시지 구조, 오류 보고 및 프로바이더와 클라이언트 간에 공유할 기술 지식의 기타 관련 부분을 정의하는 **API 설명**을 작성한다.

정적 및 구조적 정보 외에도 호출 시퀀스, 사전 조건 및 사후 조건, 불변성을 포함한 동적 또는 동작 측면도 다룬다.

품질 관리 정책과 시맨틱 사양 및 조직 정보로 구문 인터페이스 설명을 보완한다.
▲

API 설명은 사람과 기계가 모두 읽을 수 있게 작성한다. 지원되는 사용 시나리오, 개발 문화 및 개발 관행의 성숙도에 따라 일반 텍스트 또는 좀 더 공식적인 양식이 있다면 그것으로 작성한다.

비즈니스 분석가(일명 도메인 주제 전문가)가 이해할 수 있게 도메인 용어로 지원되는 비즈니스 기능을 공개해야 하며 일관성, 최신성, 멱등성과 같은 데이터 관리 문제도 다룰 수 있도록 의미론적 사양이 비즈니스에 부합하면서도 기술적으로도 정확한지 확인해야 한다. 라이선스 및 이용 약관을 다루거나 이러한 정보를 고려해 **서비스 수준 계약**(예: 비즈니스 및 미션 크리티컬 API의 경우)을 정의한다.

HTTP 리소스 API의 기술 계약 부분에 OpenAPI 사양(이전의 Swagger)과 같은 공인된 기능 계약 기술 언어를 사용하는 것을 고려한다. OpenAPI 사양^{OAS} 버전 3.0에는 라이선스 정보를 공유하는 속성이 있다는 점에 유의하자.

변형 실제로는 2가지 변형이 널리 사용되는데, **최소 설명**$^{Minimal\ Description}$과 **상세 설명**$^{Elaborate\ Description}$이다. 이들은 서로 상반되는 개념이며 하이브리드 형태도 찾을 수 있다.

- **최소 설명:** 클라이언트는 최소한 1장에서 소개한 도메인 모델에 정의된 대로 API 엔드포인트 주소, 동작 이름, 요청 및 응답 메시지 표현의 구조와 의미를 알고 있어야 한다. 이 최소한의 설명이 기술 API 계약을 구성한다. HTTP 리소스 API에서 동작 이름은 HTTP 동사/메서드에 의해 제한된다. 이러한 동사의 사용법은 암시적으로/관습에 따라 정의된다. 데이터 계약과

함께 명시적으로 지정해야 한다. 그림 9.2는 이 변형을 보여준다.

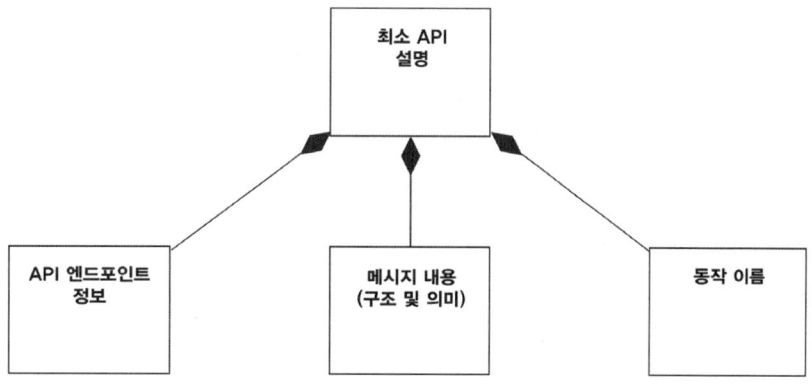

그림 9.2 최소 API 설명 변형

- **상세 설명:** 좀 더 정교한 API 설명은 사용 예제를 추가하고 파라미터 의미, 데이터 타입 및 제약 조건을 설명하는 상세한 표를 제공하며, 응답에 오류 코드와 오류 구조를 열거하고, 그림 9.3과 같이 프로바이더의 이 내용에 대한 준수 여부를 확인하기 위한 테스트 사례를 포함할 수도 있다. 관련 조언은 1장과 『RESTful Web Services Cookbook』[Allamaraju 2010]의 레시피 3.14 및 14.1을 참고한다.

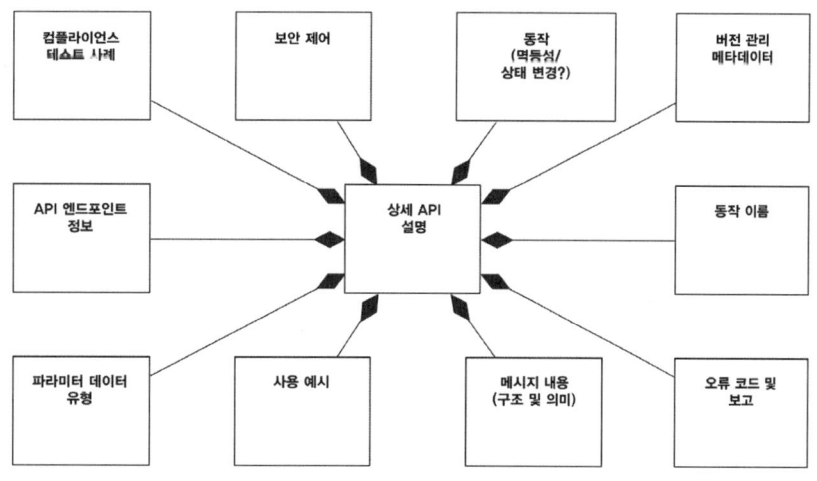

그림 9.3 상세 API 설명 변형

예시

그림 9.4는 비즈니스 정보와 기능적-기술적 API 설계 문제를 모두 다룬다.

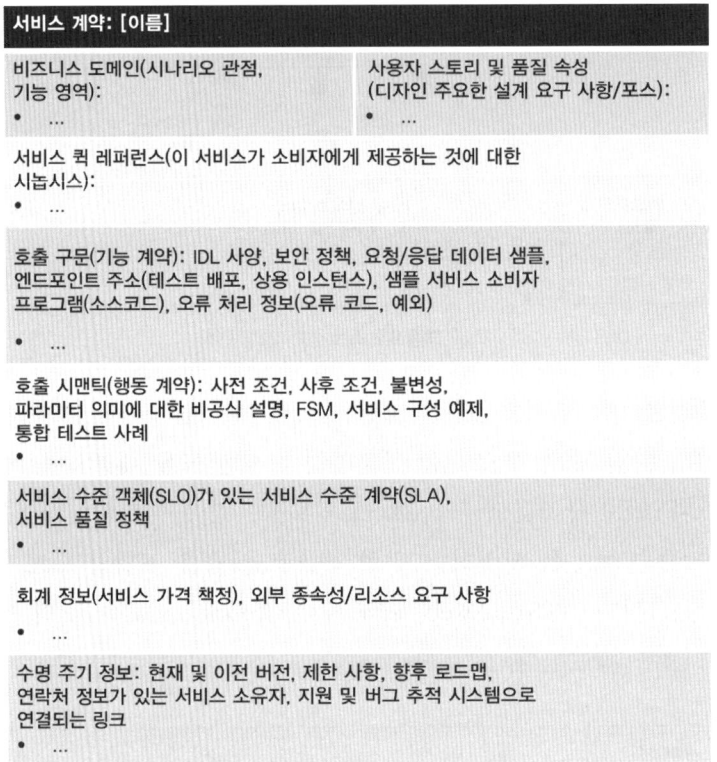

그림 9.4 상세 API 설명을 위한 템플릿(서비스 계약이라고도 함). IDL: 인터페이스 기술 언어(Interface Description Language), FSM: 유한 상태 머신(Finite State Machine)

실제로 API에 대한 설명은 개발자 포털, 프로젝트 위키 또는 서비스 문서 웹 사이트를 통해 제공되는 경우가 많다. 부록 C에 소개된 MDSL은 기본적으로 API 설명 패턴을 지원한다.

토론

최소 설명은 간결하고 진화 및 유지 관리가 쉽다. 상세 설명은 표현력이 뛰어나다. 상호 운용성을 촉진한다.

최소 설명은 클라이언트 개발자가 프로바이더 측의 동작을 추측하거나 리버스 엔지니어링하게 만들 수 있으며, 이러한 암묵적인 가정은 정보 은닉 원칙을 위반하고 장기적으로 유효하지 않은 경우가 있다. 또한 모호한 설명은 상호 운용성을 해칠 수 있으며, 이전 버전과 호환되지 않는 새 버전이 표시되지 않으면 테스트 및 유지 관리 노력이 증가한다. 상세 설명은 동일한 엘리먼트가 사양의 다른 부분에서 언급되는 본질적인 중복성으로 인해 불일치를 초래할 수 있다. 다운스트림(아웃바운드) 종속성과 같은 프로바이더 측 구현 세부 사항을 공개하는 경우 정보 은닉 원칙에 위배된다. 이는 주로 설명을 체계적으로 업데이트하고 변경 사항을 일관되게 구현해야 하는 유지 관리 노력을 요구한다.

클라이언트의 정보 요구를 충족하는 API 설명에 필요한 노력의 양은 의미 있고 정확한 커뮤니케이션을 가능하게 하는 데 필요한 선택된 사양 깊이와 세부 수준에 따라 달라진다. 계약이 지나치게 상세하게 명시돼 있으면 소비 및 유지 관리가 어렵고 불필요한 문서로서 제거해야 할 낭비로 판단돼 린 방식에 반하는 것으로 간주된다. 지정되지 않은 경우 읽고 업데이트하기는 쉽지만 런타임에 원하는 결과를 생성하는 상호 운용 가능한 클라이언트-서버 대화로 이어지지 않을 수 있다. **누락된 정보**(예: 호출의 서버 측 효과(상태 변경, 데이터 정확성 및 일관성), 잘못된 입력 처리, 보안 적용 정책 등)는 추측, 가정 또는 단순히 리버스 엔지니어링해야 하며 클라이언트가 내린 가정에 대한 프로바이더의 보장이 없다. 이때 가용성과 관련된 QoS 정책을 명시적인 **서비스 수준 계약**에 설명하는 것을 고려할 수 있다.

비공식적인 API 설명이 실무에서 널리 사용되고 있지만 프록시 및 스텁 코드를 생성하는 데 사용할 수 있는 기계 판독 가능한 기술적인 API 계약의 가치에 대해서는 논란의 여지가 있다. API 블루프린트[API Blueprint 2022], JSON:API[JSON API 2022], OpenAPI 사양[OpenAPI 2022]과 같은 표기법과 Apigee 콘솔 및 API 관리 게이트웨이 같은 도구의 성공은 대부분의 통합 시나리오에서 기계 판독 가능한 기술 API 계약이 필요하다는 것을 시사한다. 많은 REST 서적과 글에서는 항상 계약이 존재한다는 것을 인정하며, 때로는 이것을 **표준 계약**uniform contract이라고도 한다[Erl 2013]. 이는 모양이 다르고 서로 다른 이해관계자에 의해 만들어지고 유지된다.

계약이 실제로 협상되고 합의된 것인지 아니면 단순히 API 프로바이더에 의해 결정되는 것인지는 논쟁의 여지가 있다. 비즈니스 상황과 API 사용 시나리오는 다양하다. 시장 지배적인 클라우드 프로바이더의 클라우드 API를 사용하는 소규모 스타트업이나 논문 작성 수준의 프로젝트 팀은 기능을 요청하거나 이용 약관을 협상할 수 있는 가능성이 거의 없다. 반면에 대규모 소프트웨어 공급업체와 엔터프라이즈 수준 계약[ELA, Enterprise-Level Agreements]을 맺은 기업 사용자는 멀티테넌트 비즈니스 크리티컬 애플리케이션을 출시할 때 전략적 아웃소싱 계약 및 클라우드 파트너십을 통해 이러한 작업을 수행한다. 시장 역학 관계와 개발 문화에 따라 API 설명의 범위와 품질에 투자하는 노력의 양이 결정된다. 고객 개발자는 API 및 프로바이더를 선택할 때 의사 결정 과정에서 이러한 설명의 정확성과 유용성을 고려할 수 있다.

관련 패턴

이 책에 나오는 다른 모든 패턴은 어떤 식으로든 이 패턴과 관련이 있다. 미션 크리티컬리티와 시장 역학 관계에 따라 API 설명은 서비스 수준 계약으로 완성돼 품질 목표와 이를 달성하지 못했을 때의 결과를 명시할 수 있다. 이때 버전 정보 및 진화 전략이 포함될 수 있다(예: 버전 식별자 및 2개의 상용 버전 참고). '서비스 설명자[Service Descriptor]'[Daigneau 2011]와 '인터페이스 설명[Interface Description]'[Voelter 2004]은 API 설명의 기술적인 부분을 다룬다.

추가 정보

온라인 『API Stylebook』은 전용 'design topic'[Lauret 2017]에서 관련 문서화 조언을 수집하고 언급한다. 『RESTful Web Services Cookbook』의 레시피 14.1[Allamaraju 2010]에서는 RESTful 웹 서비스를 문서화하는 방법을 설명한다. 『Perspectives on Web Services』[Zimmermann 2003]의 'Engagement Perspective'은 WSDL 및 SOAP 모범 사례를 수집하며, 제시된 조언의 대부분은 다른 API 계약 구문에도 적용된다. 『웹 API 설계 원칙』[Higginbotham 2021]의 13장에서는 다양한 API 설명 형식과 효과적인 API 문서

의 기타 컴포넌트를 다룬다.

크리스 리처드슨Chris Richardson이 제안한 '마이크로서비스 캔버스Microservices Canvas' 템플릿은 완전히 작성하면 상세 설명이 된다. 이 템플릿에는 구현 정보, 서비스 호출 관계, 생성/구독된 이벤트가 포함돼 있다[Richardson 2019].

계약에 의한 설계 Design-by-Contract라는 개념은 객체지향 소프트웨어 엔지니어링의 맥락에서 버트런드 메이어Bertrand Meyer에 의해 확립됐으며[Meyer 1997], 원격 API 계약을 정의할 때에도 그의 조언을 적용할 수 있다. 인터페이스 계약에서 데이터의 구체적인 역할은 팻 헬런드Pat Helland의 『Data on the Outside versus Data on the Inside』[Helland 2005]에서 설명한다.

사례집인 『Design Practice Reference(DPR)』에는 단계별 서비스 설계 활동과 API 설명 산출물이 포함돼 있다[Zimmermann 2021b]. MDSL로 이 패턴을 구현한다[Zimmermann 2022].

 패턴: 요금 책정 플랜

적용 시기 및 이유

API는 이를 구축한 조직이나 개인의 자산이다. 영리 조직의 관점에서 보면 이는 금전적 가치와 비물질적 가치를 모두 갖고 있음을 의미한다. 이 자산의 개발과 운영에는 어떤 식으로든 자금이 투입돼야 한다. API 클라이언트가 API 사용료를 납부할 수 있고, API 프로바이더는 광고를 판매하거나 다른 자금 조달 수단을 찾을 수도 있다.

> API 프로바이더는 어떻게 API 서비스 사용량을 측정하고 요금을 청구할 수 있을까?

사용량을 측정하고 요금을 청구할 때 API 고객과 프로바이더 모두가 수용할 수 있는 방식으로 다음과 같은 문제를 해결하는 것은 쉽지 않다.

- **경제적 측면:** 가격 모델을 결정하는 것은 조직이 갖고 있는 가시성, 가격의 공정성, 브랜딩, 시장에서 회사의 인식, 수익 창출, 고객 확보 전략(무료 평가판, 업셀링 upselling[2] 등), 경쟁사, 고객 만족도 등 조직의 여러 측면에 영향을 미치는 결정이다. 또 다른 요소는 사용량의 측정 및 과금 방법에 필요한 노력과 비용이며, 이는 사용량 측정 및 과금 방법의 이득과 비교해야 한다.
- **정확성:** API 사용자는 자신이 소비한 서비스에 대해서만 요금이 청구되기를 기대한다. 또한 지출 한도에 대해 어느 정도 통제권을 갖기를 원할 수도 있다. 상세한 사용량 보고와 청구서는 API 사용자의 신뢰도를 높여주지만 각 API 호출에 대한 상세한 설명은 불필요한 성능 저하를 초래할 수도 있다.
- **사용량 측정 세분성:** 다양한 수준의 상세도로 사용량 측정을 수행하고 보고할 수 있다. 예를 들어 어떤 API 프로바이더는 실시간 보고와 함께 지속적인 측정을 제공하는 반면 다른 프로바이더는 매일 집계된 수치만 보고할 수 있다. 사용량 측정이 중단되면 프로바이더는 손해를 보게 된다.
- **보안:** 사용량 측정 및 과금 데이터에는 보호해야 하는 사용자에 대한 민감한 정보가 포함될 수 있다(예: 데이터 개인정보 보호 규정 준수). 또한 서비스 프로바이더는 고객에게 정확한 요금을 청구해야 한다. 다른 고객의 신원을 사칭하거나 다른 사람의 API 키를 사용하는 행위는 반드시 방지해야 한다. 클라우드 서비스와 같은 멀티테넌트 시스템에서 테넌트는 다른 테넌트가 존재한다는 사실조차 알지 못해야 한다. 상세 **오류 보고**가 수집되는 오류 상황에서도 마찬가지다. 이러한 다른 테넌트에는 경쟁사나 비즈니스 파트너가 포함될 수 있으며, 기밀 유지 계약이 체결됐을 수도 있다. 테넌트는 다른 테넌트의 성능 데이터에 관심이 있을 수 있지만, 이러한 데이터를 고의 또는 실수로 공유하는 것은 비윤리적 또는 불법이다.

고객에게 한 번 지불하는 가입비를 청구할 수도 있지만, 이러한 접근 방식은 취미로 사용해보려는 사용자와 대량으로 사용하는 기업 사용자를 똑같이 취급할 수 있다. 이는 경우에 따라 유효한 솔루션이지만 상황을 지나치게 단순화해 특정 사

---

2. 고객에게 더 나은 품질의 상품을 제안하는 등 고객이 희망했던 상품보다 단가가 높은 상품 구입을 유도하는 판매 방법 – 옮긴이

용자들에게는 너무 저렴하고 다른 사용자들에게는 너무 비쌀 수 있다.

작동 방식

> API 고객, 광고주 또는 기타 이해관계자에게 알리기 위해 API 사용량에 대한 **요금 책정 플랜**을 요금을 청구하는 데 사용되는 **API 설명**에 할당한다. 작업별 API 사용 통계와 같이 API 사용량을 측정하기 위한 지표를 정의하고 모니터링한다.

변형 요금 책정 플랜에는 여러 가지 변형이 있다. 가장 일반적인 것은 **구독 기반 요금제** Subscription-based Pricing와 **사용량 기반 요금제** Usage-based Pricing다. 경매식 리소스 할당auction-style allocation of resources이라고도 하는 **시장 기반 할당** Market-based allocation은 덜 자주 볼 수 있다. 이러한 요금제는 부분 유료화freemium 모델과 결합할 수 있는데, 특정 사용량이 적거나 취미로 사용하는 수준은 무료다. 사용량이 많아지거나 초기 평가판 기간이 만료되면 유료화가 적용된다. 기본 패키지에 대한 월 기본 정액제 **구독**flat-rate subscription과 추가적으로 소비되는 서비스에 대한 추가 사용량 기반 요금제 등 다양한 요금제를 조합할 수도 있다.

- **구독 기반 요금제(그림 9.5 참고)**: 구독 기반 또는 정액 요금제에서는 고객에게 실제 서비스 사용량과 무관한 반복적인 기간(예: 월별 또는 연간)에 요금이 청구되며, 공정한 사용을 보장하기 위해 사용 비율 제한이 함께 적용되는 경우도 있다. 이러한 범위 내에서 구독은 일반적으로 고객에게 거의 무제한에 가까운 사용량을 허용하며 사용량 기반 요금제보다 사용량을 관리하는 **장부 기입**bookkeeping이 적게 필요하다. 또는 프로바이더가 다양한 청구 수준을 제공할 수 있으며, 사용자는 예상 사용량에 가장 적합한 청구 수준을 선택할 수 있다. 고객이 허용량을 초과하는 경우 더 비싼 청구 수준으로 업그레이드를 제안할 수 있다. 고객이 업그레이드를 원하지 않는 경우에는 추가 통화가 차단되거나 더 낮은 서비스 수준으로 응답된다.

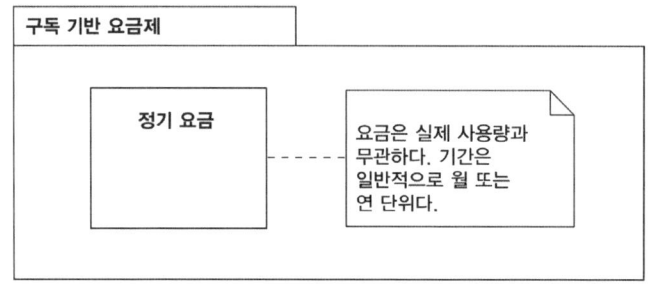

그림 9.5 구독 기반 요금제 방식

- **사용량 기반 요금제(그림 9.6 참고):** 사용량 기반 요금제는 서비스 리소스의 실제 사용량(예: API 호출 또는 전송된 데이터양)에 대해서만 고객에게 요금을 청구한다. 예를 들어 리소스를 단순히 읽는 것이 리소스를 만드는 것보다 비용이 적게 들 수 있다. 이러한 사용량은 주기적으로 청구될 수 있다. 또 다른 대안은 이동 전화 계약에서 종종 사용되는 것처럼 선불 패키지 상품을 제공하고 선불한 만큼의 크레딧을 사용하게 하는 것이다.[3]

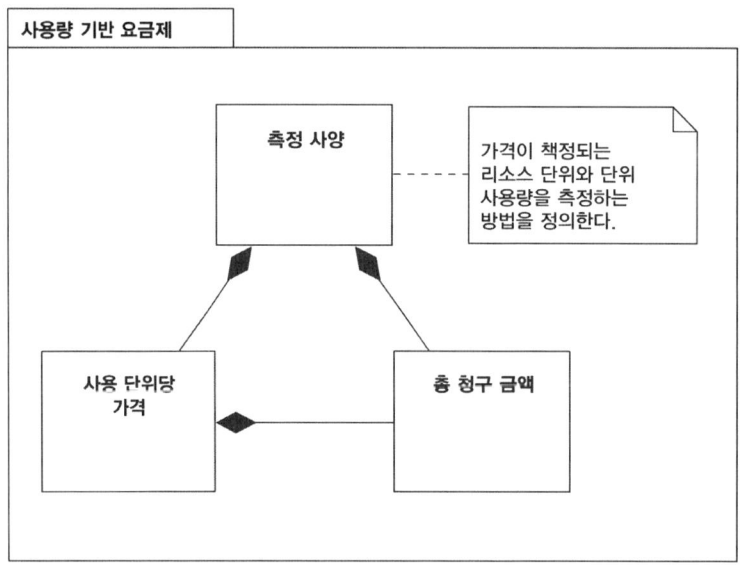

그림 9.6 사용량 기반 요금제 변형

---

3. 예를 들어 문서 변환 SaaS인 CloudConvert의 경우 고객은 변환 시간을 구매한 다음 그 시간만큼 서비스를 사용할 수 있다.

- **시장 기반 요금제(그림 9.7 참고):** 탄력적 시장 기반 요금제는 세 번째 변형이다. 시장이 형성되려면 리소스의 가격이 서비스 수요에 따라 움직여야 한다. 그러면 고객은 특정 최대 가격에 서비스를 사용하기 위해 입찰을 하고, 시장 가격이 입찰 가격 이하로 떨어지면 가격이 다시 입찰 가격 이상으로 올라갈 때까지 서비스를 할당받게 된다.

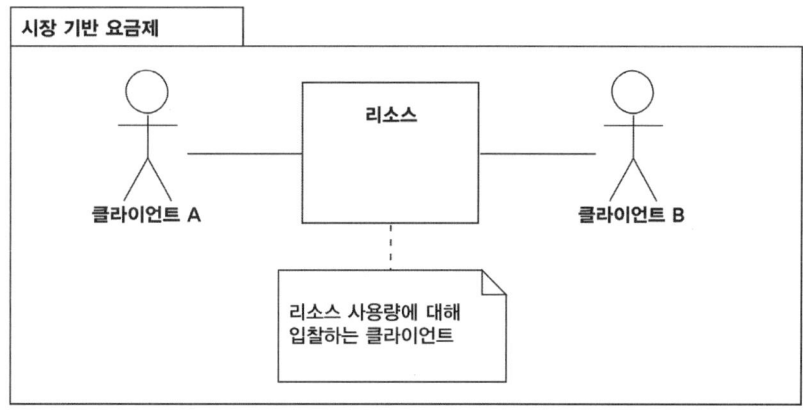

그림 9.7 시장 기반 요금제 변형

이러한 다양한 가격 책정 방식은 가격을 정의하고 업데이트하는 데 필요한 노력이 다르며, 고객 유치 및 유지에 영향을 미친다. 또한 지속 가능한 수익을 창출하려는 목표도 다르다. 마지막으로 전체 API 엔드포인트 대 개별 동작, API 액세스 대 백엔드 서비스(예: 실제 컴퓨팅/데이터 검색/통신)가 이러한 2가지 범위 차원에 따라 달라질 수 있다.

고객 개발자와 애플리케이션 소유자는 특정 서비스를 사용하기 전에 상세 사항을 파악하고 몇 가지 시험을 실행해 청구 세부 사항과 동작 절차를 숙지하는 것이 좋다. 기술적으로나 비용적으로 모두 만족스러운 API 소비 프로필을 찾기 위해 몇 가지 실험이 필요할 수 있다.

예시

가상의 서비스 프로바이더가 이메일을 프로그래밍 방식으로 주고받을 수 있는 API를 제공해 클라이언트가 SMTP 및 POP/IMAP 프로토콜을 직접 사용할 필요가 없게 됐다고 가정해 보자. 이 공급업체는 표 9.1과 같이 사용량이 적은 경우에는 부분 유료화 수준을 적용하고 한 달에 전송되는 이메일 수에 따라 요금 수준을 달리하는 사용량 기반 요금제를 구현하기로 결정했다.

표 9.1 여러 요금 청구 수준을 갖는 가상의 API 프로바이더의 사용량 기반 요금 책정

월별 이메일 수(최대)	월별 가격
100	무료
10,000	20달러
100,000	150달러
1,000,000	1,000달러

이와는 다르게 공급업체의 경쟁업체는 차별화를 시도하고 모니터링을 최소한으로 유지하고 고객에게 무제한 이메일을 제공하는 월 50달러의 정액제 구독을 선택할 수 있다.

토론

요금 책정 플랜을 사용함으로써 고객과 서비스 프로바이더는 발생하는 비용과 상호 의무(예: 청구서 및 결제 정산 관련)에 대해 명확하게 합의할 수 있다. 요금 책정 플랜은 요금제$^{\text{Rate Plan}}$라고도 한다. 합리적인 요금 책정 플랜을 작성하고 게시하는 것은 쉽지 않다. 양측 고객의 관심사와 비즈니스 모델에 대한 많은 지식이 필요하다. API 제품 책임자와 개발자는 긴밀히 협력해 노력과 이익의 균형을 맞추는 요금 책정 플랜을 선택해야 한다. API 클라이언트는 API 키 또는 기타 인증 수단을 통해 식별돼야 한다. 사용량 기반 요금제를 사용하려면 클라이언트 작업에 대한 자세한 모니터링과 측정이 필요하다. 분쟁을 피하기 위해 고객은 API 사용량을 추적하고 모니터링할 수 있는 상세한 보고를 원할 것이다. 이를 위해서는 프로바이더 측에서 더 많은 노력이 필요하다. 한도를 설정해 한도를 초과하면 알림을 발생시킬 수 있다.

또 다른 고려 사항은 요금 책정 플랜 구현의 사용량 측정 기능$^{\text{metering function}}$의 중단에

대처하는 방법이다. 사용량 측정을 수행할 수 없는 경우 나중에 고객에게 사용량에 대한 요금을 청구할 수 없다. 따라서 사용량 측정 시스템을 다시 사용할 수 있을 때까지 API 기능 제공을 종료하거나 중단 기간 동안 서비스를 무료로 제공해야 한다.

구독 기반 요금제는 사용량 기반 요금제보다 구현하기가 훨씬 쉬우므로 개발 팀은 비기술적 이해관계자(예: 제품 책임자)에게 이로 인해 비용이 더 발생할 수밖에 없는 구현 옵션에 대해 알려야 한다. 가능하면 구독 기반 요금제로 시작해 나중에 사용량 기반 요금제를 구현할 수 있다.

기본 API 구현 및 동작 인프라에서 보안 요구 사항은 충족해야만 한다.

관련 패턴

요금 책정 플랜은 사용 비율 제한을 사용해 다양한 청구 수준을 적용할 수 있다. 요금 책정 플랜을 사용하는 경우 서비스 수준 계약을 참조해야 한다.

요청을 하는 클라이언트를 식별하기 위해 API 키 또는 다른 인증 방법을 사용할 수 있다. 요금 책정 플랜 정의의 일부로 위시 리스트 또는 위시 템플릿이 전송되는 경우 비용을 낮게 유지하는 데 도움이 될 수 있다.

추가 정보

'API 게이트웨이'[Richardson 2016]와 '기업 통합 패턴'[Hohpe 2003]의 시스템 관리 패턴, 특히 '와이어 탭Wire Tap' 및 '메시지 스토어Message Store'를 사용해 사용량 측정을 구현하고, 이를 적용 지점으로 사용할 수 있다. 와이어 탭을 메시지의 소스와 대상 사이에 삽입해 수신 메시지를 보조 채널 혹은 메시지 저장소에 복사한다. 이때 메시지 저장소는 API 엔드포인트에서 구현하지 않고도 클라이언트당 요청 수를 계산하는 데 사용된다.

 **패턴: 사용 비율 제한**

적용 시기 및 이유

동작, 메시지 및 데이터 표현을 노출하는 API 엔드포인트와 API 계약이 설정됐다. 메시지 교환 패턴과 프로토콜을 명시하는 API 설명이 정의됐다. API 클라이언트가 프로바이더에 가입하고 엔드포인트 사용 및 운영에 적용되는 이용 약관에 동의했다. 일부 API는 오픈 데이터 서비스로 제공되거나 평가 기간$^{trial\ period}$ 동안 제공되는 경우와 같이 계약 관계가 필요하지 않을 수 있다.

▼
> API 프로바이더는 API 클라이언트의 과도한 API 사용을 어떻게 방지할 수 있는가?[4]

▲

프로바이더 운영이나 다른 고객에게 피해를 줄 수 있는 과도한 API 사용을 방지하려면 다음과 같은 설계 문제에 대한 해결책을 찾아야 한다

- **경제적 측면:** API 클라이언트의 API 남용을 방지하기 위한 구현 및 유지 관리에 리소스가 필요하다. 클라이언트는 가용한 사용량을 파악하는 것과 같은 추가 작업 때문에 적은 할당량과 제약에 부정적으로 반응할 수 있다. 이는 고객이 다른 경쟁업체로 이동하려는 판단 기준이 될 수 있다. 따라서 API 남용의 영향과 심각성이 비용과 비즈니스에 리스크로 작동할 만큼 높다고 판단되는 경우에만 조치를 취해야 한다.
- **성능:** API 프로바이더는 일반적으로 모든 API 클라이언트에 대해 높은 서비스 품질을 유지하기를 원할 수도 있으며, 계약 또는 규정에 요구 사항을 기록해 둘 수도 있다. 정확한 세부 사항은 각 **서비스 수준 계약**에 정의돼 있을 수 있다.
- **신뢰성:** API 클라이언트가 고의 또는 실수로 서비스를 남용하는 경우 다른

---

[4]. API 프로바이더는 정확히 무엇이 과도하다고 판단하는지 정의한다. 유료 정액제 구독은 일반적으로 무료 사용 요금제와는 다른 사용 제한을 적용한다. 다양한 정액제 모델의 장단점에 대한 자세한 내용은 **요금 책정 플랜** 패턴을 참고하자.

클라이언트에 대한 피해를 막기 위해 조치를 취해야 한다. 예를 들어 개별 요청을 거부하거나 API에 대한 액세스 권한을 취소할 수 있다. 프로바이더가 너무 강하게 제약을 할 경우 잠재 소비자의 불만을 초래할 위험이 있으며, 너무 느슨할 경우 과부하가 걸려 유료 소비자와 같은 다른 소비자가 느끼는 응답 시간의 저하가 발생할 수 있다. 이러한 경우 고객이 다른 대안을 찾기 시작할 수 있다.

- **API 남용의 영향 및 위험의 심각성:** 고의 또는 실수로 서비스를 남용하는 API 클라이언트로 인해 발생할 수 있는 부정적인 결과를 분석하고 평가해야 한다. 이 결과는 남용을 방지하기 위해 취한 모든 조치의 비용과 비교해야 한다. 예를 들어 예측 가능한 사용 패턴은 남용으로 인한 부정적인 결과가 발생할 가능성이 낮거나 남용으로 인한 영향(예: 경제적 영향 또는 평판 손상)이 낮다는 것을 나타낼 수 있다. 나머지 위험을 완화하거나 수용할 수 있는 경우 API 프로바이더는 API 클라이언트의 과도한 API 사용을 방지하기 위한 조치를 취하지 않기로 결정할 수 있다.
- **클라이언트 측면에서의 인식:** 책임감 있는 클라이언트는 자신의 허용량을 관리해야 한다. 한도 초과로 인해 차단되는 위험을 방지하기 위해 사용량을 모니터링한다.

과도한 사용량을 보이는 클라이언트가 다른 API 클라이언트에 피해를 주지 않도록 처리 능력, 저장 공간, 네트워크 대역폭을 더 추가할 수 있다. 하지만 이는 경제적 이유로 가능하지 않을 수 있다.

작동 방식

▼
API를 과도하게 사용하는 API 클라이언트에 대한 보완 방법으로 **사용 비율 제한**을 도입하고 강제한다.
▲

이 제한에 시간당 허용하는 특정 요청 수를 도입한다. 클라이언트가 이 제한을 초과하는 경우 추가 요청을 거부하거나 나중에 처리하거나 최선$^{best\ effort}$[5]으로 보장해 더 적은 양의 리소스를 할당해 서비스를 제공할 수 있다. 그림 9.8은 주기적으로 재설정되는 간격 기반 전송률 제한의 예를 보여준다.

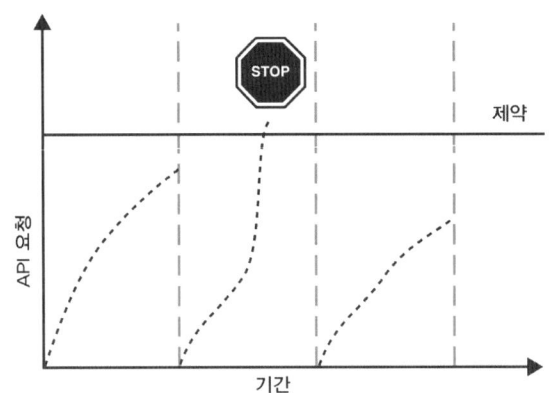

그림 9.8 사용 비율 제한: 클라이언트가 기간당 허용된 요청 횟수를 초과하면 모든 추가 요청이 거부됨

전체 API, 단일 엔드포인트, 동작 그룹 또는 개별 작업이 될 수 있는 **사용 비율 제한**의 범위를 설정한다. 모든 요청을 똑같이 다룰 필요는 없다. 엔드포인트마다 운영 비용이 다를 수 있으며, 따라서 토큰 사용량도 다를 수 있다.[6]

API 동작 또는 API 동작 그룹별로 하루 또는 한 달 등 적절한 기간을 정의해 **사용 비율 제한**이 재설정되는 주기를 정해둔다. 이 간격은 계속 변경될 수 있다. 이후 모니터링 및 로깅을 통해 정의된 기간 동안의 클라이언트의 호출을 추적한다.

사용 비율 제한은 허용되는 동시성, 즉 클라이언트가 동시에 요청할 수 있는 횟수를 제한할 수도 있다. 예를 들어 무료 요금제에서는 클라이언트의 동시 요청이 단 한 건으로 제한될 수 있다. 고객이 **사용 비율 제한**을 초과하면 프로바이더는 고객의 서비스를 완전히 중단하거나 속도를 늦출 수 있다. 또는 상용 서비스의 경우 더 높은 요금제로 업그레이드할 것을 제안할 수 있다. 속도를 낮추는 후자의 경우를

---

5. 최선이라는 뜻과는 역설적으로 아무런 보장을 하지 않는다는 의미다. – 옮긴이
6. 예를 들어 간단한 ID를 검색하는 데 YouTube API에서 단일 토큰(단위)이 사용되지만 동영상 업로드에는 약 1,600개의 토큰이 사용된다.

스로틀링^{throttling}이라고도 한다. 정확한 용어는 프로바이더마다 다르며, 사용 비율 제한과 스로틀링을 혼용해 사용하는 경우가 많다.

클라이언트가 사용 비율 제한에 너무 자주 도달하는 경우 계정 또는 해당 API 키가 일시 정지되고 '거부 목록$^{deny\ list}$'에 올라갈 수 있다.[7]

예시

깃허브는 이 패턴을 RESTful HTTP API의 접근 제어에 사용한다. 사용 비율 제한이 초과되면 후속 요청은 HTTP 상태 코드 **429 Too Many Requests**로 응답한다. 클라이언트에게 각 비율 제한의 현재 상태를 알리고 클라이언트가 토큰 허용량을 관리할 수 있도록 각 비율 제한 응답과 함께 커스텀 HTTP 헤더가 전송된다.

다음 코드 리스트는 깃허브 API에서 이러한 비율 제한 응답을 발췌한 것이다. API는 시간당 60개의 요청으로 제한되며, 그중 59개가 남아 있다.

```
curl -X GET --include https://api.github.com/users/misto
HTTP/1.1 200 OK
...
X-RateLimit-Limit: 60
X-RateLimit-Remaining: 59
X-RateLimit-Reset: 1498811560
```

X-RateLimit-Reset은 유닉스 타임스탬프로 제한이 재설정되는 시간을 나타낸다.[8]

토론

사용 비율 제한을 통해 프로바이더는 클라이언트의 API 소비를 제어할 수 있다. API 프로바이더는 사용 비율 제한을 구현함으로써 원치 않는 봇^{bot}과 같은 악의적인 클라

---

7. 거부 목록 또는 차단 목록(blocklist)은 특정 엘리먼트는 차단하지만 다른 모든 엘리먼트는 통과시키는 접근 제어 메커니즘이다. 이는 목록에 있는 엘리먼트만 통과할 수 있는 허용 목록(allow list, welcome list)과 반대 개념이다.
8. 유닉스 타임스탬프는 1970년 1월 1일 이후 초 단위로 계산된다.

이언트로부터 서비스를 보호하고 서비스 품질을 유지할 수 있다. 프로바이더는 최대 사용량 제한으로 인해 리소스를 더 효과적으로 프로비저닝해 모든 클라이언트의 성능과 안정성을 개선할 수 있다.

적절한 제한을 결정하는 것은 쉽지 않다. **사용 비율 제한**을 너무 높게 설정하면 원하는 효과를 얻지 못하고 지나치게 공격적인 제한은 API 사용자를 짜증나게 한다. 적절한 수준을 찾으려면 약간의 실험과 조정이 필요하다. 예를 들어 어떤 프로바이더의 요금제는 한 달에 30,000건의 요청을 허용할 수 있다. 추가 제한이 없다면 클라이언트가 단시간에 이 모든 요청을 소비해 프로바이더가 감당하기 어려울 수 있다. 이러한 특정 문제를 완화하고자 프로바이더는 클라이언트의 요청을 초당 한 건으로 제한할 수 있다. 클라이언트는 API 사용량을 추적하거나 요청을 대기열에 넣는 등의 방법으로 사용량을 제어하고 **사용 비율 제한**에 도달하는 경우를 관리해야 한다. 이는 API 호출을 캐싱하고 우선순위를 지정해 달성할 수 있다. **사용 비율 제한**은 API 구현을 상태 저장stateful으로 만들기 때문에 규모 확장을 해야 하면 이를 고려해야 한다.

유료 서비스는 구독의 여러 종류와 그에 따른 다양한 제한으로 **사용 비율 제한**을 더 잘 관리할 수 있다. 과도한 API 사용은 수익 증가로 이어지기 때문에 긍정적인 측면으로 볼 수도 있다. 하지만 무료 서비스라고 해서 모든 고객에게 동일하게 **사용 비율 제한**을 제공할 필요는 없다. 대신 다양한 규모와 단계의 클라이언트를 수용하기 위해 다른 지표를 고려할 수 있다. 예를 들어 페이스북Facebook은 클라이언트 앱을 설치한 사용자 수에 비례해 API 호출을 허용한다.

사용 비율 제한의 지표를 측정하고 적용하려면 프로바이더가 클라이언트 또는 사용자를 식별해야 한다. 식별을 위해 API 클라이언트는 엔드포인트(더 정확하게는 보안 정책 시행 지점)에서 자신을 식별할 수 있는 수단을 확보한다.[9] 이는 API 키 또는 인증 프로토콜을 사용해 API 내에서 가능하다. 다른 예로 무료 서비스에서 가입이 필요하지 않은 경우 엔드포인트는 IP 주소 등 클라이언트를 식별할 수 있는 다른 방법을 사용해야 한다.

---

9. 확장 가능 접근 제어 마크업 언어(XACML, eXtensible Access Control Markup Language)[OASIS 2021]에서 정책 시행 지점은 무단 접근으로부터 리소스를 보호한다. 이 과정을 수행하는 중에 정책 결정 지점을 확인할 수 있다.

관련 패턴

사용 비율 제한의 세부 사항은 서비스 수준 계약의 일부가 될 수 있다. 사용 비율 제한은 고객의 가입 레벨에 따라 달라질 수 있으며, 이는 요금 책정 플랜 패턴에 자세히 설명돼 있다. 이러한 경우 사용 비율 제한은 요금 책정 플랜의 다양한 청구 수준을 적용하는 데 사용된다.

위시 리스트 또는 위시 템플릿은 데이터를 제한하는 사용 비율 제한을 위반하지 않게 하는 데 도움이 될 수 있다. 예를 들어 현재 청구 기간에 남은 요청 수와 같은 사용 비율 제한의 현재 상태는 메시지 페이로드에 명시적인 콘텍스트 표현을 통해 전달할 수 있다.

추가 정보

'누수 버킷 카운터'Leaky Bucket Counter [Hanmer 2007]는 사용 비율 제한에 대한 가능한 구현의 변형 예다. 『Site Reliability Engineering』[Beyer 2016]의 21장에서는 과부하를 처리하는 전략을 다룬다.

『The systems management patterns』[Hohpe 2003]에서는 사용량 측정 구현에 도움이 될 수 있으며, 따라서 적용 지점으로도 사용될 수 있다. 예를 들어 '제어 버스Control Bus'를 사용해 런타임에 특정 제한을 동적으로 늘리거나 줄일 수 있고 '메시지 저장소Message Store'를 사용해 시간 경과에 따른 리소스 사용량의 지속적인 모니터링을 구현할 수 있다.

『The Cloud Architecture Center』[Google 2019]에서는 사용 비율 제한을 구현하기 위한 다양한 전략과 기법을 제시한다.

패턴: 서비스 수준 계약

적용 시기 및 이유

API 설명에는 요청 및 응답 메시지와 함께 여러 동작의 기능적 인터페이스를 포함해 하나 이상의 API 엔드포인트를 정의한다. 이러한 동작의 동적 호출 동작에 대해 아직 정성적 및 정량적 서비스 품질^{QoS} 특성 측면에서 정확하게 표현되지 않았다. 또한 수명의 보장 및 평균 수리 시간 등 수명주기에 따른 API 서비스의 지원에 대해서도 아직 명시돼 있지 않다.

▼
> API 클라이언트는 API 및 엔드포인트 동작의 특정 서비스 품질 특성에 대해 어떻게 알 수 있을까? 이러한 특성과 이를 충족하지 못했을 때의 결과를 측정 가능한 방식으로 어떻게 정의하고 전달할 수 있을까?

▲

부분적으로 상충되는 우려 사항으로 인해 클라이언트와 프로바이더 모두가 수용할 수 있는 방식으로 QoS 특성을 지정하기가 어렵다. 특히 다음과 같은 문제를 해결해야 한다.

- **비즈니스 기민성 및 생명력:** API 클라이언트의 비즈니스 모델은 특정 API 서비스의 가용성(그리고 규모 확장성이나 개인정보 보호와 같은 앞서 언급한 다른 특성)에 의존할 수 있다. 다시 말해 비즈니스 기민성과 생명력은 앞의 3가지 품질 보장에 의존할 수 있으며, 이러한 품질에 대한 위반은 클라이언트의 목표를 방해할 수 있다.
- **소비자 관점에서의 매력:** 필요한 기능을 제공하는 API가 2개 이상 제공된다고 가정할 때 서비스 특성을 보장한다는 것은 프로바이더의 자체 역량(API 구현 및 다운스트림 시스템 포함)에 대한 자신감의 표현이 될 수 있다. 예를 들어 가용성 보장이 다른 기능적으로 유사한 2가지 서비스 중에서 선택할 때 소비자는 가격 등 다른 요소가 더 우선시돼 더 낮은 보장을 제공하는 API를 선호

하지 않는 한 가용성 보장이 더 높은 서비스를 선택할 가능성이 높다.
- **가용성**: API 클라이언트는 일반적으로 API 프로바이더 서비스의 높은 가동 시간에 관심이 있다. 가동 시간은 많은 도메인에서 중요하다. 높은 가용성은 API 클라이언트가 자체 소비자에게도 높은 수준의 가용성을 보증할 수 있게 한다.
- **성능 및 규모 확장성**: API 클라이언트는 일반적으로 짧은 지연 시간에 관심이 있으며, 프로바이더 측에서는 높은 처리량을 원한다.
- **보안 및 개인정보 보호**: API가 기밀 또는 비공개 데이터를 다루는 경우 API 클라이언트는 보안 및 개인정보 보호를 위해 프로바이더가 취하는 수단과 조치에 관심을 가진다.
- **정부 규정 및 법적 의무**: 예를 들어 개인 데이터 보호와 관련된 정부 규정을 준수해야 하고[10] 데이터를 현지에 저장하도록 의무화한다고 가정했을 때[11] 이러한 규정은 해당 프로바이더가 해당 규정을 준수하지 않는 한 국내 기업이 해외 프로바이더의 서비스를 사용하지 못하게 금지할 수 있다. 예를 들어 스위스 스타트업이 스위스-미국 간 개인정보 보호 체계^{Swiss-US Privacy Shield Framework}를 준수하는 미국 프로바이더의 서비스를 사용할 수 있다. API 프로바이더의 보증은 규정 준수를 문서화하는 한 가지 방법이 될 수 있다.
- **프로바이더 관점에서의 비용 효율성^{cost-efficiency} 및 비즈니스 위험**: 프로바이더는 가용 리소스를 절약하고자 하며, 일반적으로 수익성(또는 비용을 최소한으로 유지하는 것, 예: 공개 정부 서비스)을 목표로 한다. 비현실적으로 높은 서비스 수준 보장을 제공하거나 징벌적 위약금 지불에 동의하는 것은 신중한 고려가 필요하며 프로바이더 측의 위험 관리 전략에 부합해야 한다. 어떤 종류의 보장도 명확한 가치가 없는 경우 이를 구현하는 데도, 보장에 대한 위반을 완화하는 데도 높은 리스크와 비용이 들기 때문에 제공하는 것은 바람직하지 않다.

---

10. EU 일반 데이터 보호 규정[EU 2016]은 기업이 처리하는 개인 데이터를 보호하는 방법을 규정한다.
11. 예를 들어 브라질과 러시아의 법률은 프로바이더가 데이터를 현지에 저장하도록 요구하고 있다[The Economist 2015].

클라이언트는 프로바이더가 만족스러운 API 사용 경험을 제공하기 위해 상업적으로나 기술적으로 합리적인 노력을 기울일 것이라고 믿으며, 많은 **퍼블릭 API**와 **솔루션 내부 API**에서 이 옵션이 선택된다. 그러나 API 사용이 클라이언트의 비즈니스에 중요한 경우 그로 인한 위험을 감당할 수 없을 수도 있다. API 사용의 상업적, 기술적 이용 약관을 비공식적으로만 명시하는 구조화되지 않은 자유 형식의 텍스트에 의존할 수 있으며, 많은 **퍼블릭 API**에서 이러한 문서를 제공할 수 있다. 그러나 이러한 자연어 문서는 (구두 임시 계약과 마찬가지로) 모호하고 해석의 여지가 있어 오해를 불러일으킬 수 있으며, 결과적으로 프로젝트에 심각한 상황을 초래할 수도 있다. 경쟁이 치열해지면 더 이상 충분하지 않을 수도 있다. 대안이 없거나 맞춤형 계약을 협상할 여지가 없는 경우 API 사용을 결정하는 것은 단순히 프로바이더를 신뢰하거나 과거 데이터 및 이전 경험을 바탕으로 향후 QoS 특성을 단지 예측만 하게 되기도 한다.

작동 방식

> API 프로덕트 오너(product owner)로서 테스트 가능한 서비스 수준 목표를 정의하는 품질 지향적 서비스 수준 계약을 수립한다.

모든 **서비스 수준 계약**에서 서비스 수준 목표$^{\text{SLO, Service Level Objective}}$를 하나 이상 정의하고 SLA 위반에 대한 벌칙, 보상 크레딧 또는 조치, 보고 절차를 정의한다. SLA와 SLO는 반드시 관련된 API 동작을 찾아야 한다. 그러면 API 클라이언트 개발자는 특정 API 엔드포인트와 그 동작을 사용하기 전에 SLA와 해당 SLO를 면밀히 검토할 수 있다. SLA의 구조는 알아보기 쉬워야 하며, 이상적으로는 여러 서비스에서 표준화돼 있어야 하고, 작성 스타일은 단호하고 모호하지 않아야 한다. 그림 9.9는 SLO가 포함된 SLA의 구조를 보여준다.

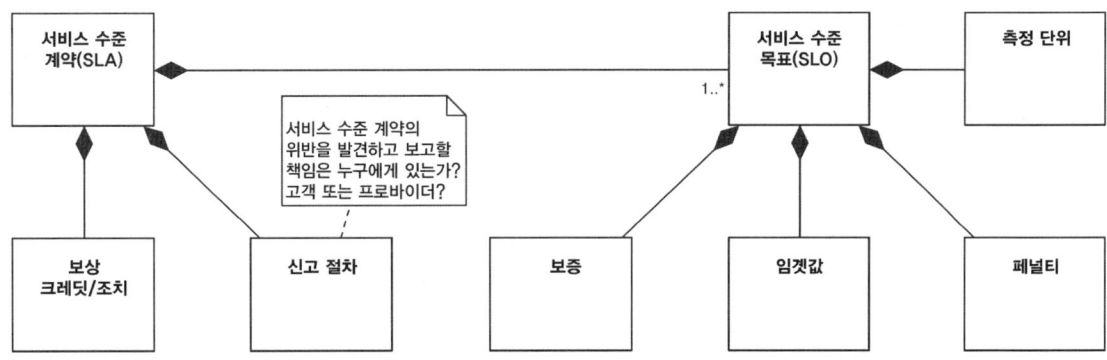

그림 9.9 서비스 수준 계약의 구조와 내용

API와 관련된 구체적이고 측정 가능한 품질 속성에서 각 제어 서비스의 SLO를 도출하고 분석 및 설계 중에 지정하는 것이 이상적이다[Cervantes 2016]. 예를 들어 일반 데이터 보호 규정[EU 2016]과 같은 개인 데이터 보호법에서는 더 이상 필요하지 않은 데이터는 삭제하도록 규정할 수 있다. 예를 들어 유럽 위원회의 SLA 가이드라인[C-SIG 2014]에서는 SLO를 성능, 보안, 데이터 관리, 개인 데이터 보호 범주로 분류하고 있으며, 각 SLO는 큰 카테고리로 분류할 수 있다.

특정 품질 속성에 해당하는 각 SLO에 임곗값과 측정 단위를 지정한다. 이때 얼마나 많은 시간을 충족할 수 있는지에 대한 보장(즉, 최소 비율)과 이를 달성하지 못할 경우의 페널티를 제시하자. 예를 들어 SLO에는 30일 동안 요청에 대해 99%(보장), 500밀리초(임곗값, 측정 단위) 이내에 응답해야 한다고 명시할 수 있다. 이 SLO를 충족하지 못할 경우 고객은 다음 청구서에서 10% 할인(위약금)을 받게 된다.

측정이 어떻게 수행되고 해석되는지 명확하게 명시하는 것이 중요하다. 이렇게 하면 혼란과 비현실적인 기대를 피할 수 있다. 예를 들어 앞의 예에서 99%는 30일 동안 계산된다는 점을 명확히 하는 것이 중요하다. SLA를 정의할 때는 모든 관련 내부 및 외부 이해관계자(예: 최고 경영진, 법무 부서, 보안 책임자)를 조기에 참여시켜야 한다. API 프로바이더는 이러한 이해관계자(예: 법무 부서)가 SLA 사양을 검토하고 승인할 수 있게 해야 한다. 여기에는 일반적으로 여러 번의 반복이 필요하므로 바쁜 일정으로 인해 시간이 많이 소요될 수 있으며, SLA 내용과 문구에 대한 합의는

다소 격렬하며 인적 요소가 많이 드는 큰 협상 과정이다.[12]

예시

호반 상호 보험은 고객이 다양한 종류의 보험에 대한 견적을 요청할 수 있는 셀프 서비스 애플리케이션을 제공한다. 이 회사는 새로운 성장 전략의 일환으로 화이트 레이블 보험 상품을 제공하기 시작했다. 제3자는 자신의 웹 사이트에 자체 브랜드로 호반 상호 보험 상품을 포함할 수 있으며, 보험료에서 약간의 할인을 받을 수 있다. 회사는 서비스에 대한 신뢰를 높이기 위해 다음과 같은 SLA를 정의했다.

- 화이트 레이블 보험 API 서비스의 응답 시간은 최대 0.5초다.
- 응답 시간에 대한 설명이 필요할 수 있다.
- 응답 시간은 요청이 API 엔드포인트에 도착한 시점부터 응답이 전송될 때까지의 시간으로 측정된다.

여기에는 요청과 응답이 네트워크를 통해 API 프로바이더에서 클라이언트까지 이동하는 데 걸리는 시간은 포함되지 않는다. 또한 프로바이더는 다음 사항을 보증한다.

- 30일 동안 측정된 요청의 99%에 대해 화이트 라벨 보험 SLO가 충족될 것이다. 그렇지 않은 경우 고객은 현재 청구 기간에 대해 10%의 할인을 받게 된다. 크레딧을 받으려면 고객은 사고 날짜와 시간을 포함한 청구서를 고객 지원 센터에 제출해야 한다.

토론

이 패턴의 주요 대상은 API 엔드포인트 및 동작 개발자가 아닌 프로바이더 측의 API 프로덕트 오너다. SLA는 서비스의 이용 약관terms and condition 또는 주 서비스 계약master service agreement의 일부이며, 이용 목적 제한 방침acceptable use policy이나 개인정보 처리 방침privacy policy과 같은 다른 정책과 함께 제공된다.

---

12. 일상적인 회사 업무에서 물건의 조달 과정과 의사 결정의 과정을 생각해 보라.

고객은 기대할 수 있는 서비스 수준 및 품질 수준에 대해 프로바이더와 공유된 이해를 설정한다. SLA는 제공되는 모든 서비스 또는 특정 API 엔드포인트에 노출된 특정 동작 집합을 대상으로 할 수 있다. 예를 들어 개인 데이터 보호 규정과 관련된 SLO는 전체 SLA에서 다룰 수 있지만 데이터 관리 목표(예: 데이터 백업 빈도)는 엔드포인트 또는 동작마다 다를 수 있다. 측정 가능한 SLO가 포함된 잘 짜진 SLA는 서비스 성숙도와 투명성을 나타내는 지표다. 특히 많은 퍼블릭 API와 클라우드 서비스는 SLA를 전혀 노출하지 않거나 다소 미약하게만 노출한다. 이는 시장의 역학 관계와 규제의 부재 때문일 수 있다.

서비스 프로바이더는 서비스 제공 실패에 대한 책임을 져야 할 수 있다. 때로는 조직이 실패에 대한 책임을 지고 싶지 않은 경우도 있다. SLA와 같이 명확하게 정의된 의무를 설정하는 것은 두려움으로 인해 조직의 내부 저항이 발생할 수 있다.

고객이 요구하고 비용을 지불하는 경우 또는 프로바이더가 비즈니스 관점에서 유익하다고 생각하는 경우에만 SLA와 정확한 SLO를 정의하고 이를 고객에게 공개하는 것이 합리적이다. 그렇지 않으면 SLA는 법적 구속력이 있는 경우가 많기 때문에 불필요한 비즈니스 위험을 초래할 수 있다. 항상 이행하기 어려울 수도 있는데, 요청이 없다면 왜 강력한 보증을 제공해야 할까? SLA는 설계, 구현 및 모니터링에 상당한 노력이 필요하며, SLA 위반을 하지 않게 하는 것은 상당한 업무량이 요구된다. SLA 위반을 신속하게 처리하기 위한 운영 인력의 유지비용도 상당히 높다. 예를 들어 SLA 위반에 대한 유일한 처벌이 서비스 비용 차감을 제공하는 등 API 프로바이더의 책임을 제한함으로써 SLA와 관련된 비즈니스 위험을 완화할 수 있다.

이 패턴에 설명된 대로 측정 가능한 SLO가 있는 SLA의 대안으로는 이를 정의하지 않거나 느슨한 조건으로 품질 목표를 설정하는 것(즉, 비공식적으로 지정된 SLO가 있는 SLA)이 있다. SLA에는 특정 품질에 대한 측정 가능한 SLO와 비공식적으로만 지정된 다른 품질이 모두 포함될 수 있다. 예를 들어 보안 측면은 지나치게 복잡하고 비현실적이거나 유효성을 검사하기 어려워 공식적으로 포착하기 어렵다. 이에 따라 프로바이더는 API 보안을 위해 '상업적으로 합리적인 노력'을 기울이는 데 동의할 수 있다.

API 프로바이더가 SLA를 사용해 관련 품질에 대한 자체 성과를 지정하고 측정하지만 이 정보를 조직 외부의 고객과 공유하지 않는 변형된 패턴인 내부 SLA의 형태 또한 API 프로바이더에 도움이 될 수 있다. 이 접근 방식은 사이트 신뢰성 엔지니어링 Site Reliability Engineering의 일부일 수 있다[Beyer 2016].

관련 패턴

서비스 수준 계약은 API 계약 또는 API 설명과 함께 제공된다. 서비스 수준 계약은 이 패턴 언어의 표현 및 품질 범주와 같은 이 패턴 언어의 많은 패턴 인스턴스 사용에 적용될 수 있다.

사용 비율 제한 및 요금 책정 플랜에 대한 자세한 내용은 서비스 수준 계약에 포함될 수 있다.

추가 정보

『Site Reliability Engineering』[Beyer 2016]은 '서비스 수준 지표 SLI, Service Level Indicator라고 하는 측정치를 포함해 SLO에 대해 전체 장을 할애하고 있다.

제이 저드코위츠 Jay Judkowitz와 마크 카터 Mark Carter는 구글 클라우드 플랫폼 블로그의 블로그 게시물[Judkowitz 2018]에서 SLA, SLO, 서비스 수준 지표 관리에 대해 다루고 있다.

요약

9장에서는 기술적 관점과 비즈니스 관점에서 API 문서화와 관련된 API 설명, 요금 책정 플랜, 사용 비율 제한, 서비스 수준 계약의 4가지 패턴을 살펴봤다.

API 설명은 API 기능을 파악하는 데 중점을 두는 반면 보완적인 서비스 수준 계약은 고객이 API에서 기대할 수 있는 품질의 명시적인 설명을 포함한다. 요금 책정 플랜은 이 2가지 측면을 가져와서 특정 수준의 품질을 갖춘 API 기능의 다양한 조합에 접근하기 위해 고객이 지불해야 하는 금액을 정의한다. 사용 비율 제한은 클라이언트가 지불한 금액을 초과해 API 프로바이더 리소스를 이용하는 것을 방지할 수 있다.

당연히 이 4가지 패턴은 5장부터 7장까지의 많은 패턴과 밀접한 관련이 있다. API 설명에서는 API 엔드포인트 역할을 명시해야 한다. **정보 보유자 리소스**는 데이터 지향적이며, 이 데이터는 사용, 수명 및 연결 측면에서 다양하고, **처리 리소스**는 활동 지향적이며, 간단한 작업부터 복잡한 비즈니스 프로세스까지 세분화된 수준까지 포함한다. 프로바이더 측 애플리케이션 상태에 액세스하는 방식은 다른 엔드포인트 내 동작 책임에서도 마찬가지인데, **상태 생성 동작**(쓰기 액세스), **인출 동작**(읽기 액세스), **상태 전이 동작**, **계산 함수**(액세스 없음) 등이 있다. 이러한 엔드포인트 역할과 동작 책임은 **요금 책정 플랜** 및 **사용 비율 제한**, 서비스 수준 계약의 필요성과 내용에도 영향을 미친다. 예를 들어 **정보 보유자 리소스**는 전송 및 저장된 데이터의 양에 따라 고객에게 요금을 부과할 수 있으며, **처리 리소스**는 고객이 시작할 수 있는 동시 활동 요청의 수와 그러한 요청이 얼마나 컴퓨팅 집약적인지 제한할 수 있다. API 문서에서 엔드포인트의 이름 지정 규칙과 그 동작에 대한 규칙을 통해 엔드포인트의 역할과 책임을 한 눈에 명확히 알 수 있어야 한다.

사용 비율 제한과 **요금 책정 플랜** 모두 클라이언트를 식별하기 위해 API 키를 사용하는 경우가 많다. 메시지 크기와 교환 빈도를 변경하는 **요청 번들**과 같은 패턴이 적용될 때 **사용 비율 제한**이 영향을 받는다. **요금 책정 플랜**이 적용되는 경우 고객은 성능, 가용성 및 API 안정성과 같은 특정 서비스 수준 보장을 기대한다.

마지막으로 8장에서 설명한 버전 관리 접근 방식과 수명 보장은 API 설명 또는 서비스 수준 계약의 일부다. **요금 책정 플랜**과 **실험적 미리 보기**의 조합은 2개의 상용 버전 또는 제한적 수명 보장을 적용하는 API의 사용량에 대해 요금을 부과하는 것보다 합리적이지 않을 수 있다.

패턴 카탈로그는 모두 다뤘다. 10장에서는 더 큰 실제 사례에 패턴들을 적용한다.

3부
패턴 사용의 현재와 미래

3부에서는 API 설계와 진화에 대한 큰 그림을 다시 살펴본다.

44가지 패턴을 소개하고 심도 있게 논의했으니 이제 10장에서 소개하는 더 큰 규모의 실제 API 설계에 패턴을 함께 적용해 본다. 또한 11장에서 API의 미래에 대한 우리의 전망을 돌아보고 공유해본다.

10장
실제 패턴 사례

10장에서는 실제 비즈니스 영역과 애플리케이션에서 API 설계와 진화에 대해 살펴본다. 패턴 사용의 대규모 도메인별 사례로 2개의 기존 API 중심 시스템을 콘텍스트, 요구 사항, 설계 과제와 함께 소개한다. 두 시스템 모두 오랫동안 상용 환경에서 운영돼 왔다.

3장에서 다뤘던 패턴 선택을 위한 질문, 옵션 및 기준을 다시 살펴보자. 이를 위해 10장에서는 4장부터 9장까지의 패턴을 조합해 다음과 같은 사항에 중점을 두고 적용한다.

- 어떤 패턴을 언제 적용해야 하는가? 그리고 그 이유는 무엇인가?
- 어떤 대안을 언제 더 선호하는가? 그리고 그 이유는 무엇인가?

첫 번째 패턴 사례인 '스위스 모기지 분야의 대규모 비즈니스 프로세스 통합'은 기존의 전자 정부 및 비즈니스 프로세스 디지털화 솔루션에 관한 얘기다. 두 번째 패턴 사례인 '건설 영역의 제안 및 주문 프로세스를 위한 API'에서는 실제 건물의 건설 비즈니스 프로세스를 지원하는 웹 API를 소개한다.

10장을 읽고 나면 비즈니스 콘텍스트에 맞게 품질 속성 주도$^{\text{quality-attribute-driven}}$ 접근 방식을 바탕으로 이전 장들에서 소개한 패턴을 결합해 API 설계에 적용할 수 있을 것이다. 2가지 샘플 사례는 패턴 사용의 대규모 실제 사례와 그 근거를 설명한다.

스위스 모기지 분야의 대규모 비즈니스 프로세스 통합

이 절에서는 테라비스[Terravis] 사례와 그 패턴 사용 사례를 소개한다.

비즈니스 콘텍스트 및 도메인

테라비스[Lübke 2016]는 스위스에서 개발돼 사용되고 있는 대규모 프로세스 기반 통합 플랫폼이다. 토지 등기소, 공증인, 은행 및 기타 당사자들을 연결하고 통합해 토지 등기 및 모기지 기반 비즈니스 프로세스를 완전히 디지털로 전환한다. 이 프로젝트는 2009년에 시작, 수상 경력에 빛나는 제품으로 탄생했다[Möckli 2017].

토지 등기, 필지, 저당권, 소유자의 관리 영역은 수세기 동안 잘 확립돼 왔지만, 오랫동안 종이 기반 프로세스로 남아 있었다. 스위스의 연방 구조로 인해 각 주(스위스 연방의 회원국)는 서로 다른 프로세스, 데이터 모델, 토지 등기 업무를 관장하는 법률을 사용하게 됐다. 2009년, 스위스 연방은 스위스 토지 등기 업무의 디지털화를 위한 토대를 마련하는 법률을 도입했다. 그리고 (1) 스위스 전역의 필지에 대한 고유 식별자인 전자 필지 ID[EGRID]와 권리인 전자 권리 ID[EREID]를 포함하는 공통 데이터 모델, (2) 이 데이터에 액세스하기 위한 GBDBS[Meldewesen 2014][1]라는 토지대장 데이터 액세스 인터페이스를 처음으로 정의하고 의무적으로 사용하게 만들었다. 이 API와 데이터 모델은 모든 스위스 토지 등기소에서 제공해야 한다.

필립 크루첸[Philippe Kruchten]이 정의한 8가지 콘텍스트 차원[eight context dimension][Kruchten 2013]에서 테라비스 플랫폼은 다음과 같은 특징을 가진다.

1. **시스템 규모**[system size]: 테라비스는 비즈니스 관점에서 (1) 스위스 토지대장 데이터에 대한 통합 액세스(액세스 권한 및 감사를 전제로 함), (2) 여러 파트너 간의 엔드투엔드 프로세스를 완전히 디지털화하는 프로세스 자동화, (3) 은행이 모기지 관리를 아웃소싱할 수 있는 지명자 등 3가지 서비스를 기관 고객과

---

1. 독일어로는 Grundbuchdatenbezugsschnittstelle

주 정부 기관에 제공한다. 기술적으로 테라비스는 문서 생성 또는 비즈니스 규칙 구현과 같은 다양한 작업을 수행하는 약 100개의 (마이크로)서비스로 구성돼 있다. 테라비스는 수백 개의 파트너 시스템을 통합하고 있으며 모든 파트너가 참여하게 되면 약 1,000개의 시스템에 연결될 것으로 예상된다.

2. **시스템 중요도**system criticality: 테라비스는 스위스의 금융 인프라에 매우 중요한 시스템으로 간주된다.
3. **시스템 연령**system age: 이 시스템은 2009년에 처음 출시됐으며, 그 이후로 지속적으로 개발되고 있다.
4. **팀 분포**team distribution: 팀은 스위스 취리히의 단일 사무실에 있다.
5. **변화 속도**rate of change: 테라비스는 프로세스 자동화 및 후보자 컴포넌트에 점점 더 많은 프로세스를 추가하고 있으며, 쿼리 컴포넌트의 데이터 통합을 개선하고 있다. 스프린트 기간은 한 달이다. 비즈니스 프로세스 실행 언어BPEL, Business Process Execution Language로 모델링된 프로세스의 변화를 최근 분석한 결과, 프로세스가 지속적으로 진화하는 것으로 나타났다[Lübke 2015].
6. **안정적인 아키텍처의 사전 존재 여부**preexistence of a stable architecture: 테라비스는 동종 최초의 애플리케이션이다. 이전의 일부 사내 아키텍처 제약 조건(예: 모회사인 SIX 그룹[2]의 독점적인 내부 프레임워크 사용)을 준수해야 했지만, 일반적으로는 그린필드 프로젝트로 시작됐다.
7. **거버넌스**governance: 테라비스는 SIX 그룹에서 민관 협력 프로젝트로 설립됐다. 스위스 연방, 토지 등기소, 은행 및 공증인을 대표하는 주의 대표 거버넌스 기관이 있다. 따라서 거버넌스는 시스템의 모든 이해관계자를 반영하며 기술 환경만큼이나 복잡하다.
8. **비즈니스 모델**business model: 테라비스는 유료 서비스형 소프트웨어로 판매되며, 기관 및 행정 파트너가 플랫폼을 사용할 수 있게 한다.

프로젝트의 초기 범위는 토지 등기 업무 프로세스의 중요한 참여자가 관련 연합 마스터 데이터에 액세스할 수 있는 쿼리 컴포넌트만 구축하는 것이었지만, 전체

---

2. 주식 거래 서비스 등을 제공하는 스위스 금융 서비스 회사 – 옮긴이

업무 프로세스를 디지털화하면 더 많은 가치를 제공할 수 있다는 판단을 내렸다. 이에 따라 은행, 공증인 등이 테라비스와 인터페이스할 수 있는 테라비스 소유의 API를 정의하게 됐고, 토지대장 API는 스위스 연방이 소유하게 됐다. 이러한 다양성은 API의 다른 명명 규칙과 다른 릴리스 주기에서도 분명하게 드러난다. 테라비스는 이 마스터 데이터의 연방, 주 소유권을 존중하고자 쿼리 컴포넌트에 토지대장 데이터를 저장하거나 캐시하지 않아야 한다.

기술적 과제

테라비스의 기술적 과제는 대부분 복잡한 비즈니스 환경에서 비롯된다[Berli 2014]. 서로 다른 소프트웨어 시스템을 사용하는 여러 파트너가 API를 통해 테라비스에 연결한다. 이때 모든 파트너 시스템의 수명주기가 서로 다르기 때문에 기술 통합 문제가 심화된다. 동기화된 배포는 불가능하며, 구현 및 업데이트 빈도는 몇 주가 아닌 몇 개월, 몇 년 단위가 되기도 한다. 따라서 적절한 API 발전이 하나의 과제였다.

또한 일반적인 토지대장 데이터 모델의 많은 세부 사항을 참조하는 토지대장 API로 인해 기술 통합이 더욱 복잡해졌고, 따라서 고객은 이 데이터 모델에 대한 깊은 지식이 필요했다. 일대다 관계와 일대일 관계의 차이점은 워크숍에서 분명하게 드러났다. 따라서 테라비스는 사용 용이성이 높은 새로운 데이터 모델을 기반으로 한 API를 제공해 수용성을 확보하기로 결정했다.

통합은 파트너 간 파트너 혹은 기계 대 기계 통합으로만 계획됐지만, 모든 파트너가 테라비스 API를 구현하기 위해 시스템을 변경할 수 있는 것은 아니라는 사실이 금방 드러났다. 다른 파트너의 경우 업데이트 빈도가 테라비스만큼 높지 않을 것이다. 따라서 테라비스는 포털Portal이라는 웹 기반 사용자 인터페이스도 제공하기로 결정했다. 테라비스는 모든 파트너가 포털에서 또는 통합 시스템을 통해 비즈니스 프로세스 인스턴스를 동시에 작업할 수 있게 한다. 이렇게 하면 이전 API의 제한된 기능만 구현하는 파트너도 필요한 경우 포털을 통해 최신 기능을 사용할 수 있다.

테라비스의 성공에는 신뢰라는 필수 요소가 필요했다. 이는 (1) 구축하기 어려운 플랫폼을 제공하고, (2) 빠른 릴리스 속도를 유지하며, (3) 높은 신뢰성과 보안성을 갖춘 서비스를 제공할 수 있음을 입증함으로써 은행, 공증인, 토지 등기소 및 기타 관련 당사자들에게 믿음을 얻고, 존경받는 중재자가 됐다.

토지 등기소의 소유주인 주정부와의 신뢰를 구축하기 위해 테라비스는 스위스 중앙 토지 등기소의 허점이 되지 않아야 했다. 이 플랫폼은 토지대장 마스터 데이터 보관소에 관계없이 데이터에 대한 투명한 액세스를 제공해야 하지만, 이 의무는 테라비스가 토지대장 데이터를 캐시하거나 저장해서는 안 된다는 것을 의미했다. 이러한 제약으로 인해 데이터 쿼리에 대한 응답 시간에 문제가 발생하며, 결과를 제공하기 위해 모든 스위스 토지대장에 접근해야 할 수도 있다.

중요한 많은 요구 사항은 장기적인 유지 보수성(예: 앞서 설명한 대로 다양한 수명주기를 수용하는 등) 및 보안과 관련이 있다. 보안에는 테라비스와 모든 파트너 간의 전송 수준 보안 사용, 거래 및 수행 중인 비즈니스 프로세스 단계의 완전한 감사 가능성 auditability, 플랫폼을 통한 지침의 부인 봉쇄 가능성 non-reputability[3] 등이 포함된다. 테라비스는 스위스에서 법적 구속력이 있는 전자 서명에 대한 모든 요건을 충족하는 중앙 집중식 서명 서버를 제공하는 최초의 플랫폼으로, 이를 통해 당사자들은 문서에 서명하고 프로세스를 완전히 디지털 방식으로 진행할 수 있다.

현재 이 플랫폼은 매년 50만 건 이상의 엔드투엔드 토지 등기 업무 프로세스를 처리하고 있으며 그보다 훨씬 많은 필지 쿼리를 처리하고 있다.

API의 역할과 현황

테라비스는 디지털화된 비즈니스 프로세스를 구현하기 위해 파트너의 비즈니스 및 기술 통합에 중점을 두고 있기 때문에 API는 매우 중요한 산출물이다. API는 1장에서 다룬 커넥터 역할 connector role 로 통합의 원동력이 되며, 더 나은 API 설계는

---

3. 분쟁의 관계자가 진술서 혹은 계약서의 유효성을 부인하지 못하게 보장하는 품질 개념이다. 일반적으로 부인 봉쇄 개념은 서명의 검증과 신용 분야에 사용된다. – 옮긴이

더 나은 테라비스 서비스로 이어진다.

쿼리 컴포넌트Query component의 API는 비교적 안정적인 반면 프로세스 자동화Process Automation 컴포넌트의 API는 더 자주 변경된다. 시간이 지남에 따라 점점 더 많은 비즈니스 프로세스와 비즈니스 프로세스 변형의 지원이 추가된다. 기존의 비즈니스 프로세스가 크게 변경되거나 새로운 비즈니스 프로세스가 디지털화된 프로세스로 구현될 때마다 비즈니스 프로세스 문서와 함께 API 정의는 가장 중요한 문서 중 하나가 된다. 따라서 API 계약의 표현력과 API 동작의 명확한 의미는 테라비스 API의 핵심 품질이자 전체 제품의 핵심 성공 요소다.

패턴 사용 및 구현

테라비스는 이 책의 많은 패턴을 적용했다. 이 절에서는 먼저 모든 컴포넌트에 적용된 패턴을 설명한다. 그런 다음 개별 컴포넌트별로 설명한다.

모든 컴포넌트에 적용된 패턴

테라비스는 그림 10.1과 같이 커뮤니티 API와 솔루션 내부 API를 구분한다. 기관 파트너만 법적으로 테라비스 서비스를 사용할 수 있기 때문에 퍼블릭 API는 제공되지 않는다. 은행이나 공증인과 같은 파트너는 서비스에 등록하고, 서비스를 사용할 수 있는 법적 권한이 있음을 증명하고, 계약을 체결해야 한다. 이 과정을 완료하면 사용 가능한 커뮤니티 API를 사용할 수 있다. 또한 테라비스는 많은 대형 컴포넌트가 내부적으로 통신하는 작은 마이크로서비스로 세분화돼 있기 때문에 솔루션 내부 API를 사용한다. 이러한 결정은 테라비스의 구현 세부 사항으로 취급되며 팀의 재량에 따라 변경될 수 있어 파트너의 변경 사항으로부터 보호된다. 따라서 원치 않게 결합도가 높아지는 것을 방지하기 위해 솔루션 내부 API는 파트너에게 공개되거나 제공되지 않는다.

서비스는 기능별(예: 문서 생성 및 모기지 생성 프로세스)로 제공되지만 일반적으로 사용자 인터페이스를 직접 제공하지 않는다. 특히 테라비스는 완전 자동화된 프로세스 통합 플랫폼을 지향하기 때문에 모든 파트너에게 사용자 인터페이스가 필요한 것은 아니다. 예를 들어 토지 등기소가 테라비스와 협력할 때는 소프트웨어 공급업체의 API 통합을 사용한다. 사용자 인터페이스 부분(테라비스 포털^{Terravis Portal})과 백엔드 및 프로세스 로직(테라비스 프로세스 자동화)을 분리하는 또 다른 이유는 그림 10.1에서 볼 수 있듯 테라비스 포털은 커뮤니티 API만 사용해 백엔드 서비스에 연결하기 때문이다. 테라비스 포털은 플랫폼의 모든 기능을 지원하는 파트너 시스템을 대체하는 역할을 한다. 테라비스 포털을 통해 사용자는 시스템을 사용할 수 있지만 직접적인 시스템 통합의 효율성을 얻을 수는 없다. 따라서 앞서 설명한 것처럼 빠른 통합이 불가능한 파트너를 수용해야 했다. 이 설계를 통해 중요한 추가 기능이 탄생했는데, 바로 모든 테라비스 API의 참조 구현 역할을 하므로 개발 중에 API 설계의 유효성을 검사하는 데 도움이 된다는 점이다. 백엔드 서비스의 관점에서 보면 포털은 또 하나의 파트너 시스템에 불과하다.

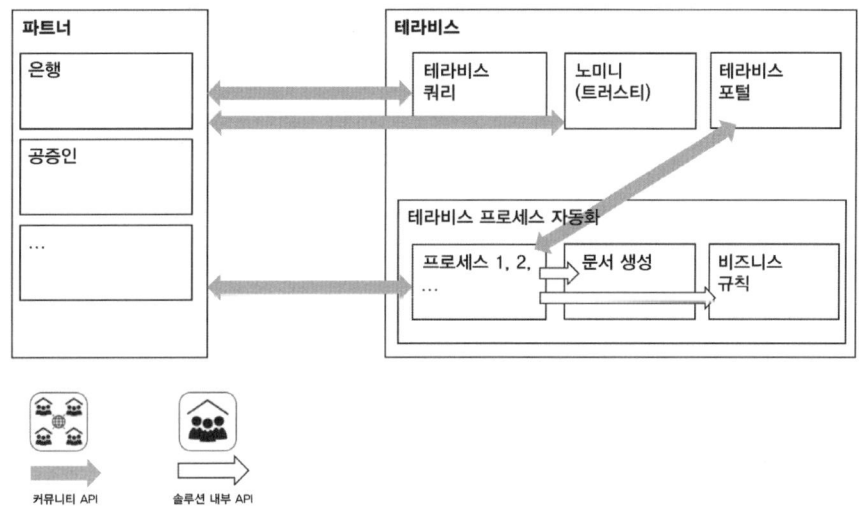

그림 10.1 테라비스 API의 개략적인 개요

API 설명에 모든 API가 문서화된다. API 설명은 해당 XML 스키마가 포함된 웹 서비스 기술 언어^{WSDL, Web Service Description Language}와 필요한 경우 데이터 타입에 대한 샘플 및 그래픽 모델이 포함된 문서로 구성된다. 그러나 모든 API 관련 정보에 대한 단일 소스만 존재하도록 웹 서비스 기술 언어 및 XML 스키마로 돼 있는 문서를 많은 이해관계자가 선호한다. 테라비스는 API 설명 외에도 파트너가 커뮤니티 API에 액세스하기 위해 반드시 서명해야 하는 파트너 계약의 일부로 서비스 수준 계약을 정의한다. 이러한 서비스 수준 계약은 가용성, 보안 및 기밀성 보장에 대해 정의한다. 인터페이스 계약의 한 부분은 모든 당사자가 각각의 XML 스키마에 대해 수신 및 전송된 SOAP 메시지의 유효성을 검사해야 한다는 것이다. 데이터를 기반으로 법적 구속력이 있는 활동이 시작되기 때문에 데이터의 정확한 해석은 매우 중요하다. 완전한 XML 유효성 검사는 구문 상호 운용성 문제가 발생하지 않도록 보장한다. 또한 시스템 간의 의미론적 오해의 위험도 줄여준다. 유효성 검사는 스프링과 같이 일반적으로 사용되는 프레임워크에서 쉽게 사용할 수 있으며, 테라비스에서 품질 보증 및 상호 운용성 강제를 수행하는 한 계층에서 다루고 있다.

테라비스는 요청 메시지에서 인증 정보를 전송할 때 API 키 패턴을 사용하지 않는다. 대신 제공된 클라이언트 인증서를 통해 API 요청을 인증하기 위해 양방향 SSL을 사용한다.

앞서 설명한 것처럼 많은 파트너 시스템이 테라비스와 함께 진화할 수 있게 하는 것이 중요한 성공 요인이다. 따라서 테라비스에서는 다양한 진화 패턴이 사용된다. 테라비스는 제공하는 모든 API에 대해 2개의 상용 버전을 제공한다. 그러나 세 번째 API 버전은 즉시 폐지되지 않는다. 대신 제한적 수명 보장 패턴의 수정된 버전이 사용된다. 세 번째 API 버전이 출시되는 시점부터 가장 오래된 버전은 1년 이내에 폐기될 예정이다. 이 접근 방식은 이전 API 버전에 대한 유지 관리 노력을 줄여야 하는 테라비스의 요구와 드물게 배포하는 파트너가 API 변경 사항을 따라잡을 수 있는 기회를 제공하는 것 사이의 균형을 맞추고 있다.

테라비스는 API 릴리스에 버전 번호를 할당하기 위해 시맨틱 버전 관리의 사용자 정의 변형인 n.m.o를 사용한다. 중간 번호, 즉 두 API 버전이 메이저 버전은 같지만 부 버전이 다른 경우에 비즈니스 측면에서 의미적으로 호환되고 두 API 버전의 메시지가 손실 없이 서로 변환될 수 있음을 의미하도록 완화됐다. 이 완화된 정의는 의미론이 완전히 변경되지 않는 경우에만 구조적 리팩토링을 허용한다. 세 번째 숫자로 표시되는 수정 버전^{Fix version}은 호환성을 깨지 않는 한 새로운 사소한 기능을 추가하는 데에도 사용된다.

테라비스는 버전 식별자 패턴을 사용해 XML 네임스페이스와 메시지 헤더의 엘리먼트로 버전 정보를 전달한다. 네임스페이스에는 주 버전과 부 버전만 포함돼 있으므로 수정 버전에 대한 호환성을 보장한다. 처음에는 비즈니스 로직에 사용돼서는 안 되지만 진단 정보로 사용될 수 있는 정보로서 정식 버전도 전송하는 것이 적절하다고 판단했다. 따라서 정식 버전은 별도의 헤더 엘리먼트에 저장됐다. 그러나 하이럼의 법칙^{Hyrum's law}[Zdun 2020][4]에 따라 불가피하게 파트너는 결국 이 버전 번호를 API의 다른 부분과 마찬가지로 믿고 전송된 정보를 기반으로 비즈니스 로직을 구현했다.

모든 API와 컴포넌트에서 **오류 보고** 패턴이 사용된다. 테라비스는 모든 API에서 공통 데이터 구조를 사용해 기계가 읽을 수 있는 방식으로 오류를 알린다(예: MORTGAGE_NOT_FOUND와 같은 오류 코드). 이 데이터 구조에는 콘텍스트 정보(예: 찾을 수 없는 모기지)와 오류를 사용자 또는 운영자에게 직접 표시해야 하는 경우 기본 영어 오류 설명(예: 'Mortgage CH12345678 not found.')이 포함돼 있다.

쿼리 컴포넌트

나중에 추가되는 프로세스 자동화 컴포넌트의 시전 조건이기도 한 첫 번째 개발 컴포넌트는 그림 10.2에 설명된 쿼리 컴포넌트다.

---

4. 개발자의 의도 상관없이 사용자는 기능을 다르게 사용할 수 있다는 법칙 – 옮긴이

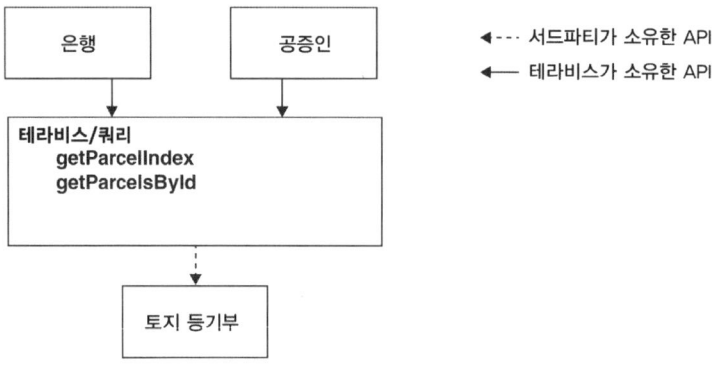

그림 10.2 테라비스 쿼리와 API 개요

쿼리 API에는 2가지 주요 연산, 즉 getParcelIndex와 getParcelsById가 있으며, 은행과 공증인이 호출할 수 있다. 이 두 인출 동작의 요청 메시지는 페이로드의 일부로 **콘텍스트 표현**을 제공하며, 여기에는 메시지 ID가 포함돼 있다. 문제 분석 중에 이 ID는 테라비스 파트너로부터 들어오는 요청과 토지 등기소에 대한 나가는 호출 간의 '상관관계 식별자'[Hohpe 2003] 역할을 한다. getParcelIndex는 지역, 주별 레거시 필지 번호 또는 전자 권리 ID^{EREID} 등 제한된 수의 쿼리 기준으로 필지 ID를 검색하는 데 사용된다. getParcelsById를 통해 마스터 데이터를 가져오는 데 사용할 수 있는 필지 ID^{EGRID} 목록을 반환한다.

두 동작 모두 비즈니스 로직을 포함하지 않기 때문에 파사드^{façade}로 동작하지만 '메시지 라우터$^{Message\ Router}$' 패턴[Hohpe 2003]에 따라 들어오는 요청을 토지 등록 시스템으로 보내는 기술적 라우팅 컴포넌트로도 사용된다. 테라비스는 토지대장 데이터를 캐시할 수 없기 때문에 토지 등록 시스템을 정확히 찾아내기 위한 매핑(예: 어떤 토지 등기소가 어떤 커뮤니티에 서비스를 제공하는지, 특정 토지 등기소가 호스팅하는 것으로 알려진 EGRID 또는 EREID)이 제한돼 있다. 그러나 이러한 매핑에서 항목을 찾을 수 없는 경우 스위스 전역의 모든 토지 등록 시스템에 요청을 보내는 검색을 수행해야 한다. 쿼리의 가장 큰 장점은 중앙 라우팅이다. 파트너는 100개가 넘는 서로 다른 시스템에서 토지대장 데이터에 대한 액세스를 법적, 기술적으로 명확히 하고 설정해야 하는 번거로운 작업을 하지 않아도 된다. 대신 테라비스는 요청이 전송되는 액세스 포인트 역할을 한다.

또한 토지대장에 저장된 마스터 데이터에 대한 읽기 전용 액세스를 허용하는 마스터 데이터 보유자 및 위시 리스트 패턴을 활용해 getParcelsById 동작을 수행할 수 있다. 열거형은 파트너의 현재 요구 사항과 권한에 따라 선택할 수 있는 3가지 가능한 결과 데이터 크기를 정의한다. 예를 들어 모든 파트너가 토지 등기소의 기록 데이터에 액세스할 수 있는 것은 아니다. 한 번에 최대 10개 필지까지만 조회할 수 있으므로 과도한 사용에 대한 페이지네이션과 같은 추가적인 안전장치가 구현되지 않는다. 표면적으로 이 동작은 스위스 전역의 요청에 대해 글로벌 **사용 비율 제한**을 적용해 테라비스 시스템의 부하를 관리할 수 있다. 이러한 요청은 동시 활성 요청 수에 따라 제한되는 자체 대기열에서 처리되며, 하나의 토지 등기소로 미리 범위를 좁힐 수 있는 검색은 **사용 비율 제한** 없이 처리된다.

토지대장 데이터에 대한 액세스 권한 제공은 상용 서비스다. 여기엔 **요금 책정 플랜**이 마련돼 있다. 이 **요금 책정 플랜**에 따라 월별 인보이스를 생성하기 위해 파트너의 API 요청은 데이터베이스의 전용 요금표에 기록된다. 테라비스는 자체 서비스 수수료와 토지 등록 수수료를 부과한 후 해당 토지 등기소에 전달한다.

쿼리는 읽기 전용 서비스다. 토지대장 데이터를 변경하는 모든 작업은 다음 절에서 설명하는 프로세스 자동화 컴포넌트로 명확하게 분리돼 있다. 따라서 테라비스는 『객체지향 소프트웨어 구축』[Meyer 1997]에서 처음 설명한 **명령 및 쿼리 책임 분리**
CQRS, Command and Query Responsibility Separation 를 따른다.

프로세스 자동화 컴포넌트

테라비스의 프로세스 자동화 컴포넌트는 여러 당사자/파트너와 관련된 20개 이상의 장기 실행 비즈니스 프로세스를 제공해 최종적으로 토지대장 데이터를 변경한다. 가장 정교하고 가치 중심적인 API는 토지 등록과 관련된 프로세스의 엔드투엔드 로직을 캡슐화하는 비즈니스 프로세스와 동일한 기능을 처리하는 **처리 리소스**다. 그림 10.3은 단순화된 아키텍처를 보여준다. 그림에 표시된 파트너는 SOAP 및 양방향 SSL을 통해 시스템에 액세스한다. 요청은 역방향 프록시에서 인증되고 권한이 부여되며, 추가 인프라 서비스가 메시지를 라우팅하고 변환한다. 또한 테라비스는 파트너 엔드포인트로의 라우팅과 파트너의 API 버전으로의 변환(그림 10.3의 양방향 화살표로 표시)을 캡슐화해 모든 비즈니스 프로세스에 이 로직을 제공하는 엔터프라이즈 서비스 버스ESB, Enterprise Service Bus와 같은 유사한 인프라 컴포넌트를 통해 발신 요청을 전송한다. 모든 비즈니스 프로세스는 비즈니스 프로세스 실행 언어BPEL, Business Process Execution Language로 모델링되고 단일 프로세스 산출물로 배포된다.

프로세스 자동화와 관련된 모든 API의 요청 메시지에는 **콘텍스트 표현** 패턴을 구현하는 특수 헤더가 포함돼 있다. 이 헤더에는 테라비스가 생성한 고유한 비즈니스 프로세스 ID(ID 엘리먼트의 인스턴스), 클라이언트에서 생성한 메시지 ID, 테라비스 파트너 ID, 관련 사용자(감사 목적으로 전송), 클라이언트에서 구현한 API의 전체 버전(지원 목적)이 포함된다.

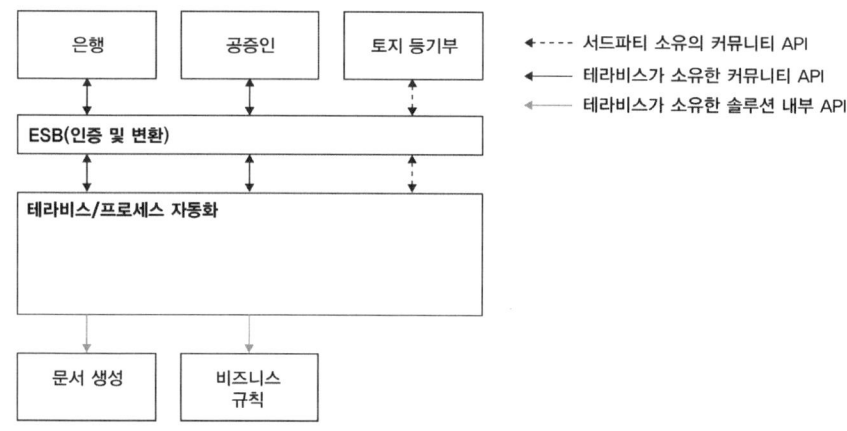

그림 10.3 일부 파트너 및 내부 서비스가 포함된 테라비스 프로세스 자동화 개요. 각 화살표는 API 프로바이더를 나타낸다(예: 은행은 API 클라이언트인 동시에 콜백 작업의 프로바이더다).

비즈니스 프로세스는 **상태 생성 동작**을 사용해 시작된다. 이러한 동작의 이름은 'start'로 시작한다(예: 새 모기지를 생성하는 비즈니스 프로세스의 경우 startNewMortgage). 그림 10.4는 파트너의 예로 은행과 같이 선택된 부분을 보여준다. 비즈니스 활동 프로세서 변형에서 **상태 전이 동작** 패턴을 구현하는 비즈니스 활동을 트리거하는 동작의 이름은 'request'로 시작한다. 이러한 동작에는 항상 콜백 동작callback operation이 있다. 예를 들어 테라비스가 은행에 작업을 요청하면 은행은 콜백을 통해 결과를 테라비스로 또는 그 반대로 전송한다. 콜백 동작의 이름은 비즈니스 활동의 결과에 따라 'confirm' 또는 'reject'로 시작한다. 'do'로 시작하는 동작 이름은 테라비스가 감독하지 않는 활동에 대한 요청을 나타낸다. 문서 전송은 테라비스가 수행 여부를 확인할 수 없는 동작에 의해 시작된다. 마찬가지로 비즈니스 프로세스의 부분적인 결과를 알리는 'notify' 동작(그림에 표시되지 않음)도 있다. 'do' 동작과 'notify' 동작 모두 **상태 전이 동작**으로 구현될 가능성이 높지만 원래 클라이언트에 대한 응답은 필요하지 않다. 따라서 최종 구현 설계는 API 프로바이더에게 맡겨진다. 마지막으로 프로세스 종료는 모든 참여 파트너에게 전송돼 각자의 비즈니스 사례를 종료하고 비즈니스 프로세스 목표 달성의 성공 또는 실패를 알리는 'end' 동작으로 신호가 전달된다. 따라서 테라비스는 비즈니스 프로세스 매니지먼트BPM 서비스 변형이라는 측면에서 비즈니스 프로세스를 **처리 리소스로 구현한다**.

정의상 비즈니스 프로세스 서비스는 상태 저장형이며, 모든 상태를 프로세스로 옮기는 것이 설계 목표였다. 그러나 프로세스를 지원하는 공유 상태 비저장 서비스가 있다. 예를 들어 많은 프로세스에서 특정 전자 문서가 생성되고 나중에 디지털 서명을 해야 하는 경우가 있다. 이러한 동작은 **솔루션 내부 API**를 통해 계산 **함수**로 제공된다.

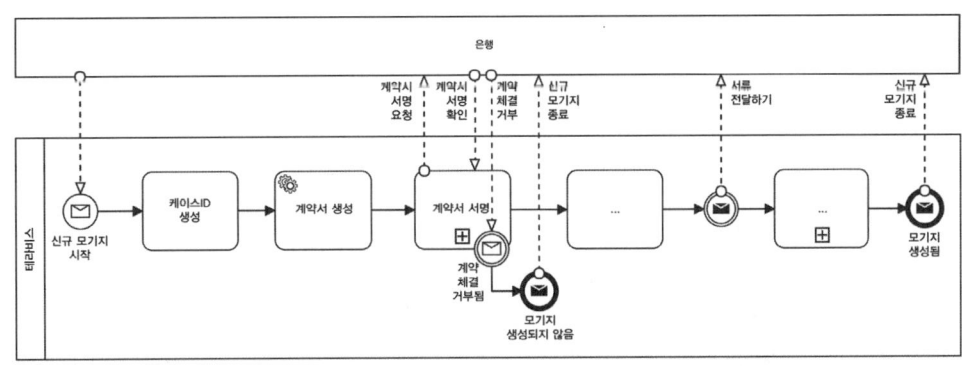

그림 10.4 파트너 은행과의 비즈니스 프로세스 스켈레톤

현재 프로세스 상태 또는 보류 중인 결제와 같은 프로세스 메타데이터 엘리먼트는 페이지네이션 패턴을 활용해 응답을 적절한 크기로 청크화하는 API로 노출된다. 한

가지 요구 사항은 총 조회 수를 표시하는 것이었기 때문에 마이크로소프트 SQL 서버의 독점 SQL 확장을 사용해 단일 쿼리에서 요청된 페이지와 총 결과 수를 모두 가져온다. 이러한 설계 덕분에 API에 대한 응답 속도가 크게 빨라졌다.

프로세스 자동화 컴포넌트의 기능에 대한 웹 기반 액세스를 제공하는 테라비스 포털에는 추가적인 솔루션 내부 API가 있다. 여기에는 페이지네이션을 사용하는 API를 통한 보류 중인 작업 관리도 포함된다.

노미니 컴포넌트

테라비스의 최신 컴포넌트는 노미니Nominee 서비스[5]다. 노미니는 모든 등기부 기반 모기지를 처리하기 위해 은행에 제공하는 신탁 서비스의 일부다. 이 컴포넌트에는 **운용 데이터 보유자** 패턴, 시스템에 등기 모기지를 추가하는 **상태 생성 동작** 패턴, 등기 모기지에 대한 정보를 변경하는 **상태 전이 동작** 패턴, 승인을 위해 등기 모기지를 표시하는 기타 **상태 전이 동작** 등을 구현하는 부기bookkeeping 서비스가 필요하다.

API를 통해 무제한의 응답 레코드를 생성할 수 있는 쿼리가 제공될 때마다 **페이지네이션** 패턴이 이 컴포넌트에도 적용된다. 모기지는 여러 소유자 간에 대량으로 이동할 수 있으므로 이러한 전송 작업의 변형이 **요청 번들** 패턴을 구현하는 버전으로 제공된다. 이 패턴을 사용하면 단일 API 동작 호출로 서로 다른 소유자 간에 수십만 개의 모기지를 이동시킬 수 있다.

패턴 구현 기술

테라비스 API는 WS-* 기술[6]을 기반으로 하며, 인터페이스는 WSDL과 XML 스키마를 사용해 설계됐다. 동일한 호스트에 있는 컨테이너 간의 서비스 호출에는 HTTP를 사용할 수 있지만 모든 머신 간 통신에는 HTTPS가 사용된다. API 호출은 양방향 SSL(클라이언트 인증서)로 추가적으로 보호된다. 예를 들어 파트너에서 들어오는

---

5. 부동산 실제 소유자의 대출 신청 및 관련 서류 작성, 대출금 지급 등의 업무를 대행하는 서비스 – 옮긴이
6. WS-Security와 같이 WS-로 시작하는 웹 서비스 사양을 말한다. – 옮긴이

역방향 프록시에 대한 연결은 클라이언트 컴퓨터 인증서로 보호된다. 역방향 프록시에서 각 서비스로의 연결도 마찬가지다.

SOAP 클라이언트와 프로바이더를 구현하는 데는 다양한 기술을 선택할 수 있다. 처음에는 비즈니스 로직을 제공하는 서비스를 구현하는 데 JAX-WS가 사용됐다. 나중에 테라비스는 Spring-WS로 마이그레이션했다.

메시지에서 정보를 효율적으로 추출하고 처리하기 위해, 특히 **콘텍스트 표현**, 즉 로깅 및 요청 콘텍스트를 채우는 인터셉터를 정의해 권한 부여 및 로깅 로직을 단순화해 오류 발생을 줄였다. 이러한 인터셉터는 자바로 구현된 모든 서비스에서 사용된다.

인프라 컴포넌트, 특히 엔터프라이즈 서비스 버스의 변환 컴포넌트는 XML DOM [W3C 1998], XSLT[W3C 2007] 또는 XQuery[W3C 2017]와 같은 좀 더 일반적인 기술을 사용해 구현된다. 이러한 XML 전용 언어를 사용하면 인프라 컴포넌트를 구현할 때 개발자의 효율성을 높일 수 있다.

회고 및 전망

테라비스의 성공은 부분적으로는 비즈니스 프로세스와 그에 맞는 API 설계 덕분이다. 환경적 복잡성과 기술적 복잡성을 모두 관리하는 것은 어려운 작업이지만 인터페이스가 접근 가능한 방식의 명확한 의미로 정의돼 있다면 훨씬 더 쉬워질 수 있다. API 설계는 비즈니스 요구 사항과 기술적 제약 조건의 영향을 많이 받으며, 수많은 파트너와 API 설계를 조율하는 것은 어려운 일이 될 수 있다. 하지만 시간이 지남에 따라 기술 및 비즈니스 이해관계자 모두가 서로와 기본 설계 원칙에 대해 더 잘 알게 되면 이 작업은 더 쉬워진다.

초기에 테라비스 API는 파트너 타입에 따라 더 크고 분할돼 있었다. 예를 들어 프로세스 자동화 컴포넌트는 은행을 위한 대형 API와 공증인을 위한 또 다른 API를 제공했지만 각 API에는 모든 비즈니스 프로세스에 필요한 동작이 포함돼 있었다. API는 서로 다른 기술 컴포넌트에 걸쳐 있었지만 더 중요한 것은 서로 다른 도메인에 걸쳐 있었다는 것이다. 이러한 세분화된 이해관계자 그룹 중심의 API 설계는 인터페이스 분리 원칙을 사용해 원치 않는 결합으로 이어졌다[Martin 2002]. 새로 정의된 API는 파트너의 역할과 비즈니스 프로세스에 따라 분할돼 더 많지만 더 작은 API를 통해 논의하고 소통하기 쉬워졌다. 더 작고 업무 중심적인 API는 변경이 이뤄질 경우 해당 특정 API를 사용하는 클라이언트만 영향을 받으므로 진화하기도 더 쉽다. 변경 범위가 더 좁고 명확하게 정의되므로 영향을 받지 않는 클라이언트의 수고를 덜어줄 뿐만 아니라 영향을 받는 당사자의 변경 영향 분석도 쉬워진다.

수정 버전을 포함한 전체 버전 정보를 별도의 필드에 전달하려는 초기 아이디어는 실제로는 실패했다. 어떤 로직도 이 필드에 의존해서는 안 된다는 점이 거듭 강조됐고, 파트너들은 정확히 그렇게 하기 시작했다.

오류 보고 패턴을 구현하는 데이터 구조는 기계 판독 가능한 오류를 완벽하게 지원하고 스위스의 4개 공식 언어에 잘 맞는 여러 언어로 오류를 표시할 수 있는 기능을 제공하도록 확장됐다. 비정형 오류에서 정형화된 오류 메시지로의 변경은 여러 API에 점진적으로 도입해야 했다. 이제 모든 새로운 API 또는 API 버전에 대해 이 동작이 기본적으로 수행된다. **오류 보고** 패턴은 오류 신호에 대한 구조화된 데이터가 커뮤니케이션의 명확성을 향상시킨다. 또한 클라이언트를 위한 오류 상황과 기타 중요한 정보를 신중하게 설계하는 데 도움이 된다.

페이지네이션 패턴은 시간이 지남에 따라 더 광범위하게 사용됐다. 처음에는 페이로드와 필요한 처리 시간 및 리소스를 최소화하는 것을 고려하지 않고 일부 동작을 설계했다. 예를 들어 이 패턴을 사용해 런타임에 발생하는 문제를 분석, 식별 및 완화할 수 있었다. 기본 데이터 자바 Persistent API나 하이버네이트^{Hibernate}와 같은 객체 관계형 매퍼$^{\text{Object Relational Mapper}}$를 사용하는 대신 두 번째 카운트 쿼리가 필요하지 않게 베이스 서버의 잠재력을 최대한 활용해 성능을 크게 개선했다.

이 프로젝트는 포괄적으로 설계된 API와 특정 작업별 API 간에 상당한 차이가 있음을 발견했다. 토지대장 API는 매우 포괄적으로 설계됐다. 따라서 10년이 넘는 기간 동안 단 2가지 버전만 출시됐으며, 구문적으로 매우 안정적이다. 토지대장 데이터 업데이트를 요청하는 경우 일반적인 명령과 유사한 데이터 구조의 메시지가 생성돼 전송된다. 이렇게 하면 노출되는 동작의 수가 하나로 줄어들지만 메시지 페이로드의 복잡성은 증가한다. 포괄적인 구조로 인해 API는 학습, 이해, 구현 및 테스트하기가 어렵다. 이와는 대조적으로 테라비스가 소유한 스키마는 이해관계자의 요구에 따라 계약 우선 설계로 지원되는 비즈니스 프로세스의 맥락에서 매우 구체적으로 설계됐다. 이러한 API는 이해하고 구현하기가 훨씬 쉽다. 하지만 많은 동작이 노출되고 변경이 더 자주 이뤄진다. 돌이켜본 결과, 작업별, 도메인 중심 API가 더 적합한 것으로 판명됐다.

전반적으로 테라비스는 성공적인 플랫폼이었는데, 이는 부분적으로는 API 설계가 다양한 이해관계자 간의 완전한 통합을 가능하게 했기 때문이다. 이 책에 제시된 패턴과 '기업 통합 패턴Enterprise Integration Patterns'과 같은 다른 패턴의 사용은 잘 설계된 API를 만드는 데 도움이 됐다. 비즈니스 환경은 관련 시스템과 조직의 타입과 수가 다양하고 복잡하기 때문에 다양한 시스템을 통합하는 것이 일반적인 과제다. 따라서 이 프로젝트에서 얻은 교훈은 다른 프로젝트에도 도움이 될 수 있다.

건설 영역의 제안 및 주문 프로세스

이 절에서는 콘크리트 기둥 제조업체 SACAC의 내부 시스템 일부로서 제안 및 주문 프로세스를 개선하기 위해 내부 마이크로서비스 환경을 구축하는 데 사용된 패턴을 소개한다.

비즈니스 콘텍스트 및 도메인

SACAC는 건설 회사를 위한 콘크리트 기둥을 생산하는 스위스 회사다. 각 기둥은 특정 건설 현장에 맞게 특별히 맞춤 제작된다. 이러한 콘크리트 기둥의 제안 프로세스는 예상보다 훨씬 더 복잡하다. 필요한 기둥의 강도와 크기에 따라 강철과 같은 다양한 재료 또는 콘크리트 기둥 끝의 다양한 변형이 새로 건설되는 건물의 안정성을 보장하기 위해 필요하다. 또한 건축가가 미적으로 매력적인 건물에 대한 아이디어에 맞게 콘크리트 기둥의 모양을 조정할 수 있다. 이러한 방대한 제품 유연성에는 많은 계산과 설계가 필요하며 많은 비즈니스 규칙을 준수해야 한다. 시장은 경쟁이 치열하기 때문에 건설 회사는 건물주를 대신해 경쟁 생산업체에 동일한 건물의 동일한 콘크리트 기둥에 대한 제안을 요청할 수 있다.

제안 프로세스를 지원하려면 전사적 자원 관리[ERP, Enterprise Resource Planning] 및 CAD(컴퓨터 지원 설계) 시스템과 같은 다양한 기존 소프트웨어 시스템이 함께 작동해야 한다. 예를 들어 오퍼 생성을 위한 구성 시스템과 같은 새로운 기능은 새로운 시스템에서 개발됐다. 필립 크루첸[Philippe Kruchten]이 정의한 프로젝트 차원[Kruchten 2013]과 관련해 SACAC 제안 및 주문 시스템[offer and order system]은 다음과 같이 설명할 수 있다.

1. **시스템 규모:** 이 시스템은 하나의 가상 머신에서 실행되는 수직 마이크로서비스로 설계된 15개의 서비스로 구성돼 있다. 각 서비스는 사용자 인터페이스, 비즈니스 로직, 메시지 버스 및 몽고DB 데이터베이스에 대한 액세스를 포함하는 루비 온 레일즈[Ruby on Rails][Ruby on Rails 2022] 또는 Sinatra[Sinatra 2022]로 구현된 루비[Ruby] 애플리케이션이다.

2. **시스템 중요도**[system criticality]**:** 특정 핵심 프로세스는 새 시스템을 통해서만 실행할 수 있기 때문에 시스템에 대한 중요도가 매우 높다.

3. **시스템 연령:** 시스템이 10년 전에 출시됐으며 그 이후로 지속적으로 개발 중이다.

4. **팀 분포:** 개발은 스위스에서 시작됐지만 프로젝트가 진행됨에 따라 독일에 위치한 원격 팀에서 점점 더 많은 작업을 수행했다.

5. **변화 속도**[rate of change]**:** 시스템은 여전히 유지 관리 및 개발 중이다. 초기에는 연간 약 20개의 버전이 출시됐다. 나중에 이 숫자는 연간 6개의 릴리스로 줄었다. 개발 팀도 시간이 지남에 따라 최대 3명의 개발자와 테스터 1명, IT 직원 1명으로 변경됐다. 총 12명이 참여했다.

6. **안정적인 아키텍처의 사전 존재 여부**[preexistence of a stable architecture]**:** 회사에는 관리 IT 아키텍처가 없었기 때문에 이 프로젝트는 그린필드 프로젝트였다.

7. **거버넌스**governance: 프로젝트 팀 자체에서 모든 아키텍처 제약 조건과 관리 규칙을 정의해야 했지만 CEO와 직접 소통해야 했다.
8. **비즈니스 모델**business model: 이 프로젝트의 초기 초점은 오류율 감소, 프로세스 인식 강화, 복사 및 붙여넣기 중복 제거, 프로세스 자동화를 목표로 한 프로세스 개선이었다.

이 시스템은 2년 만에 판매량을 100% 증가시키고, 더 정확한 비용 견적을 통해 더 낮은 가격을 제공함으로써 위험 마진을 줄인 콘크리트 기둥을 제공할 수 있게 하는 데 중요한 역할을 했다. 이러한 성공 이후, 이 프로젝트는 전체 프로세스 비용과 프로세스 시간 주기를 더욱 단축하기 위한 비즈니스 프로세스 개선 이니셔티브로 발전했다.

기술적 과제

SACAC의 핵심 요구 사항은 모든 계산과 최종 제안의 정확성이다. 기술적인 결정을 더 비싼 옵션으로 변경하면 비용이 증가하고 수익이 줄어들거나 고객이 주문을 하지 않을 수 있다.

프로젝트의 역동적인 환경은 도전 과제였다. 처음으로 핵심 프로세스가 개선되고 디지털화되면서 많은 변화와 이해관계자를 관리해야 했고, 시간이 지남에 따라 새로운 아이디어가 떠올랐기 때문이다. 비즈니스 프로세스를 최적화하고 그에 맞는 소프트웨어 지원을 개발하기 전에 정확한 요구 사항을 추출하고 현재 비즈니스 프로세스를 이해하는 것이 필요했다. 이는 회사에서 요구하는 것이 '소프트웨어 구매'에서 '특정 요구에 맞는 맞춤형 소프트웨어 개발'로의 전환과 '단일 소프트웨어 시스템'이 아닌 '통합된 애플리케이션 환경'으로의 사고 전환도 포함됐다.

제안 프로세스는 고객, 엔지니어, 드로어, 기획자 등 여러 협업 역할에 걸쳐 이뤄진다. 고객은 콘크리트 기둥과 가격에 큰 영향을 미치는 제약 조건을 지정해 제안을 요청한다. 이 데이터는 솔루션을 설계하고 평가하고자 CAD 및 구조 분석 시스템을 사용한다. 이 프로젝트 이전에는 비즈니스 프로세스가 사람이 중심이 돼 독립형 소프트웨어로 지원됐다. 이러한 환경은 마이크로서비스 지향 아키텍처에 따라 비동기 메시징뿐만 아니라 HTTP 및 WebDAV API를 사용하는 통합 소프트웨어 환경으로 전환됐다.

주요 아키텍처 선택 사항으로는 브라우저 기반 통합, RESTful HTTP API, 하이퍼미디어 및 JSON 홈 문서를 사용한 분리 등이 있다[Nottingham 2022]. 모든 마이크로서비스는 동기 또는 비동기 메시징 기술 사용 시기와 같은 일련의 공통 명명 규칙과 아키텍처 제약 조건의 적용을 받는다[Hohpe 2003].

API의 역할 및 현황

솔루션은 제안 관리, 주문 관리, 차액 계산, 생산 계획 등 도메인별로 구성된 다양한 마이크로서비스로 구성된다.

SACAC 소프트웨어의 자체 개발 부분은 그림 10.5와 같이 메시지 교환 형식으로 HTTPS와 JSON으로 구현된 RESTful HTTP API를 제공하고 소비하는 마이크로서비스로 구성돼 있다. 상용 기성품^{commercial-off-the-self} 소프트웨어는 주로 파일 전송을 기반으로 하는 각각의 인터페이스를 사용해 통합된다.

콘크리트 기둥을 설계하려면 독립형 애플리케이션인 CAD 시스템이 필요했다. 하지만 서버 컴포넌트가 없는 독립형 시스템이기 때문에 통합이 어려웠다. 선택한 솔루션은 가상 WebDAV[Dusseault 2007] 공유를 통해 이 애플리케이션에 대한 구성 파일을 제공하는 것이었다. WebDAV는 일반적으로 원격 서버에 파일을 저장하고 읽기 위한 파일 공유 네트워크 프로토콜로 사용된다. 이 WebDAV 구현의 파일은 일반 파일처럼 읽고 쓸 수 있지만 비즈니스 로직을 트리거할 수도 있다. 예를 들어 유효한 콘크리트 기둥 CAD 파일을 WebDAV 공유에 업로드하면 다음 작업으로 이동하는 등 주문 프로세스의 추가 처리가 트리거된다.

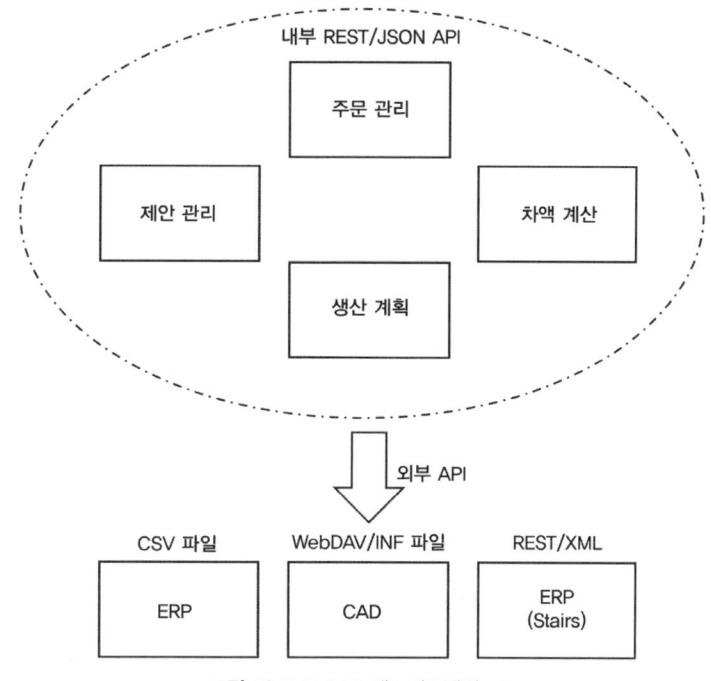

그림 10.5 SACAC 에코시스템의 API

CAD 통합은 파일 기반 인터페이스를 제공하는 것 외에도 애플리케이션의 데이터 모델을 매핑해야 했다. 이 데이터 모델은 콘크리트 기둥과 연관성이 높은 반면 CAD 데이터 모델은 모든 타입의 CAD 작업을 위해 설계된 일반적인 모델이다. 이러한 의미적 차이를 좁히려면 CAD 데이터를 올바르게 내보내고 가져오기 전에 많은 이해관계자와의 논의가 필요했다. 또 다른 외부 시스템은 ERP 시스템으로, 외부 통합을 위해 사용하기 쉬운 API가 부족했다. 따라서 WebDAV를 통해 게시된 CSV 파일을 사용해 데이터를 전송하기로 결정했다. 세 번째 외부 시스템은 나중에 통합됐다. 이 시스템은 범위 증가에 따라 추가된 콘크리트 계단 제품에 사용되는 다른 ERP 시스템이었는데, XML 페이로드를 사용해 적합한 웹 API를 제공했다.

시스템 자체에서 제공하는 API는 다른 마이크로서비스에서만 사용하게 돼 있으므로 **프론트엔드 통합**과 **백엔드 통합** 모두에 대한 솔루션 내부 API다. 하나의 개발 팀이 모든 마이크로서비스를 담당하므로 API 변경을 쉽게 협상할 수 있다. 일반적으로

API는 안정적이어야 한다. API는 한 마이크로서비스에서 다른 마이크로서비스로 이동할 수 있지만 API 설명의 기술 계약 부분은 호환성을 유지해야 한다.

위치 투명성은 모든 API의 엔드포인트가 포함된 중앙 홈 문서를 제공함으로써 달성된다. 이 프로젝트는 통합을 위해 REST 원칙을 사용하기 때문에 리소스의 엔드포인트는 이 중앙 문서에 게시된다. 2개의 상용 버전 시나리오에서 API가 재배치되거나 새 버전이 배포되면 중앙 홈 문서에 게시되므로 다른 마이크로서비스의 재배포 없이도 계속 작동할 수 있다.

그림 10.6에 표시된 대로 API 사용이 제한되면 데이터를 변경하는 동작은 동일한 마이크로서비스에서만 호출해야 한다. 마이크로서비스 간 호출은 읽기 전용 API만 사용해야 한다. 그렇다면 데이터는 어떻게 변경될까? 서로 다른 마이크로서비스의 통합은 트랜스클루전^{transclusion}으로 이뤄진다. 트랜스클루전이란 특정 마이크로서비스에서 제공하는 HTML 조각을 다른 마이크로서비스에서 제공하는 다른 페이지에 포함시키는 것을 의미한다. 따라서 이러한 트랜스클루전을 갖고 있는 페이지에는 주문과 관련된 데이터를 변경할 수 있는 다른 마이크로서비스에서 생성된 콘텐츠가 포함될 수 있다.

이러한 시스템에서는 모든 곳에서 사용되는 주문에 대한 공유 정보가 포함된 많은 중앙 정보가 저장된다. 이 데이터를 각 마이크로서비스의 데이터베이스에 있는 읽기 모델에 복제하는 대신 공유 데이터베이스에 읽기 전용 뷰를 만들었다. 더 복잡한 솔루션은 팀 구조와 프로젝트 규모를 고려할 때 충분한 이점이 없었을 것이다. 여러 마이크로서비스는 여전히 데이터를 위한 전용 데이터베이스를 독점적으로 갖고 있다.

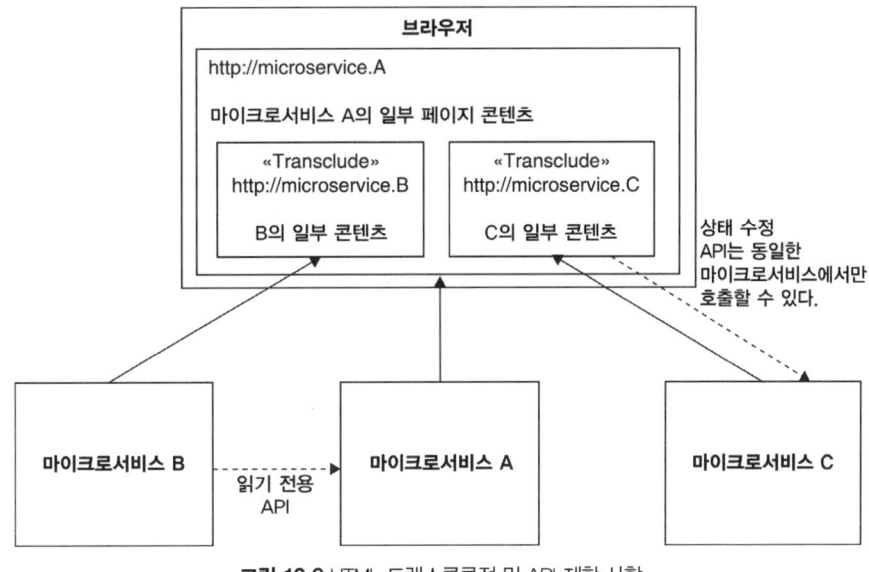

그림 10.6 HTML 트랜스클루전 및 API 제한 사항

패턴 사용 및 구현

이 솔루션에서는 다양한 패턴이 사용된다. 첫째, 주요 API 사용은 HTML 페이지와 트랜스클루전이 포함된 페이지 조각이 원래 마이크로서비스에서 비즈니스 로직을 호출할 수 있게 하는 **프론트엔드 통합**이다. 이러한 API는 읽기 및 쓰기 동작을 허용하며, 후자는 쓰기 동작인 **상태 생성 동작**과 읽기 쓰기 동작인 **상태 전이 동작**이다. 쓰기 동작은 동일한 마이크로서비스에서 제공하는 페이지 또는 페이지의 일부로 제한된다. 또한 **백엔드 통합**은 서로 다른 마이크로서비스 간의 읽기 전용 API와 함께 사용된다. 이러한 API의 동작 예로는 다양한 도메인 객체를 가져오기 위한 인출 동작과 구조 엔지니어링을 위한 메트릭 계산과 같은 복잡한 **계산 함수**가 있다.

API 전체에 버전이 지정되지 않았는데, 이럴 땐 이전 버전과 새로운 타입의 비즈니스 프로세스를 지원하기 위해 서로 다른 버전이 필요하다. 이러한 경우 필요한 이전 API는 **2개의 상용 버전 패턴**을 통해 사용할 수 있게 하고 해당 URL은 버전 식별자로 구분한다.

사용자 경험을 개선하기 위해 많은 결과가 점진적으로 표시됐다. 따라서 데이터 **인출 동작**은 페이지네이션 패턴을 지원한다. 이는 일반적으로 고객, 제안 및 약속 도메인 객체 표현이 반환될 때 수행된다. 메시지 페이로드 크기를 줄이는 데 사용되는 또 다른 패턴은 **조건부 요청**이다. 이 애플리케이션은 마지막 요청 이후 변경되지 않은 데이터는 반환하지 않는다.

시스템과의 개별 상호작용을 포함한 비즈니스 프로세스는 여러 단계에 따라 시스템이 여러 호출로 구성될 수 있으므로 **콘텍스트 표현**은 모든 API 호출 및 HTML 페이지 요청과 함께 전달되며, 여기에는 보안 정보와 같은 공통 엘리먼트가 포함된다. **콘텍스트 표현**에서 다루는 일반적인 요구 사항 중 하나는 관리 계정 또는 지원 계정의 계정 가장impersonation[7]이다. 특정 프로세스 단계, 주문 또는 기타 비즈니스 객체 등 비즈니스 콘텍스트도 포함된다. 이러한 콘텍스트 엘리먼트는 ID 엘리먼트 패턴에 따라 각각의 **범용 고유 식별자**UUID, Universally Unique IDentifier로 식별되며 콘텍스트에서 전달된다. 요청 콘텍스트에는 사용자가 시스템을 쉽게 탐색할 수 있도록 '보낸 사람' 및 '받는 사람' 점프 포인트가 포함될 수 있다. 이때 사용자가 팔로우하거나 돌아올 수 있는 URL을 지정할 수 있다. 이는 **링크 엘리먼트**를 사용해 구현된다. 비즈니스 프로세스 탐색을 위해 REST를 사용하고 하이퍼미디어에 의존하며 올바른 API 버전을 선택하기 때문에 **링크 엘리먼트**는 메시지에서 전달되는 중요한 타입의 정보이다. 앞서 설명한 것처럼 이들은 중앙 서버에서 관리되는 JSON으로 된 홈 문서에 의해 수정되며, 책에서 설명하는 패턴 용어로는 API 엔드포인트에 대한 위치 투명성을 제공하는 **링크 조회 리소스** 역할을 한다.

요청은 기술적 중단, 권한 부족, 비즈니스 로직의 단순 오류 등 다양한 이유로 실패할 수 있나. 처음에는 단순한 HTTP 오류 코드만 반환됐다. 시간이 지나면서 중요한 사용자 관련 오류 메시지는 문제에 대한 자세한 정보를 제공하는 **오류 보고**를 반환하는 방식으로 개선됐다.

이 시스템은 루비 온 레일즈를 사용해 루비로 구현됐다. 이 프레임워크를 사용하

---

7. 사용자 관리 정책 변경 없이 권한을 일시적으로 부여하는 기능이다. – 옮긴이

면 몇 가지 패턴을 쉽게 구현할 수 있다. 예를 들어 **조건부 요청**은 프레임워크 자체에서 지원된다. 루비 온 레일즈는 HTTP, JSON 및 REST 스타일 API도 잘 지원한다. WebDAV를 통한 외부 시스템 통합을 위해 사용자 정의 라이브러리인 RailsDAV가 개발돼 오픈소스로 제공되고 있다.

요청 콘텍스트와 제외된 콘텐츠를 더 쉽고 효과적으로 관리하기 위해 모든 마이크로서비스는 역방향 프록시로 제공되는 하나의 TCP/IP 도메인에서 액세스할 수 있다. 역방향 프록시는 URL을 사용해 요청을 올바른 마이크로서비스로 라우팅한다.

이렇게 하면 모든 자산과 스크립트가 동일한 도메인에서 제공되므로 동일 출처 정책same-origin policies[8]과 같은 브라우저 측의 보안 조치 문제를 피할 수 있다.

회고 및 전망

요약하자면 이 프로젝트는 성공적이었으며 소프트웨어는 SACAC에서 많은 비즈니스 이점을 실현하고 경쟁 우위를 확보하는 주요 구성 요소였다. 엔드투엔드 비즈니스 프로세스 지원을 실현하려면 솔루션 내부 및 외부 시스템과의 API 기반 통합이 매우 중요했다. 지금 생각해보면 통계 및 비즈니스 인텔리전스 목적으로 데이터를 내보낼 수 있는 API가 좀 더 추가됐더라면 유용했을 것이다. 전반적으로 이 솔루션은 데이터와 시스템을 잘 통합하지만 다른 시스템으로 데이터를 내보내고 외부 사용 사례와 통합하는 데는 중점을 두지 않았는데, 이러한 필요성이 나중에야 분명해졌기 때문이다.

여기서 얻은 교훈 중 하나는 잘 받아들여지는 사용자 인터페이스는 기술이 아닌 사용자 요구 사항과 비즈니스에 따라 잘 조정된 API에 의해 지원돼야 한다는 것이다. 이 책에서는 책임 패턴이 그 가교 역할을 한다. 마이크로서비스가 사용돼 왔지만 잘 구조화된 모놀리스monolith가 더 효율적인 개발 모델이었을지 의문이 남는다. 그러나 이는 사후에 평가하기 어렵다. 마이크로서비스는 구조와 경계를 강화하며

---

8. 웹 브라우저에서 보안을 위해 프로토콜, 호스트, 포트가 동일한 서버로만 요청과 응답을 할 수 있게 한 정책 – 옮긴이

이러한 경계는 소프트웨어 아키텍트에게 훌륭한 도구를 제공한다.

이 프로젝트는 많은 주류 라이브러리의 기술을 사용할 수 있기 전에 시작됐다. 예를 들어 트랜스클루전은 바로 사용 가능한 표준 기술로 달성할 수 있다. 지금 처음부터 프로젝트를 시작한다면 많은 기능을 직접 코드로 구현할 필요 없이 라이브러리에서 재사용할 수 있었을 것이다. 안정성과 사용자 경험을 개선하기 위해 더 많은 작업을 비동기 방식으로 처리할 수 있을 것이다.

이 프로젝트는 숙련된 프로젝트 팀을 활용하고 비즈니스 가치와 이점에 집중해 궁극적으로 성공할 수 있었다. 또한 개발자의 책임을 비즈니스 컨설턴트 및 비즈니스 프로세스 엔지니어의 역할까지 확장해 비즈니스 소유자와 협력하며 생각보다 소프트웨어 집약적인 실제 영역에서 디지털 트랜스포메이션을 실현할 수 있었다.

요약

10장에서는 이 책의 패턴을 고의 또는 무의식적으로 적용한 실제 API 설계의 2가지 큰 예를 살펴봤다. 두 시스템 모두 상용 환경에서 실행되고 있으며 시간이 지남에 따라 진화했다.

첫 번째 패턴 사례에서는 스위스 모기지 비즈니스를 위한 대규모 비즈니스 프로세스 통합 허브와 포털을 소개했다. 여기에는 **위시 리스트**와 **콘텍스트 표현**을 비롯한 많은 양질의 패턴이 적용됐다. 많은 당사자, 기업, 정부 기관이 관련된 이 시나리오에서는 진화 패턴인 **버전 식별자** 및 **2개의 상용 버전**도 중요한 역할을 했다. 커뮤니티 API를 사용하려면 **요금 책정 플랜**에 따라 비용을 지불해야 한다.

두 번째 패턴 사례에서는 소프트웨어 아키텍트와 API 설계자 외에 건물 건축가와도 관련이 있다. 건물 건설 현장의 콘크리트 기둥을 맞춤 설계하기 위한 웹 기반 오퍼 및 주문 관리 시스템에 대해 설명했으며, 첫 번째 얘기에서 소개한 많은 패턴(예: 오류 보고)과 **링크 조회 리소스** 같은 엔드포인트 역할 패턴을 포함한 이 책의 API

패턴은 유연하고 리소스 효율적인 소프트웨어 설계를 만드는 데 도움이 됐다는 것을 알았다.

이때 패턴을 잘 선택하고 적용하더라도 API 구현이 확장성, 성능, 일관성 및 가용성과 같은 품질에 해를 끼칠 수 있다는 점에 유의하자. 이러한 품질과 관련된 주요한 설계 요구 사항인 포스와 이들의 충돌을 해결하는 패턴은 서로 간에 그리고 다른 중요한 성공 요소와 수많은 다대다 관계를 맺고 있다. 패턴은 항상 프로젝트 상황에 맞게 채택하고 조정해야 하며, 개발 및 테스트를 위한 좋은 소프트웨어 엔지니어링 실천법도 함께 적용해야 한다.

이제 거의 다 끝났다. 요약과 전망으로 이 책을 마무리해보자.

11장
결론

이 책의 내용을 요약하고 세 부분에 걸쳐 제시했던 API 설계 및 발전 패턴에 대해 생각해보자. 11장에서는 관련 연구도 소개하며 API의 미래와 관련 아키텍처 지식에 대한 우리의 견해를 담았다. 참고로 이 부분은 다소 추측적이고 리스크가 크다고 할 수 있을 것이다.

오늘날 분산 시스템은 표준이다. 이러한 시스템에서는 여러 서비스가 함께 작동하고 원격 API를 통해 통신한다. 분산 애플리케이션이 구성될 때 API와 그 구현은 서로 다른 통신 프로토콜과 메시지 교환 형식을 사용할 수 있고, 구현 컴포넌트가 서로 다른 보안 영역에 있거나 다른 위치에서 실행될 수 있는 등 다소 다양한 통합 요건을 충족해야 한다. 구현은 원하는 품질과 기존 제약 조건에 따라 메시지 및 엔드포인트 설계를 미세 조정할 수 있는 다양한 옵션을 사용할 수 있다. 예를 들어 API는 응답성, 규모 확장성, 안정성이 뛰어나야 할 뿐만 아니라 개발자 친화적이고 쉽게 발전할 수 있어야 하는 경우가 많다. 대부분은 고객, 제품, 비즈니스 파트너와 관련된 비즈니스 프로세스와 활동을 자동화하며, 이러한 비즈니스 활동과 지원 소프트웨어는 기능 요구 사항과 품질 목표의 변화에 따라 자주 변경된다.

이 책에 제시된 패턴 언어의 목적은 통합 설계자, API 개발자 및 API 설계 및 발전과 관련된 기타 역할이 특정 고객 커뮤니티의 목표와 도메인 콘텍스트에 맞는 API를 만들 때 좀 더 많은 정보를 바탕으로 적절하고 올바른 결정을 내릴 수 있게 돕는 것이다. 이 책의 패턴은 이러한 결정을 위한 검증된 설계 옵션을 제공한다.

짧은 회고

여기에는 페이지네이션(7장) 및 API 설명(9장)과 같이 다소 일반적인 패턴뿐만 아니라 **콘텍스트 표현**(6장) 및 **2개의 상용 버전**(8장)과 같이 덜 명확한 패턴도 포함해 API 설계 및 진화를 위한 44가지 패턴을 제시했다. 4장에서는 패턴 언어의 개요와 **프론트엔드 통합** 및 **파라미터 트리**를 포함한 API의 범위와 메시지 구조에 대한 패턴을 제공했다.

이러한 패턴을 적용하는 API는 원격 객체가 아닌 일반 텍스트 메시지를 교환한다고 가정한다. 이는 동기식 통신 채널 또는 비동기식 대기열 기반 채널을 통해 교환할 수 있다. 선택된 패턴은 2장에서 소개한 호반 상호 보험 샘플 애플리케이션과 10장에 소개된 2가지 실제 사례에서 구현됐다. 많은 동기 부여가 되는 사례와 패턴의 알려진 용도는 마이크로서비스를 기반으로 하는 시스템에서 나왔지만, 원격 API를 포함하는 모든 소프트웨어 시스템에 적용하면 이점을 얻을 수 있다.

놓친 패턴이 있을까? 물론 그렇다. 예를 들어 반응형(reactive), 장기 실행형(long-running), 이벤트 중점(event-driven) API 설계는 또 다른 책 한 권을 가득 채울 수 있는 주제다. 여기서는 이 주제들을 가볍게 다뤘다. 리소스 예약, 개요-세부 정보 표시 또는 사례 관리 활동과 같은 특정 도메인별 의미를 전달하는 고급의 복합적인 구조에 대한 패턴을 찾는 것도 흥미로울 것이다. 마틴 파울러의 『Analysis Patterns』[Fowler 1996]를 미리 준비된 API 설계로 바꾸는 것도 생각해볼 수 있다. 데이터 모델링에 관한 책[Hay 1996]도 이러한 노력에 도움을 줄 수 있으며, 마이크로포맷[Microformats 2022] 및 Schema.org[1]와 같은 일반적인 데이터 정의 이니셔티브도 그 역할을 할 수 있다. **비즈니스 책임 중점 설계**(Business Responsibility-Driven Design)는 이러한 '도메인 API' 작업에서 중요한 위치를 차지할 수 있다.

API 구현 수준에서는 다른 API를 호출하는 통합된 매개 '가드 리소스(guard resource)'와 다른 곳에서 제공되는 다른 API에 의존하지 않는 독립적인 '그라운드 리소스(ground resource)'를 구분할 수 있다. 또한 API 오케스트레이션에서의 통신과 관련된 흐름이

---

1. https://schema.org

나 대화에 대한 패턴 작업을 계속할 수도 있다[Pautasso 2016]. 이에 대해서는 다음 기회가 있을 것으로 기대한다. API 구현 옵션에 대한 힌트는 제공했지만 시스템 트랜잭션 대비 비즈니스 수준 보상(ACID의 보장 대비 다양한 형태의 BASE 속성)과 같은 주제는 많이 다루지 않았다. 'Sagas'[Richardson 2018] 또는 'Try-Confirm/Cancel' 단계[Pardon 2011]는 비즈니스 수준에서 보완을 제공할 수 있을지도 모른다.

프로토콜에 대한 구체적인 내용은 예제와 토론 절에서만 다뤘으며, 『RESTful Web Services Cookbook』[Allamaraju 2010]과 다른 많은 책에서 RESTful HTTP에 관한 자세한 조언을 제공한다. 서문에서는 관련 패턴 언어에 대한 정보와 기타 좋은 읽을거리에 대한 정보를 제공했다.

또한 다른 애플리케이션 배포와 마찬가지로 API 구현도 런타임에 관리해야 하므로 API 구현을 운영하는 데 중점을 두지 않았다. 서버리스 기능 및 기타 클라우드 컴퓨팅 제품을 포함해 API 구현과 서비스 지향 시스템을 위한 다양한 배포 및 호스팅 옵션이 있다. API 엔드포인트와 API 게이트웨이를 구성, 보안, 계정, 모니터링(예: 결함 및 성능 관련)해야 한다. 이러한 활동은 API 설계와 진화를 보완하는 일련의 관행과 도구를 요약하는 용어인 API 관리[API management]에 해당한다.

API 관련 연구: 패턴, MDSL 등으로 리팩토링

그린필드 프로젝트에서 'API 우선[API first]' 설계를 하는 것도 중요하지만, 상용 API에서 품질 문제가 발생하면 어떻게 해야 할까? 우리 중 2명이 실시한 설문조사에 따르면 품질 결함 및 기능 요구 사항의 변경이 기존 및 새로운 요구 사항과 마찬가지로 API 변경을 유발할 수 있는 것으로 나타났다[Stocker 2021a].

소프트웨어 시스템의 품질 측면을 개선하고 기능적 변화에 대비하기 위한 한 가지 접근 방식은 리팩토링이다. 리팩토링은 외부에서 관찰 가능한 동작을 변경하지 않고 소프트웨어 시스템을 개선하는 작업이다. 코드 리팩토링은 클래스 및 메서드의 이름을 변경해 이해도를 높이거나 긴 코드를 여러 부분으로 나눠 유지 보수성을 높이는 등 코드를 정리하는 작업이다.

API 리팩토링은 코드 리팩토링의 개념과 용어의 의미를 다소 확장한 것이다.

> API 리팩토링은 시스템의 기능 집합과 의미를 변경하지 않고 시스템의 원격 인터페이스를 발전시켜 적어도 한 가지 이상의 품질 속성을 개선한다.

이 글을 쓰는 시점에 『Interface Refactoring Catalog』[Stocker 2021b]가 등장하고 있다. 리팩토링의 목적은 반드시 그럴 필요는 없지만 소프트웨어를 설계 패턴에 맞추는 것일 수도 있다. 그러한 면에서 당연히 인터페이스 리팩토링 카탈로그는 이 책에서 많은 패턴을 참조하고 제안한다[Kerievsky 2004]. 카탈로그에 있는 API 패턴에 대한 리팩토링의 예로는 '위시 리스트 추가'Add Wish List, '페이지네이션 도입'Introduce Pagination, '콘텍스트 외부화'Externalize Context 등이 있다.

카탈로그의 많은 리팩토링은 MDSL 도구에서 지원된다. 이는 부록 C에 나와 있듯이 MDSL이 API 도메인 모델(1장에서 소개)에서 시작해 어떤 식으로든 모든 패턴(4장에서 9장까지)을 종종 API 엔드포인트, 동작 및 메시지 표현 엘리먼트와 같은 사양 엘리먼트의 데코레이터로 사용하기 때문에 가능하다.

우리 중 4명이 API와 도메인 주도 설계DDD의 관계에 관한 패턴을 연구했는데, 2가지 예는 'Domain Model Facade as API'와 'Aggregate Roots as API Endpoints'[Singjai 2021a, Singjai 2021b, Singjai 2021c]다. 이러한 전환을 지원하기 위해 도메인 모델과 관련해 API를 모델링하고 모델에서 API-DDD 매핑 패턴을 감지하는 접근 방식에 대한 연구가 진행 중이다. API 분석 연구는 '변경 가능한 컬렉션 리소스'Mutable Collection Resource와 같은 새로운 패턴을 만들어내는 가능성 높은 방향이다[Serbout 2021].

API의 미래

미래를 예측하기 어렵다는 것은 잘 알려진 사실이다. 이 글을 쓰는 시점에서 HTTP가 사라질 것이라고 상상하기는 어렵다. 최초 프로토콜의 주요 개정판인 HTTP/2

는 2015년부터 표준화 작업이 진행 중이며, 차기 후속 프로토콜인 HTTP/3도 2022년 6월에 '제안된 표준Proposed Standard'이 됐다. 지난 몇 년 동안 내부적으로 HTTP/2를 사용하는 프로토콜도 추가로 도입됐는데, 그중 대표적인 예로 gRPC가 있다. 프로토콜이 변경되더라도 메시지 장황함message verbosity과 서비스 세분성service granularity, 통신 당사자의 결합도coupling/분리도decoupling 문제는 API 설계자, 특히 리소스가 제한된 환경에서 운영되는 API와 그 클라이언트의 설계자를 계속 바쁘게 할 것이다. 하드웨어는 개선되지만 하드웨어의 발전과 함께 고객의 기대치도 높아진다는 것은 역사의 교훈이다.

메시지 교환 포맷은 프로토콜보다 더 자주 왔다가 사라지는 것처럼 보인다. 예를 들어 XML은 유행이 지났고 현재는 JSON이 지배적이다. 하지만 XML이 마크업 언어 진화의 궁극적이고 최종적인 단계로 여겨지던 때가 있었다. JSON을 버릴 수 있을까, 버린다면 그다음은 무엇일까? 이러한 질문에 대한 답은 없지만 **임베디드 엔티티 및 링크된 정보 보유자**와 같은 메시지 설계와 관련된 패턴이 차세대 포맷을 활용하는 API 설계에도 이어질 것이라고 확신한다.[2]

OpenAPI 사양은 현재 HTTP 기반 API를 위한 주요 API 기술 언어다. 메시지 기반 API를 설명하는 유사한 접근 방식으로 AsyncAPI의 중요성이 커지고 있다. MDSL은 OpenAPI 사양과 AsyncAPI뿐만 아니라 다른 최신 API 기술 언어에 대한 바인딩 및 생성기를 지원한다. 현재 널리 사용되는 이 2가지 통합 진영(동기 및 비동기 통신)과 기타 통합 기술 및 프로토콜을 포괄하는 추가적인 API 기술 언어가 등장하고 유지될까? 통합 언어가 탄생할 가능성이 있을까? 시간이 지나면 알 수 있겠지만, 우리는 이러한 언어와 이를 사용한 API 설계에서 우리 패턴의 알려진 용도를 찾을 수 있기를 기대한다.

---

2. 향후에는 지능적인 형식에 자율적으로 대응하는 도구로 애플리케이션을 자동화할 수 있을까?

추가 참고 내용

이 책과 함께 제공되는 웹 사이트(https://api-patterns.org)에서 패턴 요약과 추가 배경 정보를 제공한다.

인터페이스 리팩토링 카탈로그Interface Refactoring Catalog는 깃허브(https://interface-refactoring.github.io)에서 확인할 수 있다.

『Design Practice Reference(DPR)』에서 제안하는 '단계별 서비스 설계Stepwise Service Design' 활동은 이 책의 많은 패턴을 활용한다[Zimmermann 2021b]. 또한 『Design Practice Reference(DPR)』(https://socadk.github.io/design-practice-repository)은 서비스 분석 및 설계에 적용할 수 있는 방법과 사례의 오픈소스 리포지터리를 제공한다.

최종 코멘트

IT 유행어와 기술 개념은 왔다가 사라지지만 통합 스타일과 설계 패턴은 계속 유지된다. 패턴은 최종적인 해결책은 아니지만 더 나은 작업을 수행하고 일반적인 실수를 피할 수 있게 도와주며, 새로운 실수를 통해 교훈을 얻고 결국 새로운 패턴이나 안티패턴을 만들 수 있는 기회를 제공한다. 이 책의 패턴을 목적지가 아닌 설계 작업의 출발점으로 생각하기 바란다.

이 책에 담긴 아키텍처 지식과 그 패턴이 실제 API 설계 및 개발 프로젝트에서 아키텍처 의사 결정을 내리는 데 도움이 될 수 있다고 확신한다. 실제로 그렇게 된다면 이 패턴이 어떻게 멋진 API를 만드는 데 도움이 됐는지에 대한 여러분의 피드백을 감사히 받겠다.

책을 구입하고, 끝까지 읽은 것에 감사를 드린다.

올라프, 미르코, 다니엘, 우베, 세사레
2022년 6월 30일

부록 A
엔드포인트 식별 및 패턴 선택 가이드

부록 A에서는 치트 시트의 형태로 언제 어떤 패턴을 적용해야 하는지에 대한 지침을 제공한다. 또한 패턴 언어를 책임 주도 설계$^{\text{RDD, Responsibility-Driven Design}}$, 도메인 주도 설계$^{\text{DDD, Domain-Driven Design}}$, ADDR$^{\text{Align-Define-Design-Refine}}$ 프로세스와 연계해 설명한다.

패턴 선택을 위한 치트 시트

치트 시트는 특정 패턴의 적합한 시기를 보여주는 문제/패턴 매핑 표를 제공한다. 이는 일련의 복잡한 설계 문제와 고려 사항을 크게 단순화한 것이다. 1부의 의사 결정 모델과 2부의 패턴 설명에서는 관련 솔루션의 맥락, 주요한 설계 요구 사항인 포스, 결과에 대해 훨씬 더 깊이 있게 설명한다. 4장에서는 책 내용과 패턴 언어에 대한 몇 가지 진입점을 상세히 설명한다.

API 설계 시작

기초 패턴은 초기 및 기본 API 스코핑 문제를 해결한다. 표 A.1에는 이러한 문제와 해당 패턴이 나열돼 있다.

이러한 패턴의 선택은 클라이언트 타입, 비즈니스 모델, 제품/프로젝트 비전, 프로젝트/제품 콘텍스트 등의 기준에 따라 결정된다. 클라이언트 포트폴리오(즉, 클라이언트의 수와 위치, 이러한 클라이언트의 정보 요구 사항), 보안 요구 사항도 고려해야 할 중요한 기준이다. 1장, 3장, 4장에서는 더 많은 의사 결정 드라이버와 바람직한 품질에 대해 논의한다.

표 A.1 API 기초 패턴의 적격성(4장에서 다룸)

이슈	고려해야 할 패턴
최종 사용자 애플리케이션이 백엔드의 데이터 또는 백엔드에서의 활동을 원함	프론트엔드 통합 API 구현
비즈니스 요구 사항을 충족하기 위해 2개의 백엔드가 협업해야 하는 경우	백엔드 통합 API 구현
새로운 API는 광범위하게 액세스할 수 있음	퍼블릭 API 도입
새 API의 가시성은 클라이언트 그룹으로 제한	커뮤니티 API 도입
새로운 API는 단일 애플리케이션만을 대상(예: 서비스로 분해하기 위해)	솔루션 내부 API 도입

다음으로 표 A.2에서는 책임 패턴을 통해 API 엔드포인트 설계를 빠르게 시작할 수 있다.

표 A.2 역할별로 API 엔드포인트를 식별하고 분류하는 방법(5장부터)

이슈	패턴
API 엔드포인트 후보 식별	도메인 주도 설계(DDD) 또는 ADDR과 같은 단계적 API 설계 실천법 또는 참고 문헌[Zimmermann 2021b]에 정리된 설계 실천법을 하나 또는 그 이상 함께 적용
(비즈니스 활동 또는 명령으로 표현되는) 액션 지향적인 비즈니스 기능을 모델링	**처리 리소스**를 정의하고 필요한 활동과 그 동작에서 조정 및 상태 관리를 구현(표 A.3 참고)
데이터 지향적인 비즈니스 역량을 모델링	**정보 보유자 리소스**를 정의하고 도입된 결합도를 인식해 이에 적합한 생성, 읽기, 업데이트, 삭제 및 검색 동작을 제공(표 A.3 참고)
애플리케이션이 직접 상호 연동하지 않고 일시적인 데이터를 교환함	**데이터 전송 리소스**를 정의하고 애플리케이션에 API 클라이언트를 추가
클라이언트에서 프로바이더 위치 분리	동적 엔드포인트 참조를 제공하는 디렉터리로 **링크 조회 리소스** 제공
수명이 짧은 트랜잭션 데이터 노출	정보 보유자 리소스를 **운용 데이터 보유자**로 표시
수명이 길고 변경 가능한 데이터 노출	정보 보유자 리소스를 **마스터 데이터 보유자**로 표시

(이어짐)

이슈	패턴
클라이언트를 위해 변경할 수 없는 수명이 긴 데이터 노출	정보 보유자 리소스를 참조 데이터 보유자로 표시

엔드포인트 식별 중에 로직과 데이터가 응집력이 매우 높은 경우 DDD에서 각 '바운디드 콘텍스트Bounded Context'에 대해 하나의 API 또는 하나의 API 엔드포인트를 정의할 수 있다[Singjai 2021a]. 세분화된 분해가 필요하고 가능한 경우 '애그리게이트'는 API 및 API 엔드포인트 식별을 시작할 수 있다[Singjai 2021b, Singjai 2021c].

API 엔드포인트에서 노출되는 동작은 읽기, 쓰기, 읽기-쓰기 또는 읽지도 쓰지도 않는 등 프로바이더 측 상태를 건드리는 또는 건드리지 않는 방식이 다르다(표 A.3).

표 A.3 동작을 분류하는 방법(5장의 내용)

이슈	패턴
API 클라이언트가 프로바이더 측 상태(도메인 계층 엔티티 포함)를 초기화할 수 있게 허용	동작을 쓰기 전용 **상태 생성 동작**으로 표시
API 클라이언트가 프로바이더 측 상태를 쿼리하고 읽을 수 있게 허용	동작을 읽기 전용 **인출 동작**으로 표시
API 클라이언트가 프로바이더 측 상태를 업데이트하거나 삭제할 수 있게 허용	동작을 읽기-쓰기 **상태 전이 동작**으로 표시 (변형: 전체/부분 상태 교체, 상태 삭제)
API 클라이언트가 상태에 구애받지 않는 동작 호출 허용	동작을 **계산 함수**로 표시

요청 및 응답 메시지 구조 설계

API 엔드포인트의 역할과 책임 그리고 그 동작을 결정했다면 이제 데이터 계약(요청 및 응답 메시지의 헤더와 바디 구조)을 다룰 차례다. 표 A.4는 다양한 옵션을 보여준다.

표 A.4 기본 메시지 구조 패턴(4장의 내용)

이슈	패턴
데이터가 단순	요청 및 응답 메시지에 대한 **아토믹 파라미터** 또는 **아토믹 파라미터 리스트** 설계
데이터가 복잡	요청과 응답을 위한 **파라미터 트리**를 **파라미터 포리스트**로 설계하고, **파라미터 트리**는 다른 파라미터와 **아토믹 파라미터** 또는 **아토믹 파라미터 리스트** 포함 가능

표 A.5는 메시지 페이로드 설계에서 기본 및 정형화된 메시지 엘리먼트가 어떻게 특정한 스테레오타입 역할을 다루는지 보여준다.

표 A.5 엘리먼트 스테레오타입(6장의 내용)

이슈	패턴
구조화된 데이터 교환(예: 도메인 엔티티 표현)	엔티티 관계에 따라 **임베디드 엔티티**로 포함된 **데이터 엘리먼트**를 메시지 페이로드에 추가
표현 엘리먼트 또는 기타 API 부분 구별	메시지 페이로드에 로컬 또는 전 세계적으로 고유한 **ID 엘리먼트** 추가
동작 흐름 유연하게 만들기	애플리케이션 상태의 엔진으로서 하이퍼텍스트(Hypertext as the Engine of Application State)의 REST 원칙을 지원하기 위해 ID 엘리먼트에서 **링크 엘리먼트**로 업그레이드. 링크는 **처리 리소스** 또는 **정보 보유자 리소스** 참조 가능
편리한 처리를 위해 페이로드에 애너테이션 추가	**메타데이터 엘리먼트** 추가(제어, 출처, 애그리게이트된 메타데이터)

API 품질 개선

API 품질과 관련된 패턴은 데이터 전송 간결성$^{\text{data transfer parsimony}}$을 달성하는 것이 목표인 경우 상호 운용성 문제를 해결하고 메시지 표현의 크기를 적절하게 조정하는 데 도움이 될 수 있다(표 A.6).

표 A.6 특정 품질 개선 사항을 적용해야 할 시기(6장, 7장, 9장에서 발췌)

이슈	패턴
API 클라이언트의 상호 운용성 및 사용성 문제	최소 API **설명**에서 상세 API **설명**으로 전환
	파라미터 트리에 메타데이터 엘리먼트 추가
	서비스 품질(QoS) 속성 등의 제어 메타데이터를 캡슐화하는 페이로드에 **콘텍스트 표현** 도입
API 사용 실수 및 기타 오류를 분석하고 수정하기 어려움	응답 표현에 **오류 보고**를 추가해 장애를 자세히 설명
API 클라이언트의 성능 문제 보고	**임베디드 엔티티**에서 **링크된 정보 보유자**로 전환해 메시지 크기와 서비스 세분성 조정(두 패턴을 유연하게 결합할 수 있음)
	위시 리스트 또는 **위시 템플릿**으로 전송되는 데이터의 양을 줄임
	데이터 전송 간결성을 개선하는 다른 품질 패턴(예: **조건부 요청** 또는 **요청 번들**) 고려
	페이지네이션 도입
접근 제어가 필요한 경우	API 키 또는 고급 보안 솔루션 도입

API 지원 및 유지 보수

API 프로바이더는 변화에 대처해야 하며 호환성과 확장성 사이에서 균형을 유지해야 한다. 표 A.7의 진화 패턴은 이를 위한 전략과 전술을 다룬다.

표 A.7 특정 진화 패턴의 적용 시기(8장부터)

이슈	패턴
이전 버전과 호환되지 않는 변경 사항 표시	명시적 신규 **버전 식별자**를 갖고 새로운 주 API 버전을 도입
버전 간 변경 사항의 영향과 중요성 전달하기	**시맨틱 버전 관리**를 적용해 주 버전, 부 버전 및 패치 버전을 구분
여러 버전의 API 엔드포인트 및 해당 동작 유지	**2개의 상용 버전** 제공(변형: **N개의 상용 버전**)

(이어짐)

이슈	패턴
여러 버전의 API 엔드포인트와 메시지 구조 엘리먼트 포함한 부분의 지원 회피	**공격적인 폐기** 전략을 발표하고 폐기/제거 날짜를 명시. 단, 지원 중단 기간(deprecation period)을 할당
일정 기간 동안 API의 지속 사용과 지원을 약속	**제한된 수명 보장**을 제공하고 API 게시 시점에 이를 알림
API의 안정성 및 향후 지원 여부를 약속하지 않기	API를 **실험적 미리 보기**로 포지셔닝

API 릴리스 및 상용화

API가 상용화가 되면 문서화 및 거버넌스 작업이 적용된다. 표 A.8에서는 몇 가지 일반적인 문제와 적용 가능한 패턴을 소개한다.

표 A.8 API 사양 및 문서화(9장부터)

이슈	패턴
클라이언트가 API 호출 방법을 알아야 함	**최소 API 설명** 또는 **상세 API 설명** 작성 및 게시
API의 공정한 사용 보장	**사용 비율 제한** 적용
API 사용에 대한 요금 부과	**요금 책정 플랜** 수립
서비스 품질(QoS) 특성 전달	**서비스 수준 계약** 또는 비공식 사양 게시

API 설계 프레임워크

이 절에서는 RDD에 대한 배경 정보를 제공하고, DDD를 활용해 API를 만드는 방법을 요약하며, 2부 초반에 소개한 ADDR 프로세스의 상호 보완적인 성격과 패턴을 다시 살펴본다.

책임 주도 설계 개념

엔드포인트 및 동작 설계 단계(또는 ADDR에서는 정의 단계)의 순서와 구조를 정하기 위해 RDD의 일부 용어와 역할 스테레오타입을 갖고 설명한다[Wirfs-Brock 2002]. RDD는 원래 객체지향 분석 및 설계$^{OOAD, Object-Oriented Analysis and Design}$의 맥락에서 만들어졌으며, 이는 핵심 정의에서도 잘 드러난다.

- 애플리케이션은 상호작용하는 객체의 집합이다.
- 객체는 하나 이상의 역할^{role}을 구현한 것이다.
- 역할은 관련된 여러 책임^{responsibility}을 그룹화한다.
- 책임은 작업^{task}을 수행하거나 정보^{information}를 알아야 하는 의무^{obligation}다.
- 협업^{collaboration}은 객체 간, 역할 간 혹은 2가지 조합 간의 상호작용일 수 있다.
- 계약^{contract}은 협업의 조건을 요약한 계약서다.

경험상 RDD는 코드 수준과 아키텍처 수준에서 똑같이 잘 작동한다. API 설계는 아키텍처와 개발 모두에 영향을 미치기 때문에 RDD의 역할 스테레오타입은 API 동작을 표현하는 데 자연스러운 선택이다. 예를 들어 모든 API 엔드포인트에는 서비스 프로바이더, 컨트롤러^{controller}/코디네이터^{coordinator}, 정보 보유자 역할에 대한 액세스를 제공하고 보호하는 원격 인터페이서$^{remote interfacer}$가 있는 것으로 볼 수 있다. API 엔드포인트에 의해 노출되는 읽기-쓰기 동작은 책임에 해당한다. API 설명은 RDD 계약을 다루며, 협업은 API 작업에 대한 호출에서 발생한다.

5장의 패턴은 API 설계의 맥락에서 이러한 용어와 개념을 채택해 설명한다.

도메인 주도 설계와 API 설계

DDD[Evans 2003, Vernon 2013]와 우리의 패턴은 여러 가지 면에서 관련이 있다.

- DDD의 '서비스'는 원격 API 노출을 위한 좋은 후보다.
- DDD '바운디드 콘텍스트$^{Bounded context}$'는 여러 엔드포인트를 포함하는 단일

API에 해당할 수 있다.

- DDD '애그리게이트Aggregate'는 API를 통해 노출될 수도 있다(루트 '엔티티'로 시작해 여러 엔드포인트가 있을 수 있음). 애그리게이트의 성격에 따라 **정보 보유자 리소스**보다 **처리 리소스**가 선호되는 경우가 많으며, 그 근거는 이 2가지 패턴의 논의를 참고하라.
- DDD '리포지터리'는 (동작 책임 패턴에 정의된 대로) API 프로바이더 측 애플리케이션 상태에 대한 읽기 및 쓰기 액세스와 관련된 엔티티 수명주기 관리를 처리한다. 예를 들어 리포지터리는 일반적으로 조회 기능을 제공하며, 이는 API 수준의 **인출 작업**으로 전환될 수 있다. 특수 목적 리포지터리는 **링크 조회 리소스**를 제공할 수 있다. 해당 기능이 API 구현 세부 사항으로 남아 있어야 하는 경우가 아닌 한 DDD '팩토리Factory'는 수명주기 관리를 다루며 추가 API 동작을 제공할 수 있다.
- DDD '값 객체Value Object'는 API 설명의 데이터 부분에 의해 설정돼 있다. '값 객체'는 공표된 언어Published Language로 된 **데이터 전송 표현**DTR, Data Transfer Representation의 형태로 표현될 수 있다. 6장의 데이터 엘리먼트는 관련 패턴이다.

DDD에서 애그리게이트 및 엔티티 패턴은 런타임에 ID와 수명주기가 있는 도메인 개념 그룹을 나타내기 때문에 종종 프로세스와 유사한 속성을 보인다. 따라서 이러한 패턴은 엔드포인트 식별 중에 **상태 생성 동작** 및 **상태 전이 동작** 후보를 식별하는 데 도움이 될 수 있다. 그러나 전체 도메인 모델을 API 수준에서 공표된 언어로 노출하지 않는 것이 중요한데, 이는 API 클라이언트와 프로바이더 측 API 구현 간에 원치 않는 긴밀한 결합도를 발생시키기 때문이다.

DDD는 전술 패턴에서 마스터 데이터와 운용 데이터를 구분하지 않으며, 운용 데이터와 마스터 데이터 모두 공표된 언어의 일부가 될 수 있고 전용 바운디드 콘텍스트 및 애그리게이트에 엔티티로 나타날 수 있다[Vernon 2013] 참고). DDD에서 도메인 이벤트 소싱[Fowler 2006]은 일관성 문제로 이어지는 장애 발생 시 현재 상태까지 이벤트를 재생할 수 있게 하기 때문에 동일 및 다른 바운디드 콘텍스트 내에서 애그리게이트를 통합하는 데 권장되는 방식이다. API가 이를 지원할 수 있다.

『웹 API 설계 원칙』에서 제임스 히긴보텀은 "리소스는 데이터 모델이 아니다.", "리소스는 객체나 도메인 모델이 아니다."[Higginbotham 2021]라고 말하며 기술 중립적 용어로 엔드포인트에 해당되는 리소스를 언급하고 있다. 그리고 "REST는 CRUD에 관한 것이 아니다."라고도 말한다. 즉, 데이터와 도메인 모델은 신중하게 접근하면 여전히 API 설계 입력으로 사용될 수 있다.

ADDR 프로세스와 패턴

『웹 API 설계 원칙』[Higginbotham 2021]은 2부에서 대략적으로 따랐던 ADDR 프로세스의 출처다.

표 A.9에는 ADDR 단계와 이 책의 패턴 간의 대응이 요약돼 있다. 또한 샘플의 적용 사례도 제공한다(패턴 선택 결정 중 일부는 3장에서도 등장한다).

표 A.9 ADDR과 패턴 매핑(예제 포함)

단계/스텝	패턴	예시
조정(Align)		
1. 디지털 역량 파악하기	기초 패턴(4장)	2장의 '연락처 정보 업데이트'에 대한 사용자 스토리
2. 활동 캡처 스텝	n/a	스토리 분할의 애자일 방식을 적용할 수 있으며, 이벤트 스토밍에도 동일하게 적용할 수 있다(온라인에서 예제 제공).*
정의(Define)		
3. API 경계 식별	기초 패턴(4장)	2장의 호반 상호 보험 도메인 모델 및 콘텍스트 맵(2장)
	책임 패턴(5장)	예를 들어 호반 상호 보험의 **처리 리소스**, **정보 보유자 리소스** 사용
4. API 프로필 모델링	기초 패턴(4장)	3장의 중간 짚어보기 내용 참고
	책임 패턴(5장)	3장의 중간 짚어보기 내용 참고
	초기 **서비스 수준 계약**(9장)	3장의 중간 짚어보기 내용 참고

(이어짐)

단계/스텝	패턴	예시
설계(Design)		
5. 상위 수준 설계	기본 구조 패턴(4장)	3장의 중간 짚어보기 내용 참고
	엘리먼트 스테레오타입 패턴(6장)	3장의 중간 짚어보기 내용 참고
	임베디드 엔티티 및 링크된 정보 보유자 패턴(7장)	자바로 구현된 호반 상호 보험용 HTTP 리소스 API는 패턴 사용의 예를 제공한다(부록 B 참고).
	패턴의 기술적 구현(예: HTTP 리소스로서)	부록 B 참고
정제(Refine)		
6. 설계 구체	품질 패턴(6장 및 7장)	호반 상호 보험의 고객 정보 보유자 동작의 **위시 리스트**
7. API 문서화	API 설명, 사용 비율 제한(9장)	최소한의 기술 계약에 대해서는 부록 B의 OpenAPI 스니펫 참고
	버전 식별자와 같은 진화 패턴(8장)	3장의 샘플 결정 참고

* https://ozimmer.ch/categories/#Practices

API 경계 식별 스텝에 대한 자세한 내용: 이 책에서 전하고자 하는 메시지는 제임스 히긴보텀의 조언과 많은 부분 일치하며, 책의 패턴은 그가 논의한 안티패턴을 피하는 데 도움이 된다[Higginbotham 2021, 120쪽]. 엔드포인트의 활동 중심 또는 데이터 중심 의미론을 결정할 때 5장의 엔드포인트 역할 패턴을 고려하고 그 동작 책임의 차이를 인식하면 '메가 올인원 API$^{Mega\ All-In-One\ API}$', '오버로드된 API$^{Overloaded\ API}$', '헬퍼 API$^{Helper\ API}$'와 같은 안티패턴을 피할 수 있다.

API 프로필 모델링 스텝에 대한 자세한 내용: 이 스텝은 많은 패턴이 들어맞는 ADDR 단계다. 예를 들어 6장의 링크 엘리먼트 패턴과 관련 메타데이터 엘리먼트를 사용해 '리소스 분류$^{resource\ taxonomy}$'(독립/종속/연관 리소스)[Higginbotham 2021, 140페이지]를 설명하고, 5장의 동작 책임으로 '동작 안전 분류$^{operation\ safety\ classification}$'(안전함/불안전함/멱등성을 갖는 동작)를 표현할 수 있다.

상위 수준 설계 스텝에 대한 자세한 내용: 이 ADDR 단계는 4장, 5장, 7장을 보완하는 단계로, 이 장의 패턴이 여기에 적합하다. 사용 비율 제한(9장)은 'API 관리 계층'의 일부가 될 수 있다. '하이퍼미디어 직렬화^{hypermedia serialization}'[Higginbotham 2021, 187쪽]의 맥락에서 논의된 관련 리소스 또는 중첩 리소스를 포함할지 여부를 결정하는 것은 임베디드 엔티티 및 링크된 정보 보유자 패턴에서 다룬다. 위시 템플릿 패턴은 '쿼리 기반 API'에 대한 보완적인 조언을 제공한다.

설계 구체화 스텝에 대한 자세한 내용: 플랫폼 중립적인 수준에서 성능을 최적화하는 것(6장 및 7장 패턴에서 다루는 것처럼)은 ADDR에서 다루지 않는다는 점에 유의하자. 즉, 6장과 7장 패턴은 ADDR의 이 단계에 속한다. 히긴보텀의 프로세스와 우리의 패턴은 상호 보완 관계다.

부록 B
호반 상호 보험 사례의 구현

부록 B에서는 2장에서 소개한 가상의 사례를 다룬다. 이 사례의 많은 예는 2부에서 제공된다. 여기서는 일부 사양 및 구현 세부 사항을 소개한다.

패턴 적용

이 책의 많은 패턴이 호반 상호 보험 사례에 적용됐다. 다음은 몇 가지 예시다.

- 정책 관리 마이크로서비스에 있는 보험 견적 요청 처리 리소스(Insurance QuoteRequestProcessingResource.java) 클래스는 활동 지향 처리 리소스이며, 이는 이름 접미사로 표시된다. 고객 코어 서비스의 데이터 지향 Customer InformationHolder.java는 정보 보유자 리소스다.
- CustomerDto.java의 고객 프로필 표현 엘리먼트는 데이터 엘리먼트 및 임베디드 엔티티를 적용한다.
- 사용 비율 제한의 구현은 고객 셀프 서비스 마이크로서비스의 RateLimit Interceptor.java에서 찾을 수 있다.

좀 더 자세한 개요는 호반 상호 보험의 깃허브 리포지터리에서 확인할 수 있다.[1] 다음에서는 고객 코어 정보 보유자 리소스의 getCustomers 검색 작업에 대한 2가지 보기를 제공한다.

---

1. https://github.com/Microservice-API-Patterns/LakesideMutual/blob/master/MAP.md

자바 서비스 계층

2장의 그림 2.4는 실현된 보험 비즈니스 개념의 도메인 모델을 보여주며, 여기서 소개하는 자바 서비스 계층은 이 도메인 모델의 일부를 구현한다. 지면 제약으로 인해 여기에서는 각 산출물의 일부만 보여주며, 좀 더 완전한 구현은 깃허브 리포지터리에서 확인할 수 있다.

이것은 스프링 `@RestController` 역할을 하는 `CustomerInformationHolder` 클래스다.

```
@RestController
@RequestMapping("/customers")
public class CustomerInformationHolder {
/**
 * 고객의 '페이지'를 반환한다.
 *
 * 쿼리 파라미터 {@code limit} 및 {@code offset}은 다음과 같다.
 * 페이지의 최대 크기와 페이지의 첫 번째 고객의 오프셋을 지정하는 데 사용된다.
 * 페이지의 첫 번째 고객
 *
 * 응답에는 현재 페이지의 고객, 제한 및 오프셋뿐만 아니라
 * 현재 페이지의 고객, 제한 및 오프셋과 총 고객 수
 * (데이터 세트 크기)가 포함된다.
 * 또한 현재, 이전, 다음 페이지의 엔드포인트 주소로 연결되는
 * HATEOAS 스타일 링크가 포함돼 있다.
 */
  @Operation(summary =
        "Get all customers in pages of 10 entries per page.")
  @GetMapping // operation responsibility: Retrieval Operation
  public ResponseEntity<PaginatedCustomerResponseDto>
        getCustomers(
    @RequestParam(
        value = "filter", required = false, defaultValue = "")
```

```java
        String filter,
    @RequestParam(
        value = "limit", required = false, defaultValue = "10")
    Integer limit,
    @RequestParam(
        value = "offset", required = false, defaultValue = "0")
    Integer offset,
    @RequestParam(
        value = "fields", required = false, defaultValue = "")
    String fields) {

    String decodedFilter = UriUtils.decode(filter, "UTF-8");

    Page<CustomerAggregateRoot> customerPage = customerService
        .getCustomers(decodedFilter, limit, offset);

    List<CustomerResponseDto> customerDtos = customerPage
        .getElements()
        .stream()
        .map(c -> createCustomerResponseDto(c, fields))
        .collect(Collectors.toList());

    PaginatedCustomerResponseDto response =
        createPaginatedCustomerResponseDto(
            filter,
            customerPage.getLimit(),
            customerPage.getOffset(),
            customerPage.getSize(),
            fields,
            customerDtos);

    return ResponseEntity.ok(response);
}
```

OpenAPI 사양 및 샘플 API 클라이언트

구현 세부 사항에서 한 걸음 물러나 자바 서비스 계층에서 getCustomers 작업에 대한 다음 OpenAPI 사양(명확성을 위해 줄임)은 API 설계에 대한 또 다른 관점을 제공한다.

```
openapi: 3.0.1
info:
  title: Customer Core API
  description: This API allows clients to create new customers
    and retrieve details about existing customers.
  license:
    name: Apache 2.0
  version: v1.0.0
servers:
- url: http://localhost:8110
    description: Generated server url
paths:
  /customers:
    get:
      tags:
        - customer-information-holder
      summary: Get all customers in pages of 10 entries per page.
      operationId: getCustomers
      parameters:
        - name: filter
          in: query
          description: search terms to filter the customers by name
          required: false
          schema:
            type: string
            default: ''
        - name: limit
          in: query
```

```yaml
          description: the maximum number of customers per page
          required: false
          schema:
            type: integer
            format: int32
            default: 10
        - name: offset
          in: query
          description: the offset of the page's first customer
          required: false
          schema:
            type: integer
            format: int32
            default: 0
        - name: fields
          in: query
          description: a comma-separated list of the fields
            that should be included in the response
          required: false
          schema:
            type: string
            default: ''
      responses:
        '200':
          description: OK
          content:
            '*/*':
              schema:
                $ref: "#/components/schemas\
                    /PaginatedCustomerResponseDto"
components:
  schemas:
    Address:
      type: object
      properties:
        streetAddress:
```

```yaml
          type: string
        postalCode:
          type: string
        city:
          type: string
    CustomerResponseDto:
      type: object
      properties:
        customerId:
          type: string
        firstname:
          type: string
        lastname:
          type: string
        birthday:
          type: string
          format: date-time
        streetAddress:
          type: string
        postalCode:
          type: string
        city:
          type: string
        email:
          type: string
        phoneNumber:
          type: string
        moveHistory:
          type: array
          items:
            $ref: '#/components/schemas/Address'
        links:
          type: array
          items:
            $ref: '#/components/schemas/Link'
    Link:
```

```
        type: object
        properties:
          rel:
            type: string
          href:
            type: string
    AddressDto:
      required:
        - city
        - postalCode
        - streetAddress
      type: object
      properties:
        streetAddress:
          type: string
        postalCode:
          type: string
        city:
          type: string
      description: the customer's new address
    PaginatedCustomerResponseDto:
      type: object
      properties:
        filter:
          type: string
        limit:
          type: integer
          format: int32
        offset:
          type: integer
          format: int32
        size:
          type: integer
          format: int32
        customers:
          type: array
```

```yaml
      items:
        $ref: '#/components/schemas/CustomerResponseDto'
    links:
      type: array
      items:
        $ref: '#/components/schemas/Link'
```

curl을 사용해 엔드포인트를 쿼리하면 다음과 같은 HTTP 응답이 반환된다.

```
curl -X GET --header \
'Authorization: Bearer b318ad736c6c844b' \
http://localhost:8110/customers\?limit\=2

{
  "limit": 2,
  "offset": 0,
  "size": 50,
  "customers": [ {
    "customerId": "bunlo9vk5f",
    "firstname": "Ado",
    "lastname": "Kinnett",
    "birthday": "1975-06-13T23:00:00.000+00:00",
    "streetAddress": "2 Autumn Leaf Lane",
    "postalCode": "6500",
    "city": "Bellinzona",
    "email": "akinnetta@example.com",
    "phoneNumber": "055 222 4111",
    "moveHistory": [ ]
  }, {
    "customerId": "bd91pwfepl",
    "firstname": "Bel",
    "lastname": "Pifford",
    "birthday": "1964-02-01T23:00:00.000+00:00",
    "streetAddress": "4 Sherman Parkway",
    "postalCode": "1201",
    "city": "Genf",
```

```
      "email": "bpiffordb@example.com",
      "phoneNumber": "055 222 4111",
      "moveHistory": [ ]
  } ],
  "_links": {
    "self": {
      "href": "/customers?filter=&limit=2&offset=0&fields="
    },
    "next": {
      "href": "/customers?filter=&limit=2&offset=2&fields="
    }
  }
}
```

부록 C
마이크로서비스 도메인 특화 언어(MDSL)

부록 C에서는 책의 1부와 2부의 예제를 이해하는 데 필요한 정도의 마이크로서비스 도메인 특화 언어^{MDSL, Microservice Domain Specific Language}를 소개한다. MDSL은 아키텍처 스타일과 지원 기술에 관계없이 적용 가능하다. 따라서 MDSL은 메시지 및 데이터 사양 언어로도 사용할 수 있다.

MDSL을 사용하면 API 설계자는 API 계약, 데이터 표현, 기술에 대한 바인딩을 지정할 수 있다. 이 언어는 이 책의 도메인 모델과 패턴을 구문과 의미론 면에서 지원한다. 이 도구는 OpenAPI, gRPC 프로토콜 버퍼, GraphQL, ALPS(애플리케이션 수준 프로파일 시맨틱), Jolie(웹 서비스 기술 언어[WSDL] 및 XML 스키마 변환도 지원)과 같은 인터페이스 설명 및 서비스 프로그래밍 언어를 위한 제너레이터를 제공한다.

MDSL의 사양 및 지원 도구는 온라인에서 확인할 수 있다.[1]

MDSL 시작

무엇보다도 MDSL은 9장의 API 설명 패턴에서 유용하다. 이러한 API 계약을 명시하기 위해 MDSL은 1장에서 소개한 대로 API 엔드포인트, 동작, 클라이언트, 프로바이더와 같은 도메인 모델 개념을 사용한다.

---

1. https://microservice-api-patterns.github.io/MDSL-Specification

이 책의 패턴은 기본적으로 이 언어와 통합돼 있다. 예를 들어 4장의 아토믹 파라미터와 파라미터 트리는 데이터 정의를 구조화한다. 또한 5장에서 소개한 역할과 책임을 엔드포인트와 동작에 할당할 수 있다. 메시지 표현 수준에서 MDSL은 6장, 7장, 9장의 엘리먼트 스테레오타입과 품질 패턴에 대한 데코레이터를 포함하며, 그 예로 <<Pagination>>이 있다. 마지막으로 8장의 진화 패턴도 언어에 통합돼 있다. API 프로바이더와 서비스 수준 계약은 실험적 미리 보기 또는 제한적 수명 보장과 같은 수명주기 보장 내용을 공개할 수 있으며, 많은 언어 엘리먼트는 버전 식별자를 가질 수 있다.

설계 목표

서비스 및 API 설계를 위한 계약 언어로서 MDSL은 애자일 모델링 실천법, API 스케치 및 API 설계 워크숍을 촉진하는 것을 목표로 한다. 이는 API 설계 및 발전에 관여하는 모든 이해관계자 그룹이 읽을 수 있어야 한다. MDSL은 반복적으로 개선할 수 있는 부분적인 사양을 지원해야 한다. 이 책과 같은 튜토리얼과 출판물에서 사용할 수 있으려면 그 문법이 간결해 분명하지 않은 API 계약이라고 하더라도 책 한 페이지나 프레젠테이션 슬라이드 또는 그 이하에 들어갈 수 있어야 한다.

MDSL은 요구 사항(예: 통합 시나리오 및 API 스케치에 대한 사용자 스토리)부터 코드 및 배포 산출물에 이르기까지 하향식 API 설계에 사용할 수 있으며, 기존 시스템의 내부 인터페이스(퍼블릭 API, 커뮤니티 API 또는 솔루션 내부 API로 래핑할 수 있음)를 상향식으로 검색하는 데에도 사용할 수 있다. 하향식 설계 프로세스의 한 가지 예로 2부의 시작 부분에서 소개한 ADDR[Higginbotham 2021]이 있으며, MDSL을 지원하는 검색 도구로는 도메인 중심의 콘텍스트 매퍼[Kapferer 2021]가 있다.

MDSL은 API 설계의 플랫폼 독립성을 목표로 한다. MDSL로 작성된 API 설명은 HTTP 또는 기타 단일 프로토콜이나 메시지 교환 형식에 제한을 받지 않는다. HTTP 프로토콜 설계는 대부분의 인터페이스 정의 언어 및 RPC 스타일의 통신 프로토콜과 여러 면에서 차이가 있다. 따라서 MDSL은 일반성이나 특수성을 잃지 않으면서 프로토콜 차이를 극복할 수 있는 구성 가능한 프로바이더-기술 간 연계가 가능하게 해야 한다.

'Hello World'(API 에디션)

MDSL의 'Hello World'와 서비스 API 설계는 다음과 같다.

```
API description HelloWorldAPI

data type SampleDTO {ID<int>, "someData": D<string>}

endpoint type HelloWorldEndpoint
exposes
  operation sayHello
    expecting payload "in": D<string>
    delivering payload SampleDTO

API provider HelloWorldAPIProvider
  offers HelloWorldEndpoint
  at endpoint location "http://localhost:8000"
  via protocol HTTP
    binding resource HomeResource at "/"
      operation sayHello to POST
```

sayHello 동작을 노출하는 단일 엔드포인트 타입인 HelloWorldEndpoint가 있다. 이 동작에는 "in": D<string>이라는 단일 인라인 요청 파라미터가 있으며, SampleDTO라는 이름 없는 데이터 전송 객체[DTO]를 출력으로 반환한다. 이 DTO는 명시적으로 모델링돼 있으므로 해당 사양을 재사용할 수 있다. SampleDTO는 {ID<int>, "someData": D<string>}로 정의된 파라미터 트리이며, 플랫한 트리의 데이터 엘리먼트 D는 "someData"라고 하며 문자열 타입이고, 이름 없는 ID 파라미터인 ID 엘리먼트는 정수 타입이다.

각 엔드포인트 타입은 플랫폼에 독립적인 API 계약을 설명하며, 여러 번 제공될 수 있다. 이 예시에는 엔드포인트 타입 HelloWorldEndpoint 외에도 추상 엔드포인트 타입을 HTTP에 바인딩하는 API 구현을 노출하는 API 프로바이더 인스턴스 HelloWorldAPIProvider가 포함돼 있다. 이 예제에서 엔드포인트 타입은 단일 HTTP 리소스 HomeResource에 바인딩돼 있다. 단일 엔드포인트 동작 sayHello는 이 단일 리소스의 POST 메서드에 바인딩된다. 리소스 URI는 키워드 at로 표시된 두 부분, 즉 엔드포인트 수준과 리소스 수준에서 각각 하나로 조립된다. 요청 파라미터는 개별적으로 명시적으로 QUERY 또는 PATH 또는 HTTP RFC에 정의된 기타 파라미터 타입에 바인딩할 수 있지만 이 예제에는 표시되지 않았으며 요청 BODY에 대한 기본 바인딩이 가정돼 있다.

데이터 타입을 미리 지정할 수도 있다.

```
data type SampleDTOStub {ID, "justAName"}
```

SampleDTOStub이 불완전하게 지정됐다. 이 플랫 파라미터 트리의 첫 번째 엘리먼트에는 식별자 역할 ID가 있지만 아직 이름이 없고 타입도 알 수 없다. 두 번째 파라미터의 역할과 타입도 지정되지 않았으며, 단지 "justAName"으로만 구성돼 있다. 이러한 불완전한 예비 사양은 초기 설계 단계에서 인터페이스만 스케치하거나 특정 모델링 콘텍스트의 세부 사항이 중요하지 않은 경우에 유용하다.

온라인 문서인 <Primer: Getting Started with MDSL>[2] 및 프로젝트 리포지터리에서 추가 예제를 제공하고 있다.

MDSL 참고 자료

이제 언어 개념에 대해 자세히 살펴보자.

---

2. https://microservice-api-patterns.github.io/MDSL-Specification/primer

API 엔드포인트 타입(메시지 사양 포함)

MDSL의 문법은 1장의 도메인 모델에서 영감을 얻었다. MDSL의 API 설명에는 하나 이상의 엔드포인트 타입이 있으며, 이 타입은 동작을 노출한다. 이러한 동작은 요청 메시지 수신을 예상한다. 또한 동작은 응답 메시지를 전달할 수도 있고 하지 않을 수도 있다. 동작이 주고받는 요청 및 응답 메시지는 단순 또는 정형화된 데이터로 구성된다. 포괄적인 예는 다음과 같다.

```
API description CustomerRelationshipManagementExample

endpoint type CustomerRelationshipManager
    serves as PROCESSING_RESOURCE
data type Customer P
exposes
    operation createCustomer
        with responsibility STATE_CREATION_OPERATION
        expecting payload "customerRecord": Customer
        delivering payload "customerId": D<int>
        compensated by deleteCustomer
    // GET 동작은 아직 없음
    operation upgradeCustomer
        with responsibility STATE_TRANSITION_OPERATION
        expecting payload "promotionCode": P //부분적으로 지정됨
        delivering payload P // 응답 미시성
    operation deleteCustomer
        with responsibility STATE_DELETION_OPERATION
        expecting payload "customerId": D<int>
        delivering payload "success": MD<bool>
        transitions from "customerIsActive" to "customerIsArchived"
    operation validateCustomerRecord
        with responsibility COMPUTATION_FUNCTION
        expecting
            headers "complianceLevel": MD<int>
            payload "customerRecord": Customer
        delivering
```

```
    payload "isCompleteAndSound": D<bool>
reporting
  error ValidationResultsReport
    "issues": {"code":D<int>, "message":D<string>}+
```

CustomerRelationshipManager API는 PROCESSING_RESOURCE(또는 패턴 이름을 따르자면 처리 리소스로서)로 노출되고 제공[serves as]된다. 이는 5장의 책임 패턴 중 하나다. 이 패턴의 4가지 동작은 읽기-쓰기 특성이 다르며, 이는 with responsibility 데코레이터[responsibility decorator]로 표현된다. 예를 들어 upgradeCustomer는 STATE_TRANSITION_OPERATION이다. 이 예제의 모든 동작에는 요청 및 응답 메시지가 있으며, 메시지 교환 패턴이 다를 수 있으므로 MDSL에서 필수는 아니다. 요청 및 응답 메시지의 헤더와 페이로드 콘텐츠는 다음에 나오는 '데이터 타입 및 데이터 계약' 절에서 소개하는 MDSL 데이터 전송 표현을 통해 모델링된다.

일부 동작은 실행 취소[undo] 동작(compensated by)과 상태 전환(transitions from ... to)을 정의한다. validateCustomer-Record 동작은 6장의 패턴인 오류 보고를 반환할 수 있다. 더하기 기호 "+"로 표시된 '하나 이상의' 카디널리티로 인해 하나 이상의 문제가 ValidationResultsReport에 보고될 수 있다. 이 동작에는 요청 헤더인 "complianceLevel": MD<int>도 있다. 이는 메타데이터 역할과 정수 타입을 가진다.

자세한 설명은 온라인 언어 사양의 'Service Endpoint Contracts in MDSL'을 참고하자[Zimmermann 2022].

데이터 타입과 데이터 계약

이 책 전반에 걸쳐 데이터 모델링의 중요성을 강조했는데, API의 공표된 언어에는 여러 곳에 데이터 표현이 포함돼 있으며, 이는 평면적이거나 중첩돼 있을 수 있다.

- 엔드포인트 타입은 페이로드 콘텐츠와 메타데이터 헤더를 포함하는 요청 및 (선택적으로) 응답 메시지가 있는 동작을 정의한다. 이러한 메시지의 구조

- 는 상호 운용성과 정확성을 달성하기 위해 모호하지 않게 지정되고 합의돼야 하며, 긍정적인 클라이언트 개발자 경험을 보장해야 한다.
- 특정 데이터 구조가 여러 작업에서 사용되는 경우 이러한 작업은 공유 데이터 전송 표현(프로그램 내부의 데이터 전송 객체[DTO]에 대응하는 메시지 수준의 표현)을 참조할 수 있다. 이러한 표현은 하나 이상의 API 엔드포인트 계약의 일부가 된다.
- API는 이벤트를 송신하고 수신하는 데 사용될 수 있다. 이러한 이벤트는 데이터 정의도 필요하다.

API 데이터 정의는 클라이언트와 프로바이더 간의 결합도 정도가 영향을 끼치기 때문에 API 데이터 정의가 API의 성공에 큰 영향을 미친다. MDSL은 여러 가지 방법으로 데이터 모델링을 지원해 앞의 사용 시나리오를 해결한다. MDSL 데이터 타입은 JSON과 같은 메시지 교환 형식에서 영감을 받아 일반화됐다. 다음은 2가지 예다.

```
data type SampleDTO {ID, D<string>}
data type Customer {
  "name": D<string>,
  "address": {"street": D<string>, "city": D<string>}*,
  "birthday": D<string> }
```

특히 4장 아토믹 파라미터와 파라미터 트리의 기본 구조 패턴은 MDSL의 타입 체계를 제공한다. 예제에서 "name": D<string>은 아토믹 파라미터고, Customer는 하나 이상의 "address" 엘리먼트를 나타내는 내부 파라미터 트리를 포함하는 중첩된 파라미터 트리다. 이는 정의 끝에 별표 *로 표시된다.

파라미터 트리 및 파라미터 포리스트

파라미터 트리 패턴을 구현하기 위해 중첩이 지원된다. 구조는 객체 또는 블록과 유사한 "{...{...}}" 구문으로 표현된다. 이 구문은 JSON과 같은 데이터 표현 언어의 객체와 유사하다. 앞의 예시에는 2개의 트리가 있으며, 이 트리 중 하나는 메시지 스펙에 인라인으로 표시돼 있다.

```
"address": {"street": D<string>, "city": D<string>}
```

파라미터 포리스트 패턴의 사용은 대괄호 [...]로 표시된다.

```
data type CustomerProductForest [
   "customers": { "customer": CustomerWithAddressAndMoveHistory}*;
   "products": { "product": ID<string> }
]
```

아토믹 파라미터의 전체 또는 부분 사양

전체 아토믹 파라미터는 식별자-역할-타입 트리플 "aName":D<String>로 정의된다.

- 선택적으로 포함되는 식별자 "aName"은 프로그래밍 언어 및 JSON과 같은 데이터 표현 언어의 변수 이름에 해당한다. 식별자 "somePayloadData"는 큰따옴표로 묶어야 한다. 공백 " " 또는 밑줄 "_"을 포함할 수 있다.
- 필수적으로 포함되는 역할은 D(데이터), MD(메타데이터), ID(식별자) 또는 L(링크)일 수 있다. 이러한 역할은 6장의 4가지 엘리먼트 스테레오타입 패턴인 데이터 엘리먼트, 메타데이터 엘리먼트, ID 엘리먼트 및 링크 엘리먼트와 일치한다.
- 기본 타입은 bool, int, long, double, string, raw, void다. 이 타입 정보는 선택 사항이다.

예를 들어 D<int>는 정수 데이터 값이고 D<void>는 빈 표현 엘리먼트다.

식별자-역할-타입 트리플 개념 논의

기본 사양 엘리먼트는 헤더 또는 페이로드의 특정 부분 또는 도메인 모델 용어의 표현 엘리먼트가 수행하는 메시지 페이로드 내의 역할이며, 식별자와 데이터 타입은 선택 사항이다. 식별자와 타입을 선택 사항으로 설정하면 API 설계가 아직 완료되지 않은 경우에도 MDSL을 조기에 사용할 수 있다.

```
operation createCustomer
    expecting payload "customer": D
    delivering payload MD
```

트리플로 구성된 사양은 프로그래밍 언어에서 일반적으로 사용되는 식별자-타입 쌍과는 약간 다르다. 앞서 설명한 것처럼 역할만 필수다. 따라서 애자일 API 모델링 중에 다소 간결한 사양을 작성할 수 있다. 추상적이고 지정되지 않은 엘리먼트는 P(파라미터 또는 페이로드 플레이스홀더)로 표현할 수 있다. P는 식별자-역할-타입 트리플에서 역할 타입 엘리먼트를 대신할 수 있으며, 플레이스홀더는 전체 트리플을 대체할 수도 있다.

```
operation upgradeCustomer
    expecting payload "promotionCode": P // 플레이스홀더
    delivering payload P // 응답 미지정
```

"nameOnly"는 역할과 타입이 없는 일반 플레이스홀더 파라미터를 지정할 수도 있다.

다중성

카디널리티 분류자 "*", "?", "+"는 타입 정의를 컬렉션으로 변환한다("*": 0개 이상, "?": 하나 또는 없음, "+": 하나 이상). 지정할 필요가 없는 기본값은 "!"(정확히 하나)다. 온라인 언어 참조에서는 <Data Contracts and Schemas in MDSL>에서 자세한 설명을 제공한다[Zimmermann 2022].

프로바이더 및 프로토콜 바인딩(HTTP와 기타 기술)

MDSL은 설계상 다른 API 계약 언어의 개념을 일반화하고 추상화한다. 이 과정은 대부분의 경우 매우 이해하기 쉽다. 그리고 다른 인터페이스 정의 언어에서도 이전에 일반화와 추상화는 수행된 바 있다. HTTP 리소스 API의 경우 MDSL 엔드포인트가 리소스 및 해당 URI에 일대일로 매핑되지 않기 때문에 추가 개념과 중간 단계가 필요하다. 특히 RFC6570 'URI 템플릿'[Fielding 2012]에서 장려하고 HTTP 경로 파라미터에 사용되는 동적 엔드포인트 주소 지정은 HTTP에만 해당된다. 또한 인출 동작의 복잡한 요청 페이로드를 표현하는 방법도 명확하지 않다. HTTP GET과 요청 바디는 서로 잘 어울리지 않는다.[3] 그렇기에 HTTP는 주소 지정, 요청 및 응답 파라미터, 오류, 보안 문제는 특정한 방식으로 처리한다.

누락된 매핑 정보는 명시적인 프로바이더 수준의 HTTP 바인딩으로 지정할 수 있다.

```
API provider CustomerRelationshipManagerProvider version "1.0"
offers CustomerRelationshipManager
    at endpoint location "http://localhost:8080"
via protocol HTTP binding
    resource CustomerRelationshipManagerHome
      at "/customerRelationshipManagerHome/{customerId}"
      operation createCustomer to PUT // POST 사용됨
        element "customerRecord" realized as BODY parameter
      // GET 아직 미적용
      operation upgradeCustomer to PATCH
        element "promotionCode" realized as BODY parameter
      operation deleteCustomer to DELETE
        element "customerId" realized as PATH parameter
      operation validateCustomerRecord to POST
        element "customerRecord" realized as BODY parameter
provider governance TWO_IN_PRODUCTION
```

---

3. 프로토콜 사양이 완전히 명시적이고 정확하지는 않다. 즉, 많은 도구와 프로토콜 런타임이 이 조합을 지원하지 않는다.

추상적인 엔드포인트 타입에서 필요한 모든 바인딩 정보를 도출할 수 있는 것은 아니며, 나중에 MDSL 사양에서 OpenAPI와 서버 측 스텁 및 클라이언트 측 프록시를 생성하기 위해 필요한 모든 바인딩 정보를 추상적인 엔드포인트 타입에서 도출할 수 있다. 특히 중요한 예로 MDSL 동작을 GET, POST, PUT 등과 같은 HTTP 동사에 매핑하는 것이 있다. 따라서 앞서 설명한 대로 페이로드 파라미터가 QUERY 문자열로 전송되는지, 아니면 메시지 BODY(또는 URI PATH 또는 HEADER 또는 COOKIE)로 전송되는지와 같은 추가 매핑 세부 정보도 제공할 수 있다. 오류 보고 및 보안 정책도 바인딩할 수 있으며 미디어 타입 정보도 제공할 수 있다.

자세한 설명은 온라인 언어 사양의 <Protocol Bindings for HTTP, gRPC, Jolie, Java>를 참고하자[Zimmermann 2022].

마이크로서비스 API 패턴 지원 요약

MDSL은 이 책에서 제시된 마이크로서비스 API 패턴[MAP, Microservice API Patterns]을 여러 가지 방법으로 지원한다.

1. 기본 표현 엘리먼트[basic representation element]는 데이터 계약 부분에서 MDSL 문법 규칙 역할을 한다. 파라미터 트리와 아토믹 파라미터가 주요 구성 요소이며, 아토믹 파라미터 리스트와 파라미터 포리스트도 지원된다. 파라미터 트리는 JSON 객체 {...}에 해당하며, 설정된 카디널리티 "*" 및 "+"는 JSON을 메시지 교환 형식으로 사용하는 API가 JSON 배열 [...]을 전송하거나 수신해야 함을 나타낸다. int, string, bool과 같은 기본 타입도 MDSL에서 찾을 수 있다.

2. 기초 패턴은 전체 API 설명에 대한 데코레이터 애너테이션으로 표시될 수 있다 (예: PUBLIC_API 및 FRONTEND_INTEGRATION). PUBLIC_API, COMMUNITY_API, SOLUTION_INTERNAL_API와 같은 4장의 여러 가지 방향 및 가시성[direction and visibility] 패턴도 지원된다.

3. 역할 및 책임 데코레이터는 엔드포인트 및 동작 수준에서 존재한다. 일부 패턴은 API 엔드포인트 수준에서 데코레이터 역할을 한다(예: PROCESSING_RESOURCE 및 MASTER_DATA_HOLDER 역할 표현). 다른 책임 패턴은 동작 책임을 나타내는 데코레이터로 나타나며, COMPUTATION_FUNCTION 및 RETRIEVAL_ OPERATION(5장)이 있다.
4. 표현 엘리먼트 스테레오타입은 아토믹 파라미터를 정의하는 식별자-역할-타입 트리플의 역할 부분에 대한 옵션을 제공한다. 여기에는 D(데이터), MD(메타데이터), L(링크), ID(식별자)가 포함된다.
5. 명시적 데이터 타입과 인라인 표현 엘리먼트에도 패턴 데코레이터로 애너테이션을 달 수 있다. 표현 엘리먼트를 장식하는 스테레오타입의 예로는 6장의 <<Context Representation>>과 <<Error_Report>>, 7장의 <<Embedded_Entity>>와 <<Wish_List>>가 있다.

다음의 자세한 예제에서는 MDSL에서 지원하는 5가지 타입의 마이크로서비스 API 패턴MAP을 모두 살펴보자.

```
API description CustomerManagementExample version "1.0.1"
usage context SOLUTION_INTERNAL_API
   for FRONTEND_INTEGRATION

data type Customer <<Data_Element>> {ID, D} // 예비

endpoint type CustomerRelationshipManager
   serves as INFORMATION_HOLDER_RESOURCE
   exposes
      operation findAll with responsibility RETRIEVAL_OPERATION
         expecting payload "query": {
            "queryFilter":MD<string>*,
            "limit":MD<int>,
            "offset":MD<int> }
         delivering payload
            <<Pagination>> "result": {
               "responseDTR":Customer*,
```

```
"offset-out":MD<int>,
"limit-out":MD<int>,
"size":MD<int>,
"self":Link<string>,
"next":L<string> }*
```

페이지네이션 패턴(7장) 사용법은 findAll 동작에 표시돼 있으며, Customer RelationshipManager 사양의 메시지 설계는 패턴의 솔루션 스케치와 함께 "limit"과 같은 패턴별 표현 엘리먼트를 따른다. 패턴 설명에 따라 클라이언트는 오프셋 기반 페이지네이션Offset-Based Pagination에서 "limit"과 "offset"을 지정한다.

이 예에는 메타데이터 엘리먼트 및 링크 엘리먼트와 같은 4가지 타입의 엘리먼트 스테레오타입의 인스턴스가 모두 포함돼 있다. 긴 이름과 짧은 이름 모두 데이터 엘리먼트를 지정할 수 있으며, 예제에서는 2가지 옵션이 모두 사용된다("self" 및 "next" 참고).

- 일반/기본 데이터/값 역할을 나타내는 Data 혹은 D이다. D는 데이터 엘리먼트에 해당한다.
- 식별자의 경우 Identifier 또는 ID다. ID 엘리먼트 패턴에 해당한다.
- 링크 엘리먼트 패턴에 설명된 대로 네트워크에서도 액세스할 수 있는 식별자(예: URI 링크)의 경우 Link 또는 L이다.
- 제어, 출처 또는 애그리게이트 메타데이터 엘리먼트를 나타내는 Metadata 또는 MD다.

엘리먼트 역할 스테레오타입을 기본 타입과 결합해 아토믹 파라미터의 정확한 사양을 생성할 수 있다.

MDSL 데코레이터 애너테이션 및 스테레오타입 사용은 선택 사항이다. 제공되는 경우 API 설명을 더 풍부하게 만들어주며 API 린터/계약 유효성 검사기, 코드/구성 생성기, MDSL에서 OpenAPI로 변환기 등의 도구로 처리 가능하다.

MDSL 도구

이 책은 많은 패턴에 대한 신속한 API 설계('API 우선')와 리팩토링을 위한 변환을 제공하는 이클립스^{Eclipse} 기반 편집기와 API 린터를 사용할 수 있도록 도와준다. MDSL 사양을 유효성 검사할 수 있을 뿐만 아니라 플랫폼별 계약(OpenAPI, gRPC, GraphQL, Jolie)도 생성할 수 있다. 오픈소스 프로젝트로 프로토타입 MDSL-Web[4] 도구를 사용할 수 있다. 커맨드라인 인터페이스^{CLI}는 대부분의 IDE 기능을 제공하므로 MDSL 사양을 생성하고 사용할 때 반드시 이클립스로 작업할 필요는 없다.

다른 타깃 언어에 대한 지원과 다른 도구와의 통합을 추가할 수 있게 인터미디어트 제너레이터 모델과 API가 존재한다. 템플릿 기반 보고는 아파치 Freemarker를 활용할 수 있다. 사용 가능한 샘플 템플릿 중 하나는 MDSL을 마크다운으로 변환하는 것이다.

업데이트 내용은 『MDSL Tools: Users Guide』[Zimmermann 2022]를 참고하자.

온라인 리소스

명확한 최신 언어 참조 자료는 온라인에서 찾을 수 있다.[5] MDSL 입문서, 튜토리얼 및 빠른 참조는 MDSL 웹 사이트에서도 사용할 수 있다. 11장에서 소개한 인터페이스 리팩토링 카탈로그(https://interface-refactoring.github.io)에는 많은 API 리팩토링이 MDSL 전후 스니펫과 함께 명시돼 있다.

MDSL 도구의 단계별 지침과 데모는 블로그 게시물(https://ozimmer.ch/categories/#Practices)로 제공된다.

---

4. https://github.com/Microservice-API-Patterns/MDSL-Web
5. https://microservice-api-patterns.github.io/MDSL-Specification

참고 문헌

[Allamaraju 2010] S. Allamaraju, RESTful Web Services Cookbook. O'Reilly, 2010.

[Alur 2013] D. Alur, D. Malks, and J. Crupi, Core J2EE Patterns: Best Practices and Design Strategies, 2nd ed. Prentice Hall, 2013.

[Amundsen 2011] M. Amundsen, Building Hypermedia APIs with HTML5 and Node. O'Reilly, 2011.

[Amundsen 2013] M. Amundsen, "Designing & Implementing Hypermedia APIs." Slide presentation at QCon New York, June 2013. https://www.slideshare.net/rnewton/2013-06q-connycdesigninghypermedia.

[Amundsen 2014] M. Amundsen, "Roy Fielding on Versioning, Hypermedia, and REST." InfoQ, December 2014. https://www.infoq.com/articles/roy-fielding-on-versioning/.

[Amundsen 2020] M. Amundsen, Design and Build Great Web APIs: Robust, Reliable, and Resilient. Pragmatic Bookshelf, 2020.

[Amundsen 2021] M. Amundsen, L. Richardson, and M. W. Foster, "Application-Level Profile Semantics (ALPS)." Internet Engineering Task Force, Internet-Draft, May 2021. https://datatracker.ietf.org/doc/html/draft-amundsen-richardsonfoster-alps-07.

[Apache 2021a] "Apache Avro Specification." Apache Software Foundation, 2021. https://avro.apache.org/docs/current/spec.html#Schema+Resolution.

[Apache 2021b] "Apache Thrift." Apache Software Foundation, 2021. https://thrift.apache.org/.

[API Academy 2022] "API Academy GitHub Repositories." API Academy, accessed June 24, 2022. https://github.com/apiacademy.

[API Blueprint 2022] "API Blueprint. A Powerful High-Level API Description Language for Web APIs." API Blueprint, accessed June 24, 2022. https://apiblueprint.org/.

[Apigee 2018] Apigee, Web API Design: The Missing Link. Apigee, 2018, EPUB. https://cloud.google.com/apigee/resources/ebook/web-api-design-register/index.html/.

[Arlow 2004] J. Arlow and I. Neustadt, Enterprise Patterns and MDA: Building Better Software with Archetype Patterns and UML. Addison-Wesley, 2004.

[Atlassian 2022] "Bitbucket Cloud Reference." Atlassian Developer, accessed June 24, 2022. https://developer.atlassian.com/cloud/bitbucket/rest/intro/#serialization.

[Baca 2016] M. Baca, Introduction to Metadata, 3rd ed. Getty Publications, 2016. http://www.getty.edu/publications/intrometadata.

[Beck 2001] K. Beck et al., "Manifesto for Agile Software Development." 2001. https://agilemanifesto.org/.

[Bellido 2013] J. Bellido, R. Alarcón, and C. Pautasso, "Control-Flow Patterns for Decentralized RESTful Service Composition." ACM Transactions on the Web (TWEB) 8, no. 1 (2013): 5:1-5:30. https://doi.org/10.1145/2535911. [Belshe 2015] M. Belshe, R. Peon, and M. Thomson, "Hypertext Transfer Protocol Version 2 (HTTP/2)." RFC 7540; RFC Editor, May 2015. https://doi.org/10.17487/RFC7540.

[Berli 2014] W. Berli, D. Lübke, and W. Möckli, "Terravis-Large-Scale Business Process Integration between Public and Private Partners." In Proceedings of INFORMATIK 2014, Gesellschaft für Informatik e.V., 2014, 1075-1090.

[Beyer 2016] B. Beyer, C. Jones, J. Petoff, and N. R. Murphy, Site Reliability Engineering: How Google Runs Production Systems. O'Reilly, 2016.

[Bishop 2021] M. Bishop, "Level 3 REST." Draft, 2021. https://level3.rest/.

[Borysov 2021] A. Borysov and R. Gardiner, "Practical API Design at Netflix, Part 1: Using Protobuf FieldMask." Netflix Technology Blog, 2021. https://netflixtechblog.com/practical-api-design-at-netflix-part-1-using-protobuffieldmask-35cfdc606518.

[Brewer 2012] E. Brewer, "CAP Twelve Years Later: How the 'Rules' Have Changed." Computer 45, no. 2 (2012): 23-29.

[Brown 2021] K. Brown, B. Woolf, C. D. Groot, C. Hay, and J. Yoder, "Patterns for Developers and Architects Building for the Cloud." Accessed June 24, 2022. https://kgb1001001.github.io/cloudadoptionpatterns/.

[Buschmann 1996] F. Buschmann, R. Meunier, H. Rohnert, P. Sommerlad, and M. Stal, Pattern-Oriented Software Architecture-Volume 1: A System of Patterns. Wiley, 1996.

[Buschmann 2007] F. Buschmann, K. Henney, and D. Schmidt, Pattern-Oriented Software Architecture: A Pattern Language for Distributed Computing. Wiley, 2007.

[Cavalcante 2019] A. Cavalcante, "What Is DX?" October 2019. https://medium.com/swlh/what-is-dx-developer-experience-401a0e44a9d9.

[Cervantes 2016] H. Cervantes and R. Kazman, Designing Software Architectures: A Practical

Approach. Addison-Wesley, 2016.

[Cisco Systems 2015] "API Design Guide." Cisco DevNet, 2015. https://github.com/CiscoDevNet/api-design-guide.

[Coplien 1997] J. O. Coplien and B. Woolf, "A Pattern Language for Writers' Workshops." C Plus Plus Report 9 (1997): 51-60.

[C-SIG 2014] C-SIG, "Cloud Service Level Agreement Standardisation Guidelines." Cloud Select Industry Group, Service Level Agreements Subgroup; European Commission, 2014. https://ec.europa.eu/newsroom/dae/redirection/document/6138.

[Daigneau 2011] R. Daigneau, Service Design Patterns: Fundamental Design Solutions for SOAP/WSDL and RESTful Web Services. Addison-Wesley, 2011.

[Daly 2021] J. Daly, "Serverless." 2021. https://www.jeremydaly.com/serverless/.

[DCMI 2020] "Dublin Core Metadata Initiative Terms." DublinCore, 2020. https://www.dublincore.org/specifications/dublin-core/dcmi-terms/.

[Dean 2014] A. Dean and F. Blundun, "Introducing SchemaVer for Semantic Versioning of Schemas." Snowplow Blog, 2014. https://snowplowanalytics.com/blog/2014/05/13/introducing-schemaver-for-semantic-versioning-of-schemas/.

[Dubuisson 2001] O. Dubuisson and P. Fouquart, ASN.1: Communication between Heterogeneous Systems. Morgan Kaufmann Publishers, 2001.

[Dusseault 2007] L. M. Dusseault, "HTTP Extensions for Web Distributed Authoring and Versioning (WebDAV)." RFC 4918; RFC Editor, June 2007. https://doi.org/10.17487/RFC4918.

[Erder 2021] M. Erder, P. Pureur, and E. Woods, Continuous Architecture in Practice: Software Architecture in the Age of Agility and DevOps. Addison-Wesley, 2021.

[Erl 2013] T. Erl, B. Carlyle, C. Pautasso, and R. Balasubramanian, SOA with REST: Principles, Patterns and Constraints for Building Enterprise Solutions with REST. Prentice Hall, 2013.

[EU 2012] European Parliament and Council of the European Union, "Technical Requirements for Credit Transfers and Direct Debits in Euros." Regulation (EU) 260/2012, 2012. https://eur-lex.europa.eu/legal-content/EN/TXT/?uri=CELEX:52012AP0037.

[EU 2016] European Parliament and Council of the European Union, "General Data Protection Regulation." Regulation (EU) 2016/679, 2016. https://eur-lex.europa.eu/eli/reg/2016/679/oj.

[Evans 2003] E. Evans, Domain-Driven Design: Tackling Complexity in the Heart of

Software. Addison-Wesley, 2003.

[Evans 2016] P. C. Evans and R. C. Basole, "Revealing the API Ecosystem and Enterprise Strategy via Visual Analytics." Communications of the ACM 59, no. 2 (2016): 26-28. https://doi.org/10.1145/2856447.

[Fachat 2019] A. Fachat, "Challenges and Benefits of the Microservice Architectural Style." IBM Developer, 2019. https://developer.ibm.com/articles/challenges-and-benefits-of-the-microservice-architectural-style-part-2/.

[Fehling 2014] C. Fehling, F. Leymann, R. Retter, W. Schupeck, and P. Arbitter, Cloud Computing Patterns: Fundamentals to Design, Build, and Manage Cloud Applications. Springer, 2014.

[Ferstl 2006] O. K. Ferstl and E. J. Sinz, Grundlagen der wirtschaftsinformatik. Oldenbourg, 2006.

[Fielding 2012] R. T. Fielding, M. Nottingham, D. Orchard, J. Gregorio, and M. Hadley, "URI Template." RFC 6570; RFC Editor, March 2012. https://doi.org/10.17487/RFC6570.

[Fielding 2014c] R. T. Fielding and J. Reschke, "Hypertext Transfer Protocol (HTTP/1.1): Semantics and Content." RFC 7231; RFC Editor, June 2014. https://doi.org/10.17487/RFC7231.

[Fielding 2014a] R. T. Fielding and J. Reschke, "Hypertext Transfer Protocol (HTTP/1.1): Conditional Requests." RFC 7232; RFC Editor, June 2014. https://doi.org/10.17487/RFC7232.

[Fielding 2014b] R. T. Fielding and J. Reschke, "Hypertext Transfer Protocol (HTTP/1.1): Authentication." RFC 7235; RFC Editor, June 2014. https://doi.org/10.17487/ RFC7235.

[Foundation 2021] "Split the Contents of a Website with the Pagination Design Pattern." Interaction Design Foundation, 2021. https://www.interaction-design.org/literature/article/split-the-contents-of-a-website-with-the-paginationdesign-pattern.

[Fowler 1996] M. Fowler, Analysis Patterns: Reusable Object Models. Addison-Wesley, 1996.

[Fowler 2002] M. Fowler, Patterns of Enterprise Application Architecture. Addison-Wesley, 2002.

[Fowler 2003] M. Fowler, "AnemicDomainModel." November 25, 2003. https://martinfowler.com/bliki/AnemicDomainModel.html.

[Fowler 2006] M. Fowler, "Further Patterns of Enterprise Application Architecture." Updated July 18, 2006. https://martinfowler.com/eaaDev/.

[Fowler 2009] M. Fowler, "TwoHardThings." July 14, 2009. https://martinfowler.com/bliki/

TwoHardThings.html.

[Fowler 2011] M. Fowler, "CQRS." July 14, 2011. https://martinfowler.com/bliki/CQRS.html.

[Fowler 2013] M. Fowler, "GiveWhenThen." August 21, 2013. https://www.martinfowler.com/bliki/GivenWhenThen.html.

[Fowler 2016] S. J. Fowler, Production-Ready Microservices: Building Standardized Systems across an Engineering Organization. O'Reilly, 2016.

[Furda 2018] A. Furda, C. J. Fidge, O. Zimmermann, W. Kelly, and A. Barros, "Migrating Enterprise Legacy Source Code to Microservices: On Multitenancy, Statefulness, and Data Consistency." IEEE Software 35, no. 3 (2018): 63-72. https://doi.org/10.1109/MS.2017.440134612.

[Gambi 2013] A. Gambi and C. Pautasso, "RESTful Business Process Management in the Cloud." In Proceedings of the 5th ICSE International Workshop on Principles of Engineering Service-Oriented Systems (PESOS). IEEE, 2013, 1-10. https://doi.org/10.1109/PESOS.2013.6635971.

[Gamma 1995] E. Gamma, R. Helm, R. Johnson, and J. Vlissides, Design Patterns: Elements of Reusable Object-Oriented Software. Addison-Wesley, 1995.

[Good 2002] J. Good, "A Gentle Introduction to Metadata." 2002. http://www.language-archives.org/documents/gentle-intro.html.

[Google 2008] "Protocol Buffers." Google Developers, 2008. https://developers.google.com/protocol-buffers/.

[Google 2019] "Rate-Limiting Strategies and Techniques." Google Cloud Architecture Center, 2019. https://cloud.google.com/architecture/rate-limitingstrategies-techniques.

[GraphQL 2021] "GraphQL Specification." GraphQL Foundation, 2021. https://spec.graphql.org/.

[gRPC] gRPC Authors, "gRPC: A High Performance, Open Source Universal RPC Framework." Accessed June 24, 2022. https://grpc.io/.

[gRPC-Gateway 2022] gRPC-Gateway Authors, "gRPC-gateway." Accessed June 24, 2022. https://grpc-ecosystem.github.io/grpc-gateway/.

[GUID 2022] "The Quick Guide to GUIDs." Better Explained, 2022. https://betterexplained.com/articles/the-quick-guide-to-guids/.

[Gysel 2016] M. Gysel, L. Kölbener, W. Giersche, and O. Zimmermann, "Service Cutter: A Systematic Approach to Service Decomposition." In Proceedings of the European Conference on Service-Oriented and Cloud Computing (ESOCC). Springer-Verlag, 2016, 185-200.

[Hanmer 2007] R. Hanmer, Patterns for Fault Tolerant Software. Wiley, 2007.

[Hardt 2012] D. Hardt, "The OAuth 2.0 Authorization Framework." RFC 6749; RFC Editor, October 2012. https://doi.org/10.17487/RFC6749.

[Harrison 2003] N. B. Harrison, "Advanced Pattern Writing Patterns for Experienced Pattern Authors." In Proceedings of the Eighth European Conference on Pattern Languages of Programs (EuroPLoP). UVK – Universitaetsverlag Konstanz, 2003, 1-20.

[Hartig 2018] O. Hartig and J. Pérez, "Semantics and Complexity of GraphQL." In Proceedings of the World Wide Web Conference (WWW). International World Wide Web Conferences Steering Committee, 2018, 1155-1164. https://doi.org/0.1145/3178876.3186014.

[Hay 1996] D. C. Hay, Data Model Patterns: Conventions of Thought. Dorset House, 1996.

[Heinrich 2018] R. Heinrich et al., "The Palladio-Bench for Modeling and Simulating Software Architectures." In Proceedings of the 40th International Conference on Software Engineering (ICSE). Association for Computing Machinery, 2018, 37-40. https://doi.org/10.1145/3183440.3183474.

[Helland 2005] P. Helland, "Data on the Outside versus Data on the Inside." In Proceedings of the Second Biennial Conference on Innovative Data Systems Research (CIDR). 2005, 144-153. http://cidrdb.org/cidr2005/papers/P12.pdf.

[Hentrich 2011] C. Hentrich and U. Zdun, Process-Driven SOA: Patterns for Aligning Business and IT. Auerbach Publications, 2011.

[Higginbotham 2017a] J. Higginbotham, "When and How Do You Version Your API?" Tyk Blog, 2017. https://tyk.io/blog/when-and-how-do-you-version-your-api/.

[Higginbotham 2017b] J. Higginbotham, "A Guide for When (and How) to Version Your API." Tyk Blog, 2017. https://tyk.io/blog/guide-version-api/.

[Higginbotham 2018] J. Higginbotham, "REST was NEVER about CRUD." Tyk Blog, 2018. https://tyk.io/blog/rest-never-crud/.

[Higginbotham 2019] J. Higginbotham, "How to Add Upsert Support to Your API." Tyk Blog, 2019. https://tyk.io/blog/how-to-add-upsert-support-to-your-api/.

[Higginbotham 2020] J. Higginbotham, "Tyk Tips Limit Breaking Changes." Tyk Blog, 2020. https://tyk.io/blog/tyk-tips-limit-breaking-changes/.

[Higginbotham 2021] J. Higginbotham, Principles of Web API Design: Delivering Value with APIs and Microservices. Addison-Wesley, 2021.

[Hohpe 2003] G. Hohpe and B. Woolf, Enterprise Integration Patterns: Designing, Building, and Deploying Messaging Solutions. Addison-Wesley, 2003.

[Hohpe 2007] G. Hohpe, "Conversation Patterns: Interactions between Loosely Coupled Services." In Proceedings of the 12th European Conference on Pattern Languages of Programs (EuroPLoP). UVK - Universitaetsverlag Konstanz, 2007, 1-45.

[Hohpe 2016] G. Hohpe, I. Ozkaya, U. Zdun, and O. Zimmermann, "The Software Architect's Role in the Digital Age." IEEE Software 33, no. 6 (2016): 30-39. https://doi.org/10.1109/MS.2016.137.

[Hohpe 2017] G. Hohpe, "Conversations between Loosely Coupled Systems." Last updated 2017. https://www.enterpriseintegrationpatterns.com/patterns/conversation/.

[Hornig 1984] C. Hornig, "A Standard for the Transmission of IP Datagrams over Ethernet Networks." RFC 894; RFC Editor, April 1984. https://doi.org/10.17487/RFC0894.

[IANA 2020] "Link Relations." Internet Assigned Numbers Authority, 2020. https://www.iana.org/assignments/link-relations/link-relations.xhtml.

[International 2022] HL7 International, "Health Level 7 International." Accessed June 24, 2022. http://www.hl7.org.

[ISO 2005] International Organization for Standardization, Industrial Automation Systems and Integration-Product Data Representation and Exchange-Part 1179: Application Module: Individual Involvement in Activity, ISO 10303-1179: 2005. ISO, 2005.

[ISO 2020] International Organization for Standardization, Financial Services- International Bank Account Number (IBAN)-Part 1: Structure of the IBAN, ISO 13616-1:2020. ISO, 2020.

[Joachim 2013] N. Joachim, D. Beimborn, and T. Weitzel, "The Influence of SOA Governance Mechanisms on IT Flexibility and Service Reuse." Journal of Strategic Information Systems 22, no. 1 (2013): 86-101. https://doi.org/https://doi.org/10.1016/j.jsis.2012.10.003.

[Jones 2012] M. Jones and D. Hardt, "The OAuth 2.0 Authorization Framework: Bearer Token Usage." RFC 6750; RFC Editor, Oct. 2012. https://doi.org/10.17487/RFC6750.

[Jones 2015] M. Jones, J. Bradley, and N. Sakimura, "JSON Web Token (JWT)." RFC 7519; RFC Editor, May 2015. https://doi.org/10.17487/RFC7519.

[Josefsson 2006] S. Josefsson, "The Base16, Base32, and Base64 Data Encodings." RFC 4648; RFC Editor, October 2006. https://doi.org/10.17487/RFC4648.

[Josuttis 2007] N. Josuttis, SOA in Practice: The Art of Distributed System Design. O'Reilly, 2007.

[JSON API 2022] JSON API, "JSON:API: A Specification for Building APIs in JSON." 2022. https://jsonapi.org/.

[Judkowitz 2018] J. Judkowitz and M. Carter, "SRE Fundamentals: SLIs, SLAs and SLOs." Google Cloud Platform Blog, 2018. https://cloudplatform.googleblog.com/2018/7/sre-fundamentals-slis-slas-and-slos.html?m=1.

[Julisch 2011] K. Julisch, C. Suter, T. Woitalla, and O. Zimmermann, "Compliance by Design-Bridging the Chasm between Auditors and IT Architects." Computers & Security 30, no. 6 (2011): 410-426.

[Kapferer 2021] S. Kapferer and O. Zimmermann, "ContextMapper: A Modeling Framework for Strategic Domain-Driven Design." Context Mapper, 2021. https://contextmapper.org/.

[Kelly 2016] M. Kelly, "JSON Hypertext Application Language." Internet Engineering Task Force; Internet Engineering Task Force, Internet-Draft, May 2016. https://datatracker.ietf.org/doc/html/draft-kelly-json-hal-08.

[Kerievsky 2004] J. Kerievsky, Refactoring to Patterns. Pearson Higher Education, 2004.

[Kimball 2002] R. Kimball and M. Ross, The Data Warehouse Toolkit: The Complete Guide to Dimensional Modeling, 2nd ed. Wiley, 2002.

[Kircher 2004] M. Kircher and P. Jain, Pattern-Oriented Software Architecture, Volume 3: Patterns for Resource Management. Wiley, 2004.

[Klabnik 2011] S. Klabnik, "Nobody Understands REST or HTTP." 2011. https://steveklabnik.com/writing/nobody-understands-rest-or-http#representations.

[Knoche 2019] H. Knoche, "Improving Batch Performance When Migrating to Microservices with Chunking and Coroutines." Softwaretechnik-Trends 39, no. 4 (2019): 20-22.

[Krafzig 2004] D. Krafzig, K. Banke, and D. Slama, Enterprise SOA: Service-Oriented Architecture Best Practices (the COAD Series). Prentice Hall, 2004.

[Kruchten 2000] P. Kruchten, The Rational Unified Process: An Introduction, 2nd ed. Addison-Wesley, 2000.

[Kruchten 2013] P. Kruchten, "Contextualizing Agile Software Development." Journal of Software: Evolution and Process 25, no. 4 (2013): 351-361. https://doi.org/0.1002/smr.572.

[Kubernetes 2022] Kubernetes, "The Kubernetes API." Accessed June 24, 2022. https://kubernetes.io/docs/concepts/overview/kubernetes-api/.

[Lanthaler 2021] M. Lanthaler, "Hydra Core Vocabulary-A Vocabulary for Hypermedia-Driven Web APIs." Unofficial draft, July 2021. http://www.hydra-cg.com/spec/ latest/core/.

[Lauret 2017] A. Lauret, "API Stylebook: Collections of Resources for API designers." 2017.

http://apistylebook.com/.

[Lauret 2019] A. Lauret, The Design of Web APIs. Manning, 2019.

[Leach 2005] P. J. Leach, R. Salz, and M. H. Mealling, "A Universally Unique IDentifier (UUID) URN Namespace." RFC 4122; RFC Editor, July 2005. https://doi.org/10.17487/RFC4122.

[Lewis 2014] J. Lewis and M. Fowler, "Microservices: A Definition of This New Architectural Term." martinFowler.com, 2014. https://martinfowler.com/articles/microservices.html.

[Leymann 2000] F. Leymann and D. Roller, Production Workflow: Concepts and Techniques. Prentice Hall, 2000.

[Leymann 2002] F. Leymann, D. Roller, and M.-T. Schmidt, "Web Services and Business Process Management." IBM System Journal 41, no. 2 (2002): 198-211. https://doi.org/10.1147/sj.412.0198.

[Little 2013] M. Little, "The Costs of Versioning an API." InfoQ, 2013. https://www.infoq.com/news/2013/12/api-versioning/.

[Lübke 2015] D. Lübke, "Using Metric Time Lines for Identifying Architecture Shortcomings in Process Execution Architectures." In Proceedings of the 2nd International Workshop on Software Architecture and Metrics (SAM). IEEE Press, 2015, 55-58.

[Lübke 2016] D. Lübke and T. van Lessen, "Modeling Test Cases in BPMN for Behavior-Driven Development." IEEE Software 33, no. 5 (2016): 15-21. https://doi.org/10.1109/MS.2016.117.

[Maheedharan 2018] V. Maheedharan, "Beta Testing of Your Product: 6 Practical Steps to Follow." dzone.com, 2018. https://dzone.com/articles/beta-testing-of-yourproduct-6-practical-steps-to.

[Manikas 2013] K. Manikas and K. M. Hansen, "Software Ecosystems–A Systematic Literature Review." Journal of Systems and Software 86, no. 5 (2013): 1294-1306. https://doi.org/10.1016/j.jss.2012.12.026.

[Martin 2002] R. C. Martin, Agile Software Development: Principles, Patterns, and Practices. Prentice Hall, 2002.

[Meldewesen 2014] eCH-Fachgruppe Meldewesen, "GBDBS XML Schema." Accessed June 24, 2014. https://share.ech.ch/xmlns/eCH-0173/index.html.

[Melnikov 2011] A. Melnikov and I. Fette, "The WebSocket Protocol." RFC 6455; RFC Editor, December 2011. https://doi.org/10.17487/RFC6455.

[Mendonça 2021] N. C. Mendonça, C. Box, C. Manolache, and L. Ryan, "The Monolith

Strikes Back: Why Istio Migrated from Microservices to a Monolithic Architecture." IEEE Software 38, no. 5 (2021): 17-22. https://doi.org/10.1109/MS.2021.3080335.

[Meyer 1997] B. Meyer, Object-Oriented Software Construction, 2nd ed. Prentice Hall, 1997.

[Microformats 2022] Microformats Web site. Accessed June 24, 2022. http://microformats.org.

[Microsoft 2021] Microsoft, "LinkedIn API Breaking Change Policy." Microsoft Docs, 2021. https://docs.microsoft.com/en-us/linkedin/shared/breaking-change-policy.

[Moats 1997] R. Moats, "URN Syntax." RFC 2141; RFC Editor, May 1997. https://doi.org/10.17487/RFC2141.

[Möckli 2017] W. Möckli and D. Lübke, "Terravis-the case of process-oriented land register transactions digitization." In Digital Government Excellence Awards 2017: An Anthology of Case Histories, edited by D. Remenyi. Academic Conferences and Publishing, 2017.

[Monday 2003] P. B. Monday, Web Services Patterns: Java Edition. Apress, 2003.

[Murer 2010] S. Murer, B. Bonati, and F. Furrer, Managed Evolution-A Strategy for Very Large Information Systems. Springer, 2010.

[Neri 2020] D. Neri, J. Soldani, O. Zimmermann, and A. Brogi, "Design Principles, Architectural Smells and Refactorings for Microservices: A Multivocal Review." Software-Intensive Cyber Physical Systems 35, no. 1 (2020): 3-15. https://doi.org/10.1007/s00450-019-00407-8.

[Neuman 2005] C. Neuman, S. Hartman, K. Raeburn, and T. Yu, "The Kerberos Network Authentication Service (V5)." RFC 4120; RFC Editor, July 2005. https://doi.org/10.17487/RFC4120.

[Newman 2015] S. Newman, "Pattern: Backends for Frontends." Sam Newman & Associates, 2015. https://samnewman.io/patterns/architectural/bff/.

[Nottingham 2007] M. Nottingham, "Feed Paging and Archiving." RFC 5005; RFC Editor, September 2007. https://doi.org/10.17487/RFC5005.

[Nottingham 2017] M. Nottingham, "Web Linking." RFC 8288; RFC Editor, October 2017. https://doi.org/10.17487/RFC8288.

[Nottingham 2022] M. Nottingham, "Home Documents for HTTP APIs." Network Working Group, Internet-Draft, 2022. https://datatracker.ietf.org/doc/html/draft-nottingham-json-home-06.

[Nygard 2011] M. Nygard, "Documenting Architecture Decisions." Cognitect, 2011. https://www.cognitect.com/blog/2011/11/15/documenting-architecturedecisions.

[Nygard 2018a] M. Nygard, Release It! Design and Deploy Production-Ready Software, 2nd ed. Pragmatic Bookshelf, 2018.

[Nygard 2018b] M. Nygard, "Services by Lifecycle." Wide Awake Developers, 2018. https://www.michaelnygard.com/blog/2018/01/services-by-lifecycle/.

[Nygard 2018c] M. Nygard, "Evolving Away from Entities." Wide Awake Developers, 2018. https://www.michaelnygard.com/blog/2018/04/evolving-away-fromentities/.

[OASIS 2005] OASIS, Security Assertion Markup Language (SAML) v2.0. Organization for the Advancement of Structured Information Standards, 2005.

[OASIS 2021] OASIS, eXtensible Access Control Markup Language (XACML) version 3.0. Organization for the Advancement of Structured Information Standards, 2021.

[OpenAPI 2022] OpenAPI Initiative, "OpenAPI Specification." 2022. https://spec.openapis.org/oas/latest.html.

[OpenID 2021] OpenID Initiative, "OpenID Connect Specification." 2021. https://openid.net/connect/.

[OWASP 2021] "OWASP REST Security Cheat Sheet." OWASP Cheat Sheet Series, 2021. https://cheatsheetseries.owasp.org/cheatsheets/REST_Security_Cheat_Sheet.html.

[Pardon 2011] G. Pardon and C. Pautasso, "Towards Distributed Atomic Transactions over RESTful Services." In REST: From Research to Practice, edited by E. Wilde and C. Pautasso. Springer, 2011, 507–524.

[Pardon 2018] G. Pardon, C. Pautasso, and O. Zimmermann, "Consistent Disaster Recovery for Microservices: The BAC theorem." IEEE Cloud Computing 5, no. 1 (2018): 49–59. https://doi.org/10.1109/MCC.2018.011791714.

[Pautasso 2016] C. Pautasso, A. Ivanchikj, and S. Schreier, "A Pattern Language for RESTful Conversations." In Proceedings of the 21st European Conference on Pattern Languages of Programs. Association for Computing Machinery, 2016.

[Pautasso 2017a] C. Pautasso, O. Zimmermann, M. Amundsen, J. Lewis, and N. M. Josuttis, "Microservices in Practice, Part 1: Reality Check and Service Design." IEEE Software 34, no. 1 (2017): 91–98. https://doi.org/10.1109/MS.2017.24.

[Pautasso 2017b] C. Pautasso, O. Zimmermann, M. Amundsen, J. Lewis, and N. M. Josuttis, "Microservices in Practice, Part 2: Service Integration and Sustainability." IEEE Software 34, no. 2 (2017): 97–104. https://doi.org/10.1109/MS.2017.56.

[Pautasso 2018] C. Pautasso and O. Zimmermann, "The Web as a Software Connector: Integration Resting on Linked Resources." IEEE Software 35, no. 1 (2018): 93–98. https://doi.org/10.1109/MS.2017.4541049.

[Preston-Werner 2021] T. Preston-Werner, "Semantic Versioning 2.0.0." 2021. https://semver.org/.

[Reschke 2015] J. Reschke, "The 'Basic' HTTP Authentication Scheme." RFC 7617; RFC Editor, September 2015. https://doi.org/10.17487/RFC7617.

[Richardson 2016] C. Richardson, "Microservice Architecture." Microservices.io, 2016, http://microservices.io.

[Richardson 2018] C. Richardson, Microservices Patterns. Manning, 2018.

[Richardson 2019] C. Richardson, "Documenting a Service Using the Microservice Canvas," Chris Richardson Consulting Blog, 2019, https://chrisrichardson.net/post/microservices/general/2019/02/27/microservice-canvas.html.

[Riley 2017] J. Riley, Understanding Metadata: What Is Metadata, and What Is It For? A Primer. NISO, 2017. https://www.niso.org/publications/understandingmetadata-2017.

[Rosenberg 2002] M. Rosenberg, Nonviolent Communication: A Language of Life. PuddleDancer Press, 2002.

[Rozanski 2005] N. Rozanski and E. Woods, Software Systems Architecture: Working with Stakeholders Using Viewpoints and Perspectives. Addison-Wesley, 2005.

[Ruby on Rails 2022] Ruby on Rails Web site. Accessed June 24, 2022. https://rubyonrails.org/.

[Saint-Andre 2011] P. Saint-Andre, S. Loreto, S. Salsano, and G. Wilkins, "Known Issues and Best Practices for the Use of Long Polling and Streaming in Bidirectional HTTP." RFC 6202; RFC Editor, April 2011. https://doi.org/10.17487/RFC6202.

[Schumacher 2006] M. Schumacher, E. Fernandez-Buglioni, D. Hybertson, F. Buschmann, and P. Sommerlad, Security Patterns: Integrating Security and Systems Engineering. Wiley, 2006.

[Serbout 2021] S. Serbout, C. Pautasso, U. Zdun, and O. Zimmermann, "From OpenAPI Fragments to API Pattern Primitives and Design Smells." In Proceedings of the 26th European Conference on Pattern Languages of Programs (EuroPLoP). Association for Computing Machinery, 1-35, 2021. https://doi.org/10.1145/3489449.3489998.

[Seriy 2016] A. Seriy, Getting Started with IBM API Connect: Scenarios Guide. IBM Redbooks, 2016.

[Sermersheim 2006] J. Sermersheim, "Lightweight Directory Access Protocol (LDAP): The Protocol." RFC 4511; RFC Editor, June 2006. https://doi.org/10.17487/RFC4511.

[Simpson 1996] W. A. Simpson, "PPP Challenge Handshake Authentication Protocol (CHAP)." RFC 1994; RFC Editor, August 1996. https://doi.org/10.17487/RFC1994.

[Sinatra 2022] Sinatra Web site. Accessed June 24, 2022. http://sinatrarb.com/.

[Singjai 2021a] A. Singjai, U. Zdun, and O. Zimmermann, "Practitioner Views on the Interrelation of Microservice APIs and Domain-Driven Design: A Grey Literature Study Based on Grounded Theory." In Proceedings of the 18th International Conference on Software Architecture (ICSA), IEEE, 2021, 25-35. https://doi.org/10.1109/ICSA51549.2021.00011.

[Singjai 2021b] A. Singjai, U. Zdun, O. Zimmermann, and C. Pautasso, "Patterns on Deriving APIs and Their Endpoints from Domain Models." In Proceedings of the European Conference on Pattern Languages of Programs (EuroPLoP), Association for Computing Machinery, 2021, 1-15.

[Singjai 2021c] A. Singjai, U. Zdun, O. Zimmermann, M. Stocker, and C. Pautasso, "Patterns on Designing API Endpoint Operations." In Proceedings of the 28th Conference on Pattern Languages of Programs (PLoP), Hillside Group, 2021. http://eprints.cs.univie.ac.at/7194/.

[Siriwardena 2014] P. Siriwardena, Advanced API Security: Securing APIs with OAuth 2.0, OpenID Connect, JWS, and JWE. Apress, 2014.

[Sookocheff 2014] K. Sookocheff, "On Choosing a Hypermedia Type for Your API - HAL, JSON-LD, Collection+JSON, SIREN, Oh My!" March 2014. https://sookocheff.com/post/api/on-choosing-a-hypermedia-format/.

[Stalnaker 1996] R. Stalnaker, "On the Representation of Context." In Proceeding from Semantics and Linguistic Theory, vol. 6. Cornell University, 1996, 279-294.

[Stettler 2019] C. Stettler, "Domain Events vs. Event Sourcing: Why Domain Events and Event Sourcing Should Not Be Mixed Up." innoQ Blog, January 15, 2019. https://www.innoq.com/en/blog/domain-events-versus-event-sourcing.

[Stocker 2021a] M. Stocker and O. Zimmermann, "From Code Refactoring to API Refactoring: Agile Service Design and Evolution." in Proceedings of the 15th Symposium and Summer School on Service-Oriented Computing (SummerSOC), Springer, 2021, 174-193.

[Stocker 2021b] M. Stocker and O. Zimmermann, Interface Refactoring Catalog Web site. 2021. https://interface-refactoring.github.io/.

[Stripe 2022] "API Reference." Stripe API, 2022. https://stripe.com/docs/api.

[Sturgeon 2016a] P. Sturgeon, "Understanding RPC vs REST for HTTP APIs." Smashing Magazine, 2016. https://www.smashingmagazine.com/2016/09/understanding-rest-and-rpc-for-http-apis/.

[Sturgeon 2016b] P. Sturgeon, Build APIs You Won't Hate. LeanPub, 2016. https://leanpub.com/build-apis-you-wont-hate.

[Sturgeon 2017] P. Sturgeon, "You Might Not Need GraphQL." Runscope Blog, 2017. https://blog.runscope.com/posts/you-might-not-need-graphql.

[Swiber 2017] K. Swiber et al., "Siren: A Hypermedia Specification for Representing Entities." kevinswiber / siren, April 2017. https://github.com/kevinswiber/siren.

[Szyperski 2002] C. Szyperski, Component Software: Beyond Object Oriented Programming, 2nd ed. Addison Wesley, 2002.

[Tanenbaum 2007] A. S. Tanenbaum and M. Van Steen, Distributed Systems: Principles and Paradigms. Prentice Hall, 2007.

[The Economist 2015] "New EU Privacy Rules Could Widen the Policy Gap with America." The Economist, 2015. https://www.economist.com/international/2015/10/05/new-eu-privacy-rules-could-widen-the-policy-gap-with-america.

[Thijssen 2017] J. Thijssen, "REST CookBook." restcookbook.com: How to Do Stuff Restful, 2017. https://restcookbook.com/.

[Thoughtworks 2017] "APIs as a Product." Thoughtworks, 2017. https://www.thoughtworks.com/radar/techniques/apis-as-a-product.

[Tödter 2018] K. Tödter, "RESTful Hypermedia APIs." Online slide deck, SpeakerDeck, 2018. https://speakerdeck.com/toedter/restful-hypermedia-apis.

[Torres 2015] F. Torres, "Context Is King: What's Your Software's Operating Range?" IEEE Software 32, no. 5 (2015): 9-12. https://doi.org/10.1109/MS.2015.121.

[Twitter 2022] Twitter Ads API Team, "Pagination." Twitter Developer Platform, 2022. https://developer.twitter.com/en/docs/twitter-ads-api/pagination.

[UI Patterns 2021] "Pagination Design Pattern." UI Patterns: User Interface Design Pattern Library, 2021. http://ui-patterns.com/patterns/Pagination.

[Vernon 2013] V. Vernon, Implementing Domain-Driven Design. Addison-Wesley, 2013.

[Vernon 2021] V. Vernon and T. Jaskula, Strategic Monoliths and Microservices: Driving Innovation Using Purposeful Architecture. Pearson Education, 2021.

[Voelter 2004] M. Voelter, M. Kircher, and U. Zdun, Remoting Patterns: Foundations of Enterprise, Internet, and Realtime Distributed Object Middleware. Wiley, 2004.

[Vogels 2009] W. Vogels, "Eventually Consistent." Communications of the ACM 52, no. 1 (2009): 40-44. https://doi.org/10.1145/1435417.1435432.

[Vollbrecht 2004] J. Vollbrecht, J. D. Carlson, L. Blunk, B. D. Aboba, and H. Levkowetz, "Extensible Authentication Protocol (EAP)." RFC 3748; RFC Editor, June 2004.

https://doi.org/10.17487/RFC3748.

[W3C 1998] W3C, Level 1 Document Object Model Specification. World Wide Web Consortium, 1998. https://www.w3.org/TR/REC-DOM-Level-1/.

[W3C 2004] W3C, Web Services Addressing. World Wide Web Consortium, 2004. https://www.w3.org/Submission/ws-addressing/.

[W3C 2007] W3C, XSL Transformations (XSLT), Version 2.0. World Wide Web Consortium, 2007. https://www.w3.org/TR/xslt20/.

[W3C 2010] W3C, XML Linking Language (XLink), Version 1.1. World Wide Web Consortium, 2010. https://www.w3.org/TR/xlink11/.

[W3C 2013] W3C, SPARQL 1.1 Query Language. World Wide Web Consortium, 2013. https://www.w3.org/TR/sparql11-query/.

[W3C 2017] W3C, XQuery 3.1: An XML Query Language. World Wide Web Consortium, 2017. https://www.w3.org/TR/xquery-31/.

[W3C 2019] W3C, JSON-LD 1.1: A JSON-Based Serialization for Linked Data. World Wide Web Consortium, 2019.

[Webber 2010] J. Webber, S. Parastatidis, and I. Robinson, REST in Practice: Hypermedia and Systems Architecture. O'Reilly, 2010.

[White 2006] A. White, D. Newman, D. Logan, and J. Radcliffe, "Mastering Master Data Management." Gartner Group, 2006.

[Wikipedia 2022a] Wikipedia, s.v. "Wicked Problem." Last edited August 24, 2022. https://en.wikipedia.org/wiki/Wicked_problem.

[Wikipedia 2022b] Wikipedia, s.v. "Reference Data." Last edited December 23, 2021. http://en.wikipedia.org/w/index.php?title=Reference%20data&oldid=1000397384.

[Wikipedia 2022c] Wikipedia, s.v. "Metadata." Last edited December 23, 2021. http://en.wikipedia.org/w/index.php?title=Metadata&oldid=1061649487.

[Wikipedia 2022d] Wikipedia, s.v. "Metadata Standard." Last edited December 6, 2021. http://en.wikipedia.org/w/index.php?title=Metadata%20standard&oldid= 1059017272.

[Wikipedia 2022e] Wikipedia, s.v. "Uniform Resource Name." Last edited November 27, 2021. http://en.wikipedia.org/w/index.php?title=Uniform%20Resource%20 Name&oldid=1057401001.

[Wikipedia 2022f] Wikipedia, s.v. "Jakarta XML Binding." Last edited November 13, 2021. http://en.wikipedia.org/w/index.php?title=Jakarta%20XML%20Binding& oldid=1055101833.

[Wikipedia 2022g] Wikipedia, s.v. "Compensating Transaction." Last edited July 5, 2021.

https://en.wikipedia.org/wiki/Compensating_transaction.

[Wikipedia 2022h] Wikipedia, s.v. "Open Data." Last edited January 4, 2022. https://en.wikipedia.org/wiki/Open_data.

[Wilde 2013] E. Wilde, "The 'profile' Link Relation Type." RFC 6906; RFC Editor, March 2013. https://doi.org/10.17487/RFC6906.

[Wirfs-Brock 2002] R. Wirfs-Brock and A. McKean, Object Design: Roles, Responsibilities, and Collaborations. Pearson Education, 2002.

[Wirfs-Brock 2011] "Agile Architecture Myths #2 Architecture Decisions Should Be Made at the Last Responsible Moment" (posted by Rebecca). wirfs-brock.com, January 18, 2011. http://wirfs-brock.com/blog/2011/01/18/agile-architecture-myths-2-architecture-decisions-should-be-made-at-the-last-responsible-moment/.

[Wirfs-Brock 2019] R. Wirfs-Brock, "Cultivating Your Design Heuristics." Online slide deck, wirfs-brock.com, 2019. https://de.slideshare.net/rwirfs-brock/cultivating-your-design-heuristics.

[Yalon 2019] E. Yalon and I. Shkedy, "OWASP API Security Project." OWASP Foundation, 2019. https://owasp.org/www-project-api-security/.

[Zalando 2021] Zalando, "RESTful API and Event Guidelines." Zalando SE Opensource, 2021. https://opensource.zalando.com/restful-api-guidelines.

[Zdun 2013] U. Zdun, R. Capilla, H. Tran, and O. Zimmermann, "Sustainable Architectural Design Decisions." IEEE Software 30, no. 6 (2013): 46–53. https://doi.org/10.1109/MS.2013.97.

[Zdun 2018] U. Zdun, M. Stocker, O. Zimmermann, C. Pautasso, and D. Lübke, "Guiding Architectural Decision Making on Quality Aspects in Microservice APIs." In Service-Oriented Computing: 16th International Conference, ICSOC 2018, Hangzhou, China, November 12–15, 2018, Proceedings. Springer, 2018, 73–89. https://doi.org/10.1007/978-3-030-03596-9_5.

[Zdun 2020] U. Zdun, E. Wittern, and P. Leitner, "Emerging Trends, Challenges, and Experiences in DevOps and Microservice APIs." IEEE Software 37, no. 1 (2020): 87–91. https://doi.org/10.1109/MS.2019.2947982.

[Zeng 2015] M. L. Zeng, Metadata Basics Web site. 2015. https://www.metadataetc.org/metadatabasics/types.htm.

[Zimmermann 2003] O. Zimmermann, M. Tomlinson, and S. Peuser, Perspectives on Web Services: Applying SOAP, WSDL and UDDI to Real-World Projects. Springer, 2003.

[Zimmermann 2004] O. Zimmermann, P. Krogdahl, and C. Gee, "Elements of Service-

Oriented Analysis and Design." Developer Works, IBM Corporation. 2004.

[Zimmermann 2007] O. Zimmermann, J. Grundler, S. Tai, and F. Leymann, "Architectural Decisions and Patterns for Transactional Workflows in SOA." In Proceedings of the Fifth International Conference on Service-Oriented Computing (ICSOC). Springer-Verlag, 2007, 81-93. https://doi.org/10.1007/978-3-540-74974-5.

[Zimmermann 2009] O. Zimmermann, "An Architectural Decision Modeling Framework for Service-Oriented Architecture Design." PhD thesis, University of Stuttgart, Germany, 2009. http://elib.uni-stuttgart.de/opus/volltexte/2010/5228/.

[Zimmermann 2015] O. Zimmermann, "Architectural Refactoring: A Task-Centric View on Software Evolution." IEEE Software 32, no. 2 (2015): 26-29. https://doi.org/10.1109/MS.2015.37.

[Zimmermann 2017] O. Zimmermann, "Microservices Tenets." Computer Science-Research and Development 32, no. 3-4 (2017): 301-310. https://doi.org/10.1007/s00450-016-0337-0.

[Zimmermann 2021a] O. Zimmermann and M. Stocker, "What Is a Cloud-Native Application Anyway (Part 2)?" Olaf Zimmermann (ZIO), 2021. https://medium.com/olzzio/what-is-a-cloud-native-application-anyway-part-2-f0e88c3caacb.

[Zimmermann 2021b] O. Zimmermann and M. Stocker, Design Practice Reference: Guides and Templates to Craft Quality Software in Style. LeanPub, 2021. https://leanpub.com/dpr.

[Zimmermann 2021c] O. Zimmermann, "Architectural Decisions-The Making Of." Olaf Zimmermann (ZIO), 2021. https://ozimmer.ch/practices/2020/04/27/ArchitectureDecisionMaking.html.

[Zimmermann 2022] O. Zimmermann, "Microservice Domain Specific Language (MDSL) Language Specification." Microservice-API-Patterns, 2022. https://microservice-api-patterns.github.io/MDSL-Specification/.

찾아보기

ㄱ

가독성　365
가드 리소스　588
가비지 컬렉션　296
가상 캐싱　459
가상화 컨테이너　58, 454
가시성　63, 99
감사 가능성　237, 563
값 객체　87, 600
강한 결합　109
개념적 무결성　261
개발 샌드박스　498
개발 품질　80
개발자 경험　65, 230
개발자 생산성　394
개방성　48
개별 API 호출　425
개인정보 보호　70
개인정보 처리 방침　552
개정　495
객체 관계형 매퍼　574
객체지향 분석 및 설계　251, 599
객체지향 요청 브로커　50
거버넌스　561
거버넌스 노력　489
거부 목록　545
게시-구독 메커니즘　75
격리 수준　309
결과의 최신성　442
결합도　47, 68
결합도 트레이드오프　299
경량 디렉터리 액세스 프로토콜　385
경로 파라미터　230
경매식 리소스 할당　537

계단식 장애 확산 효과　59
계산　49
계산 함수　238, 328
계약 관리 백엔드　246
계약에 의한 설계　535
계정 가장　582
계획된 폐기　508
고객 관계 관리　350
고정 수명 보장 기간　511
골 캔버스　346
공격적 폐기　501
공유 비밀　384
공표된 언어　107, 348
과소 사양　525
과잉 사양　525
관계의 일관성　261
관계형 데이터베이스　434
관리 메타데이터　358, 363
관리 용이성　242
관리 품질　80
관심사 분리　406
관용적 판독기　485
구글 클라우드　56
구독 기반 API　63
구독 기반 요금제　537
구문　53
구문 상호 운용성　242
구조　53
구조적 메타데이터　358
구현 복잡도　413
국제은행계좌번호　504
국제화　387
궁극적 일관성　255
권한 관리 메타데이터　359
권한 부여　384

규모 확장성 58, 69, 288
그라운드 리소스 588
그린필드 프로젝트 589
글로벌 주소 지정 376
글로벌 콘텍스트 표현 396
기본 메시지 구조 패턴 596
기본키 366
기술 부채 511
기업 통합 패턴 541, 575

ㄴ

낙관적 잠금 296
네임스페이스 식별자 368
네트워크 대역폭 사용량 413
네트워크 주소 변환 287
네트워킹 효율성 307
넷플릭스 스튜디오 엔지니어링 450
노미니 컴포넌트 572
노출된 데이터 53
누수 버킷 카운터 547
느슨한 결합 58, 68, 113

ㄷ

다중성 623
단일 메시지 인자 520
단일 장애 지점 59, 326
단일 책임 58, 417
단일 페이지 애플리케이션 90
대량 보고 303
대체 키 식별자 366
대화 리소스 292
대화 패턴 442, 465
대화 효율성 456
데브옵스 57
데이터 간결성 69, 307, 414, 444, 454
데이터 레이크 60
데이터 마트 265
데이터 세트 개정 520
데이터 스트림 51
데이터 액세스 프로필 434, 440
데이터 엘리먼트 115, 345

데이터 웨어하우스 265
데이터 일관성 59, 65
데이터 전송 객체 253
데이터 전송 표현 76, 600
데이터 접근 계층 361
데이터 조작 49
데이터 지향적 238
데이터 청크 439
데이터 최신성 65, 258
데이터 타입 채널 267
데이터 표현 62
데이터 품질 417
데이터 프라이버시 417
도메인 이벤트 소싱 600
도메인 주도 설계 85, 211, 593
도메인 특화 언어 94, 452
동기식 69
동일 출처 정책 583
동작 49, 114
동작 시그니처 76, 229, 420
동작 식별자 74
동작을 분류하는 방법 595
동적 엔드포인트 참조 281
디버깅 59
디자인 포스 70
디지털 권한 관리 358

ㄹ

라우팅 패턴 292
래핑 371
런타임 타입 정보 355
렌더링 389
로컬 인터페이스 52
로컬 참조의 고유성 377
로컬 콘텍스트 표현 396
루비 온 레일즈 582
리버스 엔지니어링 63
리소스 사용량 281
리소스 소비 242
리소스 컬렉션 탐색 377
리스트 평가자 445
리액트 91

리엔지니어링 67
리졸버 455
리치 클라이언트 56
리턴 주소 362
리팩토링 67, 589
리플렉션 355
릴리스 504
링크 관계 438
링크 끊김 429
링크 엘리먼트 231, 371
링크된 정보 보유자 349

ㅁ

마샬링 69, 76
마스터 데이터 416, 506
마스터 데이터 보유자 267
마이크로서비스 58
마이크로서비스 API 패턴 625
마이크로서비스 도메인 특화 언어 78, 94, 113, 615
마이크로서비스 캔버스 535
마이크로소프트 애저 56
마이크로포맷 351
마커 패턴 265
만료된 API 버전 512
매시업 111
매핑 371
메시지 교환 481
메시지 교환 최적화 411, 456
메시지 교환 형식 587
메시지 라우터 568
메시지 만료 362
메시지 선택기 362
메시지 세분성 416
메시지 시퀀스 443, 470
메시지 어휘 438
메시지 엘리먼트 342
메시지 저장소 547
메시지 크기 413
메시지 표현 53
메시지 표현 설계 341
메시지 필터 362
메타데이터 엘리먼트 231, 354

멱등성 237
명령 메시지 75, 250
명령 및 쿼리 책임 분리 569
명령 쿼리 책임 분리 306
명명 체계 366
명시적인 오류 보고 390
모기지 572
모놀리식 애플리케이션 59
모니터링 59
모델링 접근 방식 257
목록 평가자 452
몽고DB 278
무료 평가판 536
무작위 액세스 441
무효화 458
문서 메시지 75, 250
문서 지향 NoSQL 데이터베이스 278
문서화 패턴 527
뮤테이션 455
미들웨어 플랫폼 48
미러 453

ㅂ

바운디드 콘텍스트 89, 353, 595
반복 92
반응형 588
반환 주소 370
배포 가능성 58
배포 유연성 69
백엔드 48
백엔드 통합 108, 211
버그 수정 513
버전 관리 479
버전 식별자 212, 406, 479
버전 엘리먼트 483
번들 응답 466
범용 API 64
범용 고유 식별자 366, 582
변경 가능성 58
변경 최소화 514
변형 링크 엘리먼트 283
변화 속도 561

변환 서비스 330
보안 소켓 계층 381
보안 패치 513
보존 메타데이터 359, 363
부 버전 491
부기 서비스 572
부분 변경 317
부분 유료화 모델 537
부인 방지 384
부인 봉쇄 가능성 563
분산 가비지 컬렉션 215
분산 객체 51
분산 시스템 50, 411, 463, 587
분산 시스템 미들웨어 391
분산 컴퓨팅 환경 50
분산형 네이밍 376
불변 값 객체 86
불변성 112
불변성 위반 270
블랙보드 297
비동기 메시징 332
비동기식 통신 69
비정형 오류 574
비즈니스 규칙 유효성 검사기 310
비즈니스 기능 58, 59
비즈니스 로직 계층 361
비즈니스 모델 561
비즈니스 민첩성 261
비즈니스 세분성 116
비즈니스 인텔리전스 274
비즈니스 책임 중점 설계 588
비즈니스 트랜잭션 317, 326
비즈니스 프로세스 관리 314
비즈니스 프로세스 모델과 노테이션 327
비즈니스 프로세스 스켈레톤 571
비즈니스 프로세스 실행 언어 561, 570
비즈니스 활동 프로세서 319
빅데이터 분석 454
빈약한 도메인 모델 272

ㅅ

사내 서비스 시나리오 506

사용 메타데이터 363
사용 비율 제한 212, 379, 542
사용량 기반 과금 63
사용량 기반 요금 책정 526
사용량 기반 요금제 537, 538
사용량 측정 세분성 536
사용자 경험 70
사용자 인터페이스 109
사이트 신뢰성 엔지니어링 554
사전 조건 113
사전 조건 검사기 330
사후 조건 113
상관관계 식별자 76, 370, 443
상류 고객 관리 92
상세 설명 530
상용 기성품 578
상위 호환 475
상태 변경 책임 동작 298
상태 불변 API 책임 함수 298
상태 비저장성 413
상태 생성 동작 238, 302
상태 저장 469
상태 저장 대화 306
상태 전이 49
상태 전이 동작 238, 313
상태 전이 발생 322
상태 확인 310
상호 운용성 62, 211, 387, 525
상호작용 시퀀스 464
서버 전송 이벤트 322
서비스 거부 공격 433
서비스 계약 532
서비스 계층 361
서비스 설명자 534
서비스 세분성 315
서비스 소비자 73
서비스 수준 계약 77, 548
서비스 액티베이터 250, 305
서비스 지향 아키텍처 58, 101
서비스 품질 66
서비스 프로바이더 73
서비스형 소프트웨어 58
서킷 브레이커 60

설명적 메타데이터 358, 363
세분성 47
세션의 인식 434
셀룰러 네트워크 440
소비 가능성 113
소유권 관리 288
소켓 API 50
소프트웨어 개발 키트 52
소프트웨어 정의 네트워크 454
속성 49
속성 기반 접근 제어 243, 385
속지주의 352
솔루션 내부 API 102, 105, 214
수명주기 관리 59, 495
수정 가능성 69
수직 통합 108, 216
수평 통합 108, 216
숫자 오류 코드 390
쉼표로 구분된 속성 448
스로틀링 545
스위스–미국 간 개인정보 보호 체계 549
스칼라 356
스케일아웃 458
스케일업 458
스키마 업데이트 유연성 261
스테레오타입 94
스테이트 관리 59
스트리밍 미들웨어 292
스파스 필드셋 450
슬라이딩 윈도우 515
시간 관리 304
시간 기반 조건부 요청 460
시간 기반 페이지네이션 437
시간 동기화 460
시간 자율성 69
시간 제약된 보고 310
시맨틱 데이터 레이크 265
시맨틱 버전 관리 212, 488
시스템 규모 560
시스템 설계의 시스템 211
시스템 연령 561
시스템 중요도 561
시스템 콘텍스트 다이어그램 84

시장 기반 요금제 539
시장 기반 할당 537
실행 취소 321
실험적 미리 보기 496

ㅇ

아마존 웹 서비스 55, 215
아웃바운드 종속성 48
아키텍처 개요 다이어그램 84
아키텍처 설계 원칙 준수 252
아키텍처 스파이크 83
아키텍처 의사 결정 기록 98
아키텍처 제약 조건 51
아토믹 삭제 263
아토믹 업데이트 263
아토믹 타입 270
아토믹 파라미터 218
아토믹 파라미터 리스트 221
아파치 액티브MQ 50, 91
아파치 에이브로 495
아파치 카프카 51
안티패턴 528
알림 로그 444
애그리게이터 362
애그리게이트 85
애그리게이티드 메타데이터 엘리먼트 357
애자일 방식의 통합 개발 프로세스 496
애자일 소프트웨어 개발 59
애플리케이션 레벨 프로필 시맨틱 374
앱스토어 61
언더페칭 432
언마샬링 69, 76
언격한 일관성 255
업셀링 536
업스트림 352
에지 케이스 464
엔드투엔드 보안 394
엔드포인트 49, 53
엔벨로프 래퍼 407
엔터프라이즈 서비스 버스 570
엔터프라이즈 수준 계약 534
엘리먼트 스테레오타입 99, 345, 596

엘리먼트 집합 348
역방향 프록시 573, 583
역직렬화 76
역할 기반 접근 제어 243, 385
역할 스테레오타입 259
연금 플랜 관리 516
열거 455
오류 49
오류 보고 112, 386
오버페칭 432
오케스트레이션된 집합 377
오프셋 기반 페이지네이션 436
온라인 리소스 628
온라인 분석 처리 274
온프레미스 57
와이어 탭 407, 541
외부 종속성 업그레이드 513
외부 콘텍스트 표현 99
요구 인터페이스 47
요금 책정 플랜 104, 535
요금제 540
요청 다중 응답 74
요청 메시지 74, 451
요청 번들 464
요청 시퀀스 435
요청-응답 250
운영 품질 80
운용 데이터 506
운용 데이터 보유자 260, 339
워크로드 관리 307
원격 API 48
원격 오류 패턴 391
원격 인터페이서 599
원격 인터페이스 52
원격 프로시저 호출 50, 248
원본 표현 419
웹 링크 376
웹 서비스 기술 언어 113, 485, 565
웹 소켓 91
웹 애플리케이션 기술 언어 113
위시 리스트 223, 444
위시 리스트 인스턴스 448
위시 리스트 추가 590

위시 템플릿 424, 450
위치 정보 426
유닉스 타임스탬프 545
유한 상태 머신 532
유효성 검사 규칙 221
유효성 검사 서비스 311
응답 메시지 74, 451
응답 메시지 구조 216
응답 셰이핑 431, 445
응답 슬라이싱 432
응답 시간 66, 242
응답 컨테이너 465
응집도 285
응집력 116
응집성 406
의미 49
의미 변경 484
의미 불일치 356
의미 체계 53
의미 타입 377
의미론적 관심사 116
의미론적 상호 운용성 242
의사 결정 드라이버 53, 70, 78
의존성 주입 컨테이너 90
이벤트 49
이벤트 메시지 75
이벤트 방출 242
이벤트 소싱 264
이벤트 스트리밍 322
이벤트 알림 74
이벤트 알림 동작 302
이벤트 주도 소비자 305
이벤트 주도 아키텍처 303
이벤트 중점 588
이식성 387
이용 목적 제한 방침 552
이용 약관 552
이유 진술 98
이해 가능성 68, 113
이행적 폐쇄 419
인스턴스 정글 215
인증 384
인증 프로토콜 104

인지 부하 69
인출 동작 238, 254, 306
인터넷 할당 번호 관리 기관 374
인터셉터 573
인터페이스 기술 언어 532
인터페이스 설명 534
인터페이스 설명서 113
인트로스펙션 355
일관성 효과 300
일괄 처리 470
일반 데이터 보호 규정 551
일방적 교환 74
일시 중단 321
읽기 전용 검색 동작 257
임베디드 엔티티 231, 418

ㅈ

자바 Persistent API 574
자바 RMI 50, 347
자바 서비스 계층 606
자바 인터페이스 229
자연어 지원 388
자카르타 메시징 405
장기 수행 요청 333
장기 실행 계산 330
장기 실행형 588
장애 복원력 325
장애 이벤트 303
재귀적 정의 227
재시작 321
저장 공간 효율성 288
전사적 자원 관리 516, 576
전송 프로토콜 391
전역 고유 식별자 366
전용 표현 엘리먼트 481
전자 권리 ID 560
전자 필지 ID 560
전체 덮어쓰기 317
절대 URI 370
점진적 상태 축적 443
점진적인 전환 479
접근 제어 296

접근 제한 429
정규식 구문 449
정량적 서비스 품질 548
정보 공유하기 68
정보 보유자 리소스 251
정보 숨기기 68, 113
정보 엘리먼트 416
정보 은닉 49, 113, 253, 525, 529
정보 은닉 원칙 258
정액제 구독 526, 537
정책 49
정책 결정 지점 243
정책 적용 지점 243
정형화 431
정형화된 데이터 418
정확성 65
제거 504
제약 조건 502
제어 메타데이터 엘리먼트 357
제한적 수명 보장 508
정형화된 오류 메시지 574
조건 검사기 330
조건부 요청 457
조기 학습 496
조율 부족 296
조정 노력 242, 469
종량제 결제 56
주 버전 491
주부 시맨틱 버전 체계 493
주문 프로세스 575
중복 배제 275
중복성 60
중앙 집중화 281
중요한 변경 사항 476
중첩 구조 99
중첩 호출 396
증분 마이그레이션 59
지속성 계층 361
지속적인 배포 58
지연 시간 288, 413, 464
지원 가능성 69
지원 중단 504
지원 중단 기간 519

직렬화 76
진화 문제 242
진화 타임라인 489

ㅊ

참여 시스템 262
참조 데이터 275
참조 데이터 보유자 274
참조 자율성 68
책임 114
책임 주도 설계 250, 593
챌린지-핸드셰이크 인증 프로토콜 385
처리 노력 69
처리 리소스 212, 241
처리 오류 270
처리량 69, 465
첫 호출 시간 63
청크 435
청킹 470
최소 설명 530
추상화-구체화 계층 구조 396
추적성 480
추출-변환-로드 스테이징 312
출처 메타데이터 엘리먼트 357
측정 세분성 525
치트 시트 593

ㅋ

카디널리티 분류자 623
카우치DB 278
캐싱 정책 442
캡슐화 58
커맨드라인 인터페이스 58
커뮤니티 API 104, 213
커밋 ID 490
커서 기반 페이지네이션 437
컨트롤러 599
컴포넌트 47
컴퓨터 지원 설계 576
컴퓨팅 자원 413
컴플라이언스 525

케스케이드 사양 446
코디네이터 599
코루틴 470
콘텍스트 기반 라우터 358
콘텍스트 맵 84
콘텍스트 외부화 590
콘텍스트 정보 344
콘텍스트 표현 327, 392
콘텐츠 전송 네트워크 276
콜백 74, 322
콜백 동작 570
쿠버네티스 57
쿼리 문자열 230
쿼리 전처리 442
쿼리 컴포넌트 564, 567
쿼리 파라미터 350
쿼리 필터 439
퀄리티 게이트 508
큐 기반 메시지 지향 애플리케이션 50
클라우드 네이티브 애플리케이션 56
클라우드 테넌트 56
클라우드 파운드리 61, 215
클라이언트 48, 53
클라이언트 인증서 566
클라이언트 주도 메시지 콘텐츠 411
클라이언트 측 영향 480
클라이언트-프로바이더 관계 476
클레임 확인 370
키-값 저장소 278

ㅌ

타임스탬프 437, 463
탄력적 로드 밸런싱 59
탄력적 확장 56
탈중앙화 281
테라비스 포털 565
테크니컬 메타데이터 363
템플릿 인스턴스 452
템플릿 프로세서 452
토지 등기소 563
토지대장 데이터 액세스 인터페이스 560
통신 제약 287, 294

통신 프로토콜 587
통합 타입 101
트랜스클루전 580
트랜잭션 경계 309
트랜잭션성 242
트레이드오프 64
트위터 REST API 368
특수 목적 표현 378
팀 분포 561

ㅍ

파라미터 트리 218, 224
파라미터 포리스트 218, 227
파사드 482, 568
파이어 앤 포겟 302
파이프 및 필터 아키텍처 51
파이프라인 51
패치 버전 491
패턴 선택 결정 97
퍼블릭 API 49, 77, 102, 104
페이로드 오류 보고 391
페이스북 546
페이지 기반 페이지네이션 436
페이지 메타포 438
페이지네이션 109, 433
페이지네이션 도입 590
페이지네이션 쿼리 443
평가 기간 542
평면 구조 99
평활화 431
폐기 504
포리스트 멤버 229
포맷 식별자 371
포맷 자율성 69
포스 53
포털 111
폴링 296
표준 계약 533
표현 49
표현 엘리먼트 76, 99
푸시 모델 322
풀 모델 322

품질 목표 99
품질 속성 53, 97
품질 속성 주도 559
품질 속성 충돌 257
프레임워크 48
프레젠테이션 계층 361
프로바이더 53
프로세스 자동화 564
프로토콜 53
프로토콜 버퍼 450
프로토콜 헤더 458
프로토콜 헤더 정보 404
프론트엔드 48
프론트엔드 통합 108
프론트엔드 통합 API 109
플랫폼 자율성 69
피드백 496
필드 선택기 450
필요 요청 수 413
필터링 442
핑거프린트 기반 조건부 요청 460

ㅎ

하류 고객 셀프 서비스 92
하우스키핑 296
하위 호환 475
하이럼의 법칙 567
하이버네이트 574
하이퍼미디어 제어 372
하이퍼미디어 지향 프로토콜 51
하이퍼미디어 컨트롤 484
학습 가능성 242
헤로쿠 367
형식 자율성 432
형식 표시기 362
호출 횟수 281
호출 후 콜백 332
호환성 62, 475
호환성 관리 479
호환성 테스트 488
확장 가능한 인증 프로토콜 385
확장성 475

활동 완료 322
활동 지향적 238
회귀 테스트 511
후보 엔드포인트 리스트 346
후속 회귀 테스트 513

A

ABAC 243, 385
absolute URI 370
abstraction-refinement hierarchy 396
acceptable use policy 552
access control 296
ACID 패러다임 318
activity-oriented 238
Add Wish List 590
ADDR 프로세스 593
ADDR과 패턴 매핑 601
Administrative Metadata 358, 363
ADR 98
aggregate 85
Aggregated Metadata Element 357
Aggregator 362
agile software development 59
Align-Define-Design-Refine 프로세스 593
ALPS 374, 615
Amazon Web Services 55, 215
AMQP 404
anemic domain model 272
antipattern 528
Apache ActiveMQ 91
Apache Avro 495
Apache Kafka 51
API authentication 379
API 게이트웨이 407
API 계약 49, 53
API 관리 게이트웨이 533
API 문서화 102, 111
API 복잡성 281
API 블루프린트 533
API 사양 및 문서화 598
API 설명 77, 527
API 수명 63

API 수명주기 473
API 오케스트레이션 588
API 인증 379
API 클라이언트 234
API 키 104, 379
API 통합 타입 108
API 품질 개선 596
API 프로바이더 66, 241
API 프로필 모델링 스텝 602
Apigee 콘솔 533
App Store 61
Application-Level Profile Semantics 374
architectural constraint 51
Architectural Decision Record 98
architectural spike 83
architecture overview diagram 84
asynchronous 통신 69
atomic delete 263
atomic type 270
atomic update 263
Attribute-Based Access Control 243, 385
auction-style allocation of resources 537
auditability 237, 563
authentication 384
authorization 384
AWS 55, 215
AWS 심플 스토리지 서비스 370
Azure 56

B

backward compatible 475
BASE 원칙 318
batch processing 470
BI 274
bigdata analysis 454
bookkeeping 서비스 572
Bounded Context 89, 353, 595
BPEL 561, 570
BPM 314
BPMN 327
breaking change 476
Bulk Report 303

Business Activity Processor   319
business capability   58
business granularity   116
Business Intelligence   274
business logic layer   361
business model   561
Business Process Execution Language   561, 570
Business Process Management   314
Business Responsibility-Driven Design   588
Business Rule Validator   310
business transaction   317, 326

C

CAD   576
callback   74, 322
callback operation   570
candidate endpoint list   346
cascaded specification   446
cascading failure proliferation effect   59
CDN   276
centralization   281
Challenge-Handshake Authentication Protocol   385
changeability   58
CHAP   385
chunking   470
circuit breaker   60
Claim Check   370
CLI   58
Client-Driven Message Content   411
clock synchronization   460
closeClaim()   323
Cloud Foundry   61, 215
Cloud Native Application   56
cloud tenant   56
CNA   56
CNA 아키텍처   56
cognitive load   69
cohesiveness   406
Command and Query Responsibility Separation   569
Command Message   75, 250
Command Query Responsibility Segregation   306
Command-Line Interface   58

commercial-off-the-self   578
commit ID   490
Common Object Request Broker Architecture   347
compatibility   62
compliance   525
computation   49
conceptual integrity   261
consistency effect   300
consistency of relationship   261
consumability   113
Content Delivery Networks   276
context information   344
context map   84
Context-Based Routers   358
continuous delivery   58
Control Metadata Element   357
controller   599
Conversation Patterns   443
coordination effort   242, 469
coordinator   599
CORBA   50, 347
Coroutine   470
Correlation Identifier   76, 370, 443
CouchDB   278
coupling   47, 68
coupling trade-offs   299
CQRS   306, 569
createClaim()   323
CRM   350
CSV 파일   579
Cursor-Based Pagination   437
Customer Relationship Management   350

D

data access layer   361
data consistency   59, 65
data element   115
data lake   60
data manipulation   49
data mart   265
data parsimony   69, 307, 414, 444
data privacy   417

data quality 417
data stream 51
Data Transfer Object 253
Data Transfer Representation 76, 600
Data Type Channel 267
data warehouse 265
data-oriented 238
Dataset Amendment 520
DCE 50
DDD 85, 211, 593
debugging 59
decentralization 281
decentralized naming 376
decision driver 53, 70
deny list 545
dependency injection container 90
deployability 58
deprecate 504
deprecation period 519
Descriptive Metadata 358, 363
deserielaization 76
design force 70
Design-by-Contract 535
Developer eXperience 65, 230
development quality 80
DevOps 57
Digital Right Management 358
Distributed Computing Environment 50
distributed object 51
distributed system 411
Do not Repeat Yourself 275
Document Message 75, 250
document- oriented No SQL database 278
Documentation of the API 102
Domain Driven Design 211
Domain-Driven Design 85, 593
Domain-Specific Language 94, 452
DoS attack 433
downstream 고객 셀프 서비스 92
DRM 358
DRY 275
DSL 94, 452
DTO 253

DTR 76, 600
DX 65, 230

E

EAP 385
EDA 303
edge cases 464
EGRID 560
ELA 534
Elaborate Description 530
elastic load balancing 59
elastic scaling 56
element set 348
element stereotype 99
encapsulation 58
endpoint 49, 53
Enterprise Integration Patterns 575
Enterprise Resource Planning 516, 576
Enterprise Service Bus 570
Enterprise-Level Agreements 534
enumeration 455
Envelope Wrapper 407
EREID 560
ERP 516, 576
Error Report 112
ESB 570
ETag 헤더 461
ETL 111
event emission 242
event message 75
event notification 74
Event Notification Operation 302
event sourcing 264
event streaming 322
event-driven API 설계 588
Event-Driven Architecture 303
Event-Driven Consumer 305
eventual consistency 255
evolution challenge 242
evolution timeline 489
exposed data 53
Extensible Authentication Protocol 385

External Context Representation 99
Externalize Context 590
extract-transform-load staging 312

F

facade 482
Facebook 546
fault resiliency 325
façade 568
fiefdom 352
field selector 450
Fingerprint-Based Conditional Request 460
Finite State Machine 532
fire-and-forget 302
flat structure 99
Flat-Rate Subscription 526, 537
flattened 431
force 53
format autonomy 69, 432
Format Identifier 371
Format Indicator 362
forward compatible 475
freemium 모델 537
FSM 532
FTP 50

G

garbage collection 215
GBDBS 560
GET 요청 291, 429
given-when-then 299
global addressing 376
Global Context Representation 396
Globally Unique IDentifier 366
goals canvas 346
Google Cloud 56
governance 561
granularity 47
GraphQL 서버 455
ground resource 588
gRPC 50, 404

gRPC 프로토콜 버퍼 615
guard resource 588
GUID 366

H

Heroku 367
Hibernate 574
HL7 표준 494
horizontal integration 108, 216
housekeeping 296
HTTP 51
HTTP API 224
HTTP GET 249
HTTP POST 249
HTTP POST 요청 227
HTTP PUT 257
HTTP URI 373
HTTP 동사 92
HTTP 리소스 API 484
HTTP 오류 코드 582
HTTP 콘텐츠 타입 484
hypermedia control 372
hypermedia oriented protocol 51
Hyrum's law 567

I

i18n 387
IANA 374
IBAN 504
IBM MQSeries 50
ID 엘리먼트 231, 364
IDEAL 56
Idempotence 237
IDL 532
If-None-Match 461
immutable value object 86
impersonation 582
implementation complexity 413
in-house scenario 506
incident event 303
incremental migration 59

Incremental State build-up   443
information element   416
information hiding   113, 525
information hiding principle   258
information-hiding   49
instance jungle   215
integration type   101
Interface Description   113, 534
Interface Description Language   532
International Bank Account Number   504
internationalization   387
Internet Assigned Numbers Authority   374
interoperability   62, 211, 387
Introduce Pagination   590
introspection   355
invalidated   458
isolation level   309
iteration   92

J

Jackson 라이브러리   227
Jakarta Messaging   405
JMS   362
Jolie   615
JSON 객체 배열 구조   225
JSON 렌더링   228
JSON 스키마   230
JSON 인스턴스   220

K

Kubernetes   57

L

latency   413
LDAP   385
Leaky Bucket Counter   547
learnability   242
life cycle management   59
Lightweight Directory Access Protocol   385
link relation   438

List Evaluator   452
liveness, currentness   442
Local Context Representation   396
long running computation   330
long-running,   588
loose coupling   58, 68

M

major version   491
manageability   242
managerial quality   80
MAP   625
mapping   371
marker pattern   265
Market-based allocation   537
marshaling   69
marshalling   76
mashup   111
master data   416
MDSL   78, 94, 113, 615
MDSL 데이터 정의   225
MDSL 도구   628
MDSL-Web   628
meaning   49
message body   74
Message Exchange Optimization   411
Message Expiration   362
Message Filter   362
message representation   53
Message Router   568
Message Selector   362
Message Sequence   443
message size   413
Message Store   547
message vocabulary   438
meter granularity   525
microformat   351
microservice   58
Microservice API Patterns   625
Microservice Domain Specific Language   94, 113, 615
Microservices Canvas   535
Microservices Domain-Specific Language   78

Minimal Description 530
minor version 491
mirror 453
modifiability 69
MongoDB 278
monitoring 59
monolithic application 59
mutation 455

N

naming scheme 366
NAT 287
Natural Language Support 388
nested structure 99
nesting call 396
Network Address Translation 287
networking efficiency 307
NLS 388
Nominee 서비스 572
non-reputability 563
nonbreaking change 476
nonrepudiation 384
number of requests 413

O

OAuth 2.0 385
object oriented request broker 50
Object Relational Mapper 574
Object-Oriented Analysis and Design 251, 599
Offset-Based Pagination 436
OLAP 274
on-premise 57
one-way exchange 74
OnLine Analytical Processing 274
OOAD 251, 599
Open Web Application Security Project 368
OpenAPI 94
OpenAPI 사양 530, 533
OpenID Connect 385
operation 49, 114
operation identifier 74

operation signature 76, 229, 420
operational quality 80
optimistic locking 296
outbound dependency 48
overfetching 432
overspecification 525
OWASP 368

P

Page-Based Pagination 436
Pagination 109
patch version 491
pattern selection decision 97
pay-per-use 56, 63
PDP 243
PEP 243
persistent layer 361
pipe and filter 아키텍처 51
planned obsolescence 508
platform autonomy 69
point of failure 326
Policy Decision Point 243
Policy Enforcement Point 243
Policy Management Backend 246
polling 296
POP/IMAP 프로토콜 539
portability 387
postcondition 113
precondition 113
presentation layer 361
Preservation Metadata 359, 363
Pricing Plan 104
Primary key 366
privacy 70
privacy policy 552
Process Automation 564
processing effort 69
property 49
protocol 53
Provenance Metadata Element 357
provider 53
Public API 102

publish-subscribe mechanism 75
Published Language 107, 348
pull model 322
push model 322

Q

QoS 66
quality attribute 53
quality gate 508
quality objective 99
Quality of Service 66
quality-attribute-driven 559
Query component 564
query parameter 350
queue-based message-oriented application 50

R

RabbitMQ 51
rate of change 561
Rate Plan 540
RBAC 243, 385
RDD 250, 593
React 91
reactive 588
readability 365
redundancy 60
reference autonomy 60
reference data 275
reflection 355
regression test 511
remote interfacer 599
Remote Method Invocation 347
Remote Procedure Call 50, 248
Remoting Error 패턴 391
replace() 316
representation 49
representation element 76, 99
request-multiple replies 74
Request-Reply 250
required interface 47
resolver 455

Resource Collection Traversal 377
resource consumption 242
response shaping 432, 445
response slicing 432
response time 66, 242
responsibility 114
Responsibility-Driven Design 250, 593
REST 51
REST 성숙도 372
RESTful 51
Return Address 362, 370
revision 495
RFC 7232 361
rights management metadata 359
Role-Based Access Control 243, 385
RPC 50, 248

S

SaaS 58
SACAC 577
same-origin policies 583
scalability 58
scalar 356
scaling out 458
scaling up 458
SDK 52
SDN 454
Secure Sockets Layer 381
semantic 53
semantic change 484
semantic concern 116
semantic data lake 265
semantic interoperability 242
semantic mismatch 356
semantic type 377
separation of concerns 406
serialization 76
server-sent event 322
Service Activator 250, 305
service consumer 73
Service Descriptor 534
service granularity 315

service layer 361
Service Oriented Architecture 58
service provider 73
Service-Oriented Architecture 101
shared secret 384
Simple Storage Service 370
simplified major.minor semantic versioning scheme 493
Single Message Argument 520
Single Page Application 90
single points of failure 59
single responsibility 58, 417
Site Reliability Engineering 554
SIX 그룹 561
sliding window 515
SMTP 539
snippet 334
SOA 58, 101
SOAP 메시지 566
Software Defined Network 454
Software Development Kit 52
Software-as-a-Service 58
Solution-Internal API 102, 105
source representation 419
SPA 90
sparse fieldset 450
Spring-WS 573
SQL 쿼리 438
SSL 381
state management 59
state transition 49
state-changing responsibility operation 298
state-preserving API responsibility function 298
stateful 469
stateful conversation 306
statelessness 413
Status Check 310
streaming middleware 292
strict consistency 255
structural metadata 358
structure 53
structured 431
structured data 418

Subscription-based Pricing 537
supportability 69
surrogate key identifier 366
Swagger 530
Swiss-US Privacy Shield Framework 549
synchronous 69
syntactic interoperability 242
syntax 53
system age 561
system context diagram 84
system criticality 561
System of Engagement 262
system of systems design 211
system size 560

T

TCC 318
TCP/IP 50, 51
team distribution 561
technical debt 511
Technical Metadata 363
Template Processor 452
terms and condition 552
throttling 545
Throughput 465
throughput 69
tight coupling 109
time autonomy 69
time management 304
time to first call 63
Time-Based Conditional Request 460
Time-Based Pagination 437
Time-Bound Report 310
Tolerant Reader 485
trade-off 64
transaction boundary 309
transactionality 242
transclusion 580
transformation service 330
transitive closure 419
trial period 542

U

UI, User Interface 109
UML 스니펫 334
underfetching 432
underspecification 525
Unified Resource Name 368
uniform contract 533
uniqueness of local reference 377
Universally Unique IDentifier 366, 582
unmarshaling 69
unmarshalling 76
update() 316
upselling 536
upstream 352
upstream 고객 관리 92
URI 호환성 520
URN 368
Usage-based Pricing 526, 537
Use Metadata 363
User eXperience 70
UUID 366, 582
UX 70

V

Validation Service 311
Value Object 600
vertical integration 108, 216
virtual caching 459
virtualization container 454
visibility 63, 99
Vue.js 91

W

WADL 113
Web Application Description Language 113
Web Service Description Language 113, 565
WebSockets 404
why-statement 98
Wire Tap 407, 541
workload management 307

World Wide Web 51
wrapping 371
WS-* 기술 572
WSDL 113, 485, 565
WWW 51

X

X-as-a-Service 56
XaaS 56
XML 유효성 검사 566
XPath 449

Y

YAML 94

마이크로서비스 API 디자인 패턴
쉬운 통합을 위한 결합도 최적화 전략

발 행 | 2025년 1월 2일

지은이 | 올라프 짐머만 · 미르코 스토커 · 다니엘 뤼브케 · 우베 즈둔 · 세자레 파우타소
옮긴이 | 이 승 범

펴낸이 | 옥 경 석
편집장 | 황 영 주
편 집 | 김 진 아
         임 지 원
디자인 | 윤 서 빈

에이콘출판주식회사
서울특별시 양천구 국회대로 287 (목동)
전화 02-2653-7600, 팩스 02-2653-0433
www.acornpub.co.kr / editor@acornpub.co.kr

Copyright ⓒ 에이콘출판주식회사, 2025, Printed in Korea.
ISBN 979-11-6175-924-1
http://www.acornpub.co.kr/book/patterns-api-design

책값은 뒤표지에 있습니다.